개별 노동관계법

- 인사노무관리 실무 -

개별 노동관계법

– 인사노무관리 실무 –

초판 인쇄 | 2024년 1월 3일

지 은 이 | 이 수 영·임 무 송·최 선 애·부 종 식·정 관 영
펴 낸 이 | 김 남 진
펴 낸 곳 | (주)중앙경제
편집·디자인 | 최 가 영

주 소 | 서울시 중구 다산로 11길 19(신당2동 355-8)
백석빌딩 신관 4층
전 화 | 02-2231-7293
팩 스 | 02-2235-5344
홈 페 이 지 | www.elabor.co.kr
출 판 등 록 | 80. 6. 21 제2-66호

I S B N | 978-89-7017-546-1 (93330)
정 가 | 55,000원

개별 노동관계법

- 인사노무관리 실무 -

이수영 · 임무송 · 최선애 · 부종식 · 정관영

중앙경제

책을 내면서

우리나라에서는 2,100만명이 넘는 임금 근로자가 일을 하고 있다. 기업에서 근로자는 근로를 제공하고, 사용자는 임금을 지급하면서 노동관계가 성립한다.

근로자는 일은 통해 경제적 생활을 영위할 뿐만 아니라 사회적 관계도 맺으며, 보람을 찾고, 자아를 실현할 수 있다. 기업은 인간의 노동력을 활용하여 영업활동을 할 수 있으나 근로자가 인간다운 생활을 할 수 있도록 노동관계를 규율하는 노동법의 적용을 받게 된다.

우리나라의 노동법은 1948년 제헌헌법의 노동3권 조항을 근거로 하여 1953년 근로기준법, 노동조합법, 노동위원회법 등 제정을 통해 체계를 갖춘 이래 고용보험, 임금보장, 참여와 협력, 고용과 능력개발, 차별시정 등으로 영역을 확대하며 지속적으로 발전하여 왔다. 그리고 최근 근로자의 인정 범위도 점차 확대되고 있고 근로자의 권익을 보호하는 방향으로 노동법이 발전하고 있다.

그러나 아직까지도 산업현장에서는 노동법을 잘 모르거나 제대로 준수하지 않아 사회적인 갈등과 분쟁이 계속되고 이로 인한 사회적 비용도 증가하고 있다.

그럼에도 불구하고 학교에서나 직장에서 기초적인 노동법이나 인사노무관리에 대한 교육이 원활하게 이루어지지 않다 보니 채용부터 퇴직까지 근로관계에서 노동법적 지식이 없이 인사노무관리가 이루어지고, 근로자의 권리가 보호받지 못하면서 분쟁이 발생하기도 한다.

본질적으로 사용종속관계에 있는 노사간에 갈등과 분쟁은 피할수 없는 측면이 있지만 노사간의 분쟁을 사전에 예방하고 신속·공정하게 합리적으로 해결하는 것은 노사 모두에게 중요한 공동의 과제이다.

이 책의 저자들은 오랜 기간 고용노동부, 노동위원회, 법조계 및 학계에서 일하면서 노사간에 분쟁을 예방하고 공정하고 합리적인 관계를 정립하기 위해서는 노사가 노동법과 규범을 잘 이해하고 준수하는 것이 중요하다고 판단하여 노동관계법 실무에 관한 저술활동을 해오고 있다.

이번에는 기존에 '노동법 실무: 인사관리와 분쟁해결'의 책 제목을 바꾸고 저자도 일부 변화가 발생하면서 '개별 노동관계법: 인사노무관리 실무'를 새로 발간하게 되었다.

개별 노동관계법은 근로자 개인과 사용자간에 발생하는 근로관계를 규율하는 법이다. 기업에서는 사용자와 근로자와의 계약에 따라 근로관계가 발생하게 되고, 이러한 근로관계는 생명체의 생명주기(life cycle)와 같이 성립, 전개 및 종료의 단계를 거치게 된다.

노사간에 분쟁을 예방하고 해결하기 위해서는 우선 고용노동관계를 규율하는 법령 및 단체협약·취업규칙·근로계약 등 자치규범을 올바로 이해하는 것이 중요하다. 인사관리 실무에서 분쟁을 예방하고 해결하는 가장 효과적인 방법은 과거나 현재의 경험과 사례를 통하여 교훈을 얻는 것이다.

그러므로 이 책은 기업의 최고경영자나 인사노무관리자, 노동조합 관계자나 근로자, 정책담당자 등이 개별 노동법의 기초를 이해하고, 구체적인 분쟁사례에 대한 학습을 토대로 현장에서 부딪치는 문제들을 예방하고 해결하는데 실무적인 도움을 줄 수 있도록 하는데 초점을 맞추고 있다.

또한, 각 주제별로 풍부한 판례와 사례를 소개하고 있으므로 공인노무사, 변호사, 연구자 및 관련 시험 준비생에게도 도움이 될 것으로 판단된다.

이 책은 다음과 같은 특징을 갖고 있다.

첫째, 근로관계의 성립, 전개, 종료 과정에서 발생하는 개별적 노동관계 중에서 실무적으로 중요한 근로기준법, 최저임금법, 채용절차법, 남녀고용평등법, 산업안전법, 산재보험법 등에 대해 가능한 한 알기 쉽게 설명하고 있다.

둘째, 이 책은 노동법 이론서나 학술서가 아니라 현장 업무에 활용할 수 있는 실무 안내서이다. 그러므로 이론적인 설명은 최대한 줄이고, 채용부터 퇴직까지 근로관계의 각 단계에서 발생하는 쟁점 사안에 대하여 최근까지의 다양한 판례와 사례를 소개하고 있다. 노동법의 기본적인 개념과 이론은 기존의 교과서를 활용하고,

그간 확립된 법원 판례를 중심으로 설명하면서 노동위원회 판정사례, 고용노동부의 업무 매뉴얼 및 행정해석을 보완적으로 소개하였다.

셋째, 특히 제1장에서는 기업의 채용·배치·평가·징계·퇴직 등 각 단계에서 발생하는 노동법상 분쟁에 대해 기업의 대표(CEO)나 인사담당자, 노동조합과 근로자가 꼭 알아야 할 기본지식을 요약하여 소개한다. 개별 분쟁의 예방과 해결을 위해 아무리 바쁜 기업의 CEO나 관리자라 하더라도 제1장은 꼭 읽어보기를 권한다. 그리고 인사관리 각 단계별로 각 장에서 필요한 부분만 찾아볼 수 있다.

넷째, 기업의 인사관리와 관련된 법원의 판결은 가급적 인사조치의 정당성을 인정·부정한 사례를 함께 소개하고 필요시 쟁점을 요약·비교함으로써 보다 생동감 있게 사례를 이해하고 법적 쟁점의 핵심에 쉽게 다가갈 수 있도록 하였다.

다섯째, 저자들 중 대부분이 노동위원회 관련 업무에 오랜 기간 일한 전문가들이므로 노동위원회 심판사건 관련 쟁점들을 다른 책과 차별화하여 상세하게 설명하였다. 노동위원회 사건과 관련하여 쟁점이 많이 되는 근로자성, 징계와 해고, 근로관계 종료 등에 대해 판단기준과 사례를 쟁점별로 비교표 등을 활용하여 제시하였다.

이 책을 준비하고 출간하는 과정에서 많은 토론과 전문가 자문을 거쳤고, 이론을 체계적, 논리적으로 쉽게 설명하면서도 현장 실무에 필수적인 풍부한 판례와 사례를 담기 위해 노력하였다.

이 책의 원고를 작성하는데 도움을 주신 많은 분들께 감사드린다. 일부 장(章)은 기존에 양성필 청장님의 원고를 중심으로 보완하였고, 이상복 상임위원님도 소중한 의견을 주셨으며, 문경아 교수님은 표지 디자인에 대하여 자문해 주셨다. 그리고 박준, 박소현, 김다은 공인노무사님은 노동법 전문가로서 전문적 식견을 아낌없이 제공하고 발간 작업을 적극 도와주셨다.

아울러 이 책의 출간을 지원해 주신 ㈜중앙경제의 김희성 회장님, 김남진 대표님, 김태윤 상무님과 직접 편집을 맡아주신 최가영님 등 임직원들께도 감사드린다.

글쓴이들

법령 약칭

가사근로자법	가사근로자의 고용개선 등에 관한 법률
건설근로자법	건설근로자의 고용개선 등에 관한 법률
고령자고용법	고용상 연령차별금지 및 고령자 고용촉진에 관한 법률
공공기관법	공공기관의 운영에 관한 법률
공무원노조법	공무원의 노동조합 설립 및 운영 등에 관한 법률
교원노조법	교원의 노동조합 설립 및 운영 등에 관한 법률
근로자참여법	근로자참여 및 협력증진에 관한 법률
기간제법	기간제 및 단시간근로자 보호 등에 관한 법률
남녀고용평등법	남녀고용평등과 일 · 가정 양립 지원에 관한 법률
노동조합법	노동조합 및 노동관계조정법
보험료징수법	고용보험 및 산업재해보상보험의 보험료징수 등에 관한 법률
보훈대상자지원법	보훈보상대상자 지원에 관한 법률
부정경쟁방지법	부정경쟁방지 및 영업비밀보호에 관한 법률
산업안전법	산업안전보건법
산재보험법	산업재해보상보험법
외국인고용법	외국인 근로자의 고용 등에 관한 법률
일학습병행법	산업현장 일학습병행 지원에 관한 법률
장애인고용법	장애인고용촉진 및 직업재활법
장애인차별금지법	장애인차별금지 및 권리구제 등에 관한 법률
중대재해처벌법	중대재해 처벌 등에 관한 법률
평생직업능력법	국민 평생 직업능력 개발법
채용절차법	채용절차의 공정화에 관한 법률
청년고용법	청년고용촉진특별법
퇴직급여법	근로자퇴직급여보장법
파견법	파견근로자보호 등에 관한 법률
헌법	대한민국헌법

목 차

제1장 인사관리와 근로관계 총설

제2장 근로관계 규율의 법적 기초

제3장 근로관계의 당사자: 근로자와 사용자

제4장 근로관계의 성립

제5장 임금과 근로시간

제6장 산업안전보건과 재해보상

제7장 여성과 소년 등 보호

제8장 인사이동과 인사명령

제9장 기업변동과 근로관계

제10장 징 계

제11장 해 고

제12장 해고 이외의 근로관계 종료

제13장 비정규직 근로자

제14장 근로자의 권리구제와 분쟁해결 절차

부 록

제1장

인사관리와 근로관계 총설

제1절 개별적 근로관계와 노동법상 분쟁

기업은 자본주의 사회에서 자유롭게 영업활동을 할 수 있으나, 인간의 노동력을 활용하게 되므로 고용관계(employment relations)가 형성된다. 그리고 이러한 고용관계는 근로자 개인과 사용자와의 개별적 관계와 노동조합과 사용자 또는 사용자단체와의 집단적 관계를 모두 포함한다.[1)]

고용관계는 근로자가 인간다운 생활을 할 수 있도록 그 관계를 규율하는 법인 노동법의 적용을 받게 된다. 이러한 노동법은 크게 개별적 근로관계법과 집단적 노사관계법으로 구분할 수 있다.

개별적 근로관계법은 근로관계, 즉 근로자 개인과 사용자간에 근로에 관한 계약의 성립·전개·종료를 둘러싼 관계를 규율하는 법이다. 한편, 집단적 노사관계법은 근로자의 이익을 집단적으로 대변하는 노동단체의 결성·조직·운영과 이 노동단체와 사용자측과의 단체교섭을 중심으로 한 관계를 규율하는 법이다.[2)]

이 책에서는 특히 개별적 근로관계에서 발생하는 분쟁과 그 해결에 대해 중점적으로 살펴 본다. 기업에서는 사용자와 근로자와의 계약에 따라 근로관계가 발생하게 되고, 이러한 근로관계는 생명체의 생명주기(life cycle)와 같이 성립과 전개 그리고 종료의 단계를 거치게 된다.[3)]

근로관계의 성립에는 채용, 채용내정과 시용 등이 있고, 근로관계의 전개에는 임금과 근로시간, 인사이동, 징계, 산업안전보건과 재해보상, 인사이동, 징계 등이 있으며, 근로관계의 종료에는 해고와 해고 이외의 근로관계 종료 등이 포함된다.

근로관계에서 사용자는 지휘명령권을 갖고 근로자는 근로제공 의무를 갖게 되므로 사용자가 우월적인 지위를 갖고 근로자는 통제를 받는 종속적인 지위를 갖게 된다. 따라서 근로자를 보호하고 권리를 구제하기 위해 노동관계법령이 만들어지고, 사용자가 노동관계법령을 준수하였는지를 둘러싸고 분쟁이 발생하게 된다.

---

1) 김동원·이규용·권순식·이수영 외, 고용관계론(제4판), 박영사, 2023, p.11.

2) 임종률, 노동법(제20판), 박영사, 2022, p.14 ; 管野和夫(스게노 카즈오), 勞働法(10版), 弘文堂, 2015, 이정 역, 일본노동법(전면개정판), 법문사, 2015, p.3.

3) 管野和夫(스게노 카즈오), 勞働法, 이정 역, 일본노동법, p.97 ; 임종률, 노동법, p.14.

제2절 채용에서 퇴직까지의 인사관리

1. 인사관리와 근로관계

(1) 인사관리와 인사권의 행사

기업은 인적자원과 자본을 효율적으로 이용하여 조직의 성과를 달성하려는 조직체이다. 특히 인적자원의 효율적·조직적 활용을 통해 근로자의 능력을 최대한 발휘하게 함으로써, 조직 목표를 이루도록 체계적으로 관리하는 것이 필요한데 이를 인사관리라고 한다.

기업은 근로자를 채용·배치하고, 교육훈련 등을 통해 능력을 개발하며, 평가를 통해 보상을 하고, 징계권을 행사하기도 하며, 해고 등을 통해 근로관계를 종료시키기도 한다.

사용자와 근로자는 명시적 또는 묵시적으로 근로계약을 체결함으로써 근로관계가 시작된다. 이에 따라 사용자는 업무명령권과 임금지불 의무를 갖게 되고, 이에 상응하여 근로자는 임금청구권과 근로제공 의무를 갖게 된다.[4)]

사용자는 기업목표 달성을 위해 근로자를 조직적으로 관리(노무관리)하면서 업무명령권, 인사권(협의), 징계권이라는 광의의 인사권을 행사한다. 광의의 인사권에는 근로자를 조직내에 유입(inflow)하고 배치·활용하며 유출(outflow)하는 일체의 권한이 포함된다. 따라서 광의의 인사권은 인사관리와 인사제도를 운영할 수 있는 법적인 기초로서 근로관계 성립·전개·종료 전반에 관한 사용자의 각종 권한이라고 할 수 있다.[5)]

반면 협의의 인사권에는 채용, 배치, 인사이동, 인사고과, 승진, 징계, 해고 등 근로자 지위의 변동과 처우에 관한 사용자의 권한이 포함되며[6)] 광의의 인사권과 구분하기 위해 인사명령권이라 한다.

또한, 근로계약을 체결함으로써 사용자에게는 안전배려 의무, 그 밖의 배려 의무

---

4) 管野和夫(스게노 카즈오), 勞働法, 이정 역, 일본노동법, p.106.
5) 管野和夫(스게노 카즈오), 勞働法, 이정 역, 일본노동법, p.107
6) 管野和夫(스게노 카즈오), 勞働法, 이정 역, 일본노동법, p.107.

등이 발생하고, 근로자에게는 성실 의무, 청렴 의무, 비밀유지 의무, 경업금지 의무 등이 발생한다. 이상 근로계약 관계에서 노사 당사자의 권리와 의무를 정리하면 〈도표 1-1〉과 같다.

한편, 사용자의 인사권은 헌법과 법령, 단체협약, 취업규칙 및 근로계약 등에 따라 제약을 받는데, 이러한 제약은 근로관계 규율의 기초가 된다.

〈도표 1-1〉 근로계약관계에서 권리와 의무의 체계

구 분	사용자	근로자
노동력의 제공과 보상	업무지휘권(업무명령권)	근로제공 의무
	임금지불 의무	임금청구권
근로계약 당사자의 권리	인사권(인사명령권)	(근로자에게 채용, 배치, 평가, 승진, 징계, 해고 등 발생)
	업무명령권	
	기업질서 유지와 징계권	
근로계약 당사자의 의무	안전배려 의무	성실 의무, 청렴 의무
	그밖의 배려 의무	비밀유지 의무
	해고회피 노력 의무	경업금지 의무

자료: 〈菅野和夫(스게노 카즈오), 勞働法(10版), 弘文堂, 2015, 이정 역, 일본노동법(전면개정판), 법문사, 2015, p.106〉을 기초로 수정·보완.

(2) 근로관계의 당사자

근로관계에서 당사자는 근로자와 사용자이다. 근로자에 대해서는 근로기준법(제2조제1항제1호)에서 '직업의 종류와 관계없이 임금을 목적으로 사업이나 사업장에서 근로를 제공하는 자'로 정의하고 있다. 근로자에 해당하는지 여부는 '사용종속관계'를 중심으로 판단하게 된다. 실무적으로는 기업의 임원이나 강사, 또는 보험설계사, 텔레마케터, 채권추심원, 차량운전원 등 특수형태근로종사자를 둘러싸고 근로자성 여부가 논란이 많이 된다.

사용자에 대해서는 근로기준법(제2조제1항제2호)에서 '사업주 또는 사업 경영 담당자, 그밖에 근로자에 관한 사항에 대하여 사업주를 위하여 행위하는 자'로 규정하고 있다. 사용자 적격을 판단할 때 실질적인 근로관계에서의 사용종속관계를 보고 판단하는데, 현장에서는 도급, 위임, 파견 계약 등을 둘러싸고 다툼이 많이 발생한다.

(3) 근로관계의 성립 · 전개와 종료

기업에서의 개별적 근로관계는 성립, 전개 그리고 종료의 단계를 거치게 된다.

첫째, 기업에서 근로관계가 성립되는 단계이다. 채용 이전에 채용을 내정하기도 하고, 수습과 시용 기간을 두기도 하며, 정식 채용을 하거나 채용을 거절하기도 하고, 채용 시에 일반적으로 사용자와 근로자는 근로계약을 체결한다.

둘째, 근로관계가 전개 또는 진행되는 단계이다. 사용자는 근로자를 배치 또는 인사이동시키고, 교육훈련 등 경력개발을 하며, 성과평가에 따라 승진이나 임금 등으로 보상을 한다. 조직내에서 사용자는 근로자에 대해 업무명령권과 징계권을 행사하게 된다. 또한, 근로관계가 유지되는 동안 근로시간, 산업안전보건과 재해보상, 여성과 소년 등과 관련된 인사관리가 필요하다.

셋째, 근로관계가 종료되는 단계이다. 사용자는 징계해고, 정리해고, 통상해고 등을 통해 근로자의 의사에 반해 해고를 시키기도 하고, 근로자의 사직 또는 합의해지, 근로계약 기간의 만료 또는 정년, 그리고 근로자의 사망이나 사업장의 폐업·파산에 따라 근로관계가 종료되기도 한다.

위에서 설명한 근로관계 규율의 기초, 근로관계의 당사자, 근로관계의 성립·전개와 종료를 정리하면 〈도표 1-2〉와 같으며, 이 책의 전체 체계이기도 하다.

〈도표 1-2〉 근로관계의 성립·전개와 종료

구 분	유 형	주요 내용
근로관계의 기초	규율 체계	헌법, 법률, 단체협약, 취업규칙, 근로계약
	당사자 적격	근로자 적격, 사용자 적격
근로관계의 성립	채용과 과도적 근로관계	채용과정, 채용내정, 수습과 시용, 본채용 거절
근로관계의 전개	근로조건 보장	임금, 근로시간, 산업안전보건, 재해보상, 여성과 소년
	인사이동과 인사명령	사내이동(전보, 배치전환, 전근, 전직) 사외이동(전적, 전출, 파견) 직위해제, 대기발령, 직권면직
	기업변동과 근로관계	영업양도, 합병, 분할
	징계	(징계해고), 정직, 강등, 감급, 견책, 경고, 그 밖의 징벌
근로관계의 종료	해고	징계해고, 정리해고, 통상해고
	해고 이외의 근로관계 종료	임의사직과 합의해지, 계약기간 만료, 정년, 당사자 소멸(사망, 폐업·파산)
비정규 근로관계	비정규직 근로자	기간제근로자, 단시간근로자, 파견근로자

2. 근로관계의 성립

기업은 사업 목적을 달성하기 위해 근로자를 채용하게 되는데, 이 과정에서 사용자와 근로자가 근로계약을 명시적 또는 묵시적으로 체결함으로써 개별적 근로관계가 성립한다.

채용은 일반적으로 모집, 응모, 심사, 채용의 단계를 거치게 된다. 근로자가 기업이 필요로 하는 근로능력을 갖추고 있고 즉시 활용 가능하다면 사용자는 정식 근로계약을 체결하고 근로에 종사하게 할 수 있지만, 우수 인재의 조기 확보 차원에서 졸업 등을 조건으로 채용을 내정하거나 수습·시용기간을 설정하여 자질·근무태도 등을 평가한 후 본채용을 하는 경우도 많다.

시용기간은 정식채용 이전에 정식채용 여부를 결정하기 위한 기간이고, 수습 기간은 정식채용 이후에 업무 수습을 위한 기간이다(서울고등법원 2012.11.2. 2011누38980).

이러한 채용내정과 수습·시용을 통칭하여 과도적 근로관계라고 하며, 채용내정 취소나 본채용 거부는 실질적으로는 해고에 해당하므로 그 정당성이 문제된다.

채용내정의 경우 채용내정을 통지함으로써 사용자와 채용 내정자간에 근로계약이 성립하게 되지만, 그 이행에 대하여 시기(始期)가 정해져 있고, 졸업 실패 또는 근로가 곤란한 질병 이환 등의 사유가 발생할 경우 사용자에게 해약할 수 있는 권리가 유보되어 있는 것으로 본다.

사용자의 채용내정 취소는 실질적으로 해고에 해당하므로 사용자가 채용내정을 취소하기 위해서는 근로기준법 제23조제1항(해고 등의 제한)의 정당한 이유가 있어야 하나, 채용내정 취소의 정당성의 범위는 일반 근로자에 대한 해고보다는 넓다고 보는 것이 일반적이다.

사용자가 근로계약 체결 시 시용기간을 설정할 경우 구체적이고 명확하게 명시하여야 한다. 시용 근로계약이라고 하더라도 시용기간 중에 사용자에게 해약권이 유보되어 있을 뿐 근로관계는 성립되어 있으므로 본채용을 거부하는 것은 해고에 해당한다.

다만, 근로자의 업무 적격성을 관찰·판단하려는 시용제도의 취지·목적에 비추어 볼 때 보통의 해고보다는 해고의 정당성이 넓게 인정된다. 그러나 이 경우에도 객관적이고 합리적인 이유가 존재하여 사회통념상 상당하다고 인정되어야 하며, 사용자는 본채용 거부에 대한 구체적이고 실질적인 거부 사유를 서면으로 통지하여야 한다.

3. 근로관계의 전개

(1) 임금과 근로시간

1) 임 금

임금은 사용자가 근로의 대가로 근로자에게 임금·봉급 그밖에 어떠한 명칭으로든지 지급하는 일체의 금품으로서, 근로시간과 함께 중요한 근로조건 중의 하나이고, 근로기준법은 이에 대한 보호 규정을 상세히 두고 있다.

이러한 임금은 평균임금과 통상임금의 기초가 되는데, 평균임금은 이를 산정하여야 할 사유가 발생한 날 이전 3개월 동안에 그 근로자에게 지급된 임금총액을 그 기간의 총일수로 나눈 금액을 말하는 것으로서, 근로자의 통상적 생활임금을 사실대로 산정하기 위한 것이며, 퇴직금, 휴업수당, 감급제한액, 재해보상금, 연차수당 등을 산정하기 위한 기준이 된다.

통상임금은 사용자가 소정근로의 대가로 근로자에게 지급하기로 약정한 금품으로서 정기적·일률적·고정적으로 지급되는 임금을 말하는 것이며, 평균임금과 달리 사전적·계약상 지급하기로 정해진 임금으로서, 해고예고수당, 연장·야간·휴일근로에 대한 가산수당, 연차유급휴가수당 등을 산정하기 위한 기준이 된다.

임금은 통화로 직접 근로자에게 그 전액을 매월 1회 이상 일정한 날짜를 정하여 지급하여야 한다. 근로기준법은 임금의 비상 시 선지급, 도급사업과 건설업에 있어서 임금지급의 특례, 임금 미지급의 책임, 휴업수당, 임금채권의 우선변제 등을 규정하고 있으며, 최저임금법은 근로자에 대하여 임금의 최저수준을 보장하고 있다.

2018년 6월 최저임금법 개정으로 인해 매월 1회 이상 정기적을 지급하는 임금은 최저임금에 산입되었다. ① 다만, 근로기준법상 소정의 근로시간·근로일에 대해 지급하는 임금 외의 임금으로서 고용노동부령으로 정하는 임금(예: 초과근로수당 등)은 최저임금에 산입되지 않는다. ② 한편, 매월 1회 이상 정기적으로 지급하는 상여금과 통화로 지급하는 복리후생비의 경우 해당 연도의 시간급 최저임금액을 기준으로 산정된 월 환산액의 25%(상여금)와 7%(복리후생비)를 초과하는 부분은 최저임금에 산입된다. 다만 이 비율은 2020년부터 단계적으로 축소되어 2024년에는 모두 산입범위에 포함된다(최저임금법 제6조).

또한, 최저임금 산입 범위와 관련하여 사용자가 보수 총액을 유지하면서 상여금의 지급주기를 월별로 변경하는 것은 취업규칙의 불이익 변경이 아니므로, 취업규칙 변경 시 노동조합 또는 근로자 과반수의 동의를 필요로 하지는 않으나, 의견을 들어야 한다(최저임금법 제6조의2).

2) 근로시간

근로시간은 근로자가 사용자의 지휘·감독하에 근로계약상의 근로를 제공하는 시간, 즉 사용자의 지휘·명령하에 있는 시간을 말하는 것으로서 근로기준법은 1주 및 1일의 근로시간에 대하여 한도 즉, 법정 근로시간을 설정하고 있다.

근로기준법은 근로자의 건강과 문화적 생활을 위하여 1주 및 1일 단위로 법정 근로시간을 초과할 수 없도록 규제하고, 연장근로는 합의 또는 특례나, 특별한 사정 등 일정한 요건 하에서 제한적으로만 허용하고 있으며, 아울러 휴게·휴일·휴가를 명문으로 규정하여 근로자의 피로 회복과 사회적·문화적 생활의 영위를 위한 조치를 강구하고 있다.

장시간 근로의 문제점을 개선하고 휴식있는 삶과 일·생활의 균형을 실현하기 위해 2018년 3월 근로시간 단축을 위한 법 개정이 이루어졌는데 이와 관련된 내용은 다음과 같다.

① 종래에는 연장 근로시간을 휴일 근로시간에 포함하지 않음으로써 1주 최대 68시간까지 근로가 가능하였으나 '1주를 휴일을 포함한 7일'로 규정함으로써 원칙적으로 1주 최대 근로시간이 52시간으로 제한된다.

② 30인 미만 사업장은 근로자대표와 서면합의시 8시간 한도의 특별연장근로가 한시적으로 인정된다.

③ 18세 미만 연소근로자의 최대 근로시간이 1주 40시간에서 35시간으로, 연장근로 한도가 1주 6시간에서 5시간으로 축소된다.

④ 연장근로와 야간근로(오후 10시 ~ 다음날 오전 6시)에 대하여는 각각 통상임금의 50%를 가산하여 지급한다. 1일 8시간 이내의 휴일근로에 대해서는 통상임금의 50%를, 8시간을 초과하는 휴일근로에 대해서는 통상임금의 100%를 가산하여 지급하여야 한다. 야간근로가 휴일·연장근로와 중복될 경우에는 야간근로수당을 추가 지급하여야 한다.

⑤ 사용자가 근로자대표와 서면 합의를 한 경우에 주 12시간을 초과하여 연장근로를 할 수 있게 한 특례업종을 종래 26개에서 육상운송업, 수상운송업, 항공운수업, 기타 운송 관련 서비스업, 보건업 등 5개 업종으로 축소하였다. 단 육상운송업

중 노선여객자동차 운송사업은 제외한다.

⑥ 사용자는 설·추석 명절, 국경일 등 관공서의 공휴일과 대체공휴일을 유급휴일로 보장하여야 한다.

이러한 근로시간 단축을 위한 법 개정으로 인하여 산업현장에서 탄력적 근로시간제, 선택적 근로시간제, 사업장 밖 간주근로시간제, 재량근로시간제 등 유연 근로시간 제도를 활용할 필요성이 더욱 커지게 되었다.

(2) 산업안전보건과 재해보상

산업안전보건법(산업안전법)은 산업재해를 사전에 예방하고 쾌적한 작업환경을 조성함으로써 근로자의 안전과 보건을 유지·증진시키고자 제정되었으며(제1조), ① 기업의 안전보건관리 체계, ② 유해·위험 예방조치, ③ 근로자의 보건관리, ④ 고용노동부의 감독과 명령 등에 대해 규정하고 있다.

산업안전법상 사업주는 산업재해예방 기준 준수, 산업재해 은폐 금지, 산업재해와 중대재해 발생보고, 법령요지의 게시, 안전보건표지 부착 등에 대한 의무를 갖는다. 근로자도 산업안전법과 관련 법령에서 정하는 산업재해 예방을 위한 기준을 준수하여야 하며, 사업주 또는 근로감독관, 공단 등 관계자가 실시하는 산업재해의 방지에 관한 조치에 따라야 한다(제6조).

정부는 산업안전법의 목적을 달성하기 위하여 정책 수립·집행, 재해예방 지원, 안전보건 교육 등에 관한 사항을 성실히 이행할 책무를 진다(제4조). 그리고 산업재해예방계획의 수립·공표, 산업재해 발생건수 공표 등의 의무를 갖는다.

산업안전법은 기업이 자율적으로 산업안전·보건관리체제를 확립하도록 일정한 종류(업종)와 규모의 사업 또는 사업장에 안전보건관리책임자, 관리감독자, 안전관리자, 보건관리자 등 안전·보건관리 조직을 갖추도록 의무화하고 있다. 그리고 사업주에 대하여 안전보건관리규정을 작성하여 각 사업장에 게시하거나 갖춰 두고, 이를 고용노동부장관에게 신고하도록 규정하고 있다(제20조제1항).

유해·위험 예방 조치와 관련하여 사업주는 ① 안전상 조치 의무와 보건상 조치 의무, ② 중대재해 위험시 작업중지 의무, ③ 도급사업에서의 안전·보건 조치 의무, 근로자에 대한 안전·보건 교육 의무, 유해·위험한 기계·기구 등의 방호조치 의무 등을 갖는다. 근로자의 보건관리와 관련하여 사업주는 작업환경의 측정, 건강진단 등을 실시할 의무를 갖는다.

정부(고용노동부)는 산재예방과 쾌적한 작업환경 조성을 위해 감독과 명령 권한을 갖는다. 사전적 감독조치로서 사업장에 대해 유해위험방지계획서 제출, 안전·보건진단, 공정안전보고서 제출 등을 하도록 할 수 있고, 사후적 감독조치로서 안전보건 점검, 작업중지 명령, 영업정지 요청 등을 할 수 있다.

한편, 2022년 1월 28일부터 중대재해 처벌등 에 관한 법률이 시행되었다. 기존 산업안전법이 산업안전 및 산재 예방을 위해 존재하지만, 미흡하다는 평가에 따라 사업주, 경영책임자 등에 대한 안전보건확보의무를 부과하고 이를 위반하여 중대재해가 발생할 경우 직접 처벌을 하는 내용의 법률이다. 이 법은 일반적인 사업장에 원칙적으로 적용된다. 다만, 이 법 시행 당시 개인 사업자 또는 상시 근로자가 50명 미만인 사업 또는 사업장(건설업의 경우에는 공사금액 50억원 미만의 공사)에 대해서는 이 법 공포 후 3년인 2024.1.27.부터 이 법이 적용된다(중대재해처벌법 부칙 제1조제1항).

산업안전법과 중대재해처벌법은 산업재해의 사전적 예방에 초점을 두고 있는 반면, 산재보험법은 재해발생 시 사후적 보상에 중점을 두고 있다. 산업재해보상제도는 근로자에게 업무상의 사유로 인해 부상, 질병, 장해, 사망 등이 발생한 경우에 해당 근로자나 유족을 보호하기 위해 마련된 것이다.

산재보험법의 적용대상자는 원칙적으로 근로기준법상의 근로자에 한정되지만, 업무의 성격, 해당 취업자의 보호 필요성 등을 고려하여 특례규정을 두어 노무제공자, 중·소기업 사업주, 해외 파견자, 현장 실습생, 자활급여수급자 등 일부 근로자가 아닌자도 산재보험법 적용 대상으로 하고 있다. 특히 노무제공자는 기존의 특수형태근로종사자와 플랫폼 종사자를 모두 포함하는 개념으로 이들의 노무제공 특성에 맞는 산재보험 적용·징수의 제도와 급여·보상 체계를 규율하여 산재보험의 보장을 확대하기 위한 것이다(2023.7.1. 시행).

산재보상의 적용을 받으려면 업무상 재해에 해당되어야 하는데, 일반적으로 재해가 업무의 수행과 연관하여 발생하여야 하며(업무수행성), 업무와 재해간에 일정한 인과관계가 있어야 한다(업무기인성). 근로자가 업무상 사고, 업무상 질병, 출퇴근 재해 등의 사유로 부상·질병 또는 장해가 발생하거나 사망하면 업무상의 재해로 본다.

업무상 사고에는 업무수행 중의 사고, 시설물 등의 결함 등에 따른 사고, 행사 중의 사고, 휴게시간 중의 사고 등이 있다. 그리고 업무상 질병에는 유해·위험요인에 의한 질병, 업무상 부상이 원인이 되어 발생한 질병, 그 밖에 업무와 관련하여 발생한 질병이 포함된다. 또한 최근 개정된 출퇴근 재해에는 종전의 사업주의 지배관리하에서 출퇴근하는 중 발생한 사고 이외에 통상적인 경로와 방법으로 출퇴근하는 중 발생한 사고도 포함된다.

(3) 여성과 소년 등 보호

헌법(제32조 제4항, 제5항)은 여성과 연소자에 대해 특별한 보호를 받는다고 규정하고 있고, 이에 기초하여 근로기준법(제5장)은 여성과 소년에 대한 보호를 구체화하고 있다. 연소근로자는 15세 이상 18세 미만자를 말하고, 미성년자는 19세 미만자를 말하며, 연소근로자와 미성년자를 총칭하여 소년이라고 부른다. 근로기준법 제5장에서는 여성과 연소근로자에 대해 공통적인 보호 규정을 두는 한편, 여성, 연소근로자, 미성년자에 대해 개별적으로 특별보호 규정을 두고 있다

여성과 소년에 대한 공통 보호 규정을 살펴보면, 유해·위험사업에 대한 사용규제, 갱내근로 금지, 야간·휴일근로의 규제 등이 있다.

그리고 소년에 대한 보호 규정을 보면, 우선 연소근로자에 대한 특별보호를 위해 최저취업연령의 제한, 취직인허증 제도, 사용자의 연소자증명서 비치 의무 등의 규정을 두고 있고, 사용자가 연소자와 근로계약 시 근로조건 서면명시·교부 의무, 사용직종과 갱내근로의 제한, 근로시간의 보호 등의 규정이 적용된다.

미성년자 보호를 위해 미성년자의 근로계약 시 근로계약의 대리체결을 금지하고, 친권자, 후견인 또는 고용노동부장관은 근로계약이 미성년자에게 불리하다고 인정하는 경우에는 이를 해지할 수 있도록 하고 있으며, 미성년자는 독자적으로 임

금을 청구할 수 있도록 하고 있다(근로기준법 제68조).

또한, 헌법의 여성근로자에 대한 특별보호(제32조제4항)와 모성의 보호(제36조제2항) 규정에 기초하여 근로기준법은 여성근로자의 근로조건 보호에 대해, 남녀고용평등법은 남녀의 차별적 대우금지와 여성근로자의 모성보호에 대해 구체적인 규정을 두고 있다.

일반 여성근로자의 보호를 위해 근로기준법에 사용직종과 갱내근로의 제한, 야간근로와 휴일근로의 제한, 생리휴가 관련 규정을 두고 있다. 그리고 임산부의 모성보호를 위해 유해·위험사업에의 사용금지, 야간근로·휴일근로·연장근로의 제한 등 근로시간 규제, 출산전후휴가 및 유산·사산휴가의 부여, 업무전환 및 직무복귀의 보장 등 관련 규정을 적용하고 있다.

한편, 일과 가정의 양립 지원을 위하여 남녀고용평등법과 고용보험법에 육아휴직, 육아기 근로시간 단축, 육아지원을 위한 조치, 직장어린이집 설치와 지원, 근로자의 가족 돌봄을 위한 지원 제도 등에 대해 규정하고 있다.

근로자에 대한 직장 내에서의 인격권 침해 사례가 빈번하게 일어나고 있다. 이러한 인격권 침해는 구체적으로는 상사나 직장 동료에 의한 성희롱이나 집단 괴롭힘 등의 형태로 주로 나타나게 된다. 따라서 직장 내 성희롱에 대해서는 남녀고용평등법에서, 직장 내 괴롭힘에 대해서는 근로기준법에서 그 법적 구제 및 처벌에 관하여 규율하고 있다.

개정 남녀고용평등법(2021.4.13.)에서는 직장 내 성희롱으로 피해를 입은 근로자가 그 시정을 위해 노동위원회에 시정신청을 할 수 있도록 한 구제절차가 새로이 도입되었다. 그리고 개정 근로기준법(2021.4.13.)에서는 직장 내 괴롭힘 금지의 실효성 제고를 위해 사용자에게 당사자 등을 대상으로 한 객관적 조사의무를 부여하는 한편, 사용자 등이 직장 내 괴롭힘 행위를 하거나 조치의무를 이행하지 않은 경우 과태료를 부과하는 내용의 규정을 신설하였다. 아울러 조사과정에서 알게 된 비밀누설금지 의무 규정도 신설하였다.

(4) 인사이동

기업은 경영 효율화, 근로의욕 증대 등을 위해 근로자에 대하여 근로의 내용과 장소를 변경하는 인사이동을 하게 된다. 인사이동은 전직 또는 전환배치라고 불리는 기업 내 인사이동(전보, 전근)과 기업 간 인사이동(전적, 전출)이 있다. 한편, 영업양도·합병 등 기업변동에 따라 근로관계가 이전되는 경우도 있다.

기업 내 인사이동은 ① 원칙적으로 사용자의 권한에 속하므로 업무상 필요한 범위 안에서는 상당한 재량이 인정되나, ② 인사이동이 정당한지 여부는 업무상 필요성이 있는지, 전직(배치전환)에 따른 근로자의 생활상의 불이익이 있는지, 노동조합 또는 근로자와의 협의 등 신의칙상 요구되는 절차를 거쳤는지 여부 등을 종합적으로 고려하여 판단하여야 한다.

이 경우 업무상 필요에 의한 전직처분(전보, 전근)으로 발생한 생활상의 불이익이 근로자가 통상 감수하여야 할 정도를 현저하게 벗어난 것이 아니라면 정당한 인사권의 범위 내에 속한다.

그리고 전직처분 등을 할 경우 근로자 본인과 성실한 협의절차를 거쳤는지의 여부는 정당한 인사권의 행사인지의 여부를 판단하는 하나의 요소라고는 할 수 있으나, 그러한 절차를 거치지 아니하였다는 사정만으로 전직 인사조치가 당연히 무효가 되는 것은 아니다.

다만, 근로계약에서 근로내용이나 근무장소를 특별히 한정한 경우에는 사용자가 근로자에 대하여 전직처분을 하려면 원칙적으로 근로자의 동의를 받아야 한다. 그리고 기업 간 인사이동인 전출·전적의 경우 근로자의 동의를 필요로 한다.

(5) 기업변동과 근로관계

기업변동의 형태로는 영업양도와 합병이 대표적인데, 영업양도의 경우 기존의 근로관계가 양수인에게 그대로 승계되는 것이 원칙이고, 영업양도 당사자 사이에 근로관계의 일부를 승계의 대상에서 제외하기로 하는 특약이 있는 경우에는 그에 따라 승계가 이루어지지 않을 수 있다.

그러나 그러한 반대의 특약은 승계대상에서 제외되는 근로자에 대하여는 실질적으로 해고나 다름이 없으므로 근로기준법 제23조제1항의 '정당한 이유'가 있어야 한다.

자산양도 계약임에도 불구하고 그 실질이 영업양도로 인정되는 경우가 있는데, 인적 조직의 해체 여부, 계약체결의 경위와 전후 사정, 주력 사업의 변화 여부, 거래선의 유지 여부 등이 영업양도와 자산양도를 판단하는 주요한 기준이 된다.

한편, 합병의 경우 상법에 따라 소멸회사와 근로자 사이의 근로관계 역시 존속회사 또는 신설회사에 법률상 당연히 포괄적으로 승계된다는 것이 통설·판례의 입장이다.

(6) 기업질서와 징계

사용자는 기업의 질서와 이익을 유지하기 위해 징계권을 행사한다. 징계는 근로자의 근무규율이나 기타 직장질서의 위반행위에 대한 제재로서 근로자에게 근로관계상의 불이익을 주는 처분을 말한다.[7)]

근로자는 징계를 받는 경우 근로관계상 불이익이 따르므로 근로기준법(제23조제1항)은 사용자가 정당한 이유 없이 해고, 휴직, 정직, 전직, 감봉, 그 밖의 징벌을 하지 못하도록 규정하고 있다.

사용자의 근로자에 대한 징계가 정당성을 갖추려면, 징계사유가 존재해야 하고, 징계양정이 적정해야 하며, 징계절차를 거쳐야 한다.

첫째, 징계사유가 명확하게 존재해야 한다. 취업규칙 등에 징계사유와 징계종류 등이 규정되어 있어야 하고, 근로자의 비위행위가 취업규칙의 징계사유에 구체적으로 해당되어야 한다. 징계사유에는 ① 근로제공 의무 위반과 관련된 무단결근, 근무태만, 업무명령 위반, ② 성실의무 위반과 관련된 학력·경력사칭, 근무규율 위반, 직장 외 비위행위, ③ 위법한 노동조합 활동 등이 있다.

둘째, 징계사유에 따른 징계양정이 적정해야 한다. 징계에는 경고, 견책부터 감봉, 정직, 해고 등의 종류가 있다. 징계사유는 엄격한 기준에 따라 인정되지만, 징계양정의 적정성은 징계의 원인이 된 비위사실의 내용과 성질, 징계에 의해 달성하

---

7) 임종률, 노동법, p.543.

고자 하는 목적, 징계양정의 기준 등 다양한 요소를 종합하여 판단하며, 징계수위의 결정은 원칙적으로 사용자의 재량에 맡겨져 있다. 그러나 징계처분이 사회통념상 현저하게 타당성을 잃어 징계권자에게 주어진 재량권을 벗어난 경우에는 위법 또는 부당한 징계처분이 된다.

셋째, 징계는 절차적 정당성을 갖춰야 한다. 이러한 절차적 정당성은 준비단계인 징계위원회 출석통지부터 징계처분 통지에 이르기까지의 징계과정 전체를 대상으로 판단한다.

징계에 대한 절차적 정당성의 판단기준은 징계과정에서 징계 대상자에게 징계절차 규정에 따라 출석통지를 하였는지, 소명기회를 부여하였는지, 징계위원회의 구성 및 징계의결 등 징계과정이 규정에 따라 합리적으로 행하여졌는지 여부 등이다. 징계절차를 현저하게 위배해서 징계를 했다면 비위행위의 정도, 징계사유의 적정성, 징계양정의 적정성 여부와 상관없이 징계는 무효로 된다.

취업규칙 등에서 인사위원회 구성 및 재심절차 등을 징계절차로 규정한 경우 그 절차를 준수하지 않고 행한 징계는 그 사유의 정당성이 인정되더라도 절차의 하자로 인한 부당징계로 인정되므로, 기업은 반드시 취업규칙 등에 규정된 징계절차를 준수하면서 징계를 시행해야 한다.

그러나 근로자를 징계하거나 해고할 경우 취업규칙 등 관련 규정에 징계 대상자의 출석 및 진술의 기회 부여 등에 관한 절차가 규정되어 있지 않다면 그와 같은 절차를 밟지 아니하고 징계·해고하였다고 하여 그 인사조치를 무효라고 할 수는 없다.

4. 근로관계의 종료

(1) 해 고

해고는 사용자가 근로자의 의사에 반하여 일방적으로 고용관계를 종료시키는 것을 말한다. 해고는 그 사유와 목적 등을 기준으로 하여 근로자 귀책의 일반해고와 사용자 귀책의 정리해고로 나누어지고, 일반해고는 다시 근로자의 비위행위에 대한 징벌 목적의 징계해고와 근로자의 근로계약상 의무 불이행을 이유로 한 통상해고로 나누어진다.

사용자에 의한 일방적이고 무분별한 해고는 근로자와 그 가족의 생계를 위협하고 경제사회적 불안정을 야기할 수 있으므로 근로기준법은 해고를 엄격히 제한하고 있다.

사용자가 근로자를 해고하려면 근로기준법에 따라 ① 정당한 이유가 있어야 하고, ② 해고하려는 날의 30일 전에 해고를 예고해야 하며, ③ 해고사유와 해고시기를 서면으로 통지하는 등의 절차를 준수해야 한다.

이를 위반하면 근로자는 노동위원회에 원직복직이나 원직복직에 갈음한 금전보상을 내용으로 하는 부당해고 구제신청을 할 수 있고, 사용자가 노동위원회의 구제명령을 이행하지 않는 경우에는 이행강제금이 부과되며, 확정된 구제명령을 이행하지 않으면 형사처벌을 받을 수도 있다.

한편, 근로자는 법원에 사용자를 상대로 해고무효확인소송, 근로자지위확인소송과 함께 임금·퇴직금 지급청구소송 등 민사소송을 제기할 수 있다.

해고는 해고사유 등에 따라 다양한 유형으로 분류할 수 있지만 아래에서는 해고사유와 목적을 함께 고려하여 징계해고, 정리해고로 구분하고, 그 외의 것을 통상해고로 분류하여 간략히 설명한다.

첫째, 징계해고는 근로자의 비위행위 등 기업질서 위반행위에 대한 제재조치로서의 해고이다. 징계를 위해서는 근로자의 고의·과실 등 행태상 사유가 있어야 하고, 비위행위에 대한 징벌 목적으로 이루어져야 하며 원칙적으로 취업규칙 등에 근거를 두고 있어야 한다.

징계해고 사유로서는 업무명령 위반, 근무태도 불량, 업무의 중대한 지장 초래, 회사의 명예·신용 훼손 등이 있으며 징계와 마찬가지로 징계해고의 사유, 양정, 절차 면에서 정당성을 갖추어야 한다.

둘째, 정리해고는 긴박한 경영상의 필요에 따라 기업의 유지나 존속을 위해 하는 해고이다. 해고사유로는 ① 실적 악화와 도산 위기, ② 경쟁력 회복·제고를 위한 작업형태나 사업조직 변경, ③ 생산성 향상 내지 신기술 도입, ④ 기술혁신에 따른 산업구조 변화, ⑤ 경영 악화 방지를 위한 사업양도·합병 등이 있다.

정리해고는 근로기준법(제24조)에 따라 긴박한 경영상의 필요, 해고회피 노력, 합리적이고 공정한 해고 대상자 선정, 근로자대표와의 성실한 협의 등 요건을 갖춘 경우에만 그 정당성을 인정받는다.

셋째, 통상해고는 근로자가 근로계약상의 의무를 이행하지 못함에 따른 해고이다. 근로자의 일신상 사유(고의, 과실 미전제) 또는 행태상 사유(고의, 과실 전제) 등이 있어야 하고 취업규칙이나 단체협약에 그 근거 규정을 두어야 한다.

통상해고의 사유에는 부상·질병 등으로 인한 심신 장해, 자격 상실, 형사소추(구속)·유죄판결(징역·금고), 업무능력 결여, 근무성적 부진 등이 있다.

그러나 해고는 해고사유가 사회통념상 고용관계를 유지할 수 없을 정도로 중대한 경우에 한하여 인정된다. 저성과자에 대한 통상해고의 정당성은 근로자의 업무성과 부진, 명확한 근거 규정 존재, 객관적이고 공정한 평가, 근로자의 자율개선 촉구 및 교육훈련 기회 제공 등 해고회피 노력, 배치전환 등 고용유지 노력 등을 종합적으로 고려하여 판단한다.

(2) 해고 이외의 근로관계 종료

해고 이외의 근로관계 종료는 크게 당사자의 의사에 의한 퇴직, 기한의 도래, 당사자의 소멸 등 세가지 원인에 의해 발생한다.

첫째, 당사자의 의사에 의한 퇴직에는 근로자가 일방적으로 근로관계를 해지하는 임의사직이 있고, 근로자와 사용자가 합의하여 근로관계를 종료하는 합의해지가 있다.

그러나 실무적으로 근로자는 사용자의 권고사직에 동의하지 않았고 사용자의 강요에 따라 퇴직을 했으므로 부당해고라고 주장하고, 사용자는 근로자가 자발적으로 사직했거나 권고사직에 동의하였으므로 부당해고가 아니라고 주장하는 경우가 발생한다.

따라서 이러한 경우에는 근로자의 사직의사(사직서 제출 등), 해고에 대한 이의제기, 사용자의 출근지시, 근로자의 출근거부, 근로자의 퇴직금 수령 등 다양한 판단요소를 기준으로 근로자의 일방적인 사직인지, 노사간의 합의해지인지, 사용자의 일방적인 해고인지를 판단하게 된다.

둘째, 기한의 도래에 의한 근로관계 종료로서 계약기간의 만료와 정년의 도래에 따라 근로관계가 소멸되는 경우이다. 실무적으로는 계약기간 만료와 관련한 분쟁이 빈번하게 발생한다.

기간제 근로계약은 원칙적으로 기간이 만료되면 근로관계가 당연히 종료되지만, 근로자는 근로계약에 대한 갱신기대권이 있고 갱신거절의 합리적 사유도 없으므로 부당해고라고 주장하는 경우가 있다. 이에 대해 사용자는 근로계약이 만료되었으므로 갱신기대권이 없고, 설사 있더라도 갱신거절에 대한 합리적 사유가 있다고 주장한다.

이러한 경우 갱신기대권이 있는지에 대해서는 근로계약서와 취업규칙, 계약갱신의 요건과 절차, 계약갱신 관행 등을 기준으로 판단을 하고, 갱신거절의 합리적 사유에 대해서는 평가기준과 절차의 공정성과 객관성, 재계약 직전 평가와 이전 평가와의 차이, 평정에 대한 검증절차 등을 기준으로 판단을 하게 된다.

또한, 원칙적으로 정년이 도달하면 근로관계가 종료되어 근로자가 정년연장을 요구할 권리가 없다. 그러나 정년 이후에도 계속하여 기간의 정함이 없는 근로관계를 유지할 경우 정년퇴직 통지는 부당해고에 해당될 수 있다.

셋째, 당사자가 소멸하면 근로관계도 종료된다. 근로자가 사망하거나 사업주가 폐업 또는 파산함에 따라 근로관계를 더 이상 유지할 수 없는 상황이 발생하는 경우이다.

5. 비정규직 근로자

비정규직 근로자에는 기간제근로자, 단시간근로자, 파견근로자 등이 포함되며, 일반적으로 이러한 근로자들을 총괄하여 비정규직이라 부른다. 정규직 근로자에 비해 상대적으로 고용이 불안하고 근로조건이 열악한 비정규직 근로자 보호를 위해 별도로 기간제법(기간제, 단시간근로자)과 파견법(파견근로자)을 제정하여 시행하고 있다.

첫째, 기간제근로자는 기간의 정함이 있는 근로계약을 체결한 근로자로서, 일반적으로 기간을 정하여 근로계약을 체결한 근로자의 경우 그 기간이 만료됨으로써 신분관계가 당연히 종료되는 것이 원칙이다.

사용자는 2년을 초과하지 아니하는 범위 안에서(기간제 근로계약의 반복갱신 등의 경우에는 그 계속근로한 총기간이 2년을 초과하지 아니하는 범위 안에서) 기간제근로자를 사용할 수 있다. 따라서 사용자가 기간제법 제4조제1항 각호의 사유(예외 사유)에 해당되지 않음에도 불구하고 2년을 초과하여 기간제근로자로 사용하는 경우에는 그 기간제근로자는 기간의 정함이 없는 근로계약을 체결한 근로자로 본다(기간제법 제4조제2항).

사용자는 기간제근로자임을 이유로 당해 사업 또는 사업장에서 동종 또는 유사한 업무에 종사하는 기간의 정함이 없는 근로계약을 체결한 근로자에 비하여 차별적 처우를 하여서는 아니 된다(기간제법 제8조). 노동위원회에 차별시정 신청을 할 수 있는 자는 기간제법상 기간제·단시간근로자와 파견법상 파견근로자가 된다(기간제법 제9조, 파견법 제21조).

근로자가 차별적 처우를 인정받으려면 ① 당사자 적격 인정 및 제척기간 준수 등 시정신청 요건 충족, ② 비교대상 근로자의 존재, ③ 차별금지 영역에 해당, ④ 불리한 처우의 존재, ⑤ 합리적 이유의 부재라는 요건이 충족되어야 한다.

둘째, 단시간근로자라 함은 1주 동안의 소정근로시간이 그 사업장에서 같은 종류의 업무에 종사하는 통상 근로자의 1주 동안의 소정근로시간에 비하여 짧은 근로자를 말한다(기간제법 제2조제2호, 근로기준법 제2조제8호).

단시간근로자는 근로시간의 길이를 제외하고는 통상 근로자와 차이가 없으므로, 근로시간의 길이에 따른 합리적인 차별을 제외하고 근로조건 및 기타 대우에 관해서 차별대우를 하여서는 아니된다.

단시간근로자도 근로자이므로 근로기준법, 최저임금법, 산업안전법, 노동조합법 등이 적용된다. 다만, 근로기준법의 적용에 있어서 근로시간이 짧기 때문에 일부 규정은 그에 비례하여 적용된다(근로기준법 제18조제1항 참조). 한편, 사용자는 단시간근로자임을 이유로 당해 사업 또는 사업장의 동종 또는 유사한 업무에 종사하는 통상 근로자에 비하여 차별적 처우를 해서는 아니 된다(기간제법 제8조제2항).

셋째, 근로자파견이라 함은 파견사업주가 근로자를 고용한 후 그 고용관계를 유지하면서 근로자파견계약의 내용에 따라 사용사업주의 지휘·명령을 받아 사용사업주를 위한 근로에 종사하게 하는 것을 말한다(파견법 제2조제1호). 파견근로자는 파견계약에 따라 사용사업주에게 파견된 근로자를 말한다.

파견근로자 보호를 위해 근로자파견사업에는 각종 규제를 두고 있는데, 파견대상 업무와 파견기간을 제한하고, 근로자파견사업은 고용노동부장관의 허가를 받은 자만이 할 수 있다.

한편, 사용사업주가 근로자파견 대상업무에 해당하지 아니하는 업무에서 파견근로자를 사용하는 경우(불법파견) 등에는 해당 파견근로자를 직접 고용하여야 한다(파견법 제6조의2제1항 참조).

파견사업주와 사용사업주는 파견근로자임을 이유로 사용사업주의 사업 내의 동종 또는 유사한 업무를 수행하는 근로자에 비하여 파견근로자에게 차별적 처우를 하여서는 아니된다. 파견근로자가 차별적 처우를 받은 경우 노동위원회에 그 시정을 신청할 수 있다. 시정신청 및 그 밖의 시정절차에 관해서는 기간제법이 정하는 절차를 준용한다.

제3절 노동분쟁 해결절차

1. 개별적 노동분쟁의 해결

근로자가 부당해고등(징계 포함)에 관해 권리구제를 받고 분쟁을 해결할 수 있는 방법은 3가지가 있다. 첫째는 노동위원회의 구제절차를 통한 분쟁해결이다. 둘째는 법원을 통한 분쟁해결로서 중앙노동위원회의 재심판정 취소를 구하는 행정소송과 무효확인·손해배상소송 등 민사소송을 통한 분쟁해결이다. 셋째는 임금체불, 부당노동행위 등에 대하여 지방고용노동관서(근로감독관) 등의 수사와 형사처벌을 통해 근로자와 노동조합의 권리를 구제받을 수 있다.

노동위원회의 구제절차와 법원의 소송은 당사자의 신청이나 소송의 제기에 의해 절

차가 개시되는 점은 같지만 조사 등의 절차와 판정·판결의 효력에서 차이가 있다.[8)]

노동위원회는 당사자가 주장하는 사실에 국한하지 않고 구제신청의 범위 내에서 직권으로 사실조사와 증거수집을 하여 판정의 기초로 삼을 수 있다(당사자주의와 직권주의). 반면에 법원은 변론주의에 입각하여 당사자가 수집을 하여 변론과정에서 제출한 증거와 소송자료만을 재판의 기초로 삼고 있다.[9)]

2. 노동위원회를 통한 분쟁해결

노동위원회를 통한 부당해고등 구제신청은 소송절차의 번잡성, 절차 지연, 과다한 비용 부담 등의 단점을 지양하고 신속·간이하며 경제적이고 탄력적인 권리구제를 도모하기 위한 행정적 구제절차이다(대법원 1997.2.14. 96누5926).

근로자는 사용자로부터 정당한 이유 없이 해고·휴직·정직·전직·감봉 기타 징벌을 당한 경우 노동위원회에 권리구제를 신청할 수 있다. 그리고 비정규직(기간제·단시간·파견)근로자, 일학습병행 근로자가 합리적인 이유 없이 차별적 처우를 받거나 고용에 있어 성별 등을 사유로 합리적인 이유 없이 불리한 조치를 받은 경우 노동위원회를 통해 구제받을 수 있다. 또한, 근로자 또는 노동조합은 사용자로부터 부당노동행위를 당한 경우 권리구제를 신청할 수 있다.

노동위원회는 구제신청 접수 후에 조사를 진행하며, 심문회의와 판정회의를 거쳐 판정서를 당사자에게 송부한다.

심문회의에는 공익위원, 근로자위원, 사용자위원이 참여하고, 판정회의에서 공익위원은 근로자·사용자 위원의 의견을 들은 다음 부당해고등에 대해 과반수의 찬성으로 판정을 하게 된다.

노동위원회는 부당해고등이 성립한다고 판정하면 사용자에게 공법상 의무가 부여되는 구제명령을 내리게 되고, 부당해고등이 성립되지 않는다고 판정하면 구제신청을 기각하는 판정을 내리게 된다. 그리고 신청기간, 근로자수, 당사자 적격 등 구제신청 요건을 갖추지 못한 경우 각하 판정을 하게 된다.

8) 중앙노동위원회, 심판업무 매뉴얼, 2019, p.8.

9) 중앙노동위원회, 심판업무 매뉴얼, p.8.

한편, 노동위원회는 근로자가 구제명령에 따라 원직에 복직된다 하더라도 사용자와의 관계가 원상회복되기 어렵다고 인정되는 경우에는 근로자의 신청으로 원직복직을 명하는 대신 금전보상명령을 내리기도 한다. 그리고 판정 이외에 재판상 화해와 동일한 효력을 가지는 화해제도가 있고, 저소득 근로자를 위해 공인노무사, 변호사가 무료지원하는 권리구제 대리인 제도를 운영하고 있다.

구제명령의 실효성을 높이기 위해 노동위원회는 구제명령을 이행하지 않는 사용자에게 3천만 원 이하의 이행강제금을 부과할 수 있고, 확정된 구제명령을 이행하지 않는 경우에는 관할 지방노동관서에 고발하여 형사처벌을 받게 할 수도 있다.

지방노동위원회는 근로자가 제기한 구제신청의 초심을 담당하고, 중앙노동위원회는 근로자나 사용자가 초심 판정에 불복하여 제기하는 재심을 담당한다.

구제신청은 처분이 있었던 날로부터 3개월 내에 하여야 하며 재심신청은 초심결정을 통보받은 날로부터 10일 이내에 하여야 한다. 한편, 부당해고등의 구제신청은 상시 근로자 5명 이상 사업 또는 사업장의 근로자가 제기할 수 있다.

노동위원회 구제제도는 신속하고 저렴한 비용으로 분쟁을 해결하기 위하여 사건이 접수된 이후 60일 내에 사건조사와 판정이 이루어지고, 심판회의 개최 후 30일 이내에 당사자에게 판정서가 송부되는 것을 목표로 운영되고 있다. 아울러 지방노동위원회에 구제신청한 건수를 기준으로 심판사건의 95% 이상이 법원에 행정소송 등을 제기하지 않고 노동위원회의 판정을 수용함으로써 노동위원회가 노동분쟁 해결에 있어 중추석 역할을 하고 있음을 알 수 있다.[10)]

3. 법원을 통한 분쟁해결

근로자나 사용자가 부당해고등에 관한 노동위원회의 판정에 불복하는 경우 법원에 행정소송을 제기할 수 있으며, 행정법원의 판결에 불복할 경우 고등법원에 항소(抗訴), 대법원에 상고(上告)할 수 있다.

또한, 근로자는 노동위원회에 부당해고등에 대해 권리구제를 신청하는 것과는

10) 중앙노동위원회, 2022 노동위원회 통계연보, 2023.

별개로 법원에 해고·전직·휴직 등 징계의 무효를 확인하는 소송 또는 근로자지위 확인의 소와 미지급임금의 지급을 구하는 본안소송을 제기하여 사법적 구제절차를 진행할 수 있다. 그리고 신속한 권리구제를 위하여 민사소송을 본안으로 한 지위보전의 가처분 신청이나 임금지급의 가처분 신청을 할 수 있다.

부당하게 해고된 근로자가 해고무효확인 및 임금청구소송에서 승소하여 해고기간 동안의 임금을 전액 지급받게 되면 근로자의 손해는 모두 회복된 것으로 볼 수 있다.

그러나 해고할 만한 사유가 전혀 없는데도 명목상의 해고사유를 만들어 해고한 경우, 해고사유에 해당되지 아니하거나 해고사유로 삼을 수 없음이 객관적으로 명백하고 또 조금만 주의를 기울이면 그 사정을 쉽게 알아볼 수 있는데도 그것을 이유로 해고로 나아간 경우 등 해고권의 남용이 건전한 사회통념이나 사회상규상 용인될 수 없음이 분명하면 민법 제750조의 불법행위가 성립되어 정신적 고통에 대한 손해배상이 인정될 수도 있다.

제2장

근로관계 규율의 법적 기초

제1절 근로관계 규율의 근거

기업에서의 근로관계는 노사 당사자의 의사에 의해 자율적으로 결정되는 것이 원칙이지만 헌법·법령 등 강행법규, 단체협약·취업규칙 등 자치규범, 근로계약, 근로관계 관행 등의 규율을 받는다. 노동위원회나 법원에서는 기업의 인사권 행사와 관련하여 분쟁이 있는 경우 이러한 근로관계 규율을 기초로 판단을 한다.

1. 헌 법

대한민국헌법(헌법)은 모든 법의 법원 중에서 최상위의 규범으로 모든 법에 우선하며, 헌법에 위배되는 법령은 효력이 없다.[1] 헌법 규정 중에서 노동관계와 관련한 조항을 보면, 헌법 제32조는 개별적 근로관계에서 근로의 권리와 의무, 근로자의 고용증진과 적정임금의 보장, 근로조건의 기준, 여자와 연소자 근로의 보호에 대해 규정하고 있다. 그리고 헌법 제33조는 집단적 노사관계에서 근로조건의 향상을 위한 단결권, 단체교섭권 및 단체행동권에 대해 규정하고 있다.

대한민국헌법 | **근로조건의 보호와 노동3권의 보장**

제32조 ① 모든 국민은 근로의 권리를 가진다. 국가는 사회적·경제적 방법으로 근로자의 고용의 증진과 적정임금의 보장에 노력하여야 하며, 법률이 정하는 바에 의하여 최저임금제를 시행하여야 한다.
② 모든 국민은 근로의 의무를 진다. 국가는 근로의 의무의 내용과 조건을 민주주의원칙에 따라 법률로 정한다.
③ 근로조건의 기준은 인간의 존엄성을 보장하도록 법률로 정한다.
④ 여자의 근로는 특별한 보호를 받으며, 고용·임금 및 근로조건에 있어서 부당한 차별을 받지 아니한다.
⑤ 연소자의 근로는 특별한 보호를 받는다.
⑥ 국가유공자·상이군경 및 전몰군경의 유가족은 법률이 정하는 바에 의하여 우선적으로 근로의 기회를 부여받는다.

---

1) 노동법실무연구회, 근로기준법주해 Ⅰ(제2판), 박영사, 2020, p.25.

> **제33조** ① 근로자는 근로조건의 향상을 위하여 자주적인 단결권·단체교섭권 및 단체행동권을 가진다.
> ② 공무원인 근로자는 법률이 정하는 자에 한하여 단결권·단체교섭권 및 단체행동권을 가진다.
> ③ 법률이 정하는 주요방위산업체에 종사하는 근로자의 단체행동권은 법률이 정하는 바에 의하여 이를 제한하거나 인정하지 아니할 수 있다.

2. 노동관계법령

노동관계법령은 국가의 입법기관이 제정한 노동법을 말하며, ① 개별적 근로관계법, ② 집단적 노사관계법, ③ 노동시장법, ④ 기타 노동관계법으로 구분할 수 있다.[2)]

첫째, 개별적 근로관계법(개별 노동관계법)에는 근로기준법, 최저임금법, 남녀고용평등법, 채용절차법, 기간제법, 파견법, 산업안전법, 산재보험법, 근로복지기본법, 퇴직급여법 등이 있다.

특히 헌법 제32조제3항에 근로조건의 기준은 인간의 존엄성을 보장하도록 법률로 정하도록 되어 있는데, 근로기준법은 이러한 헌법의 가치와 규범을 담고 있으면서 개별적 근로관계를 규율하는 기본적인 법률이다. 근로관계를 다루고 있는 법률은 강행적 효력을 갖고 있고, 근로기준법은 근로조건의 최저기준을 정하고 있으므로 근로관계 당사자는 이 기준을 이유로 근로조건을 낮출 수 없다(근로기준법 제3조).

근로조건은 근로자와 사용자가 동등한 지위에서 자유의사에 따라 결정하여야 하고 근로자와 사용자는 단체협약, 취업규칙과 근로계약을 지키고 성실하게 이행할 의무가 있다(근로기준법 제4조, 제5조).

근로기준법은 근로계약, 임금, 근로시간, 여성과 소년, 안전과 보건, 산업재해보상, 취업규칙의 작성과 신고, 근로감독관 등에 관해 규정하고 있다.

둘째, 집단적 노사관계법(집단 노동관계법)에는 노동조합법, 공무원노조법, 교원

2) 〈임종률, 노동법(제20판), 박영사, 2022〉에서는 노동법을 집단적 노동관계법, 개별적 노동관계법, 그 밖의 부문으로 구분하고 있다. 한편, 〈김형배·박지순, 노동법강의(제11판), 신조사, 2022〉에서는 노동법을 개별적 근로관계법, 집단적 노사관계법, 협력적 노사관계법, 노동시장법으로 구분하고 있다.

노조법 등이 있다.

특히 노동조합법은 집단적 노사관계에 적용되는 기본법으로서 노동조합, 단체교섭과 단체협약, 쟁의행위, 노동쟁의의 조정 및 부당노동행위 등에 대해 규정하고 있다.

셋째, 노동시장법에는 고용정책기본법, 직업안정법, 평생직업능력법, 고용보험법, 고령자고용법, 장애인고용법 등의 법률이 포함된다.

넷째, 그밖의 부문에는 노동위원회법, 근로자참여법이 포함된다.

이중 특히 노동위원회법은 노동관계에서 판정과 조정 업무의 신속하고 공정한 수행을 위한 노동위원회 설치와 운영(조직, 회의, 권한) 등에 관한 사항에 대해 규정하고 있고, 기업에서 개별적 근로관계와 집단적 노사관계를 둘러싼 분쟁해결에 중요한 역할을 하고 있다.

노동관계법령을 위 4개의 유형에 따라 구분하면 〈도표 2-1〉과 같다.

〈도표 2-1〉 노동관계법령의 종류

구 분	관계 법령
개별적 근로관계법 (개별 노동관계법)	근로기준법, 최저임금법, 남녀고용평등법, 채용절차법, 기간제법, 파견법, 산업안전법, 산재보험법, 근로복지기본법, 퇴직급여법
집단적 노사관계법 (집단 노동관계법)	노동조합법, 공무원노조법, 교원노조법
노동시장법	고용정책기본법, 직업안정법, 평생직업능력법, 고용보험법, 고령자고용법, 장애인고용법
기타 노동관계법	근로자참여법, 노동위원회법

자료: 〈임종률, 노동법(제20판), 박영사, 2022, pp.13~15〉의 체계를 참고하여 수정.

한편, 법률의 위임에 따라 국가기관은 시행령과 시행규칙을 제정·개정한다. 시행령(대통령령)은 국민의 권리와 의무를 주로 규정하고, 시행규칙은 행정내부의 조직과 활동, 업무처리 절차와 기준 등을 주로 규정하고 있다.[3]

---

3) 노동법실무연구회, 근로기준법주해 Ⅰ, pp.26~27.

예를 들어 근로기준법 시행령은 평균임금의 계산, 통상임금, 상시 근로자수 산정, 근로계약에 명시해야 할 근로조건, 구제명령의 이행기간 등에 대해 규정하고 있고, 근로기준법 시행규칙은 부당해고등 구제신청, 이행강제금의 징수절차, 취업규칙의 신고 등에 대해 정하고 있다.

3. 단체협약, 취업규칙과 근로계약

기업의 인사관리에서는 근로계약, 취업규칙 및 단체협약이 근로관계 규율의 규범적 토대를 이루고 있다.

첫째, 근로계약이란 근로자가 사용자에게 근로를 제공하고 사용자는 이에 대하여 임금을 지급하는 것을 목적으로 체결된 계약을 말한다(근로기준법 제2조제4호).

근로계약 체결 시 주된 의무로서 근로자에게는 근로제공 의무, 사용자에게는 임금지급 의무가 발생하며, 이러한 의무에 대응하여 사용자에게는 지휘명령권이 인정되고, 근로자에게는 임금청구권이 부여된다.

모든 사업장에는 근로계약이 적용되고, 근로자수 10명 이상 사업장은 취업규칙 작성 의무가 있으며, 노동조합이 있는 사업장은 근로계약, 취업규칙뿐만 아니라 단체협약을 준수해야 할 의무가 있다.

둘째, 취업규칙은 사용자가 기업의 질서유지와 효율적인 업무수행을 위해 근로자 전체에게 적용될 근로조건과 복무규율을 정한 준칙으로 근로조건의 기준을 집단적·통일적으로 정립하기 위해 작성하는 것이다.

취업규칙은 사용자가 작성하는 준칙인데 반해 근로계약은 사용자와 근로자가 합의하여 체결하고, 단체협약은 사용자와 노동조합이 합의해서 체결한다는 점이 다르다.

취업규칙에는 임금, 근로시간, 육아휴직 등 근로기준법에 따라 반드시 기재하여야 하는 필요적 기재사항과 교대근로, 가족수당 등 사업장에서 자율적으로 규정할 수 있는 임의적 기재사항이 포함된다.

셋째, 단체협약이란 노동조합이 설립된 기업에서 노동조합과 사용자 또는 사용자단체와 임금, 근로시간 등 근로조건 등에 관한 사항과 노사관계의 권리와 의무에 관한 사항에 대해 합의하여 서면으로 작성하여 체결한 협정을 말한다.

단체협약은 노사관계에서 가장 중요하고 기본이 되는 협정으로서 취업규칙이나 근로계약에 우선하여 적용되며, 노사 당사자가 임금, 근로시간, 징계 및 해고, 안전보건 등 단체협약에 규정된 사항을 위반하는 경우 형사처벌(1천만원 이하의 벌금)을 받도록 하고 있다(노동조합법 제92조제2호).

근로계약, 취업규칙과 단체협약에 대해서는 아래에서 별도로 상세히 설명한다.

4. 근로관계 관행

근로관계 관행은 그 자체가 법적 구속력을 갖지 않더라도 일정한 요건을 갖춘다면 묵시적인 합의가 성립된 사실상의 관습으로서 근로계약의 내용으로 인정될 수 있다.[4]

그러나 기업 내부의 특정 관행이 근로계약의 내용을 이루기 위해서는 기업에서 일반적으로 근로관계를 규율하는 규범적인 사실로서 명확히 승인되거나 구성원이 이의를 제기하지 아니하고 당연한 것으로 수용하여 기업 내에 사실상의 제도로서 확립되어 있을 정도의 규범의식에 의해 지지되고 있어야 한다(대법원 2002.4.23. 2000다50701).

기업에서 근로계약이나 단체협약의 내용이 불명확하거나 추상적일 경우 근로관행은 보충적인 해석기준으로 적용될 수 있다. 한편, 오랫동안 특정 행위를 문제삼지 않다가 특정 근로자에게 불이익을 주기 위해 관련 행위를 이유로 징계를 한다면 권리남용에 해당될 수 있다.[5]

5. 근로관계 규율의 우선순위

노동법과 관련된 법원(法源)은 헌법이 최상위에 위치하고, 원칙적으로 법률, 시행령·시행규칙, 단체협약, 취업규칙, 근로계약의 순으로 우선 적용된다.[6]

---

4) 하갑래, 근로기준법(제35판), 중앙경제, 2022, p.16.
5) 임종률, 노동법(제20판), 박영사, 2022, p.17.
6) 김형배·박지순, 노동법 강의(제12판), 신조사, 2023, pp.21~22.

첫째, 근로기준법 등 법률은 강행법규이고 최저기준이므로 노사가 자유의사를 갖고 결정한 단체협약, 취업규칙, 근로계약은 원칙적으로 강행 법규를 위반해서는 안되며, 근로기준법에 정한 최저기준을 상회하는 경우 그 규정이 적용된다.

둘째, 단체협약에 정한 근로조건 기타 근로자의 대우에 관한 기준에 위반하는 취업규칙 또는 근로계약의 부분은 무효가 되고(노동조합법 제33조), 단체협약에 정한 사항은 취업규칙에 우선한다. 다만, 단체협약에서 규정하지 않은 근로조건에 대해서는 취업규칙으로 정할 수 있다.

셋째, 취업규칙은 법령이나 해당 사업 또는 사업장에 대하여 적용되는 단체협약과 어긋나서는 안된다(근로기준법 제96조).

넷째, 근로계약이 취업규칙에서 정한 기준에 미달할 경우 그 부분에 관하여 무효가 되고, 무효로 된 부분은 취업규칙에 정한 기준에 따른다(근로기준법 제97조). 따라서 취업규칙은 근로계약과의 관계에서 최저 기준을 정하는 보충적 효력을 가지므로, 사용자가 취업규칙 불이익 변경 절차를 거쳐 적법하게 취업규칙을 개정했다고 하더라도 근로계약에서 별도로 정한 근로조건이 근로자에게 유리하다면 근로계약이 취업규칙에 우선하여 적용된다(대법원 2017.12.13. 2017다261387).

다섯째, 단체협약과 취업규칙 등 집단적 규율을 하기 위한 자치규범 간에는 유리조건 우선의 원칙이 적용되지 않는다고 본다(유리성 원칙 부정설 입장). 따라서 상위규범인 단체협약의 기준이 하위규범인 취업규칙 보다 불리하다 하더라도 단체협약이 우선 적용된다. 다만, 단체협약에서 취업규칙이 단체협약보다 유리하게 변경된 경우 취업규칙을 우선 적용하도록 정하였다면 그에 따른다.[7]

---

7) 유리성 원칙 부정설 입장은 〈임종률, 노동법, p.163;대법원 2002.12.27. 2002두9063〉을 참조. 그러나 유리성 원칙 긍정설〈김형배, 노동법(제27판), 박영사, 2021, pp.1249~1257〉에 따르면 단체협약 기준을 최저기준이자 최고기준으로 보는 것은 근로자 보호를 주된 목적으로 하는 노동법의 기본이념에 위배되고, 유리한 조건 우선의 원칙은 노동법을 지배하는 기본원칙이라고 본다.

핵심 판례 **단체협약과 취업규칙의 우선 적용 관계**

협약자치의 원칙상 노동조합은 사용자와 사이에 근로조건을 유리하게 변경하는 내용의 단체협약뿐만 아니라 근로조건을 불리하게 변경하는 내용의 단체협약도 체결할 수 있으므로, 근로조건을 불리하게 변경하는 내용의 단체협약이 현저히 합리성을 결하여 노동조합의 목적을 벗어난 것으로 볼 수 있는 것과 같은 특별한 사정이 없는 한 그러한 노사간의 합의를 무효라고 볼 수는 없고, 단체협약의 개정에도 불구하고 종전의 단체협약과 동일한 내용의 취업규칙이 그대로 적용된다면 단체협약의 개정은 그 목적을 달성할 수 없으므로 개정된 단체협약에는 당연히 취업규칙상의 유리한 조건의 적용을 배제하고 개정된 단체협약이 우선적으로 적용된다는 내용의 합의가 포함된 것이라고 봄이 당사자의 의사에 합치한다고 할 것이고, 따라서 개정된 후의 단체협약에 의하여 취업규칙상의 면직기준에 관한 규정의 적용은 배제된다고 보아야 한다(대법원 2002.12.27. 2002두9063).

제2절 근로계약

1. 근로계약의 의의

근로계약은 '근로자가 사용자에게 근로를 제공하고 사용자는 이에 대하여 임금을 지급하는 것을 목적으로 체결된 계약'을 말한다(근로기준법 제2조제4호). 사용자와 취업 희망자 사이에 '모집 → 응모 → 심사 → 채용'의 과정을 통하여 근로계약이 체결되면 근로자와 사용자 사이에 근로관계가 형성되므로, 근로계약은 '양 당사자가 근로관계 속에서 가지는 권리와 의무의 내용을 정하는 계약'을 의미한다.

근로계약의 법적 성질을 보면 ① 근로제공과 임금지급이라는 채권·채무의 성립을 목적으로 하는 채권(債權) 계약으로서, ② 근로와 임금이 대가적 교환관계에 있는 유상·쌍무(有償·雙務) 계약에 해당하고, ③ 당사자 간 의사표시가 일치하기만 하면 되고, 계약 체결 시 특정한 형식을 요하지 않는 낙성·불요식(諾成·不要式) 계약이다.[8]

8) 노동법실무연구회, 근로기준법주해 Ⅰ, p.179.

민법은 계약의 형태로서 ① 상대방의 지휘명령 아래에서 노무를 제공하는 고용(민법 제655조), ② 일의 완성을 일임하는 도급(민법 제664조), ③ 사무의 처리를 일임하는 위임(민법 제680조) 등 세 가지를 설정하고 있다. 이 가운데 고용계약과 근로계약의 관계에 대해선 구별 부정설과 구별 긍정설이 대립하나, 근로관계에 속하지 않는 고용관계[9]가 있다는 점에서 다수설인 후자가 타당하다고 본다.

근로계약은 '사실상의 지배·종속의 고용노동관계 때문에 근로기준법의 적용을 받는 노무공급계약'이라고도 정의할 수 있다.[10] 따라서 사용종속성이 핵심징표가 되며, 민법상 도급 또는 위임의 형식이나 명칭을 갖는 계약이라 하더라도 그 실질이 사용종속관계라면 근로계약으로 인정될 수 있다.

2. 근로계약 체결의 당사자

근로계약 체결의 당사자는 근로하려는 자와 고용하려는 자가 된다. '근로하려는 자'는 본인만이 해당되고 타인 명의로 근로를 제공하더라도 실제로 근로한 자와 근로계약을 맺은 것으로 본다. '고용하려는 자'는 사업주가 되는 것이 원칙이고, 노무관리담당자에게 채용행위를 위임할 수도 있으나 그 효과는 사업주에게 귀속된다.[11]

미성년자의 근로계약은 친권자나 후견인이 대리할 수 없다(근로기준법 제67조제1항). 만 19세 미만의 미성년자(민법 제4조) 자신이 친권자나 후견인의 동의를 얻어 근로계약을 직접 체결하거나 해지할 수 있으며, 친권자, 후견인 또는 고용노동부장관은 근로계약이 미성년자에게 불리하다고 인정될 때에는 이를 해지할 수 있다(근로기준법 제67조제2항).

---

9) 예를 들면, 사업(장)이 아닌 곳에서의 계약, 동거친족만을 사용하는 사업(장)에서의 친족 또는 가사사용인 등에 관한 계약은 민법상 고용계약에 해당하지만 근로계약으로 볼 수 없다(임종률, 노동법, pp.361~362).

10) 임종률, 노동법, p.361.

11) 하갑래, 근로기준법, pp.128~129.

3. 근로계약의 형식

근로계약은 당사자 간 분쟁의 예방과 신속하고 원만한 분쟁 해결을 위하여 그 내용을 명확히 하여 서면으로 작성하는 것이 바람직하다. 그러나 현행 법에 따르면 근로계약의 체결은 반드시 서면으로 이루어져야 하는 것은 아니고 구두계약이나 관행에 의해서도 근로관계가 성립될 수 있다.

다만, 사용자는 임금, 근로시간, 휴일·휴가 등 핵심 근로조건에 관한 사항은 반드시 서면으로 그 내용을 명시하여 근로자에게 교부하여야 한다(근로기준법 제17조 및 근로기준법 시행령 제8조). 18세 미만의 연소근로자, 기간제근로자, 단시간근로자, 파견근로자, 건설근로자 등에 대해서도 관련 법에서 유사한 규정을 두고 있다〈도표 2-2〉.

근로계약 체결 시 서면 명시 의무를 다하였는지 여부는 임금의 구성항목 등에 관한 근로계약, 취업규칙 등의 규정 등을 종합적으로 검토하여 판단하여야 하고, 근로계약서에 '본 계약에서 명시되어 있지 않은 모든 사항은 회사의 취업규칙 및 근로기준법에 따른다'고 규정하고 있다면 임금의 구성항목 등에 관한 서면 명시 의무를 위반한 것으로 보기는 어렵다(대법원 2007.3.30. 2006도6479).

또한, 기업에서는 근로관계를 정형화하고 집단적으로 규율하는 것이 보통이므로, 근로계약 체결 시 계약의 내용을 취업규칙과 달리 약정하는 등 특별한 사정이 없으면 취업규칙에 정하는 바에 따라 근로관계가 성립한다(대법원 1999.1.26. 97다53496).

한편, 근로자는 근로기준법 제17조에 따라 서면으로 명시된 근로조건이 사실과 다를 경우에 근로자는 근로조건 위반을 이유로 손해의 배상을 청구할 수 있으며 즉시 근로계약을 해제할 수 있다(근로기준법 제19조제1항).

근로자의 노동위원회에 대한 손해배상 청구는 사용자가 근로계약 체결 시 명시한 근로조건에 위반하여 근로자에게 손해를 입힌 경우에 허용된다. 따라서 사용자가 근로기준법의 다른 규정사항(예: 근로기준법 제27조제1항 해고사유의 서면통지)을 위반하여 근로자에게 손해를 입힌 경우라 하더라도 이를 위 제23조(현재 제19조) 소정의 근로조건의 위반이라고는 볼 수 없으므로 근로자는 노동위원회에 위 법조항에 의한 손해배상청구를 할 수 없다(대법원 1989.2.28. 87누496).

〈도표 2-2〉 근로계약시 서면 명시 의무사항

대상(근거)	내 용
근로자 (근로기준법 제17조)	– 임금(구성항목·계산방법·지급방법), 소정근로시간, 휴일, 연차휴가 – 체결 시 서면 명시·교부 의무, 변경 시 서면교부 의무(근로자 요구), 불이행시 5백만원 이하 벌금 * 취업장소·종사업무, 취업규칙의 의무적 신고사항, 기숙사규칙사항은 명시의무(서면 교부 의무사항은 아님)
연소근로자 (근로기준법 제67조 제3항)	– 임금, 소정근로시간, 휴일, 연차휴가, 취업장소·종사업무, 취업규칙 의무적 신고사항, 기숙사규칙사항 – 서면 명시·교부 의무, 위반 시 5백만원 이하 벌금
기간제 및 단시간근로자 (기간제법 제17조)	– 근로계약 기간, 임금의 구성항목·계산방법·지불방법, 근로시간·휴게, 휴일·휴가, 취업장소·종사업무, 근로일 및 근로일별 근로시간(단시간근로자에 한정함) – 서면 명시 의무, 위반 시 5백만원 이하 과태료
파견근로자 (파견법 제26조)	– 파견계약의 내용(파견근로자 수, 종사업무, 파견사유, 근로장소, 직접 지휘·명령할 자, 파견기간·파견개시일, 시업·종업시각과 휴게시간, 휴일·휴가, 연장·야간·휴일근로, 안전·보건, 파견대가), 복리후생시설 이용 – 서면통지 의무, 위반 시 1천만원(파견사업주), 3백만원(사용사업주) 이하 과태료
건설근로자 (건설근로자법 제6조)	– 사업주(법인대표자) 성명, 사업장 명칭·소재지, 근로시간·임금·고용기간, 업무의 내용, 근로자 배치 장소, 퇴직공제 가입대상 여부 및 가입 여부 – 서면 명시·교부 의무

4. 근로계약 당사자의 권리와 의무

(1) 근로계약 당사자의 권리

1) 사용자의 권리

근로계약이 체결되어 근로관계가 성립되면 사용자는 근로자를 조직에 유입시키고, 활용하고 유출시키는 일체의 권한인 광의의 인사권을 갖게 된다.

이러한 과정 속에서 사용자는 ① 채용, 배치, 평가, 승진, 해고 등 근로자 지위의 변동과 처우에 관한 권한인 인사명령권(협의의 인사권), ② 업무수행 전반에 대해 근로자에게 지시와 명령을 내릴 수 있는 업무명령권, ③ 조직의 질서를 유지하기 위해 징계해고, 정직, 감봉 등에 처할 수 있는 징계권을 갖는다.[12)]

2) 근로자의 권리

근로자는 사용자의 인사권과 임금지불 의무에 대응하여 임금청구권을 갖는다. 즉, 근로자는 근로계약에 따라 제공한 근로의 대가로서 사용자에 대해 임금을 청구할 수 있는 권리를 가진다.

임금은 근로자의 생활을 유지하게 하는 중요한 재원으로서 일정액 이상의 임금이 지체 없이 근로자에게 지급되어야 하고, 임금 체불시에도 우선적으로 보호되어야 한다. 그리고 임금은 통화로 직접 근로자에게 전액을 지급하여야 하고, 매월 1회 이상 일정한 날짜를 정하여 지급하여야 한다(근로기준법 제43조).

한편, 근로자의 권리와 관련하여 쟁점이 되는 것은 취업청구권이다. 즉, 근로자가 근로제공을 원하지만 사용자가 취업을 거부하는 경우에 근로자에게 취업청구권을 인정할 것인가에 대한 것으로서 학설이 나뉜다.[13)]

부정설은 사용자가 임금을 지불하면 근로자의 노동력 사용 여부는 사용자의 재량에 달려있고 근로수령 의무는 없다는 견해이다. 반면, 긍정설은 근로자의 입장에서 취업은 생활수단뿐만 아니라 자아실현 등 중요한 의미를 가지므로 신의칙이나 사용자의 배려 의무를 근거로 취업청구권을 인정하는 견해이다.

근로자에게 근로제공은 임금의 획득 이외에 자아실현 기회 등을 제공할 수 있지만 근로자에게 근로제공 의무를 강제할 수 없듯이 사용자에게 근로수령 의무를 강제할 수는 없다고 본다. 다만 노동위원회에서 부당해고등에 대해 원직복직 명령을 한 경우와 같이 법적인 근거가 있는 경우는 예외이다.

---

12) 管野和夫(스게노 카즈오), 勞働法(10版), 弘文堂, 2015, 이정 역, 일본노동법(전면개정판), 법문사, 2015, pp.105~107.

13) 근로자의 취업청구권에 대해서는 〈管野和夫(스게노 카즈오), 勞働法, 이정 역, 일본노동법, pp.106~107; 임종률, 노동법, pp.367~368〉을 참고하여 작성하였다.

(2) 근로계약 당사자의 의무

1) 주된 의무

근로계약이 체결되면 근로자는 '근로제공 의무'를 지고, 이에 대하여 사용자는 '임금지급 의무'를 지며, 그 결과 사용자에게는 업무 지휘명령권과 노무 급부청구권이 인정되고, 근로자에게는 임금청구권이 발생한다.[14)]

근로의 제공은 근로계약 등에서 정한 시간에 근로자 본인이 해야 하며, 타인의 근로로 이를 대신할 수 없고(민법 제657조제2항), 사용자는 약정하지 않은 근로의 제공을 요구할 수 없다(민법 제658조제1항).

근로제공 의무는 근로자가 약정된 근로의 실현을 위하여 자신의 노동력을 사용자가 처분할 수 있는 상태에 두는 것으로 충분하며, 반드시 근로가 실행되어야 하는 것은 아니다. 따라서 기계고장, 원료부족 등과 같이 사용자에게 책임 있는 사유로 노무수령이 지체되어 근로자가 대기하는 경우에도 근로제공 의무는 이행된 것으로 본다.

이 경우 근로자는 사용자에게 휴업수당을 청구할 수 있다. 사용자(채권자) 귀책으로 이행불능이 되거나 사용자가 노무수령을 지체하는 가운데 근로자와 사용자 쌍방의 책임 없는 사유로 이행불능이 된 경우에는 민법 제538조(채권자 귀책사유로 인한 이행불능)에 따라 임금 전액을 청구할 수 있다.[15)]

근로자가 무단결근 등 자신에게 책임 있는 사유로 근로제공 의무를 불이행한 경우에는 민법상 채무불이행이 되어 사용자는 근로자에 대하여 임금을 지급하지 않을 수 있고 해고 등 징계를 하거나 손해배상책임을 물을 수도 있으나, 근로의무를 강제로 이행시키는 것은 허용되지 않는다.

사용자는 근로에 대한 보상 내지 대가로 임금을 지급할 의무를 진다. 사용자가 노무수령을 거부하거나, 부당해고등 사용자 귀책사유로 근로자가 근로를 제공하지 못한 경우에도 임금을 지급해야 하며, 근로자가 기계나 원료 결함 등 자신에게 책

14) 노동법실무연구회, 근로기준법주해 Ⅰ, p.181.
15) 하갑래, 근로기준법, pp.151~152.

임 없는 사유로 하자 있는 근로를 제공한 경우라도 임금을 삭감할 수 없다.[16)]

임금은 사용자가 근로의 대가로 근로자에게 임금, 봉급, 그 밖에 어떠한 명칭으로든지 지급하는 일체의 금품(근로기준법 제2조제1항제5호)으로서 근로자와 그 가족의 생계의 원천이 되는 중요한 사항이다.

따라서 근로기준법은 임금의 법적 개념과 특별한 경우의 임금산정 기준이 되는 평균임금과 통상임금, 휴업수당, 통화불·직접불·정기불·전액불 등 임금지급의 방법, 도급사업 근로자의 보호, 임금채권의 시효(3년) 등을 규정하고, 최저임금법과 퇴직급여법도 별도의 보호규정을 두고 있다.

2) 부수적 의무

근로계약 관계는 인적·계속적 관계의 속성을 가지는 한편, 기업 조직에 편입되는 특성을 가지므로 근로계약 당사자는 주된 의무와 더불어 신의성실 원칙에 수반하는 성실 의무(근로자)와 배려 의무(사용자) 등 부수적 의무를 부담한다.[17)]

근로자는 사용자의 이익을 현저히 침해하지 않도록 고려해야 할 신의칙상 의무, 즉 성실 의무 내지 충실 의무를 부담한다. 그 내용으로서는 영업비밀 유지 의무, 경업금지 의무, 사고대처 의무, 청렴 의무 등을 들 수 있다.

첫째, 영업비밀 유지 의무는 근로자가 근로를 제공하면서 알게 된 사용자의 영업비밀을 재직 중 또는 퇴직 후에 누설하지 않을 의무를 말하며, 이는 근로계약 등에 의무사항으로 명시하지 않은 경우에도 마찬가지이다. 이 때 영업비밀은 공공연히 알려져 있지 않고 독립된 경제적 가치를 가지는 것으로 합리적인 노력에 의해 비밀로 유지된 생산방법, 판매방법, 그 밖에 영업활동에 유용한 기술상·경영상의 정보를 말한다(부정경쟁방지법 제2조제2항).

둘째, 경업금지 의무는 근로자가 재직 중 또는 퇴직 후에 사용자와 경쟁관계에 있는 동종 영업을 설립·경영하거나 취업하는 등의 행위를 하지 않는 부작위 의무를 말한다. 이는 경업피지 의무라고도 하며, 넓은 의미에서는 경쟁업체로의 전업

---

16) 임종률, 노동법, p.364.

17) 노동법실무연구회, 근로기준법주해 Ⅰ, pp.84~189.

또는 전직금지, 경쟁사업 겸업금지를 포함할 수 있다.

경업을 금지하는 것은 직업선택의 자유와 자유로운 경쟁을 저해할 수 있으므로, 경업금지약정의 유·무효 여부를 판단함에 있어서는 보호할 가치가 있는 사용자의 이익, 근로자의 퇴직 전 지위, 경업제한 기간·지역·직종, 근로자에 대한 대가의 제공 유무, 근로자의 퇴직 경위, 공공의 이익 등 여러 사정을 종합적으로 고려하여야 한다(대법원 2010.3.11. 2009다82244).

셋째, 근로자에게는 사고대처 의무가 있다. 근로자는 작업현장에 가장 가까이 있다는 점에서 작업시설·설비·원료 등에 결함이 발견된 경우에는 지체 없이 사용자에게 알려 대책을 강구하도록 하고, 급박한 경우에는 고장이나 사고 예방을 위한 응급조치를 취하여 사용자의 이익을 보호할 의무가 있다.[18)]

넷째, 근로자는 업무와 관련하여 뇌물을 받지 않고 횡령을 하지 않을 의무, 즉 청렴 의무도 가진다.[19)]

한편, 사용자는 근로자의 이익을 보호하고 배려해야 할 의무를 지는데 안전배려 의무, 근로자의 인격적 이익 존중 의무, 해고회피 노력 의무 등을 부담한다.

첫째, 안전배려 의무는 사용자가 사업시설, 기계, 기구 등의 위험으로부터 근로자의 생명과 신체를 안전하고 건강하게 보호할 의무를 말하며, 이는 사용자가 근로자의 안전과 건강을 침해하지 않을 소극적 의무 뿐 아니라 예상되는 위험으로부터 보호하기 위하여 필요한 조치를 적절히 강구할 적극적 의무도 포함하는 것이다(대법원 2006.9.28. 2004다44506). 또한, 근로자가 일을 하기 위해 사업장에 가지고 들어오는 물건의 도난·훼손 방지 조치도 광의의 안전배려 의무에 포함될 수 있다.

둘째, 사용자의 인격적 이익 존중 의무에는 근로제공 과정에서 근로자의 인격 침해 방지 조치, 근로자에 대한 균등처우 조치 등이 포함된다. 특히 근로자의 인격 침해 방지는 사용자의 신의칙상 배려 의무로서 근로자의 명예와 사생활 등 인격을 존중해야 할 의무이다.[20)]

---

18) 김형배, 노동법(제27판), 박영사, 2021, p.371.
19) 하갑래, 근로기준법, p.157.
20) 김형배·박지순, 노동법강의, pp.144~145

셋째, 사용자가 근로자를 경영상의 이유로 해고(정리해고)하려고 할 경우 해고회피 노력 의무가 있고(근로기준법 제24조제2항), 해고를 피하기 위한 방법과 기준 등에 대해 근로자대표에게 해고하려는 날의 50일 전까지 통보하고 성실하게 협의해야 할 의무가 있다(근로기준법 제24조제3항).

제3절 취업규칙

1. 취업규칙의 의의

취업규칙은 사용자가 사업 또는 사업장의 질서유지와 효율적인 업무수행을 위해 필요한 근로자 전체에게 적용될 근로조건과 복무규율을 정한 준칙을 말한다(대법원 1997.11.28. 97다24511).

여기에서 근로조건은 근로자와 사용자간의 근로관계에서 임금, 근로시간, 해고 등에 관해 정한 조건을 말하고, 복무규율은 근로자의 근로제공 과정에서 준수해야 할 작업질서에 관한 규칙과 위반 시 제재에 관해 정한 것이다.[21)]

취업규칙은 근로조건의 기준을 집단적·통일적으로 정립하기 위해 작성하는 것으로, 종속적 노동관계의 현실에 입각하여 실질적으로 불평등한 근로자의 입장을 보호·강화하고 기본적 생활을 보호·향상시키려는 목적의 일환으로 근로기준법에 의해 작성을 강제하고 법규범성을 부여한 것이다(대법원 1977.7.26. 77다355).

근로기준법(제93조)에서는 취업규칙의 필요적 기재사항을 규정하고 상시 10명 이상의 근로자를 사용하는 사용자는 취업규칙을 작성하여 고용노동부장관(지방고용노동관서장)에게 신고하도록 하고 있다. 취업규칙을 변경하는 경우에도 또한 같다.

2. 취업규칙의 기재사항

취업규칙에는 근로기준법(제93조)에 따라 근로시간, 임금, 퇴직금, 상여금, 육아

21) 노동법실무연구회, 근로기준법주해 Ⅲ(제2판), 박영사, 2020, pp.681~685.

휴직 등 필요적 기재사항을 반드시 포함시켜야 한다. 취업규칙에 기재가 되어 있지 않거나 근로기준법 등 강행규정을 위배하는 경우 관련 법령과 단체협약 등에서 정한 근로조건을 적용한다.

한편, 기업은 법률에 의해 반드시 강제되는 사항은 아니지만 사업장에서 자율적으로 도입하여 시행하는 경우 취업규칙에 임의적 기재사항을 포함시킬 수 있다. 이에는 교대근로, 승급, 가족수당, 상여금, 교육시설, 사업장 작업환경 개선, 표창 등 법에 정한 기준이 없어 그 시행이 강제되지 않는 사항이 포함된다.[22]

근로기준법 **취업규칙의 필요적 기재사항**

제93조【취업규칙의 작성·신고】 상시 10명 이상의 근로자를 사용하는 사용자는 다음 각 호의 사항에 관한 취업규칙을 작성하여 고용노동부장관에게 신고하여야 한다. 이를 변경하는 경우에도 또한 같다.

1. 업무의 시작과 종료 시각, 휴게시간, 휴일, 휴가 및 교대 근로에 관한 사항
2. 임금의 결정·계산·지급 방법, 임금의 산정기간·지급시기 및 승급(昇給)에 관한 사항
3. 가족수당의 계산·지급 방법에 관한 사항
4. 퇴직에 관한 사항
5. 「근로자퇴직급여 보장법」 제4조에 따라 설정된 퇴직급여, 상여 및 최저임금에 관한 사항
6. 근로자의 식비, 작업 용품 등의 부담에 관한 사항
7. 근로자를 위한 교육시설에 관한 사항
8. 출산전후휴가·육아휴직 등 근로자의 모성보호 및 일·가정 양립 지원에 관한 사항
9. 안전과 보건에 관한 사항

9의2. 근로자의 성별·연령 또는 신체적 조건 등의 특성에 따른 사업장 환경의 개선에 관한 사항

10. 업무상과 업무 외의 재해부조(災害扶助)에 관한 사항
11. 표창과 제재에 관한 사항
12. 그 밖에 해당 사업 또는 사업장의 근로자 전체에 적용될 사항

---

22) 하갑래, 근로기준법, p.172.

실무적으로 기업에서 취업규칙을 작성할 때는 기업의 규모나 인적자원관리 역량을 고려해야 한다. 예를 들어 근로자수 10명 규모의 사업장이 인사관리부서가 있는 300명 규모의 사업장과 같이 인사위원회, 징계위원회 구성 등에 대해 상세히 규정해 놓는 경우 이를 준수하기 어려우므로 기업의 실정에 맞게 취업규칙을 작성할 필요가 있다.

3. 취업규칙의 효력

취업규칙은 법령이나 단체협약에 어긋나서는 아니되며, 고용노동부장관은 법령이나 단체협약에 어긋하는 취업규칙의 변경을 명할 수 있다(근로기준법 제96조).

법령에 위배되는 취업규칙의 효력에 관하여는 명문의 규정은 없으나 무효이고, 무효가 된 부분은 일반적으로 법령에 의해 보충된다.[23]

단체협약에 어긋나는 취업규칙은 그 부분에 한하여 무효이므로 단체협약이 적용되는 근로자에게는 적용되지 않고, 무효로 된 부분은 단체협약이 적용된다(노동조합법 제33조제1항; 대법원 1996.2.27. 95누15698).

이와 관한 판례를 보면, 단체협약에는 징계처분의 경우 징계위원회를 개최하도록 규정되어 있음에도, 징계위원회규정(취업규칙에 해당)이 징계위원회의 의결 없이 징계처분을 할 수 있는 예외를 인정하고 있다면, 그 규정은 단체협약에 반하는 것으로서 무효라고 판시하였다(대법원 1993.10.22. 92다49935).

또한, 법원은 동일한 징계사유에 관하여 취업규칙은 단체협약에 저촉될 수 없는 것이므로 회사의 취업규칙에 '형사사건으로 기소되어 형의 선고를 받았을 때'와 '범법행위를 하여 형사상 소추를 받은 자'를 해고사유로 규정하고 있다고 할지라도 단체협약상의 '유죄판결(유죄의 확정판결을 받은 자만을 의미)'에 취업규칙상의 미확정 유죄판결도 포함하는 것으로 해석할 수는 없다고 판단하였다(대법원 1997.7.25. 97다7066).

한편, 취업규칙에서 정한 기준에 미달하는 근로조건을 정한 근로계약은 그 부분

---

23) 노동법실무연구회, 근로기준법주해 Ⅲ, pp.551~552.

에 관하여는 무효로 하고, 무효로 된 부분은 취업규칙에 정한 기준에 따른다(근로기준법 제97조).

4. 취업규칙의 작성과 변경 절차

(1) 기본 원칙

사용자가 취업규칙을 작성 또는 변경할 때에는 당해 사업 또는 사업장에 근로자의 과반수로 조직된 노동조합, 근로자의 과반수로 조직된 노동조합이 없는 경우에는 근로자 과반수의 의견을 들어야 하며, 취업규칙을 근로자에게 불리하게 변경하는 경우에는 그 동의를 받아야 한다(근로기준법 제94조제1항).

여기에서 '노동조합의 의견'은 노동조합 대표자의 의견을 의미하며 대표자가 의견 제시를 위하여 총회 또는 대의원회의 의결을 거칠 필요는 없다.[24)]

(2) 의견청취와 동의의 주체

근로자의 의견청취와 동의의 주체가 되는 근로자의 범위를 살펴보면 다음과 같다.[25)]

첫째, 여기에서 근로자는 취업규칙의 적용을 받는 근로자를 의미하며 전체 근로자를 의미하는 것은 아니다. 왜냐하면 취업규칙의 작성 또는 변경에 의해 이해관계가 달라지는 근로자의 의견을 반영하기 위한 것이기 때문이다.

둘째, 취업규칙이 통일적으로 적용되는 경우에 기존 근로자 이외에도 장래 변경될 취업규칙의 적용을 받을 근로자 집단도 포함된다. 예를 들면, 간부사원의 급여체계 변경이 당장은 간부사원에게만 직접적인 불이익을 주지만, 장래에는 일반사원이 승진하게 될 경우 변경된 급여체계가 적용될 것이므로 간부·일반 사원을 포함한 모든 근로자 과반수로부터 동의를 받아야 한다(대법원 2009.5.28. 2009두2238; 대법원 2015.8.13. 2012다43522).

---

24) 임종률, 노동법, p.374.

25) 임종률, 노동법, pp.373~381.

핵심 판례 **취업규칙 변경 시 동의의 주체 (신용협동조합 사례)**

여러 근로자 집단이 하나의 근로조건 체계 내에 있어 비록 취업규칙의 불이익변경 시점에는 어느 근로자 집단만이 직접적인 불이익을 받더라도 다른 근로자 집단에게도 변경된 취업규칙의 적용이 예상되는 경우에는 일부 근로자 집단은 물론 장래 변경된 취업규칙 규정의 적용이 예상되는 근로자 집단을 포함한 근로자 집단이 동의주체가 되고, 그렇지 않고 근로조건이 이원화되어 있어 변경된 취업규칙이 적용되어 직접적으로 불이익을 받게 되는 근로자 집단 이외에 변경된 취업규칙의 적용이 예상되는 근로자 집단이 없는 경우에는 변경된 취업규칙이 적용되어 불이익을 받는 근로자 집단만이 동의 주체가 된다(대법원 2009.5.28. 2009두2238).

셋째, 근로자 집단간에 근로조건이 다르고 별도의 취업규칙을 적용할 경우 해당 집단에 대해서 의견청취나 동의가 필요하다. 즉, 한 사업장에서 생산직과 관리직을 별도로 구분하여 노무관리를 하고 있는 경우 관리직만을 대상으로 취업규칙을 변경할 때는 관리직 집단 근로자의 과반수의 의견을 듣거나 동의를 구하면 된다.

핵심 판례 **근로자 일부에 적용되는 별도의 취업규칙 작성**

취업규칙은 복무규율과 임금 등 근로조건에 관한 준칙의 내용을 담고 있으면 그 명칭을 불문하는 것으로서, 사용자는 같은 사업장에 소속된 모든 근로자에 대하여 일률적으로 적용되는 하나의 취업규칙만을 작성하여야 하는 것은 아니고, 근로자의 근로조건, 근로형태, 직종 등의 특수성에 따라 근로자 일부에 적용되는 별도의 취업규칙을 작성할 수 있으며, 이 경우 여러 개의 취업규칙을 합한 것이 근로기준법상 소정의 1개의 취업규칙으로 된다(대법원 1996.2.27. 95누15698).

넷째, 초기업적 단위노조의 지부가 근로자의 과반수로 조직되어 있고 실질적인 단체교섭 능력이 있는 경우 독자적인 노동조합으로 인정되므로 사용자는 초기업적 단위노조가 아니라 그 지부의 의견을 들어야 한다.[26]

26) 임종률, 노동법, p.374.

다섯째, 교섭대표노동조합이 있는 경우, 교섭대표노조가 전체 근로자의 과반수 노조가 아니라면 '근로자 과반수로 조직된 노조'의 동의를 받았다고 할 수 없으며, 교대노조가 과반수 노조라 하더라도 단체협약 체결 행위에 취업규칙 변경의사까지 포함된 것으로 볼 수 없다면 취업규칙 변경 시에 전체 근로자의 과반수로 조직된 노조의 의견청취 절차를 다시 거쳐야 한다(근로개선정책과-3008, 2012.6.8.).

(3) 의견청취의 방법과 절차

근로자의 과반수로 조직된 노동조합이 없는 경우 사용자는 근로자의 과반수를 대표하는 자가 아니라 근로자 과반수의 의견을 청취해야 한다.[27)]

근로자 과반수의 의견을 청취하는 방법은 근로자의 과반수가 참여한 회의를 이용하는 것이 원칙이지만, 여러 번의 소집단 회의를 개최하거나 회람·서명의 절차를 거치더라도 근로자 개인이 자유롭게 의사를 표시할 수 있다면 허용될 수 있다. 그리고 사용자가 사내전산망을 통해 의견을 들을 경우에는 근로자 과반수 이상의 의견을 청취하였다는 것을 입증해야 한다(근기 68207-1213, 2003.9.25.).

한편, 의견청취는 의견교환을 하는 것으로 근로자 집단의 의견에 반드시 구속되거나 합의에 도달할 필요가 있는 것은 아니며, 의견청취의 절차를 거치지 않는다고 해서 취업규칙의 작성·변경이 무효가 되지는 않는다.[28)] 다만, 사용자가 근로자의 의견을 청취하지 않으면 500만원 이하의 벌금에 처하게 된다(근로기준법 제114조제1호).

5. 취업규칙의 불이익 변경

취업규칙과 관련하여 가장 논란이 많이 되는 부분은 취업규칙의 불리한 변경 또는 불이익 변경과 관련한 것인데 주요 쟁점별로 살펴보면 다음과 같다.

27) 임종률, 노동법, p.374.
28) 노동법실무연구회, 근로기준법주해 Ⅲ, p.733.

(1) 불이익 변경의 의의

취업규칙의 불이익 변경은 사업장에서 종전보다 근로조건을 저하시키거나 복무규율을 강화시키는 것을 의미한다.[29]

근로자에게 불리한 취업규칙의 변경 시에는 근로자 과반수 노동조합 또는 과반수 노조가 없는 경우 근로자 과반수의 동의를 받아야 한다(근로기준법 제94조제1항). 따라서 근로자의 동의를 받지 못한 경우 효력이 발생하지 않으며 종전의 취업규칙이 그대로 적용된다.

(2) 근로자 과반수의 동의 방식과 절차

근로자 과반수의 동의는 원칙적으로 회의 방식에 의하여야 효력이 있는 것으로 보고, 이때에도 사용자의 개입 또는 간섭이 배제되어야 하며, 사용자의 변경내용에 대한 충분한 설명과 근로자 상호간의 의견교환 과정이 있어야 한다(대법원 2003.11.14. 2001다18322).

근로자가 일시에 한자리에 모여 회의를 하기 어려운 경우 소집단, 소셜 네트워크 서비스(SNS), 온라인 게시판 등을 통해 의견을 교환할 수도 있다. 취업규칙 변경내용에 대해 충분한 설명과 근로자간에 의견교환 과정이 있었다면 회람문서에 서명하는 방식도 인정될 수 있다.[30]

근로자들이 일시에 한자리에 모여 회의를 하기 어려운 경우 한 사업 또는 사업장의 기구별 또는 단위 부서별로 사용자측의 개입이나 간섭이 배제된 상태에서 근로자 상호간에 의견을 교환하여 찬반의견을 집약한 후 이를 전체적으로 취합하는 방식도 허용된다. 여기서 사용자측의 개입이나 간섭이라 함은 사용자측이 근로자들의 자율적이고 집단적인 의사결정을 저해할 정도로 명시 또는 묵시적인 방법으로 동의를 강요하는 경우를 의미하고 사용자측이 단지 변경될 취업규칙의 내용을 근로자들에게 설명하고 홍보하는 데 그친 경우에는 사용자측의 부당한 개입이나 간섭이 있었다고 볼 수 없다(대법원 2003.11.14. 2001다18322).

---

29) 김형배·박지순, 노동법강의, p.153.

30) 노동법실무연구회, 근로기준법주해 Ⅲ, p.779.

근로자 상호 간의 의견교환 과정이 없이 개별적으로 회람·서명을 받는 경우 사용자의 개입이나 간섭을 손쉽게 할 우려가 있으므로 근로자 과반수의 찬성을 받았다고 하더라도 근로자 집단의 동의를 받은 것으로 보기 어렵다.[31]

취업규칙의 불이익 변경 시 과반수 노동조합이 있는 경우 노조 대표자의 동의로 충분하며 별도로 다시 조합원 과반수의 동의를 받을 필요는 없다(대법원 2003.6.13. 2002다65097).

또한, 과반수 노동조합이 단체협약 체결 형식을 통해 취업규칙의 불이익 변경에 동의할 수 있다. 다만, 그 단체협약이 현저하게 합리성을 결여하여 노동조합의 목적을 벗어난 것으로 볼 수 있는 경우에는 단체협약의 효력을 부인할 수 있다.[32]

한편, 집단적 동의는 적극적인 형태의 집단 의사결정 방식에 의해야 하므로 묵시적인 동의는 인정되기 어렵다. 보수규정이 종전보다 불리하게 개정되었고, 그 내용이 일간 신문지상에 보도되고 회사가 개정 후 그 내용을 임직원들에게 배포, 열람케 하였으며 일부 퇴직한 직원들이 개정 후의 보수규정에 따른 퇴직금을 수령한 사실이 인정되나 근로자들이 그 개정 후 명시적인 반대의사를 표시한 바 없었다는 것만으로 근로자들의 묵시적 동의 내지 추인이 있었다고 단정할 수 없다(대법원 1993.1.26. 92다49324).

아울러, 노동조합이 아닌 노사협의회의 근로자위원들이 불이익 변경에 동의하였더라도 근로기준법 제94조에 따른 적법한 동의 절차를 거친 것으로 볼 수 없다(대법원 1994.6.24. 92다28556).

(3) 취업규칙 불이익 변경의 판단기준

취업규칙이 근로자에게 불리하게 변경되었는지 여부는 다음과 같은 기준에 따라 구체적으로 판단할 수 있다.

첫째, 취업규칙의 변경사항이 다수인 경우 개별 근로조건별로 판단을 하지만, 하나의 근로조건을 결정하는 여러 개의 요소 간에 연계성이나 대가관계가 있는 경우

---

31) 노동법실무연구회, 근로기준법주해 Ⅲ, pp. 778~781.

32) 노동법실무연구회, 근로기준법주해 Ⅲ, p. 799.

여러 요소를 전체적으로 종합하여 불이익 변경 여부를 판단한다.

이에 따라 법원은 퇴직금 지급률이 낮아지더라도, 평균임금에 포함되는 임금의 범위가 확대될 경우 전체적으로 퇴직금액이 저하되지 않는다면 불이익으로 보지 않았다(대법원 1997.8.26. 96다1726).

또한, 법원은 회사가 기술직 근로자들의 TV조정실 근무형태를 '4조 3교대의 교대근무제'에서 '3조 3시차와 4조 3교대의 병합근무제'로 변경하는 등 근무형태 전면 개편조치를 한 경우, 이로 인하여 기술직 근로자들의 근무형태가 크게 불규칙해졌다거나 업무부담이 증가하였다고 보기 어렵고, 일부 근로조건에서 다소 저하된 부분이 있다고 하더라도 오히려 근로조건이 향상된 부분도 있으므로 여러 요소들을 종합적으로 고려해 보면 취업규칙이 불이익하게 변경되었다고 보기 어렵다고 판단하였다(대법원 2022. 3. 11. 2018다255488).

둘째, 취업규칙 변경이 일부 근로자에게는 유리하지만 다른 일부 근로자에게는 불리할 수 있어서 근로자에게 전체적으로 유리한지 불리한지를 단정적으로 평가하기가 어려운 경우에는 근로자에게 불이익한 것으로 취급하여 근로자들 전체의 의사에 따라 결정하게 하는 것이 타당하다(대법원 2012.6.28. 2010다17468).

셋째, 종래 규정이 불명확하거나 포괄적이어서 그 내용을 구체화하는 차원에서 취업규칙 내용을 변경하는 경우는 해석상의 논란을 해소하기 위한 것이므로 불이익한 변경으로 볼 수 없다.

예를 들어 인사규정의 징계사유와 징계종류에 관한 규정의 각 호를 그대로 둔 채 종전에 포괄적·추상적으로 규정되어 있던 징계사유와 징계종류의 각 호를 세목화하여 상세히 규정하는 것은 근로자에게 불이익하게 개정하는 것이 아니므로 근로자 등의 동의을 얻지 아니하였다 하더라도 그 효력이 부정되지 않는다(대법원 1999.6.22. 98두6647).

넷째, 변경된 취업규칙에 불이익한 내용이 있더라도 근로자에게 강제되지 않고 자유로운 선택권을 보장한다면 근로자 과반수의 동의가 필요한 불이익한 변경으로 보기 어렵다.

(4) 취업규칙 불이익 변경의 효력

첫째, 취업규칙 불이익 변경에 대해 적법하게 동의절차가 이루어졌다면, 개별적으로 동의하지 않은 근로자나 비조합원 또는 조합원 자격이 없는 근로자에게도 적용된다(대법원 2008.2.29. 2007다85997). 그러나 변경 전에 퇴직한 근로자에게는 변경의 효력이 미치지 않는다.

둘째, 근로자의 동의는 원칙적으로 취업규칙 시행 전에 이루어져야 하나, 노동조합 또는 근로자가 과거의 불이익 변경에 대해 소급 적용하기로 동의한 경우에는 유효하게 소급하여 적용될 수 있다(대법원 2005.3.11. 2003다27429).

셋째, 취업규칙의 불이익 변경에 대해 동의을 얻지 못한 경우 기득 이익이 침해되는 기존의 근로자에게는 종전의 취업규칙 효력이 그대로 유지되지만 취업규칙 변경 후에 취업한 근로자에 대해서는 당연히 변경된 취업규칙이 적용되어야 한다(대법원 2011.6.24. 2009다58364).

넷째, 취업규칙의 변경이 근로자에게 불이익함에도 불구하고, 사용자가 근로자의 집단적 의사결정방법에 의한 동의 없이 취업규칙을 근로자에게 불리하게 변경한 후 노동조합이 사용자측과의 사이에 새로운 내용의 단체협약을 체결한 경우에는 원칙적으로 그 협약의 적용을 받게 될 노동조합원이나 근로자들에 대하여 효력이 생기고, 따라서 그 협약의 내용에 따라 개정된 취업규칙이 근로자들에 대하여 적용된다(대법원 1997.6.10. 95다34316).

다섯째, 근로자에게 불리한 내용으로 변경된 취업규칙은 집단적 동의를 받았다고 하더라도 그보다 유리한 근로조건을 정한 기존의 개별 근로계약 부분에 우선하는 효력을 갖는다고 할 수 없다. 이 경우에도 근로계약의 내용은 유효하게 존속하고, 변경된 취업규칙의 기준에 의하여 유리한 근로계약의 내용을 변경할 수 없으며, 근로자의 개별적 동의가 없는 한 취업규칙보다 유리한 근로계약의 내용이 우선하여 적용된다(대법원 2019.11.14. 2018다200709).

그러나 근로기준법 제4조, 제94조및 제97조의 규정 내용과 입법 취지를 고려할 때, 위와 같은 법리는 근로자와 사용자가 취업규칙에서 정한 기준을 상회하는 근로조건을 개별 근로계약에서 따로 정한 경우에 한하여 적용될 수 있는 것이고, 개별 근로계약에서 근로조건에 관하여 구체적으로 정하지 않고 있는 경우에는 취업규칙 등에서 정하는 근로조건이 근로자에게 적용된다고 보아야 한다(대법원 2022. 1. 13. 2020다232136).

여섯째, 사용자와 근로자는 노동관계법령(최저임금법)을 위반하지 않는 한 원칙적으로 자유로운 의사에 따라 근로조건(소정근로시간)에 관하여 합의할 수 있다. 다만 근로조건의 정함이 단지 형식에 불과하다고 평가할 수 있는 정도에 이르거나, 노동관계법령 등 강행법규를 잠탈할 의도로 근로조건을 정하였다는 등의 특별한 사정이 있는 경우에는 근로조건에 관한 합의의 효력이 부정된다(대법원 2019.4.18. 2016다2451).

핵심 판례 **강행법규를 잠탈할 목적의 취업규칙 불이익 변경**

헌법 및 최저임금법 관련 규정 내용과 체계, 최저임금법 제6조제5항(특례조항)의 입법 취지와 입법 경과, 여객자동차 운수사업법의 규정 취지 및 일반택시운송사업의 공공성, 소정근로시간을 단축하는 합의 관련 전후 사정 등을 종합적으로 고려하면, 정액사납금제하에서 생산고에 따른 임금을 제외한 고정급이 최저임금에 미달하는 것을 회피할 의도로 사용자가 소정근로시간을 기준으로 산정되는 시간당 고정급의 외형상 액수를 증가시키기 위해 택시운전근로자 노동조합과 사이에 실제 근무형태나 운행시간의 변경 없이 소정근로시간만을 단축하기로 합의한 경우, 이러한 합의는 강행법규인 최저임금법상 특례조항 등의 적용을 잠탈하기 위한 탈법행위로서 무효라고 보아야 한다. 이러한 법리는 사용자가 택시운전근로자의 과반수로 조직된 노동조합 또는 근로자 과반수의 동의를 얻어 소정근로시간을 단축하는 내용으로 취업규칙을 변경하는 경우에도 마찬가지로 적용된다(대법원 2019.4.18. 2016다2451).

(5) 사회통념상 합리성 판례의 변경

종래에 대법원은 원칙적으로 사용자는 근로자의 동의 없이 취업규칙을 불리하게 변경할 수 없지만, 변경의 필요성과 내용이 근로자의 불이익 정도를 고려하더라도 여전히 법적 규범성을 인정할 수 있을 정도로 사회통념상 합리성이 인정되는 경우 근로자의 동의가 없었더라도 변경된 취업규칙의 효력이 부인되지 않는다(대법원 1978.9.12. 78다1046, 대법원 2015.8.13. 2012다43522)는 취지로 판단하여 왔다.

그러나 2023년 5월에 대법원은 사용자가 취업규칙을 근로자에게 불리하게 변경하면서 근로자의 집단적 의사결정방법에 따른 동의를 받지 못한 경우, 노동조합이나 근로자들이 집단적 동의권을 남용하였다고 볼 만한 특별한 사정이 없는 한 해당 취업규칙의 작성 또는 변경에 사회통념상 합리성이 있다는 이유만으로 그 유효성을 인정할 수는 없다고 판시하여 종래의 판례를 전원합의체 판결로 변경하였다[대법원 2023.5.11. 2017다35588, 2017다35595(병합)].

따라서 사용자가 취업규칙을 불리하게 변경할 경우에는 노동조합의 집단적 동의권 남용 등 특별한 사정이 없는 한 근로자의 집단적 의사결정방법에 따라 동의를 받아야 한다.

한편, 노동조합이나 근로자들이 집단적 동의권을 남용하였다고 볼 만한 특별한 사정이 있는 경우에는 그 동의가 없더라도 취업규칙의 불이익변경을 유효하다고 볼 수 있다. 노동조합이나 근로자들이 집단적 동의권을 남용한 경우란 취업규칙을 변경할 필요성이 객관적으로 명백히 인정되고, 근로자의 집단적 동의를 구하고자 하는 사용자의 진지한 설득과 노력이 있었음에도 불구하고 노동조합이나 근로자들이 합리적 근거나 이유 제시 없이 취업규칙의 변경에 반대하였다는 등의 사정이 있는 경우를 말한다. 다만, 취업규칙을 근로자에게 불리하게 변경하는 경우에 노동조합이나 근로자들이 집단적 동의권을 남용하였는지 여부는 엄격하게 판단할 필요가 있다[대법원 2023.5.11. 2017다35588, 2017다35595(병합)].

핵심 판례 **사회통념상 합리성 판례의 변경**

1. 종전 판례의 변경

사회통념상 합리성이라는 개념 자체가 매우 불확정적이어서 어느 정도에 이르러야 법적 규범성을 시인할 수 있는지 노동관계 당사자가 쉽게 알기 어려울 뿐만 아니라, 개별 사건에서 다툼의 대상이 되었을 때 그 인정 여부의 기준으로 대법원이 제시한 요소들을 종합적으로 고려한 법원의 판단 역시 사후적 평가일 수밖에 없는 한계가 있다. 이에 취업규칙 변경의 효력을 둘러싼 분쟁이 끊이지 않고 있고, 그 유효성이 확정되지 않은 취업규칙의 적용에 따른 법적 불안정성이 사용자나 근로자에게 끼치는 폐해 역시 적지 않았다.

종전 판례의 해석은 강행규정인 근로기준법 제94조 제1항 단서의 명문 규정에 반하는 해석일 뿐만 아니라, 근로기준법이 예정한 범위를 넘어 사용자에게 근로조건의 일방적인 변경 권한을 부여하는 것이나 마찬가지여서 헌법 정신과 근로자의 권익 보장에 관한 근로기준법의 근본 취지, 근로조건의 노사대등결정 원칙에 위배된다.

사용자가 근로자의 집단적 동의 없이 일방적으로 취업규칙을 작성·변경하여 근로자에게 기존보다 불리하게 근로조건을 변경하였더라도 해당 취업규칙의 작성 또는 변경에 사회통념상 합리성이 있다고 인정되는 경우 그 적용을 인정한 종전 판례는 이 판결의 견해에 배치되는 범위에서 이를 모두 변경한다.

2. 집단적 동의권 남용 법리

취업규칙의 불이익변경 과정에서 노동조합이나 근로자들이 집단적 동의권을 행사할 때도 신의성실의 원칙과 권리남용금지 원칙이 적용되어야 한다. 따라서 노동조합이나 근로자들이 집단적 동의권을 남용하였다고 볼 만한 특별한 사정이 있는 경우에는 그 동의가 없더라도 취업규칙의 불이익변경을 유효하다고 볼 수 있다. 여기에서 노동조합이나 근로자들이 집단적 동의권을 남용한 경우란 관계 법령이나 근로관계를 둘러싼 사회 환경의 변화로 취업규칙을 변경할 필요성이 객관적으로 명백히 인정되고, 나아가 근로자의 집단적 동의를 구하고자 하는 사용자의 진지한 설득과 노력이 있었음에도 불구하고 노동조합이나 근로자들이 합리적 근거나 이유 제시 없이 취업규칙의 변경에 반대하였다는 등의 사정이 있는 경우를 말한다. 다만, 취업규칙을 근로자에게 불리하게 변경하는 경우에 근로자의 집단적 동의를 받도록 한 근로기준법 제94조 제1항 단서의 입법 취지와 절차적 권리로서 동의권이 갖는 중요성을 고려할 때, 노동조합이나 근로자들이 집단적 동의권을 남용하였는지 여부는 엄격하게 판단할 필요가 있다[대법원 2023.5.11. 2017다35588, 2017다35595(병합)].

6. 취업규칙의 주지의무와 효력발생

사용자는 취업규칙을 근로자가 자유롭게 열람할 수 있는 장소에 항상 게시하거나 갖추어 두어 근로자에게 널리 알려야 한다(근로기준법 제14조제1항).

따라서 사내 전산망에 게시한 경우에도 근로자가 언제라도 취업규칙을 쉽고 자유롭게 열람할 수 있다면 주지의무를 이행한 것으로 볼 수 있다. 사용자가 근로자에게 취업규칙을 주지시키지 않을 경우 500만원 이하의 과태료가 부과된다(근로기준법 제116조제2호).

실무적으로 부당해고등을 다툴 때 사용자는 취업규칙을 근거로 해고를 했다고 하는데, 근로자는 취업규칙을 본 적도 없다고 주장하는 경우가 있다. 따라서 근로자가 쉽게 접근할 수 있는 장소나 사내 전산망 등에 공개해야 이와 관련한 논란을 방지할 수 있다.

또한, 사용자가 취업규칙을 정당한 절차에 따라 작성 또는 변경하였더라도, 취업규칙의 효력이 발생하려면 법령이 공포절차를 거치는 것과 같이 적정한 방법에 의해 근로자에게 주지시켜야 한다(대법원 2004.2.12. 2001다63599).

제4절 단체협약

1. 단체협약의 의의

단체협약은 노동조합과 사용자 또는 사용자 단체가 임금, 근로시간 등 근로조건 기타 근로자의 처우에 관한 사항과 노사관계의 권리와 의무에 관한 사항에 대해 단체교섭을 거쳐 합의한 후 서면으로 작성하여 체결한 협정을 말한다.[33]

이러한 단체협약은 근로조건 개선과 통일 및 단결강화 기능, 기업의 질서유지와 기업 민주화 기능, 평화유지와 경영안정 기능을 갖는다.[34]

---

33) 고용노동부, 집단적 노사관계 업무 매뉴얼, 2022, p.229; 단체협약에 관한 보다 상세한 설명은 〈이수영·임무송 외, 노사관계법 실무, 박영사, 2022, pp.205~242〉 참조.

34) 하갑래, 집단적 노동관계법(제7판), 2021, pp.311~312.

특히, 단체협약에 정한 근로조건 기타 근로자의 대우에 관한 기준에 위반하는 취업규칙 또는 근로계약의 부분은 무효가 되고, 근로계약에 규정되지 아니한 사항 또는 단체협약에 의해 무효로 된 부분은 단체협약에 정한 기준에 의하므로(노동조합법 제33조), 근로조건을 유지·향상시키고 통일시키는 기능을 한다.

협약자치의 원칙상 노동조합은 사용자와 근로조건을 유리하게 변경하는 내용뿐만 아니라 불리하게 변경하는 내용의 단체협약을 체결할 수 있으므로, 개정된 단체협약이 취업규칙상의 유리한 조건의 적용을 배제하는 경우 개정된 단체협약이 우선 적용되는 것이 당사자의 의사에 합치한다(대법원 2002.12.27. 2002두9063).

2. 단체협약의 성립

단체협약은 서면으로 작성하여 당사자 쌍방이 서명 또는 날인하여야 하고, 당사자는 단체협약의 체결일부터 15일 이내에 행정관청에 신고하여야 한다(노동조합법 제31조). 그러나 단체협약의 신고가 효력발생 요건은 아니며, 단체협약을 신고하지 않을 경우 300만원 이하의 과태료가 부과된다(노동조합법 제96조제2항).

단체협약에 관한 사항은 총회의 의결을 거쳐야 한다(노동조합법 제16조제1항). 이는 이미 단체교섭 담당자간에 합의된 단체협약안에 대해 반드시 총회의 인준을 받으라는 것을 의미하는 것이 아니라 단체협약에 관한 사항에 대해 토의하고 세부적인 특정 사항에 대해 의결이 있는 경우 그에 따라야 한다고 보아야 할 것이다. 그러므로 단체교섭 담당자간에 합의된 단체협약안에 대해서는 총회의 의결을 거치지 않았다고 하더라도 단체협약의 성립이나 효력발생에 대해 영향을 주지 않는다.[35]

이와 관련하여 노동조합의 규약 또는 단체협약에 노사 교섭 당사자가 단체협약 내용에 대해 합의한 이후 다시 조합원 총회의 의결을 거치도록 '총회인준권' 조항을 둔 사례가 있다.

이 경우 노조 대표자는 교섭권과 체결권을 갖고 있으므로(노동조합법 제29조), 노조 대표자의 협약체결권을 전면적·포괄적으로 제한하는 것은 법 위반에 해당된

35) 임종률, 노동법, p.158.

다(대법원 1993.4.27. 91누12257). 그러나 노조가 조합원 의사를 반영하기 위해 규약 등에 의해 단체협약 체결 시 총회의결 등 내부절차를 거치게 하는 등 노조 대표자의 협약체결권을 절차적으로 제한하는 것은 허용된다(대법원 2014.4.24. 2010다24534).

한편, 공공업무 수행을 목적으로 특별법에 의해 설립된 공공기관에서는 노사합의에 의해 임금에 관한 단체협약(임금피크제)을 체결하였더라도 이사회의 의결이 필요한 중요사항임에도 불구하고 의결을 받지 않은 단체협약은 직원에게 효력을 미치지 않는다(대법원 2016.1.14. 2012다96885).

3. 단체협약의 내용과 효력

단체협약에는 근로자 개인과 사용자간의 관계를 규율하는 규범적 부분과 노동조합과 사용자와의 관계를 규율하는 채무적 부분이 있다. 이 중 특히 개별적 근로관계와 관련된 부분은 규범적 부분으로 단체협약에서 본질적 부분에 해당한다.

1) 규범적 부분과 효력

단체협약은 원칙적으로 노동조합과 사용자간의 계약이지만 근로자 개인과 사용자간에 적용되는 '근로조건 기타 근로자의 대우에 관한 사항'에 대해서는 규범적 효력이 부여된다(노동조합법 제32조제1항).

이러한 규범적 부분에는 ① 임금, 제수당 및 퇴직금, ② 근로 및 휴게시간, 휴일 및 휴가, ③ 재해보상의 종류 및 산정 방법, ④ 복무규율과 인사이동, 승진과 징계, 해고, ⑤ 안전보건 및 재해부조, ⑥ 후생과 복리, ⑦ 근로관계의 종료 등에 관한 사항 등이 포함된다. 그러나 근로조건은 근로계약 체결 이후에 발생하므로 채용은 이에 포함되지 않는다.

단체협약의 규범적 부분은 개별적 근로관계에 대해 강행적·직접적으로 적용되므로(노동조합법 제33조제2항) 사용자에게 이행의무를 부여하며, 근로자에게 공통적으로 적용되는 기준이나 준칙의 성격을 갖추어야 한다.[36]

36) 하갑래, 집단적 노동관계법, p.319.

단체협약에 정한 근로조건 기타 근로자의 대우에 관한 기준에 위반하는 취업규칙 또는 근로계약의 부분은 무효가 되고, 근로계약에 규정되지 아니한 사항 또는 단체협약에 의해 무효로 된 부분은 단체협약에 정한 기준에 의한다(노동조합법 제33조). 따라서 노동조합이 있는 기업의 경우 단체협약은 취업규칙 및 근로계약보다 우선하여 인사관리에 적용된다.

만약 단체협약에서 '해고에 관하여는 단체협약에 의하여야 하고 취업규칙에 의하여 해고할 수 없다'는 취지로 규정하거나 '단체협약에 정한 사유 외의 사유로는 근로자를 해고할 수 없다'고 규정하는 등 근로자를 해고함에 있어, 해고사유 등을 단체협약에 의하도록 명시적으로 규정하고 있거나 동일한 징계사유에 관하여 단체협약상의 규정과 취업규칙 등의 규정이 상호 저촉되는 경우에 사용자는 단체협약 소정의 징계사유에 의하여만 근로자를 징계할 수 있고, 단체협약에 규정되지 아니한 취업규칙상의 징계해고 사유로는 근로자를 해고할 수 없다(대법원 1995.2.14. 94누5069).

그러나 단체협약에서 규율하고 있는 기업질서 위반행위 외의 근로자의 기업질서에 관련된 비위행위에 대하여 이를 취업규칙에서 해고 등의 징계사유로 규정하는 것은 원래 사용자의 권한에 속하는 것이므로, 사용자는 취업규칙에서 단체협약 소정의 해고사유와는 관련이 없는 새로운 해고사유를 정할 수 있다(대법원 1999.3.26. 98두4672).

한편, 단체협약의 유효기간이 만료되고 새로운 협약이 체결되지 않은 경우에도 임금, 근로시간 등 개별적 근로조건에 관한 규범적 부분은 근로계약의 내용으로 남아 사용자와 근로자를 규율한다(대법원 2007.12.27. 2007다51758).

2) 채무적 부분과 효력

단체협약은 노동조합과 사용자간에 체결하는 일종의 계약이므로, 양 당사자는 단체협약에서 합의한 내용을 성실하게 이행하여야 할 의무와 채무를 갖게된다. 특히, 노동조합은 채무적 부분과 관련한 제반 의무를 스스로 지키면서, 조합원들이

단체협약에 규정된 사항을 지키도록 노력해야 할 의무가 있다.[37)]

이에는 주로 집단적 노사관계에 대한 사항이 포함되는데 단체교섭, 조합원의 범위, 조합활동, 쟁의행위 평화의무 조항, 유니온 숍(union shop) 등 숍 조항 등과 관련한 조항이 포함된다.

4. 단체협약의 해석과 시정명령

1) 단체협약의 해석

단체협약의 해석 또는 이행방법에 관하여 관계 당사자 간에 의견의 불일치가 있는 때에는 당사자 쌍방 또는 단체협약에 정하는 바에 의하여 어느 일방이 노동위원회에 그 해석 또는 이행방법에 관한 견해의 제시를 요청할 수 있다(노동조합법 제34조제1항).

그리고 노동위원회가 견해제시 요청을 받은 때에는 그 날부터 30일 이내에 명확한 견해를 제시하여야 하며, 노동위원회가 제시한 해석 또는 이행방법에 관한 견해는 중재재정과 동일한 효력을 가진다(노동조합법 제34조제2항, 제3항).

2) 단체협약의 위반

단체협약은 노사관계에서 가장 중요한 규율의 근거가 되므로 노동조합법 제92조제2호에 따라 단체협약에서의 준수의무 사항을 위반한 당사자는 형사처벌(1천만원 이하의 벌금)을 받는다.

아래 〈도표 2-3〉에서 보는바와 같이 노동조합법 제92조제2호(단체협약에서의 준수의무 사항) 가목에서 라목까지는 근로조건에 관한 규범적 부분에 해당하고, 마목·바목은 노동조합 활동에 관한 채무적 부분을 규정하고 있다.

---

37) 고용노동부, 집단적 노사관계 업무 매뉴얼, 2022, p.248.

〈도표 2-3〉 단체협약에서의 준수의무 사항

구 분	준수의무 사항
규범적 부분	가. 임금·복리후생비, 퇴직금에 관한 사항
	나. 근로 및 휴게시간, 휴일, 휴가에 관한 사항
	다. 징계 및 해고의 사유와 중요한 절차에 관한 사항
	라. 안전보건 및 재해부조에 관한 사항
채무적 부분	마. (노동조합) 시설·편의제공 및 근무시간중 회의참석에 관한 사항
	바. 쟁의행위에 관한 사항

3) 단체협약에 대한 시정명령

행정관청(지방고용노동관서, 지방자치단체)은 노사 당사자 간에 체결한 자치규범인 단체협약을 존중하되 단체협약 중 위법한 내용이 있는 경우 노동위원회의 의결을 얻어 그 시정을 명할 수 있다(노동조합법 제31조제3항).

노동위원회에서 단체협약이 위법하다고 의결하여 시정명령을 내렸음에도 불구하고 노사 당사자들이 이를 이행하지 않고 위반할 경우 500만원 이하의 벌금에 처한다(노동조합법 제93조제2항).

5. 단체협약 효력의 확장

1) 의 의

단체협약의 규범적 효력은 원칙적으로 체결 당사자인 사용자와 노동조합의 조합원에 한정되지만, 노동조합법은 사용자간의 불공정한 경쟁을 방지하고, 사용자측이 상대적으로 근로조건이 낮은 비조합원을 선호하여 노조를 약화시키는 것을 예방하기 위해 단체협약의 효력이 적용되는 범위를 확장할 수 있는 요건을 규정하고 있다(노동조합법 제35조, 제36조). 단체협약 효력의 확장에는 일반적 구속력과 지역적 구속력이 있다.

2) 일반적 구속력

하나의 사업 또는 사업장에 상시 사용되는 동종의 근로자 반수 이상이 하나의 단체협약의 적용을 받게 된 경우 당해 사업 또는 사업장에 사용되는 다른 동종의 근로자에 대하여도 당해 단체협약이 확장되어 적용된다(노동조합법 제35조).

따라서 이러한 요건이 충족되면 조합원뿐만 아니라 비조합원에게도 단체협약이 적용되고, 단체협약의 내용 중에 규범적 부분만 확장·적용된다. 한편, 동종의 근로자가 별도의 단체협약을 갖고 있는 경우 단체협약이 확장 적용되지 않고 독자적인 단체협약이 적용된다.[38)]

3) 지역적 구속력

하나의 지역에 있어서 종업하는 동종의 근로자 3분의 2 이상이 하나의 단체협약의 적용을 받게 된 때에는 행정관청은 당해 단체협약의 당사자의 쌍방 또는 일방의 신청에 의하거나 그 직권으로 노동위원회의 의결을 얻어 당해 지역에서 종업하는 다른 동종의 근로자와 그 사용자에 대하여도 당해 단체협약을 적용한다는 결정을 할 수 있다(노동조합법 제36조).

위의 요건에 따라 지역적 구속력의 적용이 결정·공고되는 경우 해당 지역 사업장들의 동종 근로자들에게 단체협약의 내용 중 규범적 부분이 확장 적용된다.

6. 단체협약의 종료

단체협약의 유효기간은 3년을 초과하지 않는 범위에서 노사가 합의하여 정할 수 있다. 단체협약에 3년을 초과하는 유효기간을 정하였거나 유효기간을 정하지 않은 경우 그 유효기간은 3년이 된다(노동조합법 제32조제1항, 제2항).

새로운 단체협약을 체결하지 못한 경우 별도 약정이 있은 경우를 제외하고는 종전의 단체협약은 효력만료일로부터 3개월간 효력이 유지된다(여후효). 그리고 당사자 일방은 단체협약을 해지하고자 하는 날의 6개월 전까지 상대방에게 통고함으로

38) 고용노동부, 집단적 노사관계 업무 매뉴얼, p.253.

써 종전의 단체협약을 해지할 수 있다(노동조합법 제32조제3항).

위의 단체협약 유효기간과 단체협약의 해지권에 관한 노동조합법 조항은 모두 성질상 강행규정이어서 노사 당사자 사이에 합의가 있더라도 단체협약의 해지권을 행사하지 못하도록 하는 것은 허용되지 않는다(대법원 2016.3.10. 2013두3160).

한편, 노사 당사자가 단체협약의 유효기간이 경과한 후에 새로운 협약을 체결하지 않으면 무협약 상태가 되는데 이러한 상황을 방지하기 위해 자동연장 조항 또는 자동갱신 조항을 둔다.

'자동연장 조항'은 새로운 단체협약이 체결될 때까지 종전 단체협약의 효력을 존속시킨다는 규정이고, '자동갱신 조항'은 협약당사자가 단체협약 유효기간 만료일 이전의 일정기간 내에 협약의 개정이나 폐기의 통고의 의사표시를 하지 않을 경우 기존협약과 동일한 내용의 새로운 협약이 체결된 것으로 본다는 규정이다.[39]

제5절 근로관계의 기본원칙

헌법에서는 인간의 존엄성을 보장하도록 근로조건의 기준을 법률로 정하도록 하고 있고, 이에 따라 근로기준법, 남녀고용평등법 등에서는 근로관계의 성립, 전개 및 종료 등 전 과정에 걸쳐 근로자의 기본적 권리를 보장하도록 하고 있다.

근로기준법의 총칙 부문에서는 근로조건의 기준을 규율하는 기본원칙을 정하고 있는데, 이에는 근로조건 결정의 원칙, 균등대우의 원칙, 강제근로의 금지, 폭행의 금지, 중간착취의 배제, 공민권 행사의 보장 등이 포함된다. 이 중 균등대우의 원칙은 근로기준법 뿐만 아니라 남녀고용평등법, 기간제법, 파견법 등과도 밀접한 관련이 있으므로 제5절의 마지막에서 설명하기로 한다.

39) 이수영·임무송 외, 노사관계법 실무, 박영사, 2022, pp.240~241.

근로기준법 | 근로관계의 기본원칙

제3조(근로조건의 기준) 이 법에서 정하는 근로조건은 최저기준이므로 근로 관계 당사자는 이 기준을 이유로 근로조건을 낮출 수 없다.

제4조(근로조건의 결정) 근로조건은 근로자와 사용자가 동등한 지위에서 자유의사에 따라 결정하여야 한다.

제5조(근로조건의 준수) 근로자와 사용자는 각자가 단체협약, 취업규칙과 근로계약을 지키고 성실하게 이행할 의무가있다.

제6조(균등한 처우) 사용자는 근로자에 대하여 남녀의 성(性)을 이유로 차별적 대우를 하지 못하고, 국적·신앙 또는 사회적 신분을 이유로 근로조건에 대한 차별적 처우를 하지 못한다

제7조(강제 근로의 금지) 사용자는 폭행, 협박, 감금, 그 밖에 정신상 또는 신체상의 자유를 부당하게 구속하는 수단으로써 근로자의 자유의사에 어긋나는 근로를 강요하지 못한다.

제8조(폭행의 금지) 사용자는 사고의 발생이나 그 밖의 어떠한 이유로도 근로자에게 폭행을 하지 못한다.

제9조(중간착취의 배제) 누구든지 법률에 따르지 아니하고는 영리로 다른 사람의 취업에 개입하거나 중간인으로서 이익을 취득하지 못한다.

제10조(공민권 행사의 보장) 사용자는 근로자가 근로시간 중에 선거권, 그 밖의 공민권(公民權) 행사 또는 공(公)의 직무를 집행하기 위하여 필요한 시간을 청구하면 거부하지 못한다. 다만, 그 권리 행사나 공(公)의 직무를 수행하는 데에 지장이 없으면 청구한 시간을 변경할 수 있다

1. 근로조건 결정의 원칙

(1) 최저기준의 보장

1) 법정 근로조건

헌법(제32조제3항)에서 "근로조건의 기준은 인간의 존엄성을 보장하도록 법률로 정한다."라고 하고 있다. 이에 근거한 근로기준법(제1조)은 근로자의 기본적 생활을

보장, 향상시키며 균형있는 국민경제의 발전을 도모함을 목적으로 근로조건의 기준을 정하고 있다.

근로기준법이 정하고 있는 근로조건은 최저기준으로(제3조), 최저기준에 미달하는 근로조건을 정한 계약은 그 부분에 한하여 무효이고, 무효로 된 부분은 근로기준법이 정한 기준에 따른다(제15조제1항, 제2항). 만약 근로자가 법정 최저기준에 미달하는 근로조건에 동의하더라도 이러한 동의는 무효이다.

따라서 근로조건 자기 결정의 원칙(민법상 계약자유의 원칙)은 근로조건이 최저기준에 미달하는 경우 제한된다. 반면 법정 최저기준을 상회하는 내용의 근로계약, 취업규칙, 단체협약 등은 유효하며, 계약자유의 원칙이 적용된다.

2) 근로조건의 변경

근로기준법에서 정하는 근로조건은 최저기준이므로 근로관계 당사자는 이 기준을 이유로 근로조건을 낮출 수 없다(근로기준법 제3조). 사용자가 경영 사정의 변화 등을 이유로 기존의 근로조건을 저하시킬 수는 있으나, 일방적으로 근로조건을 불이익하게 변경하는 것은 원칙적으로 허용되지 않는다. 따라서 법정 최저기준을 충족하는 범위내에서 당사자 간에 합의하거나 취업규칙 불이익 변경을 위한 절차를 거쳐야 한다.

(2) 근로조건의 대등 결정

1) 근로조건 대등 결정 원칙의 의의

근로조건은 근로자와 사용자가 동등한 지위에서 자유의사에 따라 결정하여야 한다(근로기준법 제4조). 이는 인간의 존엄과 인격을 존중하는 근대법의 원리에 따라 '계약자유의 원칙'을 확인하면서 '노사대등 결정의 원칙'을 선언한 것이다. 집단적 노사관계에서는 근로자들이 노동조합을 결성하여 사용자와 근로조건에 관한 교섭을 하므로 노사 대등 결정의 원칙을 관철시킬 수 있는 방법이 있으나 개별적 근로관계에서는 이러한 원칙을 관철하기 어렵기 때문에 관련 규정을 둔 것이다.[40]

---

40) 김형배, 노동법, p.205.

2) 취업규칙 변경에서의 근로조건 대등 결정 원칙

근로조건 대등 결정의 원칙은 취업규칙 변경 절차에 적용된다. 즉, 취업규칙을 불이익하게 변경하는 경우에는 근로자의 집단적 동의를 얻도록 하고(근로기준법 제94조제1항 단서), 근로자대표와의 서면합의와 연장근로에 대한 당사간의 합의 등에 관한 규정(근로기준법 제4장)도 두고 있다.

(3) 근로조건의 준수

근로자와 사용자는 각자가 단체협약, 취업규칙과 근로계약을 지키고 성실하게 이행할 의무가 있다(근로기준법 제5조). 이 규정은 노사가 단체협약, 취업규칙 또는 근로계약 등을 통해 근로조건을 결정한 이상 성실하게 이행하라는 점을 강조한 것이다. 근로기준법 제3조(근로조건의 기준), 제4조(근로조건의 결정)와 제5조(근로조건의 준수) 위반에 대한 벌칙은 없다.

2. 강제근로의 금지

(1) 강제근로의 의미

사용자는 폭행, 협박, 감금 그밖에 정신상 또는 신체상의 자유를 부당하게 구속하는 수단으로써 근로자의 자유의사에 어긋나는 근로를 강요하지 못한다(근로기준법 제7조). 이는 헌법 제12조의 강제노역 금지 규정을 구체적으로 실현하는 규정으로, 근로자의 노동인격 존중과 강제근로 근절을 목적으로 하고 있다.

또한 근로자가 근로제공 의무를 불이행하는 경우 근로를 강제하는 것은 근로자의 자유의사에 반해 강요하는 것이므로 허용되지 않는다.

(2) 강제근로의 수단과 근로의 강제

강제근로의 수단은 폭행, 협박, 감금, 그 밖에 정신상 또는 신체상의 자유를 부당하게 구속하는 수단 일체이다. 따라서 형법상의 폭행, 협박, 감금 등은 물론이고, 그에 미치지 못하더라도 근로자의 자유의사를 부당하게 구속하는 정도라면 금지하는 것으로 해석해야 한다. 따라서 정신상 또는 신체상의 자유를 부당하게 구속하는 수단에 대해 형법과 같이 엄격하게 한정할 필요는 없다.[41]

자유의사에 반하는 '근로의 강제'는 반드시 사용자가 의도하는 근로가 실행으로 옮겨지는 것을 요건으로 하는 것은 아니므로, 사용자의 강제근로 시도도 포함되는 것으로 보아야 한다. 그리고 강제되는 '근로의 범위'에는 취업을 강제하거나 퇴직을 방해하는 것은 물론 근로의 의사가 없는 근로자에게 부당한 근로를 강요하는 것, 예를 들어 덤프트럭 운전기사를 잡부근로에 종사시킨 경우 등이 포함된다(서울지방법원 1979.7.12. 79가합373).

(3) 강제근로 금지와 관련된 문제

1) 퇴직 자유의 제약

근로자는 퇴직의 자유가 있으므로 근로자의 계약 해지(퇴직) 자유를 일방적으로 제한하는 것은 근로기준법 제7조에 위배된다. 이와 관련하여 사용자가 연수비를 지급하면서 연수기간 만료 후에 일정기간 재직을 약정하는 연수비 반환 약정은 강제근로에 해당될 수 있지만, 일정한 의무재직 기간을 마치면 연수비 반환의무가 면제되는 것을 조건으로 하는 약정은 이 조항에 위배되지 않는다(대법원 1992.2.25. 91다26232).

2) 금전적 수단을 매개로 하는 강제근로

근로계약 불이행에 대한 위약금·손해배상액의 예정(근로기준법 제20조), 전차금 상계(제21조), 강제 저금(제22조) 등도 근로자의 자유의사를 부당하게 구속하는 것이므로 강제근로에 해당한다.

---

41) 노동법실무연구회, 근로기준법주해 I, pp.786~787; 강제근로의 수단에는 근로자 도주 방지를 위한 주민등록증 보관, 급식중단과 해고 위협, 작업 중 출입문 폐쇄 등도 포함될 수 있다.

3) 미성년자의 강제근로 금지

근로기준법(제67조제1항)은 미성년자에 대한 강제근로를 방지하기 위해 친권자 또는 후견인이 미성년자의 근로계약을 대리할 수 없도록 규정하고 있다. 또한 친권자, 후견인 또는 고용노동부장관은 근로계약이 미성년자에게 불리하다고 인정하는 경우 향후 이를 해지할 수 있다(제67조제2항).

(4) 강제근로 금지 위반의 효과

사용자가 근로기준법 제7조에 위반하여 강제근로를 시킨 경우에는 5년 이하의 징역 또는 5천만원 이하의 벌금에 처한다(근로기준법 제107조).[42]

그리고 근로자는 사용자의 근로조건 위반을 이유로 노동위원회에 손해배상을 청구할 수 있으며, 즉시 근로계약을 해제할 수 있다(근로기준법 제19조).

또한, 사법상의 효력을 보면, 강제근로 계약체결은 사회질서에 반하는 법률행위로서 무효이고(민법 제103조), 근로기준법(제7조)을 위반한 강제근로는 불법행위에 해당되므로 강제근로를 시킨 자는 손해배상 책임이 있다(민법 제750조, 751조, 756조).

3. 폭행의 금지

1) 의 의

사용자는 사고의 발생이나 그 밖의 어떠한 이유로도 근로자에게 폭행을 하지 못한다(근로기준법 제8조). 이 규정은 근로관계에서의 폭행을 금지하여 근로자의 인격권을 보호하고 동시에 전근대적인 근로관계를 타파하려는 데 목적이 있다. 따라서 근로기준법은 형법과 별도로 폭행을 금지하고 있다.

근로기준법 제7조(강제근로의 금지)는 폭행 등으로 인해 근로자의 자유의사가 구속되

---

42) 근로기준법 제7조 강제근로 규정 위반 시 종전에는 5년 이하의 징역 또는 3천만원 이하의 벌금에 처하도록 되어 있었으나 2018.5.29.부터 5년 이하의 징역 또는 5천만원 이하의 벌금으로 벌금액이 상향되었다. 근로기준법 제8조 폭행의 금지, 제9조 중간착취의 배제 규정 위반 시 처벌 규정도 동일하게 개정되었다.

면서 행하여지는 '강제근로'를 금지하려는데 목적이 있으나, 근로기준법 제8조(폭행의 금지)는 근로자에 대한 '폭행이나 구타행위' 자체를 금지하려는 취지를 갖고 있다.

2) 폭행의 이유와 내용

사용자는 사고의 발생이나 그 밖의 어떠한 이유로도 근로자를 폭행할 수 없다. 여기에서 '사고의 발생'은 사업장에서 근로자의 고의 또는 과실과 관계없이 근로과정 중에서 사고가 일어나는 것을 말한다. 또한, '그 밖의 어떠한 이유'는 직장 질서 유지, 상사의 부하직원 지도 등 근로관계 과정에서 발생하는 모든 이유를 말하며, 직장의 질서 문란, 무단결근 등 징계, 상사의 지시 불복종 등이 이러한 이유에 포함된다.[43]

한편, '폭행'이란 일반적으로 사람의 신체에 대해 물리적인 힘을 가하는 유형력(有形力)을 행사하는 것을 말한다. 그러나 폭행은 반드시 신체상 가해의 결과를 야기하는 완력행사일 것을 요하지 않으며, 육체상 고통을 수반하여야 하는 것도 아니므로 폭언을 수차례 반복하는 것도 폭행에 해당한다(대법원 2003.1.10. 2000도5716).

근로자 상호간에 폭행이 발생한 경우 근로기준법 제7조 위반이 아니더라도 사용자에게 그 책임을 물을 수 있는지가 문제된다. 근로자 상호간 폭행의 경우에도 업무와 밀접하게 관련된 행위 중에 폭행이 발생하였다면 민법 제756조에 따라 사용자가 배상책임을 부담한다.

법원은 버스 운전 중 승객을 다치게 한 버스회사 소속 운전사가 회사 사무실에서 운영부장 등에게 회사의 치료비 부담을 요구하던 중 말다툼 끝에 운영부장 등이 운전사를 폭행한 데 대하여 회사의 사용자 책임을 인정하였다(대법원 1992.3.31. 90다8763).

3) 형법과의 관계와 위반의 효과

근로기준법상 폭행의 금지는 근로관계에서 발생하는 폭행을 금지하기 위한 것이다. 따라서 업무시간 중에 발생한 폭행이더라도 사적 관계에서 일어났다면 형법이 적용되고, 업무시간 외 또는 사업장 밖에서 폭행이 발생하였더라도 업무와 관련이 있으면 근로기준법 위반이다.[44]

---

43) 노동법실무연구회, 근로기준법주해 I, pp.796~797.
44) 하갑래, 근로기준법, p.108.

또한, 근로기준법 제8조(폭행의 금지) 위반의 죄는 피해자가 원하지 아니하더라도 처벌되는 일반 범죄인 반면, 형법상의 폭행죄(제260조)는 피해자가 원하는 경우에 한하여 처벌되는 반의사불벌죄에 해당된다.

한편, 근로기준법 제8조 폭행의 금지 조항에 위반하여 근로자에게 폭행을 가한 경우에는 5년 이하 징역 또는 5천만원 이하의 벌금에 처한다(근로기준법 제107조).

4. 중간착취의 배제

(1) 의 의

누구든지 법률에 따르지 아니하고는 영리로 타인의 취업에 개입하거나 중간인으로서 이익을 취득하지 못한다(근로기준법 제9조). 이 제도의 목적은 다른 사람의 취업에서 소개비, 중개료 또는 수고비 등의 명목으로 이익을 얻거나 취업 후에 중개인·감독자·사용자 등의 지위를 이용하여 수수료, 보상금 등 명목으로 임금의 일부를 받는 중간착취를 근절하기 위한 것이다.[45)]

(2) 중간착취의 요건

1) 주체 및 대상

중간착취의 주체가 되는 자에는 근로기준법의 적용을 받는 사업주 또는 사용자는 물론이고, 기타 사인이나 단체 등도 포함된다.

중간착취의 대상이 되는 자는 구직 또는 구인활동을 하는 자이다. 구직자(求職者)는 그 성질상 자연인에 한하며 내국인 또는 외국인인지를 불문한다(대법원 1995.7.11. 94도1814). 구인자(求人者)가 반드시 자연인일 필요는 없으며 외국인도 포함된다.

법원은 회사의 노동조합 간부로 상당 기간 근무하였기 때문에 회사의 취업자 선정에 관하여 사실상 영향력을 미칠 수 있는 지위에 있는 자로서 구직자들로부터 그 회사에 취업할 수 있도록 알선해 달라는 부탁을 받고 이를 승낙하면서 그 대가로

45) 김형배, 새로 쓴 노동법(제25판), 박영사, 2016, pp.190~192.

금원을 교부받은 행위는 구 근로기준법 제8조(현 제9조)에서 금지하는 행위에 해당한다고 판단하였다(대법원 2008.9.25. 2006도7660).

2) 영리의 목적으로 타인의 취업에 개입

'영리로 타인의 취업에 개입'하는 행위는 제3자가 영리로 타인의 취업을 소개 또는 알선하는 등 근로관계의 성립 또는 갱신에 영향을 주는 행위를 말한다(대법원 2008.9.25. 2006도7660). 근로관계의 성립에 관여하는 유형에는 직업소개, 근로자 모집, 근로자 공급 등이 있다.

영리로 어떠한 행위를 한다는 것은 계속·반복하여 이득을 취할 목적으로 그 행위를 하는 것을 말한다. 따라서 타인의 취업에 개입하여 이득을 취하였다고 하더라도 계속·반복적으로 이를 행할 의사가 없이 우연적이고 1회적인 것에 그쳤다면 근로기준법 제9조에서 정한 영리성의 요건을 갖추지 못하였다고 보아야 한다. 다만, 개입행위가 단 1회에 그쳤더라도 계속·반복의 의사가 있었다고 인정되면 근로기준법 제9조 위반이 된다(대법원 2001.12.14. 2001도5025).

법원은 '영리로 타인의 취업에 개입'하는 행위에는 취업을 원하는 사람에게 취업을 알선해 주기로 하면서 그 대가로 금품을 수령하는 정도의 행위도 포함되고, 취업을 알선해주기로 하는 대가로 금품을 수수하기는 하였으나 아직 구체적인 소개나 알선행위까지 나아가지 않은 경우에도 중간착취 금지 규정 위반으로 처벌된다고 판단한다(대법원 2008.9.25. 2006도7660).

3) 중간인으로서 이익의 취득

중간인으로서 이익을 취득하는 행위는 근로계약 관계의 존속 중에 사용자와 근로자 사이의 중간에서 근로자의 노무제공과 관련하여 사용자 또는 근로자로부터 법률에 의하지 아니하는 이익을 취득하는 것을 말한다(대법원 2007.8.23. 2007도3192).

여기에서 '이익'은 보상금·소개료·중개료 및 수고비 등 형식적 명칭에 관계없이 일체의 금품이나 경제적 가치가 있는 유형·무형의 것을 포함한다.

'근로관계의 존속에 개입'한다는 것은 근로자 모집에 개입한 자나 근로자를 감독하는 위치에 있는 자가 근로관계의 존속에 관해 사실상 영향력을 미치는 것을 말한다. 1회적 행위라 하더라도 이익의 수수가 있었다면 법에서 금지하는 중간인으로서의 이익취득에 해당한다.

(3) 법률에 의한 적용 제외

중간착취 금지는 법률에 의하지 아니하고 타인의 취업에 개입하거나 중간인으로서 이익을 취득하는 것을 금지하는 규정이므로(근로기준법 제9조), 법률이 허용하는 경우 그 금지규정이 적용되지 않는다.

1) 직업안정법

직업안정법에 규정된 직업소개사업, 근로자공급사업, 직업정보제공사업 등의 경우에는 근로기준법 제9조의 적용대상이 아니므로 중간착취에 해당되지 아니한다.

① 유료직업소개사업(제2조의2제5호)은 구인 또는 구직의 신청을 받아 구직자 또는 구인자를 탐색하거나 구직자를 모집하여 구인자와 구직자 간에 고용계약이 성립되도록 알선하는 것으로 무료직업소개사업이 아닌 것을 말한다. ② 근로자공급사업(제2조의2제7호)은 공급계약에 따라 근로자를 타인에게 사용하게 하는 사업이며, ③ 직업정보제공사업(제2조의2제8호)은 신문, 잡지, 그 밖의 간행물 또는 유선·무선방송이나 컴퓨터통신 등으로 구인·구직 정보 등 직업정보를 제공하는 사업을 말한다.

2) 파견근로자 보호 등에 관한 법률

근로자파견사업은 파견법에 의한 사업이므로 중간착취(중간이익 취득행위)에 해당하지 않는다. 근로자파견이라 함은 '파견사업주가 근로자를 고용한 후 그 고용관계를 유지하면서 근로자파견계약의 내용에 따라 사용사업주의 지휘·명령을 받아 사용사업주를 위한 근로에 종사하게 하는 것'을 말한다(파견법 제2조제1호).

(4) 위반의 효과

근로기준법 제9조에 위반하여 중간착취를 한 자에 대하여는 5년 이하의 징역 또는 5천만원 이하의 벌금에 처한다(근로기준법 제107조). 또한, 고용노동부장관의 허가를 받지 않고 직업소개사업, 근로자모집사업 및 근로자공급사업 등을 유상으로 한 경우에는 근로기준법(제9조) 위반과 동시에 직업안정법 위반이 된다. 이 경우 형법(제40조)상 1개의 죄가 수개의 죄에 해당하는 상상적 경합(想像的 競合)에 해당되어 가장 중한 죄에 대해 정한 형으로 처벌을 받는다.

5. 공민권 행사의 보장

(1) 의 의

사용자는 근로자가 근로시간 중에 선거권, 그 밖의 공민권(公民權) 행사 또는 공(公)의 직무를 집행하기 위하여 필요한 시간을 청구하면 거부하지 못한다. 다만, 그 권리 행사나 공의 직무를 수행하는 데에 지장이 없으면 청구한 시간을 변경할 수 있다(근로기준법 제10조).

근로자는 근로계약에 따른 근로제공 '의무'를 지는 동시에 국민으로서 헌법상의 참정권과 국민투표권 등에 대한 '권리'를 갖는다. 이 조항의 취지는 근로관계로 인해 이러한 권리행사를 방해받지 않도록 한 것이므로 공민권 행사 등을 이유로 한 직장이탈은 근로계약 위반(채무불이행)이 되지 않는다.[46]

(2) 공민권 행사의 요건

1) 선거권, 그 밖의 공민권일 것

선거권, 기타 공민권은 국민투표권, 선거권 및 피선거권 등의 정치적 참정권을 의미한다. 즉 공민권은 대통령·국회의원·지방자치단체장 등의 선거권을 비롯하여 기타 법령에서 일반 국민에게 보장하고 있는 공민으로서의 권리를 말한다.

그리고 선거운동 자체는 선거권 또는 피선거권과 직접적으로 관계가 없는 별개의 행위이다. 입후보자 자신의 선거운동은 공민권 행사에 포함될 수 있으나, 타인을 위한 선거운동은 공민권에 해당되지 않는다.[47]

---

46) 김형배, 노동법, pp.209~210.
47) 노동법실무연구회, 근로기준법 주해 I, p.866.

한편, 공직선거법상의 선거 또는 당선에 관한 소송은 공민권의 행사라고 보아야 한다. 그러나 사법상의 채권·채무에 관한 소송은 공민권의 행사라고 볼 수 없다.

2) 공의 직무일 것

공의 직무는 공민권 행사 이외에 법령에 근거가 있고, 직무 자체가 공적인 성질을 갖는 사무를 의미한다. 공직 당선자나 노동위원회 위원으로서 직무수행, 법원이나 노동위원회 등에서의 증인·감정인의 직무, 예비군 동원·훈련, 주민등록 일제갱신, 군입대를 위한 신체검사 참여 등이 해당된다.[48)]

근로자 중에서 지방의회의원으로 선출되어 활동하는 경우, 관계법령에 의해 정기회의나 임시회의에 참석하는 시간, 기타 상임위원회 위원으로 활동하는 시간 등은 공의 직무범위에 포함된다(근기01254-9404, 1991.6.28.).

그러나 노동위원회에 사건 당사자로서 출석하는 행위, 노동조합 활동이나 정당활동은 공의 직무가 아니다(행정 해석).

3) 근로자가 청구할 것

공민권 행사 또는 공의 직무에 해당한다고 하여 바로 그에 필요한 시간이 부여되는 것은 아니고, 근로자가 사용자에게 필요한 시간을 청구해야 한다.

(3) 공민권 행사의 효과

사용자는 근로자의 공민권 행사와 공의 직무 집행에 필요한 시간에 대해서는 근로를 시킬 수 없으므로 사용자는 근로자의 청구가 있으면 공민권 행사 등에 필요한 시간을 부여하여야 한다.

공민권 행사 등에 필요한 시간이란 근로자가 공민권을 행사하는데 실제로 필요한 시간을 의미하고, 직접적으로 공민권의 행사 등에 필요한 최소한의 시간뿐 아니라 왕복시간, 사전준비나 사후정리에 소요되는 부수적인 시간도 포함된다(서울지방법원 1993.1.19. 91가합19495).

---

48) 노동법실무연구회, 근로기준법 주해 I, pp.866~867.

한편, 사용자는 근로자의 청구를 거부할 수는 없으나, 공민권의 행사 또는 공의 직무를 집행하는데 지장이 없는 한 근로자가 청구한 시간을 변경할 수 있다.

(4) 공민권 행사와 근로관계

1) 공민권 행사와 임금

사용자는 근로자의 공민권 행사에 소요되는 시간에 대해서 원칙적으로 특별한 약정이 있는 경우를 제외하고 임금지급 의무가 없다. 근로기준법 제10조에서는 근로자에게 공민권 행사 등에 필요한 시간을 보장할 뿐 그 시간의 급여에 관해서는 아무런 정함이 없기 때문이다. 따라서 단체협약, 취업규칙, 근로계약 또는 관행에 따라 급여의 지급 여부가 정하여진다.[49]

그러나 근로기준법 이외의 다른 법에서 임금 지급에 대해 정한 경우, 즉 공직선거에서의 선거인 명부 열람 또는 투표(공직선거법 제6조제3항), 예비군 및 민방위대원의 동원·훈련(향토예비군설치법 제10조, 민방위기본법 제27조) 등으로 인해 근로하지 못한 시간에 대해서는 관련 법에 따라 급여가 지급되어야 한다.

2) 공직취임과 해고·휴직

근로자가 사용자의 승인을 얻지 않고, 공직에 취임한 때에는 해고한다고 정한 취업규칙은 근로자의 공민권 행사를 중대하게 제한하는 것으로 무효이다(서울지방법원 1993.1.19. 91가합19495; 헌법재판소 1995.5.25. 91헌마67). 다만, 공직 취임으로 인하여 정상적인 근로관계의 유지가 객관적으로 불가능한 때에는 휴직이 가능하다.

3) 평균임금 및 연차휴가

공민권 등의 행사를 위하여 근무하지 못한 기간은 평균임금의 산정기간에서 제외하며, 연차휴가를 부여하기 위한 개근 여부 산정에서는 이를 출근한 것으로 본다.

49) 하갑래, 근로기준법, p.228.

(5) 위반의 효과

공민권 행사의 보장(근로기준법 제10조) 규정의 위반은 사용자의 거부만으로 족하며 거부의 결과로 근로자가 그 권리를 행사하지 못했는지 여부는 문제되지 않는다. 단체협약 또는 취업규칙에서 공민권은 근로시간 외에 행사하여야 한다고 정하고 있다는 이유로 근로자가 청구하는 시간을 주지 않은 경우에는 이 법 조항 위반이 된다.

근로기준법 제10조를 위반하여 근로자에게 공민권 행사 등에 필요한 시간을 주지 않을 때에는 2년 이하의 징역 또는 2천만원 이하의 벌금이 부과된다(근로기준법 제110조).

6. 균등대우의 원칙

(1) 균등대우 원칙의 의의

헌법 제11조제1항에서는 "모든 국민은 법 앞에 평등하다. 누구든지 성별·종교 또는 사회적 신분에 의하여 정치적·경제적·사회적·문화적 생활의 모든 영역에 있어서 차별을 받지 아니한다."라고 규정하고 있다. 이러한 헌법상의 평등원칙은 근로기준법(제6조)을 비롯하여 노동관계법상 차별금지 규정에서 구체화되고 있다.

이와 관련하여 우선 근로기준법이 남녀간의 차별과 국적·신앙·사회적 신분을 이유로 한 차별을 금지하였고, 다음으로 남녀고용평등법에서도 모집과 채용, 임금 등 차별이 금지되는 분야를 규정하였으며, 2007년 이후에는 비정규직 근로자(기간제, 단시간, 파견근로자)에 대해 차별의 분야(임금, 상여금, 성과금 등) 및 이유를 확대하여 금지하고 차별 시정절차를 마련하였다.[50]

다만, 헌법상의 평등원칙은 일체의 차별적 대우를 부정하는 절대적 평등을 의미하는 것이 아니라 입법과 법의 적용에 있어서 합리적인 근거가 없는 차별을 금지하는 상대적 평등을 뜻하는 것으로, 합리적 근거가 있는 차별 또는 불평등은 평등원칙에 반하지 않는다(헌법재판소 1998.9.30. 98헌가7).

50) 임종률, 노동법, p.386 참조.

(2) 근로기준법상의 차별금지

1) 차별금지 사유

① 차별금지 사유의 범위

근로기준법 제6조에서 “사용자는 근로자에 대하여 남녀의 성을 이유로 차별적 대우를 하지 못하고, 국적·신앙 또는 사회적 신분을 이유로 근로조건에 대한 차별적 처우를 하지 못한다.”라고 규정하고 있다. 근로기준법 제6조는 차별금지 사유를 성별, 국적, 신앙, 사회적 신분이라고 규정하고 있는데, 이러한 사유가 예시적인지 아니면 한정적인지 해석상 문제된다.

평등원칙을 규정한 헌법 제11조제1항에서 열거한 사유(성별, 종교, 사회적 신분)가 예시적이라고 보는 것이 통설이라는 점을 고려하면, 이를 구체화하는 근로기준법상 차별금지 사유 역시 예시적인 것으로 해석할 수 있다.

다만, 근로기준법은 강행법규로서의 성격을 갖고 있으므로 근로기준법 위반 시 벌칙 적용에 대해서는 죄형법정주의상 엄격하게 해석을 하여야 한다. 따라서 현재 열거된 차별금지 사유 이외의 사유에 대해서까지 벌칙이 적용되는 것으로 확대해석하기는 어려울 것으로 판단된다.

② 성 별

성별은 남성 또는 여성이라는 성적인 구별 외에도 혼인, 임신, 출산, 성적 성향 등 특정의 성과 연관된 특성까지도 포함하는 것으로 해석되어야 한다.

그리고 근로기준법 제5장(여성과 소년)에서는 여성 근로자에 대한 특별보호 조항을 두고 있는데, 이는 여성의 신체적 특성을 감안해 모성을 보호하고자 하는 것으로 근로기준법 제6조의 차별대우에 포함되지 않는다.

한편, 합리적인 이유 없이 여성이라는 이유로 남성보다 낮은 정년제를 설정하는 차별정년제, 즉 동일부서내 남자55세, 여자43세로 정년을 달리하는 경우는 성별에 의한 차별대우에 해당한다(대법원 1988.12.27. 85다카657; 대법원 1993.4.9. 92누15765). 다만, 정년차등에 사회통념상 합리성(합리적 이유)이 있다고 인정되는 경우 차별대우에 해당하지 않는다(대법원 1996.8.23. 94누13589).

③ 국 적

국적은 국적법상 국민으로서의 지위를 말하는 것으로 근로기준법(제6조)에 따라 국적에 의한 근로조건상의 차별대우는 금지된다. 외국인고용법(제22조)에서는 외국인 근로자라는 이유로 부당하게 차별하여 처우하여서는 안된다고 규정하고 있다. 또한 외국인 근로자의 차별금지뿐만 아니라 이중국적자, 또는 무국적자에 대한 차별적 대우도 근로기준법 제6조의 위반이 된다(대법원 1995.9.15. 94누12067).

특별한 사정이 없는 한 외국인 근로자에 대하여도 근로기준법이 적용되며(대법원 1997.8.26. 97다18875), 출입국관리법을 위반한 불법체류 외국인에게도 원칙적으로 근로기준법이 적용된다.

④ 신 앙

신앙은 종교적 신념을 말하는 것으로 종교적인 것 이외에 정치적인 신념 등도 포함된다고 보아야 할 것이다.

한편, 종교단체나 정당과 같이 특정한 신앙이나 사상·이념을 전파하는 활동을 하는 '경향사업'의 경우, 해당 종교나 정당의 목적에 반하는 행위를 한 근로자에 대해 해고 등 차별대우를 하더라도 근로기준법 위반이 되지 않는다.[51]

⑤ 사회적 신분

사용자는 근로자의 사회적 신분을 이유로 하여 차별대우를 하여서는 아니된다. 사회적 신분은 사회에서 장기간 점하는 지위로서 일정한 사회적 평가를 수반하는 것(헌법재판소 1995.2.23. 93헌바43)을 의미하므로, 사람이 태어나면서 선천적으로 갖는 지위뿐만 아니라 후천적인 지위까지도 포함된다.

다만, 후천적 지위는 전과자, 파산자 등 사람이 자신의 의사로서 그러한 지위를 피할 수 없는 것을 가리키므로, 노동조합 임원과 같은 일시적 지위는 사회적 신분에 해당되지 않는다(서울지방법원 1994.9.16. 94가합40258).

---

51) 노동법실무연구회, 근로기준법 주해 I, pp.568~569.

2) 차별금지 영역

① 근로조건에 대한 차별 금지

근로기준법 제6조에서 차별이 금지되는 영역은 근로조건이다. 이 경우 근로조건은 근로기준법에서 정한 근로조건으로 한정되지 않는다. 따라서 임금·근로시간·승진·배치·복리후생 등 근로관계의 유지·존속을 전제로 하는 것과 정년·해고 등 근로관계의 종료를 전제로 하는 것 모두를 포함한다.

② 모집·채용 시 차별 금지

모집·채용은 근로관계 이전의 사항이므로 근로조건에 포함되지 않으며(대법원 1992.8.14. 92다1995), 이에 대한 차별은 근로기준법 제6조 위반이 아니다. 그러나 남녀고용평등법(제7조)에서 '사업주는 근로자의 모집 및 채용에 있어서 남녀를 차별해서는 아니된다'고 규정하고 있으므로 근로관계 성립 이전 단계인 모집·채용에 있어서까지도 차별대우를 금지하고 있다. 또한 장애인차별금지법과 고령자고용법에서도 모집·채용 시에 장애인 또는 연령을 이유로 하는 차별을 금지하고 있다.

3) 근로계약상 근로 내용과 무관한 사정을 이유로 한 차별 대우

근로기준법 제6조에서 정하고 있는 균등대우원칙이나 남녀고용평등과 일·가정 양립 지원에 관한 법률 제8조에서 정하고 있는 동일가치노동 동일임금 원칙 등은 어느 것이나 헌법 제11조 제1항의 평등원칙을 근로관계에서 실질적으로 실현하기 위한 것이다.

그러므로 국립대학의 장으로서 행정청의 지위에 있는 총장으로서는 근로계약을 체결할 때에 사회적 신분이나 성별에 따른 임금 차별을 하여서는 아니 됨은 물론 그 밖에 근로계약상의 근로 내용과는 무관한 다른 사정을 이유로 근로자에 대하여 불합리한 차별 대우를 해서는 아니 된다. 따라서 대학 총장이 근로 내용과 무관하게 시간강사를 전업과 비전업으로 구분하여 시간당 강의료를 차등지급하는 것이 부당한 차별적 대우에 해당한다(대법원 2019.3.14. 2015두46321).

4) 입증책임

차별대우에 대한 입증책임은 그 법률효과의 발생을 주장하는 근로자에게 일차적으로 발생한다. 그러나 차별사건에 대한 자료나 증거는 대부분 사용자에게 있기 때문에 피해자가 차별을 입증하는 것은 쉽지 않다.

근로기준법에는 차별대우에 대한 입증책임 규정을 두고 있지 않으나, 남녀고용평등법(제30조)과 기간제법(제9조제4항)에서는 사용자의 입증책임을 명시적으로 규정하고 있다.

5) 구제절차

근로기준법에서는 균등한 처우 위반(제6조)에 대하여 500만원 이하의 벌금에 처하도록 하고 있다(제114조). 근로기준법은 강행법규이므로 제6조를 위반한 단체협약, 취업규칙 및 단체협약은 무효가 된다. 그리고 차별적인 해고·휴직·정직 등은 근로기준법 제23조 제1항 위반이므로 노동위원회에 구제신청을 할 수 있다(근로기준법 제28조)

해고 등 이외에 근로조건상의 차별에 대해 구제받기 위해서는 법원에 민사소송을 제기하거나 국가인권위원회에 진정을 제기할 수 있다. 그러나 법원에서의 소송은 시간과 비용 부담이 크고, 국가인권위원회의 차별구제 조치는 법적 구속력 없는 권고적 사항이므로 근로자 권리구제에 한계가 있다.

(3) 남녀고용평등법상의 차별금지

1) 차별의 개념과 적용 범위

남녀고용평등법(제2조제1호)에서 '차별이란 사업주가 근로자에게 성별, 혼인, 가족 안에서의 지위, 임신 또는 출산 등의 사유로 합리적인 이유 없이 채용 또는 근로의 조건을 다르게 하거나 그 밖의 불리한 조치를 하는 경우'라고 하여 '직접차별'의 개념을 설명하고 있다.

또한, 남녀고용평등법(제2조제1호)에서 '사업주가 채용조건이나 근로조건은 동일하게 적용하더라도 그 조건을 충족시킬 수 있는 남성 또는 여성이 다른 한 성(性)에 비하여 현저히 적고 그에 따라 특정 성에게 불리한 결과를 초래하여 그 조건이 정당한 것임을 증명할 수 없는 경우'도 차별로 규정하고 있어 '간접차별' 개념을 포함하고 있다.

근로기준법 제6조의 위반문제는 근로자가 채용된 후의 문제이므로 채용 전이나 채용 시에는 적용되지 않는다. 그러나 남녀고용평등법 제2조제1호에서는 차별을 '채용 또는 근로의 조건을 다르게 하는 것'이라고 하여 모집이나 채용 시의 차별도 금지하고 있다.

2) 남녀차별 금지의 내용

남녀고용평등법(제8조제1항)에서 "사업주는 동일한 사업 내의 동일 가치의 노동에 대하여는 동일한 임금을 지급하여야 한다."라고 규정하고 있어 동일가치노동, 동일임금 지급 원칙을 제시하고 있다. 동일가치노동 여부의 판단기준은 직무수행에서 요구되는 기술, 노력, 책임, 작업조건 등이다(제8조제2항). 그 밖에 학력, 경력, 근속년수 등이 종합적으로 고려될 수 있다.

핵심 판례 **동일가치노동 동일임금지급 원칙 (평택 타일제조공장 사례)**

동일가치의 노동인지 여부는 같은 조(현 남녀고용평등법 제8조) 제2항 소정의, 직무 수행에서 요구되는 기술, 노력, 책임 및 작업조건을 비롯하여 근로자의 학력·경력·근속연수 등의 기준을 종합적으로 고려하여 판단하여야 하며, '기술, 노력, 책임 및 작업조건'은 당해 직무가 요구하는 내용에 관한 것으로서, '기술'은 자격증, 학위, 습득된 경험 등에 의한 직무수행 능력 또는 솜씨의 객관적 수준을, '노력'은 육체적 및 정신적 노력, 작업수행에 필요한 물리적 및 정신적 긴장 즉, 노동 강도를, '책임'은 업무에 내재한 의무의 성격·범위·복잡성, 사업주가 당해 직무에 의존하는 정도를, '작업조건'은 소음, 열, 물리적·화학적 위험, 고립, 추위 또는 더위의 정도 등 당해 업무에 종사하는 근로자가 통상적으로 처하는 물리적 작업환경을 말한다(대법원 2003.3.14. 2002도3883).

또한, 사업주는 임금 이외에 근로자의 모집·채용(남녀고용평등법 제7조), 임금 외의 금품(제9조), 교육·배치·승진(제10조), 정년·퇴직·해고(제11조) 등에 있어서도 남녀를 차별해서는 아니된다.

한편, 종전에는 남녀고용평등법에서 5인 미만 사업장에 대하여는 남녀간에 임금(제8조), 임금 외의 금품(제9조), 교육·배치·승진(제10조), 정년·퇴직·해고(제11조) 관련 조항 적용을 배제하였으나 2019.1.1.부터 5인 미만 사업장에 대해서도 전면 적용하고 있다.

3) 입증책임

일반적으로 입증책임은 법률효과의 발생을 주장하는 자에게 있으므로 입증책임은 피해를 주장하는 자에게 있다. 그러나 차별사건에서 입증 자료나 증거는 대부분 차별을 행한 자에게 있기 때문에 피해자가 차별을 입증하는 것은 쉽지 않다.

근로기준법에서는 입증책임에 관한 명문규정을 두고 있지 않아 근로자가 차별에 대한 입증책임을 부담하나, 남녀고용평등법(제30조)에서는 사용자가 입증책임을 부담한다고 명시적으로 규정하고 있다.

4) 적극적 고용개선조치

적극적 고용개선조치(Affirmative Action)는 여성 등에 대한 차별적인 고용관행과 제도를 개선하기 위해 사업주에게 차별개선을 위한 목표를 제시하고 달성하도록 하는 제도이다.

남녀고용평등법은 사업주가 고용하고 있는 직종별 여성 근로자 비율이 일정 고용기준(여성고용 비율과 관리자 비율)에 미달하는 사업주에 대해 적극적 고용개선조치 시행계획을 수립·제출하도록 하고 있다(제17조의3).[52]

이 시행계획을 제출한 사업주는 고용노동부장관에게 그 이행실적을 제출하여야 하며, 고용노동부 장관은 이행실적 평가결과 이행실적이 부진한 사업주에게 시행계획의 이행을 촉구할 수 있다(제17조의4). 고용노동부장관은 명단공개 기준일 이전에 3회 연속하여 기준에 미달한 사업주가 이행 촉구를 따르지 않은 경우 명단을 공표할 수 있다(제17조의5).

한편, 위와 같은 강제적 수단 이외에 고용노동부장관은 이행실적이 우수한 기업에게 표창을 할 수 있고, 국가와 지방자치단체는 우수기업에 행정적·재정적 지원을 할 수 있다(제17조의4).

---

52) 2019.1.1.부터는 ①「독점규제 및 공정거래에 관한 법률」 제31조제1항 및 같은 법 시행령 제38조제1항에 따라 지정된 공시대상기업집단의 사업의 경우에는 상시 300명 이상의 근로자를 고용하는 사업, ② 제1호 외의 사업의 경우에는 상시 500명 이상의 근로자를 고용하는 사업으로 적용범위가 확대되었다(남녀고용평등법 시행령 제4조제2항).

(4) 차별금지 의무 위반의 효과

1) 사법상 무효

차별적 처우를 금지하고 있는 근로기준법과 남녀고용평등법은 근로자와 사용자 사이의 근로관계를 규율의 대상으로 하고 있고, 민법(제655조 이하)에 대해서는 특별법의 지위에 있으며, 강행적 효력을 가진다(근로기준법 제15조 참조). 따라서 차별금지 규정이 금지하고 있는 차별에 대해 사용자와 근로자가 약정(취업규칙이나 단체협약 포함)을 하는 것은 사법상 효력이 없다고 보아야 한다.

2) 균등대우 의무와 채무불이행

근로기준법 제6조 중 성차별은 남녀고용평등법 제8조에서 제11조까지의 규정에 의해 구체화되고 있다. 사업주가 성을 이유로 여성 근로자에게 임금액을 낮추어 지급하는 경우에는 합리적 이유가 없는 한 사업주는 균등대우 의무, 즉 차별 없이 제대로 임금을 지급해야 할 의무를 위반하는 것으로 보아야 한다.

따라서 근로기준법 제6조와 남녀고용평등법 제8조 내지 제11조의 규정은 근로자에 대한 사용자의 의무를 정한 것으로 보아야 하고, 이에 위반하면 채무불이행과 같은 사법상의 효력이 발생한다고 해석하여야 한다.

3) 불법행위 책임

차별적 처우를 금지한 법률은 강행법규이므로 이를 위반한 행위는 원칙적으로 위법성을 갖춘 행위라고 보아야 한다. 따라서 차별행위가 불법행위의 다른 요건을 갖춘 때에는 불법행위 책임이 발생하고, 사용자는 위반행위로 인한 손해 또는 경우에 따라서 위자료를 배상하여야 한다.

4) 벌 칙

사용자가 근로기준법 제6조(균등한 처우)를 위반하는 경우 500만원 이하 벌금에 처해지고(제114조), 남녀고용평등법의 차별금지규정을 위반하는 경우에는 각 조항 위반에 따라 3년 이하의 징역 또는 3천만원 이하의 벌금, 1천만원 이하의 벌금,

500만원 이하의 벌금 등에 처해진다(제37조).

(5) 차별에 해당되지 않는 경우

1) 인사제도에 의한 차별

근로기준법 제6조(균등한 처우)는 성별, 국적, 신앙, 사회적 신분 등 본성적 사유에 기인하는 차별만을 금지하는 것으로, 직급·업무성적·근무능력의 평가 등에 따른 차별은 이 조항 위반이 아니다.

2) 적극적 고용개선조치 등

하나의 사업장에서 특정 성(性)이 많거나 특정 성을 우대하더라도 ① 직무의 성격에 비추어 특정 성이 불가피하게 요구되는 경우, ② 여성 근로자의 임신·출산·수유 등 모성보호를 위한 조치를 하는 경우, ③ 그 밖에 법률에 따라 특정 성을 우대하는 적극적 고용개선조치를 하는 경우에는 차별에서 제외하고 있다(남녀고용평등법 제2조제1호).

3) 모성보호

여성의 신체적·생리적 특성과 모성보호를 위하여 근로기준법 제5장(여성과 소년)과 남녀고용평등법 제3장(모성보호 및 직장과 가정생활의 양립 지원)에서 여성 근로자에게 우대 조치를 하는 것은 차별에 해당하지 않는다.

(6) 비정규직 근로자에 대한 불합리한 차별금지

1) 차별적 처우의 금지

기간제법과 파견법은 고용형태 즉 기간제·단시간·파견 근로자임을 이유로 임금 그 밖의 근로조건 등에 있어서의 차별적 처우를 금지하도록 하고 있다(기간제법 제8조, 파견법 제21조).

사용자는 기간제근로자(또는 단시간근로자)임을 이유로 당해 사업 또는 사업장의 동종 또는 유사한 업무에 종사하는 '기간의 정함이 없는 근로계약을 체결한 근로자(또는 통상 근로자)'에 비하여 차별적 처우를 하여서는 아니된다(기간제법 제8조).

또한, 파견사업주와 사용사업주는 파견근로자임을 이유로 사용사업주의 사업 내의 동종 또는 유사한 업무를 수행하는 근로자에 비하여 파견근로자에게 차별적 처우를 하여서는 아니된다(파견법 제21조).

2) 노동위원회를 통한 시정절차

기간제법에서는 비정규직 근로자에 대한 차별을 단순히 금지하는데 그치지 않고, 차별을 시정하기 위한 적극적인 행정절차를 별도로 마련하고 있다. 즉 비정규직 근로자에 대한 차별금지의 실효성 확보를 위해 노동위원회(차별시정위원회)에 시정을 신청하여 구제를 받을 수 있도록 하고 있다.

차별 여부에 대한 입증책임은 사용자가 부담하고, 심판 외에도 조정을 통해 분쟁이 해결될 수 있도록 하며, 조정 성립 시 재판상 화해의 효력을 부여하여 그 실효성을 제고하였다.

그리고 사업주가 확정된 시정명령을 정당한 이유 없이 불이행하는 경우에는 1억원 이하의 과태료를 부과하고, 시정 방식도 차별적 행위의 중지, 근로조건 개선 명령, 적절한 금전보상 등으로 다양화하였다.

(7) 균등처우 원칙의 실효성 확보 방안

근로기준법 제6조(균등처우 원칙)에서는 성별, 국적, 신앙, 사회적 신분 등 본성적 사유에 의한 차별만을 금지하고 있고, 사용자의 입증책임이나 특별한 구제절차를 규정하고 있지 않다.

이에 반해 남녀고용평등법과 비정규직 관련 법에서는 사용자의 입증책임을 명문화하고 있고, 노동위원회에 의한 시정절차 등 특별한 구제절차를 두고 있다(남녀고용평등법 제26조). 또한 남녀고용평등법에서는 '동일가치노동 동일임금 원칙'을 명문화하고 있으며, 비정규직 관련 법에서는 확정된 시행명령 불이행시 1억원 이하의 과태료를 부과하여 균등처우에 대한 실효성을 확보하고 있다.

근로기준법 제6조의 균등처우 원칙이 차별금지에 어느 정도 실효성이 있느냐에 대해서는 비판의 여지가 있으나 노동법상의 차별금지에 관한 하나의 대원칙을 제시하고 있는 것으로 볼 수 있다. 차별금지에 관련하여 남녀고용평등법이나 비정규직 관련 법이 근로기준법보다 근로자 권리구제에 보다 실효성이 있을 것으로 판단된다.

제6절 근로관계법의 적용

1. 근로기준법의 적용

(1) 적용 범위

근로기준법은 상시 5명 이상의 근로자를 사용하는 모든 사업 또는 사업장에 적용한다(제11조 본문).

1) 사업 또는 사업장

여기서 '사업'이란 경영상의 일체를 이루면서 유기적으로 운영되는 조직체(대법원 1993.10.12. 93다18365)로서 법인체 또는 개인 사업체를 말하며, 사업의 목적, 허가 유무, 업종을 불문한다.

'사업장'이란 사업의 일부분으로서 업무·노무관리·회계를 독자적으로 수행하거나(공장내의 진료소, 사업부 등) 독자성은 없지만 장소적으로 분리되어 있는 것(본사와 분리된 공장, 지점, 출장소 등)을 의미한다.[53]

2) 적용 규모

① 근로자수 상시 5명 이상의 적용

근로기준법은 원칙적으로 상시 5명 이상의 근로자를 사용하는 사업·사업장에 적용되는데 여기에서 '상시'는 상태(常態)라는 의미로 근로자수가 일시적으로 5명 미만이 되더라도 상태적으로 5명 이상이면 상시 5명 이상으로 보아야 한다. 그리고 근로자에는 계속 근로하는 근로자뿐만 아니라 일용근로자도 포함된다.[54]

---

53) 임종률, 노동법, p.34; 중앙노동위원회, 심판업무 매뉴얼, 2019, p.62.
54) 김형배·박지순, 노동법강의, p.71

상시 사용하는 상시 근로자수의 산정방법에 대하여는 근로기준법 시행령 제7조의2(상시 사용하는 근로자 수의 산정방법)에 따른다.

'상시 사용하는 근로자 수'는 해당 사업 또는 사업장에서 법 적용 사유(휴업수당 지급, 근로시간 적용 등 법 또는 이 영의 적용 여부를 판단하여야 하는 사유) 발생일 전 1개월(사업이 성립한 날부터 1개월 미만인 경우에는 그 사업이 성립한 날 이후의 기간, '산정기간'이라 함) 동안 사용한 근로자의 연인원을 같은 기간 중의 가동 일수로 나누어 산정한다. 이 연인원에 포함되는 근로자는 해당 사업 또는 사업장에서 사용하는 통상 근로자, 기간제근로자, 단시간근로자 등 고용형태를 불문하고 하나의 사업 또는 사업장에서 근로하는 모든 근로자를 포함한다. 그러나 파견법에 따른 파견근로자, 도급근로자, 용역근로자는 연인원 산정에서 제외된다.

한편, 5명 미만 사업(장)이라고 하더라도 산정기간에 속하는 일별로 근로자수를 파악했을 때 법 적용 기준에 미달한 일수가 1/2(50%) 미만인 경우에는 법 적용 사업장으로 보지만, 해당 사업(장)에 산정기간 동안에 상시 근로자수가 법 적용 기준에 해당하는 경우에도 산정기간에 속하는 일별로 근로자수를 파악했을 때 법 적용 기준에 미달하는 일수가 1/2(50%) 이상인 경우에는 법 적용 사업장으로 보지 않는다(근로기준법 시행령 제7조의2제2항).

참고 상시 근로자수 산정방법

$$\text{상시 근로자수} = \frac{\text{산정기간 동안 사용한 근로자 연인원}}{\text{산정기간 중 가동 일수}}$$

(예시) 법 적용사유 발생일이 2022.9.15. 산정기간(8.15.~9.14.)동안 사용 근로자의 연인원이 132명, 산정기간 중의 가동일수가 24일인 경우 상시 근로자는 132(산정기간중 연인원) / 24일(산정기간중 가동일수) = 5.5명

② 근로자수 상시 4명 이하의 부분 적용

한편, 상시 4명 이하의 근로자를 사용하는 사업 또는 사업장에 대하여는 대통령령으로 정하는 바에 따라 근로기준법의 일부 규정을 적용할 수 있다(근로기준법 제11조제2항, 근로기준법 시행령 [별표1]).

헌법재판소는 근로기준법 제11조제2항에 대한 위헌여부심판 사건에서 이 조항이 헌법의 법률유보원칙(제37조제2항)과 포괄위임금지원칙(제75조)에 위배되지 아니한다고 결정하였다(헌법재판소 2019.4.11. 2013헌바112).

〈도표 2-4〉 상시 4명 이하의 근로자를 사용하는 사업 또는 사업장에 적용하는 법 규정

구 분	적용 법규정
제1장 총칙	제1조부터 제13조까지의 규정
제2장 근로계약	제15조, 제17조, 제18조, 제19조제1항, 제20조부터 제22조까지의 규정, 제23조제2항, 제26조, 제35조부터 제42조까지의 규정
제3장 임금	제43조부터 제45조까지의 규정, 제47조부터 제49조까지의 규정
제4장 근로시간과 휴식	제54조, 제55조제1항, 제63조
제5장 여성과 소년	제64조, 제65조제1항·제3항(임산부와 18세 미만인 자로 한정한다), 제66조부터 제69조까지의 규정, 제70조제2항·제3항, 제71조, 제72조, 제74조
제6장 안전과 보건	제76조
제8장 재해보상	제78조부터 제92조까지의 규정
제11장 근로감독관 등	제101조부터 제106조까지의 규정
제12장 벌칙	제107조부터 제116조까지의 규정(제1장부터 제6장까지, 제8장, 제11장의 규정 중 상시 4명 이하 근로자를 사용하고 사업 또는 사업장에 적용되는 규정을 위반한 경우로 한정한다)

③ 국가·지방자치단체 등에 대한 적용

근로기준법과 근로기준법 시행령은 국가, 특별시·광역시·도, 시·군·구, 읍·면·동, 그 밖에 이에 준하는 것에 대하여도 적용된다. 국가 · 지방자치단체에 대해서는 근로기준법 제11조가 적용되지 않으므로 상시 근로자수가 몇 명인지에 관계없이 근로기준법이 적용된다. 다만, 공무원의 경우 아래에서 설명하는 바와 같이 특별법에 따라 해당 규정이 적용되는 경우 근로기준법 적용이 배제될 수 있다.

(2) 적용 제외

1) 근로기준법상 적용 제외

근로기준법은 상시 5명 이상의 근로자를 사용하는 사업·사업장이라고 하더라도 동거하는 친족만을 사용하는 사업 또는 사업장과 가사(家事) 사용인에 대하여는 적용하지 아니한다(제11조제1항).

동거하는 친족간에는 사용종속관계보다 친족간의 정분이 중요시되고, 가사사용인에 대해서는 국가의 감독이 어렵다는 점을 고려하여 법 적용을 배제한 것으로 판단된다.[55)]

그러나 해당 사업 또는 사업장에 동거하는 친족과 함께 근로자에 해당하는 근로자가 1명이라도 있으면 동거하는 친족도 근로자에 포함하여 산정한다(근로기준법 시행령 제7조의2제4항).

2) 특별법에 의한 적용 제외

공무원, 사립학교 교원, 청원경찰, 선원에 대해 공무원연금법, 사립학교법, 청원경찰법, 선원법 등 특별법이 각각 적용되는 경우에는 특별법이 우선되므로 해당 규정이 적용되는 범위내에서는 근로기준법이 적용되지 않는다.

2. 기타 근로관계법의 적용

근로기준법 이외의 다른 근로관계법에서는 상시 근로자수와 관계없이 적용되는 법률이 많이 있다. 최저임금법, 산업안전법, 남녀고용평등법, 임금채권보장법 등에서는 특별히 적용 예외가 되는 경우를 제외하고 1명 이상의 근로자를 사용하는 사업·사업장에 적용된다.[56)]

---

55) 임종률, 노동법, p.352. 가사근로자(가사서비스 제공기관의 사용자와 근로계약을 체결하고, 이용자에게 가사서비스를 제공하는 사람)에 대해서는 가사근로자의 고용개선 등에 관한법률(가사근로자법)이 적용된다

56) 김형배·박지순, 노동법강의, p.73.

제3장

근로관계의 당사자: 근로자와 사용자

제1절 당사자 적격

노동법은 근로자의 인간다운 생활을 실현하고자 노동관계를 규율하는 법으로 사용자와 근로자가 권리와 의무의 주체가 된다.

근로자는 개별 근로관계에서 근로조건의 최저기준을 정한 근로기준법 등의 보호를 받으며, 집단 노사관계에서는 단결권, 단체교섭권, 단체행동권 등 노동3권을 보장받는다. 근로자가 이러한 노동법상의 권리를 주장하기 위해서는 당연히 근로자로서 법적 자격을 갖추어야 하며, 상대방이 법적 의무를 이행할 자격이 있는 사용자인지를 살펴보아야 한다.

근로자가 근로기준법상 근로자성을 인정받으면 근로기준법상 해고, 임금, 근로시간 등의 규정이 적용되며, 최저임금법, 퇴직급여법, 산재보험법 등 노동 관련 법령의 적용을 받는다. 따라서 미지급 임금, 퇴직금, 산재보상 등을 청구할 수 있는 권리가 발생한다.

특히, 부당해고나 부당징계 등에 대해 노동위원회와 법원에서 권리구제를 받으려 할 경우 우선 근로자성을 인정받아야 하며, 사용자 적격이 있는 자를 대상으로 권리구제를 신청하거나 소송을 제기하여야 한다.

그러나 현실적으로는 근로자나 사용자가 당사자로서 자격이 있는지 불명확한 경우가 발생하며, 직업의 종류가 증가하고 고용형태가 다양화되면서 그 모호성은 더욱 커지고 있다.

기업은 국제적·국내적으로 심화되는 경쟁, 급격한 기술변화, 상품 및 서비스에 대한 수요변동 등의 환경변화에 신속·유연하게 대응하고, 비용을 절감하기 위해 핵심조직을 정규직화하고 비핵심조직을 비정규직화하거나 외주화하려고 한다.

이러한 과정 속에서 기업은 특수형태근로 등을 통해 '비근로자화' 전략을 선택하기도 함으로써 주변 사업이나 조직은 단기적·유동적인 고용형태를 띠게 되며, 기업은 이러한 고용형태를 통해 사용자 책임을 면하려고 하기도 한다.[1)]

그 결과 새로운 고용형태의 등장과 더불어 사용자가 직접 근로자를 고용하는 것

---

1) 노동법실무연구회, 근로기준법주해 I (제2판), 박영사, 2020. p.119.

이 아니라 사내하도급, 파견업체, 수탁업체(예: 아파트관리업체), 소사장제 등을 활용하는 경향이 나타남에 따라 사용자 적격이 문제가 되기도 한다. 또한, 위수탁업체의 변경, 영업양도 등 발생 시에 사용자성을 둘러싼 분쟁이 발생하기도 한다.

직접 고용관계에서의 당사자는 주로 근로기준법의 규율을 받고, 파견은 파견법, 도급과 위임은 민법의 적용을 받는다.

제2절 근로자

1. 근로기준법상 근로자의 정의

그러면 근로기준법상 권리구제를 받을 수 있는 자격이 있는 근로자는 누구인가? 근로기준법(제2조제1항제1호)에서는 근로자를 ① 직업의 종류와 관계없이, ② 임금을 목적으로, ③ 사업이나 사업장에서, ④ 근로를 제공하는 자로 정의하고 있다. 임금은 사용자가 근로의 대가로 근로자에게 임금, 봉급, 그밖에 어떠한 명칭으로든지 지급하는 일체의 금품(근로기준법 제2조제1항제5호)을 말한다. 그리고 근로에는 정신노동과 육체노동이 모두 포함된다.

직업의 종류와 관계가 없으므로 사무직(관리자, 전문가, 사무·서비스·판매 종사자), 생산직(기능원 및 기능종사자, 장치·기계조작조립 종사자), 농림어업종사자, 단순노무종사자 등을 모두 포함하고(한국표준직업분류), 계약기간의 정함이 있는지, 시간제로 일하는지 등도 문제되지 않는다. 그리고 '사업이나 사업장'에는 사기업뿐만 아니라 공공기관, 국가 및 지방자치단체도 모두 포함된다.

한편, 근로기준법상 근로자 해당 여부에 대하여는 '사용종속관계'가 가장 본질적이고 중요한 판단기준이 된다. 판례도 근로자란 임금을 목적으로 종속적인 관계에서 사용자에게 근로를 제공하는 자를 의미한다고 하고 있다(대법원 2006.12.7. 2004다29736).

근로기준법상 근로자성을 인정받을 경우 부당해고나 부당징계, 임금체불, 퇴직금 등과 관련하여 권리구제를 받을 수 있지만 근로자성을 인정받지 못할 경우 법의 보호를 받지 못하므로 권리구제를 받을 수 없다. 근로기준법상 근로자 개념은 최저임금법, 임금채권보장법, 근로자참여법, 산업안전법, 산재보험법 등에서 준용된다.

한편, 근로자 적격과 관련하여 가장 다툼이 많이 일어나는 근로형태는 특수형태근로종사자이다. 특수형태근로종사자는 근로자와 자영업자의 성격을 모두 갖고 있어 근로자성이 모호한 경우가 많고 다양한 고용형태를 갖고 있으므로 일률적으로 정의하기도 어렵다. 종전의 산재보험법(제125조)은 특수형태근로종사자에 대해 규정하고 있었는데, 이 법의 규정을 활용하면 '계약의 형식에 관계없이 근로자와 유사하게 노무를 제공하는 자'라고 할 수 있다.

그러나 특수형태근로종사자에 대한 산업재해 보호의 사각지대가 발생함에 따라 산재보험법을 개정하여 '특정 사업에의 전속성' 요건을 폐지하고, 기존 특수형태근로종사자 및 온라인 플랫폼 종사자 등을 포괄하는 개념으로 '노무제공자'의 정의를 신설하여 산재보험법의 적용을 받을 수 있도록 하였다.

'노무제공자'란 다른 사람의 사업을 위하여 자신이 직접 노무를 제공하고 그 대가를 지급받는 사람으로서 업무상 재해로부터의 보호 필요성, 노무제공 형태 등을 고려하여 대통령령으로 정하는 직종에 종사하는 사람을 말한다(산재보험법 제91조의15제1호 신설, 제125조 삭제, 2023.7.1. 시행).

노무제공자의 범위에는 보험설계사, 우체국보험 모집인, 건설기계 운전자, 방문강사, 골프장 캐디, 택배기사, 퀵서비스 기사, 대출모집인, 신용카드회원 모집인, 대리운전업자, 탁송업자, 대리주차업자, 방문판매원, 대여 제품 방문점검원, 가전제품 설치·수리원, 화물차주 중 해당자, 소프트웨어기술자, 방과후학교 강사, 관광통역안내사, 어린이통학버스기사가 포함된다(산재보험법시행령 제83조의5).

근로자성 판단에서는 노무제공자 중에서 특수형태근로종사자가 쟁점이 가장 많이 되므로 노무제공 형태별로 주요 직종을 분류하면 〈도표 3-1〉과 같다. 아래에서는 이 중 근로자성이 쟁점이 되어 법원에서 판결을 받은 주요 직종 및 직업에 관한 사례를 소개한다.

〈도표 3-1〉 특수형태근로종사자의 주요 직종

노무 제공 형태	주요 직종
전문 기술 서비스	학원강사, 헬스 트레이너, 재활 트레이너, 웨딩 플래너, 채권추심원, 방송제작 PD, 영상취재요원, 위성방송 서비스 기사, 정수기 수리 기사, 헤어 디자이너, 뷰티 컨설턴트
판매 관련 서비스	학습지 교사, 텔레마케터, 보험설계사, 백화점 매니저, 백화점 판매직원, 정수기 임대 지점장, 자동차판매원, 야쿠르트 위탁판매원
차량 운전자	학원 버스기사, 화물운송 기사, 택배기사, 물류배송 기사, 화물차 지입기사, 레미콘트럭 지입기사
기타 노무 서비스	골프장 캐디, 간병인, 재택위탁집배원, 배달대행업체 배달원, 일용공사현장 십장, 주민자치센터 자원봉사자, 검침원

자료: 〈고용노동부, 특수형태 업무 종사자 실태조사, 2011, p.8〉을 참조하여 작성.

2. 근로기준법상 근로자성 판단에 대한 판례 변화

근로자성과 관련해서는 2006년 대학입시학원 강사의 퇴직금 관련 판결(대법원 2006.12.7. 2004다29736)이 중요한 분기점이 된다. 이 판례에서 근로기준법상의 근로자에 해당하는지 여부는 계약의 형식이 고용계약인지 도급계약인지보다 그 실질에 있어 근로자가 사업 또는 사업장에 임금을 목적으로 종속적인 관계에서 사용자에게 근로를 제공하였는지 여부에 따라 판단하고 있다.

법원은 1994년 철구조물 제조회사 하도급사 사건(대법원 1994.12.9. 94다22859)에서 처음으로 근로자성에 대한 판단기준을 제시했는데, 1994년 판례에서 종속적인 관계가 있는지 여부는 사용자의 지휘명령관계의 존재, 즉 지휘명령성을 중심으로 판단해 왔다.

그러나 2006년 이후의 판례에서는 형식적인 징표보다 실질적인 내용을 중시하고, 노무제공자의 독립사업자성도 하나의 요소로 함께 고려하며, 일부 조건이 아니라 제반 요소를 종합하여 판단하고 있다.

2006년 판결은 이전 판례, 특히 1994년 판례(대법원 1994.12.9. 94다22859)에

비해 크게 3가지 측면에서 차이가 있다.[2)]

첫째, 1994년 판례에서는 사용자의 지휘명령관계에서 '직접적이고 구체적인 지휘·감독'을 기준으로 삼았으나, 2006년 판례에서는 지휘·감독의 범위를 간접적이고 포괄적인 것까지 확대하여 '상당한 지휘·감독'으로 기준을 완화하였다.

둘째, 독립사업자성의 요소로서 1994년 판례에서는 '근로자 스스로가 제3자를 고용하여 업무를 대행하게 하는 등 업무의 대체성 유무 및 비품·원자재나 작업도구 등의 소유관계'로 보았으나, 2006년 판례에서는 '제3자를 고용한 업무 대행 등 독립하여 자신의 계산으로 사업을 영위하는지 여부, 노무제공을 통한 이윤창출과 손실위험을 부담하는지 여부'를 기준으로 삼고 있다.

셋째, 1994년 판례에서는 기본급이나 고정급 등 임금구조, 근로소득세 원천징수, 사회보장제도에서의 근로자 지위를 주요한 판단기준으로 삼았으나, 2006년 이후 판례에서는 사용자가 이러한 요소들을 임의로 정할 여지가 많음을 고려하여 '부차적인 판단기준'으로 제시하였다.

핵심 판례 **근로기준법상의 근로자 적격 판단기준 (대학입시학원 강사 사례)**

「근로기준법」상의 근로자에 해당하는지 여부는 계약의 형식이 고용계약인지 도급계약인지보다 그 실질에 있어 근로자가 사업 또는 사업장에 임금을 목적으로 종속적인 관계에서 사용자에게 근로를 제공하였는지 여부에 따라 판단하여야 하고, 위에서 말하는 종속적인 관계가 있는지 여부는 ① 업무내용을 사용자가 정하고, ② 취업규칙 또는 복무(인사)규정 등의 적용을 받으며, ③ 업무 수행 과정에서 사용자가 상당한 지휘·감독을 하는지, ④ 사용자가 근무시간과 근무장소를 지정하고 근로자가 이에 구속을 받는지, ⑤ 노무제공자가 스스로 비품·원자재나 작업도구 등을 소유하거나 제3자를 고용하여 업무를 대행하게 하는 등 독립하여 자신의 계산으로 사업을 영위할 수 있는지, ⑥ 노무제공을 통한 이윤의 창출과 손실의 초래 등 위험을 스스로 안고 있는지와 ⑦ 보수의 성격이 근로 자체의 대상적 성격인지, ⑧ 기본급이나 고정급이 정하여졌는지 및 ⑨ 근로소득세의 원천징수 여부

2) 고용노동부, 특수형태 업무종사자 실태조사, 2011, p.22.

부 등 보수에 관한 사항, ⑩ 근로 제공 관계의 계속성과 사용자에 대한 전속성의 유무와 그 정도, ⑪ 사회보장제도에 관한 법령에서 근로자로서 지위를 인정받는지 등의 경제적·사회적 여러 조건을 종합하여 판단하여야 한다.

다만, 기본급이나 고정급이 정하여졌는지, 근로소득세를 원천징수하였는지, 사회보장제도에 관하여 근로자로 인정받는지 등의 사정은 사용자가 경제적으로 우월한 지위를 이용하여 임의로 정할 여지가 크다는 점에서 그러한 점들이 인정되지 않는다는 것만으로 근로자성을 쉽게 부정하여서는 안 된다(대법원 2006.12.7. 2004다29736).

3. 근로기준법상 근로자성의 판단기준

(1) 계약의 형식

현재 법원은 근로기준법상의 근로자 해당 여부를 계약형식이 고용계약인지 도급계약인지보다 실질적으로 근로자가 사업이나 사업장에 임금을 목적으로 종속적인 관계에서 사용자에게 근로제공을 하였는지에 따라 판단한다(대법원 2006.12.7. 2004다29736).

그러나 근로자와 사용자 관계에서 가장 기본적이고 중요한 것은 계약의 형식과 내용이다. 법원에서 현실적으로 계약의 형식과 다르게 운영될 때 실질적인 운영실태를 우선하여 판단한다는 것이다. 계약의 형식과 내용이 정확하고 실질적으로 계약내용에 따라 노무관리가 이루어지면 노무제공자가 이의제기나 구제신청을 할 가능성이 낮아진다.

사용자와 근로자와의 관계라면 근로계약서, 연봉계약서, 취업규칙 등에 계약기간(유기, 무기), 임금, 근로시간과 장소, 휴일·휴가, 징계, 퇴직금, 4대보험 가입 등에 대해 명확히 규정해야 계약을 둘러싼 분쟁을 줄일 수 있다.

사용자와 근로자성이 모호한 유사 노무제공자와의 관계라면 위임계약서, 위촉계약서, 도급계약서, 용역계약서 등을 명확하게 작성해야 한다.

판례에서도 처분문서(근로계약서 등)의 진정성립이 인정되면 법원은 그 기재내용을 부인할 만한 분명하고도 수긍할 수 있는 반증이 없는 한 원칙적으로 그 처분문서에 기재되어 있는 문언대로의 의사표시의 존재와 내용을 인정하여야 한다고 하고 있다(대법원 2005.5.27. 2004다60065).

실무적으로 쟁점이 되는 것은 첫째, 계약서의 명칭과 계약서의 구체적인 내용이 불일치할 때이다. 사용자가 구제신청인이 임원이라 근로자가 아니라고 주장하는 경우, 사용자가 '임원 근로계약서'에 근로시간(시간외 근무 포함), 결근 등 근태관리, 취업규칙에 따른 징계 등의 내용을 포함하였다면 근로자성이 인정될 가능성이 높다.

둘째, 계약형태와 구체적인 계약조건에는 형식적으로 근로자성을 배제하고 있으나 실질적으로는 사용자에 종속적인 관계에서 근로를 제공하는 경우이다.

예를 들면 채권추심원의 경우 위임업무 수행계약을 체결하고, 이 계약서에 근로기준법 등에 의한 근로계약관계가 아니라는 점을 확인한다는 조항이 있다고 하더라도, 3년 내지 5년간 계속 근무하고, 다른 팀으로 이동을 시키며, 사용자가 업무실적 향상을 위해 캠페인, 야근, 토요일 근무 등에 동참을 요구했다면 근로자로서 자격이 인정된다(대법원 2016.4.15. 2015다252891).

따라서 사용자는 계약서의 명칭과 구체적인 계약조건 그리고 실질적인 근로 또는 노무제공 형태를 일치시켜야 현장에서 근로자성을 둘러싼 분쟁을 최소화할 수 있다.

계약서 명칭 ↔ 구체적인 계약 조건 ↔ 실질적인 노무제공 형태 (일치)

(2) 지휘명령관계

사용자의 근로자에 대한 지휘명령관계 즉 '지휘명령성'이 있는지 여부는 근로자성 판단에서 가장 중요한 요소이다. ① 사용자가 업무내용을 정하고, ② 업무수행과정에서 사용자가 상당한 지휘·감독을 하는지, ③ 취업규칙 또는 복무(인사)규정 등을 적용하며, ④ 사용자가 근무시간과 근무장소를 지정하고 근로자가 이에 구속을 받는지 등이 판단요소가 된다.

1) 사용자의 업무내용 결정

사용자가 구체적인 업무내용을 결정하고, 근로자가 이를 거부할 수 없는 상황을 말하며, 업무 거부 시에는 징계사유가 될 수 있는 경우이다. 은행의 텔레마케터의 경우 사용자와 근로계약이 아닌 위촉계약을 체결했지만 사용자는 업무수행 중에 준수할 업무운용수칙 등을 배부하였고, 이는 업무수행의 내용과 방법 등에 관한 지침으로서의 성격을 갖고 있으며, 위반 시 회사가 계약해지를 할 수 있는 규정을 갖고 있는 점 등을 종합하면 근로기준법상 근로자에 해당한다(대법원 2016.10.27. 2016다29890).

2) 사용자의 상당한 지휘와 감독

2006년 학원강사 관련 판결 이전에는 사용자의 구체적이고 직접적인 지시나 명령이 있는 경우 사용종속관계가 있다고 판단하였으나, 2006년 판결 이후에는 간접적이고 포괄적인 지시명령이 있어 사용자가 상당한 지휘와 감독을 했을 경우에도 사용종속관계가 있다고 본다.

요양보호사가 업무수행 전반에서 회사로부터 상당한 지휘·감독을 받아 종속적인 관계에서 노무를 제공한 경우 근로자에 해당한다(대법원 2012.11.15. 2011도9077).

3) 취업규칙과 인사복무 규정의 적용

구제신청인이 취업규칙과 인사복무 규정의 적용을 받고, 위반할 경우 징계 등의 불이익을 받는다면 사용종속관계가 있다고 볼 가능성이 높다.

집행이사는 등기이사와는 달리 업무가 집행이사제운영규정, 직제규정 등에 따라 정해지고, 징계도 직원에 준하여 행해지며, 집행이사제운영규정에 의하여 집행이사는 임원이 아님을 명백히 하고 있고, 인사규정에서 본부장은 직원으로 명시되어 있는 점 등을 감안하면 근로기준법상 근로자에 해당한다(대법원 2005.5.27. 2005두524).

4) 사용자의 근무시간과 장소의 지정

사용자가 출퇴근 시간을 정하고, 작업장소를 정하면서 이를 위반할 경우 징계나 불이익을 주는 경우에는 사용종속관계가 인정될 가능성이 높다. 최근 고용형태가 다양화되면서 탄력적 시간제, 유연근무제, 재택근로제, 외근형 근로 등과 같이 근로시간이나 장소를 유연하게 운영하는 경향이 있으므로, 근무시간과 장소 기준을 엄격하게 적용하기 어려운 상황도 발생한다.

은행의 텔레마케터가 특정 시간에 출퇴근 의무가 없고, 지각이나 결근을 할 경우 징계규정이 없다 하더라도 지각·조퇴·결근 등을 할 경우 고객 데이터베이스를 적게 받는 불이익이 있다면 근로자성이 인정된다(대법원 2016.10.27. 2016다29890).

(3) 독립사업자성

근로자성이 인정되려면 노무제공자의 '독립사업자성'이 부정되어야 한다. ① 노무제공자가 스스로 비품, 원자재나 작업도구 등을 소유하거나 제3자를 고용하여 업무를 대행하게 하는 등 독립하여 자신의 계산으로 사업을 영위하는 경우, ② 노무제공을 통한 이윤의 창출과 손실의 초래 등 위험을 스스로 안고 있는 경우에는 근로자성이 부정될 가능성이 높다. 그러나 근로제공 관계의 계속성과 사용자에 대한 전속성이 존재하거나 그 정도가 클 경우 근로자성을 인정받을 가능성이 높다.

1) 사업의 독립성과 이윤·손실에 대한 위험 부담

법원은 노무제공자가 스스로 비품·원자재나 작업도구 등을 소유하거나 제3자를 고용하여 업무를 대행하게 하는 등 독립하여 자신의 계산으로 사업을 영위할 수 있는지, 노무제공을 통한 이윤의 창출과 손실의 초래 등 위험을 스스로 안고 있는지를 판단기준으로 삼고 있다(대법원 2006.12.7. 2004다29736). 그러므로 노무제공자가 독립사업자로서의 성격이 많은 경우 근로자성이 부정될 가능성이 높다.

2) 근로제공의 계속성과 사용자에 대한 전속성

근로자가 특정 사용자만을 대상으로 계속 근로를 제공한다면 근로자성을 인정받기 쉽다. 예를 들어 채권추심원이 사용자와 위임계약을 체결했지만 최초 계약기간 6개월 이후 반복적인 재계약이나 기간연장 합의를 통해 3년 내지 5년간 채권추심원으로 종사한 경우 업무의 계속성이 있다고 본다(대법원 2016.4.15. 2015다252891).

(4) 보수체계와 사회보장제도에서의 지위

최근 법원은 근로자성을 판단할 때 '형식적인 징표'보다는 '실질적인 내용'을 중심으로 판단하고 있다. 보수체계나 사회보장제도에서 근로자로서의 지위는 형식적인 징표로서 사용자가 우월한 지위를 이용하여 일방적으로 정할 수 있기 때문에 부수적으로 고려할 요소로 보고 있다.

보수체계와 사회보장제도에서의 근로자성은 ① 보수의 성격이 근로 자체의 대상적 성격인지, ② 기본급이나 고정급이 정하여졌는지, ③ 근로소득세를 원천징수하는지, ④ 국민연금 등 4대 보험을 적용하는지 등을 중심으로 판단한다.

1) 보수의 성격·구조와 근로소득세 원천징수

법원은 보수의 성격이 근로 자체의 대상적 성격을 갖거나 기본급 또는 고정급이 정하여졌거나 사업자가 근로소득세를 원천징수할 경우 근로자성을 인정할 수 있으나, 이는 사용자가 우월한 지위를 이용하여 일방적으로 정할 수 있으므로 이를 근거로 하여 근로자성을 쉽게 부정해서는 안된다고 하고 있다(대법원 2007.3.29. 2005두13018).

2) 사회보장제도에서 근로자로서 지위

사용자가 노무 제공자에게 국민연금, 건강보험, 고용보험, 산재보험 등을 제공한다면 근로자로서의 지위를 쉽게 인정받을 수 있다. 그러나 사용자가 노무 제공자와 용역계약, 위임계약을 체결하고 4대 보험 등 사회보장제도의 가입을 해주지 않는 경우도 있으므로, 이러한 형식적 징표만을 갖고 근로자성을 쉽게 부인할 수는 없다.

(5) 종합적인 판단

첫째, 근로자성을 판단하는 데는 계약의 형식보다 실질적인 내용에서 근로자가 임금을 목적으로 종속적 관계에서 근로제공을 하였는지를 보아야 한다. 그러나 계약형식 즉, 위임계약서, 위촉계약서, 근로계약서, 연봉계약서 등은 법적 판단을 하는데 가장 기본이 되는 자료이므로 그 중요성을 무시할 수 없다. 다만, 근로자성을 둘러싸고 법적 다툼이 있는 경우 계약의 형식보다 구체적인 실제 고용관계를 더 우선하여 판단한다는 의미이다. **[계약 형식 〈 실질 내용]**

둘째, 임금 종속성뿐만 아니라 경제적·사회적 제반 요소를 종합적으로 고려하고, 일부 조건이 결여되었다고 해서 근로자성이 부정되는 것은 아니다. **[일부 조건 〈 제반 요소 종합]**

셋째, 근로자성 판단에 지휘명령관계는 핵심요소로서 고려하고, 사용자에 의해 임의로 정해질 수 있는 계약형식, 보수체계와 사회보장제도 가입 등은 비핵심 요소(부차적 요소)로서 판단한다. **[부차적 요소 〈 핵심요소]**

대학입시학원 강사 관련 대법원 판례(대법원 2006.12.7. 2004다29736)를 중심으로 근로기준법상 근로자성 판단기준을 종합하여 정리하면 〈도표 3-2〉와 같다.

〈도표 3-2〉 근로기준법상 근로자성 판단기준

판단 기준	판단 기준	판단 비중
지휘명령관계	① 사용자의 업무내용 결정	핵심 요소
	② 사용자의 상당한 지휘와 감독	
	③ 취업규칙과 인사복무규정, 징계규정 적용	
	④ 사용자의 근무 시간과 장소의 지정	
독립사업자성	⑤ 노무제공자의 계산으로 사업 영위	
	⑥ 이윤 창출과 손실 위험의 부담	
	⑦ 근로제공의 계속성과 사용자 전속성	
보수체계	⑧ 보수의 근로 자체에 대한 대상성	
	⑨ 기본급과 고정급의 지급	비핵심 요소 (부차적 요소)
	⑩ 근로소득세 원천 징수	
사회보장제도	⑪ 4대 보험 가입 등	

아래에서는 이러한 근로자성 판단기준을 기초로 하여 개별 직업·직종별로 근로자성을 인정한 판례, 부정한 판례를 살펴보고, 동일 직업·직종에 대해 근로자성을 인정 또는 부정한 사례를 분석한다.

4. 근로기준법상 근로자성을 인정한 주요 사례

(1) 웨딩플래너

최근 대법원은 웨딩플래너에 대해 ① 회사가 웨딩플래너를 교육하고, 고객관리를 하도록 지시하였으며, 회사의 제휴업체 중에서 업체 선정을 하도록 직접적으로 지시하면서 회사가 제휴업체와 협상하여 결정한 가격을 기준으로 계약을 체결하도록 하였고, 계약건수의 목표치를 정해주고 관리하는 등 업무를 지휘·감독한 점, ② 웨딩플래너들은 위와 같은 주요 업무 외에도 회사의 공지사항을 전달하는 등의 관리업무도 수행한 점, ③ 회사가 웨딩플래너들에게 출퇴근 시간을 지정하여 준수하게 하는 등 근무시간과 장소를 엄격하게 관리한 점, ④ 회사가 웨딩플래너들에게 업무 처리에 필요한 책상과 컴퓨터 등의 비품과 영업을 위한 사은품을 제공한 점, ⑤ 회사가 웨딩플래너에게 업무 성과와 무관하게 고정적인 금액을 지급하였고, 웨딩플래너에게 직급을 부여한 뒤 승진심사를 통해 고정급 등을 높여주기도 한 점 등을 종합하여 근로기준법이 정한 근로자에 해당한다고 판단하였다(대법원 2021.2.25. 2020도17654).

(2) 방송제작 프로듀서

방송제작 프로듀서(PD: producer)가 특정한 방송 프로그램의 제작과 방송을 위해 프리랜서 계약을 체결하였으나 프로그램 제작과정에서 정규직 근로자와 유기적으로 업무를 수행하고, 일부만을 분리하여 독립된 사업자에게 위탁할만한 성격이 아니며, 업무를 수행하는 과정에서 사용자의 상당한 지휘·감독이 있었고, 추가로 이윤 발생이나 손실 위험도 없었으므로 독립사업자로 보기 어려우며, 대체로 결방 시에도 고정급여를 받았고, 6년 중 3주를 제외하고는 계속 근무한 점 등을 종합하면 근로기준법상 근로자에 해당한다(대법원 2014.4.10. 2011두19390).

(3) 위성방송 서비스 기사

대법원은 위성방송 서비스 기사에 대해 ① 사용자가 기사의 업무 내용을 정하고 평가를 하는 등 참가인의 업무 수행 과정에서 지휘·감독을 한 점, ② 기사가 일정한 사업장에 출퇴근한 것은 아니지만, 사용자가 지정한 근무 시간·장소에 구속되었다고 평가할 수 있는 점, ③ 사용자는 기사에게 스카이라이프 서비스에 필수적인 안테나, 동축케이블, 수신기 등 고가의 장비를 무상으로 제공하였고, 기사는 사용자로부터 휴대 정보 단말기(PDA: Personal Digital Assistance)로 배정받은 업무를 제3자를 고용하여 대행하도록 할 수 없었으며, 자신이 직접 처리하였으므로 사용자로부터 독립하여 자신의 계산으로 사업을 영위하였다고 보기는 어려운 점, ④ 기사가 이윤 창출이나 손실 등 위험을 스스로 부담하였다고 볼 수는 없는 점, ⑤ 기사가 받은 수수료 등 보수는 사용자에게 제공한 노무의 대가일 뿐이고 그 밖에 다른 성격이 있지는 않은 점, ⑥ 기사가 사용자에게만 전속하여 스카이라이프 서비스 업무를 수행한 점, ⑦ 기사의 소득활동이 사용자에게만 의존하고 있고, 수행하는 업무가 사용자의 사업 수행에 필수적인 점 등을 종합하여 근로기준법에 따른 근로자로 판단하였다(대법원 2019.11.28. 2019두50168).

(4) 정수기 임대 지점장

정수기 임대 및 점검 업무를 하는 지점에서 지점장은 사업자와 업무계약을 체결하면서 독립된 사업자로 명시하였고, 사업소득세를 납부하였으며, 취업규칙의 적용을 받지 않았다 하더라도, 지점 소속 플래너의 업무수행과 계약체결에 대해 결정권이 없었고, 사업장의 제반 규정을 준수하면서 지점 내의 팀 구성에 대한 자율성도 확보되지 않았으며, 지점별 실적이 저조한 경우 계약해지를 당하거나 플래너로 강등 당하기도 하는 등 업무수행 과정에서 상당한 지휘와 감독을 받았으므로 근로자로서의 지위가 인정된다(대법원 2012.5.10. 2010다81407).

(5) 정수기 수리 기사

대법원은 회사와 용역계약을 체결한 후 회사가 판매한 정수기의 설치·점검·수리 등의 업무를 수행하는 기사에 대해 ① 근무시간이나 근무장소에 대한 구속이 엄격하지 않은 것은 사실이나 이는 기사들이 수행하는 업무가 정해진 구역 내에서 고객의 주거지에 방문하여 제품의 설치나 점검을 하는 특성을 가지고 있기 때문인 것으로 보이는 점, ② 기사들이 정수기 등을 판매하거나 임대하는 경우 회사로부터 수당을 지급받을 수 있도록 되어 있으나 이는 개별적인 영업활동의 결과가 아니라 회사의 지휘·감독 하에서 그 독려에 따른 영업활동의 결과로 보이는 점, ③ 기사들이 회사의 취업규칙, 복무규정을 적용받지 않고, 개인사업자로 등록하여 정기적으로 사업소득세와 부가가치세를 납부하며, 회사도 수수료를 지급하면서 근로소득세를 원천징수하지 않으나 이는 회사가 경제적으로 우월한 지위를 이용하여 임의로 정한 것으로 보이는 점 등을 종합하여 근로기준법상 근로자에 해당한다고 판단하였다(대법원 2021. 8. 12. 2021다222914).

(6) 재택위탁집배원

대법원은 우정사업본부 산하 우체국장과 우편집배 재택위탁계약을 체결하고 재택위탁집배원(이하 집배원)으로 근무한 자 등이 종속적인 관계에서 국가 산하 우정사업본부의 지휘·감독 아래 노무를 제공하는 근로자라고 판단하였다.

판례에 따르면, ① 국가가 위탁계약 등에 따라 집배원의 업무 내용과 범위, 처리 방식, 매일 처리할 우편물의 종류와 양을 정한 점, 우편업무편람, 각종 공문, 휴대전화 메시지를 통하여 우편배달업무 관련 정보를 알리는 정도를 넘어 구체적인 업무처리 방식 등을 지시한 점, ② 획일적인 업무 수행을 위하여 집배원에게 정해진 복장을 입고, 관련 법령 등에서 정해진 절차에 따라 배달하도록 하였으며, 정기적 또는 비정기적으로 교육을 시행한 점, ③ 현지점검 등을 통하여 집배원의 업무처리 과정이나 결과를 지속적으로 관리·감독한 점, ④ 정해진 장소에서 우편배달업무를 처리하도록 하였고, 일정 기간 근무상황부, 인계인수부 등을 마련하여 집배원의 근태를 관리한 점, ⑤ 재택위탁집배원 등은 우편배달업무를 수행하는 다른 근로자인 상시위탁집배원·특수지위탁집배원과 본질적으로 같은 업무를 동일한 방식으로 처리한 점 등에 비추어, 종속적인 관계에서 국가 산하 우정사업본부의 지휘·감독 아래 노무를 제공하는 근로자라고 판시하였다(대법원 2019. 4.23. 2016다277538).

(7) 일용공사현장 십장

대법원은 일용공사현장 십장(원고)에 대해 임금을 목적으로 종속적인 관계에서 근로를 제공한 근로자에 해당한다고 볼 여지가 크다고 판단하였다.

판례에 따르면, ① 원고는 공사의 원수급자인, L건설에 단열재를 납품한 회사2로부터 단열재 시공 작업을 해 줄 것을 요청받고 이 사건 공사에 참여하였고, 공사에 사용된 단열재 등 자재의 구입비용도 원고가 부담한 것은 아닌 점, ② L건설의 현장작업지시자들이 업무 수행 과정에서 원고와 그 팀원들에게 상당한 지휘·감독을 한 것으로 보이는 점, ③ 원고는 이 사건 공사현장에서 L건설 또는 회사2의 지시에 따라 단열재 시공 업무를 수행하고 일정한 보수를 지급받기로 하였고, 원고와 그 팀원들이 지급받기로 한 보수는 그 산정 경위 등에 비추어 시공면적보다는 공사에 투입될 인력을 기준으로 산정된 것으로 보여 근로제공 자체에 대한 대가로서의 성격이 커 보이는 점, ④ 원고가 사업자등록을 하고 부가가치세를 신고·납부한 적이 있으나 그러한 사정만으로 근로자성이 부정된다고 단정할 수 없는 점 등을 종합하여 근로기준법상 근로자라고 판시하였다(대법원 2018.8.30. 2018두43330).

(8) 주민자치센터 자원봉사자

대법원은 지방자치단체의 주민자치센터 시설관리 운영을 위한 자원봉사자로 위촉되어 보조지원 등의 업무를 수행하다가 3년 뒤 재위촉된 후에는 지방자치단체의 요청에 따라 전일제로 자원봉사자들을 총괄하는 업무와 주민센터 운영에 관한 회계업무를 추가로 수행하면서 근무한 시설자원봉사자에 대해 ① 자치단체가 자원봉사자의 근무장소와 근무시간을 지정하고 근무일지와 근무상황부를 작성하도록 하였고, ② 자원봉사자는 자치단체 소속 지방공무원으로부터 지시를 받아 각종 업무자료를 작성 및 제출하였으며, 근무일지를 확인받기도 하는 등 자치단체로부터 업무 수행에 관한 상당한 지휘·감독을 받았던 것으로 보이는 점 등을 종합하여 근로기준법상 근로자에 해당한다고 판단하였다(대법원 2019.5.30. 2017두62235).

(9) 취업자격 없는 외국인 근로자

구 출입국관리법 제15조제2항에서 외국인 고용제한을 규정하고 있으나 이는 취업자격 없는 외국인 고용이라는 사실적 행위 자체를 금지하고자 하는 것뿐이지 취업자격 없는 외국인이 사실상 제공한 근로에 따른 권리나 이미 형성된 근로관계에서 근로자로서 갖는 노동관계법상의 제반 권리 등 법률효과까지 금지하는 규정으로 보기는 어렵다. 비록 그 외국인이 구 출입국관리법상의 취업자격이 없더라도 그 고용계약이 당연히 무효라고 할 수 없고, 작업 도중 부상 당시 그 외국인은 사용종속관계에서 근로를 제공하고 임금을 받아온 자로서 근로기준법상 근로자이므로 구 산재보험법상의 요양급여를 받을 수 있는 대상이 된다(대법원 1995.9.15. 94누12067).

5. 근로기준법상 근로자성을 부정한 주요 사례

(1) 학습지 교사

법원은 학습지 교사에 대해서 일관되게 근로기준법상 근로자로서의 자격을 부정하고 있다(대법원 1996.4.26. 95다20348). 학습지 교사들이 사용자로부터 위탁계약에 따라 최소한의 지시만을 받았을 뿐 업무수행 과정에서 업무내용, 수행방법 또는 업무수행시간 등에 관하여 상당한 지휘·감독을 받지 않았고, 수수료는 위탁업무의 이행실적에 따라 지급되므로 임금, 급료, 기타 이에 준하는 수입으로도 보기 어려우며, 교사가 회원가입 홍보에 투입한 시간과 비용에 대한 위험은 스스로 부담해야 하고, 사용자에 전속되어 있다고 보기 어려운 점 등을 종합하면 근로기준법상 근로자로 보기 어렵다(서울고등법원 2014.8.20. 2012누37274).

(2) 야쿠르트 위탁판매원

대법원은 야쿠르트 위탁판매원에 대해 근로기준법상 근로자에 해당되지 않는다고 판단하였다. 이 사건에서 위탁판매원은 회사가 관리점 게시판에 일정표 부착 등 구체적인 업무지시를 했고, 고객관리 및 영업지침에 관한 서약서도 받았으며, 수수료를 명목으로 매달 급여도 지급하였으므로 사용자와 종속적 관계에 있다고 주장하였다.

이에 대해 대법원은 위탁판매원들이 업무수행 과정 중에 회사로부터 구체적인 지휘와 감독을 받았다고 보기 어렵고, 회사가 판매원들에게 근무복을 제공하고, 보험료와 상조회비 중 일부 지원 등을 했다 하더라도 이는 판매활동 장려를 위한 배려 차원에서 이루어진 것이며, 근무상 지시나 통제를 받은 것으로 볼 수 없다는 점 등을 이유로 판매원이 사용자와의 종속적인 관계에서 임금을 목적으로 근로를 제공한 것이라고 볼 수 없어 근로자성을 부정하였다(대법원 2016.8.24. 2015다253986).

(3) 골프장 캐디

골프장 캐디(경기보조원)는 골프장 시설운영자와 어느 정도의 사용종속적인 관계에서 노무를 제공하고 있지만, 근로계약 등 노무공급 계약을 체결하지 않았고, 내장객으로부터 캐디피만 수령하면서 시설운영자로부터는 별도의 금품을 받지 않았으며, 근로시간의 정함이 없고 업무수행 과정에서 구체적이고 직접적인 지휘·감독을 받지 않는 점 등을 이유로 근로기준법상 근로자성이 부정된다(대법원 2014.2.13. 2011다78804).

핵심 판례 **골프장 캐디의 근로기준법상 근로자성 (88관광개발 사례)**

골프장에서 일하는 캐디는, ① 골프장 시설운영자와 근로계약·고용계약 등의 노무공급계약을 전혀 체결하고 있지 않고, ② 경기보조업무는 원래 골프장 측이 내장객에 대하여 당연히 제공하여야 하는 용역 제공이 아니어서 캐디에 의한 용역 제공이 골프장 시설운영에 있어서 필요불가결한 것이 아니며, ③ 내장객의 경기보조업무를 수행한 대가로 내장객으로부터 직접 캐디 피(caddie fee)라는 명목으로 봉사료만을 수령하고 있을 뿐 골프장 시설운용자로부터는 어떠한 금품도 지급받지 아니하고, ④ 골프장에서 용역을 제공하면서 순번의 정함은 있으나 근로시간의 정함이 없어 자신의 용역 제공을 마친 후에는 골프장 시설에서 곧바로 이탈할 수 있고, ⑤ 내장객의 감소 등으로 예정된 순번에 자신의 귀책사유 없이 용역 제공을 할 수 없게 되더라도 골프장 시설운용자가 캐디 피에 상응하는 금품이나 근로기준법에서 정한 휴업수당을 전혀 지급하고 있지도 아니하며, ⑥ 내장객에 대한 업무 수행과정에서 골프장 시설운용자로부터 구체적이고 직접적인 지휘·감독을 받고 있지 않으며, ⑦ 근로소득세를 납부하고 있지 않고, ⑧ 내장객에 대한 경기보조업무 수행을 해태하여도 용역을 제공하는 순번이 맨 끝으로 배정되는 등의 사실상의 불이익을 받고 있을 뿐 달리 골프장 시설운용자가 캐디에 대하여 회사의 복무질서 위배 등을 이유로 한 징계처분을 하지 아니하는 등의 여러 사정을 종합하여 볼 때, 골프장 시설운영자에 대하여 사용종속관계하에서 임금을 목적으로 근로를 제공하는 근로기준법상 근로자로 볼 수 없다(대법원 2014.2.13. 2011다78804).

(4) 간병인

병원에 근무하는 간병인은 병원과 직업소개소와의 업무협약에 따라 근무하고 있으나 취업규칙이나 인사규정의 적용을 받지 않으므로 사용자가 간병인 교체 이외에 징계처분을 할 수 없고, 업무수행 방법과 내용에 대해 구체적·직접적 지시 또는 명령을 했다고 보기 어려우며, 사용자가 환자로부터 간병료를 진료비와 함께 수취하기는 하나 이는 간병료 수취를 대행해 준 것에 불과한 점 등을 이유로 근로자로서 자격이 인정되지 않는다(대법원 2009.12.24. 2009두18448).

(5) 배달대행업체 배달원

대법원은 배달대행업체 소속으로 자신의 스마트폰에 배달대행프로그램(애플리케이션)을 설치하고 오토바이를 운전하여 배달 업무를 수행한 배달원에 대해 근로기준법상 근로자에 해당되지 않는다고 판단하였다.

즉, ① 배달원들은 가맹점에서 배달대행프로그램을 통해 배달요청을 할 경우 그 요청을 선택할 것인지 거절할 것인지 여부를 결정할 수 있고, ② 회사는 배달원들의 업무시간이나 근무장소를 별도로 정하지 않았으며, 배달원들은 이 사업장 소속으로 수행하는 배달 업무에 지장이 없는 한 다른 시간대에 다른 회사의 배달 업무를 수행하는 것도 가능하였으며, ③ 배달원들은 가맹점으로부터 배달 건당 2,500원에서 4,500원 정도의 배달수수료를 지급받음으로써 그 수익을 얻었고, 별도로 회사로부터 고정급이나 상여금 등을 지급받지는 않았던 점 등을 종합하여 근로기준법상 근로자성을 부정하였다(대법원 2018.4.26. 2016두49372).

(6) 도급제 사원

사용자가 도급제 사원에 대하여 납품기한 준수 독촉과 품질검사 이외에 업무 수행에 관한 구체적인 지시를 하거나 개별적인 감독을 한 적이 없고, 사원의 출·퇴근 시간이나 근무일수가 유동적이면서 사용자로부터 제재를 받지 않았으며, 도급제 사원은 타인에게 위탁하거나 종업원을 고용하여 자신의 작업물량을 처리하는 것이 허용되었고, 보수는 근무시간이 아닌 실제 작업한 물량에 따라 산정된 점 등을 종합하여 보면, 근로기준법상 근로자로 보기는 어렵다(대법원 2016.3.24. 2011다1880).

6. 근로기준법상 근로자성 관련 쟁점이 되는 직종·직업

(1) 강 사

강사에 대해서는 1996년 입시학원 단과반 강사에 대해 근로기준법상 근로자성을 부정하였으나, 2006년 대학입시학원 강사의 판결(대법원 2006.12.7. 2004다29736)이 중요한 분기점이 된 이래 대체로 근로자성을 인정하고 있다.

1) 근로자성을 부정한 판례

대법원은 입시학원 단과반 학원강사에 대해 ① 강사는 회사와 사이에 근로계약·고용계약 등을 체결하지 아니한 채 학원 단과반의 수학 등 해당 과목을 강의하기로 하면서, 강사료는 수강생이 납입하는 수강료 수입의 50%씩을 학원측과 배분하기로 하였고, ② 강사들이 학원측과 배분하는 수강료 수입이 담당과목에 따라 그리고 월마다 다르고, 강사료가 강사들 사이에도 상당한 차이가 발생하며, ③ 수강료 수입이 전혀 발생하지 않게 된 경우에는 강사료는 전혀 지급되지 않는 것으로 보이고, ④ 강사들은 업무수행과정에서 학원측으로부터 강의내용 등에 대하여 구체적이고 직접적인 지휘·감독을 받고 있지 아니하였고, 해당 과목의 강의시간 외에는 시간적 구속을 받는 출·퇴근시간의 정함이 없으며, ⑤ 강사가 강의를 게을리하거나 이를 해태하여도 단순히 학원측과의 계속적 거래관계가 해지될 뿐 학원의 복무질서 위배 등을 이유로 한 징계처분을 하고 있다는 사정이 엿보이지도 아니하는 점 등의 여러 사정을 종합하여 볼 때 강사들은 학원측에 대하여 사용종속관계하에서 임금을 목적으로 근로를 제공하는 근로자로 볼 수 없다고 판단하였다(대법원 1996.7.30. 96도732).

2) 근로자성을 인정한 판례

대법원은 정규반 강의 이외에도 특강을 한 기숙학원의 학원강사들에 대해 근로기준법상 근로자성 인정을 전제로 특강시간이 소정 근로시간에 해당한다고 판단하였다.

판례에 따르면, ① 학원이 특강의 개설이나 폐지 여부를 결정하였고, 강사들은 학원이 개설하여 배정한 시간에 지정된 장소에서 특강 강의를 한 점, ② 학원은 정규반 강의와 질의응답 시간 외에 특강 시간까지 포함하여 수강생들의 일정을 관리해 왔으며, 이를 위해 학원과 강사들은 특강의 개설과 배정, 보수의 지급 등에 관하여 미리 정하고 있었던 것으로 보이고, 학원이 강사들의 특강 업무를 구체적으로 관리·감독한 것으로 보이는 점, ③ 강사들이 특강에 대한 대가로 수강생이 지급한 수업료의 50%를 지급받았다고 하여 그러한 보수가 근로의 대가로 지급된 임금이 아니라고 볼 수 없는 점을 종합하면, 강사들이 학원에서 한 특강 시간 또한 정규반 강의나 질의응답 시간과 마찬가지로 소정근로시간에 포함된다고 봄이 타당하다고 판단하였다(대법원 2019.1.17. 2018다260602).

이 외에도 법원은 대학 시간강사, 원어민 영어강사, 방과후학교 강사, 미용학원 강사에 대해 근로자성을 인정하고 있다.[3)]

여기에서는 대학 시간강사, 원어민 영어강사에 대해 근로자로서의 지위를 인정한 판례를 소개한다.

대학 시간강사의 경우 기본급이나 고정급을 받지 않고, 단속적인 근로제공관계가 일반적이며, 특정 사용자에게 전속되어 있지도 않고, 강의업무의 특성상 학교로부터 강의내용·방법 등에 관해 구체적인 지휘·감독을 받지 않았으나, 대학교 측의 학사관리규정에 따라 강의계획서를 제출하고 학사관리업무를 수행하였고, 시간강사가 대학

---

3) 대학 시간강사(대법원 2007.3.29. 2005두13018), 원어민 영어강사(대법원 2015.6.11. 2014다88181), 방과후 학교강사(2013.9.26. 서울행정법원 2013구합5715), 미용학원 강사(대법원 2007.9.7. 2006도777).

교의 제반 규정을 위반한 경우에 재위촉 제한 또는 해촉(해임)을 받도록 되어 있는 점 등을 종합하면 근로자로서 지위가 인정된다(대법원 2007.3.29. 2005두13018, 13023).

또한, 원어민 영어강사의 경우에도 계약형태가 강의용역계약서이고 강사 스스로가 프리랜서로 생각하고 있더라도, 강사들은 학생수나 학원수입이 아니라 강의시간에 비례하여 사전에 정해진 비율에 따라 보수를 받았다면 근로기준법상 근로자에 해당한다(대법원 2015.6.11. 2014다88161, 2014다88178).

(2) 재활 트레이너 및 헬스 트레이너

1) 근로자성을 인정한 판례

프로축구 구단의 재활트레이너는 구단과 '용역도급계약'을 맺고, 업무내용에 관한 구체적이고 직접적인 지휘·감독을 받지 않았다고 하더라도, ① 구단이 노무제공자에게 업무의 수행 실적과 결과에 관계없이 '급여'라는 명칭으로 매월 고정급을 지급한 것으로 보이는 점, ② 노무제공자가 구단의 사전 동의 없이 자신의 업무를 다른 사람에게 대행하게 할 수 없었고, 주된 업무에 사용한 각종 용품들을 모두 구단으로부터 제공받았으므로 노무제공자가 독립하여 자신의 계산으로 사업을 영위하였다고 보기 어려운 점, ③ 노무제공자에 대한 근무시간과 근무장소가 사실상 정해져 있었고, 지각, 조퇴, 결근 시 사전에 구단에 보고하였으며 그 내용이 공지되었던 점, ④ 노무제공자의 전체적인 업무내용은 구단에 의해 정해졌으며, 그 근무형태는 종속적인 것으로 보이는 점 등을 종합할 때, 근로기준법상 근로자에 해당한다(대법원 2021.7.15. 2017도13767).

2) 근로자성을 부정한 판례

헬스 트레이너는 회원과 직접 접촉을 하여 개인교습 수강 여부, 교습일정 등에 관해 협의하고, 교습일정을 조정한 점을 보면 업무내용에 관해 구체적이고 직접적인 지휘감독을 받은 것으로 보이지 않으며, 매월 고정급여가 있었지만 고정급의 3배가 넘는 금액을 수당으로 받기도 하였고 타 사업장에서도 일을 할 수 있는 점 등을 고려하면 근로자성이 인정되지 않는다(서울행정법원 2014.5.15. 2013구합56751).

(3) 채권추심원

채권추심원의 근로자성을 판단하기 전에 우선 수행하고 있는 업무에 대해 살펴볼 필요가 있다. 채권추심원은 은행, 카드사 및 신용정보기관 등에서 채권자의 위임을 받아 채무자가 빚을 상환하지 않을 경우 대신 받아주는 추심업무를 담당한다. 채권추심원은 채무관계인에 대해 상환을 독촉하거나 재산과 신용을 조사하며, 위임된 채권에 대해 변제금을 받는 업무 등을 수행한다(한국직업사전).

2008년에 대법원은 채권추심원에 대해 형식적인 근로계약 형태보다 사용자의 지휘·감독 등 실질적인 관행을 기준으로 근로자성을 인정하는 판결(대법원 2008.5.15. 2008두1566)을 하였고, 그 이후 법원은 근로자성을 넓게 인정하는 방향으로 나아갔다.

이에 대응하여 사용자는 채권추심원에 대한 체크리스트 등을 만들어 지휘·감독 행위가 발생하지 않도록 내부적으로 관리하고 있어 이러한 경우 근로자성을 인정할 것인지에 대한 논란이 계속되고 있다. 대법원에서 채권추심원에 대해 근로자성을 인정한 사례도 있고 부정한 사례도 있으므로 구체적인 사실관계를 중심으로 판단하여야 한다.

1) 근로자성을 인정한 판례

A신용정보회사의 채권추심원의 경우 반복적인 재계약으로 업무의 계속성이 형성되고, 채권 배정의 불이익을 받지 않기 위해 캠페인·조기출근·야근·토요일 근무 등 각종 지시에 따를 수밖에 없었으며, 고정급이 없는 급여체계는 채권추심업무의 특성에 기인한 것일 뿐 근로의 대가이고, 업무과정을 채권관리시스템에 입력하도록 한 점 등을 근거로 근로자성을 인정한다(대법원 2016.4.15. 2015다252891).

B신용정보회사 채권추심원의 경우 계약의 형식은 위임계약처럼 되어 있지만 ① 최초 계약기간은 3개월로 정하여 채용되었지만 반복적인 재계약 또는 기간연장 합의를 통하여 약 7년, 12년 동안 채권추심원 또는 임대차조사원으로 종사하여 업무의 계속성이 있었고, ② 회사는 채권추심원들에게 업무 수행 과정에서 매우 구체적인 업무처리 매뉴얼을 따르게 하고 목표 설정에서부터 업무 처리에 이르기까지 업무를 구체적으로 지휘하고 관리·감독한 것으로 보기에 충분하며, ③ 또한 채

권추심원들은 그 업무수행 과정에서 회사로부터 수수료 차감, 위임계약 해지 등과 같은 불이익을 받지 않기 위해 회사의 지시사항을 따르거나 업무실적 달성을 위해 요구하는 주말근무 등 각종 조치에 따를 수밖에 없었다고 보이고, ④ 보수는 기본급이나 고정급 없이 성과급의 형태로만 지급되었지만 이는 채권추심업무의 특성에 의한 것일 뿐이고, 근로의 양과 질에 대한 대가로서의 임금의 성격을 지니지 아니한 것이라고 보기는 어렵다는 점 등을 종합하면 근로기준법의 적용대상인 근로자에 해당한다(대법원 2018.6.28. 2018다211655).

C평가정보회사와 채권추심업무 위촉계약을 체결한 채권추심원의 경우 ① 회사는 업무를 수행하는 구체적인 내용을 내부전산관리 시스템에 입력하도록 하고, 각종 업무상 지시, 관리기준 설정, 실적관리 및 교육 등을 함으로써 추심원이 수행할 업무 내용을 정하고, 업무수행에 관하여 상당한 지휘·감독을 하였다고 보기에 충분한 점, ② 채권추심원은 약 6년 9개월 동안 계속하여 종사하여 업무의 계속성이 인정되는 점, ③ 추심원이 회사로부터 받은 수수료와 자격증 수당, 장기활동 수당 등은 추심원이 제공한 근로의 양과 질에 대한 대가로서의 임금의 성격을 가진다고 볼 수 있는 점, ④ 회사가 사무집기를 제공하고, 내부전산관리 시스템을 이용하도록 하였으며, 채권의 추심과 관련하여 제3자를 고용하여 업무를 대행할 수 없었으므로 채권추심원이 회사로부터 독립하여 자신의 계산으로 사업을 영위하였다고 보기는 어려운 점 등을 종합하면, 체결된 계약의 형식에도 불구하고 근로기준법의 적용대상인 근로자에 해당한다(대법원 2020.4.29. 선고 2018다229120).

2) 근로자성을 부정한 판례

반면, D신용정보회사의 채권추심원에 대해서는 팀장의 출퇴근 관리, 예상실적 보고, 채권추심 목표액 달성 요구, 정기적 회의 소집 등 위임업무 처리에 필요한 지시 또는 관리를 벗어나 근로자성이 인정될 여지도 있으나, 이는 팀원을 보조하거나 도와줄 여지도 있고 대부분 채권배정이 공정하게 이루어졌으며, 개인별 달성목표를 정하지 않는 등 구체적인 업무성과 달성을 강요하지 않아 구체적인 지휘·감독이 행해졌다고 볼 수 없다고 보아 근로자성을 부정한다(대법원 2015.9.10. 2013다40612. 2013다40629).

위와 같이 법원은 채권추심원에 대해 구체적 사실관계를 기준으로 근로자성을 판단하였는데, 사용종속관계에서 상당한 지휘와 감독을 받았는지, 근무장소와 시간의 제약을 받았는지 등을 주요 판단요소로 삼았다. 반면, 법원은 계약형식(위임계약)이나 취업규칙 적용, 보수의 성격(수수료), 4대 보험 가입 등은 사용자가 일방적으로 정할 수 있는 것이므로 부수적인 판단요소로 보았다. 위의 판례를 비교하면 〈도표 3-3〉과 같다.

〈도표 3-3〉 채권추심원의 근로자성 판단 사례 비교

판단 기준	근로자성 인정 판례 (대법원 2016.4.15. 2015다252891)	근로자성 부정 판례 (대법원 2015.9.10. 2013다40612, 2013다40629)
계약 형식	- 위임계약서 체결 - 추심원의 겸업으로 계약이행에 차질이 있는 경우 계약해지 가능	- 위임계약서 체결 - 근로기준법, 취업규칙, 인사규정 적용을 받지 않는다고 명시
취업규칙	- 미적용	- 미적용
상당한 지휘와 감독	- 지정된 파트·팀에 소속되어 배정받은 채권 추심업무 수행 - 매월 초순 채권관리시스템에 전화통화, 입금약속 등 매월 업무 목표량 등록 및 승인	- 추심대상 채권의 순위, 구체적인 내용과 방법 등 지시 안함 - 근무태도나 근무성적을 보수에 반영하지 않고, 추심실적 부족을 이유로 손해를 주지 않음
근무시간과 장소의 지정	- 출근시간 9:00 - 실적향상을 위해 캠페인 참여, 토요일 근무 및 야근 독려, 불참 시 채권배분 등에서 불이익 공지	- 업무수행 시간 및 장소에 대한 구체적 지시 없음
이윤창출과 손실 위험 부담	- 사용자가 우편발송비와 일정 기준에 따른 교통비 등 지원	- 사용자가 사무실 전화비용만 부담
근로제공의 계속성	- 반복적인 재계약·기간연장 통해 3~5년 근무	-
보수체계	- 추심실적에 따른 수수료 지급 - 사업소득세 적용	- 추심실적에 따른 수수료 지급 - 사업소득세 적용
사회보장 제도	- 4대 보험 미가입	- 4대 보험 미가입

(4) 기업의 임원과 대표

원칙적으로 상법상 이사와 감사는 주주총회의 선임결의를 거쳐 임명되고, 등기가 되어야 하며, 이사회 등을 통해 주요 의사결정에 참여하고, 일정 범위의 사업경영에 대한 업무를 위임받아 처리하므로 근로자성이 부정된다.

그리고 기업의 임원은 업무에서 일반 직원에 비해 많은 자율성과 권한을 갖고 있고, 기업의 성과에 대해 어느 정도 책임을 지며, 보수나 독립사무실, 차량제공 등 처우에서 차이가 있으므로 근로자가 아니라 사용자에 해당될 가능성이 있다.

따라서 일반적으로 대표이사나 등기 임원은 근로자성이 부정되고 비등기 임원은 근로자성이 인정될 가능성이 있다. 그러나 대표이사나 등기임원도 근로자성이 인정된 판례가 있으므로 계약관계, 4대 보험 등 형식적인 부분뿐만 아니라 사용종속관계, 독립사업자성 등 구체적인 사실관계를 보고 근로자성을 판단해야 한다.

1) 근로자성을 인정한 판례

기업의 비등기 임원이 형식상 전무라는 직함을 갖고 회사 업무 전반을 처리하는데 다소 큰 권한을 행사했다 하더라도, 회사 대표의 구체적·개별적인 지휘·감독하에서 근로를 제공하였고, 보수도 경영성과가 아니라 근로 자체의 대상적 성격으로 지급받았으며, 위임사무 이외 일정한 노무를 담당하고 일정한 보수를 받았다면 근로기준법상 근로자에 해당한다(대법원 2013.6.27. 2010다57459).

또한, 주식회사의 대표이사가 대표이사로 등기가 되어 있더라도 그 지위가 형식적·명목적인 것에 불과하여 대내적으로 업무 집행권이 없고, 대외적으로 등기명의에 기인하여 업무를 집행하는 것에 지나지 않으며, 실제 의사결정권을 갖는 별도 경영자가 있고, 대표이사가 이 경영자로부터 구체적·개별적인 지휘와 감독을 받으며 경영성과가 아닌 근로 자체의 대상적 성격을 가진 보수를 받은 경우에는 근로기준법상 근로자로서의 지위가 인정된다(대법원 2009.8.20. 2009두1440).

2) 근로자성을 부정한 판례

상법상 등기이사가 업무과정에서 대표이사로부터 지휘·감독을 받았더라도, 이

사회 등을 통해 회사의 주요 의사결정에 참여하고, 일정 범위의 사업경영에 관한 업무위임을 받아 처리하였으며, 일반 사원의 정년이 도과한 후에도 이사로서 업무를 수행하고 주주총회의 결의에 의한 보수를 받는 등 일반 사원과는 확연히 다른 차별화된 처우를 받았다면 근로기준법상 근로자로 볼 수 없다(대법원 2013.9.26. 2012다28813).

또한, 주식회사의 대표이사가 대내외적으로 회사를 대표하면서 업무를 집행하였고, 일부 업무에 대해 다국적기업의 지사장 등에 보고를 하거나 승인을 받았다 하더라도, 다국적기업이 현지 법인에 대한 관리와 운영을 효율적으로 하기 위해 추상적이고 간접적인 지휘와 감독을 한 것에 불과하다면 근로기준법상 근로자로 인정할 수 없다(대법원 2014.5.29. 2012다98720).

(5) 보험회사 위탁계약형 지점장

2022년 4월에 보험회사의 위탁계약형 지점장들의 근로자성에 대해 최초로 대법원의 판결이 있었다. 판례는 보험회사와 사이에 위탁계약을 체결하고 지점 운영 업무를 수행한 지점장이 근로기준법상의 근로자에 해당하는지는 계약의 형식보다 근로제공관계의 실질이 사업 또는 사업장에 임금을 목적으로 종속적인 관계에서 사용자에게 근로를 제공하였는지 여부에 따라 판단하여야 한다면서, 근로기준법상 근로자성에 대한 새로운 판단기준을 제시하지 않고, 사안에 따라 근로자성을 인정하거나 부정하였다.

1) 근로자성을 인정한 판례

대법원은 위탁계약형 지점장(A)이 생명보험회사와 사이에 지점 운영에 관한 위탁계약을 체결하고 담당 지점의 운영·관리를 총괄하면서 보험설계사 교육 및 관리, 보험모집 지원 업무 등을 수행하다가 위탁계약 해지통지를 받은 사안에서, ① 회사가 지역단장을 통해 그 소속의 지점장들을 관리·감독하였는데 지역단장이 정규직 지점장(B)과 위탁계약형 지점장(A)에 대한 관리·감독을 다른 방식으로 하였던 것으로 볼 만한 자료가 없고, 오히려 지역단장이 지점장(A)에게도 실적 달성을 위한 구체적인 업무 내용에 관하여 일일보고, 현장활동보고를 지시하는 등 회사가 지점장의 업무수행 과정에서 상당한 지휘·감독을 한 점, ② 지점장(A)의 실제 업무시간은 정규직 지점장(B)과 크게 다르지 않았고, 지점장(A)이 회사가 제공한 지점 사무실에서 지점 운영 업무를 하면서 현장활동이나 휴가일정 등을 지역단에 보고한 점 등에 비추어 보면 근무시간 및 근무장소에 구속받지 않았다고 보기 어려운 점, ③ 지점 사무실과 비품, 지점 운영 비용은 모두 회사가 제공하였고, 지점장(A)이 그와 별개로 사무실 운영 비용 등을 투입하였다고 볼 만한 자료가 없는 점 등에 비추어 보면, 위탁계약형 지점장(A)은 임금을 목적으로 종속적인 관계에서 회사에게 근로를 제공한 근로자에 해당한다고 보아야 한다(대법원 2022. 4. 14. 2021두33715).

2) 근로자성을 부정한 판례

대법원은 각 지점을 운영하고 보험설계사를 모집하여 관리하는 등의 업무를 위임받아 수행하는 내용의 '위촉계약'을 회사와 체결하여 업무를 수행하는 지점장(Branch Manager: BM)에 대하여, ① 회사가 지점별 업무계획, 실적목표 등을 제시하고 그 달성을 독려한 것으로 보이나, 그 공지 또는 통보된 내용의 추상적·일반적 성격에 비추어 회사가 지점장들의 업무 내용을 정하고 업무수행 과정에서 상당한 지휘·감독을 한 것으로 평가하기 어려운 점, ② 지점장들도 해당 지점에서 보험업법 등 관계 법령에 따른 규제사항 등을 준수하고 보험설계사 등을 관리·감독할 의무가 있으므로, 회사가 지점장들을 대상으로 준수사항 내지 지시사항을 교육하였다 하더라도, 회사가 사용자의 지위에서 교육을 실시한 것으로 보기 어려운 점, ③ 회사가 실적이 부진한 BM을 전보하거나 해촉하는 조치를 취하기는 하였지만, 이러한 조치는 당사자들의 업무수행 형태(근태)와는 무관한 영업실적이라는 노무제공의 결과 자체만을 염두에 둔 것으로서, 이는 계약해지 등 통상의 위임계약에서도 활용 가능한 계약상대방에 대한 간접적 통제수단에 불과한 점, ④ 회사가 지점장들의 근태관리를 하였다고 보기 어려운 점, ⑤ 지점장들이 스스로의 계산으로 자신의 업무보조 인력을 채용하기도 하고, 보험설계사 등의 해촉으로 성과수수료를 환수하지 못한 경우 일부를 부담하는 등 BM이 사업자로서의 책임을 지는 것으로 이해할 수 있는 점 등을 종합하면 지점장들을 임금을 목적으로 종속적인 관계에서 근로를 제공하는 근로기준법상 근로자로 볼 수 없다고 판단하였다(대법원 2022. 4. 14. 2020다254372).

(6) 교회 종사자

1) 근로자성을 인정한 판례

병원의 원목(목사) A는 예배내용에 대해서 사용자로부터 구체적이고 직접적으로 지휘와 감독을 받지 않았더라도 이는 목사 업무의 특성상 제3자의 지시에 의해 수행할 수 없는 성격이 있기 때문이고, 목사는 포괄적인 지휘 감독을 받으면서 정해진 근무시간과 장소에서 직원 및 환자상담 업무를 수행하였으며, 매월 일정한 급여를 받아왔던 점 등을 종합하면 근로기준법상 근로자 지위가 인정된다(대법원 2015.8.13. 2015두40903).

2) 근로자성을 부정한 판례

반면, 교회의 부목사 B의 경우 담임목사와 같이 목사 자격을 가져야 하고, 담임목사를 보좌하여 담임목사의 위임직무를 수행하면서 담임목사 유고시 직무대행 권한을 갖고 있는 등 임면과 지위에서 담임목사와 직접적 종속관계에 있다고 보기 어려우며, 부목사에게 지급되는 금원도 근로의 대가보다는 목회활동의 대가로 지급되는 것으로서 생활보조금의 성격이 강하다고 보아야 하므로 근로기준법상 근로자로 볼 수 없다(서울행정법원 2005.12.27. 2005구합13605).

(7) 영상취재요원

1) 근로자성을 인정한 판례

영상취재요원(VJ) A는 카메라를 직접 소유하고 사용자로부터 근태관리를 받지 않으며 취업규칙을 적용받지 않았더라도, 촬영작업부터 편집작업까지 지속적인 수정 지시를 받아왔고, 다른 회사의 영상 관련 업무에 종사하는 것이 사실상 불가능하며, 업무수행에 잘못이 있는 경우 시말서를 받아온 점 등을 종합적으로 고려하면 근로기준법상 근로자에 해당한다(대법원 2011.3.24. 2010두10754).

2) 근로자성을 부정한 판례

그러나 영상취재요원(VJ) B의 경우 특정 프로그램에 필요한 영상물을 촬영·편집하여 담당 피디(PD)에게 제공하고, 편당 50만원에서 60만원 정도의 대가를 받았으나 영상물 제작과정에서 담당 피디의 구체적인 지시와 감독을 받았다고 보기 어려운 점 등을 종합하면 근로기준법상 근로자로서의 지위가 인정되지 않는다(서울행정법원 2013.12.5. 2013구합55185).

(8) 텔레마케터

1) 근로자성을 인정한 판례

2016년 10월에 은행과 위촉계약을 체결한 텔레마케터의 근로자성을 인정한 대법원 판결이 있었다. 법원의 1심과 2심에서는 근로자가 지휘·감독을 받으면서 근무하였다고 인정하기 어렵고, 실적이 부진하더라도 징계 등 불이익을 받지 않았으며, 출퇴근할 의무도 없었고, 고정적으로 지급되는 급여도 없었으므로 근로자성을 부정하였다.

그러나 대법원은 사용자가 텔레마케터와 영업위촉계약을 체결했으나, 업무운용수칙 내용을 위반할 경우 회사가 계약을 해지할 수 있었고, 민원 발생 등 업무수행 불량 시 수수료 차감 등 불이익을 주었으며, 사용자가 업무수행이나 실적을 관리하였고, 지각 등 근무불량 시에도 고객 데이터베이스 분배에서 불이익을 주었으며, 계약상 업무 이외에도 캐시백서비스 안내 등 업무를 수행한 점 등을 종합하여 근로자로 볼 여지가 충분하다고 판단하였다(대법원 2016.10.27. 2016다29890).

2) 근로자성을 부정한 판례

한편, 대법원은 2020년 12월에 보험회사와 위촉계약을 체결하고 회사로부터 고객정보 데이터베이스를 제공받아 이를 이용하여 고객에게 전화를 걸어 보험계약의 체결을 권유하는 업무를 수행한 텔레마케터(전화판매원)들이 근로기준법의 적용을 받는 근로자에 해당하지 않는다고 판단하였다.

판례에서는 ① 텔레마케터들에 대해 출근 자체나 출퇴근 시간 준수가 강제되었다고 할 수 없고, ② 영업활동 자체에 대하여 회사로부터 어떠한 구체적인 지휘·

감독을 받음이 없이 자신의 재량과 역량에 따라 자율적으로 업무를 수행하였으며, ③ 회사가 상품별 표준스크립트를 작성하여 준수하도록 하고 통화내용품질에 대한 모니터링을 실시하였으나 이는 보험업감독규정에 따른 것이며, ④ 텔레마케터들은 위촉계약이 유지되는 동안에도 다른 종류의 영업에 종사할 수 있었고, ⑤ 텔레마케터들은 자신이 업무를 수행한 시간이나 업무내용 등과 관계없이 오직 실적에 따른 수수료만 지급받았으며, 기본급이나 고정급 등이 없었던 점 등을 종합하여 근로기준법상 근로자성을 부정하였다(대법원 2020.12.24. 2018다298775).

(9) 백화점 매니저 및 판매직원

1) 근로자성을 인정한 판례

백화점 매니저의 경우 매니저의 명의로 사업자 등록을 하고 사용자와 기본연봉에 더해 월 매출액의 1%를 급여로 책정하는 계약을 체결했다 하더라도, 사용자가 매장의 임대차 보증금과 인테리어 비용을 모두 부담하고, 매장 직원들의 업무배분을 결정하였으며, 매장 수익은 회사의 수익으로 귀속되고 매니저는 그 수익의 극히 일부만을 받는 점 등을 종합하면 근로기준법상 근로자에 해당한다(서울고등법원 2011.6.9. 2010누44315).

한편, 백화점에서 가방, 넥타이 등을 판매하는 직원에 대해 고등법원은 근로계약이 아니라 위임계약이라고 판단하여 근로자성을 부정했으나(서울고등법원 2015.9.4.2014나49083), 대법원은 판매용역계약이 위임계약이 아닌 근로계약으로 보아 근로자성을 인정하였다(대법원 2017.1.25. 2015다59146).

판례에 따르면, 백화점 입점 업체가 백화점 판매원들과 판매용역계약을 체결하고 매출 실적에 따라 수수료를 지급하여 왔으나, 수수료의 상한이 정해져 있고 매출이 부진해도 일정 수준의 보수를 지급하였으며, 본사 직원들이 주기적으로 백화점 판매원들의 근무상황을 점검하였고, 사용자가 판매원들에게 업무와 관련하여 근태를 관리하거나 업무 관련 공지를 한 점 등을 종합할 때 그 실질은 근로계약 관계라고 봄이 상당하다고 판단하여 판매원들의 근로자성을 인정하였다(대법원 2017.1.25. 2015다59146).

2) 근로자성을 부정한 판례

대법원은 회사와 위탁판매계약을 체결한 후 백화점에 입점한 회사의 매장을 운영하며 상품을 판매한 매장관리자 등에 대해 ① 회사가 매장관리자 등의 근태관리를 하지 않고, 매장관리자 등이 판매원으로 하여금 일정 정도 자신을 대체하여 근무하게 할 수 있는 등 회사에 대한 종속성 및 전속성의 정도가 약한 점, ② 매장관리자 등은 판매실적에 따라 상한 또는 하한이 없는 수수료를 지급받아 판매원의 급여, 일부 매장 운영 비용을 지출하여야 하므로, 일정 정도 자신의 계산으로 사업을 영위하였다고 보아야 하고, 이 수수료를 근로 자체의 대상적 성격으로 보기 어려운 점 등에 비추어, 임금을 목적으로 종속적인 관계에서 회사에 근로를 제공한 근로기준법상 근로자에 해당한다고 볼 수 없다고 판단하였다(대법원 2020.6.25. 2020다207864).

(10) 차량 운전기사

1) 근로자성을 인정한 판례

학원 버스기사가 자기 소유의 버스를 운행하면서 스스로 유지보수비를 부담하였더라도 학원생 통학 이외에 다른 운송사업을 할 수 없었고, 버스 운행 업무 과정에서 상당한 지휘·감독을 받았으며, 지정된 근무시간과 장소에 구속되었고, 노무제공을 통한 이윤과 손실 등 위험을 스스로 부담하지 않은 점 등을 고려하면 근로기준법상 근로자 지위가 인정된다(대법원 2007.9.6. 2007다37165).

그리고 화물 운송기사가 운전용역(도급)계약에 따라 회사 소유의 화물차량을 운전하여 콘크리트 파일 등의 운송업무에 종사한 경우라도, ① 회사에서 기사가 수행하여야 할 구체적인 업무의 내용을 지정하고 차량운행일보의 제출을 요구하는 방식으로 운송기사의 업무 내용을 결정하고 그 업무 수행 과정에서 상당한 지휘·감독이 이루어졌으며, ② 기사가 일정한 사업장에 출퇴근한 것은 아니지만, 도착지와 도착시간을 구체적으로 지시받는 등 회사의 근무 시간·장소에 구속되었다고 할 수 있고, ③ 화물차량이 회사 소유일 뿐만 아니라 그 운행에 수반되는 대부분의 비용을 회사가 부담하였고, 사실상 운송기사의 다른 사업장에 대한 노무제공 가능성이 제한되었으므로 기사가 회사로부터 독립하여 자신의 계산으로 사업을 영위하였다고 보기는 어려우며, ④ 기사가 회사를 통하지 않고 독자적으로 시장에서 고객과 접촉하여 영업을 수행할 수 없었으므로 기사가 이윤 창출이나 손실 등 위험을 스스로 부담하였다고 볼 수 없는 점 등을 고려하면 임금을 목적으로 근로를 제공한 근로자로 판단된다(대법원 2021.4.29. 2019두39314).

2) 근로자성을 부정한 판례

유치원 버스기사가 유치원측과 차량지입계약을 체결하고 운행차량의 운행지배권이 기사에게 있으며, 유치원측이 원생들을 위해 차량운행시간과 운행코스를 정하는 것을 업무수행 과정에서의 지휘와 감독으로 보기 어려우며, 다른 사업장에서도 운행업무를 할 수 있었던 점들을 고려하면 근로기준법상 근로자에 해당하지 않는다(서울고등법원 2008.10.29. 2007누34127).

(11) 지입차주 운송기사

1) 근로자성을 인정한 판례

화물운송 지입차주 겸 운전기사 A의 경우 자신이 소유한 차량을 이용하여 근로를 제공하였다 하더라도, 제품을 생산하는 회사와 직접적으로 운송계약을 맺고 종속적인 관계에서 업무를 제공하였고, 실비변상적인 성격의 금원을 포함하여 포괄적인 형태의 임금을 받아왔으므로 근로기준법상 근로자에 해당한다(대법원 2013.4.26. 2013도5385).

그리고 지입차주인 운송기사 B의 경우 ① 휴일을 제외한 날을 근무일로 하여 운송 업무를 담당하면서 그 대가로 회사부터 매월 고정급과 실비변상적인 유류비, 도로통행비, 주차비 등을 지급받아 왔고 휴일에 근무하는 경우에는 특근으로 인정되어 추가로 수당을 지급받은 점, ② 기사가 지급받은 급여는 물품 운송의 양이나 배송 횟수, 배송 거리 등에 따라 그 액수가 달라지지 않았고, 기사는 운송 업무의 증감에 따른 위험을 부담하지 않았으며, 이윤과 손실은 모두 회사에게 귀속된 점, ③

기사가 회사의 지시에 따라 물품을 운송하였고, 독립적인 지위에서 물품 운송을 위탁받을 수 없었으며, 회사가 지정하는 물품 외에 다른 물품 운송을 할 수 없었던 점, ④ 기사의 휴가일수와 기간이 미리 정해져 있었고, 배송조수의 고용 여부와 근로조건도 회사가 정하였던 점 등을 종합하면 근로기준법상의 근로자에 해당한다(대법원 2018.10.25. 2015두51460).

2) 근로자성을 부정한 판례

화물운송 지입차주겸 운전기사 C는 운송전문회사와 제품운송 용역계약을 체결하고 그에 따라 매월 용역비를 지급받았으며, 회사의 취업규칙, 인사규정 등의 적용을 받지 않았고, 자신의 비용으로 화물차를 유지 관리하였으므로, 기사가 특정 운송업무를 반복 수행하고 일정한 금원을 받았다하더라도 운송계약의 내용 및 특성에 따른 것 뿐이므로 근로기준법상 근로자로 인정할 수 없다(대법원 2013.7.11. 2012다57040).

제3절 사용자

1. 근로기준법상 사용자

(1) 사용자의 개념

근로기준법에서 사용자는 '사업주 또는 사업 경영 담당자, 그밖에 근로자에 관한 사항에 대하여 사업주를 위하여 행위하는 자'를 말한다고 규정하고 있다(제2조제1항제2호).

근로기준법상 사용자에는 사업주 이외에 사업 경영 담당자, 그밖에 근로자에 관한 사항에 대하여 사업주를 위하여 행위하는 자도 포함되므로 사용자이면서 근로자인 경우가 발생한다. 즉, 사업 경영 담당자나 사업주를 위해 행위하는 자가 사용자와 근로계약을 체결했다면 근로자에 해당하므로 사용자 개념은 상대적이다. 예를 들면 공장장, 지점장, 인사과장 등은 사용자로서 지시권을 행사하나 근로자로서 지위를 동시에 갖는다.

원칙적으로 사용자로서 사업주가 해당되지만 근로자 보호를 위해 사업주에 준하여 근로기준법상 법적 책임을 부담하는 자를 확장시킨 것이다.[4]

아래에서는 사용자의 유형인 사업주, 사업 경영 담당자 및 사업주를 위하여 행위하는 자에 대해 개념만 설명하고 후술하는 '(3) 사용자의 유형'에서 상세히 다루기로 한다.

첫째, '사업주'는 법인사업체의 경우 법인 그 자체, 개인 사업체의 경우 그 대표자가 된다. 이 때 법인은 설립등기를 한 법인 이외에도 등기를 하지 않았더라도 정관·대표자 등 법인으로서의 실질을 갖추고 있는 단체도 포함된다. 따라서 권리능력이 없는 사단(예: 아파트입주자대표회의, 동창회, 종친회, 학회) 또는 법인이 아닌 재단(예: 대학교장학회)도 사업주로 인정된다.

둘째, '사업 경영 담당자'는 사업경영의 일반에 관하여 책임을 지는 자로서 사업주로부터 사업경영의 전부나 일부에 대해 포괄적 위임을 받고 대외적으로 사업을 대표 또는 대리하는 자를 말한다(대법원 2006.5.11. 2005도8364).

셋째, '기타 근로자에 대한 사항에 대하여 사업주를 위하여 행위하는 자'는 근로자의 인사, 급여, 후생, 노무관리 등 근로조건의 결정 또는 업무상의 명령이나 지휘감독을 하는 등의 사항에 대하여 사업주로부터 일정한 권한과 책임을 부여받은 자를 말한다(대법원 2006.5.11. 2005도8364).

(2) 사용자성의 판단기준

근로기준법상 사용자 적격을 판단할 때는 근로자 적격을 판단할 경우와 같이 계약의 형식이나 관련된 법규의 내용보다 실질적인 근로관계를 기준으로 해야 한다.

그리고 실질적인 근로관계는 주로 사용종속관계를 보고 판단하는데, 근로기준법상 사용자는 ① 근로자와 명시적 또는 묵시적인 근로계약 관계를 체결하고, ② 근로자와 고용·종속관계가 있으며, ③ 근로의 대가로서 임금을 지급하는 자라고 할 수 있다(대법원 2010.3.25. 2007두8881 참조).

---

4) 노동법실무연구회, 근로기준법 주해Ⅰ, p.158.

1) 근로계약 체결

사용자는 근로자와 명시적 또는 묵시적으로 근로관계 계약을 체결해야 된다. 묵시적인 근로계약도 성립할 수 있지만 근로계약서에 정규직 여부, 계약기간, 수습기간, 근무시간과 장소, 임금과 퇴직금, 4대 보험 등에 대해 명확하게 규정해야 추후 분쟁의 소지를 최소화할 수 있다.

사용자가 근로자와 근로계약서를 작성했다 하더라도 누가 최종적인 책임을 지는 사업주인지, 위장도급인지, 불법파견인지 등에 따라 사업주가 달라질 수 있다.

2) 사용종속관계

사용종속관계가 있는지는 근로자성을 판단할 때와 마찬가지로 사용자가 업무의 내용을 결정하고, 근로자에 대해 취업규칙·복무규정·인사규정 등을 적용하며, 업무수행 과정에서 직접적인 지휘·감독을 하고, 근로자에 대해 근무 시간과 장소를 지정하며, 비품·원자재·작업도구 등을 소유·제공하고, 근로관계의 계속성과 사용자에의 전속성을 요구하는지 등 여러 가지 경제적·사회적 조건을 종합적으로 고려하여 판단한다.

3) 임금지급의 주체

근로자는 근로를 제공하고 사용자는 그 대가로 임금을 지급한다. 일반적으로 사용자는 기본급, 수당, 성과급, 퇴직금 등 임금체계를 정하고, 4대 보험을 제공하며, 근로소득세도 원천징수한다.

현실적으로는 임금지급의 주체가 문제되기도 하는데 하도급의 경우이다. 하청업체가 원청업체에서 받은 도급대금에서 직접 임금을 지급하면 당연히 하청업체가 사업주가 되지만 원청업체가 하청업체의 상여금을 직접 지급하는 경우에는 원청업체가 사업주로 인정받을 가능성이 높아진다.

(3) 사용자의 유형

1) 사업주

사업주란 사업의 경영주체로서 근로자를 사용하여 사업을 하는 자를 말한다. 개인 기업인 경우 기업주 개인이, 법인인 경우 법인 자체가 사업주가 된다.

사업주는 근로관계에서 근로기준법상 사용자로서 본래적 의무의 주체가 된다. 따라서 사업주는 일반적으로 근로자와 근로계약을 체결한 한쪽 당사자이지만 반드시 근로계약을 체결할 필요는 없고 실질적으로 근로관계가 있으면 사용자의 위치에 선다(대법원 1986.8.19. 833다카657).

사업주는 근로관계의 당사자로서 근로자에 대하여 지휘명령권을 가지며 임금 등의 지급의무를 부담한다. 또한 근로기준법상의 사용자로서 최종적인 권리의무의 귀속주체가 된다. 최종적인 권리의무의 귀속 주체와 관련하여 쟁점이 되는 것은 공장·지점 등 법인이 설치한 하부기관, 국가의 하부기관과 행정관청, 지방자치단체의 하부기관 등이다.

근로자가 근로계약을 체결할 경우 사업주는 법인·국가·지방자치단체 등의 하부기관이 아니라 최종적으로 권리의무가 귀속되는 법인, 국가, 지방자치단체 등이 된다.

① 공장, 지점 등 법인이 설치한 하부기관

원칙적으로 법인의 하부기관으로서 공장, 지점 등은 사업주로서 법인이 아니므로 구제신청시 피신청인으로서 자격이 없다. 그러나 지점, 지부, 소속기관 등이라 하더라도 별도의 설립등기를 하였거나 별도의 정관을 갖고 있는 등 독립적인 단체로서 실질을 갖고 있는 경우에는 권리구제의 이행 당사자가 될 수 있다(대법원 2008.10.23. 2007다7973). 예를 들면, 대학교 내에 산학협력단을 관련 법에 따라 별도 법인으로 설치하고 있는 경우에는 산학협력단이 사업주가 된다.

② 국가의 하부기관과 행정관청

국가의 행정관청이 공무원이 아닌 근로자와 사법상 근로계약을 체결한 경우 그 근로계약관계의 권리·의무는 행정주체인 국가에 귀속되므로, 국가가 근로계약관계에서 사업주인 사용자에 해당한다(대법원 2008.9.11. 2006다40935).

법원은 각 지방노동청장이 공무원이 아닌 직업상담원들과 사법상의 근로계약을 체결하였다 하더라도, 이는 각 지방노동청장이 행정주체인 국가 산하의 행정관청으로서 근로계약체결사무를 처리한 것에 지나지 아니하므로 사업상의 권리·의무는 국가의 행정관청인 지방노동청이 아니라 행정주체인 국가(대한민국)에 귀속된다고 판단하였다(대법원 2008.9.11. 2006다40935).

③ 지방자치단체의 하부기관

지방자치단체에 소속된 공립학교, 읍사무소 등은 지방자치단체의 하부기관 또는 시설에 불과하므로 사용자로서 당사자 적격이 없고, 지방자치단체가 사용자가 된다.

법원은 수원시에 소재하고 있는 각 초등학교에서 과학실험조교를 채용한 경우 사업주를 초등학교가 아니라 지방자치단체(수원시)로 판단하였다(대법원 1992.4.14. 91다45653).

2) 사업 경영 담당자

사업 경영 담당자란 원칙적으로 사업경영 일반에 관하여 권한을 가지고 책임을 부담하는 자로서 관계 법규에 의하여 제도적으로 근로기준법의 각 조항을 이행할 권한과 책임이 부여된 자이다.

구 근로기준법이 근로기준법 각 조항에 대한 준수자로서 사용자를 사업주에 한정하지 않고 사업 경영 담당자 등으로 확대한 이유는 노동현장에 있어서 근로기준법 각 조항에 대한 실효성을 확보하기 위한 정책적 배려에 있다(대법원 2008.4.10. 2007도1199).

사업 경영 담당자에는 주식회사의 대표이사, 합명회사 및 합자회사의 업무집행사원, 유한회사의 이사 및 지배인(상법 제10조), 그리고 회사정리절차의 개시 이후의 관리인(대법원 1984.4.10. 83도 1850), 공장장, 지점장 등이 포함된다.

그러나 탈법적인 목적을 갖고 특정인을 단지 명목상의 대표이사로 등기하고 회사의 업무집행에서 배제하여 실질적인 권한이 없고 업무를 집행하지 아니한 경우 사용자라고 할 수 없다.

사업 경영 담당자는 근로계약의 당사자는 아니지만 사업경영 일반에 관한 포괄적인 권한과 책임을 가진 자를 말하므로 근로기준법상 근로자에게 임금지급 의무를 부담하고, 근로기준법 위반 시에 책임을 질 수 있다.

법원은 대학교 의료원장이 대학교 총장의 명을 받아 의료원 산하 각 병원 및 기관의 운영 전반을 관장하고 소속 교·직원을 지휘·감독하며, 의료원이 의료원 산하 각 병원의 총 예산을 포함한 의료원 연간 종합 예산의 편성·조정·통제 등의 업무를 담당하였다면, 의료원 산하 각 병원이 독립채산제로 운영되고 해당 병원장이 전결사항으로 소속 근로자들에 대한 임금을 지급하여 왔다 하더라도 의료원장은 사업 경영 담당자로서 임금체불로 인한 근로기준법 위반에 대한 책임을 진다고 판단하였다(대법원 2008.4.10. 2007도1199).

3) 사업주를 위하여 행위하는 자

'기타 근로자에 대한 사항에 대하여 사업주를 위하여 행위하는 자'는 사업 경영 담당자가 아니면서도 사업주를 위하여 근로자의 채용, 승진, 해고 등 인사관리를 담당하거나, 임금과 근로시간 등 근로조건의 결정 등에 관여하는 자를 말한다.

이들은 한편으로 사업주에게 지배종속관계 하에서 노무를 제공하므로 근로자로서 지위도 함께 갖고 있어서 사용자와 근로자 지위가 중복되는 특징을 갖고 있다.

근로자에 관한 사항에 대하여 사업주나 사업 경영 담당자로부터 일정한 권한과 책임을 부여받은 자는 위임받은 범위내에서 사용자가 된다. 책임과 권한의 유무는 부장이나 과장이라는 형식적인 직명이 아니라 구체적인 직무권한에 의하여 판단한다.

'사업주를 위하여'라 함은 반드시 '사업주의 이익을 위하여'로 해석되지 않는다. 따라서 사업주를 위하여 행동하는 자가 권한을 남용하여 자신의 이익을 위해 행위함에 따라 결과적으로 근로기준법을 위반하게 된 경우에도 근로기준법 위반의 책임을 면할 수 없다.

(4) 사용자 개념의 확대

근로자에 대하여는 형식상 근로계약상의 사용자, 즉 고용주가 아닌 제3자는 근로기준법상 사용자로서 책임을 지지 않는다. 다만 예외적으로 제3자 기업을 실질적인 근로계약상의 사용자로 보고 사용자 책임을 부과하는 경우가 있는데 이것을 사용자 개념의 확대로 설명하기도 한다. 이는 도급과 파견 계약 형태에서 주로 발생하는데 다음과 같이 3개의 법리에 의해 설명할 수 있다.[5)]

1) 회사 법인격 부인의 법리

회사 법인격 부인의 법리는 회사 법인격의 형식적 독립성을 유지하는 것이 정의·형평의 이념에 반한다고 인정되는 경우 법인으로서 존재를 인정하면서도 특정 법률관계에 대해서만 법인격을 부인하여 그 배후에 있는 실체와 법인을 동일시하려는 이론이다.[6)] 이 법리에 의하여 모회사에 대하여 자회사의 근로자에 대한 사용자의 지위를 인정할 수 있다.

특히 자회사가 모회사에 자본적 종속성이 있고, 지휘명령관계에서 종속성이 존재하는 경우 특정 법률관계에 대해 자회사의 독립적인 법인격을 부정하고, 모회사의 사용자 적격을 인정하는 것이다. 이에 대해서는 후술하는 '2. (3) 도급계약 근로와 직접고용관계'의 '인사이트코리아' 사례에서 구체적으로 설명한다.

2) 묵시적 근로계약 관계의 법리

묵시적 근로계약 관계의 법리는 외형상으로 근로계약을 체결하지 않은 두 당사자 간에 실질적으로 근로관계가 존재할 경우 직접적인 고용관계의 성립을 인정하는 법리이다.

즉 하청업체의 원청업체에 대한 자본적인 종속성은 없더라도 지휘명령의 종속성을 고려할 때 하청업체는 형식적인 존재에 불과하므로 묵시적 근로관계가 있다고

---

5) 류문호, "사내하도급에서 사용자 개념의 판단법리", 노동법포럼, Vol.7, 2011.10., pp.195~253; 이 논문에서는 '사용자 개념의 확장'에 대응하여 '확정'이라는 개념을 사용하면서, 사내하도급에서 제3자를 사용자로 인정한 판례법리를 3개의 법리로 구분하여 설명하고 있다.

6) 류문호, "사내하도급에서 사용자 개념의 판단법리", p.211; 대법원 2008.9.11. 2007다90982 참조.

인정한다. 이 법리에 대해서는 '2. (3) 도급계약 근로와 직접고용관계'의 '현대미포조선' 사례에서 상세히 설명한다.

3) 근로자 파견계약 관계의 법리

근로자 파견은 파견사업주가 근로자를 고용한 후 사용사업주에게 근로자를 파견하고 파견근로자는 사용사업주의 지휘명령을 받으면서 근로하는 형태를 말한다.

따라서 하청업체(파견사업주)가 사업주로서 독자성이 있다고 하더라도 하청업체가 근로자들에게 원청업체(사용사업주)의 지휘명령을 받아 근로하도록 하는 경우 근로자 파견에 해당하고, 구 파견법의 파견근로자 2년 초과 사용시 직접고용으로 간주하는 규정이 불법파견에도 적용되므로 원청업체와 하청업체 사이에 직접적인 근로관계가 성립되었다고 본다. 이에 대해서는 '2. (4) 파견근로와 도급계약'의 '현대자동차' 사례에서 자세하게 설명한다.

현 파견법에서는 원청업체(사용사업주)가 파견대상 업무에 해당하지 않는 업무에 파견근로자를 사용하는 경우(불법파견) 직접 고용 의무가 발생하므로 원청업체와 하청업체 간에 직접적인 근로관계가 성립된다.

2. 도급과 파견 계약 등에서의 사용자

(1) 의 의

일반적으로 사용자는 근로자를 직접 고용하여 근로를 시키고, 그 대가로 근로자에게 임금을 지급한다. 그러나 사용자가 인력운영의 탄력성을 높이고 인적자원관리에 따른 부담을 줄이기 위해 파견·도급·용역 계약을 체결하기도 한다.

현실적으로 한 기업이 노무제공자와 직접 근로계약을 체결하지 않고 다른 기업에 고용된 근로자를 활용하는 고용형태가 나타나게 되었는데, 이러한 고용형태는 근로계약 관계와 지휘·명령관계가 분리되는 특징을 갖고 있어 간접고용 또는 다면적(多面的) 근로관계라 불리기도 한다.[7]

---

7) 문무기, "간접고용의 합리적 규율을 위한 법리", 노동정책연구, 2005.3., 제5권 제1호, p.160.

참고 직접고용과 간접고용

간접고용은 사업주가 직접 근로자와 계약을 체결하여 사용하는 직접고용과 대비되는 개념으로 사용되나 법률상 용어는 아니며, 근로자에 대한 사용주와 고용주가 일치하는 않는 고용형태이다. 파견은 파견사업주와 사용사업주가 다르므로 전형적인 간접고용(협의) 형태라 할 수 있다. 광의로는 사용자가 노무제공자와 직접 근로계약을 체결하지 않으면서 제3자에게 고용된 근로자를 활용하는 고용형태라고 할 수 있다.

노동현장을 중심으로 파견, 도급, 용역, 위임, 소사장제 등을 통칭하여 간접고용이라고 부르기도 하며, 법률상으로는 파견, 도급, 위임 계약 등으로 계약형태에 따라 다른 용어를 사용하고 있다.

현장에서는 도급, 파견 등의 계약형태에서 실질적으로 노무수령자가 근로관계의 내용을 결정하는 경우가 발생하며, 실질적인 노무수령자는 중층적인 근로관계를 통해 노동력을 제공받게 되므로 사용자가 누구인가에 대한 다툼이 많이 발생한다.[8)]

아래에서는 사용자성과 관련하여 쟁점이 되는 도급, 위임 및 용역, 근로자 파견 등의 개념에 대해 설명한다.[9)]

① 도급은 수급인이 특정한 일의 완성을 약정하고 도급인은 그 결과에 대해 보수를 지급하는 것(민법 제664조)으로서, 수급인의 재량과 책임하에 소속 근로자를 사용하여 일을 완성하는 형태이다. 특히 사내하도급은 원청업체가 자기 사업장 내에서의 업무 일부를 하청업체에서 수행하도록 하는 것으로서 원청업체가 관여나 개입을 할 여지가 많아 위장도급, 위장파견 등과 관련한 문제가 발생한다.

② 위임은 위임인이 일정 사무처리를 위탁하고, 수임인이 이를 승낙하여 성립되는 계약이고(민법 제680조), 용역은 원청업체가 용역업체에게 일정한 서비스 업무를 맡겨서 수행하는 것으로서, 경비용역사업 등이 이에 해당된다.

③ 파견은 파견사업주가 근로자를 고용한 후 사용사업주에게 근로자를 파견하고

---

8) 문무기, "간접고용의 합리적 규율을 위한 법리", p.160.
9) 고용노동부, 근로자파견제도를 알려드립니다, 2012, pp.4~5.

사용사업주가 파견근로자를 지휘·감독하여 근로에 종사하도록 하는 형태를 말한다(파견법 제2조제1호).

특히 도급과 파견 계약에서 사용자가 근로자를 직접 고용하지 않고 타인이 고용한 근로자를 사용하는 경우 사용자성과 관련한 논란이 발생한다. 즉, 위장도급이나 위장파견 등의 모습을 띤 고용형태의 경우 누가 사용자인가에 대해 고용노동부, 노동위원회 또는 법원에서 다투게 된다.

한편, 민법상 도급계약에서 도급인(원청업체)과 수급인(하청업체)이 계약을 맺게 되는데, 원·하청업체는 현실적으로 도급계약 이외에 위수탁 관리계약, 소사장 법인 등 여러 가지 형태의 계약을 체결하게 된다〈도표 3-4〉.

〈도표 3-4〉 원청업체와 하청업체의 계약형태

기타관계 / 구분	위·수탁 관리계약	소사장 법인	지입차량 계약	납품계약	시공참여자 제도
원청업체	위탁자 (아파트입주자 대표회의 등)	기존 기업	운수회사	대형매장	전문 건설업자
하청업체	수탁자 (관리업체 등)	소사장 법인 (사내협력업체 등)	지입차주	납품업체	시공 참여자

자료: 〈중앙노동위원회, 주제별 판례분석집(전면개정판), 2020, p.86〉의 표를 일부 수정.

(2) 사용자성의 판단기준

사용자성을 판단할 때 가장 기본이 되는 것은 공식적인 계약서이다. 위임, 도급, 용역, 파견 계약서 등 노무제공 형태에 대한 계약서, 근로계약서, 취업규칙, 단체협약, 4대 보험 가입 증명서, 근로소득세 및 사업소득세 납부자료, 근로소득 원천징수 등 자료를 계약의 형태에 따라 명확하게 갖추어 그에 따라 실질적으로 운영해야 사용자성 관련 논란이 발생하지 않는다.

현장에서 공식적인 계약형식이나 조건과 다르게 운영되는 경우 사용자 적격이 문제되며, 노동위원회나 법원의 판단시에 형식보다 실질 내용을 우선한다. 그러나 기업에서 공식적인 계약의 형태에 따라 실질적으로 운영이 된다면 노무 제공자가 노동위원회나 법원에서 사용자 적격 등을 다투면서 이의를 제기할 가능성이 낮아진다.

우리가 보는 판례는 계약형식과 운영내용이 달라 사용자 적격에 대한 논란이 발생한 경우가 대부분이다. 따라서 공식적인 계약형식과 실질적인 운영내용이 일치하면 사건화될 가능성이 대폭 줄어든다. 아래에서는 도급과 파견 등 계약형태에서 사용자성과 관련한 판단기준과 사례를 설명하기로 한다.[10)]

1) 채용과정에서 의사결정

하청업체가 근로자에 대한 면접 후에 채용의사 결정을 하고 근로계약서를 작성하면 하청업체가 사용자가 된다. 그러나 원청업체가 면접과정에 참여하거나 채용의사 결정을 주도하면, 원청업체가 사용자 적격을 가질 수 있다.

2) 승진, 징계, 해고 등 인사권한 행사

하청업체가 근로자에 대해 인사평정, 승급 및 승진, 징계, 해고 등 인사권을 행사한 경우 하청업체가 사용자 적격을 갖는다. 그러나 원청업체가 하청업체 근로자의 승진이나 징계, 해고 등에 대해 직접 관여하거나 결정권을 가진 경우 원청업체가 사용자로서 지위를 가질 수 있다.

3) 지휘 및 감독 권한의 행사

하청업체가 소속 근로자에 대해 직접 구체적인 업무지시나 감독을 한 경우 원청업체가 업무표준을 제공하고, 하청업체를 관리하였더라도 하청업체가 사용자 적격을 갖는다. 그러나 원청업체가 하청업체 근로자에 대해 구체적인 업무지시나 감독을 하거나, 작업배치 및 변경 결정권을 갖거나, 근로시간이나 근태(勤怠) 관리를 할 경우 원청업체가 사용자성을 가질 수 있다.

---

10) 〈중앙노동위원회, 주제별 판례분석집(전면개정판), 2020, pp.87~90; 고용노동부, 위장도급 점검지침, 2012〉를 참조하여 작성하였다.

4) 보수 지급 책임

하청업체가 도급대금에서 소속 근로자에게 임금, 퇴직금 등을 지급하고 근로소득세 원천징수 등 업무를 하였다면 하청업체가 사용자로서 지위를 갖는다. 그러나 원청업체가 하청업체 근로자의 임금, 퇴직금 등을 구체적으로 산정하여 하청업체에 지급하거나, 상여금 등을 직접 제공하는 경우 원청업체의 사용자성이 인정될 수 있다.

5) 독립적인 물적 시설 부담 책임

하청업체가 별도 법인을 설립하여 법인세 등 세금을 직접 납부하고, 별도의 회계관리를 하며, 독립적인 물적 시설을 갖고 있는 경우 사용자성이 인정된다. 그러나 하청업체의 주주나 대표이사가 원청업체의 임직원이고, 하청업체가 독자적으로 자본, 경영능력 및 사무실, 장비, 차량 등 물적 시설을 갖추고 있지 못한 경우 원청업체의 사용자성이 인정된다(서울남부지방법원 2008.7.18. 2007가합10338).

6) 계약의 특정성과 전문성

하청업체가 계약목적에 따라 특정한 업무나 서비스를 수행하고, 일의 특성이 하청업체의 상당한 전문성과 기술과 경험을 필요로 하는 경우에는 하청업체가 사용자로서 지위를 갖는다. 그러나 하청업체에 특정된 계약목적과 대상이 없고 원하청 근로자가 혼재하여 같은 성질의 작업을 하며, 하청업체의 전문성과 기술력을 필요로 하지 않는 경우 원청업체의 사용자성이 인정될 수 있다.

위의 6가지 기준에 따라 하청업체의 사용자성을 판단한 요소를 정리하면 〈도표 3-5〉와 같다. 노동위원회나 법원은 이러한 제반요소를 종합하여 사용자성을 판단하게 된다.

〈도표 3-5〉 하청업체의 사용자성에 대한 판단 요소

판단 요소	하청업체의 사용자성 인정	원청업체의 사용자성 인정
채용과정의 의사결정	하청업체가 독립적·개별적으로 근로자 면접, 계약 체결	원청업체가 면접과정 참여, 채용의사결정 주도
승진, 징계, 해고 등 인사권한 행사	하청업체가 소속 근로자들에 대해 인사평정, 승진, 징계, 해고 등에 관한 권한 행사	원청업체가 하청업체 근로자의 인사평정, 승진, 징계, 해고 등에 관여하거나 권한 행사
지휘 및 감독 권한의 행사	하청업체가 직접 구체적인 업무지시나 감독, 근태관리 실시	원청업체가 하청업체 소속의 근로자들에게 구체적인 작업지시나 감독, 근태관리 실시
보수 지급 책임	하청업체가 도급대금에서 직접 소속 근로자들의 임금·퇴직금 지급, 근로소득세 원천징수	원청업체가 직접 하청업체 소속 근로자들의 퇴직금, 상여금, 사회보험료 등 지급
독립적인 물적 시설 부담 책임	하청업체가 독자적인 사무실, 장비, 차량 등 시설 보유	하청업체가 독자적인 사무실, 장비, 차량 등 물적 시설 미비
계약의 특정성과 전문성	하청업체 고유의 특정된 계약목적·대상이 존재, 하청업체의 상당한 전문성·기술 필요	하청업체에 특정된 계약 목적·대상이 없고, 원하청업체 근로자 혼재작업, 하청업체 고유의 전문성·기술 요구 수준 낮음

(3) 도급계약 근로와 직접 고용관계

1) 회사 법인격 부인의 법리를 적용한 사례: 인사이트코리아 사건

법원은 '인사이트코리아' 사건에서 도급회사(원청업체)가 자회사를 통해 수급회사(하청업체) 주식을 100% 소유하고, 거의 전적으로 도급회사의 업무만 도급받아 오는 등 형식상 독립법인으로 운영되어 왔지만 실질적으로 모자(母子) 회사로서 도급회사가 사실상의 결정권을 행사해온 사실을 인정하였다.

또한, 도급회사가 수급회사 직원의 면접과정에 참여하고, 원청업체 직원과 별도의 구별 없이 업무지시, 휴가사용 승인 등 인사관리를 실시하였으며, 수급회사 직원의 인사평가와 임금인상 수준 등을 결정한 점 등을 종합적으로 고려하여 위장도급으로 판단하고 도급회사의 사용자로서 지위를 인정하였다(대법원 2003.9.23. 2003두3420).

핵심 판례 **법인격 부인의 법리 적용 (인사이트코리아 사례)**

인사이트코리아는 참가인(에스케이주식회사)의 자회사로서 형식상으로는 독립된 법인으로 운영되어 왔으나 실질적으로는 참가인 회사의 한 부서와 같이 사실상 경영에 관한 결정권을 참가인이 행사하여 왔고, 참가인이 물류센터에서 근로할 인원이 필요한 때에는 채용광고 등의 방법으로 대상자를 모집한 뒤 그 면접과정에서부터 참가인의 물류센터 소장과 관리과장 등이 인사이트코리아의 이사와 함께 참석한 가운데 실시하였으며, 원고들을 비롯한 인사이트코리아가 보낸 근로자들에 대하여 참가인의 정식 직원과 구별하지 않고 업무지시, 직무교육실시, 표창, 휴가사용 승인 등 제반 인사관리를 참가인이 직접 시행하고, 조직도나 안전환경점검팀 구성표 등의 편성과 경조회의 운영에 있어서 아무런 차이를 두지 아니하였으며, 그 근로자들의 업무수행능력을 참가인이 직접 평가하고 임금인상 수준도 참가인의 정식 직원들에 대한 임금인상과 연동하여 결정하였음을 알 수 있는바, 이러한 사정을 종합하여 보면 참가인은 '위장도급'의 형식으로 근로자를 사용하기 위하여 인사이트코리아라는 법인격을 이용한 것에 불과하고, 실질적으로는 참가인이 원고들을 비롯한 근로자들을 직접 채용한 것과 마찬가지로서 참가인과 원고들 사이에 근로계약관계가 존재한다고 보아야 할 것이다(대법원 2003.9.23. 2003두3420).

이 사례에서는 법인격 부인의 법리를 적용하여 특정 법률관계에서 수급회사(하청업체)의 법인격을 부인하고 도급회사와 수급회사 직원들과 근로계약 관계가 존재한다고 본 것이다.

이와 같이 법인격 부인의 법리가 적용되려면 ① 수급회사가 형식상으로 독립된 법인으로 운영되고 있지만(명목상의 사업주), ② 수급회사의 자본이 도급회사에 종속되어 있으며(자본적 종속성), ③ 도급회사와 수급회사 근로자들 사이에 지휘명령 관계가 있어(지휘명령에의 종속성) 도급회사와 수급회사 직원들간에 실질적인 근로관계가 존재해야 한다.[11]

11) 류문호, "사내하도급에서 사용자 개념의 판단법리", pp.211~212.

2) 묵시적 근로관계의 법리를 적용한 사례: 현대미포조선 사건

원칙적으로 명시적인 도급계약에 따라 적법하게 구체적인 인사관리가 이루어진 경우 수급회사(또는 자회사)가 사용자로서 지위를 갖는다. 그러나 하청(수급)회사가 형식적 또는 명목적으로 존재하는 것에 불과하고, 사실상 근로자가 원청회사와 종속적인 관계에 있으며, 실질적으로 원청회사에 대해 근로를 제공하며, 임금을 지급받는 경우 묵시적 계약관계가 성립되었다고 본다(대법원 1999.11.12. 97누19946).

묵시적 근로계약관계는 명시적으로 형식상 체결된 근로계약에 따른 수급인(하청회사)의 사용자성을 부정하고, 암묵적으로 실질적인 내용면에서 이루어진 도급인(원청회사)과 수급인 근로자간의 근로계약관계를 인정하는 것이다.[12)]

아래에서는 수급(하청)회사의 사용자로서 적격을 부정하고 도급(원청)회사가 근로자를 직접 고용한 것으로 본 현대미포조선 사례를 살펴본다.

판례는 '현대미포조선' 사건에서 수급회사(하청업체)가 형식상 도급계약을 체결하고 독립된 법인으로 운영되어 왔으나 실질적으로는 수급회사가 사업주로서 업무수행의 독자성과 사업수행의 독립성을 결여하여 제3자의 노무대행기관과 동일시 할 수 있을 정도로 그 존재가 형식적이고 명목적인 것에 불과한 경우 도급회사(원청업체)의 사용자 적격을 인정하여 근로자를 직접 고용한 것으로 보았다(대법원 2008.7.10. 2005다75088).

'현대미포조선' 사건에서는 앞서 본 '인사이트코리아' 사건에서처럼 도급회사와 수급회사간의 자본적 종속성은 존재하지 않는다. 그러나 ① 수급회사가 자신의 사업을 수행하는 것 같은 외관을 갖추었다 하더라도 실질적인 독자성과 독립성을 갖추지 못하였고(명목상의 사업주), ② 수급회사가 도급회사 근로자들로부터 종속적인 관계에서 근로를 제공받고 임금을 지급하였으므로(지휘명령에의 종속성) 실질적인 근로관계가 성립되었다고 본 것이다.[13)]

---

12) 강성태, "사내하도급 근로자와 도급인의 근로관계 성립(묵시적 근로관계)", 한국노동법학회, 노동판례백선, 2015.
13) 류문호, "사내하도급에서 사용자 개념의 판단법리", pp.215~216.

현대미포조선 사건에 적용된 '묵시적 근로관계 법리'는 앞서 인사이트코리아 사건에 적용된 '회사 법인격 부인의 법리'에서 발전된 것으로 보인다.[14] 즉, 도급회사도 인사이트코리아 사건의 학습효과로 수급회사로 하여금 자본적인 독립성을 갖게 하였으나 명목상의 사업주로만 활동하게 하였고 지휘명령관계가 존재하여 법원은 도급회사와 수급회사 근로자간에 실질적이고 묵시적인 근로관계가 존재한다고 판단하게 된 것이다.

핵심 판례 **묵시적 근로관계의 법리 적용 (현대미포조선 사례)**

용인기업(하청업체)은 형식적으로는 현대미포조선(원청업체)과 도급계약을 체결하고 소속 근로자들인 하청업체 근로자들로부터 노무를 제공받아 자신의 사업을 수행한 것과 같은 외관을 갖추었다고 하더라도, 실질적으로는 업무수행의 독자성이나 사업경영의 독립성을 갖추지 못한 채, 원청 회사의 일개 사업부서로서 기능하거나 노무대행기관의 역할을 수행하였을 뿐이고, 오히려 원청 회사가 하청업체 근로자들로부터 종속적인 관계에서 근로를 제공받고, 임금을 포함한 제반 근로조건을 정하였다고 봄이 상당하므로, 하청업체 근로자들과 원청 회사 사이에는 직접 원청 회사가 하청업체 근로자들을 채용한 것과 같은 묵시적인 근로계약관계가 성립되어 있었다고 보는 것이 옳다(대법원 2008.7.10. 2005다75088).

(4) 파견근로와 직접 고용 의무

1) 파견과 도급의 차이

특히 파견과 도급이 문제되는 것은 사내하도급과 같이 간접고용 근로자들이 원청회사 직원들과 동일한 장소에서 근무하는 경우이다. 위 '현대미포조선' 사례에서 보듯이 사내하도급 업체의 독립성이 부정되면 묵시적 계약관계가 성립되어 사내하도급 근로자를 원청회사에 직접 고용된 근로자로 본다.

그러나 사내하도급 업체의 독립성이 인정되면 묵시적 계약관계가 부정되므로 파

14) 류문호, "사내하도급에서 사용자 개념의 판단법리", p.223.

견관계인지 도급관계인지를 판단해야 한다. 이 때 원도급업체가 직접 하도급업체 근로자에 대해 지휘명령권을 행사하면 파견관계이고, 행사하지 않으면 도급관계로 본다.[15)]

원칙적으로 도급관계에서는 원청회사가 하청회사의 근로자에게 지휘명령권을 행사할 수 없다. 그럼에도 불구하고 원청회사가 하청회사의 근로자에게 직접 지휘명령권을 행사한다면 계약형식이 도급이라 하더라도 사실상 운영이 근로자 파견과 같이 되어 파견법의 적용을 받게된다.[16)] 즉, 실무적으로 원청회사가 파견법상 규율을 회피할 목적으로 형식상 도급계약으로 위장한 경우가 나타나는데, 이 경우 불법 파견인지 여부가 쟁점이 된다.

지휘명령권 행사와 이와 관련된 불법 파견 문제에 대하여는 아래의 사례를 통해 구체적으로 설명하기로 한다.

2) 근로자 불법 파견관계로 본 사례: 현대자동차 사건

근로자 파견은 파견사업주(원고용주)가 근로자를 고용한 다음 파견계약에 따라 사용사업주(제3자)의 지휘명령을 받아 근로를 제공하게 하는 근로형태이다.

법원은 근로자 파견의 판단기준으로 ① 제3자가 당해(파견) 근로자에 대해 상당한 지휘 명령을 하는지, ② 당해 근로자가 제3자의 근로자와 공동작업을 하면서 제3자의 사업에 실질적으로 편입되어 있는지, ③ 원고용주가 근로자의 선발, 훈련, 작업시간, 휴가, 근무태도 등에 관한 결정권한을 갖고 있는지, ④ 당해 근로자의 업무가 특정되어 있어 제3자 소속 근로자의 업무와 구별되는지, ⑤ 원고용주가 계약목적 달성을 위해 독립적인 조직이나 설비를 갖추고 있는지 등 크게 5가지를 제시하고 있다(대법원 2015.2.26. 2010다106436).

위와 같은 기준에 따라 법원은 현대자동차 아산공장 사건[17)]에서 ① 원청회사(제

15) 이 정, "도급과 파견의 구별기준에 관한 법리", 노동법논총 제34호, 2015.8., pp.258~261.

16) 노동부, 파견·도급의 구별 참고자료, 2009, pp.3~4.

17) 여기서 소개한 현대자동차 아산공장 사건 이외에 사회적으로 큰 이슈가 되었던 현대자동차 사건은 울산공장 사건(대법원 2010.7.22. 2008두4367), 남해화학 사건(대법원 2015.2.26. 2010다93707)이 있다.

3자, 사용사업주)가 사내협력업체 소속 근로자에 대한 일반적인 작업배치권과 변경결정권을 갖고 작업량과 작업방법, 작업장소와 시간 등을 결정하였고, 협력업체 근로자를 직접 지휘하거나 협력업체 현장관리인 등을 통해 구체적인 작업 지시를 하였으며(지휘명령권), ② 협력업체 근로자가 원청회사의 근로자와 같은 조에 배치되어 동일한 업무를 수행하면서 원청회사 근로자의 결원 발생 시 협력업체 근로자가 대체하게 하기도 하였고(공동작업), ③ 원청회사가 협력업체 소속 근로자에 대한 연장·야간근로, 교대제 운영 등을 결정하는 등 협력업체 근로자를 실질적으로 관리해 왔으며(인사·복무·관리), ④ 협력업체의 전문적인 기술이나 근로자의 숙련도가 요구되지 않고(업무 내용), ⑤ 협력업체 고유의 기술이나 자본이 투입되지 않은 점(독립적 조직·설비) 등의 제반 사정을 종합하여 근로자 파견 관계에 있었다고 보았다.

그러나 제조업의 직접 생산 공정업무는 구 파견법 제5조에 따라 근로자 파견 대상업무에서 제외되고, 적법하지 아니한 근로자 파견의 경우 직접고용간주 규정이 적용되므로, 협력업체 근로자는 제3자(원청회사)의 근로자 지위에 있다고 판단하였다(대법원 2015.2.26. 2010다106436).

핵심 판례 **근로자 파견계약 관계의 법리 적용 (현대자동차 사례)**

이 사건 원청회사(사용사업주)는 사내협력업체(파견 사업주) 소속 근로자가 수행할 작업량과 작업 방법, 작업 순서, 작업 속도, 작업 장소, 작업 시간 등을 결정하고 사내협력업체 소속 근로자를 직접 지휘하거나 사내협력업체 소속 현장관리인 등을 통해 구체적인 작업 지시를 하였으므로 원청회사의 사내협력업체 소속으로 원청회사의 사업장에서 업무를 수행한 근로자들은 사내협력업체에 고용된 후 원청회사의 작업현장에 파견되어 원청회사로부터 직접 지휘·감독을 받는 근로자파견관계에 있었다고 봄이 타당하다.

또한 사내협력업체 근로자들이 담당한 것과 제조업의 직접생산공정업무는 구 파견법 제5조 규정에 따라 같은 근로자파견대상업무에서 제외되기는 하지만, 이처럼 적법하지 아니한 근로자파견의 경우에도 직접고용간주 규정은 적용되므로, 각 원청회사에게 파견된 날로부터 2년이 만료된 날의 다음날부터 각각 직접고용이 간주됨으로써 원청회사의 근로자 지위에 있게 되었다(대법원 2015.2.26. 2010다106436).

한편, 개정된 파견법 시행(2007.7.1.) 이후에는 원청회사가 불법 파견 근로자를 사용한 경우 직접 고용 의무가 발생하나(파견법 제6조의2) 바로 사용자로 간주되지는 않는다. 원청회사가 직접 고용 의무를 이행하지 않는 경우 3천만원 이하의 과태료가 부과된다(파견법 제46조제2항).

위 현대자동차 아산공장 사례는 근로자 파견계약 관계의 법리(불법파견)를 적용하여 원청회사(사용사업주)의 사용자 적격을 인정함으로써 사용자 개념을 확대하고 있다.

위에서 설명한 사용자 개념의 확대 논리를 종합해 보면 다음과 같다.[18] 법원에서는 사용종속성에 대한 판단기준으로 자본 종속성과 지휘명령에의 종속성 등을 제시하고 있는데, 아래 3개의 사례 모두 기본적으로 하청회사 근로자들이 원청회사의 지휘명령에 종속되어 근로를 제공하고 있음을 인정하고 있다.

① '회사 법인격 부인의 법리'를 적용한 인사이트코리아 사례를 보면, 원청회사가 형식상 독립적으로 운영되고 있으나 하청회사의 자본이 도급회사에 종속되어 있어 하청회사의 자본 종속성을 중요 요건으로 판단하여 하청회사의 법인격을 부인하고 원청회사의 사용자성을 인정하였다.

② '묵시적 근로관계의 법리'를 적용한 현대미포조선 사례를 보면, 하청회사가 형식상 외관을 갖추었다 하더라도 실질적인 독자성과 독립성을 갖추지 못하였고, 하청회사 근로자들이 종속적인 관계에서 근로를 제공하고 임금을 받았으므로 원청회사 지휘명령에의 종속성을 기초로 묵시적 근로관계가 성립한다고 보아 원청회사의 사용자 적격을 인정하였다.

③ '근로자 파견계약 관계의 법리'를 적용한 현대자동차 사례를 보면, 하청회사(파견사업주)가 사업주로서 독자성을 갖고 있고, 하청회사 근로자들이 원청회사(사용사업주)의 지휘명령을 받아 근로를 제공하고 있으므로 파견계약 관계에 있으나 파견사업이 허용되지 않는 제조업 공정에의 불법파견이므로 구 파견법에 의해 직접고용간주 규정이 적용됨으로써 원청회사의 사용자 지위를 인정한 것이다. 이 사례는 원청업체(사용사업주)와 하청업체(파견사업주)가 독립적인 관계를 갖고 있는 점

18) 〈류문호, "사내하도급에서 사용자 개념의 판단법리", pp.221~224〉를 참조하여 작성하였다.

에서 위 두 사례와 다른 특징이 있다.

3) 합법 도급으로 본 사례: KTX 여승무원 사건

한편, 대법원은 한국철도공사(KTX, 원청회사) 여승무원 사건에서 ① 철도유통 등(하청회사)이 직접 KTX 여승무원 배치, 승무일정의 변경·조정 여부를 결정하였고 출근상황, 근무시간 등 KTX 여승무원의 근무내용을 관리하였으며(지휘명령권), ② 동일한 공간에서 근무하기는 하나 여승무원(하청) 업무와 열차팀장(원청)의 업무가 분리되어 있고(공동작업 여부), ③ 철도유통 등은 여승무원을 직접 채용한 후, 교육, 근무평가, 복무, 징계 등 인사권을 직접 행사하였으며(인사·복무 관리), ④ 열차팀장의 운행 및 승객의 안전 업무와 여승무원(하청)의 승객서비스 업무가 구분되어 있고(업무 내용), ⑤ 철도유통 등이 승무사업본부 등을 별도로 설치하고 직원을 관리한 점(독립적 조직) 등을 종합적으로 고려하여 근로자 파견관계가 아니라 적법한 도급관계로 판단하였다(대법원 2015.2.26. 2012다96922).[19)]

3. 영업양도와 수탁업체 변경 시 사용자

실무적으로 영업양도나 위수탁 계약 등에 의해 근로자의 소속 업체가 바뀐 경우 근로자는 위탁업체의 인적·물적 조직이 동일하게 이전되었으므로 영업양도로서 고용승계가 이루어져야 한다고 주장하는 반면, 사용자는 업무위탁은 영업양도가 아닌 도급계약이므로 고용승계 의무가 없다고 주장한다. 아래에서는 영업양도나 수탁업체 변경 시에 사용자가 누구인지에 대해 설명한다.

---

19) 〈이 정, "도급과 파견의 구별기준에 관한 법리", p.260〉을 참조하여 정리하였다(현대자동차 불법 파견과 비교). 열차팀장은 원청회사인 한국철도공사(KTX) 소속이고, 여승무원은 하청회사인 철도유통 소속이다.

(1) 영업양도에서의 사용자 적격

영업양도는 일정 영업목적에 의해 조직화된 업체의 인적·물적 조직을 일체로서 동일성을 유지하면서 이전하는 것으로 영업 일부만의 양도도 가능하고, 영업양도가 이루어진 경우 원칙적으로 양수기업에 고용관계가 승계된다. 영업재산 전체를 양도했더라도 조직을 해체하여 양도했다면 영업양도가 되지 않지만 일부 영업시설만 양도했어도 종래 조직이 유지되어 있다고 사회관념상 인정되면 영업양도로 본다(대법원 2001.7.27. 99두2680).

영업양도의 경우 근로자의 일부를 승계대상에서 제외하기로 하는 특약은 실질적으로 해고와 동일한 효과가 나타나므로 근로기준법상 정당한 사유가 있는 경우에만 해고가 유효하다(대법원 2002.3.29. 2000두8455).

핵심 판례 영업양도와 고용승계

영업이 양도되면 반대의 특약이 없는 한 양도인과 근로자 사이의 근로관계는 원칙적으로 양수인에게 포괄적으로 승계되고, 영업양도 당사자 사이에 근로관계의 일부를 승계의 대상에서 제외하기로 하는 특약이 있는 경우에는 그에 따라 근로관계의 승계가 이루어지지 않을 수 있으나, 그러한 특약은 실질적으로 해고나 다름이 없으므로 근로기준법 제30조(현재 제23조) 제1항 소정의 정당한 이유가 있어야 유효하며, 영업양도 그 자체만을 사유로 삼아 근로자를 해고하는 것은 정당한 이유가 있는 경우에 해당한다고 볼 수 없다(대법원 2002.3.29. 2000두8455).

(2) 수탁업체 변경에서의 사용자 적격

원청회사(구청)가 새로운 위수탁계약(재활용품 수거사업)을 체결한 경우 신규 수탁 업체는 영업양도를 받은 것이 아니므로 종전 수탁업체에 소속되었던 직원들과의 근로관계를 포괄적으로 승계한다고 볼 수 없다. 따라서 신규 수탁업체는 고용승계 의무를 부담하지 않으므로 종전 수탁업체 근로자들과 근로관계가 성립하지 않음으로써 기존 근로자 채용을 거부한 것은 부당해고가 아니다(대법원 2013.12.12. 2012두14323).

그러나 용역계약서에 이전 용역업체의 근로자를 재채용하도록 권고하고 있고, 특별한 사정이 없는 한 고용을 승계하는 관행이 존재한다면 새로운 용역업체는 재채용의무를 부담한다. 다만 종전 근로자에게 비위나 업무태만 등 고용승계 거부에 대한 합리적인 사유가 있으면 해당 근로자에 대해서는 채용을 거부할 수 있다(서울고등법원 2014.6.25. 2013누27298).

(3) 아파트 관리형태 변경에서의 사용자 적격

실무적으로 원하청 계약과 관련하여 사용자가 누구인지 쟁점이 많이 되는 사례는 아파트입주자대표회의와 관리업체와 계약관계이다. 아파트 관리형태에는 입주자대표회의에 의한 자치관리와 관리업체에 의한 위탁관리가 있다. 입주자대표회의가 사실상 근로조건을 결정하므로 사용자로서 성격을 갖고 있지만 계약관계나 인사노무관리 관행에 따라 누가 사용자인지가 달라진다.

1) 입주자대표회의가 자치관리하는 경우

입주자 대표회의가 직접 근로자를 채용하고, 업무내용, 근무시간과 장소를 지정하고, 근태관리, 징계권 행사 등을 하고 상당한 지휘감독을 하면서 보수를 지급하였다면 입주자대표회의를 사용자로 본다.

2) 주택관리업체에 위탁관리를 주는 경우

아파트입주자대표회의에서 아파트관리를 주택관리업체에 위탁하여 하는 경우 원칙적으로 근로자와 근로계약을 체결한 주택관리업체가 사용자가 된다.

법원은 '은마아파트입주자대표회의' 사건에서 입주자대표회의가 일부 직원의 채용과 승진에 개입하거나 관리사무소 업무 수행상태를 감독하기도 하고, 또 직원들의 임금, 복지비 등의 지급수준을 결정하여 오기는 하였으나, 관리사무소장의 직원들에 대한 임면, 징계, 배치 등 인사권과 업무지휘명령권이 모두 형해화되어 근로계약이 형식적인 것에 지나지 않는다고 할 수 없고, 대표회의가 관리사무소 직원들의 업무내용을 정하고 업무수행 과정에 있어 구체적·개별적인 지휘·감독을 행하고 있다고 볼 수도 없으므로 입주자 대표회의를 사용자라고 볼 수 없다고 판단하였다(대법원 1999.7.12. 99마628).

그러나 주택관리업체가 근로자와 체결한 근로계약이 형식적 또는 명목적이고, 근로자들이 사실상 입주자대표회의와 종속적인 관계에서 노무를 제공하며, 대표회의에서 임금 지급 등 노무관리를 하는 경우 묵시적인 근로계약관계가 성립되어 있다고 판단하여 입주자대표회의를 사용자로 인정한다(울산지방법원 2013.11.7. 2011가합7488; 대법원 1999.7.12. 99마628).

따라서 입주자대표회의 대표는 일반적으로 인사노무에 대한 전문가가 아니므로 아파트 위탁관리를 하는 경우 관리업체 직원의 인사노무에 대해서는 관리업체에 위임을 해야 사용자성을 둘러싼 논란에 휘말리지 않게 된다.

3) 관리형태를 변경하는 경우

아파트입주자대표회의에서 아파트를 자치관리하다가 위탁관리를 하거나 위탁관리를 하다가 자치관리를 하는 경우 원칙적으로 근로자들의 고용이 변경된 관리주체에 바로 승계되는 것으로 볼 수 없다.

그러나 입주자대표회의가 관리형태를 자치관리에서 위탁관리로 전환하였음에도 불구하고 실질적인 관리권한과 책임을 직접 행사하였다면 여전히 사용자로서 지위를 갖는다(서울행정법원 2001.11.22. 2001구29700).

4) 주택관리업체만 변경된 경우

입주자대표회의에서 새로운 관리업체와 위·수탁관리계약을 체결하여 관리업무를 위탁한 경우 원칙적으로 수탁관리회사는 종전 관리업체에 소속된 근로자에 대해 고용승계 의무가 없다(서울고등법원 2003.5.1. 2002누8406).

그러나 종전 관리업체에 소속된 근로자와 입주자대표회의간에 적어도 묵시적인 계약관계가 성립하였고, 위탁관리업체의 변경 자체가 노무지휘권의 수임자를 바꾼데 불과한 경우에는 새로운 관리업체로 고용승계가 된다고 판단하였다(대법원 2001.7.13. 2001두3709).

제4장

근로관계의 성립

제1절 채 용

1. 채용의 의의

근로관계는 사용자와 근로자가 근로계약을 체결함으로써 성립하고, 근로계약은 사용자의 근로자 채용을 통해 이루어진다. 채용은 모집 → 응모 → 심사 → 채용 등의 순서로 이루어지며, 청약과 승낙에 의해 근로계약이 성립한다.

근로관계의 전개 및 종료에 관한 사용자측의 계약의 자유는 근로기준법 등에 의해 광범위하게 제약을 받고 있다.

이에 비하여 근로관계의 성립에 관한 사용자측의 계약의 자유, 즉 채용의 자유는 자유롭게 인정되고 있었고 상대적으로 덜 제약을 받고 있었으나, 점차 근로자의 권리보호나 고용촉진 등의 관점에서 법률에 의한 제약이 강화되고 있다. 이러한 채용의 자유는 채용규모와 모집방법 결정의 자유, 조사와 선발의 자유, 계약체결의 자유로 구성된다.[1)]

2. 채용단계에서의 법적 규제

(1) 채용규모 결정

일정 수의 근로자를 채용하도록 제약하는 법규는 존재하지 않으므로 사용자는 채용인원 결정의 자유를 가지나, 일정한 규모의 채용을 규율하는 법적 규제는 이루어지고 있다.

즉, 장애인고용법(제28조)에 따르면 상시 50인 이상 사업장의 사업주는 총근로자의 100분의 5 범위내에서 대통령령이 정하는 비율 이상의 장애인을 채용하여야 한다.

또한, 청년고용법(제5조)은 공공기관법에 따른 공공기관과 지방공기업법에 따른 지방공기업 중 대통령령으로 정하는 공공기관과 지방공기업의 장에게 매년 각 공공기관과 지방공기업의 정원의 100분의 3 이상씩 청년 미취업자를 고용하도록 하는 의무를 부과하고 있다.

---

1) 임종률, 노동법(제20판), 박영사, 2022, pp.402~404.

한편, 보훈대상자지원법(제39조제1항)에서도 일상적으로 하루에 20명 이상을 고용하는 공·사기업체 또는 공·사단체(다만, 대통령령으로 정하는 제조업체로서 200명 미만을 고용하는 기업체는 제외)에 대하여 전체 고용인원의 100분의 3 이상 100분의 8 이하의 범위에서 대통령령으로 정하는 대상업체별 고용비율 이상으로 취업지원 대상자를 우선하여 고용하도록 하고 있다.

〈도표 4-1〉 기업의 채용규모 결정에 대한 법적 규제

법 률	주요 내용
장애인고용법 제28조	상시 50인 이상을 고용하는 사업주는 총근로자의 100분의5 범위내에서 대통령령이 정하는 비율 이상의 장애인을 채용
청년고용법 제5조	공공기관과 지방공기업의 정원의 100분의3 이상씩 청년 미취업자를 고용
보훈대상자지원법 제39조제1항	일상적으로 하루에 20명 이상을 고용하는 공·사기업체 또는 공·사단체(다만, 대통령령으로 정하는 제조업체로서 200명 미만을 고용하는 기업체는 제외)에 대하여 전체 고용인원의 100분의3~100분의8 범위에서 대통령령으로 정하는 대상업체별 고용비율 이상으로 취업지원 대상자를 우선하여 고용

이러한 법적 의무 부과에도 불구하고, 해당 사업의 근로자 총수는 사용자의 자유로운 결정에 맡기고 있기 때문에 사용자의 채용인원 결정의 자유를 제약하는 것은 아니다.[2)]

(2) 모집방법

사용자는 근로자를 어떤 방법으로 모집할 것인가를 결정할 자유를 가진다. 공개모집 또는 연고모집 모두 가능하고, 공모의 방법도 직업안정기관, 광고, 정보통신망 등 어떤 것을 사용하든 자유이며, 직접 모집 또는 위탁 모집 모두 가능하다.

다만, 국외취업 근로자를 모집할 때에는 고용노동부장관에게 신고하여야 하고(직업안정법 제30조제1항), 근로자를 모집하려는 자와 그 모집업무에 종사하는 자(직업

2) 임종률, 노동법, p.402.

안정법 제19조에 따라 유료직업소개사업을 하는 자는 제외)는 어떠한 명목으로든 근로자 모집과 관련한 금품 수령이 금지된다(직업안정법 제32조).

또한, 채용절차법에 의해 거짓의 채용광고가 금지되고(제4조제1항), 고용노동부장관의 승인없이 채용심사 비용을 구직자에게 부담시킬 수 없다(제9조).

(3) 선 발

사용자는 어떤 사람을 어떤 기준에서 채용할 것인가를 결정할 자유를 가진다. 선발의 자유는 채용의 자유 중 핵심적 요소로서 어떤 자질을 가진 근로자를 채용할 것인가, 그 결정을 위해 기능·학력·연령·경험·식견·성격·적성 등 여러 요소들 중 어느 것을 중시할 것인가에 관한 자유이다.[3]

이러한 선발의 자유에도 일정한 법적 규제가 가해지고 있다. 사용자는 원칙적으로 15세 미만인 자를 채용할 수 없고(근로기준법 제64조제1항), 노동조합에 가입하지 않거나 탈퇴할 것 또는 특정 노동조합의 조합원이 될 것을 조건으로 채용하는 이른바, 불공정 고용계약을 체결하는 부당노동행위가 금지된다(노동조합법 제81조제2호).

사업주는 근로자를 모집·채용할 때에 합리적인 이유 없이 성별, 신앙, 연령, 신체조건, 사회적 신분, 출신지역, 학력, 출신학교, 혼인·임신 또는 병력(病歷) 등을 이유로 차별을 하여서는 아니 되며, 균등한 취업기회를 보장하여야 한다(고용정책기본법 제7조).

또한, 사업주는 근로자를 모집하거나 채용할 때 남녀를 차별하여서는 아니 되고, 여성 근로자를 모집·채용할 때 그 직무의 수행에 필요하지 아니한 용모·키·체중 등의 신체적 조건, 미혼 조건을 제시하거나 요구할 수 없다(남녀고용평등법 제7조).

이외에도 고령자고용법(제4조의4)은 모집·채용에 있어서 합리적 이유 없는 연령차별을 금지하고, 장애인고용법(제5조제2항)에서도 장애인이라는 이유로 채용 등 인사관리상의 차별대우를 하지 못하도록 하고 있다.

---

3) 임종률, 노동법, p.403.

(4) 계약체결

사용자는 특정인과 근로계약을 체결하도록 강제되지 않는다는 의미의 계약체결의 자유를 가진다. 만약 사용자가 합리적인 이유 없이 연령 또는 성별을 이유로 채용을 거부하더라도 고령자고용법 제23조의3제2항 및 남녀고용평등법 제37조제4항에 의한 처벌(500만원 이하의 벌금)과 민사상 손해배상 책임을 부담하는 것은 별론으로 하더라도 사용자에게 해당 응모자의 채용 자체를 강제할 수는 없는 것이다.

그러나 파견법(제6조의2제1항)에서는 불법파견의 경우 사용사업주에게 당해 파견근로자를 직접 고용하도록 의무를 부과함으로써 사용자의 근로계약 체결의 자유를 제약하고 있다.

3. 채용절차에 관한 법적 규제

기업은 채용절차에 있어서도 자유를 갖는 것이 원칙이나, 채용과정에서의 부조리 방지, 채용절차의 공정성 확보, 구직서류의 재활용을 통한 사회적 자원의 절약, 구직자의 부담 경감 및 권익 보호 등을 목적으로 채용절차법이 제정(2014.1.21.)되어 상시 근로자 30인 이상 사업장의 채용절차를 규율하고 있다.

1) 거짓 채용광고의 금지

구인자는 채용을 가장하여 아이디어를 수집하거나 사업장을 홍보하기 위한 목적 등으로 거짓의 채용광고를 낼 수 없고, 정당한 사유 없이 채용광고의 내용을 구직자에게 불리하게 변경하여서는 아니 된다(채용절차법 제4조제1항 및 제2항).

또한, 구인자는 구직자를 채용한 후에 정당한 사유 없이 채용광고에서 제시한 근로조건을 구직자에게 불리하게 변경하여서는 아니되며, 구직자에게 채용서류 및 이와 관련한 저작권 등의 지식재산권을 자신에게 귀속하도록 강요할 수 없다(채용절차법 제4조제3항 및 제4항).

제4조제2항 및 제3항을 위반하여 채용광고의 내용 또는 근로조건을 변경한 구인자, 제4조제4항을 위반하여 지식재산권을 자신에게 귀속하도록 강요한 구인자에

게는 500만원 이하의 과태료가 부과된다(채용절차법 제17조제2항).

2) 채용서류

구인자는 채용을 함에 있어서 응시원서, 이력서 및 자기소개서 등 기초심사자료를 자유롭게 정할 수 있으나, 구직자는 구인자에게 제출하는 채용서류를 거짓으로 작성하여서는 아니 된다(채용절차법 제6조).

또한, 구인자는 채용시험을 서류심사와 필기·면접 시험 등으로 구분하여 실시하는 경우 서류심사에 합격한 구직자에 한정하여 입증자료 및 심층심사자료를 제출하게 하도록 노력하여야 한다(채용절차법 제13조).

3) 채용절차

구인자는 구직자의 채용서류를 사업장 또는 구인자로부터 위탁받아 채용업무에 종사하는 자의 홈페이지 또는 전자우편으로 받도록 노력해야 하고, 구인자가 채용서류를 전자우편 등으로 받은 경우에는 지체 없이 구직자에게 접수된 사실을 홈페이지 게시, 휴대전화에 의한 문자전송, 전자우편, 팩스, 전화 등으로 알려야 한다(채용절차법 제7조).

4) 채용비용

구인자는 채용심사를 목적으로 구직자에게 채용서류 제출에 드는 비용 이외의 어떠한 금전적 비용(채용심사비용)을 부담시킬 수 없으나, 사업장 및 직종의 특수성으로 인하여 불가피한 사정이 있는 경우 고용노동부장관의 승인을 받아 구직자에게 채용심사비용의 일부를 부담하게 할 수 있다(채용절차법 제9조).

이 경우 고용노동부장관은 채용심사비용과 관련하여 시정을 명할 수 있으며, 시정명령을 받은 구인자는 이행결과를 지체 없이 고용노동부장관에게 보고하여야 한다(채용절차법 제12조).

5) 채용 강요 금지

누구든지 법령을 위반하여 채용에 관한 부당한 청탁, 압력, 강요 등을 행위와 채용과 관련하여 금전, 물품, 향응 또는 재산상의 이익을 제공하거나 수수하는 행위를 할 수 없다(채용절차법 제4조의2). 채용의 공정성을 침해하는 위 행위를 한 자에게는 3천만원 이하의 과태료가 부과되나, 형법 등 다른 법률에 따라 형사처벌을 받은 경우 경우에는 과태료를 부과하지 아니하며, 과태료를 부과한 후 형사처벌을 받은 경우에는 그 과태료를 취소한다(채용절차법 제17조제1항).

6) 출신지역 등 개인정보 요구 금지

구인자는 구직자에 대하여 그 직무의 수행에 필요하지 아니한 ① 구직자 본인의 용모·키·체중 등의 신체적 조건, ② 구직자 본인의 출신지역·혼인여부·재산, ③ 구직자 본인의 직계 존비속 및 형제자매의 학력·직업·재산 정보를 기초심사자료에 기재하도록 요구하거나 입증자료로 수집하여서는 아니된다(채용절차법 제4조의3).

이 규정에 위반하여 그 직무의 수행에 필요하지 아니한 개인정보를 기초심사자료에 기재하도록 요구하거나 입증자료로 수집한 구인자에게는 500만원 이하의 과태료가 부과된다(채용절차법 제17조제2항).

7) 채용여부의 고지와 후속조치

구인자는 채용대상자를 확정한 경우에는 지체 없이 구직자에게 홈페이지 게시, 휴대전화에 의한 문자전송, 전자우편, 팩스, 전화 등을 통해 채용 여부를 알려야 한다(채용절차법 제10조).

구인자는 구직자의 채용 여부가 확정된 이후 구직자(확정된 채용대상자는 제외)가 채용서류의 반환을 청구하는 경우에는 특별한 사유가 없는 한 본인임을 확인한 후 반환하여야 하고, 구인자는 구직자의 반환 청구에 대비하여 일정한 기간 동안 채용서류를 보관하여야 한다(채용절차법 제11조제1항 내지 제3항).

구인자는 대통령령으로 정한 반환의 청구기간이 지난 경우 및 채용서류를 반환하지 아니한 경우에는 개인정보보호법에 따라 채용서류를 파기하여야 한다(채용절차법 제11조제4항).

4. 채용과 과도적 근로관계

사용자는 채용과정을 거치면서 근로계약을 정식으로 체결할 수도 있지만, 처음부터 정식 근로자로 채용하게 되면 근로자의 업무능력을 모르는 상태에서 노동관계법의 규제를 받게 된다.

따라서 사용자는 근로계약관계의 성립 또는 채용 단계에서 재량의 여지와 근로자에 대한 평가기회를 가지려고 한다.

이렇게 정식 고용에 따른 부담을 완화하기 위해 정식 고용 이전단계의 고용기간을 두는 근로관계를 통칭하여 과도적 근로관계라고 하며,[4] 그 유형으로는 채용내정, 수습, 시용, 인턴 등이 있다.

채용내정은 회사가 필요로 하는 노동력을 미리 확보하기 위해 학교 졸업 등과 같이 일정한 조건이 충족되면 채용할 것을 약정하는 것을 의미하며, 정식 채용 때까지는 근로를 제공하지 않아도 된다는 점에서 시용, 수습, 인턴과 구별된다.

시용이라 함은 정식채용 전에 시험적으로 일을 시켜보고 근로자로서 적합하다는 평가가 이루어지면 그때 근로계약을 체결하는 것을 의미하고, 수습은 정식채용 즉, 확정적인 근로계약 체결 후에 근로자의 직업능력이나 적응능력을 키워주기 위한 근로형태이다.

시용과 수습은 정식으로 근로계약이 체결되었는지 여부에 따라 구별되는데, 시용기간은 정식으로 근로계약이 체결된 것이 아니라는 점에서 근로계약이 체결된 이후 정식배치를 받기 전의 교육기간 또는 적응기간으로 보는 수습기간과 차이가 있으며,[5] 근로를 제공한다는 점에서 근로제공 의무가 없는 채용내정과 다르다.

인턴의 경우 일상 생활에서 널리 사용되는 용어이고 일부 법률[6]에서도 쓰이고 있지만 노동관계 법령에 명확한 개념 정의가 없는 실정이다.

또한, 그 유형도 고용연계형 인턴, 경력관리형 인턴, 의무형 인턴, 교육형 인턴,

---

4) 문무기 외, 과도적 근로관계연구, 한국노동연구원, 2008, p.4.

5) 하갑래, 근로기준법(제35판), 2022, p.141.

6) 경력단절여성 등의 경제활동촉진법 제11조, 청년고용법 제12조, 고용보험법시행령 제35조 등에서 인턴이라는 용어를 사용하고 있다.

단순경험형 인턴 등으로 다양하게 나타난다. 그럼에도 불구하고 인턴의 주된 특징은 임금을 목적으로 하는 근로가 아니라 교육·연수·훈련 등을 위한 것이다.[7]

인턴이 본래 취지에 맞게 교육·연수·훈련 등만을 받는 경우 근로자로서의 보호가 문제되지 않으나, 그 명칭에도 불구하고 시용 또는 수습에 해당한다고 볼 수 있는 경우에는 근로자로서의 보호를 받게 된다.

〈도표 4-2〉 과도적 근로관계의 유형과 구분

구 분	근로제공	유 급	근로자 여부	기 타
채용내정	×	×	△	불확정 근로계약
시 용	○	○	○	정식채용 이전 근로 고용연계형 인턴과 유사
수 습	○	○	○	정식채용 이후 근로 인턴이라는 명칭을 사용하기도 함
인 턴	○	△	△	명목상 교육·훈련·연수 등을 표방하지만 실제 업무를 수행하는 경우가 많고, 시용 또는 수습으로 분류할 수 없는 경우도 많음

자료: 〈노호창, "인턴의 법적지위", 노동법연구 제33호, 2012, p.213〉을 기초로 작성.

과도적 근로관계는 사용자에게는 근로자의 채용부담을 완화하는 장점이 있으나, 오·남용을 방지하고 부당하거나 자의적인 본채용 거부를 적절히 규제할 필요성이 대두된다. 아래에서는 과도적 근로관계의 대표적인 유형인 채용내정, 시용, 수습에 있어서의 법률적 쟁점을 살펴보기로 한다.

7) 노호창, "인턴의 법적 지위", 노동법연구 제33호, 2012, p.203, p.231, p.240.

제2절 채용내정

1. 채용내정의 의의

채용내정이란 사용자가 채용내정자를 미리 선정, 확정하고 일정한 시점(학교 졸업 시점 등)에 정규 사원으로 입사시키는 것을 의미한다. 이는 입사일까지 현실적인 근로제공이 행해지지 않고 본채용 시까지 사용종속관계가 없다는 점에서 시용·수습과 구별된다.

채용내정은 사용자에게는 우수 인재의 조기 확보, 근로자의 입장에서는 직장의 사전 확보 등의 순기능이 있으나, 사용자가 본채용을 지연하거나 채용내정을 취소하게 되면 근로자는 다른 기업에 취업할 기회를 상실하는 등의 불이익을 받게 되므로 실무상 채용내정의 취소가 주로 문제가 된다.

2. 채용내정의 법적 성질과 채용내정자의 법률관계

1) 채용내정의 법적 성질

채용내정의 법적 성질과 관련하여 근로계약체결과정설, 예약설 등이 존재하나,[8] 채용내정으로 근로계약이 체결되었다고 보는 근로계약성립설이 통설이다. 판례도 회사가 채용내정 통지를 함으로써 근로자와 회사 사이에는 근로계약관계가 성립된다고 판단하고 있어서 통설과 같은 입장을 취하고 있다(대법원 2002.12.10. 2000다25910).

이러한 근로계약성립설에 따르면, 회사의 모집공고는 청약의 유인, 근로자의 응모는 청약, 사용자의 채용내정 통지는 승낙에 해당하므로 채용내정의 통지로써 사용자와 채용내정자 사이에는 근로계약이 성립하게 되는 것이다.

---

8) 하갑래, 근로기준법(제35판), 중앙경제, 2022, p.145. 근로계약체결과정설의 경우 채용내정은 근로계약을 체결하는 과정으로서, 정식채용 전까지는 민법의 적용을 받는다는 견해이고, 예약설은 채용내정이란 일정한 조건이 충족되면 새로이 근로계약을 체결해야 한다는 내용의 예약으로서 근로계약체결과정설과 같이 정식채용 전까지는 민법의 적용을 받아 손해배상청구의 문제만 발생한다는 입장이다.

다만, 그 이행에 대하여 시기(始期)가 붙어있고 졸업 실패 또는 근로가 곤란한 질병 이환 등의 사유가 발생할 경우 사용자가 해약할 수 있는 권리가 유보되어 있는 해약권 유보부 계약이 성립되는 것으로 본다.[9] 즉, 회사의 채용내정 통지에 의해 회사와 채용내정자 사이에는 근로계약이 성립하지만, 졸업 실패 등 특정한 사유가 발생할 경우 사용자에게 근로계약을 해약할 권리가 유보되어 있다는 것이다.

판례도 채용이 내정된 자들은 채용내정 시부터 정식 발령일까지 사이에는 사용자에게 근로계약의 해약권이 유보되어 있다고 본다(대법원 2002.12.10. 2000다25910).

2) 채용내정자의 법률관계

채용내정으로 인해 근로계약관계가 성립되었으나 아직 근로를 제공하고 있지는 않으므로 채용내정자에게는 취업을 전제로 하지 않는 취업규칙 조항이 적용된다.

따라서 채용내정자는 보고서 제출, 연수 참가 등 일정한 의무를 부담하게 되는 경우가 있을 수 있고, 사용자는 연수에 필요한 비용·교통비 등을 부담하며 연수과정 중 재해가 발생하면 산재보상 의무를 진다.

채용내정자에게도 근로를 전제로 하지 않는 근로기준법의 조항들이 적용된다. 이러한 조항에는 해고제한 규정(제23조), 취업예정일이 사용자의 사정으로 연기될 경우 지급되어야 할 휴업수당 규정(제46조), 근로조건 명시의무 조항(제17조), 균등처우 조항(제6조), 위약예정 금지 규정(제20조) 등이 포함된다.[10]

3. 채용내정 취소의 정당성

채용내정 통지에 의해 근로계약이 성립한다는 근로계약성립설에 따를 경우 사용자의 채용내정 취소는 실질적으로는 해고에 해당한다. 따라서 사용자가 채용내정자에 대한 채용내정을 취소하기 위해서는 근로기준법 제23조제1항의 정당한 이유가 있어야 한다(대법원 2000.11.28. 2000다51476).

---

9) 노동법실무연구회, 근로기준법주해 I(제2판), 박영사, 2021, p.196; 김선수, “채용내정자의 법적지위”, 노동법연구, 1999, p.207.
10) 김선수, “채용내정자의 법적 지위”, pp.212~213.

이러한 채용내정 취소의 정당성의 범위는 일반 근로자에 대한 해고의 정당성의 범위와 다르지 않다는 견해가 있으나, 채용내정의 경우 근로제공이 이루어지지 않아 정식 근로관계와는 다른 측면이 있다는 점을 감안할 때 채용내정 취소의 정당성의 범위는 일반 근로자에 대한 해고의 정당성의 범위보다는 넓다고 보는 것이 타당할 것이다. 왜냐하면 사용자가 근로자의 시용기간 만료 시 본계약의 체결을 거부하는 것은 보통의 해고보다 넓게 인정되어야 한다는 대법원 판례(대법원 2006.2.14. 2002다62432)의 취지를 감안하면 채용내정의 경우에도 그 정당성 판단은 해고의 경우보다 폭넓게 인정된다고 보는 것이 합리적이기 때문이다.

채용내정의 취소는 해약권 유보의 취지, 목적 등에 비추어 합리적이고 사회통념상 상당하다고 인정되어야 한다. 이 경우 본채용의 조건이 졸업, 학위취득, 서류 또는 서약서의 제출 등과 같이 사용자가 따로 판단할 여지가 없는 사항인 경우 객관적 조건의 충족여부가 본채용 여부의 판단기준이 될 것이다.

그러나 프로젝트의 완성 등 사용자의 판단여지가 있는 사항인 경우 명백하고 합리적인 기준에 따라 그 기준을 충족하고 있는지 여부가 채용내정 취소의 정당성에 대한 판단기준이 된다.[11]

채용내정 취소 관련 사건은 아니나, 사용자가 근로자의 채용조건으로 일정 수준 이상의 학위 소지자일 것을 요구하여 학위 논문을 제출한 경우 그 학위 논문에 표절 등 연구부정행위가 있음을 이유로 해고한 것은 정당하다고 본 사례가 있는데(대법원 2016.10.27. 2015다5170), 채용내정 상태에서 채용조건 위반이 발견되어 채용내정을 취소한 경우에도 동일하게 적용될 수 있을 것으로 보인다.

4. 채용내정 취소와 서면통지의무

채용내정의 취소 통보는 사실상 해고에 해당하므로 서면으로 통지하여야 그 정당성이 인정된다. 서면으로 통지할 때에는 채용내정을 취소한다는 뜻만 알려서는 아니 되고, 채용내정의 취소 사유를 구체적·실질적으로 기재한 서면을 교부하여야

11) 하갑래, 근로기준법, p.135.

그 정당성이 인정된다.[12)]

5. 채용내정 취소와 해고예고 제도

채용내정을 취소할 경우 해고예고 조항이 적용되는지 여부가 문제된다. 이와 관련하여 판례(서울고등법원 2000.8.25. 99나41055)는 월급 근로자로서 6개월이 되지 못한 자 및 수습사용 중인 근로자에 대해서는 근로기준법 제35조에 의해 해고예고 제도의 적용이 배제되고 있는 바, 채용내정기간은 채용내정자들의 수습기간 중이라고 보아야 하고 근로관계가 효력을 발생한 날로부터 6개월이 경과한 것도 아니라는 점을 들어 채용내정 취소의 경우 해고예고수당에 관한 규정이 적용될 여지가 없다고 보았다.

그러나 해고예고 제도가 근로제공을 전제로 하는 규정이라고 단정할 수 없는 점, 채용내정 기간이 3개월이 넘는다면 해고예고 제도의 취지와 목적상 해고예고를 하는 것이 타당하다는 점 등에 비추어 볼 때 채용내정을 취소할 경우 1개월 전에 예고하여야 한다는 견해[13)]가 설득력이 있다고 본다.

더욱이 월급 근로자로서 6개월이 되지 못한 자에 대해 해고예고 제도의 적용을 배제하는 근로기준법 제35조제3항이 위헌이라는 헌법재판소의 결정(2015.12.23. 2014헌바3)을 감안하면 유사한 사건이 제기될 경우 기존의 판례가 유지될지 의문이다.

6. 경영상 이유에 의한 채용내정의 취소

사용자가 채용내정 후 경영상의 이유에 의해 채용내정을 취소하는 경우에도 경영상 이유에 의한 해고의 정당성 여부와 관련된 4가지 요건, 즉 긴박한 경영상의 필요, 해고회피 노력, 객관적이고 합리적인 기준에 의한 대상자 선정, 근로자대표와의 성실한 협의를 충족하여야 하는지 여부가 문제가 되는데, 원칙적으로 경영상

12) 노상헌, "시용 후 본채용 거부 시 해고의 서면통지 요건", 노동리뷰, 2016.2., p.88.
13) 하갑래, 근로기준법, p.151.

해고의 요건에 따라 그 정당성 여부를 판단하여야 할 것이다.

다만, 채용내정자는 일반 근로자에 비해 우선적으로 경영상 이유에 의한 해고 대상자에 포함될 수 있고, 근로기준법 제24조제3항 소정의 50일 전 통보, 근로자대표와의 성실한 협의 등의 규정은 채용내정자에게 적용되지 않는데, 구체적인 내용은 아래에서 소개한다.

1) 채용내정 취소가 정당하다고 판단한 판례

① 채용내정자는 근로자의 지위를 가지고 있지만 현실적으로 노무를 제공하지 않은 상태로써 근로관계의 밀접도가 통상의 근로자에 비해 떨어진다고 할 것이어서 다른 근로자들에 비하여 우선적인 정리해고 대상에 속할 수 있다고 할 것이므로 회사가 채용내정자들을 정리해고 대상자로 선정한 것은 합리적인 이유가 있다(서울고등법원 2000.4.28. 99나41468).

② 채용내정 시부터 정식 발령일까지 사이에는 사용자에게 근로계약의 해약권이 유보되어 있어서 채용내정자들에 대하여는 근로기준법 제24조(경영상 이유에 의한 해고의 제한) 제3항 소정의 50일전까지 통보 및 성실한 협의를 하지 않아도 채용내정 취소가 정당하다(대법원 2000.11.28. 2000다51476).

2) 채용내정 취소가 정당하지 않다고 판단한 판례

① 1997.11.30. 채용내정을 하고 1998.1.1.자 채용을 전제로 입사에 필요한 서류를 제출받은 상황에서, 1998.3.1.로 본채용 시기를 연기하였고, 다시 1998년 말까지는 반드시 채용하겠다고 연기하였다가 채용내정자 36명 중 6명을 1998년 3~4월경에 채용한 후 나머지 채용내정자들에 대해 1998.8.18. 채용내정 취소를 통보한 것은 채용내정을 취소해야만 할 긴박한 경영상의 필요가 있었다고 하더라도, 회사가 채용내정을 취소하기 전에 이를 회피하기 위한 노력을 하지 아니하였고 채용내정 취소가 객관적 합리성과 사회적 상당성을 가졌다고 보기 어렵다(서울남부지원 1999.4.30. 98가합20043).

② 인사교류 합의가 이사회에서 부결되었더라도 채용내정된 사람을 채용하지 아니한 것은 부당해고이다(서울행정법원 2004.11.2. 2004구합 22596).

제3절 시용과 수습

1. 시용과 수습의 구별

시용은 정식 근로계약을 체결하기 전에 근로자의 능력과 적성 등을 사용자가 정확하게 파악하기 위하여 근로자를 실제 업무에 종사하게 하면서 조사·관찰하는 기간을 의미하며, 수습은 확정적으로 근로계약을 체결한 후에 직업능력이나 적응력을 키워주기 위한 근로형태이다.[14)]

시용과 채용내정은 모두 확정적인 근로계약을 체결하기 전의 고용관계이나, 시용은 사용종속관계에서 근로가 제공된다는 점에서 채용내정과 다르고, 시용과 수습은 정식 근로계약 체결여부에 의해 구분이 된다〈도표 4-3〉.

〈도표 4-3〉 시용과 수습의 구분

구 분	시 용	수 습
기간의 성격	정식채용 이전 정식 채용여부를 결정하기 위한 기간	정식채용 이후 업무수습을 위한 기간
근로계약 성립 여부	○	○
정식채용 여부	X	○
정식채용 여부에 대한 적정성 평가	○	X
해고의 정당성 판단	통상의 해고보다 넓게 인정	통상의 해고와 동일한 기준 적용

자료: 중앙노동위원회, 주제별 판례 분석집, 2016, p.173을 기초로 작성.

위와 같이 시용과 수습은 개념적으로 구분이 되지만, 산업현장에서는 혼용되어 사용되는 경우가 종종 있다. 그러나 법원은 시용기간은 정식채용 이전에 정식 채용여부를 결정하기 위한 기간이고, 수습은 정식채용 후에 업무수습을 위한 기간이라고 하여 시용과 수습을 명확하게 구분하고 있다(서울고등법원 2012.11.2. 2011누38980).

14) 하갑래, 근로기준법, pp.142~143.

핵심 판례 **시용과 수습의 구분**

수습기간중 또는 수습기간 만료 시 기능, 근무태도 등을 종합 판단하여 계속 근로가 부적당하다고 인정되는 자는 정식 채용을 거부할 수 있다'는 취지의 취업규칙 규정에 대하여 위 수습기간은 정식채용 후 업무 수습을 위한 기간이라는 의미보다는 정식채용 전에 정식 채용여부를 결정하기 위한 시용기간의 의미인 것으로 판단된다(서울행정법원 2011.10.14. 2011구합17714).

수습기간 중의 근로자에게도 근로기준법이 적용되나, 수습 중에 있는 근로자가 수습을 시작한 날부터 3개월 이내의 기간은 평균임금 산정기간에서 제외되며(근로기준법 시행령 제2조제1항제1호), 1년 이상의 기간을 정하여 근로계약을 체결하고 수습 중에 있는 근로자로서 수습을 시작한 날부터 3개월 이내인 사람에 대해서는 최저임금액에서 100분의 10을 뺀 금액을 그 근로자의 시간급 최저임금액으로 한다(최저임금법시행령 제3조). 그러나 사용자가 수습 근로자를 해고하려면 근로기준법 제27조제1항에 따라 해고사유와 시기를 서면으로 통지하여야 한다.

2. 시용기간의 의의

1) 시용기간의 특성

시용기간은 사용자가 임의로 정할 수 있는 것이 아니며, 단체협약, 취업규칙 또는 근로계약에 그 기간을 구체적으로 정하고 있어야 한다.

근로계약서에 시용기간에 대한 내용이 없는 경우 시용 근로관계를 인정한 판례(서울고등법원 2009.4.15. 2008누29610)와 인정하지 않은 판례(서울고등법원 2015.11.19. 2015누51776)가 공존한다. 시용근로의 취지 및 근로자 보호 차원에서 시용기간을 구체적으로 정한 경우에만 시용 근로관계가 성립한다고 보는 것이 타당하다고 본다.

한편, 취업규칙에 시용기간 적용이 선택사항으로 규정되어 있는 경우 근로계약서에 시용기간이 적용된다고 명시되지 않았다면 시용 근로자가 아닌 정식 근로자로 채용된 것으로 보아야 한다(대법원 1999.11.12. 99다30473; 대법원 1991.11.26. 90다4914).

그러나 근로계약서에는 명문화되어 있지 않지만 시용기간 및 본채용에 대한 적정성 평가를 예정하는 내용의 시용입사원 또는 서약서 등을 제출한 경우에는 시용기간에 대한 합의가 있다고 볼 수 있다(서울행정법원 2006.5.9. 2005구합42061).

이를 종합하면 단체협약, 취업규칙 또는 근로계약에 시용기간이 구체적으로 명시되어 있거나 근로계약 체결과정에서 입사원 또는 서약서 등을 통해 시용기간에 대한 내용이 근로자에게 통지되는 등 근로자가 인식할 수 있어야 시용 근로관계가 인정된다고 할 것이다.

2) 시용기간의 법적 성질

시용기간과 관련된 법률문제를 보면 ① 시용근로자에 대한 본채용 거부가 통상근로자에 대한 해고보다 넓게 인정되고 있다는 점에서 시용근로관계의 존재여부가 문제가 되고, ② 시용근로자의 본채용 거부가 시용제도의 본래 목적과 취지를 벗어나 해고제한 법리를 회피하기 위한 수단으로 남용되는 경우가 있을 수 있으므로 이에 대한 규제가 주된 쟁점이 되고 있다.

시용기간을 정한 근로계약의 성질과 관련하여 정지조건설, 해제조건설 등이 주장되고 있으나, 시용 근로자가 정규 근로자로서의 적격성이 없다고 판단되는 경우 본채용을 거부할 수 있는 해약권이 유보되었다고 보는 해약권유보설이 통설의 입장이고,[15] 판례(대법원 1992.8.18. 92다15170)도 통설과 같은 취지로 판단하고 있다.

---

15) 하갑래, 근로기준법, p.144.

핵심 판례 **시용기간의 법적 성질**

피고가 원고들을 포함한 신입사원을 채용하는 과정에 있어서 일단 수습사원으로 발령한 후 일정한 연수기간을 거치도록 하고 그 연수기간 중의 평가에 의하여 합격기준 이상의 점수를 얻은 경우에만 신입사원으로 채용하는 방식을 채택하고 있는 경우 원고들과 같이 연수기간 중에 있는 자의 지위는 이른바 "사용기간 중의 근로관계"에 해당하고 위와 같은 "사용기간 중의 근로관계"는 수습사원으로 발령한 후 일정기간동안 당해 근로자가 앞으로 담당하게 될 업무를 수행할 수 있는가에 관하여 그 인품 및 능력 등을 평가하여 정식사원으로서의 본채용여부를 결정하는 것이므로 일종의 해약권유보부 근로계약으로서 시용기간 중의 채용거부는 유보해약권의 행사라 할 것이다(대법원 1992.8.18. 92다15710).

3. 시용근로자에 대한 본채용 거부의 정당성

(1) 본채용 거부의 법적 성격과 정당성 판단기준

시용기간을 정한 근로계약이라고 하더라도 시용기간 중 사용자에게 해약권이 유보되어 있을 뿐 근로관계는 성립되어 있으므로 유보된 해약권을 행사하여 본채용을 거부하는 것은 해고에 해당한다.

법원도 "사용자가 정식채용을 전제로 하여 근로자를 채용함에 있어 수습기간 등 시용기간을 설정하는 것은 확정적인 근로관계를 맺기에 앞서 당해 근로자의 직업적 능력이나 업무 적격성의 유무 등을 판단하기 위하여 확정적인 근로계약의 체결 여부를 어느 정도 유보하는 것이기는 하나, 이와 같은 경우에도 어디까지나 정식으로 채용된 경우와 마찬가지로 근로계약관계는 성립한 것이므로, 그 시용기간 중이나 기간 경과 후에 정식채용을 거절하는 것은 사용자에게 유보된 해약권의 행사로서 해고에 해당한다."라고 하여 같은 취지로 판단하고 있다(서울행정법원 2008.9.26. 2008구합15701).

다만, 시용제도의 목적에 비추어 볼 때 본채용 거부는 통상의 근로자에 대한 해고와 동일한 기준에 따라야 한다고 볼 수는 없고(대법원 1994.1.11. 92다44695), 시용기간 중 근로자를 해고하거나 시용기간 만료 시 본계약의 체결을 거부하는 것은 사용자에게 유보된 해약권의 행사로서, 근로자의 업무능력, 자질, 인품, 성실성 등 업무 적격성을 관찰·판단하려는 시용제도의 취지·목적에 비추어 볼 때 보통의 해고보다는 넓게 인정된다(대법원 2006.2.24. 2002다62432).

이는 시용기간 중에도 정규 근로관계와 같은 기준으로 해고의 정당성을 판단한다면 별도로 시용기간을 인정할 필요가 없기 때문에 당연하다고 하겠다. 다만, 이 경우에도 객관적으로 합리적인 이유가 존재하여 사회통념상 상당하다고 인정되어야 한다(대법원 2005.7.15. 2003다50580).

(2) 본채용 거부의 실체적 정당성

시용기간은 직업적 능력, 적격성의 유무를 판단하기 위한 것이므로 취업시켜보지 아니하고도 그 판단이 가능한 경우나 취업시켜도 판단이 불가능한 경우 그 시용제도의 설정은 해고제한 법리를 회피하기 위한 것으로 볼 수 있다.[16]

또한, 사용자가 부적격 사유를 제시하지 않거나 사용자가 제시한 부적격 사유가 근로관계의 유지와 전혀 관계없는 경우에는 사용자의 본채용 거부는 권리남용에 해당할 것이다.[17]

시용기간 중의 평가는 합리적 기준과 방법에 따라 객관적으로 이루어져야 하고, 평가절차가 사전에 정해져 있다면 그 절차를 준수하여야 한다.[18]

따라서 본채용에 탈락하는 하위등급자의 수를 사전에 할당하고 절대평가가 아닌 상대평가를 하여 탈락자를 추려내는 것은 객관적이고 합리적인 평가방법이라고 할 수 없다(대법원 2006.2.24. 2002다62432).

---

16) 노동법실무연구회, 근로기준법주해 Ⅰ, p.205~206.
17) 김수복, 근로기준법(개정 5판), 중앙경제, 2018, pp.131~132.
18) 노동법실무연구회, 근로기준법주해 Ⅰ, p.207.

핵심 판례 **시용기간 중의 평가**

시용기간 중의 근로관계는 수습사원으로 발령한 후 일정기간동안 당해 근로자가 앞으로 담당하게 될 업무를 수행할 수 있는가에 관하여 그 인품 및 능력등을 평가하여 정식사원으로서의 본채용여부를 결정하는 것이므로 일종의 해약권유보부 근로계약으로서 시용기간 중의 채용거부는 유보해약권의 행사라 할 것인데 위와 같은 해약권의 행사는, "시용"이라는 것 자체가 당해 근로자의 자질, 성격, 능력등 그 일에 대한 적격성 여부를 결정하는 단계이므로 통상의 해고보다는 광범위하게 인정될 수 있는 것이지만 그 적격성 여부의 결정은 시용기간 중에 있어서의 근무태도, 능력 등의 관찰에 의한 앞으로 맡게 될 임무에의 적격성 판단에 기초하여 행해져야 하고 그 평가가 객관적으로 공정성을 유지하여야 하며 위 해약권의 행사는 객관적으로 합리적인 이유가 존재하여 사회통념상 상당하다고 인정되어야 할 것이다(대법원 1992.8.18. 92다15710).

(3) 본채용 거부의 절차적 정당성

시용근로자에 대한 본채용 거부는 유보된 해약권의 행사로서 일반적인 징계해고와는 그 성질을 달리하므로 시용계약의 종료를 통보함에 있어 취업규칙 등에 규정된 징계절차를 따르지 않아도 되나(서울행정법원 2011.10.14. 2011구합17714), 취업규칙에 시용근로자의 본채용 거부도 징계절차를 따르도록 규정하고 있다면 그에 따라야 할 것이다.

그리고 근로기준법상 해고사유의 서면통지 규정의 내용과 취지, 시용기간 만료 시 본근로계약 체결 거부의 정당성 요건 등을 종합하여 보면, 시용근로관계에서 사용자가 본채용을 거부하는 경우 근로자에게 단순히 '시용기간의 만료로 해고한다.'는 취지로만 통지하여서는 아니되고 해당 근로자로 하여금 그 거부사유를 파악하여 대처할 수 있도록 구체적·실질적인 거부사유를 서면으로 통지하여야 한다(대법원 2015.11.27. 2015두48136).

4. 시용기간과 관련한 법률문제

(1) 시용기간의 길이

근로계약 체결 시 시용기간은 구체적이고 명확하게 명시되어야 하며, 만약 명시되지 않으면 근로자는 정식 근로계약을 체결한 것으로 보아야 한다.

핵심 판례 근로계약과 시용기간

취업규칙에 신규 채용하는 근로자에 대한 시용기간의 적용을 선택적 사항으로 규정하고 있는 경우에는 그 근로자에 대하여 시용기간을 적용할 것인가의 여부를 근로계약에 명시하여야 하고, 만약 근로계약에 시용기간이 적용된다고 명시하지 아니한 경우에는 시용 근로자가 아닌 정식 근로자로 채용되었다고 보아야 한다(대법원 1999.11.12. 99다30473).

시용기간은 근로자의 업무능력이나 근무태도를 판단하는데 필요한 합리적인 기간으로 한정되어야 한다. 따라서 합리적인 기간을 명백하게 초과하는 장기간의 시용기간을 설정하는 것은 초과되는 부분에 관한 한 효력이 없다고 보아야 할 것이다.

한편, 근로기준법 시행령 제16조는 해고예고 제도의 적용제외 대상이 되는 수습근로자를 '수습 사용한 날부터 3개월'로 규정하고 있으므로 이를 참고하여 시용기간은 적격성 판단에 필요한 최소한의 기간으로 한정하는 것이 타당할 것이다. 판례에서는 사회통념상 상당한 이유가 있는 경우에는 6월(대전지방법원 2015.2.5. 2014구합100626), 1년(서울행정법원 2006.5.9. 2005구합42061)의 시용기간 약정이 가능하다고 판단한 사례가 있다.[19)]

(2) 시용기간의 연장

시용기간의 연장은 시용근로자의 보호를 위하여 원칙적으로 허용되지 않으나,

19) 중앙노동위원회, 주제별 판례 분석집(전면개정판), 2020, pp.206~207.

근로자의 동의, 예견할 수 없었던 근로자의 질병, 사용자의 예상치 못한 휴업 등의 경우 예외적으로 연장이 가능하다고 할 것이다.[20]

또한, 시용기간의 연장은 근로자의 법적 지위에 중대한 영향을 미치고 근로계약의 중요한 사항의 변경에 해당하므로 근로자가 동의하거나 근로자에게 통보되어야 그 효력이 있다(서울행정법원 2006.9.26. 2006구합20655).

그리고 단시간근로자, 촉탁근로자로 고용된 자가 정규사원으로 전환될 요건을 갖추었음에도 불구하고 다시 시용기간을 설정하는 것은 정당성을 인정받기 어려울 것이다.

(3) 시용기간 만료의 효과

사용자가 본채용을 거절하지 않은 채 시용기간이 경과하면 해약권의 유보가 없는 통상의 근로관계로 전환된다. 또한, 시용기간 중에 사용자가 부당해고를 행한 경우와 같이 사용자의 귀책사유로 시용기간이 중단된 상태에서 시용기간이 경과하였다면 유보된 해약권은 소멸하고 정식 근로관계로 전환된 것으로 보아야 한다.

법원도 시용근로자가 해고되었다가 복직하는 경우 해고가 위법한 이상 적법한 해약권이 행사되지 못하고 시용기간이 경과한 데에는 사용자에게 그 귀책사유가 있으며, 근로자가 시용근로를 계속하여야만 할 특별한 사정도 없어 보이고, 이 사건 해고가 없었다면 근로자가 별다른 사정이 없는 한 정식근로자로 채용되었을 것으로 보이는 점 등을 근거로 시용근로자의 지위가 아닌 정식근로자의 지위로 복직하는 것이 정당하다고 판시하고 있다(대법원 2005.7.15. 2003다50580).

5. 시용기간 중 본채용 거부와 해고의 정당성 판단 사례

(1) 본채용 거부와 해고가 정당하다고 판단한 판례

① 시용기간 동안 근로자가 병가를 내 실제 근무한 날이 5일 정도에 불과하고 병

---

20) 노동법실무연구회, 근로기준법주해 Ⅰ, p.204.

가기간 중 치료를 받은 사실이 없으며, 담당 업무를 전환해 줄 것을 계속하여 요구하였다면 본채용 거부는 정당하다(서울행정법원2007.9.14. 2007구합14619).

② 근로자가 재단 운영팀에서 수습직원으로 근무하는 동안 업무실적이 다른 수습직원들에 비하여 현저히 저조하고, 성실한 근무태도를 보이지 못하였으며, 동료 직원이나 상급자 및 관련 업체 직원들과도 제대로 융화하지 못하였고, 이러한 근무태도 등을 기초로 팀장이 근로자에 대하여 극히 낮은 근무평가를 하였으며, 그 근무평가에 대한 검증과 인사위원회의 심의를 거쳐 근로자에 대한 이 사건 채용거절이 이루어진 점, 재단이 직원의 신규채용 시 6개월의 수습기간을 두어 평가과정을 거치도록 한 취지 등을 고려할 때, 이 사건 채용거절이 사회통념상 합리성을 일탈하였다고는 보기 어렵다(서울행정법원 2005.3.22. 2004구합30122).

③ 시용근로자가 허위로 밝혀진 직속상관의 비위행위에 대해 보고체계를 무시하고 보고하여 사용자에게 피해를 준 경우에 시용근로자에 대한 해고는 정당성이 인정된다(서울행정법원 2004.4.16. 2003구합27273).

④ 시용기간 중에 있는 학원강사의 실력 부족으로 인해 강의가 폐강되었고 보강수업 지시 등을 이행하지 않은 사정이 있다면 근로자에 대한 해고는 정당하다(서울행정법원 2008.1.18. 2007구합13968).

⑤ 택시기사인 시용근로자가 근무시간이 종료된 후에 술자리에서 다툼을 벌여 2일 간 회사업무를 수행하지 못하였고, 이로 인해 형사처벌까지 받았으며, 시용기간 중 5차례나 제한속도를 위반하였다면 본채용 거부는 정당성이 인정된다(서울고등법원 2007.6.1. 2006누25980).

⑥ 버스운전사인 근로자가 시용기간 중 버스운행을 할 수 없을 만큼 과음을 한 채 사업장 내를 돌아다니면서 욕설과 고성으로 소란을 피운 사정 등이 존재한다면 근로자에 대한 해고는 정당하다(서울행정법원 2006.5.9. 2005구합42061).

(2) 본채용 거부와 해고가 부당하다고 판단한 판례

① 사용자가 설정한 평가항목이 불합리하고, 그 채용기준 점수가 너무 높으며 근무평가 결과만으로 업무수행 능력이 어떻게 부족하였는지 알 수 없다면 이러한 근

무평가 결과에 의한 정식채용 거부는 부당하다(서울행정법원 2007.10.23. 2006구합45968).

② 평가위원들이 평가한 시용근로자들의 근무성적의 편차가 너무 커서 객관성에 의심이 있고, 인사규정에 정식채용의 기준점수가 존재하지 않으며, 사용자가 기준점수를 근로자에게 통보한 사정도 없는 경우 평가점수 미달을 사유로 한 정식채용 거부는 정당성을 인정받기 어렵다(서울행정법원 2008.5.23. 2007구합34125).

③ 시용근로자의 근무성적평정에 있어 미리 하위평정 등급의 해당자 수를 지점별로 할당하고, 근무성적평정표가 작성된 후 평정요령에 위반하여 재작성을 하였으며, 평정표만으로 업무수행 능력이 어떻게 부족한지 여부를 알기 어려운 경우에 정식채용 거부는 부당하다(대법원 2006.2.24. 2002다62432).

④ 사용자가 신규채용 당시 조경관리사 자격증을 요구한 바 없고 근로자가 3개월 동안 조경관리업무를 수행한 경력이 있음에도 객관적인 평가자료 없이 업무상 기술이 부족하다는 이유로 시용기간 중 근로자를 해고한 것은 정당하다고 보기 어렵다(서울행정법원 2008.9.26. 2008구합15701).

⑤ 수습운전기사인 근로자에게 취업규칙에 규정되어 있지 않은 대형차량 운전경력증명서를 요구하면서 위 증명서의 미제출을 이유로 수습기간 중에 있던 근로자를 해고한 것은 부당하다(대법원 2005.7.15. 2003다50580).

제4절 근로계약 체결에 따른 사용자의 의무

1. 근로조건 명시 의무

(1) 의 의

근로계약은 반드시 서면으로 작성하여야 유효한 것은 아니지만, 근로기준법은 사용자에게 근로계약을 체결할 때에 임금, 소정 근로시간 등 근로조건을 명시하도록 하고, 중요한 근로조건에 대하여 서면 교부의무를 부과하고 있다.

이는 사용자가 취업이나 직장유지에서 약자의 입장에 있는 근로자의 상황을 이용하여 근로조건을 명확하게 제시하지 않고 근로를 제공하게 할 경우 근로계약 내용에 관해 다툼이 발생하는 것을 사전에 예방하기 위한 것이다. 또한, 근로자가 근로조건을 모르고 계약을 체결하는 것은 계약자유의 원칙에 위배될 뿐만 아니라 불리한 조건으로 취업이나 근로를 강요당할 위험성이 있다.[21)]

(2) 근로조건 명시 의무와 서면 교부 의무

1) 근로조건 명시 의무

사용자가 근로계약을 체결할 때에 근로자에게 명시하여야 할 사항은 임금, 소정근로시간, 유급 주휴일, 연차유급휴가, 그 밖에 대통령령으로 정하는 근로조건이다(근로기준법 제17조제1항).

그 밖에 대통령령으로 정하는 근로조건은 ① 취업의 장소와 종사하여야 할 업무에 관한 사항, ② 근로기준법 제93조제1호부터 제12호까지의 규정에서 정한 사항(취업규칙의 필요적 기재사항), ③ 사업장의 부속 기숙사에 근로자를 기숙하게 하는 경우에는 기숙사 규칙에서 정한 사항을 말한다(근로기준법 시행령 제8조).

명시의 방법에는 특별한 제한이 없으므로 구두로도 가능하고, 근로자가 취업규칙에 쉽게 접근할 수 있는 상황에서 일부 근로조건에 대해 취업규칙에 따른다고 하는 경우에도 명시로 볼 수 있다. 한편, 근로조건 명시 의무가 있는 사항 중 서면 교부형식이 아니라 단순 명시 방식으로 할 수 있는 것은 '그 밖에 대통령령으로 정하는 근로조건'이다.[22)]

2) 서면 교부 의무

사용자는 근로계약을 체결하거나 변경하는 경우 근로자에게 임금의 구성항목·계산방법·지급방법, 소정근로시간, 유급 주휴일, 연차유급휴가에 관한 사항이 명시된 서면을 근로자에게 교부하여야 한다(근로기준법 제17조제2항).

---

21) 임종률, 노동법, pp.392~393; 김형배, 노동법(제27판), 박영사, 2021, pp.288~290.
22) 임종률, 노동법, p.393.

가장 기본적이고 당사자의 관심이 높은 근로조건에 대해서 단순 명시만으로는 부족하므로 사용자에게 서면 교부 의무를 부과한 것이다. 교부하는 서면은 근로계약서에 포함되거나 근로계약서에 첨부할 수 있고, 취업규칙 중 해당 사항을 발췌하는 형식일 수도 있다.[23)]

한편, 서면 교부는 근로자의 요구가 없어도 하여야 한다. 다만, 사용자는 서면 교부 의무 사항이 '근로계약이 아닌 다른 사유'로 변경되는 경우 근로자의 요구가 있으면 그 근로자에게 교부하여야 한다. 즉, 서면에 기재할 사항이 법령·단체협약·취업규칙에 의해 변경되거나, 근로시간·휴게시간·연차휴가에 관한 사항이 근로자대표와의 서면합의에 따라 변경되는 경우가 이에 해당한다(근로기준법 제17조제2항 단서).

3) 연소근로자와 기간제근로자

연소근로자와 기간제근로자에 대해서는 관련 법에 따라 근로조건의 서면 명시와 교부 의무를 강화하고 있다.

사용자가 18세 미만인 연소근로자와 근로계약을 체결하는 경우에는 근로기준법 제17조에 따른 근로조건을 서면으로 명시하여 교부하여야 한다(근로기준법 제67조 제3항). 따라서 사용자가 연소근로자와 근로계약 체결 시 제17조에 따른 근로조건을 모두 서면으로 명시하고 교부하도록 하여 연소근로자에 대한 사용자의 의무를 강화하였다.[24)]

또한, 근로기준법과는 별도로 기간제법에서는 일반 근로자에 비해 근로조건이 불리한 기간제·단시간근로자에 대하여 근로조건 서면명시 의무를 구체적으로 규정하고 있다. 사용자는 근로계약 체결 시 ① 근로계약기간에 관한 사항, ② 근로시간·휴게에 관한 사항, ③ 임금의 구성항목·계산방법 및 지불방법에 관한 사항, ④ 휴일·휴가에 관한 사항, ⑤ 취업의 장소와 종사하여야할 업무에 관한 사항을 명시하여야 하고, 단시간근로자에 대하여는 추가적으로, ⑥ 근로일 및 근로일별 근로시간을 서면으로 명시하여야 한다(기간제법 제17조).

---

23) 임종률, 노동법, p.387.
24) 노동법실무연구회, 근로기준법주해 Ⅲ(제2판), 박영사, 2020, p.380.

(3) 의무 위반의 효과

1) 벌칙과 근로계약의 효력

사용자가 근로계약의 체결이나 변경 시에 근로기준법 제17조에 따른 근로조건 명시와 서면교부 의무를 위반하는 경우에는 500만원 이하의 벌금이 적용된다(근로기준법 제114조제1호). 기간제 및 단시간 근로자에 대하여 기간제법 제17조에 따른 서면 명시 의무를 위반한 경우에는 500만원 이하의 과태료에 처한다(기간제법 제24조제2항제2호).

한편, 사용자가 근로계약 체결 시에 근로기준법 제17조의 근로조건 명시와 교부 의무를 위반하더라도 벌칙 적용의 대상이 되지만, 근로계약 자체는 유효하다.

2) 손해배상 청구와 근로계약 해제

근로기준법 제17조의 규정에 의한 근로조건 명시의무에 따라 사용자가 명시한 근로조건이 사실과 다를 경우 근로자는 근로조건 위반을 이유로 손해의 배상을 청구할 수 있으며, 즉시 근로계약을 해제할 수 있다(근로기준법 제19조제1항).

사용자가 명시한 근로조건이 사실과 다른 경우란 명시된 근로조건을 사용자가 이행하지 않는 경우를 말한다. 이 조항은 근로계약 체결 시에 사용자가 명시한 근로조건이 근로계약 체결 후에 사실과 다른 것을 알게 되었음에도 근로계약관계의 구속에서 벗어나기 어려운 근로자의 입장을 고려하여 취업 초기에 근로자가 원하지 않는 근로를 강제당하는 폐단을 방지하고 근로자를 신속히 구제하려는 취지에서 마련된 것이다(대법원 1997.10.10. 97누5732).

한편, 근로자가 손해배상을 청구할 경우에는 노동위원회에 신청할 수 있으며, 근로계약이 해제되었을 경우에는 사용자는 취업을 목적으로 거주를 변경하는 근로자에게 귀향 여비를 지급하여야 한다(근로기준법 제19조제2항).

2. 위약금 예정 금지 의무

(1) 의 의

사용자는 근로계약 불이행에 대한 위약금 또는 손해배상액을 예정하는 계약을 체결하지 못한다(근로기준법 제20조). 위약금은 근로자가 계약 불이행의 경우에 사용자에게 지불하기로 약속된 금액을 의미하고, 손해배상액의 예정은 근로자가 계약 불이행의 경우 실제 손해의 발생 여부나 손해의 액수에 관계없이 사용자에게 일정액을 지불할 것을 미리 약정하는 것이다.

이는 근로자의 계약 불이행을 이유로 사용자에게 실제 발생한 손해의 종류나 정도와 관계없이 일정 금액을 배상하도록 미리 약정함으로써 근로자의 의사에 반하여 근로의 계속을 강제당하는 것을 방지하고, 근로자의 직장 선택의 자유를 보장하려는 취지의 규정이다(대법원 2004.4.28. 2001다53875).

민사상의 계약관계에서는 계약이행 담보를 위해 위약금이나 손해배상액 약정을 일반적으로 허용하지만(민법 제398조), 사용자가 장기간 우수 인력 확보를 위해 근로계약 불이행시 위약금을 예정하는 경우 근로자는 퇴직의 자유를 제한당하면서 계속 근로를 할 수 밖에 없는 상황이 발생할 수 있으므로 근로기준법에서 민법상 원칙에 수정을 가한 것으로 볼 수 있다.[25)]

한편, 이 조항의 입법 취지는 근로자 보호를 위한 것이므로 사용자의 근로계약 불이행시 위약금 예정은 이 조항에 위배되지는 않는다.[26)]

(2) 위약금 또는 손해배상액 예정

1) 위약금 또는 손해배상액 예정에 해당하는 계약

원칙적으로 위약금이나 손해배상액 예정은 근로자의 퇴직자유를 제한하고 강제근로가 수반될 위험이 있으므로 허용되지 않는다.

---

25) 임종률, 노동법(제20판), 박영사, p.407.
26) 노동법실무연구회, 근로기준법주해 Ⅱ(제2판), 박영사, 2020, p.62.

그리고 근로기준법 제20조의 취지가 손해배상액을 통한 강제근로를 금지하는데 있으므로 불법행위에 대해서도 손해배상액 예정이 금지된다고 보아야 한다.

또한, 근로자뿐만 아니라 친권자·보증인·신원보증인·연대보증인 또는 제3자 등과 위약금 예정계약을 하는 것도 근로기준법 제20조 위반에 해당된다.

2) 위약금 또는 손해배상액 예정에 해당하지 않는 계약

근로기준법은 손해배상액의 '예정'을 금지하는 것이지 실손해에 대한 배상청구 자체를 금지하는 것은 아니므로 근로자로 인해 실제 손해가 발생하였다면 사용자는 손해배상을 청구할 수 있다.

그러므로 근로자가 근무 중에 채무불이행이나 불법행위에 의해 사용자에게 손해를 발생케 할 경우를 대비하여 사용자와 신원보증인 간에 신원보증계약을 체결하는 것은 근로기준법 제20조에 위배되지 않는다(대법원 1980.9.24. 80다1040).

3) 위반의 효과

사용자가 근로기준법 제20조를 위반하여 위약금 또는 손해배상액을 예정하는 계약을 체결한 경우, 500만원 이하의 벌금에 처해지고(근로기준법 제114조), 이러한 계약은 사법상 무효이므로 사용자는 위약금이나 손해배상액을 징수할 수 없다.

(3) 교육훈련 · 연수 비용 반환 약정의 유효성

기업이 근로자에게 교육·훈련·연수 등을 시키면서 소요 비용이나 임금을 우선 지급하고, 근로자가 의무 재직기간 내에 퇴직한 경우 그 비용이나 임금의 전부 또는 일부를 반환하기로 하되, 의무 재직기간 동안 근무한 경우 상환의무를 면제하기로 한 약정이 근로기준법 제20조 위약예정 금지 해당되는지 여부가 주로 쟁점이 된다.

1) 위약예정에 해당되는 사례

① 약정의 취지가 약정한 근무기간 이전에 퇴직하면 그로 인하여 사용자에게 어떤 손해가 어느 정도 발생하였는지 묻지 않고, 소정 금액을 사용자에게 지급하기로

하는 것이거나, 그러한 약정이 의무 재직기간 이전에 퇴직하였다는 이유로 마땅히 근로자에게 지급되어야 할 임금을 반환하는 취지일 때에는 근로기준법 제20조에 반하는 것으로서 효력을 인정할 수 없다(대법원 2008.10.23. 2006다37274).

② 교육·연수·훈련에 소요되는 비용은 본래 근로자가 부담하여야 할 것으로서 사용자가 지출한 경우 그 반환을 청구할 수 있으므로 의무 재직기간 내에 근로자가 이직한 경우 비용 상환 약정은 유효하지만, 임금을 반환하기로 한 약정은 위약금 또는 손해배상액을 예정하는 계약이므로 근로기준법 제20조에 위반된다(대법원 1996.12.6. 95다24944, 24951).

③ 해외연수의 실질이 교육훈련이 아니라 출장업무를 수행한 것이라면 이러한 과정에서 지급한 금품은 출장이라고 하는 특수한 근로의 대상으로서 임금에 해당하거나 업무수행상 필요불가결한 경비를 보전해 준 것에 불과하여 의무 재직기간 근무 위반을 이유로 이를 반환하기로 한 약정은 효력이 없다(대법원 2003.10.23. 2003다7388).

④ 해외 파견근무의 실질이 연수나 교육훈련이 아니라 기업체의 업무상 명령에 따른 근로장소의 변경에 불과한 경우에도 금품 반환 약정의 효력이 인정되지 않는다(대법원 2004.4.28. 2001다53875).

2) 위약예정에 해당되지 않는 사례

① 사용자와 근로자가 체결한 약정이 사용자가 근로자의 교육훈련 또는 연수를 위한 비용을 우선 지출하고, 의무 재직기간 후에는 그 상환의무를 면제해주기로 하는 취지인 경우에는 위약 예정에 해당하지 않는다(대법원 1980.7.8. 80다590).

② 근로자의 자발적 희망과 이익까지 고려하여 근로자가 전적으로 또는 공동으로 부담하여야 할 비용을 사용자가 대신 지출한 것으로 평가되고, 약정 근무기간 및 상환해야할 비용이 합리적이고 타당한 범위 내에서 정해진 경우에는 근로기준법 제 20조에서 금지하는 위약예정에 해당하지 않는다(대법원 2008.10.23. 2006다37274).

핵심 판례 위약예정의 금지

근로자가 일정 기간 동안 근무하기로 하면서 이를 위반할 경우 소정 금원을 사용자에게 지급하기로 약정하는 경우, 그 약정의 취지가 약정한 근무기간 이전에 퇴직하면 그로 인하여 사용자에게 어떤 손해가 어느 정도 발생하였는지 묻지 않고 바로 소정 금액을 사용자에게 지급하기로 하는 것이라면 이는 명백히 근로기준법 제27조(현 제20조)에 반하는 것이어서 효력을 인정할 수 없다. 또, 그 약정이 미리 정한 근무기간 이전에 퇴직하였다는 이유로 마땅히 근로자에게 지급되어야 할 임금을 반환하기로 하는 취지일 때에도, 결과적으로 위 조항의 입법 목적에 반하는 것이어서 역시 그 효력을 인정할 수 없다.

다만, 그 약정이 사용자가 근로자의 교육훈련 또는 연수를 위한 비용을 우선 지출하고 근로자는 실제 지출된 비용의 전부 또는 일부를 상환하는 의무를 부담하기로 하되 장차 일정 기간 동안 근무하는 경우에는 그 상환의무를 면제해 주기로 하는 취지인 경우에는, 그러한 약정의 필요성이 인정된다. 이때 주로 사용자의 업무상 필요와 이익을 위하여 원래 사용자가 부담하여야 할 성질의 비용을 지출한 것에 불과한 정도가 아니라 근로자의 자발적 희망과 이익까지 고려하여 근로자가 전적으로 또는 공동으로 부담하여야 할 비용을 사용자가 대신 지출한 것으로 평가되며, 약정 근무기간 및 상환해야 할 비용이 합리적이고 타당한 범위 내에서 정해져 있는 등 위와 같은 약정으로 인하여 근로자의 의사에 반하는 계속 근로를 부당하게 강제하는 것으로 평가되지 않는다면, 그러한 약정까지 근로기준법 제27조(현 제20조)에 반하는 것은 아니다(대법원 2008.10.23. 2006다37274).

3) 연수비 반환의 범위

연수비 반환 약정이 유효하다면, 의무 재직기간 중에 사직하는 근로자에게는 연수비 반환 의무가 발생하는데, 연수비 반환의 범위는 연수에 소요된 비용이다. 따라서 타회사로의 파견근무 형식으로 교육훈련이 행해지면서 파견된 타회사로부터 파견근무에 대한 대가로 수령한 금품(대법원 1996.12.6. 95다24951), 또는 연수기간에도 정상급여를 지급하기로 되어있는 규정에 따라 수령한 정상급여(대법원 1996.12.20. 95다52239)는 반환할 의무가 없다.

(4) 사이닝보너스 반환청구의 정당성

1) 사이닝보너스의 의미

사이닝보너스(signing bonus)는 경력 있는 전문 인력을 채용하기 위한 방법으로 근로계약 등을 체결하면서 일회성의 인센티브 명목으로 지급하는 금전을 말한다(대법원 2015.6.11. 2012다55518). 기업이 사이닝보너스를 지급하는 대가로 해당 근로자 등에게 일정 기간 동안 의무 근무를 요구하고 위반 시에는 사이닝보너스 반환 의무를 약정하는 경우가 있는데, 이러한 약정이 위약 예정을 금지한 근로기준법 제20조에 위반되는지가 쟁점이 된다.

2) 사이닝보너스의 법적 성질

사이닝보너스는 ① 이직에 따른 보상이나 근로계약 등의 체결에 대한 대가로서의 성격을 갖고 있고, ② 더 나아가 의무 근무기간 동안의 이직 금지 내지 전속근무 약속에 대한 대가 및 임금 선급으로서의 성격도 함께 가진다고 볼 수 있다. 만약 해당 사이닝보너스가 ①의 이직에 따른 보상이나 근로계약 체결 등에 대한 대가로서의 성격에 그칠 뿐이라면 근로자 등이 약정 근무기간을 준수하지 아니하였더라도 사이닝보너스가 예정하는 대가적 관계에 있는 반대급부는 이행된 것으로 볼 수 있으므로 반환청구의 여지는 발생하지 않는다(대법원 2015.6.11. 2012다55518).

3) 사이닝보너스의 판단기준

사이닝보너스가 단순히 근로계약 체결 등에 대한 대가인지, 아니면 의무기간 동안 이직 금지와 임금 선급의 성격을 가지는지는 ① 해당 계약이 체결된 동기 및 경위, ② 당사자가 계약에 의하여 달성하려고 하는 목적과 진정한 의사, ③ 계약서에 특정 기간 동안의 전속근무를 조건으로 사이닝보너스를 지급한다거나 기간의 중간에 퇴직하거나 이직할 경우 이를 반환한다는 등의 문언 기재 여부, ④ 거래의 관행 등을 종합적으로 고려하여 판단하여야 한다(대법원 2015.6.11. 2012다55518).

사이닝보너스 반환약정이 유효하려면 ① 제공되는 사이닝보너스 금액과 약정 근무기간이 적정하게 균형을 이뤄야 하고, ② 근로자의 전직 자유의 본질적 내용을 침해하지 않아야 하며, ③ 제공된 사이닝보너스가 임금의 성격을 가지지 않아야 하고, ④ 근로자의 전직에 사용자의 귀책사유가 없어야 한다(서울중앙지방법원 2005.1.25. 2004가단128716).

4) 사이닝보너스 반환약정 효력을 인정한 판례[27]

① 회사로부터 5천만원의 사이닝보너스를 지급받고 2년이내 퇴사 시 사이닝보너스를 반환하기로 한 약정을 체결한 후 7개월만에 퇴사한 경우 이 약정은 근로자의 의사에 반하여 계속 근로를 강제하는 것으로 보기 어려우므로 근로기준법 제20조 위반으로 보기 어렵다(서울중앙지방법원 2013.4.29. 2013카합231).

② 근로자가 입사 시 전속계약금조로 1억 5천만원을 지급받기로 하고 3년간 회사에 전속 근무하되, 위 기간중 동종의 다른 회사로 전직할 경우 전속계약금 전액을 회사에 반환하기로 하는 계약을 체결한 후 7개월만에 경쟁회사로 전직한 경우 전속계약금 반환계약은 근로기준법상 위약예정 금지 조항에 위배되지 아니하므로 근로자는 전속계약금을 반환해야 한다(수원지방법원 2003.5.13. 2002가합12355).

5) 사이닝보너스 반환약정 효력을 부정한 판례

① 근로자가 입사 시 5억원을 지급받되, 영업비밀을 침해하지 않고 10년동안 근무하겠다는 약속을 하면서 이를 이행하지 않을 경우 10억원을 회사에 지불하기로 한 약정은 근로자가 약정된 근무기간 이전에 퇴직하면 회사에 어떤 손해가 어느 정도 발생하였는지를 묻지 않고 미리 정한 10억원을 손해배상액으로 사용자에게 지급하기로 한 것이므로 근로기준법 제20조에 위반된다(대법원 2008.10.23. 2006다37274).

② 이 사건 채용합의서에는 7년간의 전속근무를 조건으로 사이닝보너스를 지급한다거나 근로자가 약정근무기간을 채우지 못하였을 경우 이를 반환하여야 한다는 등의 내용은 기재되어 있지 아니하고, 회사가 약정 체결 과정에서 근로자에게 장기

---

27) 남장현, "사이닝보너스 반환약정의 유효성", 노동법률, 2016.7., 중앙경제, pp.84~85; 정봉수, "리텐션 보너스(사이닝 보너스)와 법적 효력", 노동법률, 2018.5., 중앙경제, pp.137~138 참조.

간 근무의 필요성이나 근무기간이 7년이어야 하는 구체적인 이유는 설명하지 아니한 것으로 보이며, 회사가 약정 당시 근로자에게 약정 근무기간을 채우지 못할 경우 사이닝보너스를 반환하여야 한다는 사실은 고지하여 주지도 아니한 점 등의 사정을 종합하여 보면, 사이닝보너스가 7년간의 전속근무 등을 조건으로 하여 지급되었다거나 7년간의 근무에 대한 임금의 선급 명목으로 지급되었다고 보기는 어렵다(대법원 2015.6.11. 2012다55518).

3. 전차금 상계의 금지

사용자는 전차금(前借金)이나 그 밖에 근로할 것을 조건으로 하는 전대(前貸)채권과 임금을 상계하지 못한다(근로기준법 제21조).

전차금은 근로자가 근로계약을 체결할 때나 그 뒤에 근로를 제공할 것을 조건으로 하여 사용자로부터 빌리고 임금으로 갚을 것을 약속한 금전을 말하고, '근로할 것을 조건으로 하는 전대채권'은 전차금과 같은 목적으로 전차금에 추가해서 근로자나 그 친권자 등에게 지급되는 금전을 말한다.[28]

이 조항은 근로자에 대한 퇴직의 자유를 보호하여 전근대적인 인식구속성 계약과 강제근로를 방지하는 동시에 근로계약을 담보로 고리대금업을 하는 것을 금지하기 위한 것이다.[29] 이 규정에 의하지 않더라도 전차금 채권으로 임금채권을 상계하는 것은 임금의 전액지급 원칙(근로기준법 제43조제1항)에 위반된다.

상계가 금지되는 것은 근로할 것을 조건으로 하는 대여금 채권이므로 근로자와 사용자간 채권이라도 근로할 것을 조건으로 하지 않은 것은 이에 해당하지 않는다. 이 경우 근로할 것을 대상으로 하는 대차인지 여부는 대차 경위, 대차 규모, 대차 조건, 변제 방법 및 변제 전 근로자의 자유로운 의사에 의한 근로계약 종료 여부 등을 종합적으로 고려하여 판단하여야 한다. 예를 들어 근로자 복지를 위한 학자금 융자, 주택자금 융자 등은 이에 해당한다고 보기 어렵다.[30]

---

28) 하갑래, 근로기준법, p.164.
29) 노동법실무연구회, 근로기준법 주해 Ⅱ, p.63.
30) 노동법실무연구회, 근로기준법 주해 Ⅱ, p.65.

전차금 상계 금지 규정에 위반한 자는 500만 원 이하의 벌금에 처해진다(근로기준법 제114조제1호). 이 조항을 위반하여 이루어진 전차금 상계는 무효이다. 따라서 상계의 대상이 된 근로자의 임금채권은 유효하게 존재하므로 사용자는 임금 전액을 지급할 의무가 있다(근로기준법 제43조).

4. 강제저축의 금지

사용자는 근로계약에 덧붙여 강제 저축 또는 저축금의 관리를 규정하는 계약을 체결하지 못한다(근로기준법 제22조제1항). 강제저축에는 사용자의 명의로 저축을 하는 경우는 물론, 특정 은행 등 제3자와의 저축계약을 강요하는 경우도 포함된다.

근로자의 위탁으로 저축을 관리하는 경우에는 저축의 종류·기간 및 금융기관을 근로자가 결정하고 근로자 본인의 이름으로 저축하여야 하고, 근로자가 관련 자료의 열람 또는 반환을 요구할 때는 즉시 이에 따라야 한다(근로기준법 제22조제2항).

이 제도의 취지는 사용자가 강제 저축을 통해 근로자를 사업장에 부당하게 구속시키는 것을 금지하여 퇴직의 자유를 보장하고, 저축의 경영자금 이용시 우려되는 금품 미청산을 방지하여 근로자의 재산을 보호하기 위한 것이다.[31)]

근로기준법 제22조제1항을 위반한 자는 2년 이하의 징역 또는 2천만원 이하의 벌금(근로기준법 제110조제1호), 제22조제2항을 위반한 자는 5백만원 이하의 벌금(근로기준법 제114조제1호)에 처해진다.

---

31) 하갑래, 근로기준법, p.151.

제5장

임금과 근로시간

제1절 임 금

1. 임금의 의의

(1) 임금의 개념과 법적성격

임금이란 사용자가 근로의 대가로 근로자에게 임금·봉급 그밖에 어떠한 명칭으로든지 지급하는 모든 금품을 말한다(근로기준법 제2조제1항제5호). 임금은 근로시간과 함께 중요한 근로조건 중의 하나이고, 근로기준법은 이에 대한 보호 규정을 상세히 정하고 있다(근로기준법 제3장). 그리고 이러한 임금은 평균임금과 통상임금의 기초가 된다.

종래 임금의 법적 성격에 대하여 사실상 근로를 제공한 데 대하여 지급받는 교환적 부분과 근로자로서의 지위에 기하여 받는 생활보장적 부분으로 2분하는 견해가 있었으나(임금이분설), 판례는 임금을 2분할 법적 근거가 없고 임금은 현실의 근로제공을 전제로 한다고 판시하여 임금일원설의 입장을 취하고 있다(대법원 1995.12.21. 94두26721 전원합의체).

핵심 판례 임금의 법적성격: 임금일원설

모든 임금은 근로의 대가로서 '근로자가 사용자의 지휘를 받으며 근로를 제공하는 것에 대한 보수'를 의미하므로 현실의 근로 제공을 전제로 하지 않고 단순히 근로자로서의 지위에 기하여 발생한다는 이른바 생활보장적 임금이란 있을 수 없고(노동대가설), 또한 우리 현행법상 임금을 사실상 근로를 제공한 데 대하여 지급받는 교환적 부분과 근로자로서의 지위에 기하여 받는 생활보장적 부분으로 2분할 아무런 법적 근거도 없다(대법원 1995.12.21. 94두26721 전합).

(2) 임금의 개념요소와 임금성의 구체적 판단

1) 사용자가 근로자에게 지급하는 금품

임금은 사용자가 근로자에게 지급하는 금품이므로, 사회보험제도에 따라 사용자가 부담하는 사회보험료나 근로자가 받는 보험급여는 임금이라고 볼 수 없다. 판례는 택시운전사의 사납금 초과 운송수입금의 경우, 회사로서는 운전사들의 개인 수입 부분이 얼마가 되는지 알 수도 없고 이에 대한 관리 가능성이나 지배 가능성도 없어 퇴직금 산정의 기초인 평균임금에 포함되지 않는다고 판시한 바 있다(대법원 1998.3.13. 95다55733).

2) 근로의 대가

근로의 대가는 근로제공에 대한 반대급부를 의미한다. 판례는 계속적·정기적으로 지급되며, 단체협약·취업규칙 등에 의하여 사용자에게 지급의무가 지워져 있으면 근로의 대가성이 인정된다고 본다(대법원 2002.5.31. 2000다18127).

근로기준법상 유급 휴일·휴가에 쉬면서 당연히 지급되도록 강제되는 급여(예: 주휴수당)는 생계유지를 위한 것으로서 임금에 해당되나, 근로기준법에 따라 지급해야 하는 해고예고수당, 재해보상, 귀향여비 등은 손해보상 성격의 급여로서 임금에 해당되지 않는다.

3) 명칭 여하를 불문한 일체의 금품

명칭 여하를 불문하고 근로의 대가인 금품을 사용자가 근로자에게 지급하였다면 이는 임금에 해당된다. 현물급여의 경우 통화불 원칙(근로기준법 제43조제1항)에 따라 임금을 현물로 지급하는 것이 금지되기는 하나 역시 임금에 해당될 수 있다.

4) 임금성의 구체적 판단

상여금은 원래는 은혜적, 포상적인 성격을 갖고 있어 임금으로 볼 수는 없지만, 정기적·일률적·고정적으로 지급되는 정기상여금은 임금성이 인정된다(대법원 2002.6.11. 2001다16722). 그러나 기업의 경영성과나 근로자 집단의 근무성과에 따라 결정되는 성과상여금(성과급)은 임금으로 보기 어렵다.

그리고 사용자가 의례적 또는 호의로 지급하는 것, 즉 결혼축의금, 조위금, 상병위로금 등은 원칙적으로 근로의 대가라고 볼 수 없어 임금이 될 수 없고, 업무수행상 소요되는 실제비용을 보상하는 것, 예컨대 출장비, 교통비, 숙박비 등도 역시 임금이 아니다.

한편, 복리후생적 급여 또는 생활보조적인 급여, 예컨대 가족수당, 통근수당, 차량유지비 등도 역시 근로의 대가로 지급되는 것이 아니므로 임금이 아니다. 그러나 판례는 가족수당이더라도 일정한 요건을 갖춘 근로자들에게 일률적·계속적으로 지급되어 온 경우 근로의 대가성을 가지는 것으로 임금에 해당한다고 본다(대법원 2005.9.9. 2004다41217).

참고 임금성의 구체적 판단

1 정기상여금

본래적 의미의 상여는 은혜적, 포상적인 성질의 것이다. 다만, 산업현장에서 다양하게 운영되고 있는 상여금이 은혜적·포상적 성질의 것인지 또는 후불임금적 성질의 것인지에 대해서는 획일적으로 분류하지 않고 그 실질을 기준으로 판단해야 한다. 상여금이 계속적·정기적으로 지급되고 그 지급액이 확정되어 있다면 이는 근로의 대가로 지급되는 임금의 성질을 갖는다고 할 것이므로 이른바 '정기상여금'은 임금으로 본다(대법원 1982.11.23. 81다카1275 등).

2 성과상여금

기업의 경영성과, 근로자 집단의 근무성과에 따라 결정되는 이른바 '성과상여금(성과급)'은 원칙적으로 임금으로 보기 어려운데, 그 이유는 지급조건과 지급시기가 단체협약 등에 정하여져 있다고 하더라도 지급조건의 충족 여부는 각 성과에 따라 달라지는 것으로서 해당 근로자의 근로제공 자체의 대상이라고 볼 수 없기 때문이다.

근로자 개인의 성과를 측정하여 지급하되, 그 지급조건, 지급액 등이 사전에 정해져 있지 않고, 계속적·정기적으로 지급된 바 없이 사용자의 재량에 의해 은혜적·일회적으로 지급하는 경우도 임금으로 보기 어렵다. 다만, 일정한 기본임금 외에 주된 업무수행의 정량적 성과로 인해 산출되는 성과급(실적급)을 이미 정해진 지급조건과 지급액 등에 의해 지급하는 경우 해당 성과급(실적급)은 임금으로 볼 수 있다.

3 복리후생적·생활보조적 금품

복리후생적·생활보조적 금품이라 하더라도 계속적·정기적·일률적으로 지급되고, 단체협약·취업규칙·근로계약 및 그밖에 관련 규정에 의하여 사용자에게 그 지급의무가 지워져 있는 경우에는 근로의 대가인 임금이라고 할 수 있다. '모든 근로자' 뿐만 아니라 '일정한 조건 또는 기준에 달한 근로자'에게도 지급되는 경우에도 일률성이 인정되고, 그 명칭(예컨대, 식대, 교통비, 체력단련비, 하기휴가비, 명절귀향비, 가족수당 등)이나 현물 지급 여부에 관계없이 임금성이 인정된다.

④ 그 밖의 임금으로 볼 수 없는 경우

그 밖의 임금으로 볼 수 없는 경우로서, 단체협약·취업규칙·근로계약 등이나 사용자의 방침에 의하여 지급의무가 있다 하더라도 예컨대, 결혼축의금, 조의금 등 개별 근로자의 특수하고 우연한 사정에 의하여 좌우되는 경우에는 근로의 대상으로 지급되었다고 볼 수 없으므로 임금이 아니다.

격려금, 위로금, 포상금 등과 같이 사용자가 지급 의무 없이 은혜적, 의례적, 호의적으로 근로자에게 지급하는 금품은 임금이 아니다.

출장비, 일·숙직수당 등과 같이 근로자가 특수한 근무조건이나 환경에서 직무를 수행하는데 추가로 소요되는 비용을 변상하기 위하여 지급되는 실비변상적 금품은 근로의 대상으로 지급되는 것이라고 볼 수 없다.

2. 평균임금

(1) 의 의

평균임금이란 이를 산정하여야 할 사유가 발생한 날 이전 3개월 동안에 그 근로자에게 지급된 임금총액을 그 기간의 총일수로 나눈 금액을 말한다. 근로자가 취업한 후 3개월 미만인 경우도 이에 준한다(근로기준법 제2조제1항제6호). 그리고 그에 따라 산출된 금액이 근로자의 통상임금보다 적으면 그 통상임금이 평균임금으로 된다(근로기준법 제2조제2항).

이러한 평균임금은 근로자의 통상적 생활임금을 사실대로 산정하기 위한 것으로서 사후적·산술적 개념이며, 퇴직금, 휴업수당, 감급제한액, 재해보상금, 연차수당을 산정하기 위한 기준이 된다.

(2) 산정방법

1) 원 칙

평균임금은 산정사유 발생일 이전 3개월 동안 근로자에게 지급된 임금의 총액을 그 기간의 총일수로 나눈 금액으로 산정하고, 여기의 산정사유 발생일은 휴업한 날, 재해, 감급사유 발생일, 퇴직한 날 등을 말한다. 산정사유 발생일 당일은 민법 제157조에 따라 산입하지 않는다(초일 불산입).

'3개월 동안 기간의 총일수'는 근로일수가 아닌 달력상의 총일수를 말하므로 결국 89일 또는 92일이 될 수 있다. 근로자가 취업 후 3개월이 되지 않은 시점에서 퇴직 등 평균임금의 산정사유가 발생한 경우에는 그 취업기간 내의 모든 날짜 수가 평균임금의 산정기간에 포함된다.

3개월 단위기간을 초과해 지급하는 상여금의 경우, 사유발생일 전 3개월 동안에 지급되는지와 관계없이 평균임금을 산정하여야 할 사유발생일 전 12개월 중에 지급받은 상여금 전액을 12개월로 나누어 3개월분을 평균임금 계산에 포함한다(예: 12개월 중 지급받은 상여금이 600만원인 경우 12분의 3인 150만원).

평균임금의 계산에서 제외되는 기간이 있을 경우에는 그 기간을 제외하고 이전 12개월을 기준으로 판단하여 계산한다. 근로월수가 1년 미만인 경우에는 그 기간 중에 지급받은 상여금 전액을 당해 근로월수로 분할 계산하여 3개월분을 평균임금에 산입한다(예: 10개월간 근로하다 퇴직한 근로자가 재직 중 450만원의 상여금을 지급받은 경우 10분의 3인 135만원).

한편, 판례는 연차유급휴가를 받게 된 원인이 된 '퇴직하기 전 해 1년간의 일부'가 평균임금 산정기간인 퇴직한 날 이전 3개월간 내에 포함되지 않는 한 연차유급휴가미사용수당은 평균임금에 포함되지 않는다고 보았다(대법원 2011.10.13. 2009다86246).

평균임금 산정에 산입되는 임금은 근로의 대가로 지급된 모든 임금총액을 의미하며, 실제 지급된 임금이 아니더라도 지급청구권이 발생한 이상 임금에 포함된다(대법원 1981.10.13. 81다697). 임시로 지급된 임금 및 수당과 통화 외의 것으로 지급된 임금은 포함되지 않으나(근로기준법 시행령 제2조제2항), 현물로 지급되는 것 중 '법령·단체협약 또는 취업규칙의 규정에 의하여 전체 또는 일정 요건의 근로자에게 일률적으로 지급되는 현물급여로서 명백히 통화로 환가할 수 있도록 규정한 경우'에는 평균임금에 포함된다고 본다.

$$\text{평균임금} = \frac{\text{산정사유가 발생한 날 이전 3개월 동안의 임금총액}}{\text{산정사유가 발생한 날 이전 3개월 동안의 총일수}}$$

2) 제외되는 기간과 임금

평균임금 산정 기간에서 ① 수습기간, ② 사용자의 귀책사유로 휴업한 기간, ③ 출산전후휴가 기간, ④ 업무상 부상 또는 질병으로 요양하기 위하여 휴업한 기간, ⑤ 육아휴직기간, ⑥ 쟁의행위기간, ⑦ 병역법·향토예비군설치법·민방위기본법 등에 따른 의무를 이행하기 위해 휴직하거나 근무하지 못한 기간(다만, 그 기간 중 임금을 지급받은 경우에는 그러하지 아니함), ⑧ 업무 외 부상이나 질병 기타 사유로 사용자의 승인을 받아 휴업한 기간은 제외된다(근로기준법 시행령 제2조제1항). 이러한 기간 중의 임금을 포함시킬 경우 평균임금이 부당하게 낮아지게 될 우려가 있기 때문이다.

판례도 평균임금이 통상적 생활임금임을 전제로 시행령에 해당하는 사유 외에도 특별한 사유로 인하여 평균임금이 통상의 경우보다 현저하게 적거나 많은 경우 그 기간을 평균임금 산정기간에서 제외하고 있다. 이는 근로자의 통상적인 생활임금을 사실대로 반영할 수 있는 합리적이고 타당한 다른 방법으로 그 평균임금을 산정하여야 한다는 것을 의미한다(대법원 2015.6.11. 2014다87496).

그러나 근로자의 귀책사유로 휴업 또는 결근한 기간, 개인적 범죄로 구속기소되어 직위해제 된 기간은 평균임금 산정 제외 기간에 해당하지 않으며(대법원 1994.4.12. 92다20309),[1] 사용자의 승인을 받지 못한 휴직기간, 위법한 쟁의행위 기간, 징계·대기발령 등의 기간도 제외되지 않는다고 본다. 다만, 판례는 주로 실적급이 임금 상당 부분을 차지하는 근로자의 경우, 그러한 근로자가 구속기소되어 휴직한 기간은 평균임금 산정기간에서 제외하기도 한다(대법원 1999.11.12. 98다49357).

1) 이 사건에서 판례는 "만일 그 기간과 임금을 포함시킴으로 인하여 평균임금 액수가 낮아져 평균임금이 통상임금을 하회하게 되는 경우에는 근로기준법 제19조제2항(현행 제2조제2항)에 따라 통상임금을 평균임금으로 하여 퇴직금을 계산하였어야 할 것"이라고 하였다.

(3) 일용근로자나 평균임금 산정이 어려운 경우

일용근로자에 대하여는 고용노동부장관이 사업별 또는 직업별로 정하는 금액을 평균임금으로 한다(근로기준법 시행령 제3조). 그리고 평균임금의 산정방법에 의하여 평균임금을 산정할 수 없는 경우에는 고용노동부장관이 정하는 바에 의한다(근로기준법 시행령 제4조).

〈도표 5-1〉 평균임금 산정의 특례

사 례	산정방법
제외기간이 3개월 이상인 경우	제외되는 기간의 최초 일을 평균임금 산정사유가 발생한 날로 보아 평균임금을 산정
첫 근로일에 산정사유가 발생한 경우	그 근로자에게 지급하기로 한 임금의 1일 평균액으로 평균임금을 추산
공동 작업에 대한 일괄임금의 경우	근로자 2명 이상을 1개조로 하여 임금을 일괄하여 지급하는 경우 개별 근로자에 대한 배분방법을 미리 정하지 않았다면 근로자의 경력, 생산실적, 실근로일수, 기술·기능, 책임, 배분에 관한 관행 등을 감안하여 근로자 1명당 임금액을 추정하여 그 금액으로 평균임금을 추산
임금총액 일부가 명확하지 않은 경우	평균임금의 산정기간 중에 지급된 임금의 일부를 확인할 수 없는 기간이 포함된 경우에는 그 기간을 빼고 남은 기간에 지급된 임금의 총액을 남은 기간의 총일수로 나눈 금액을 평균임금으로 봄
임금총액의 전부가 명확하지 않은 경우 등	위의 방법으로 평균임금 산정이 어려운 경우 지방고용노동관서장이 여러 사항을 감안하여 적정하다고 결정한 금액을 해당 근로자의 평균임금으로 봄

자료: 고용노동부고시 제2015-77호, 2015.10.14.

(4) 평균임금의 조정

업무상 재해로 인하여 요양이 장기화 되는 경우에는 근로자의 생활보장을 위하여 평균임금 조정으로 보험급여 등을 변동하는 것이 필요하다. 따라서 재해보상금 또는 업무상 상병을 입은 자의 퇴직금을 산정하는데 적용될 평균임금은 그 사업 또는 사업장의 동종 근로자의 임금변동에 따라 조정할 수 있도록 하고 있다(근로기준법 시행령 제5조).

3. 통상임금

(1) 의 의

통상임금이란 근로자에게 정기적·일률적으로 소정근로 또는 총근로에 대하여 지급하기로 정하여진 시간급금액·일급금액·주급금액·월급금액 또는 도급금액을 말한다(근로기준법 시행령 제6조제1항). 여기에서 소정근로는 통상적으로 제공하기로 한 근로로서 소정근로 외에 이루어지는 연장근로 등에 대치되는 개념으로 사용된다. 총근로는 실제로 제공된 근로 전체를 의미하는 것이 아니라 근로시간과 상관없이 생산량이나 실적에 따라 임금이 결정되는 이른바 도급제 방식에 있어서 근로자가 제공하기로 한 근로를 발하는 것으로 본다.

통상임금은 평균임금과 달리 사전적·계약상 지급하기로 정하여진 임금으로서 사전적·평가적 개념이다. 그리고 통상임금은 해고예고수당, 연장·야간·휴일근로에 대한 가산수당·연차유급휴가수당 등을 산정하기 위한 기준이 된다.

(2) 통상임금의 범위

통상임금은 사용자가 소정근로의 대가[2)]로 근로자에게 지급하기로 약정한 금품으로서 정기적·일률적·고정적으로 지급되는 임금을 말한다. 대법원은 전원합의체 판결을 통해 통상임금의 범위에 관하여 상세히 밝혔는데, 당해 사안의 쟁점은 정기상여금이 통상임금에 포함되는지 여부였다(대법원 2013.12.18. 2012다89399).

어떠한 임금이 통상임금에 속하는지 여부는 임금의 명칭이나 그 지급주기의 장단 등 형식적 기준이 아니라 그 임금이 소정근로의 대가로 근로자에게 지급되는 금

2) 근로자가 소정근로시간을 초과하여 근로를 제공하여 지급받는 임금, 근로계약에서 제공하기로 정한 근로 외의 근로를 특별히 제공함으로써 사용자로부터 추가로 지급받는 임금, 소정근로시간의 근로와는 관련 없이 지급받는 임금은 모두 소정근로의 대가에 포함되지 않는다.

품으로서 정기적·일률적·고정적으로 지급되는 것인지를 기준으로 그 객관적인 성질에 따라 판단하여야 한다(대법원 2013.12.18. 2012다89399).

여기에서 ① '정기적'이라 함은 미리 정해진 일정한 기간마다 정기적으로 지급되는지 여부에 관한 것으로서 그 임금이 일정한 간격을 두고 계속적으로 지급되어야 함을 의미하는바, 1개월을 초과하는 기간마다 지급되더라도 일정한 간격을 두고 계속적으로 지급되는 것이면 통상임금이 될 수 있다.

② '일률적'이라 함은 어떤 임금이 통상임금에 속하기 위해서는 그것이 일률적으로 지급되는 성질을 갖추어야 한다는 것을 말한다. 이때 '일률적'으로 지급되는 것에는 '모든 근로자'에게 지급되는 것뿐만 아니라 '일정한 조건 또는 기준에 달한 모든 근로자'에게 지급되는 것도 포함된다. 여기서 '일정한 조건'이란 고정적이고 평균적인 임금을 산출하려는 통상임금의 개념에 비추어 볼 때 고정적인 조건이어야 한다.

③ '고정적'이라 함은 어떤 임금이 통상임금에 속하기 위해서는 그것이 고정적으로 지급되어야 한다는 것을 말한다. '고정성'은 '근로자가 제공한 근로에 대하여 그 업적, 성과 기타의 추가적인 조건과 관계없이 당연히 지급될 것이 확정되어 있는 성질'을 말하고, '고정적인 임금'은 '임금의 명칭 여하를 분문하고 임의의 날에 소정근로시간을 근무한 근로자가 그 다음 날 퇴직한다 하더라도 그 하루의 근로에 대한 대가로 당연하고도 확정적으로 지급받게 되는 최소한의 임금'이라고 정의할 수 있다.

핵심 판례 **통상임금의 범위: 고정성**

이 사건 단체협약 및 상용직관리규정에 의하면 상여수당에 관하여 매년 3, 6, 9, 12월의 보수지급일을 기준으로 3개월 내 15일 이상 근무를 하여야 지급된다는 조건이 있고, 중식비에 관하여 보수지급일을 기준으로 1개월 내 15일 이상 근무를 하여야 지급된다는 조건이 있으며, 명절휴가비에 관하여 해당 명절일 기준으로 30일 이상 근무를 하여야 하는 조건이 있는바, 상여수당, 중식비, 명절휴가비는 근로자가 소정근로를 제공하더라도 위와 같은 추가적인 조건을 충족하여야만 지급을 받을 수 있는 임금으로 통상임금에 필요한 '고정성'을 갖춘 것이라 할 수 없어 통상임금에 해당하지 않는다(대법원 2016.3.24. 2015다14075).

〈도표 5-2〉 임금유형별 통상임금 여부

임금명목	임금의 특징	통상임금 해당 여부	
기술수당	기술이나 자격보유자에게 지급되는 수당(자격수당, 면허수당 등)	통상임금	○
근속수당	근속기간에 따라 지급 여부나 지급액이 달라지는 임금	통상임금	○
가족수당	부양가족 수에 따라 달라지는 가족수당	통상임금 (근로와 무관한 조건)	×
	부양가족 수와 관계없이 모든 근로자에게 지급되는 가족수당 분	통상임금 (명목만 가족수당, 일률성 인정)	○
성과급	근무실적을 평가하여 지급 여부나 지급액이 결정되는 임금	통상임금 (조건에 좌우됨, 고정성 인정 안됨)	×
	최소한도가 보장되는 성과급	그 최소 한도만큼만 통상임금 (그만큼은 일률적, 고정적 지급)	○
상여금	정기적인 지급이 확정되어 있는 상여금(정기상여금)	통상임금	○
	기업실적에 따라 일시적, 부정기적, 사용자 재량에 따른 상여금 (경영성과분배금, 격려금, 인센티브)	통상임금 (사전 미확정, 고정성 불인정)	×
특정시점 재직 시에만 지급되는 금품	특정시점에 재직 중인 근로자만 지급받는 금품(명절귀향비나 휴가비의 경우 그러한 경우가 많음)	통상임금 (근로의 대가 아님, 고정성 불인정)	×
	특정시점이 되기 전 퇴직 시에는 근무일수에 비례하여 지급되는 금품	통상임금 (근무일수에 비례하여 지급되는 한도에서는 고정성 인정)	○

자료: 대법원 전원합의체 판결(2013.12.18.) 보도자료를 수정·보완

(3) 통상임금 배제합의의 효력

통상임금은 근로조건의 기준을 마련하기 위하여 법이 정한 도구개념이므로 사용자와 근로자가 통상임금의 의미나 범위 등에 관하여 단체협약 등에 의해 따로 합의할 수 있는 성질의 것이 아니다. 따라서 성질상 근로기준법상의 통상임금에 속하는

임금을 통상임금에서 제외하기로 노·사간에 합의하였다 하더라도 그 합의는 효력이 없다(대법원 2013.12.18. 2012다89399).

(4) 통상임금의 계산

통상임금은 근로기준법에 따른 법정 수당 등의 지급을 위한 기준임금이므로 시간급 금액으로 산정함을 원칙으로 한다. 근로기준법 시행령은 통상임금을 시간급 금액으로 산정하는 방법에 대해서 규율하고 있다(제6조제2항). 따라서 임금지급형태가 일급·주급·월급인 경우 시간급으로의 계산이 필요하다.

근로기준법 시행령 **통상임금을 시간급 금액으로 산정하는 방법**

제6조 ② 통상임금을 시간급 금액으로 산정할 경우에는 다음 각 호의 방법에 따라 산정된 금액으로 한다.

1. 시간급 금액으로 정한 임금은 그 금액
2. 일급 금액으로 정한 임금은 그 금액을 1일의 소정근로시간 수로 나눈 금액
3. 주급 금액으로 정한 임금은 그 금액을 주의 통상임금 산정 기준시간 수(소정근로시간과 소정근로시간 외에 유급으로 처리되는 시간을 합산한 시간)로 나눈 금액
4. 월급 금액으로 정한 임금은 그 금액을 월의 통상임금 산정 기준시간 수(주의 통상임금 산정 기준시간 수에 1년 동안의 평균 주의 수를 곱한 시간을 12로 나눈 시간)로 나눈 금액
5. 일·주·월 외의 일정한 기간으로 정한 임금은 제2호부터 제4호까지의 규정에 준하여 산정된 금액
6. 도급금액으로 정한 임금은 그 임금 산정 기간에서 도급제에 따라 계산된 임금의 총액을 해당 임금 산정 기간(임금 마감일이 있는 경우에는 임금 마감 기간을 말한다)의 총 근로 시간 수로 나눈 금액
7. 근로자가 받는 임금이 제1호부터 제6호까지의 규정에서 정한 둘 이상의 임금으로 되어 있는 경우에는 제1호부터 제6호까지의 규정에 따라 각각 산정된 금액을 합산한 금액

(5) 평균임금, 통상임금과 최저임금의 비교

위에서 설명한 평균임금과 통상임금, 그리고 아래에서 설명할 최저임금의 정의, 포괄범위와 활용을 보면 〈도표 5-3〉과 같다.

〈도표 5-3〉 임금제도와 포괄범위

구분	평균임금	통상임금	최저임금
정의	산정사유 발생일 이전 3개월간 지급된 임금총액을 그 기간의 총일수로 나눈 금액	정기적·일률적으로 소정근로에 대하여 지급하기로 정한 금액	소정근로에 대하여 매월 1회 이상 정기적으로 지급하는 임금 산입
포괄범위	3개월 평균 기본급 + 수당 + 상여금	매월 지급 기본급 + 통상적 수당 + 고정 상여금	매월 지급되는 기본급 + 통상적 수당 (정기상여금, 복리후생비 산입)[4]
활용	퇴직금, 휴업수당, 감급제한액, 재해보상금, 연차수당 등 산정	해고예고수당, 초과근로수당, 야간·휴일근로 수당, 연차유급휴가수당 등 산정	법정 최저임금

4. 임금지급의 원칙과 임금의 비상 시 선지급

(1) 임금지급의 원칙

임금은 '통화'로 '직접' 근로자에게 그 '전액'을 지급하여야 한다. 그리고 임금은 매월 1회 이상 '일정한 날짜'를 정하여 지급하여야 한다(근로기준법 제43조). 이 규정은 사용자로 하여금 매월 일정하게 정해진 기일에 근로자에게 근로의 대가 전부를 직접 지급하게 강제함으로써 근로자의 생활안정을 도모하려는데 그 입법취지가 있다(대법원 2020.12.24. 2019293098).

---

3) 다만, 2018.6.12. 개정 최저임금법은 연소득 2,500만원 이하의 저임금노동자가 최저임금 인상의 혜택을 그대로 받을 수 있도록 정기상여금 및 현금성 복리후생비를 해당연도 최저임금 월환산액의 각 25%, 7%를 넘는 부분만 산입하도록 하고 있다(제6조제4항).

1) 통화불의 원칙

임금은 국내에서 강제통용력이 있는 화폐인 통화로 지급되어야 한다(근로기준법 제43조제1항 본문). 이는 근로자가 현물을 통화로 바꾸는 불편함이 없도록 하여 안전하게 임금을 수령하도록 하기 위한 것이다.

통화로 지급되어야 하므로 상품권·어음·수표·주식 등의 지급은 원칙적으로 금지된다. 다만, 은행발행의 자기앞수표는 거래상 현금과 같이 통용되므로 허용된다. 경영성과배분제에서 성과지급수단으로 주식을 지급하는 것은 임금이 아니므로 통화불 원칙의 위반이 아니다.

통화불의 예외로서 법령 내지 단체협약에 특별한 규정이 있는 경우에는 통화 이외의 것으로 지급할 수 있다(근로기준법 제43조제1항 단서). 즉, 선원의 청구가 있는 경우 기항지에서 통용되는 통화를 지급한다(선원법 제52조제4항).

판례는 임금 및 퇴직금 지급에 갈음한 채권양도의 약정은 원칙적으로 무효라고 판시한 바 있다. 다만, 무효행위전환법리(민법 제138조)에 따라 '임금의 지급을 위한 것'으로서 효력을 가질 수 있다고 본다(대법원 2012.3.29. 2011다101308).

2) 직접불의 원칙

임금은 근로자 본인에게 직접 지급되어야 한다. 이는 임금을 중간에 제3자가 수령하지 않고 근로자 본인이 직접 수령하여 그의 자유로운 처분에 맡김으로써 근로자의 생활을 보장하려는데 그 취지가 있다. 이러한 직접불의 원칙에 대하여 특별법상의 예외 규정이 있다.

즉, 민사집행법(제246조제1항)과 국세징수법(제31조제1항, 제2항)상의 임금에 대한 압류가 허용되는 것 또는 선원법(제52조제3항)상의 가족이나 그 밖의 근로자가 지정하는 사람에게 임금을 지급하도록 규정되어 있는 것이 그것이다.

사용자가 근로자의 친권자, 후견인, 근로자의 위임을 받은 대리인에게 지급하는 것은 직접불의 원칙에 위배되지만, 근로자의 가족 등과 같은 단순한 사자(使者)에게 지급하거나, 근로자가 지정한 은행예금계좌에 입금하는 것은 직접불의 원칙에 위배되지 않는다.

근로자의 임금채권의 양도를 금지하는 법률의 규정이 없으므로 임금채권을 양도할 수 있다. 그러나 판례는 근로기준법의 취지가 임금이 확실하게 근로자 본인의 수중에 들어가게 하여 그의 자유로운 처분에 맡기고 나아가 근로자의 생활을 보호하고자 하는데 있으므로 근로자가 그 임금채권을 양도한 경우라 할지라도 그 임금의 지급에 관하여는 같은 원칙이 적용되어 사용자는 직접 근로자에게 임금을 지급하지 않으면 안 되는 것이고 그 결과 비록 임금채권의 양수인이라고 할지라도 스스로 사용자에 대하여 임금의 지급을 청구할 수는 없다고 판시하였다(대법원 1988.12.13. 87다카2803 전원합의체).

3) 전액불의 원칙

임금은 전액을 지급해야 한다. 이는 임금이 부당하게 공제됨으로써 근로자의 생활불안이 초래되지 않도록 하기 위함이다. 이러한 전액불의 원칙은 법령 또는 단체협약에 특별한 규정이 있으면 예외가 인정될 수 있다(근로기준법 제43조제1항). 법령에 의하여 공제가 인정되는 경우로 조세·사회보험료·국민연금 등이 있고, 단체협약으로 조합비 일괄공제제도가 규정되어 있다면 사용자는 근로자의 임금에서 노동조합비를 공제할 수 있다.

한편, 사용자가 근로자에 대한 채권을 가지고 일방적으로 근로자의 임금채권과 상계하는 것은 금지되지만, 학자금, 주택자금, 유용금, 가불임금 등을 근로자의 명백한 자유의사에 따라 기하여 상계하는 것과 계산착오 또는 지각·결근 등 감액사유가 임금지급일에 임박해서 발생하는 등의 기술상의 문제로 초과지급된 것을 사후에 지급되는 임금에서 공제하는 상계는 허용된다(대법원 1995.6.29. 94다18553).

4) 정기불의 원칙

임금은 매월 1회 이상 일정하게 정해진 날짜에 지급하여야 한다. 이는 매월 일정한 날에 임금이 지급되도록 함으로써 근로자의 생활안정을 도모하는 것이다. 매월은 역일상의 1월을 의미하고, 일정한 기일은 주기적으로 도래하는 특정한 날을 의미한다.

법령에 의한 예외로서 1개월을 초과하는 기간에 걸친 사유에 따라 산정하는 임금 또는 휴업수당이나 퇴직금 등 부정기적으로 지급되는 임금과 같이 임시로 지급되는 임금·수당이나 기타 이에 준하는 것 또는 대통령령으로써 정하는 임금에 대해서는 이 원칙이 적용되지 아니한다(근로기준법 제43조제2항 단서).

5) 위반의 효과

임금지급의 원칙을 위반할 경우 벌칙(3년 이하의 징역 또는 3천만원 이하의 벌금)이 적용(근로기준법 제109조제1항)되고, 임금체불에 대하여 당사자 사이에 별도의 약정이 없으면 채무불이행에 따른 연 5%의 지연이자가 부과된다(민법 제379조). 다만, 정기일 지급 원칙 위반 시 벌칙이 적용되나, 불가피한 자금사정 등 최선을 다했음에도 체불을 방지할 수 없는 사정이 있으면 적법행위 기대가능성이 없어 처벌되지 않는다고 본다(대법원 1998.6.26. 98도1260).

(2) 임금의 비상 시 선지급

사용자는 근로자가 출산·질병·재해 그밖에 대통령령으로 정하는 비상한 경우(근로자나 그의 피부양자가 출산·질병·재해를 당한 경우, 혼인하거나 사망한 경우 또는 부득이한 사유로 1주일 이상 귀향하게 되는 경우)의 비용에 충당하기 위하여 임금 지급을 청구하면 지급기일 전이라도 이미 제공한 근로에 대한 임금을 지급하여야 한다(근로기준법 제45조). 이는 근로자가 긴급한 경비지출의 필요에 대응하도록 하기 위한 것이다.

이러한 임금의 비상 시 지급 요건은 ① 근로기준법 시행령 제25조에서 정한 비상한 사유(출산·질병·재해·혼인 등)가 발생하고, ② 근로자의 청구가 있어야 한다.

사용자는 임금의 지급기일 전이라도 근로자에게 기왕의 근로에 대한 임금을 지급하여야 하며, 위반한 자는 1,000만원 이하 벌금에 처한다(근로기준법 제113조).

5. 도급사업과 건설업의 임금지급 특례

(1) 일반 도급사업에서 하수급인의 미지급 임금 지급

1) 의 의

사업이 여러 차례의 도급에 따라 행하여지는 경우에 하수급인이 직상수급인의 귀책사유로 근로자에게 임금을 지급하지 못한 경우에는 그 직상수급인은 당해 하수급인과 연대하여 책임을 진다(근로기준법 제44조제1항).

기본적으로 임금지급은 근로계약을 체결한 사용자가 부담하는 것이 원칙이지만 하수급인의 임금지불 능력이 대체로 직상수급인에 의존하고 있는 현실을 고려하여 근로기준법은 도급사업 및 건설업의 경우 근로계약 당사자가 아닌 직상수급인 및 원수급인에 대하여 임금지급의 책임을 물을 수 있도록 하고 있다. 이 규정은 상시 근로자 5인 미만의 경우에도 적용된다.

2) 연대책임의 요건

첫째, 여러 차례의 도급이 존재해야 한다. '도급'이란 어떤 일의 완성을 타인에게 의뢰하고, 그에 대한 보수를 받는 계약인데(민법 제664조), 이 도급이 '여러 차례'이루어져야 한다고 규정되어 있다. 다만, 판례(대법원 1990.10.12. 90도1794)와 다수설은 1차 도급의 경우에도 이 규정이 적용된다고 본다. 1차 도급 역시 수급인의 임금지불 능력이 도급인에게 의존하고 있으므로 도급인을 직상수급인으로 해석함이 근로자 보호의 측면에서 타당하다고 할 것이다.

둘째, 직상수급인에게 귀책사유가 존재해야 한다. 직상수급인의 귀책사유의 예로는 ① 정당한 사유 없이 도급계약에서 정한 도급금액 지급일에 도급금액을 지급하지 아니한 경우, ② 정당한 사유 없이 도급계약에서 정한 원자재 공급을 늦게 하거나 공급을 하지 아니한 경우, ③ 정당한 사유 없이 도급계약의 조건을 이행하지 아니하여 하수급인이 도급사업을 정상적으로 수행하지 못한 경우(근로기준법 제44조제2항 및 시행령 제24조)를 들 수 있다.

셋째, 직상수급인의 귀책사유로 인해 하수급인의 임금체불이 발생해야 한다(인과

관계). 즉, 직상수급인의 귀책사유로 인하여 하수급인의 근로자들이 임금을 지급받지 못한 경우이어야 한다.

3) 효 과

귀책사유 있는 직상수급인은 그 하수급인과 연대하여 임금채무 불이행에 대한 책임을 진다. 그리고 직상수급인의 귀책사유가 그 상위수급인의 귀책사유로 발생한 경우 그 상위수급인도 연대책임을 진다(근로기준법 제44조제1항 단서). 연대책임이라 함은 직상수급인과 하수급인은 직상수급인의 귀책사유와 인과관계가 있는 범위 내에서 연대채무 관계에 있으므로 근로자는 그 범위 내에서 그 중 한 사람에게 또는 두 사람에 대하여 동시에 또는 순차적으로 임금채무의 전부나 일부의 이행을 청구할 수 있는 것이다.

(2) 건설업에서 임금지급 연대책임

도급 중에서도 특히 건설업에서 행해지는 도급에 관하여 근로기준법은 귀책사유에 관계없이 직상수급인의 임금지급 연대책임을 강화한 별도 규정을 두고 있다(근로기준법 제44조의2 및 제44조의3). 건설하도급에서 빈발하는 불법하도급, 특히 건설업자가 아닌 하수급인(이른바 십장, 반장 등)에 의하여 건설일용근로자에게 임금체불이 많이 발생하는 문제를 해결하기 위하여 2007.7.27. 근로기준법에 제44조의2를 신설하여 2008.1.28.부터 시행하고 있다.

이러한 연대책임의 요건을 보면, 건설업에서 2차례 이상의 도급이 이루어진 경우로서 건설산업기본법에 의한 건설업자가 아닌 하수급인이 그 소속 근로자들에게 임금을 지급하지 못한 경우이어야 한다. 다만, 이 경우 직상수급인의 귀책사유는 묻지 않는다.

직상수급인은 하수급인과 연대하여 하수급인이 사용한 근로자의 임금을 지급할 책임이 있다. 단, 직상수급인이 건설업자가 아닌 경우 상위수급인 중 최하위 건설업자가 직상수급인이 된다(근로기준법 제44조의2제2항). 직상수급인의 연대책임 범위는 당해 건설공사에서 발생한 임금으로 한정된다.

직상수급인이 임금을 지급하지 않은 경우 형사처벌의 대상이 되나, 이는 반의사불벌죄로서 근로자가 처벌을 희망하지 아니하는 의사표시를 할 경우 형사책임을 면한다(근로기준법 제109조).

또한, 판례는 하수급인의 처벌을 희망하지 아니하는 근로자의 의사표시가 있을 경우, 직상수급인의 처벌을 희망하지 아니하는 의사표시도 포함되어 있다고 볼 수 있다는 취지로 판시한 바 있다(대법원 2015.11.12. 2013도8417).

(3) 건설도급에서의 임금해당액 지급책임

1) 직상수급인의 직접지급의무

건설업에서 공사도급이 2차례 이상 이루어진 경우에 ① 직상수급인이 하수급인을 대신하여 하수급인 근로자 임금을 직접 지급할 수 있다는 뜻과 그 지급 방법·절차를 직상수급인과 하수급인이 합의한 경우, 또는 ② 하수급인의 근로자에게 하수급인에 대하여 임금채권이 있음을 증명하는 집행권원 등이 있는 경우, 또는 ③ 하수급인이 그의 근로자에게 지급할 임금 채무가 있음을 직상수급인에게 알려주고, 직상수급인이 파산 등의 사유로 하수급인이 임금을 지급할 수 없는 명백한 사유가 있다고 인정하는 경우에 직상수급인 또는 원수급인은 하수급인에게 지급하여야 하는 하도급대금채무의 부담범위에서 근로자가 청구하면 그 하수급인이 지급하여야 하는 임금해당액을 근로자에게 직접 지급해야 한다(근로기준법 제44조의3제1항).

직접지급의무 발생의 요건은 ① 건설업에서 공사도급이 2차례 이상 이루어진 경우일 것, ② 직상수급인이 하수급인에게 지급해야 하는 채무범위 내일 것, ③ 근로기준법 제44조의3제1항 각 호에 해당할 것, ④ 하수급인의 근로자가 직상수급인에게 임금을 청구할 것이다.

직상수급인이 하수급인이 사용한 근로자에게 임금에 해당하는 금액을 지급한 경우에는 하수급인에 대한 하도급대금채무는 그 범위에서 소멸한 것으로 본다(근로기준법 제44조의3제3항).

2) 원수급인의 직접지급의무

건설업에서 원수급인으로부터 2차례 이상 도급이 이루어진 경우로서 하수급인이 사용한 근로자가 그 하수급인에 대한 집행권원이 있는 경우 하수급인이 지급해야 할 임금(해당공사 발생 분)에 해당하는 금액을 원수급인에게 직접 지급을 요구하면 원수급인은 그에 따라야 한다(근로기준법 제44조의3제2항).

6. 임금 미지급의 책임

사용자가 금품청산(제36조), 임금지급(제43조), 도급사업에 대한 임금지급(제44조), 건설업에서의 임금지급 연대책임(제44조의2), 휴업수당(제46조), 연장·야간·휴일근로(제56조) 등 임금지급 방법에 관한 근로기준법의 규정을 위반하여 임금을 미지급하거나 금품청산의무를 지키지 않으면 3년 이하의 징역 또는 3천만원 이하의 벌금에 처해질 수 있다(근로기준법 제109조제1항).

근로기준법 **금품 청산**

제36조【금품 청산】 사용자는 근로자가 사망 또는 퇴직한 경우에는 그 지급 사유가 발생한 때부터 14일 이내에 임금, 보상금, 그 밖에 일체의 금품을 지급하여야 한다. 다만, 특별한 사정이 있을 경우에는 당사자 사이의 합의에 의하여 기일을 연장할 수 있다.

임금 미지급 책임의 성립요건은 사용자의 고의(고의 없음의 입증책임은 사용자에게 있음), 임금지급을 위한 최선의 노력 여부 및 불가피한 사정 존부 여부이다. 다만, 이는 반의사불벌죄로서 피해자(체불근로자)가 명시적인 의사표시를 하면 이에 반해 공소를 제기할 수 없다.

경제적 제재로서는 임금 및 퇴직급여를 지급사유 발생일부터 14일 이내에 지급하지 않으면 근로자에게 지연이자(연 20%×지연일수의 미지급임금)를 지급해야 한다. 다만, 천재·사변, 파산·화의·도산, 채무자회생법·국가재정법·지방자치법 등 법령상의 제약으로 자금 확보가 어려운 경우, 지급 의무 존부를 법원이나 노동위원회에서 다투는 것이 적절하다고 인정되는 경우(사용자 입증 책임)에는 예외가 인정된다. 지연이자제는 퇴직 후 기본적인 생활보장을 위하여 퇴직자의 임금·퇴직금에 한정됨에 따라 재직 중인 자의 임금미지급, 퇴직 후 보상금이나 그 밖의 금품에는 적용되지 않는 한계가 있다.

한편, 고용노동부장관은 금품청산, 임금지급, 연장·야간·휴일근로에 따른 임금, 보상금, 수당, 그 밖에 일체의 금품을 지급하지 않은 사업주(체불사업주, 법인의 경우 대표자 포함)의 인적사항 등을 공개할 수 있다. 공개대상은 명단공개 기준일 이전 3년 이내 임금 등을 체불하여 2회 이상 유죄가 확정된 자로서 명단공개 기준일 이전 1년 이내 임금 등의 체불총액이 3천만원 이상인 경우이다(근로기준법 제43조의2제1항).

또한, 고용노동부장관은 종합신용정보집중기관이 요구하면 임금 등의 체불 예방을 위해 필요하다고 인정하는 경우 체불사업주의 인적사항과 체불액 등에 관한 자료를 제공할 수 있다. 자료제공 대상은 체불자료 제공일 이전 3년 이내 임금 등을 체불하여 2회 이상 유죄가 확정된 자로서 체불자료 제공일 이전 1년 이내 임금 등의 체불총액이 2천만원 이상인 경우이다.

근로감독관이나 사법기관에 대한 구제신청과는 별도로 임금체불 근로자의 권리구제를 위하여 임금 미지급 관련 민사소송, 소액심판사건, 보전처분, 강제집행사건에 대한 무료법률구조 지원과 임금채권 우선변제제도, 도산기업 근로자 임금채권 보장제도가 마련되어 있다.

7. 임금수준의 보호

(1) 입법체계

임금은 '사용자가 근로의 대상으로 근로자에게 지급하는 임금·봉급 기타 어떠한 명칭으로든지 지급하는 일체의 금품'으로서 근로자의 유일한 생활자원이라는 점에서 매우 중요하다.

근로자의 생활안정과 노동력의 질적 향상을 위하여 적정수준 이상의 임금 보장이 필수적이며, 판례는 '임금을 포기 한다.'라는 근로자와 사용자의 합의는 근로조건을 어기는 것으로 무효라고 판시하였다(대법원 1976.9.28. 75다801).

임금수준의 보호를 위해서 최저임금법에서는 최저임금에 대하여, 근로기준법에서는 도급근로자의 임금보호와 휴업 시 근로자의 생활보호를 위한 휴업수당에 대하여 각각 규정하고 있다.

(2) 최저임금제도

1) 의 의

최저임금제도는 국가가 사용자에게 최저수준 이상의 임금지급을 법적으로 강제함으로써 근로자에 대하여 임금의 최저수준을 보장하는 제도이다. 최저임금제도의 목적은 근로자에 대하여 임금의 최저수준을 보장하여 근로자의 생활안정과 노동력의 질적 향상을 꾀함으로써 국민경제의 건전한 발전에 이바지하도록 하는 것이다(최저임금법 제1조).

임금의 수준은 근로계약 당사자 간에 자유롭게 정하는 것이 원칙이나, 개인으로서의 근로자는 사용자에 비해 약자이므로 임금이 지나치게 낮은 수준으로 결정될 가능성이 있어 국가가 결정·고시하는 최저임금액 이상을 지급하도록 최저임금제도를 두고 있는 것이다.

최저임금제도의 기대효과를 보면 ① 근로자에게 최소한의 생계 보장, ② 저임금 해소로 임금격차 완화와 소득분배 개선, ③ 근로자의 생활안정과 사기진작을 통한 노동생산성 향상, ④ 저임금 경쟁을 지양하고 적정 임금 지급을 통한 공정경쟁 촉진과 경영 합리화 기여 등을 들 수 있다.[4]

최저임금법은 근로자를 사용하는 모든 사업 또는 사업장에 적용되나, 동거하는 친족만을 사용하는 사업과 가사사용인, 선원법의 적용을 받는 선원 및 선원을 사용하는 선박의 소유자에 대해서는 적용되지 아니한다(최저임금법 제3조).

ILO는 1928년 최저임금결정제도의 수립에 관한 협약(제26호)과 1970년 개발도상국 최저임금결정에 관한 협약(제131호)에서 저임금근로자의 보호를 위하여 최저임금을 결정할 수 있는 제도를 수립·유지하도록 하고 있으며, 우리나라는 1987년 개정 헌법에 법정 최저임금제의 근거를 명시하고 1986년에 최저임금법을 제정하여 1988년부터 시행하고 있다.

---

4) 최저임금위원회 홈페이지(http://www.minimumwage.go.kr).

2) 최저임금의 결정기준과 최저임금액

최저임금은 근로자의 생계비, 유사 근로자의 임금, 노동생산성 및 소득분배율 등을 고려하여 정하며, 이 경우 사업의 종류별로 구분하여 정할 수 있다. 이러한 사업의 종류별 구분은 최저임금위원회의 심의를 거쳐 고용노동부장관이 정한다(최저임금법 제4조).

최저임금액은 ① 시간·일·주 또는 월을 단위로 하여 정하며, 이 경우 일·주 또는 월을 단위로 하여 최저임금액을 정할 때에는 시간급으로도 표시하여야 한다.[5)] ② 1년 이상의 기간을 정하여 근로계약을 체결하고 수습 중에 있는 근로자로서 수습을 시작한 날부터 3개월 이내인 자에 대하여는 대통령령으로 정하는 바에 따라 제1항에 따른 최저임금액과 다른 금액으로 최저임금액을 정할 수 있다. 다만, 단순노무업무로 고용노동부장관이 정하여 고시한 직종에 종사하는 근로자는 제외한다. ③ 임금이 통상적으로 도급제나 그 밖에 이와 비슷한 형태로 정하여져 있는 경우로서 제1항에 따라 최저임금액을 정하는 것이 적당하지 아니하다고 인정되면 대통령령으로 정하는 바에 따라 최저임금액을 따로 정할 수 있다(최저임금법 제5조).

연도별 최저임금 결정 현황과 인상률을 보면 〈도표 5-4〉와 같다.

〈도표 5-4〉 연도별 최저임금 결정 현황

연 도	2015	2016	2017	2018	2019	2020	2021	2022	2023	2024
시간급 최저임금(원)	5,580	6,030	6,470	7,530	8,350	8,590	8,720	9,160	9,620	9,860
전년대비 인상률(%)	7.1	8.1	7.3	16.4	10.9	2.87	1.5	5.05	5	2.5

자료: 최저임금위원회 홈페이지(http://www.minimumwage.go.kr)

3) 최저임금의 효력

최저임금의 효력은 ① 사용자는 최저임금의 적용을 받는 자에 대하여 최저임금액 이상의 임금을 지급하여야 하고, ② 사용자는 최저임금을 이유로 종전의 임금수준을 저하시켜서는 아니 되며, ③ 최저임금액에 미달하는 임금을 정한 근로계약은 그 부분

---

5) 일급은 8시간 기준으로, 월급은 월 209시간(주40시간제, 유급주휴 포함)을 기준으로 각각 환산하게 된다.

에 한하여 무효로 하며, 무효로 된 부분은 최저임금법에 의하여 정한 최저임금액과 동일한 임금을 지급하기로 정한 것으로 본다(최저임금법 제6조제1항 내지 제3항).

다만, 근로자가 자기의 사정으로 소정근로시간 또는 소정의 근로일의 근로를 하지 아니한 경우 또는 사용자가 정당한 이유로 근로자에게 소정근로시간 또는 소정의 근로일의 근로를 시키지 아니한 경우 사용자는 임금을 지급할 의무가 없다(최저임금법 제6조제6항).

4) 최저임금 산입범위

현재 최저임금에 포함되는 임금을 나타내는 최저임금 산입범위에는 근로자가 받는 임금 총액에서 격월·분기별 정기상여금, 소정 근로시간 또는 소정의 근로일에 대해 지급하는 임금 외의 임금(예: 초과근무수당), 숙박비·식비 등 복리후생수당이 제외되고 있다. 최저임금에 산입하지 아니하는 구체적인 임금의 범위(항목)에 대하여는 최저임금법 시행규칙에서 정하고 있다(최저임금법 제6조제4항, 최저임금법 시행규칙 별표1).

그간 최저임금에는 1986년 최저임금법 제정 당시의 산입범위가 그대로 유지됨으로써 기본급과 직무수당 등 수행하는 업무와 관련하여 매월 지급되는 임금만 포함되고, 격월·분기별 정기상여금과 각종 수당 등은 포함되지 않았다.

30년 이상 변화해온 기업의 임금체계와 근로자의 실제 임금을 반영할 수 있도록 2018년 6월 최저임금 산입범위가 개편되었고, 2019년부터 단계적으로 시행하였다.

최저임금에 정기상여금과 복리후생비를 산입함으로써 최저임금 인상으로 기본급은 낮으나 정기상여금과 복리후생비는 높은 일부 고임금 근로자까지 최저임금 인상의 혜택을 받고 오히려 임금격차 심화되는 불합리한 상황이 해소되게 되었다. 2018년 6월 개편된 최저임금 산입범위 내용을 살펴보면 아래와 같다(최저임금법 제6조제4항).[6]

최저임금에는 매월 1회 이상 정기적으로 지급하는 임금을 산입한다. 다만, 다음 각 호의 어느 하나에 해당하는 임금은 산입하지 아니한다.

① 근로기준법 제2조제1항제8호에 따른 소정근로시간 또는 소정의 근로일에 대하여 지급하는 임금 외의 임금으로서 고용노동부령으로 정하는 임금(초과근로수당 등)

6) 고용노동부, 최저임금법 개정 주요내용(산입범위 개편), 2018.6.7.

② 상여금, 그 밖에 이에 준하는 것으로서 고용노동부령으로 정하는 임금의 월 지급액 중 해당 연도 시간급 최저임금액을 기준으로 산정된 월 환산액의 100분의 25에 해당하는 부분

③ 식비, 숙박비, 교통비 등 근로자의 생활 보조 또는 복리후생을 위한 성질의 임금으로서 통화 이외의 것으로 지급하는 임금이나 통화로 지급하는 임금의 월 지급액 중 해당 연도 시간급 최저임금액을 기준으로 산정된 월 환산액의 100분의 7에 해당하는 부분

따라서 매월 1회 이상 지급하는 상여금과 통화로 지급하는 복리후생비의 경우 해당 연도의 시간급 최저임금액을 기준으로 산정된 월 환산액의 25%와 7%를 각각 초과하는 부분은 최저임금 산입범위에 포함된다. 다만, 이 비율은 2020년부터 단계적으로 축소되어 2024년에는 모두 산입된다.

〈도표 5-5〉 정기상여금와 현금성 복리후생비의 최저임금 미산입 비율

연도	2019	2020	2021	2022	2023	2024~
정기상여금	25%	20%	15%	10%	5%	0%
현금성 복리후생비	7%	5%	3%	2%	1%	0%

자료: 고용노동부, 최저임금법 개정 주요내용(산입범위 개편), 2018.6.7.

한편, 여객자동차 운수사업법 제3조 및 같은 법 시행령 제3조제2호다목에 따른 일반택시운송사업에서 운전업무에 종사하는 근로자의 최저임금에 산입되는 임금의 범위는 생산고에 따른 임금(초과운송수입금)을 제외한 대통령령으로 정하는 임금으로 한다(최저임금법 시행령 제5조의3).

5) 최저임금 산입을 위한 취업규칙 변경절차

최저임금 고율인상의 부담 완화를 위해 이루어진 정기상여금과 복리후생비의 최저임금 산입(2019.1.1. 시행)과 더불어 최저임금 산입을 위한 취업규칙 변경절차의 특례 조항이 신설되었다(최저임금법 제6조의2).

사용자가 최저임금법 제6조제4항에 따라 산입되는 임금에 포함시키기 위하여 1개월을 초과하는 주기로 지급하는 임금을 총액의 변동 없이 매월 지급하는 것으로 취

업규칙을 변경하려는 경우에는 불이익변경이 아닌 것으로 보아 근로기준법 제94조 제1항에도 불구하고 해당 사업 또는 사업장에 근로자의 과반수로 조직된 노동조합이 있는 경우에는 그 노동조합, 근로자의 과반수로 조직된 노동조합이 없는 경우에는 근로자의 과반수의 의견을 들어야 한다(최저임금법 제6조의2). 취업규칙을 변경할 경우 의견을 듣지 않으면 500만원 이하의 벌금에 처한다.

이 규정을 통해 사용자에게 취업규칙 변경 시 노동조합 또는 근로자 과반수의 동의가 아니라 의견청취를 의무화하였고, 보수 총액을 유지하면서 상여금의 지급주기를 월별로 변경하는 것은 취업규칙의 불이익 변경이 아니라는 점을 명확히 함으로써 이를 둘러싼 노사간의 분쟁 소지를 최소화하였다.[7]

6) 최저임금의 결정 절차

최저임금의 심의·결정과정을 정리하면 다음과 같다. ① 고용노동부장관이 매년 3월 31일까지 최저임금위원회에 최저임금 심의를 요청하면, ② 최저임금위원회는 전원회의를 설치하고 위원회의 권한 일부(최저임금 수준과 근로자 생계비 심사)를 위임하여 기능을 수행토록 하고, ③ 최저임금위원회는 고용노동부장관으로부터 최저임금에 관한 심의요청을 받은 날로부터 90일 이내에 이를 심의하여 최저임금안을 고용노동부장관에게 제출한다. ④ 고용노동부장관은 최저임금위원회로부터 최저임금안을 제출받은 때에 이를 최저임금안으로 고시하고, 근로자를 대표하는 자와 사용자를 대표하는 자는 고시한 날로부터 10일 이내에 고용노동부장관에게 이의를 제기할 수 있으며 이의가 없으면 최저임금 고시를 하여 매년 8월 5일까지 최저임금액을 결정하고, ⑤ 다음연도 1월 1일부터 효력이 발생하게 된다(최저임금법 제8조 내지 제10조).

우리나라와 일본은 모두 위원회 심의 방식을 택하고 있으나, 최저임금의 종류와 결정기구, 결정절차 등은 다소 차이가 있다. 그 주요내용을 비교 정리하면 〈도표 5-6〉과 같다.

---

7) 고용노동부, 최저임금법 개정 주요내용(산입범위 개편), 2018.6.7.

〈도표 5-6〉 한국과 일본의 최저임금제도 비교

구 분	한 국	일 본
근 거	헌법32조1항(직접 명시), 최저임금법	헌법25조(간접 언급), 최저임금법
종 류	전국 단일 최저임금(업종별 최저임금 근거는 있으나 시행하지 않고 있음)	지역별 최저임금, 산업별 최저임금
결정기구	위원회 심의 → 정부 결정 심의기구: 최저임금위원회(노·사·공익대표 각 9명)	위원회 심의 → 정부 결정 심의기구: 중앙최저임금심의회(노·사·공익대표 각 6명), 도도부현 최저임금심의회(노·사·공익대표 각 5명, 도쿄·오사카는 각 6명)
결정절차	심의요청(장관) → 최저임금안 심의·의결(위원회, 법정시한 6.29.) → 최저임금안 고시(장관) → [이의신청·재심의요청 등] → 최저임금 결정고시(장관, 법정기일 8.5.)	자문요청(대신) → 지역별 최저임금안 심의·답신(중앙심의회) → 지역별 최저임기준 공표·전달(대신) → 최저임금안 심의·의결(도도부현심의회) → 최저임금안 고시(도도부현 노동국장) → [이의신청·재심요청 등] → 최저임금 결정고시(도도부현 노동국장)
결정기준	생계비, 유사근로자 임금, 노동생산성, 소득분배율	지역근로자 생계비, 임금, 통상 사업의 지불능력
적용대상	1인 이상 사업의 모든 근로자(제외: 동거친족만 사용하는 사업, 가사사용인)	1인 이상 사업의 모든 근로자(제외: 동거친족만을 사용하는 사업, 가사사용인)
적용특례	감액적용: 수습근로자(3개월, 10%), 적용제외(허가): 정신장애나 신체장애로 근로능력이 현저히 낮은 자 등	감액적용(허가): 시용근로자(20%), 장애인, 인정직업훈련생, 경이한 업무 종사자, 단속적 근로 종사자
산입임금 범위	매월 1회 이상 정기적·일률적으로 지급하는 임금 또는 수당 (정기상여금, 복리후생비는 매월 지급하는 경우 제한적으로 포함)	임금, 숙식비·현물급여 산입 (본래 의미의) 상여금 제외[10)]
최저임금 수준(시급)	2023년 9620원, 2024년 9860원	2012년 10월 전국 가중평균 961엔, 도쿄도 1072엔, 나가사키·오키나와 등 853엔
최저임금 위반 시 벌칙	3년 이하의 징역 또는 2천만원 이하의 벌금	지역별 최저임금: 50만엔 이하 벌금 산업별 최저임금: 30만엔 이하 벌금(노동기준법)
관련 세제·사회보장제도	근로장려세제, 국민기초생활보장제	생활보호제도

출처: 〈임무송, 초고령사회 일본의 노동시장과 노동정책, 한국노동연구원, 2012, p.286〉 일부 수정.

---

8) 우리나라는 명칭은 상여금이나 실제로는 초과근로수당 등의 부담 완화를 위하여 기본급에 포함시키지 않으면서 정기적으로 지급하여 사실상 상여금으로서의 성질을 상실한 경우가 많아 본래의 보너스 성격을 유지하며 통상임금에도 산입시키지 않고 있는 일본의 상여금과 구별된다는 점에 유의할 필요가 있다.

(3) 도급근로자의 임금보호

사용자는 도급이나 그밖에 이에 준하는 제도로 사용하는 근로자에 대하여는 근로시간에 따라 일정액의 임금을 보장하여야 한다(근로기준법 제47조). 도급제 기타 이에 준하는 제도에 의해 근로자를 사용하는 경우, 원자재 부족 기타 근로자의 책임으로 볼 수 없는 사정으로 인하여 임금이 극단적으로 적을 경우가 발생할 수 있으므로 실적이나 성과에 관계없이 근로시간에 따라 일정액의 임금을 보장하도록 한 것이다.

(4) 휴업수당

1) 의 의

근로기준법은 근로자의 귀책사유가 아닌 사유로 인하여 근로자가 일을 할 수 없게 된 경우 임금상실이라는 위험으로부터 근로자를 보호하기 위하여 민법의 원리와는 다른 휴업수당제도를 두고 있다.

근로기준법(제46조)에 따르면, 사용자의 귀책사유로 휴업하는 경우에는 사용자는 휴업기간 중 당해 근로자에 대하여 평균임금의 100분의 70 이상의 수당을 지급하여야 한다(근로기준법 제46조).

근로기준법 **휴업수당 제도**

제46조【휴업수당】 ① 사용자의 귀책사유로 휴업하는 경우에 사용자는 휴업기간 동안 그 근로자에게 평균임금의 100분의 70 이상의 수당을 지급하여야 한다. 다만, 평균임금의 100분의 70에 해당하는 금액이 통상임금을 초과하는 경우에는 통상임금을 휴업수당으로 지급할 수 있다.

② 제1항에도 불구하고 부득이한 사유로 사업을 계속하는 것이 불가능하여 노동위원회의 승인을 받은 경우에는 제1항의 기준에 못 미치는 휴업수당을 지급할 수 있다.

2) 휴업수당의 지급요건

첫째, 휴업이 발생하여야 한다. '휴업'이란 개개의 근로자가 근로계약에 따라 근로를 제공할 의사가 있음에도 불구하고 그 의사에 반하여 취업이 거부되거나 또는 불가능하게 된 경우를 의미한다(대법원 1991.12.12. 90다18999).

휴업에는 근로자 전체에 대한 것만이 아니라 특정한 근로자에 대해 한정하는 휴업, 1일 전체의 휴업만이 아니라 1일 소정근로시간 중 일부에 한정하는 휴업도 포함된다.

둘째, 사용자에게 귀책사유가 존재해야 한다. 휴업수당제도의 사용자의 귀책사유는 민법상의 귀책사유와 개념이 다르다. 사용자의 귀책사유가 민법상 귀책사유(고의·과실)와 동일한 의미를 가진다면 근로자는 노무제공을 하지 못함으로써 상실한 임금전액을 지급받아야 한다.

그럼에도 근로기준법은 휴업수당으로 평균임금의 70% 이상을 지급하도록 하고 있는 것으로 보아, 사용자의 귀책사유는 민법상의 고의·과실 보다 넓은 의미라고 볼 수 있다(판례 및 통설). 즉, 천재지변 등 불가항력에 해당되지 않는 한 사용사의 세력범위 내에서 발생한 '경영상 장애'도 포함된다.

판례는 일반적 기준을 제시하고 있지는 않고, 다만 사용자에게 귀책사유가 있다고 본 사례로는 작업량의 감소(대법원 1969.3.4. 68다1972), 원도급업체 공사 중단에 따른 하도급업체 조업중단(대법원 1970.5.26. 70다523), 원자재 부족(행정해석 근기1455-11502) 등이 있다.

3) 휴업수당의 금액

휴업수당은 평균임금의 100분의 70에 해당하는 금액을 지급하여야 하고(근로기준법 제46조제1항), 그 금액이 통상임금을 초과하는 경우 통상임금을 휴업수당으로 지급할 수 있다(단서). 단서 규정은 휴업한 근로자가 정상근로자 보다 수입이 많아지는 기현상을 방지하기 위함이다.

사용자의 고의·과실에 의한 휴업인 경우 근로자에게 근로기준법상 휴업수당청구권뿐만 아니라 민법상 임금청구권도 발생하며, 근로자는 양자 중 선택적으로 청구할 수 있다.

판례는 민법 제538조제2항에 따라 근로불능 시 임금청구권에 대하여는 중간수입이 있으면 이를 공제할 수는 있지만, 그 공제의 범위와 관련하여 근로기준법상 휴업수당은 강행적으로 설정된 기준금액이므로 휴업수당을 초과하는 금액범위에서만 공제하여야 하는 것으로 본다(대법원 1993.11.9. 93다37915).

4) 휴업수당의 감액

사용자가 귀책사유가 있다 하더라도 부득이한 사유로 사업계속이 불가능하여 노동위원회의 승인을 얻은 경우 사용자는 평균임금의 100분의 70에 미달하는 휴업수당을 지급할 수 있다(근로기준법 제46조제2항). 이는 사용자의 지나친 부담을 완화하기 위해 둔 규정이다.

감액요건은 다음과 같다. 첫째, 부득이한 사유가 발생하여야 한다. 부득이한 사유를 ① 천재지변이나 이에 준하는 정도의 불가항력적 사유로 보는 견해와, ② 사용자의 세력범위 내에서 발생했으나, 사업 외부 사정에 기인한 사유로 보는 견해가 있다.

불가항력적 사유는 애초부터 지급사유에 해당하지 않아 감액할 필요도 없다는 점에서 사용자의 세력범위 내에서 발생했으나, 사업 외부 사정에 기인한 사유로 보는 견해가 타당하다고 본다. 한편, 판례는 파업으로 인하여 정상조업이 불가능한 경우를 부득이한 사유로 보아 휴업수당지불 예외사유로 인정한 바 있다(대법원 2000.11.24. 99두4280).

둘째, 사업계속이 불가능하여야 한다. 즉, 사용자로서 노력을 다해도 조업을 일시 중단할 수밖에 없는 상황이 발생하여야 한다.

셋째, 노동위원회의 승인을 받아야 한다. 부득이한 사유로 사업을 계속하는 것이 불가능하더라도 노동위원회의 승인을 받지 못하면 휴업수당의 적용이 완화되지 않는다(대법원 1993.11.9. 93누1671). 노동위원회의 승인의 유무는 관계 당사자들 사이의 수당지급채권의 발생 여부에 대하여 직접적인 영향을 미치는 것이므로 노동위원회의 승인은 행정처분이다(대법원 1968.9.17. 68누151).

감액의 정도에 대해서는 평균임금의 100분의 70 이하로 감면을 할 수 있지만 적정수준의 휴업수당은 반드시 지급하여야 한다는 견해가 있으나, 판례는 감액의 하한선에 대한 제한이 없으므로 전혀 지급하지 않는 것도 허용된다고 본다(대법원

2000.11.24. 99두4280).

5) 쟁의행위와 휴업수당

노동조합이 정당한 파업을 하는 경우 근로관계는 정지되므로 당해 근로자에 대한 휴업수당 지급 의무는 문제되지 않는다. 그러나 부분파업으로 조업이 불가능하게 된 경우 파업불참가자이면서 근로희망자에 대하여 휴업수당을 지급해야 하는지에 대해 견해가 대립된다.

긍정설은 쟁의행위로 인한 조업중단이 노동조합과의 근로조건을 둘러싼 단체교섭에서 사용자가 내린 결정에 기인한 결과로서 사용자의 귀책사유에 해당하므로 휴업수당 지급의무가 있다고 한다.[9)]

부정설은 근로희망자에게 휴업수당을 지급하는 것은 투쟁평등의 원칙에 반하며, 파업을 통해서 개선된 근로조건은 파업 불참자에게도 유리하게 적용된다는 연대적 관점에 비추어 휴업수당 지급은 타당하지 않다고 한다.[10)]

판례는 쟁의행위로 정상조업이 불가능했던 경우 사용자가 노동위원회에 휴업수당 전액 면제를 신청하여 승인받아 휴업수당을 지급하지 않은 사안에서, 이러한 노동위원회의 전액 면제 승인이 정당하다고 본 바 있다(대법원 2000.11.24. 99두4280).

행정해석을 보면, 부분파업의 경우 근로희망자만으로 조업을 할 수 있음에도 사용자가 이를 거부한 경우에는 사용자의 귀책사유로 인한 휴업으로 보아 휴업수당을 지급해야 한다(임금근로시간정책팀-2978, 2006.10.10.). 한편, 직장폐쇄의 정당성이 인정되는 경우에는 노무수령 거부와 민법상의 수령지체에 해당되지 않아 임금지급 의무가 면제되나, 정당성이 인정되지 않을 때에는 법 제46조의 휴업으로 보아 평균임금의 70% 이상의 휴업수당을 지급할 의무가 있고, 휴업수당을 지급하였다면 휴업수당 이상에 해당되는 부분에 대하여 민사청구가 가능한 것으로 본다(임금근로시간정책팀-208, 2008.1.21.).

---

9) 박홍규, 노동법론, 삼영사, 1998, p.890

10) 김형배, 노동법(제27판), 박영사, pp.444~446; 이상윤, 노동법(제15판), 법문사, 2017, p.243.

8. 임금채권 우선변제

1) 의 의

근로기준법은 근로관계로 인한 근로자의 임금채권 변제순위에 특별한 규정을 두고 있다(근로기준법 제38조). 이는 사용자가 도산·파산한 경우 민법의 일반 변제순위에 따르게 되면 근로자의 임금채권을 보장 받기가 곤란한 경우가 많으므로 근로자에게 실질적으로 임금채권의 변제순위를 확보하기 위해 필요하다.

따라서 임금우선특권 제도는 근로자의 생활안정, 특히 사용자가 파산하거나 사용자의 재산이 다른 채권자에 의해 압류되었을 경우에 사회·경제적 약자인 근로자의 최저생활보장을 확보하기 위한 사회정책적 고려에서 일반 담보물권자 등의 희생 아래 인정되어진 제도로서 그 공익적 성격이 매우 강하다고 볼 것이다(대법원 2005.10.13. 2004다26799).

2) 근로기준법상 우선변제와 최우선변제

채권의 우선변제순위를 종합하면 ① 최종 3월분의 임금·최종 3년간의 퇴직금 및 재해보상금(최우선변제), ② 질권·저당권에 우선하는 조세·공과금, ③ 질권·저당권에 의하여 담보된 채권, ④ 최우선변제되는 임금채권을 제외한 임금채권, ⑤ 조세·공과금 및 일반채권 순이다.

우선변제의 범위는 임금·퇴직금·재해보상금 기타 근로관계를 원인으로 하여 발생한 모든 금품에 대한 채권인데, 일반적인 조세·공과금 및 다른 채권에 우선하여 변제를 받을 수 있다(근로기준법 제38조제1항, 퇴직급여법 제12조제1항).

최우선변제에 있어서 최종 3월분의 임금·최종 3년간의 퇴직금 및 재해보상금에 대해서는 담보물권의 효력을 제한하면서까지 최우선변제 되도록 하였다(근로기준법 제38조제2항, 퇴직급여법 제12조제2항).

최우선변제가 되는 임금채권의 의미와 관련하여, ① 최종 3월분의 임금은 최종 3월분의 임금에 각종 수당이나 상여금을 제외한 기본급만을 의미한다는 견해[11]와

---

11) 김형배, 노동법, p.465.

그렇게 해석할 근거가 없으므로 최종 3월분의 임금 전체로 보아야 한다는 견해[12]가 있다. 최종 3개월의 의미에 대하여 판례는 기간 불문하고 체불임금 중 최종적으로 지급되지 않은 3개월분의 임금이 아니라 최종 3개월 동안에 지급되지 않은 임금으로 보고 있다(대법원 2008.6.26. 2006다1930).[13]

② 최우선변제가 되는 3년간의 퇴직금은 계속근로연수 1년에 대하여 30일분의 평균임금으로 계산한 금액으로 한다(퇴직급여법 제12조제3항).

③ 최우선변제 대상으로서 재해보상금은 제한이 없다. 다만, 산재보험법에 의하여 처리되는 경우가 대부분이어서 실질적으로 문제되는 경우는 거의 없다고 볼 수 있다.

3) 사용자의 총재산

사용자란 근로계약 당사자로서 임금채무를 일차적으로 부담하는 사업주를 의미한다. 그러므로 직상수급인의 귀책사유로 하수급인과 임금채무에 대해서 연대책임을 진다고 하더라도 직상수급인의 총재산은 임금채권우선변제의 대상이 아니다(대법원 1997.12.12. 95다56798). 사용자의 총재산은 동산·부동산은 물론 각종 유·무형의 재산권을 포함한다(대법원 2004.5.27. 2002다65905).

4) 우선변제의 방법과 한계

배당요구 채권자는 경락기일까지 배당요구를 한 경우에 한하여 비로소 배당을 받을 수 있고, 적법한 배당요구를 하지 아니한 경우에는 실체법상 우선변제청구권이 있는 채권자라 하더라도 배당을 받을 수 없다(대법원 1997.2.25. 96다10263).

근로기준법 제38조제1항 및 제2항이 임금채권에 대하여 최우선변제 등 보호를 하고 있더라도 사용자가 파산하거나 강제집행 절차가 불능일 경우, 법적보호를 받기 어려운 한계가 있다. 이를 위해 임금채권보장법상의 체당금(대지급금)제도가 있다.

---

12) 이상윤, 노동법, p.253.

13) 이 판례의 사례를 보면, 최종 3개월인 8, 9, 10월의 기간 중에서 8월분의 임금을 지급한 경우 최종 3개월 임금은 최종적으로 지급되지 않은 3개월분(7, 9, 10월)이 아니라 최종 3개월 동안 지급되지 않은 9, 10월 임금이다.

9. 임금채권보장법

1) 의의와 적용범위

임금채권보장 제도는 기업의 도산 등으로 퇴직한 근로자가 체불임금 및 퇴직금을 지급받지 못한 경우 국가가 임금채권보장기금에서 사업주를 대신하여 일정범위의 체불임금·휴업수당·퇴직금을 지급함으로써 근로자의 기본적인 생활안정을 도모하는 제도이다.

근로기준법 제38조는 근로자의 임금채권 우선변제 규정을 두고 있는데 기업의 도산 등으로 사업주의 변제능력이 없는 경우 또는 우선변제권 행사를 위해서는 경매절차를 거쳐야 하는 등 그 실효성 문제가 있다. 이러한 문제점을 해결하기 위하여 임금채권보장법(임금채권법)을 제정하여 1998.7.1.부터 시행하고 있다.

산재보험법이 적용되는 상시근로자 1인 이상의 사업 또는 사업장에 산재보험 가입과 동시에 별도 절차 없이 자동 적용된다. 다만, 국가 및 지방자치단체가 직접 수행하는 사업은 사실상 도산의 위험이 없다고 보아 적용이 제외된다(임금채권법 제3조 및 단서).

2) 체당금(대지급금) 지급요건

임금채권보장제도에 의한 대지급금은 사업이 6월 이상 행해진 후에 ① 채무자 회생 및 파산에 관한 법률에 따른 파산선고, ② 채무자 회생 및 파산에 관한 법률에 따른 회생절차개시결정, ③ 고용노동부장관의 도산 등 사실인정과 같은 지급사유가 발생한 경우(임금채권법 시행령 제5조, 제8조), 사유발생일의 1년 전이 되는 날 이후부터 3년 이내에 당해 사업(장)에서 퇴직한 근로자에 대하여 지급된다(임금채권법 시행령 제7조). 간이대지급금(총 상한액 1000만원 한도)의 경우에는 퇴직일 다음 날부터 2년 이내에 체당금 지급요건에 해당하는 판결, 조정 또는 결정 등에 관한 소의 제기 또는 신청, 체불임금 등 사업주 확인서의 발급·확인 등을 한 근로자에 대하여 지급된다.

대지급금 지급대상이 되는 금품은 최종 3월분 임금 · 최종 3년간 퇴직금·최종 3월분 휴업수당이다. 임금·물가상승률 및 기금의 재정상황 등을 고려하여 고용노동부장관이 기획재정부장관과 협의하여 퇴직 당시 근로자의 연령에 따라 상한액을 정하고, 대지급금이 적은 경우에는 지급하지 아니할 수 있다(임금채권법 제7조제2항 및 시행령 제6조).

고용노동부장관이 근로자에게 대지급금을 지급한 때에는 그 지급한 금액의 한도 안에서 당해 사업주에 대한 당해 근로자의 미지급 임금 및 퇴직금청구권을 대위한다(임금채권법 제8조제1항). 이 때 근로기준법 제38조제2항의 규정에 의한 임금채권 우선변제권은 대위되는 권리에 존속한다(제8조제2항).

3) 사업주의 부담금

고용노동부장관은 미지급임금 등을 대신 지급하는데 드는 비용에 충당하기 위하여 사업주로부터 부담금을 징수한다(임금채권법 제9조제1항). 그 사업에 종사하는 근로자의 임금총액에 1천분의 2의 범위에서 임금채권보장기금심의위원회의 심의를 거쳐 고용노동부장관이 정하는 부담금비율을 곱하여 산정한 금액이다(제9조제2항).

일정한 경우 부담금이 경감될 수 있는데(제10조), ① 퇴직금을 미리 정산하여 지급한 사업주, ② 퇴직급여법에 따른 퇴직연금제도를 설정한 사업주, ③ 외국인 근로자의 고용 등에 관한 법률에 따라 외국인 근로자 출국만기보험·신탁에 가입한 사업주의 경우가 그러하다.

4) 수급권의 보호

대지급금을 지급받을 권리는 양도하거나 담보로 제공할 수 없다(임금채권법 제11조제1항). 체당금을 지급받을 권리가 있는 자가 부상 또는 질병으로 인하여 체당금을 수령할 수 없는 경우 그 가족에게 수령을 위임할 수 있다(제11조제2항 및 시행령 제18조제1항). 미성년자인 근로자는 독자적으로 체당금의 지급을 청구할 수 있다(제11조제3항).

10. 퇴직급여

(1) 의 의

우리나라는 선진국에 비해 매우 빠른 속도로 고령화가 진행되고 있으나, 국민연금제도는 선진국에 비해 늦게 시작되었고, 연금 수령자의 평균 수령 금액도 낮은 상황으로 노후대비에 미흡한 실정이다. 따라서 기업에서의 퇴직금이나 퇴직급여가 노후의 소득측면에서 중요한 역할을 차지한다.

그러나 퇴직금은 근로자 퇴직 시 연령과 관계없이 일시금으로 받았기 때문에 근로자의 안정적인 노후소득 확보에 기여하지 못하는 경우가 많았고, 기업이 도산하면 근로자는 퇴직금을 받을 수 없는 상황이 발생했다. 이러한 문제를 해결하기 위해 2005년 퇴직급여보장법(퇴직급여법)이 제정되어 퇴직연금제도가 도입되었으며, 2011년 법이 개정되어 법 시행일 이후에 새로 성립되는 사업에 대해서는 퇴직연금제도의 설정을 의무화하고, 퇴직금 중간정산 지급요건을 엄격하게 규제하여 노후소득보장 기능을 강화하였다.[14)]

퇴직급여법은 근로자를 사용하는 상시 4명 이하의 근로자를 사용하는 사업을 포함한 모든 사업 또는 사업장에 적용하며, 다만 동거하는 친족만 사용하는 사업 및 가구 내 고용활동에 대해서는 적용하지 않는다(퇴직급여법 제3조).

(2) 퇴직급여제도의 설정과 변경

1) 퇴직급여제도의 선택적 설정

사용자는 퇴직하는 근로자에게 퇴직급여를 지급하기 위하여 퇴직급여제도 중 하나 이상을 설정해야 한다(퇴직급여법 제4조제1항 본문). 퇴직급여제도에는 ① 확정급여형(Defined Benefit) 퇴직연금제도, ② 확정기여형(Defined Contribution) 퇴직연금제도, 그리고 ③ 퇴직금제도의 세 가지 종류가 있다(제2조제6호). 이들 중에서 하나 이상의 제도를 선택·설정해야 하므로 이들 중 하나만 설정할 수도 있고, 두 가지 이상을 병행하여 선택할 수도 있다.

퇴직연금제도 중 확정급여형은 근로자의 퇴직급여가 사전에 확정되고, 사용자의 적립부담은 적립금 운용결과에 따라 변동하는 제도이며, 확정기여형은 사용자의 부담금이 사전에 확정되고, 근로자의 퇴직 급여는 적립금 운용결과에 따라 변동하

14) 김형배·박지순, 노동법강의(제12판), 신조사, 2023, pp.270~279.

는 제도이다.[15]

퇴직금제도와 확정급여형·확정기여형 퇴직연금제도를 비교하면 〈도표 5-7〉과 같다.

〈도표 5-7〉 퇴직금제도 및 퇴직연금제도 비교

구 분	퇴직금	확정급여형	확정기여형
퇴직급여 형태	일시금	연금 또는 일시금	연금 또는 일시금
급여수준	근속년수 1년당 30일분의 평균임금	일시금 기준으로 퇴직금과 동일	근로자 각자의 운용실적에 따라 변동
사용자 부담	근속년수 1년당 30일분의 평균임금	퇴직금과 같음	연간 임금총액의 12분의 1 (년 1회 이상납부)
적립방식과 수급권 보장	사내적립, 불안정, 도산위험에 취약	부분 사외적립, 부분 보장, 도산위험 존재	전액 사외적립, 보장
적립금의 운용	사용자	사용자	근로자

자료: 고용노동부, 2018 한권으로 통하는 고용노동정책, 2018, p.208.

2) 퇴직급여제도의 설정과 변경 절차

사용자가 퇴직급여제도를 설정하거나 설정된 퇴직급여제도를 다른 종류의 퇴직급여제도로 변경하려는 경우 또는 설정된 퇴직급여제도의 내용을 근로자에게 불리하게 변경하려는 경우에는 근로자대표의 동의를 받아야 한다(퇴직급여법 제4조제3항, 제4항). 그러나 그 변경이 근로자에게 달리 불리하지 않은 경우에는 근로자대표의 의견을 듣는 것만으로 충분하다(제4조제4항).

3) 신규 사업에 대한 특례와 설정의무의 예외

2011년 7월 퇴직급여법 개정에 따라 2012.7.26. 이후 새로 성립된 사업(합병·분할된 경우는 제외)의 사용자는 근로자대표의 의견을 들어 사업의 성립 후 1년 이

15) 고용노동부, 2018 한권으로 통하는 고용노동정책, 2018, p.208.

내에 확정급여형 또는 확정기여형 퇴직연금제도를 설정해야 한다(제5조). 근로자의 노후생활의 안정을 확보하기 위하여 새로 설립된 사업에 한하여 퇴직금제도의 선택·설정을 배제하고 퇴직연금제도 설정을 의무화한 것이다.

그리고 퇴직급여법에서는 퇴직급여제도 설정에 대한 예외를 두고 있는데, ① 계속근로기간이 1년 미만이거나, ② 4주간을 평균하여 1주간의 소정근로시간이 15시간 미만인 근로자에 대해서는 퇴직급여의 지급 및 퇴직급여제도의 설정의무가 없다(제4조제1항 단서). 또한, ③ 공무원·군인·사립학교 교직원 등 별도 연금제도의 적용을 받는 자도 설정의무가 없다.

한편, 퇴직급여제도를 설정하는 경우 하나의 사업에서 급여 및 부담금 산정방법에 관하여 차별을 두어서는 아니된다(퇴직급여법 제4조제2항).

(3) 퇴직금제도

1) 의 의

퇴직금제도를 설정하려는 사용자는 계속근로기간 1년에 대하여 30일 분 이상의 평균임금을 퇴직금으로 퇴직하는 근로자에게 지급할 수 있는 제도를 설정해야 한다(퇴직급여법 제8조제1항). 한편, 사용자가 퇴직급여제도를 설정하지 않거나 상시 10명 미만의 근로자를 사용하는 사업의 사용자가 개인형 퇴직연금제도를 설정하지 않는 경우에는 퇴직금제도를 설정한 것으로 본다(제11조).

이러한 퇴직금의 법적 성질과 관련하여 근로자의 근속에 대한 공로의 보상(공로보장설), 퇴직 후의 생활보장(생활보장설) 등으로 보는 견해가 있으나, 퇴직금은 재직기간 동안의 근로에 대한 대가로 퇴직 시에 지급되는 임금이므로 원칙적으로 '임금후불설'이 판례의 입장이다(대법원 1975.7.22. 68다2130). 단, 누진제 퇴직금의 경우에는 공로보상의 성격과 생활보장적 급여로서의 성격도 함께 가진다고 본다(대법원 1995.10.12. 94다36186).

한편, 법원은 퇴직금은 사용자가 일정기간을 계속근로하고 퇴직하는 근로자에게 그 계속근로에 대한 대가로서 지급하는 후불적 임금의 성질을 띤 금원으로서 구체적인 퇴직금청구권은 계속근로가 끝나는 퇴직이라는 사실을 요건으로 하여 발생되는 것으므로, 최종 퇴직 시 발생하는 퇴직금청구권을 사전에 포기하거나 사전에 그에 관한 민사상 소송을 제기하지 않겠다는 부제소특약을 하는 것은 강행법규인 구 근로기준법에 위반되어 무효라고 판시하고 있다(대법원 1998.3.27. 97다49732).

2) 퇴직금의 산정

사용자가 퇴직하는 근로자에게 지급해야 할 퇴직금은 '계속근로기간 1년에 대하여 30일분 이상의 평균임금'이다(퇴직급여법 제8조제1항). 즉, 30일분의 평균임금에 계속근로기간을 곱한 금액이 법률상 사용자가 지급해야 할 퇴직금의 최저액(법정퇴직금)이다.

퇴직금 산정의 기준이 되는 '평균임금'이란 근로기준법상의 평균임금을 말한다(제2조제4호). 다만, 월의 중도에 퇴직하고서도 취업규칙에 따라 그 달의 임금 전액을 지급받은 경우에는 그 임금 전액이 아니라 퇴직일까지의 근로에 대한 임금 부분만 평균임금의 계산에 포함시켜야 한다(대법원 1993.5.27. 92다24509).

3) 계속근로기간

① 의 의

'계속근로기간'이란 근로계약의 기간을 말하는 것이 아니라, 사실상 계속적으로 근로한 기간을 의미한다(대법원 2007.11.29. 2005다28358). 즉, 근로계약을 체결한 후 근로계약이 해지될 때까지의 기간을 말한다.

한편, 근로계약 기간이 만료되면서 다시 근로계약을 맺어 그 기간을 갱신하거나 동일한 조건의 근로계약을 반복하여 체결한 경우에는 갱신 또는 반복된 계약기간을 합산한다(대법원 1995.7.11. 93다26168).

② 근로계약 사이의 공백기간

갱신되거나 반복 체결된 근로계약 사이에 일부 공백기간이 있다 하더라도 그 기간이 상대적으로 짧고, 계절적 요인이나 당해 업무의 특성 등의 사정이 있으면 근로관계의 계속성은 그 기간에도 유지된 것으로 인정된다(대법원 2006.12.7. 2004다29736).

따라서 상용직·정규직으로 갱신하기 전에 일용직·임시직·촉탁직 등으로 근무한 기간은 계속근로기간에 포함된다(대법원 1982.4.13. 81다카137). 그러나 정년퇴직자를 재고용한 경우에는 당사자 간 합의로 그 이전의 재직기간을 계속근로기간에 제외할 수 있다.

③ 휴직기간, 유학·연수 기간 등

계속근로기간은 반드시 실제 근로를 제공한 기간으로 제한되는 것은 아니다. 따라서 근로자나 사용자의 귀책사유로 휴업한 기간, 업무상 재해 요양을 위한 휴업기간, 휴직기간, 유학·연수 기간, 연차휴가나 출산휴가 기간, 징계에 따른 정직·출근정지 기간, 노동조합 전임자로서 활동한 기간, 형사사건으로 구속·기소되어 직위해제 되었던 기간 등은 실제로 근로하지 않거나 임금이 지급되지 않았다 하더라도 계속근로기간에 포함된다.[16)]

④ 기업의 합병·양도

기업의 합병 또는 양도 등으로 근로계약관계가 다른 기업에 포괄적으로 승계된 경우에는 승계 이전의 근속기간도 계속근로기간에 포함된다(대법원 1990.11.27. 90다5429). 영업양도의 경우 특단의 사정이 없는 한 근로자들의 근로관계 역시 양수인에 의하여 계속적으로 승계되는 것으로, 영업양도 시 퇴직금을 수령하였다는 사실만으로 전 회사와의 근로관계가 종료되고 인수한 회사와 새로운 근로관계가 시작되었다고 볼 것은 아니다(대법원 2001.11.13. 2000다18608).

4) 퇴직금 중간정산

① 의 의

2012년 7월부터 개정·시행된 퇴직급여법에 따라 근로자의 노후생활 안정을 위해 퇴직금 중간정산 요건을 강화하였다. 즉, 사용자는 주택 구입 등 시행령으로 정하는 사유로 근로자가 요구하는 경우에는 근로자가 퇴직하기 전에 그 근로자의 계속근로기간에 대한 퇴직금을 미리 정산하여 지급할 수 있으며, 이 경우 미리 정산하여 지급한 후의 퇴직금 산정을 위한 계속근로기간은 정산 시점부터 새로 계산한다(퇴직급여법 제8조제2항).

---

16) 임종률, 노동법(제20판), 박영사, 2022, p.601.

② 요 건

첫째, 퇴직금 중간정산의 사유가 근로자의 주택 구입 등 시행령으로 정하는 사유에 따른 것이어야 한다. 퇴직금이 근로자의 노후 활용 재원으로 보존될 수 있도록 무주택자인 근로자의 주택 구입 등(퇴직급여법 시행령 제3조)에 사용 사유를 엄격하게 제한하고 있다(시행령이 정한 사유).

둘째, 근로자의 요구가 있을 경우에 퇴직금을 중간정산하여야 한다. 근로자의 요구는 자유로운 의사에 기인 것이어야 하며, 사용자가 먼저 근로자에게 요구하도록 강요하지 않아야 한다(근로자의 요구).[17]

셋째, 퇴직금 중간정산은 사용자의 의무가 아니라 재량 사항이므로 사용자는 근로자의 중간정산 요구에 대해 거절할 수 있다(사용자의 재량).

③ 효 과

첫째, 퇴직금 중간정산이 유효하게 이루어지면 계속근로기간은 단절되고, 정산된 시점부터 새롭게 퇴직금 산정이 시작된다. 다만, 퇴직금 이외의 승진·승급 또는 연차유급휴가 등을 산정할 때에는 계속근로기간이 지속적으로 합산된다.

둘째, 퇴직금 중간정산이 소정의 요건을 갖추지 못하였는데 중간정산이 이루어진 경우에는 정산시점이 아니라 입사시점부터 계속근로기간을 계산한다. 이 경우 근로자가 받은 퇴직금은 부당이득에 해당되므로 사용자가 반환을 청구할 수 있다.[18]

5) 퇴직금 분할지급

① 퇴직금으로서의 효력

사용자가 매월 급여 또는 연봉에 퇴직금 명목으로 일정한 금원을 근로자에게 지급해왔던 경우, 이러한 금원이 퇴직금으로서의 효력을 발생시키는지가 문제된다.

퇴직금은 퇴직이라는 근로관계의 종료를 요건으로 하여 비로소 발생하므로, 근로계약이 존속하는 동안에는 원칙적으로 퇴직금 지급의무가 발생할 여지가 없다.

---

17) 임종률, 노동법, pp.602~603.
18) 임종률, 노동법, p.604.

그러므로 매월의 급여 속에 퇴직금 명목으로 일정 금원을 지급했다고 하더라도 그것은 퇴직금으로서의 효력이 없으므로(대법원 2005.3.11. 2005도467), 근로자는 별도로 퇴직금을 청구할 수 있다.

② 부당이득반환의 문제

근로자가 퇴직금 분할지급의 무효를 주장하며 퇴직금을 다시 청구할 경우, 사용자가 이미 지급한 퇴직금 명목 금원의 반환을 청구할 수 있는지가 쟁점이 된다.

실질적인 퇴직금 분할약정이 존재하는 경우에는 퇴직금 분할 약정은 무효이고, 이 약정에 기해 근로자가 지급받은 퇴직금 명목의 금원은 부당이득에 해당하므로 사용자에게 반환해야 하지만 퇴직금 분할약정이 그 형식만을 취한 경우에는 적용되지 않는다(대법원 2010.5.20. 2007다90760).

즉, 임금과 구별하여 추가적으로 퇴직금 명목의 일정한 금원을 실질적으로 지급할 것을 약정한 경우에만 부당이득에 해당하여 이를 반환해야 한다(대법원 2010.5.20. 2007다90760).

③ 부당이득반환채권과 근로자의 퇴직금채권 간의 상계

근로자가 퇴직한 경우, 사용자가 갖는 부당이득반환채권을 자동채권으로 하여 근로자의 퇴직금채권과 상계할 수 있는지 문제된다. 이와 관련하여 2010년 대법원(전원합의체 판결)은 근로자가 이미 퇴직하여 경제생활의 직접적 기반을 이루는 임금을 지급받는 근로계약관계에 있지 않고, 이와 같은 상계로 인해 근로자의 경제생활의 안정을 해하는 결과를 초래하지 않는다는 이유로, 사용자의 부당이득반환채권을 자동채권으로 하여 근로자의 퇴직금채권과 상계하는 것은 허용된다고 판시하였다(대법원 2010.5.20. 2007다90760 다수의견).

다만, 퇴직금 상계 허용 시 상계의 범위를 보면, 민사집행법 제246조 제1항 제5호는 '퇴직금채권의 2분의 1에 해당하는 금액'을 압류금지 채권으로 규정하고 있고, 민법 제497조는 '압류금지채권의 채무자는 상계로 채권자에게 대항하지 못한다.'고 규정하고 있으므로, 퇴직금과의 상계를 허용한다고 하더라도 퇴직금채권의 2분의 1을 초과하는 부분에 해당하는 금액에 관하여만 상계가 허용된다(대법원 2010.5.20. 2007다90760).

제2절 근로시간과 휴식

1. 근로시간

(1) 의 의

근로기준법상 근로시간이라 함은 근로자가 사용자의 지휘·감독 하에 근로계약상의 근로를 제공하는 시간, 즉 사용자의 지휘·명령 하에 있는 시간으로서 실제의 작업시간은 물론 근로자가 그의 노동력을 사용자의 처분 아래에 있는 시간을 말한다(대법원 1992.10.9. 91다14406).

따라서 실제 근로제공을 하고 있는 시간만이 아니고 근로자의 노동력을 사용자의 처분하에 둔 시간이면 근로시간에 해당하며, 시업시각과 종업시각은 근로계약서 및 취업규칙의 필요적 기재사항이다.

장시간 근로는 근로자의 건강과 문화적 생활을 위협할 뿐 아니라 노동능률도 저하시키기 때문에 근로기준법은 1주 및 1일의 근로시간에 대하여 한도 즉, 법정 근로시간을 설정하고 있다.

우리나라의 연간 근로시간은 OECD국가 중 상위권에 속한다. 이에 따라 국민행복지수가 최하위권에 있고, 낮은 생산성, 산업재해 발생 등 사회문제가 발생하고 있다. 따라서 이러한 장시간 노동을 개선하고 '국민의 휴식 있는 삶'과 '일과 생활의 균형(Work and Life Balance)'을 실현하기 위해 2018년 3월 근로시간 단축과 관련된 근로기준법 개정이 이루어지게 되었다.[19)]

〈도표 5-8〉 OECD 주요 국가의 연간 근로시간

국가명	한국	멕시코	칠레	미국	일본	영국	프랑스	네델란드	독일	OECD 평균
근로시간	1915	2,128	1916	1,791	1,601	1,497	1,490	1,471	1,349	1,716

자료: OECD, Stats.OECD.org; 임금 근로자 기준(2021년).

19) 고용노동부, 개정 근로기준법 설명자료(근로시간 단축 등), 2018.5.

(2) 근로시간 단축을 위한 2018년 개정 근로기준법의 주요 내용

세계 최장의 근로시간을 개선하기 위해 2018년 3월 근로기준법을 개정하여 1주 최대 52시간 규정을 도입하고, 연장 근로시간 제한이 없는 특례업종을 대폭 축소하였으며, 그간 사회적 논란이 지속되어 왔던 휴일근로 가산수당 할증률을 입법화하였고, 일반 근로자에게도 공무원과 동일한 공휴일을 적용하게 하는 등 제도 개선이 이루어졌다.

특히 근로기준법 개정으로 1주간 법정 근로시간 40시간에 연장근로 12시간을 더한 52시간이 1주 최대근로시간이 되도록 하였다. 종래에는 당사자 합의에 의한 연장 근로시간을 휴일근로시간(최대 2일 16시간)에 포함하지 않음으로써 1주 최대 68시간(법정근로 40시간 + 연장근로 12시간 + 휴일근로 16시간)까지 근로가 가능하였으나 1주를 '휴일을 포함한 7일'로 규정함으로써 원칙적으로 1주 최대 근로시간이 52시간으로 제한된다.

따라서 종래 상대적으로 풍족하게 사용하던 근로시간 자원의 희소성이 증가함에 따라 기업에서는 연장근로를 최소화하려 하고, 종래 크게 문제되지 않았던 휴게·대기·교육·출장·회식 시간 등이 근로시간에 포함되는지가 주요 쟁점이 되었으며, 탄력적·선택적 근로시간제 등 유연근로시간 제도에 대한 관심이 상당히 증가하게 되었다.

아래 〈도표 5-9〉에서는 근로시간 단축 관련 개정된 근로기준법을 요약·설명하고, 구체적인 내용은 관련된 부분에서 상세히 설명하기로 한다.

〈도표 5-9〉 근로시간 단축 주요 개정내용

구 분	주요 내용	근로기준법 조항	규 모
노동시간 단축	1주 최대 근로시간에 연장·휴일 근로 포함(최대 68시간 →52시간)	제2조, 제53조	300인 이상
			50인~299인 (특례제외업종 포함)
			5인~49인 (특례제외업종 포함)
특별연장근로 한시적 도입	근로자대표와 서면합의 시 8시간 특별연장근로 한시적 인정	제53조	30인 미만
특례업종 축소	특례업종을 종래 26개에서 5개로 축소	제59조	제외(21개)
			유지(5개) 11시간 연속휴식 (특례 도입 시)
휴일근로 할증률	휴일근로 할증률 8시간 이내는 50%, 8시간 초과시 100%	제56조	5인 이상
관공서 공휴일 민간적용	관공서의 공휴일을 민간의 유급휴일로 의무 적용	제55조	300인 이상
			30인~299인
			5인~29인
연소근로자 노동시간 단축	법정 근로시간 1주 40시간에서 35시간으로, 연장근로시간 1주 6시간에서 5시간으로 단축	제69조	1인 이상

자료: 〈고용노동부, 개정 근로기준법 설명자료(2018.5.)〉를 참조하여 작성.

(3) 법정 근로시간

법정 근로시간은 1953년 5월 제정 근로기준법 당시 1주 48시간, 1일 8시간이었다가 1989년 3월 개정법에서 1주 44시간, 1일 8시간으로, 이후 2002년 9월 개정법에서 주40시간, 1일 8시간으로 단축되어 왔다.

이러한 법정 근로시간의 상한은 절대적인 것이 아니고, 이를 기준으로 하여 일정한 요건 아래 법정 근로시간의 유연화 제도와 연장근로 허용 등을 통해 광범위한 예외를 인정하고 있다. 이러한 점에 비추어 법정 근로시간을 '기준근로시간'이라 부르기도 한다.

현행법은 근로자의 연령 또는 작업의 성질에 따라 일반근로자와 연소자 및 유해위험작업종사자의 세 가지로 나누어 법정 근로시간을 각각 달리 규정하고 있다.

〈도표 5-10〉 법정 근로시간 제도

구 분	기준근로시간		연장근로	야간근로	휴일근로
	1일	1주			
남성	8시간	40시간	당사자합의 1주 12시간	–	–
여성	8시간	40시간	당사자합의 1주 12시간	본인동의	본인동의
산후 1년 미만 여성	8시간	40시간	당사자합의 1일 2시간, 1주 6시간, 1년 150시간	본인동의, 장관 인가	본인동의, 장관 인가
임신 중 여성	8시간	40시간	불가	명시적 청구, 장관 인가	명시적 청구, 장관 인가
15~18세 연소자	7시간	35시간	당사자합의 1일 1시간, 1주 5시간,	본인동의, 장관 인가	본인동의, 장관 인가

자료: 고용노동부, 근로기준법상 근로시간 규정의 주요내용 2021.3.

1) 일반근로자

1주간의 근로시간은 휴게시간을 제하고 40시간을 초과할 수 없고, 1일의 근로시간은 휴게시간을 제하고 8시간을 초과할 수 없다(근로기준법 제50조제1항·제2항).

여기서 '1주'는 통상 일요일부터 토요일까지의 달력상의 1주를 의미하지만 반드시 이러한 것이 아니라 단체협약, 취업규칙 및 근로계약 등에서 정한 특정일 또는 개개 근로자의 채용일을 기점으로 하여 7일을 의미할 수도 있다. '1일'은 일반적으로 오전 0시부터 24시까지를 가리킨다.

한편 일반근로자의 경우, 법정 근로시간을 유연하게 운영하기 위해 탄력적 근로시간제도(근로기준법 제51조) 및 선택적 근로시간제도(근로기준법 제52조)를 채택하는 경우 1주 평균 40시간을 초과하지 아니하는 범위 안에서 1일 8시간, 1주 40시간을 초과하여 근무할 수 있다.

2) 연소근로자

개정된 근로기준법에 따르면, 15세 이상 18세 미만인 자의 근로시간은 1일 7시간, 1주 35시간을 초과하지 못하되, 다만, 당사자 사이의 합의에 따라 1일에 1시간, 1주에 5시간을 한도로 연장할 수 있다(근로기준법 제69조).

근로기준법 개정 이전과 비교하면, 15세 이상 18세 미만인 자의 근로시간은 1주 최대 근로시간은 40시간에서 35시간으로 축소되었고, 당사자 사이의 합의에 의한 연장 근로시간도 6시간에서 5시간 한도로 축소되었다. 따라서 월요일부터 금요일까지 1일 7시간 근무(주 35시간) 후에 토요일에 5시간 근무하였다면 개정법 이전에는 연장근로에 해당되지 않았지만 현행법에서는 연장근로에 해당되므로 통상임금의 50%를 가산하여 지급하여야 한다.[20]

연소자는 정신적·육체적으로 근로를 감당할 능력이 부족하고, 교육시간을 확보할 필요가 있다는 점을 고려하여 그 법정 근로시간을 성인근로자에 비해 짧게 규정한 것이다. 한편, 연소근로자의 경우 탄력적·선택적 근로시간제가 적용되지 않는다.

〈도표 5-11〉 연소근로자 근로시간 단축

구 분	근로기준법 개정 전	개정 후(2018.7.1. 시행)
기준 근로시간 한도	1일 7시간 1주 40시간 한도	1일 7시간 1주 35시간 한도
연장 근로시간 한도	1일 1시간 1주 6시간 한도	1일 1시간 1주 5시간 한도
최대 근로가능시간	1주 46시간 (주 40시간 + 연장근로 6시간)	1주 40시간 (주 35시간 + 연장근로 5시간)

3) 유해위험작업 종사자

산업안전보건법 시행령으로 정하는 유해위험작업 즉, 잠함·잠수 작업 등 고기압 아래서 하는 작업에 종사하는 근로자에 대해서는 1주 6시간, 1주 34시간을 초과하여 근로하게 하여서는 아니 된다(산업안전법 제139조, 산업안전법 시행령 제99조). 이

20) 고용노동부, 노동시간 단축 가이드, 2018.6., pp.26~27.

는 건강상 고도의 유해·위험성을 가지는 잠수 작업 등에 종사하는 근로자의 생명과 건강을 보호하려는 것이다. 유해위험작업 종사자의 경우에도 탄력적·선택적 근로시간제가 적용되지 않는다.

(4) 근로시간의 산정

1) 소정근로시간

소정근로시간이란 법정 근로시간의 범위 내에서 근로자와 사용자간에 정한 근로계약상의 근로시간이다(근로기준법 제2조제1항제8호). 이는 다양한 근로시간제도 하에서 임금산정의 기준이 되는 근로시간이 된다.

소정근로시간을 초과하여 근무(초과근로)하더라도 총 근로시간이 법정 근로시간 범위 이내 즉, 법내 초과근로이면 연장근로에 해당하지 않는다.

2) 실근로시간

근로기준법상의 근로시간이란 근로자가 사용자의 지휘·감독하에서 근로계약상의 근로를 제공하는 시간을 의미하므로, 근로시간은 작업의 개시부터 종료까지의 시간에서 휴식시간을 제외한 시간 즉, 실근로시간을 말한다(근로기준법 제50조 제1·2항).

근로기준법상의 근로시간은 강행규정이므로 당사자가 계약 등에서 자유롭게 정할 수 있는 것이 아니고, 근로시간인지 여부는 당사자의 의사와 관계없이 객관적으로 판단되어야 한다. 그리고 근로시간에 해당되는지 여부는 사용자의 지휘·감독, 근로자의 업무수행의 의무정도, 업무수행을 거부한 경우 불이익의 정도, 업무 시간과 장소의 제한의 정도 등 구체적인 사실관계를 고려하여 사례별로 판단한다. 법원도 근로시간에 속하는지 여부는 특정업종이나 업무의 종류에 따라 일률적으로 판단할 것이 아니라 개별 사안에 따라 여러 사정을 종합하여 구체적으로 판단하여야 한다고 판시하고 있다(대법원 2017.12.5. 2014다74254).[21]

한편, 근로기준법상 실근로시간으로 인정되는 경우와 산재보험법상 산업재해로 인정되는 것은 구분되어야 한다. 근로시간은 주로 사용자의 지휘·명령하에서 이루

21) 이하, 고용노동부, 노동시간 단축 가이드, pp.86~87.

어지는 시간인가를 중심으로 임금을 계산하기 위해 엄격하게 판단하지만, 산업재해는 업무상 관련성이 있는지를 중심으로 근로자 보호 차원에서 상대적으로 폭넓게 인정되기 때문이다. 예를 들면 출퇴근 재해는 산업재해로 인정될 수 있지만 근로시간으로 인정되기는 어려운 것이다.

아래에서는 근로시간 해당 여부에 대한 판단기준과 사례를 대기시간·휴게시간 및 실근로에 부수되는 시간으로 구분하여 설명한다.

(5) 대기시간과 휴게시간

대기시간이란 근로를 하지 않고 대기하는 시간 즉, 근로대기 상태에 있는 시간을 말하며, 근로자가 사용자의 지휘·감독 아래에 있는 대기시간 등은 근로시간으로 본다(근로기준법 제50조제3항).

휴게시간이란 근로자가 근로시간 중에 사용자의 지휘·감독으로부터 벗어나 자유롭게 이용할 수 있는 시간을 말하며, 근로기준법은 근로시간이 4시간인 경우 30분 이상, 8시간인 경우 1시간 이상 휴게시간을 근로시간 도중에 부여하도록 규정하고 있다(근로기준법 제54조). 휴게시간은 근로자가 자유로이 이용할 수 있도록 하여야 하나, 직장질서나 시설관리를 위하여 필요로 하는 최소한의 제한조치는 허용된다.

핵심 판례 **근로시간과 휴게시간의 판단 기준**

근로시간에서 정한 휴식시간이나 수면시간이 근로시간에 속하는지 휴게시간에 속하는지는 특정 업종이나 업무의 종류에 따라 일률적으로 판단할 것이 아니다. 이는 근로계약의 내용이나 취업규칙과 단체협약의 규정, 근로자가 제공하는 업무의 내용과 구체적 업무 방식, 휴게 중인 근로자에 대한 사용자의 간섭이나 감독 여부, 자유롭게 이용할 수 있는 휴게 장소의 구비 여부, 그 밖에 근로자의 실질적 휴식을 방해하거나 사용자의 지휘·감독을 인정할만한 구체적 사정이 있는지와 그 정도 등 여러 사정을 종합하여 개별 사안에 따라 구체적으로 판단하여야 한다(대법원 2017.12.5. 2014다74254).

실무적으로 근로대기시간이 사용자의 지시가 있으면 곧바로 작업에 종사하여야 할 시간으로서 사용자의 지휘·감독 하에 있는 시간이라고 한다면, 휴게시간은 근로자가 사용자의 지휘·감독으로부터 해방되어 자유롭게 이용할 수 있는 시간이라고 할 수 있다.

따라서 휴식시간 등이 근로시간에 속하는지는 근로자가 그 시간을 자유롭게 이용할 수 있는지의 여부에 따라 구체적으로 판단하여야 할 것이다(대법원 1993.5.27. 92다24509). 따라서 근로자가 실제 작업에 종사하지 않더라도 '작업을 위하여 근로자가 사용자의 지휘·감독 아래에 있는 대기시간' 등은 근로시간으로 본다.

그러므로 작업 도중에 정전·기계고장·원료공급중단 등으로 인한 대기시간이나 자동차 운전사의 대기시간을 비롯한 작업과 작업 사이의 대기시간은 실질적으로 사용자의 지휘·감독 아래에 놓여있는 근로 대기시간으로서 임금이 지급되는 근로시간으로 보아야 할 것이다.

대기시간과 휴게시간에 대한 구체적인 판례를 보면 다음과 같다.

첫째, 법원은 경비원들의 점심 및 저녁식사를 위한 휴게시간과 심야의 수면시간에 대하여, 사용자의 지휘명령으로부터 완전히 해방되어 근로자들의 자유로운 이용이 보장된 식사시간 및 수면시간이 주어진 것으로 인정되는 경우에 한하여 그 시간만을 실제 근로시간에서 제외해야 한다고 판시하고 있다(대법원 2006.11.23. 2006다41990).

둘째, 아파트 경비원들의 야간휴게시간과 관련하여, 야간휴게시간에 경비실 내 조명을 켜 놓고 경비실 내 의자에 앉아 가면상태를 취하면서 급한 일이 발생하면 즉각 반응하도록 지시를 받았고, 야간휴게시간에 사용자의 지시로 순찰업무를 하였는데 경비원마다 매번 정해진 시간에 이루어지지 않아 나머지 휴게시간의 자유로운 이용이 방해된 것으로 보이는 점 등을 이유로 이 사건 아파트 경비원들의 야간휴게시간은 자유로운 이용이 보장되는 휴식·수면시간으로 보기 어렵고, 혹시 발생할 수 있는 긴급 상황에 대비하는 대기시간으로 볼 여지가 충분하다고 판단하였다(대법원 2017.12.13. 2016다243078).

셋째, 고시원총무의 휴게시간에 대해서는 휴게시간으로 사용할 수 있는 구체적 시간을 미리 정해주지 않고, 방문자나 신규 세입자가 찾아올 경우를 대비해 고시원을 벗어나지 않고 자리를 지키고 있어야 했고, 그 때 그 때 필요한 업무지시를 돌발적으로 받으면 이를 이행해야 하였던 점 등을 감안하면 고시원총무가 특별한 업무가 없어 휴식을 취하거나 공부를 하는 등으로 시간을 보냈다고 하더라도, 그 시간은 사용자의 지휘명령으로부터 완전히 해방되고 자유로운 이용이 보장되는 휴게시간이 아니라 근로를 위한 대기시간에 해당한다고 보았다(서울중앙지법 2017.6.23. 2017노922).

넷째, 최근 대법원은 버스기사들이 운행대기시간은 근로시간이라며 초과근로수당을 달라며 낸 임금소송에서 버스기사들의 운행대기시간은 사용자 측의 지휘나 감독 없이 휴식을 취하는 등 자유롭게 이용할 수 있기 때문에 운행대기시간 전부가 근로시간에 해당되지 않는다고 판시하였다.

내법원은 그 근거로서 ① 노사 간에 임금협정을 체결하면서 기본근로 8시간에 연장근로 1시간을 더한 9시간으로 합의하였는데, 이는 당시 1일 단위 평균 버스운행시간 8시간 외에 대기시간 중 1시간 정도가 근로시간에 해당할 수 있다는 것을 고려한 것으로 보이고, ② 근로자들이 대기시간 동안 임금협정을 통해 이미 반영된 1시간을 초과해 청소, 차량점검 및 검사 등의 업무를 했다고 볼 만한 자료가 없으며, ③ 사측이 대기시간 중에 기사들에게 업무에 관한 지시를 하는 등 구체적으로 지휘·감독했다고 볼 만한 자료도 없고, ④ 대기시간이 다소 불규칙하기는 했으나 다음 운행버스의 출발시각이 배차표에 미리 정해져 있었으므로, 기사들이 이를 휴식을 위한 시간으로 활용하는데 큰 어려움이 없었을 것이고, 실제 기사들은 휴게실에서 휴식을 취하거나 식사를 하는 등 대기시간 대부분을 자유롭게 활용한 것으로 보이는 점 등을 들고 있다(대법원 2018.6.28. 2013다28926).

(6) 교육 · 출장시간 등 실근로에 부수되는 시간

소정근로시간 외에 근로자의 활동이 실근로에 부수되는 경우에는 실제 업무와 관련성, 강제되는 정도 등에 따라 판단한다. 실근로에 부수된 작업이 단체협약·취업규칙 및 근로계약 등에 의무화되어 있거나, 사용자의 지휘·명령하에 행하여지는 경우 또는 업무수행에 필수불가결한 경우 등에는 이에 소요되는 시간은 근로시간에 포함된다(대법원 1993.3.9. 92다22770).

따라서 작업복 탈의, 목욕 등과 같은 단순한 준비나 정리, 출퇴근카드 입력 등은 특별한 사정이 없는 이상 실 근로시간으로 볼 수 없을 것이나, 복장을 갈아입는 시간, 보호장비 착용, 기계·기구의 점검 등 작업도구의 준비시간, 작업지시를 위한 회의시간, 업무의 인수·인계, 작업종료 후 정돈시간 등은 근로시간에 포함될 수 있다.

또한, 근무시간 외에 사업장 밖에서 하는 연수·교육이나 회사 행사에 참석하는 것이 의무적이고 업무로서의 성격이 강하면 근로시간에 포함된다고 보나, 근로자 개인적 차원의 법정 의무 이행에 따른 교육이나 이수가 권고되는 교육을 받는 시간은 근로시간으로 보기 어렵다.

아래에서는 실근로에 부수되는 시간이 근로시간에 해당되는지 여부에 대해서 유형별로 사례를 살펴본다.[22)]

1) 교육시간

사용자가 의무적으로 해야 되는 각종 교육을 직접 실시하는 경우 그 교육시간은 근로시간에 포함될 가능성이 높다. 판례는 운수종사자에 대한 보수교육시간은 교육 주체가 사용자가 아닐지라도 근로시간에 포함된다고 한다(대법원 2022.5.12. 2022다 203798). 반면, 근로자가 개인적으로 법정의무이행에 따른 교육을 받거나 이수가 권고되는 정도의 교육을 받는 경우 그 교육시간은 근로시간으로 보기 어렵다.

교육시간에 대한 행정해석을 보면, 사용자가 근로시간 중에 작업안전, 작업능률 등 생산성 향상을 위해 실시하는 직무교육과 근로시간 종료 후나 휴일에 소집하여 의무적으로 받도록 하는 교육시간(근기 01254-14835, 1988.9.29.) 및 특정 사업에 종사하는 전문인력은 반드시 이수토록 하고 교육 참석이 사용자의 지시·명령에 의

22) 〈고용노동부, 노동시간 단축 가이드, pp.91~97〉를 참조하여 작성.

해 이루어진 교육시간(근로개선정책과-2570, 2012.5.9.)은 근로시간에 포함되는 것으로 보았다.

한편, 근로자직업능력개발법에 따른 직업능력개발훈련의 경우에는 사용자가 근로자와 '훈련계약'을 체결할 수 있는데, 이러한 훈련계약에 근로시간 인정 여부, 임금지급 또는 훈련에 대한 보상 등의 권리·의무를 정하고 그에 따라 근로시간 여부를 판단하게 된다.

반면, 훈련계약을 체결하지 않고 이루어지는 직업능력개발훈련 시간은 근로를 제공한 것으로 보아 근로시간에 포함된다(직업능력개발법 제9조제3항). 훈련계약이 없이 실시되는 훈련은 소정근로시간 내에 실시하되, 해당 근로자와 합의하고 소정근로시간 외에 실시한 경우에는 그 시간은 연장근로시간에 포함된다. 법정 기준근로시간 외에 사업장 밖에서 훈련이 이루어진 경우에는 연장근로와 야간근로에 해당하는 임금을 지급하지 않을 수 있으나(제9조제5항), 훈련계약을 체결한 경우에는 그 계약에 따라 임금을 지급해야 한다.

2) 출장시간

출장시간의 경우에는 근로시간을 산정하기 어려운 경우가 많으므로 근로기준법 제58조의 사업장 밖 근로에 대한 근로시간 계산 특례 규정에 따라 소정근로시간(예: 1일 8시간)이나 통상 필요한 시간(예: 1일 10시간)을 근로한 것으로 간주할 수 있으나, 그 업무에 관하여 근로자대표와 서면 합의를 한 경우에는 그 합의에서 정하는 시간을 그 업무의 수행에 통상 필요한 시간으로 본다. 따라서 분쟁 방지를 위해서는 출장 유형별로 업무 수행에 통상 필요한 시간에 관한 기준과 원칙을 근로자대표와 서면 합의로 정해 놓을 필요가 있다.

3) 업무상 접대

근로자가 업무 수행과 관련이 있는 자를 소정근로시간 이외에 접대하는 경우에는 사용자가 지시하거나 최소한의 승인이 있을 때에 한하여 근로시간으로 인정할 수 있다.

업무상 접대 시간을 근로시간으로 인정할지 여부에 대해서 법원은 휴일골프의

라운딩 대상자들, 장소, 시간 등을 회사가 아닌 근로자의 상사인 상무 또는 근로자 등이 임의로 선정하였고, 휴일골프와 관련하여 누구도 회사에 출장복무서와 같은 형식으로 보고하지 않았으며, 휴일골프 참여 당시 근로자가 부서장으로서 자신의 직무를 원활히 수행하고 좋은 대내외 평가 등을 위하여도 자발적으로 참여할 동기가 있었던 것으로 보이는 점 등에 비추어 보면, 회사가 그 업무관련성 등을 인정하여 비용 등을 계산하였고, 휴일골프 상당수는 상사인 상무의 명시적·묵시적 지시에 의해 참여한 사정만으로는 휴일골프가 사용자의 구체적인 지휘·감독하에 이루어진 것으로 볼 수 없고 결국 근로기준법상 근로시간에 해당한다고 단정할 수는 없다고 판시하였다(서울중앙지법 2018.4.4. 2017가단5217727).

4) 워크숍과 세미나

워크숍이나 세미나의 경우 그 목적, 사용자의 지휘·감독 등을 기준으로 근로시간 여부를 판단하게 된다. 워크숍이나 세미나가 업무 성과 향상 등을 위한 목적으로 사용자의 지휘·감독 하에 이루어진 경우에는 근로시간으로 볼 수 있으나, 단지 조직의 결속이나 사기진작, 직원 간 단합을 위한 워크숍 등은 근로시간에 포함되지 않는다고 본다.

5) 회 식

일반적으로 회식은 사용자의 지휘·감독하에 이루어지는 기본적인 노무제공과는 다르게 조직 구성원의 사기진작, 단합, 친목도모 등을 위해 이루어지는 경우가 많으므로 근로시간으로 인정하기는 어렵다. 사용자나 관리자가 참석을 강제하였다고 하더라도 그러한 회식을 근로계약상의 노무제공으로 보기는 어렵기 때문이다.

2. 유연 근로시간 제도

(1) 의 의

근로시간을 1주 및 1일 단위로 규제하는 법정 근로시간은 근로자가 매주 5일 내지 6일을 출근하여 대략 8시간을 근로하는 규칙적인 근로형태를 전제로 하고 있다. 그러나 산업의 여건 변화와 근로자 개개인의 다양한 필요에 대응하여 집중적으로 근로하고 집중적으로 쉬는 불규칙적인 근로형태가 확산되고 있다.

따라서 근로자의 근로시간을 1주 및 1일 단위로 규제하는 대신, 세계적 입법 추세에 따라 일정한 기간 동안의 평균적인 근로시간으로 유연하게 규제하는 제도가 도입되었다. 이러한 유연 근로시간 제도는 기업에서 근로시간의 결정 또는 배치 등을 탄력적으로 유연하게 운영할 수 있도록 하는 제도이다. 즉, 업무량의 변동에 따라 근로시간을 적절하게 배분하거나 근로자가 근로시간을 선택하도록 함으로써 근로시간을 유연하고 효율적으로 활용할 수 있고, 근로시간 산정이 곤란한 경우에도 별도로 정한 근로시간을 근로시간으로 간주할 수도 있다.[23)]

근로기준법상 유연 근로시간 제도에는 탄력적 근로시간제(근로기준법 제51조), 선택적 근로시간제(제52조), 사업장 밖 간주근로시간제(제58조제1항, 제2항), 재량근로시간제(제58조제3항) 등이 있다〈도표 5-12〉.

2018년 근로시간 단축 등을 위한 근로기준법 개정으로 1주 최대 근로시간 한도가 휴일·연장근로를 포함하여 52시간으로 제한됨으로써 기업에서 유연근로시간제에 대한 관심이 크게 증가하고 있다.

기업은 유연 근로시간 제도를 활용함으로써 일과 생활의 균형이 가능한 근로환경을 조성하고, 경력단절과 숙련인력의 이직을 방지할 수 있으며, 사업과 직무의 특성에 따라 근로시간을 효율적으로 배분하여 기업의 업무생산성과 경쟁력을 향상시킬 수 있다.[24)]

23) 고용노동부, 유연근로시간제 가이드, 2018.6., p.3.
24) 고용노동부, 유연근로시간제 가이드, p.3.

〈도표 5-12〉 유연 근로시간 제도의 유형과 내용

유 형	내 용	적합 직무
탄력적 근로시간제 (근로기준법 제51조)	일이 많은 주(일)의 근로시간을 늘리는 대신 다른 주(일)의 근로시간을 줄여 평균적으로 법정 근로시간(주40시간) 내로 근로시간을 맞추는 근무제도	계절적 영향을 받거나 시기별(성수기·비수기) 업무량 편차가 많은 업종 등
선택적 근로시간제 (근로기준법 제52조)	일정기간(1월 이내)의 단위로 정해진 총 근로시간 범위 내에서 업무의 시작 및 종료시각, 1일의 근로시간을 근로자가 자율적으로 결정할 수 있는 제도	근로시간(근로일)에 따라 업무량의 편차가 발생하여 업무조율이 가능한 소프트웨어 개발, 사무관리(금융거래·행정처리 등), 연구, 디자인, 설계 등
사업장 밖 간주근로시간제 (근로기준법 제58조제1·2항)	출장 등 사유로 근로시간의 전부 또는 일부를 사업장 밖에서 근로하여 근로시간을 산정하기 어려운 경우에 소정 근로시간 또는 업무수행에 통상 필요한 시간을 근로한 것으로 인정하는 근무제도	근로시간 대부분을 사업장 밖에서 근로하는 영업직, A/S 업무, 출장업무 등
재량 근로시간제 (근로기준법 제58조제3항)	업무의 성질에 비추어 업무수행 방법을 근로자의 재량에 위임할 필요가 있는 업무로서 사용자가 근로자대표와 서면합의로 정한 근로시간을 근로한 것으로 인정하는 제도	근로기준법 시행령 제31조 및 관련 고시에서 정하는 업무에 한함 ① 신상품·신기술 연구개발, 인문사회과학·자연과학 연구 ② 정보처리시스템 설계 또는 분석 ③ 신문, 방송 또는 출판사업의 기사취재, 편성 또는 편집 ④ 의복·실내장식·공업제품·광고 등의 디자인 또는 고안 ⑤ 방송 프로그램·영화 등 제작사업에서의 프로듀서나 감독 ⑥ 회계·법률사건·납세·법무·노무관리·특허·감정평가 등의 사무에 있어 타인의 위임·위촉을 받아 상담·조언·감정 또는 대행을 하는 업무
보상휴가제 (근로기준법 제57조)	근로자대표와 서면합의를 통해 연장·야간·휴일근로에 대하여 임금을 지급하는 대신 유급휴가로 부여하는 제도	① 업무를 완료한 이후에는 일정기간 휴식기간을 가지는 직무 ② 다른 인력으로 하여금 대체업무 수행이 가능한 연구·교육 등의 직무

자료: 고용노동부, 근로기준법상 근로시간 규정 주요내용 2021.3.

(2) 탄력적 근로시간제

1) 개 념

탄력적 근로시간제란 미리 정한 바에 따라 특정한 주 또는 날에는 법정 근로시간을 초과하여 근로하더라도 일정한 기간 동안의 평균 근로시간이 1주간의 법정 근로시간을 초과하지 않으면 법정 근로시간을 초과하지 않은 것으로 취급하는 제도를 말한다.

이 제도는 일부 제조업이나 서비스산업에서 연속조업을 할 경우, 시기적으로 업무량의 차이가 심하여 업무량에 따라 소정근로시간을 배분하여야할 경우 등에 유용하다. 근로기준법은 일반근로자에 한하여 탄력적 근로시간제를 규정하면서 이를 단위에 따라 2주 이내의 것(근로기준법 제51조제1항)과 3개월 이내의 것(근로기준법 제51조제2항), 3개월 초과 6개월 이내의 것으로 구분하여 그 요건을 정하고 있다.

2) 2주 이내 탄력적 근로시간제

사용자는 취업규칙(취업규칙에 준하는 것 포함)에서 정하는 바에 따라 2주 이내의 일정한 단위기간을 평균하여 1주간의 근로시간이 40시간을 초과하지 않는 범위에서 특정한 주에 40시간을, 특정한 날에 8시간을 초과하여 근로하게 할 수 있다(근로기준법 제51조제1항 본문).

예를 들어 첫째주에는 44시간, 둘째주에는 36시간 근로를 할 경우 2주간의 평균 근로시간은 40시간[= (44+36)/2]이 되므로 초과근무수당이 발생하지 않는다.

2주 이내 탄력적 근로시간제 도입과 적용을 위한 요건은 다음과 같다.

첫째, 취업규칙으로 규정하여야 한다. 취업규칙의 작성의무가 있는 10인 이상의 근로자를 사용하고 있는 사용자는 취업규칙의 작성 및 변경을 통하여 이를 채택하여야 한다. 따라서 2주 단위의 탄력적 근로시간제도를 신규 도입하거나 개정할 경우 근로자집단의 의견청취를 의무화 하는 취업규칙의 변경절차가 필요하다.[25)] 10인 미만의 근로자를 사용하고 있는 사용자는 취업규칙의 작성의무가 없으므로

25) 김형배·박지순, 노동법강의(제12판), 신조사, 2023, p.343

(근로기준법 제93조), '취업규칙에 준하는 것'으로 이를 채택하여야 한다. 근로자대표와의 서면합의나 단체협약은 '취업규칙에 준하는 것'으로 볼 수 있다.

둘째, 탄력적 근로시간제 적용시 평균근로시간 및 상한시간이 제한된다. 2주 이내의 일정한 단위기간을 평균하여 1주간의 근로시간이 40시간을 초과하지 아니하는 범위에서 특정한 주에 40시간을, 특정한 날에 8시간을 초과하여 근로하게 할 수 있다. 다만, 특정한 주의 근로시간은 48시간을 초과할 수 없다(근로기준법 제51조제1항).

2주 이내 탄력적 근로시간제는 운수, 석유화학, 철강 등 연속적으로 근로가 이루어지는 업종에서 활용할 수 있다.

3) 3개월 이내 탄력적 근로시간제

사용자는 근로자대표와의 서면합의에 따라 소정의 사항을 정하면 3개월 이내의 단위기간을 평균하여 1주간의 근로시간이 40시간을 초과하지 않는 범위에서 특정한 주에 40시간을, 특정한 날에 8시간을 초과하여 근로하게 할 수 있다(근로기준법 제51조제2항).

3개월 이내 탄력적 근로시간제 도입과 적용을 위한 요건은 다음과 같다.

첫째, 근로자대표와의 서면합의가 있어야 한다. 3개월 이내 탄력적 근로시간제는 근로자의 생활규칙을 위협하는 정도가 2주 이내 탄력적 근로시간제에 비하여 심하기 때문에 사용자가 취업규칙에 따라 일방적으로 시행하는 것을 방지하자는 데 그 취지가 있다. 여기서 말하는 '근로자대표'란 '해당 사업 또는 사업장에 근로자 과반수로 조직된 노동조합이 있는 경우에는 그 노동조합, 그러한 노동조합이 없는 경우에는 근로자 과반수를 대표하는 자'를 말한다(근로기준법 제24조제3항).

둘째, 근로자대표와의 서면합의에는 ① 대상 근로자의 범위, ② 3개월 이내의 일정한 단위기간, ③ 단위기간의 근로일과 그 근로일별 근로시간, ④ 그 밖에 시행령으로 정하는 사항 즉, 서면합의의 유효기간을 미리 정하여야 한다(근로기준법 제51조 제2항, 시행령 제28조제1항).

3개월 이내 탄력적 근로시간제는 계절적 업종이나 일정 주기마다 업무량이 많아지는 업종, 즉 에어컨 등 냉난방 장비, 빙과류, 계절 여행상품 등 판매업종 등에서 활용할 수 있다.

4) 3개월 초과 탄력적 근로시간제

사용자는 근로자대표와의 서면 합의에 따라 소정의 사항을 정하면, 3개월을 초과하고 6개월 이내의 단위기간을 평균하여 1주간의 근로시간이 40시간을 초과하지 아니하는 범위에서 특정한 주에 40시간을, 특정한 날에 8시간을 초과하여 근로하게 할 수 있다. 다만, 특정한 주의 근로시간은 52시간을, 특정한 날의 근로시간은 12시간을 초과할 수 없다(근로기준법 제51조의2제1항).

3개월 초과 탄력적 근로시간제 도입과 적용을 위한 요건은 3개월 이내 탄력적 근로시간제와 동일하다. 다만, 서면합의의 내용 중 단위기간의 근로일과 그 근로일별 근로시간이 단위기간의 주별 근로시간으로 변경된다.

3개월 이내 탄력적 근로시간제와의 차이는 다음과 같다. 첫째, 사용자는 근로인 종료 후 다음 근로인 개시 전까지 근로자에게 연속하여 11시간 이상의 휴식시간을 주어야 한다. 만약 근로자가 연속휴식 시간인 11시간 내에 출근한 경우 사용자는 명시적으로 노무수령을 거부하고 근로자에게 휴식을 부여하여야 한다. 둘째, 사용자는 단위 기간 내 각 주의 근로일이 시작되기 2주 전까지 근로자에게 해당 주의 근로일별 근로시간을 미리 통보하여야 한다. 셋째, 사용자는 3개월 초과 탄력적 근로시간제를 실시할 경우 기존 임금수준이 낮아지지 아니하도록 임금항목을 조정 또는 신설하거나 가산임금 지급 등의 임금보전방안을 마련하여 고용노동부장관에게 신고하여야 한다. 다만, 근로자대표와의 서면합의로 임금보전방안을 마련한 경우에는 그러하지 아니하다.

〈도표 5-13〉 유형별 탄력적 근로시간제도

<table>
<tr><th>구 분</th><th>2주 이내
탄력적 근로시간제</th><th>3개월 이내
탄력적 근로시간제</th><th>3개월 초과 6개월 이내
탄력적 근로시간제</th></tr>
<tr><td>의의</td><td>2주 이내의 단위기간을 평균하여 1주간 근로시간이 40시간을 초과하지 아니하는 범위에서 특정주에 40시간, 특정일에 8시간을 초과하여 근로</td><td colspan="2">3개월 이내의 단위기간을 평균하여 1주간의 근로시간이 40시간을 초과하지 아니하는 범위에서 특정주에 40시간, 특정일에 8시간을 초과하여 근로</td></tr>
<tr><td>실시요건</td><td>① 취업규칙(10인 이상) 또는 이에 준하는 것(10인 미만)에 규정하여야 함
(근로자대표와 서면합의 사항 아님)
② 특정주 48시간 초과하지 못함</td><td>① 근로자대표와 서면합의
② 3개월 이내(1개월, 3개월 등)
③ 특정주 52시간, 특정일 12시간 초과하지 못함</td><td>①근로자대표와 서면합의
–대상근로자 범위, 단위기간, 단위기간의 주별 근로시간, 서면합의 유효기간
② 3개월 이내 6개월 이내(4개월, 5개월, 6개월 등)
③ 특정주 52시간, 특정일12시간을 초과하지 못함</td></tr>
<tr><td>유효기간 설정</td><td>유효기간을 정할 의무는 없으나, 취업규칙에 유효기간을 정하는 것이 바람직</td><td colspan="2">노·사 서면합의로 정함</td></tr>
<tr><td>1주간 최장 근로시간</td><td>〈연장근로 1주 12시간까지 가능〉
–60시간(48+12시간)</td><td colspan="2">〈연장근로 1주 12시간까지 가능〉
–60시간(48+12시간)</td></tr>
<tr><td>연장근로가 되는 경우 (가산임금 지급)</td><td>단위기간을 평균한 1주 근로시간을 40시간으로 정한 경우 아래의 어느 하나에 해당하면 연장근로
① 단위기간을 평균한 1주간의 근로시간이 40시간 초과
① 단위기간을 평균한 1주간의 근로시간이 40시간 초과
② 특정 주의 근로시간이 48시간 초과</td><td>단위기간을 평균한 1주 근로시간을 40시간으로 정한 경우 아래의 어느 하나에 해당하면 연장근로
① 단위기간을 평균한 1주간의 근로시간이 40시간 초과
② 특정 주의 근로시간이 52시간 초과, 특정 일의 근로시간이 12시간 초과
③ 서면합의로 정한 단위기간의 근로일 및 근로일별 근로시간 초과</td><td>단위기간을 평균한 1주 근로시간을 40시간으로 정한 경우 아래의 어느 하나에 해당하면 연장근로
① 단위기간을 평균한 1주간의 근로시간이 40시간 초과
② 특정 주의 근로시간이 52시간 초과, 특정 일의 근로시간이 12시간 초과
③ 서면합의로 정한 단위기간의 근로일 및 근로일별 근로시간 초과</td></tr>
<tr><td>적용제외</td><td colspan="3">① 연소자(15세 이상 18세 미만), 취직인허증을 보유한 15세 미만
② 임신 중인 여성근로자</td></tr>
<tr><td>임금보전 방안 강구</td><td colspan="2">① 사용자가 탄력적 근로시간제를 도입할 경우 기존의 임금수준이 저하되지 않도록 임금보전방안을 강구하여야 함
② 고용노동부장관은 필요한 경우 임금보전방안을 제출하게 하거나 이를 직접 확인할 수 있음</td><td>사용자는 탄력적 근로시간제를 도입할 경우 기존의 임금수준이 저하되지 않도록 임금보전방안을 마련하여 지방노동관서에 신고</td></tr>
<tr><td>중도 입·퇴사 등</td><td colspan="3">중도 입·퇴사, 전환배치 등으로 탄력적 근로시간제의 단위기간이 중단되거나, 단위기간 중도에 탄력적 근로시간제를 적용받게 된 경우에는 탄력적 근로시간제를 적용받은 실근로기간에 대하여 그 기간 평균 1주 40시간을 초과한 시간에 대해서는 통상임금의 50% 이상을 할증</td></tr>
</table>

자료: 고용노동부, 근로시간 규정의 주요내용, 2021.3.

5) 연장근로 해당 여부

단위기간을 평균하여 1주간의 근로시간이 40시간을 초과하지 않고, 특정한 주 또는 날의 근로시간이 소정의 상한선을 초과하지 않는 이상, 법정 근로시간을 준수한 것으로 인정되므로 연장근로(가산임금)에 해당되지 않는다.

6) 임금보전

사용자는 탄력적 근로시간제에 따라 근로자를 근로시킬 경우에는 기존의 임금수준이 낮아지지 아니하도록 임금보전방안을 강구하여야 한다(근로기준법 제51조제4항).

이 제도의 시행으로 종전에 지급받아온 가산임금 수입이 줄어드는 만큼 다른 방법으로 보전하여 임금 수준을 유지함으로써 탄력적 근로시간제의 원활한 시행을 확보하려는 취지에서 마련된 것이다.

7) 적용제외

탄력적 근로시간제는 15세 이상 18세 미만의 근로자, 임신 중인 여성근로자, 유해작업종사자에게는 적용하지 아니한다(근로기준법 제51조제3항, 산업안전법 제46조).

(3) 선택적 근로시간제

1) 의 의

선택적 근로시간제(자유출퇴근제, flex-time제)란 근로자가 일정한 정산기간 동안에 일정한 시간(약정시간)을 근로할 것을 조건으로 1일의 근로시간을 근로자가 선택하는 시각에 시작하고 종료할 수 있도록 하는 제도를 말한다(근로기준법 제52조). 선택적 근로시간제는 각 근로일의 근로시간과 그 시업·종업시각을 근로자의 자유에 맡김으로써 효율적인 시간활용을 통해 업무효율을 증대시키고자 하는 것이다. 탄력적 근로시간제가 사용자 측의 필요에 따라 근로시간을 획일적으로 배분하는 것인데 반하여, 선택적 근로시간제는 대상 근로자 측의 수요와 편의에 따라 출퇴근이 정해진다는 점에 차이가 있다.

〈도표 5-14〉 선택적 근로시간제와 탄력적 근로시간제 비교

구 분	탄력적 근로시간제	선택적 근로시간제
유사점	① 고정, 획일화된 근로시간을 탄력화하고 근로시간배분을 변형한 근로시간제 ② 특정일, 특정주에 법정기준시간을 초과근로 하더라도 연장근로로 보지 않음	
차이점	① 정해진 근로일, 근로시간에 따라 일률적으로 근로	① 의무 근로시간대만 일률적으로 근로, 나머지 시간대는 근로자 자유선택
	② 근로시간 장단의 변형 (단위기간 이내)	② 근로시간대의 변형과 장단의 변형(30일 이내)
	③ 주로 사용자의 필요에 의해 활용	③ 주로 근로자의 필요에 의해 활용

2) 요 건

선택적 근로시간제를 도입하려면, 첫째, 제도의 취지를 취업규칙 등에 규정하여야 한다. 사용자가 선택적 근로시간제를 시행하려면 우선 취업규칙 또는 취업규칙에 준하는 것에서 업무의 시작 및 종료 시각을 근로자의 결정에 맡긴다는 취지를 정해야 한다. 그러므로 사용자가 필요에 따라 시업·종업시각을 명령하거나 시업·종업시각의 결정에 관하여 사용자의 허가를 받게 하는 것은 허용되지 않는다.

둘째, 근로자대표와 서면합의로 정하여야 한다. 사용자는 근로자대표와 서면합의로 ① 대상 근로자의 범위, ② 정산기간(1월 이내의 일정한 기간), ③ 정산기간의 총근로시간, ④ 반드시 근로해야 할 시간대를 정하는 경우에는 그 시작 및 종료시각(의무시간대, core time), ⑤ 근로자가 그 결정에 따라 근로할 수 있는 시간대(선택시간대, flexible time)를 정하는 경우에는 그 시작 및 종료시각, ⑥ 그밖에 시행령으로 정하는 사항 즉, 표준근로시간(유급휴가 등의 계산기준으로 사용자와 근로자대표가 합의하여 정한 1일의 근로시간)을 미리 정해야 한다(근로기준법 제52조, 시행령 제29조).

3) 연장근로 해당 여부

근로자의 선택에 따라 1주 간에 40시간을, 1일에 8시간을 초과하여 아무리 많이 근로하더라도, 정산기간을 평균하여 1주 간의 근로시간이 40시간을 초과하지

않으면 법정 근로시간을 준수한 것으로 인정되므로 연장근로(가산임금)에 해당되지 않는다.

4) 임금의 정산

정산기간 동안의 실제 근로시간이 총근로시간을 초과하거나 이에 미달하는 경우에는 이를 임금 계산에 있어서 정산하여야 한다.

실제 근로시간이 총근로시간을 초과한 경우에는 그 초과분을 다음 정산기간으로 이월하는 것은 임금의 일부가 해당 기간의 임금 지급일에 지급되지 않는 것이므로 임금 전액지급의 원칙(근로기준법 제43조제1항)에 반한다고 보아야 한다.

한편, 실제 근로시간이 총근로시간에 미달한 경우에는 그 미달한 부분을 다음 정산기간으로 이월하여 근로하게 하고, 약정된 총 근로시간에 대한 소정의 임금을 가지급한 후, 다음 임금지급기에 정산할 수 있는바, 이는 임금 전액지급의 원칙(근로기준법 제43조제1항)에 반하지 않는다.

5) 적용제외

선택적 근로시간제는 15세 이상 18세 미만의 근로자, 유해작업종사자에게는 적용하지 아니한다(근로기준법 제51조제3항, 산업안전법 제46조).

〈도표 5-15〉 선택적 근로시간제 예시

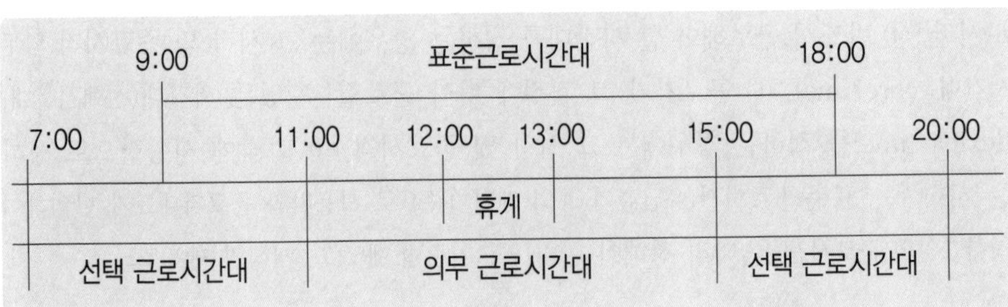

(4) 사업장 밖 간주근로시간제

1) 의 의

근로시간은 객관적 관점에서 파악된 실근로시간으로 계산된다. 그러나 근로장소가 사업장 밖이거나 업무의 성질상 근로자에게 상당한 재량이 허용되는 경우와 같이 업무수행에 있어서 사용자의 구체적인 지휘·감독이 미치지 않는 경우에는 근로시간의 길이를 객관적으로 계산하기가 어렵다.

사업장 밖 간주근로시간제는 근로자가 출장 그 밖의 사유로 근로시간의 전부 또는 일부를 사업장 밖에서 근로하여 근로시간을 실제적으로 산정하기 어려운 경우에 일정 근로시간을 인정하는 제도이다(근로기준법 제58조). 따라서 사업장 밖에서 근로하더라도 근로시간 산정이 가능하면 이 제도에 포함되지 않는다.

2) 도입요건

첫째, 사업장 밖의 근로이어야 한다. 근로자가 출장이나 그 밖의 사유로 근로시간의 전부 또는 일부를 사업장 밖에서 근로해야 한다. 외근의 사유는 출장의 경우처럼 임시적인 것이든, 취재기자, 외근판매원 등의 경우처럼 상태적인 것이든 관계없으며, 소정근로시간의 일부는 외근, 일부는 내근을 하더라도 상관이 없다.

둘째, 근로시간을 산정하기 곤란한 경우이어야 한다. 근로자가 외근을 하여 '근로시간을 산정하기 어려워야' 한다. 즉, 근로자의 외근 때문에 근로자가 실제로 몇 시간 동안 근로했는지를 확정하기 곤란해야 한다.

셋째, 근로한 것으로 인정하는 시간을 규정해야 한다. 근로시간을 산정하기 위하여 근로자가 실제 근로한 시간과 관계없이 소정근로시간, 업무수행에 통상적으로 필요한 시간, 노·사가 서면으로 합의한 시간 중 하나를 근로시간으로 간주한다.

3) 간주근로시간

① 근로자의 외근으로 그 근로시간 산정이 어려운 때에는 소정근로시간을 근로한 것으로 본다(근로기준법 제58조제1항 본문).

② 그 업무를 수행하기 위하여 통상적으로 소정근로시간을 초과하여 근로할 필

요가 있는 경우에는 그 업무의 수행에 통상 필요한 시간을 근로한 것으로 본다(근로기준법 제58조제1항 단서). 이는 소정근로시간만 근로한 것으로 보는 것은 불합리한 경우에 통상적인 필요시간을 근로자가 근로한 것으로 보기 위한 취지이다.

4) 간주근로시간제의 활용

이 제도를 활용 가능한 업종이나 직무는 근로시간 산정이 어려운 업무로 영업직, A/S 업무, 출장 업무, 택시운송업, 재택근무 등이 있다.[26)]

(5) 재량근로시간제

1) 의 의

재량근로시간제는 업무의 성질에 비추어 업무수행 방법을 근로자의 재량에 위임할 필요가 있는 업무로서 근로기준법 시행령 제31조와 관련 고시에서 정한 업무를 수행하는 근로자에 대하여 사용자가 근로사대표와 서면합의로 정한 시간을 근로한 것으로 보는 제도이다(근로기준법 제58조).

근로자가 고도의 전문 업무나 창의적 업무를 하는 경우, 업무 수행 수단에서 재량의 여지가 많고, 보수 또한 근로시간보다는 근로의 질 또는 성과에 의하여 결정되는 것이 적절하므로 근로자의 임금을 근로의 양이 아니라 근로의 질과 성과에 따라 정하도록 제도화 한 것이다.[27)]

2) 요건과 대상 업무

첫째, 재량근로 대상 업무에 해당되어야 한다. 재량근로의 대상 업무는 근로기준법 시행령 제31조 및 고용노동부 고시(제2011호-44호)에서 정하는 아래의 업무에 한한다. 이에는 연구개발·연구업무, 신문·방송 관련 업무, 광고 등 디자인 업무, 법무·회계·노무관리 등 상담·조언 업무 등이 포함되어 주52시간제에서 활용이 많아질 것으로 예상된다.

---

26) 고용노동부, 유연근로시간제 가이드, p.62.
27) 고용노동부, 유연근로시간제 가이드, p.76.

근로기준법 시행령 **재량근로의 대상업무**

제31조【재량근로의 대상업무】 법 제58조제3항 전단에서 "대통령령으로 정하는 업무"란 다음 각 호의 어느 하나에 해당하는 업무를 말한다.

1. 신상품 또는 신기술의 연구개발이나 인문사회과학 또는 자연과학분야의 연구 업무
2. 정보처리시스템의 설계 또는 분석 업무
3. 신문, 방송 또는 출판 사업에서의 기사의 취재, 편성 또는 편집 업무
4. 의복·실내장식·공업제품·광고 등의 디자인 또는 고안 업무
5. 방송 프로그램·영화 등의 제작 사업에서의 프로듀서나 감독 업무
6. 그 밖에 고용노동부장관이 정하는 업무(고용노동부 고시 제2011호-44호)

* 회계·법률사건·납세·법무·노무관리·특허·감정평가 등의 사무에 있어 타인의 위임·위촉을 받아 상담·조언·감정 또는 대행을 하는 업무(자격증·면허 소지 필요)

둘째, 대상 업무를 수행하는 과정에서 재량성이 인정되어야 한다. 근로자 업무의 재량성 확보를 위해서는 사용자가 수행 방법과 수단, 시간배분 등에 관해 구체적으로 지시를 하지 않아야 한다. 그러나 사용자는 근로자의 업무 수행과 직접 관련이 없는 직장질서 유지나 기업내 시설관리 등에 관한 사항에 대해서는 지시나 감독이 가능하다.

셋째, 근로자대표와의 서면합의가 있어야 한다. 사용자는 근로자대표와의 서면합의에 의하여 ① 대상업무, ② 사용자가 업무의 수행수단 및 시간배분 등에 관하여 구체적인 지시를 하지 아니한다는 내용, ③ 근로시간의 산정은 당해 서면합의로 정하는 바에 따른다는 내용을 명시하여야 한다(근로기준법 제58조제3항).

3) 간주근로시간

재량근로 간주시간제가 시행되는 소정의 업무에 대해서는 근로자대표와의 서면합의로 정한 시간을 근로한 것으로 본다(근로기준법 제58조제3항). 따라서 실제의 근로시간이 서면합의로 정한 시간에 미달·초과하는지 여부는 중요하지 않다.

4) 재량근로시간제와 탄력적·선택적 근로시간제와의 비교

재량근로시간제를 위에서 설명한 탄력적 근로시간제 및 선택적 근로시간제와 비교하면 〈도표 5-16〉와 같다.

〈도표 5-16〉 재량근로시간제와 탄력적·선택적 근로시간제와의 비교

구 분	재량근로시간제	선택적 근로시간제	탄력적 근로시간제
개 념	근로시간 결정 관련	근로시간 배분 관련	근로시간 배분 관련
적용대상	시행령, 관련 고시에서 정한 업무	특정업종 제한 없음 (연소자 제외)	특정업종 제한 없음 (연소자·임산부 제외)
운 영	업무수행방법, 시간배분에 대해 구체적 지시를 하지 않음	정산기간(1월 이내)	단위기간(3월 이내)
근로시간 제한·산정	서면합의에서 정한 근로시간	총 근로시간	근로일 및 근로일별 근로시간
서면합의의 주요내용	- 업무수행방법은 근로자 재량에 맡김 - 근로시간 산정은 서면합의로 정한 바에 따름	- 대상근로자 범위 - 정산기간, 총근로시간 - 의무근로시간대 - 선택근로시간대 - 표준근로시간	- 대상근로자 범위 - 단위기간 근로일 및 근로일별 근로시간 - 서면합의 유효기간

자료: 고용노동부, 유연근로시간제 가이드, 2018.6., p.79.

(6) 보상휴가제

1) 의 의

사용자는 근로자대표와의 서면합의에 의하여 근로기준법 제56조에 따른 연장근로, 야간근로, 휴일근로에 대하여 임금을 지급하는 것에 갈음하여 휴가를 부여할 수 있다(근로기준법 제57조). 이는 노사 간에 임금과 휴가에 대한 선택의 폭을 확대하는데 목적이 있다.

2) 근로자대표와의 서면합의

보상휴가제를 도입하기 위해서는 부여방식, 임금청구권, 보상휴가 적용기간 등에 관하여 근로자대표와 서면으로 합의하여야 한다(효력요건). 여기서 말하는 '근로자대표'란 해당 사업 또는 사업장에 근로자 과반수로 조직된 노동조합이 있는 경우에는 그 노동조합, 그러한 노동조합이 없는 경우에는 근로자 과반수를 대표하는 자를 말한다(근로기준법 제24조제3항).

보상휴가의 부여 기준에는 연장·야간·휴일근로에 대한 가산임금까지 포함되며, 개별 근로자가 보상휴가제에 대한 서면합의 내용을 거부하고 임금을 청구하더라도 사용자는 이에 응할 의무가 없다.

3. 연장근로의 제한

(1) 의 의

근로기준법은 규칙적인 근무형태에 대해서는 1주 및 1일 단위로 법정 근로시간을 초과할 수 없도록 규제하고(근로기준법 제50조, 제69조), 탄력적 또는 선택적 근로시간제에 대해서는 일정한 기간을 평균하여 1주간의 근로시간이 40시간을 초과하거나 1주 또는 1일에 대한 소정의 상한 근로시간을 초과할 수 없도록 규제하고 있다(근로기준법 제51조, 제52조). 근로시간에 대하여 이와 같이 법률로 정한 기준을 초과하여 근로하는 것을 '연장근로'라 부른다.

근로기준법은 연장근로의 무제한 허용은 근로자의 건강과 문화적 생활을 위협할 수 있으므로 연장근로를 일정한 요건 아래서 제한적으로 허용하고 있다.

(2) 합의 연장근로

1) 규칙적 근무형태에서의 합의연장

당사자 사이에 합의하면 1주간에 12시간을 한도로 1주 40시간, 1일 8시간의 법정 근로시간을 초과하여 근로하게 할 수 있다(근로기준법 제53조제1항).

근로자 개인의 개별적인 합의가 원칙이고, 단체협약 등 근로자단체의 집단적 합의는 근로자 개인의 동의권을 제한하지 아니한 범위 내에서만 인정된다(대법원 1993.12.21. 93누5796).

합의는 서면이나 구두로 하든 어떤 사유로 하든 관계없다고 할 것이며, 연장근로의 일수·시간 수, 대상업무의 범위 등을 구체적으로 정할 수도 있고 사용자의 결정에 맡긴다는 취지의 포괄적 합의로 할 수도 있다고 본다.

당사자의 합의는 연장근로를 할 때마다 개별적으로 해야 하는 것은 아니고, 근로계약 등으로 미리 이를 약정할 수 있으며 개별근로자의 합의권을 박탈하지 않는 범위에서는 단체협약에 따른 합의도 가능하다(대법원 1993.12.21. 93누5796).

당사자 간의 합의가 있으면 1주 12시간을 한도로 허용된다. 따라서 당사자 간에 합의가 있더라도 1주간의 총근로시간은 법정 근로시간 40시간에 연장근로시간 12시간을 합한 52시간을 초과할 수 없다. 그러나 1일에 대한 연장근로시간에는 제한이 없으므로 12시간 이내의 연장근로시간을 특정일에 집중하더라도 무방하다.

산후 1년이 지나지 않은 18세 이상의 여성에 대한 연장근로는 1일에 2시간, 1주에 6시간, 1년에 150시간을 초과하지 못한다(근로기준법 제71조).

연소자의 경우에 당사자 사이에 합의하면 1일에 1시간, 1주에 5시간을 한도로 그 법정 근로시간을 초과하여 연장근로를 하게 할 수 있다(근로기준법 제69조 단서).

2) 탄력적 근로시간제도에서의 합의연장

당사자 사이에 합의하면 1주 간에 12시간을 한도로 탄력적 근로시간제의 단위기간을 평균한 1주 40시간, 특정한 주 또는 날의 상한 근로시간을 초과하여 근로하게 할 수 있다(근로기준법 제53조제2항).

1주간의 근로는 단위기간이 2주 이내인 경우에는 특정한 주의 상한 근로시간 48시간에 12시간의 연장근로를 더하여 60시간까지 허용된다(제51조제1항 단서).

단위기간이 3개월 이내인 경우에는 특정한 주의 상한 근로시간 52시간에 12시간의 연장근로를 더하여 64시간까지 허용된다(제51조제2항 단서).

3) 주당 근로시간의 한도

앞서 설명한대로 2018년 3월 근로기준법 개정으로 1주 최대근로시간이 52시간으로 제한되게 되었다. 근로기준법(제2조제1항)에 1주에 대해 '휴일을 포함한 7일'을 말한다고 정의함으로써 더 이상 휴일근로시간(최대 2일 16시간)을 최대근로시간에서 제외할 수 없게 되었다.

그간 당사자 합의에 의한 연장 근로시간을 휴일근로시간에 포함하지 않음으로써 휴일이 2일인 경우 1주 최대 68시간(법정근로 40시간 + 연장근로 12시간 + 휴일근로 16시간) 또는 휴일이 1일인 경우 최대 60시간(법정근로 40시간 + 연장근로 12시간 + 휴일근로 8시간)까지 근로가 가능하였으나, 개정 근로기준법에서 1주를 휴일을 포함한 7일로 규정함으로써 휴일·연장근로를 포함하여 1주 최대 근로시간 한도를 52시간(법정근로 40시간 + 연장근로 12시간)으로 명확하게 규정하여 현재 5인이상 사업장에서 시행되고 있다.

사용자가 기업규모별 시행시기 이후에 근로자에게 1주 52시간을 초과하여 근로를 시킨 경우 2년 이하 징역, 2천만원 이하의 벌금에 처한다(근로기준법 제110조).

〈도표 5-17〉 근로기준법 개정 전후의 최대 근로가능 시간 비교

구 분	근로기준법 개정 전	개정 후(2018.7.1. 이후)
규정과 해석	1주 최대 근로가능 시간은 68시간 또는 60시간 * 연장근로와 휴일근로를 별개로 해석(행정해석)	1주 최대 근로가능 시간은 52시간 * 1주는 휴일을 포함한 7일(근로기준법 제2조 정의)
1주 최대 근로가능 시간	– (휴일이 2일인 경우) 68시간 = 주 40시간 + 연장근로 12시간 + 휴일근로 16시간 – (휴일이 1일인 경우) 60시간 = 주 40시간 + 연장근로 12시간 + 휴일근로 8시간	– (휴일근로 포함) 52시간 = 주 40시간 + 연장근로 12시간

자료: 〈고용노동부, 노동시간 단축 가이드, 2018.6., p.12〉의 내용을 일부 수정

(3) 특별연장근로

1) 의의와 요건

사용자는 특별한 사정이 있으면 고용노동부장관의 인가와 근로자의 동의를 받아 합의연장의 한도를 초과하여 근로하게 할 수 있다(근로기준법 제53조제4항).

특별연장근로가 가능하기 위해서는 ① 특별한 사정, ② 고용노동부장관의 인가, ③ 근로자의 동의라는 요건이 갖추어져야 하는데, 여기의 '특별한 사정'이란 사업 또는 사업장에서 자연재해, 재난관리법상의 재난 또는 이에 준하는 사고가 발생하여 이의 수습을 위하여 연장근로가 불가피한 경우를 말한다(근로기준법 시행규칙 제9조 제1항). 특별한 사정이 있더라도 고용노동부장관의 인가를 받아야한다. 다만, 사태가 급박하여 고용노동부장관의 인가를 받을 시간이 없는 경우에는 사후에 지체 없이 승인을 받아야 한다(근로기준법 제53조제4항 단서).

그리고 근로자의 동의는 본인의 동의를 말하며, '특별한 사정'하에서 근로자에게는 연장근로명령에 따를 신의칙상 의무가 있다고 보아야 한다. 따라서 질병 등 부득이한 사유가 없는데도 특별연장을 거부하는 것은 근로계약 위반이 될 수 있다.

2) 연장의 한도

합의연장의 한도인 1주 12시간을 초과하여 근로하게 할 수 있다. 다만, 피해복구를 위한 작업이나 사고에 따른 생산손실을 보충하는 작업을 하는 데까지 허용되는 것은 아니다.

3) 대휴명령

고용노동부장관은 이미 시행된 근로시간의 연장이 부적당하다고 인정하면 그 후 연장시간에 상당하는 휴게시간이나 휴일을 줄 것을 명할 수 있다(근로기준법 제53조제5항). 이는 연장시간 8시간에 대하여 1일의 휴일을, 8시간 미만에 대하여는 그만큼의 휴게시간을 주는 것을 말한다. 대휴명령 위반 시 벌칙이 부과될 수 있다(근로기준법 제110조제2호).

(4) 특례연장근로

1) 의 의

운수업 등의 사업에 있어서 사용자가 근로자대표와 서면합의를 한 때에는 근로기준법 제53조제1항에 의한 1주 12시간을 초과하여 연장근로를 하게 할 수 있다(근로기준법 제59조).

다수의 국민이 자주 이용하는 사업에서 근로시간과 휴게시간의 특례제도를 두고 있는데, 일반 공중의 생활상 불편을 초래하거나 사업목적의 달성이 곤란한 경우 근로자 대표와 서면합의를 통해 예외적으로 연장근로한도인 1주 12시간을 초과하여 근로를 할 수 있게 하거나 휴게시간을 변경할 수 있도록 하는 제도를 운영하고 있다.

특히 근로시간과 휴게시간 특례업종에서는 근로자대표와 서면합의만 하면 거의 제한없이 연장근로가 가능하였는데, 근로자의 건강과 안전, 공중의 안전을 강화하기 위해 2018년 3월 근로기준법을 개정하여 특례업종을 26개에서 5개로 대폭 축소하였다(근로기준법 제59조, 2018.7.1. 시행).

2) 요 건

근로시간 및 휴게의 특례가 인정되기 위해서는 첫째, 통계법 제22조제1항에 따라 통계청장이 고시하는 산업에 관한 표준의 중분류 또는 소분류 중 ① 육상운송 및 파이프라인 운송업(다만, 여객자동차 운수사업법 제3조제1항제1호에 따른 노선 여객자동차운송사업은 제외), ② 수상운송업, ③ 항공운송업, ④ 기타 운송 관련 서비스업, ⑤ 보건업 어느 하나에 해당하는 사업에 해당하여야 한다(근로기준법 제59조, 2018.7.1. 시행).

둘째, 대상사업에 해당하더라도 근로자대표와의 서면합의가 있어야 특례연장이 허용된다. 따라서 근로자대표와의 서면합의로 충분하고 이와 별도로 근로자의 동의를 요하지 않으며, 근로자는 이 명령이 권리남용에 해당하는 등의 사유가 없는 이상 이에 따를 의무가 있다고 보아야 할 것이다.

〈도표 5-18〉 근로시간 특례업종의 축소

특례 유지 업종(5개)	특례 제외 업종(21개)
① 육상운송업(여객자동차 운수사업법의 노선 여객자동차 운송사업 제외), ② 수상운송업, ③ 항공운송업, ④ 기타 운송 관련 서비스업, ⑤ 보건업	① 보관 및 창고업, ② 자동차 및 부품판매업, ③ 도매 및 상품중개업, ④ 소매업, ⑤ 금융업, ⑥ 보험 및 연금업, ⑦ 금융 및 보험 관련 서비스업, ⑧ 우편업, ⑨ 전기통신업, ⑩ 교육서비스업, ⑪ 연구개발업, ⑫ 시장조사 및 여론조사업, ⑬ 광고업, ⑭ 숙박업, ⑮ 음식점 및 주점업, ⑯ 영상·오디오 기록물 제작 및 배급업, ⑰ 방송업, ⑱ 건물·산업설비 청소 및 방제서비스업, ⑲ 하수·폐수 및 분뇨처리업, ⑳ 사회복지서비스업, 미용·욕탕 및 유사서비스업

자료: 고용노동부, 노동시간 단축 가이드, 2018.6., p.16.

3) 연장의 한도

사용자는 합의연장의 한도인 1주 12시간을 초과하여 근로하게 할 수 있다. 따라서 1주 40시간, 1일 8시간의 법정 근로시간은 물론, 1주 52시간의 한도도 초과할 수 있다. 1일 또는 1주에 대한 상한시간을 설정하지 않은 것은 '공중의 편의 또는 업무의 특성상 필요'에 기한 것이다.

4) 근로자에게 연속한 휴식시간 부여

개정 근로기준법에서는 특례업종을 대폭 축소하는 한편, 근로시간 특례제도를 도입한 사업주에게 연장근로 시 근로일 종료 후 다음 근로일 개시 전까지 근로자에게 연속하여 11시간 이상의 휴식 시간을 주어야 하는 의무를 부여하였다(근로기준법 제59조제2항, 2018.9.1. 시행).

5) 시행시기

근로시간 특례업종 관련 규정도 기업규모에 따라 단계적으로 적용되는데, ① 근로자수 300인 이상 및 국가, 지자체, 공공기관은 2019.7.1. ② 50인 이상 300인 미만 기업은 2020.1.1. ③ 5인 이상 50인 미만은 2021.7.1.부터 순차적으로 시행되었다.

예를 들어 근로자수 300인 이상 특례제외업종의 근로시간을 시기별로 비교하면 〈도표 5-19〉과 같다.

〈도표 5-19〉 특례제외업종 근로가능 시간 비교(근로자수 300인 이상 기업)

2018.6.30. 이전	2018.7.1. ~ 2019.6.30.	2019.7.1. 이후
사실상 제한 없음	최대 68시간 한도	최대 52시간 한도

자료: 고용노동부, 노동시간 단축 가이드, 2018.6., p.18의 내용을 일부 수정·보완

4. 휴 게

1) 의 의

사용자는 근로시간이 4시간인 경우에는 30분 이상, 8시간인 경우에는 1시간 이상의 휴게시간을 근로시간 도중에 부여해야 한다(근로기준법 제54조제1항).

휴게란 1일의 근로시간 도중에 잠시 사용자의 지배에서 완전히 벗어나 휴식을 취하는 것을 의미하는바, 이는 계속적 근로에 따른 피로의 누적을 줄이기 위한 것이다.

2) 휴게시간의 길이와 부여방법

휴게시간은 근로시간이 4시간인 경우에는 30분 이상, 8시간인 경우에는 1시간 이상이어야 한다. 근로시간이 8시간을 초과한 경우에는 명문으로 정한 바는 없지만, 8시간을 초과하는 4시간마다 30분 이상의 휴게시간을 추가로 주어야 할 것이다.

휴게시간은 근로시간 '도중'에 주어야 하므로 근로자가 작업시작 전 또는 작업종료 후 부여받아서는 안 된다. 그러나 근로시간의 도중에 부여되는 이상, 어느 시간대라도 무방하다. 휴게시간은 분할하여 주어도 무방하지만, 5분, 10분 등과 같이 자유로운 이용이 불가능할 정도로 미세하게 분할해서는 안 된다.

휴게시간은 근로자가 자유로이 이용할 수 있다(근로기준법 제54조제2항). 즉, 소극적으로 업무에 종사하지 않는 것뿐만 아니라, 적극적으로 근로자의 자유이용이 보

장되는가에 의해 판단하여야 한다.

휴게제도란 본래 피로의 회복뿐만 아니라 근로자의 사회적·문화적 생활을 영위하기 위한 시간을 확보하기 위한 것이므로, 취업규칙 등에 의한 휴게시간 중의 활동제한은 원칙적으로 허용되지 않으며, 그러한 활동을 제한할 때에는 명백하고 합리적인 사유가 있어야 할 것이다. 그러므로 휴게제도는 다른 근로자의 자유로운 휴식의 확보나 사용자의 시설관리권 등을 침해하는 경우에만 제한이 가능할 것이다.

따라서 휴게시간 중의 유인물 배포 등 조합활동은 다른 근로자의 휴게를 방해하거나 구체적으로 직장질서를 문란케 하는 등 시설관리상의 목적에 반하지 않는 한 인정되어야 한다(대법원 1991.11.12. 91누4164).

한편, 사용자는 운수업 등 소정의 사업에 대하여 근로자대표와 서면합의를 한 경우에는 휴게시간을 변경할 수 있다(근로기준법 제59조).

5. 휴일과 휴일근로

(1) 의 의

휴일이란 처음부터 근로자가 근로를 제공할 의무가 없는 날로서 소정근로일에서 제외되는 날을 의미하고, 휴가는 근로자가 근로를 제공할 의무는 있지만 근로자의 청구 또는 특별한 사유 충족 시 그 의무가 면제되는 날을 의미한다. 한편, 휴무일은 근무편성이 되지 않은 날 또는 비번일(근로제공의무가 없거나 면제된 날이 아니므로 근무편성 시 근로제공 의무 있음)을 말한다.

휴일·휴가는 그 부여 근거에 따라 법정 휴일·휴가와 약정 휴일·휴가로 나눌 수 다. 법정휴일로는 근로기준법에 의한 주휴일(제55조)과 '근로자의 날 제정에 관한 법률'에 의한 근로자의 날 등이 있으며, 법정휴가로는 연차유급휴가(제60조), 무급생리휴가(제73조), 산전·후 유급휴가(제74조), 육아휴직(남녀고용평등법 제11조)이 있다.

근로기준법상 근로자에게는 근로형태, 고용형태 등에 관계없이 소정의 요건을 충족하면 법정 휴일·휴가가 부여되지만, ① 근로기준법 적용 사업(장) 또는 근로자가 아닌 경우 법정 휴일·휴가 적용 제외,[28] ② 농림·수산·축산업 종사자, 감시·단속적 근로자, 관리·감독자 등은 주휴일 제외, ③ 초단시간근로자(1주 15시간 미만)는 주휴일·연차유급휴가 제외, ④ 일용직 근로자는 법정 휴일·휴가 제외 등의 예외가 있다고 할 것이다.

(2) 유급주휴일

사용자는 근로자에게 1주에 평균 1회 이상의 유급휴일을 보장하여야 한다(근로기준법 제55조). 이는 연속적 근로로 인한 피로를 회복할 뿐만 아니라 자유로운 시간에 문화적 생활을 영위할 수 있도록 하려는데 그 취지가 있다. 우리나라는 '무급'주휴제가 아닌 '유급' 주휴제를 유지하고 있다.

1) 1주 1회 이상의 유급휴일

① 1주에 평균 1회

'1주에 평균 1회'에서 1주란, 휴일을 포함한 7일로서, 보통 일요일부터 토요일까지의 기간을 말하고(근로기준법 제2조제7호), 1주에 평균 1회란 그 1주마다 1회를 말한다. 따라서 1주에 1회 이상인 한 사용자가 미리 고정적으로 어느 요일로 특정할 의무가 있는 것은 아니다. 따라서 일요일 이외의 요일로 정할 수도 있으며, 계절 혹은 부서에 따라 요일을 달리할 수도 있다.

② 휴 일

1주에 1회 이상의 '유급' 휴일을 주어야 한다. '휴일'은 근로자가 근로계약상의 근로제공 의무를 부담하지 않기로 미리 정해진 날을 말한다. 따라서 소정의 근로일을 그대로 둔 채 임시로 근로자 전체 또는 일부를 취업시키지 않는 휴업과 차이가 있고, 소정근로일에 근로자가 근로제공의무에서 이탈할 수 있는 휴가와 구별된다.

---

28) 4인 이하 사업(장)은 법정 휴일, 휴게시간, 산전·후 휴가, 육아휴직은 적용되나 연차유급휴가는 적용되지 않는다.

③ 주휴수당

주휴일은 유급휴일로 주어야 한다(근로기준법 제55조). '유급휴일'이란 임금지급이 보장되는 휴일 즉, 휴식을 취하더라도 통상적인 근로를 한 것처럼 임금이 지급되는 날을 말한다. 일반적으로 월급제 임금제의 월급액에는 주휴수당이 포함되어 있지만, 일급제에서 소정의 일급액에는 주휴수당이 포함되어 있지 않은 것으로 해석된다.

2) 요 건

유급주휴일은 1주 동안은 소정근로일을 개근한 자에게 주어야 한다(근로기준법 시행령 제30조). 따라서 소정근로일을 개근하지 않은 근로자에게는 취업규칙 등에서 주휴일로 규정된 날이 무급휴일로 처리된다.

정규직이든 비정규직이든 고용형태를 불문하고 주휴일의 요건이 충족되는 모든 근로자에게 부여되는 것이 원칙이다. 그러나 4주 동안 평균하여 1주 동안의 소정근로시간이 15시간 미만인 자(근로기준법 제18조제3항), 농림수산업 종사자 등의 경우에는 주휴일이 적용되지 않는다.

유급휴일은 평상적인 근로관계를 전제로 한다. 따라서 쟁의행위기간은 근로자의 근로제공의무 등의 주된 권리·의무가 정지되므로, 쟁의행위기간 중에 포함된 유급휴일에 대한 임금의 지급을 청구할 수 없다(대법원 2009.12.24. 2007다73277).

(3) 주휴일의 근로

사용자는 소정근로일수를 개근한 근로자에게 1주 1일 이상의 유급휴일을 보장하여야 한다. 문제는 주휴일에 근로하게 하는 것이 유급주휴일 부여의무에 위반하는 것인지(근로기준법 제55조) 여부이다.

유급휴일 부여의무를 위반한 경우에는 벌칙이 적용되고, 연장근로의 경우와 달리 주휴일의 근로에 대하여는 이를 제한적으로 허용하는 규정은 없다. 그러나 근로기준법이 가산임금의 지급사유로 연장근로, 야간근로와 함께 휴일근로를 규정한 것(근로기준법 제56조)은 적법한 휴일근로는 허용하는 것이라고 볼 수 있으므로 주휴일근로 시, 그에 대하여 주휴수당과 휴일근로수당을 지급하는 이상, 유급주휴일 부여 의무에 위반하지 않는다고 볼 수 있다.

(4) 관공서 공휴일의 민간 적용

그간 관공서 등은 '관공서의 공휴일에 관한 규정'에 따라 공휴일을 지정하고 있지만, 민간기업은 단체협약이나 취업규칙 등에 따라 관공서 공휴일 적용이 다르게 운영되어 왔다. 특히, 공휴일 휴무규정이 없는 중소기업 근로자는 설·추석 명절 공휴일을 유급으로 보장받지 못하였다. 따라서 2018년 3월 개정 근로기준법에서는 명절, 국경일 등 관공서의 공휴일과 대체공휴일을 유급휴일로 의무화함으로써(근로기준법 제55조제2항 신설) 유급휴일이 약 15일 정도 추가되었다.[29)]

이 때 '관공서의 공휴일에 관한 규정' 제2조제1호의 '일요일'은 제외한다. 그 이유는 근로기준법 제55조에 사용자는 1주일에 평균 1회 이상의 유급휴일을 부여하여야 하도록 하고 있기 때문이다. 근로기준법에 주휴일을 특정일에 부여하여야 한다고 정하고는 있지 않으므로 주휴일을 반드시 일요일에 부여해야 하는 것은 아니다. 다만, 주휴일 제도의 취지상 근로계약, 취업규칙 등에 매주 같은 요일을 주휴일로 정하여 정기적으로 부여하는 것이 바람직하다(여성고용지원과 68240-342, 2001.8.22.).

관공서 공휴일의 민간 적용은 규모별로 3단계로 2년에 걸쳐 시행된다. ① 근로자수 300인 이상 및 국가, 지자체, 공공기관은 2020.1.1. ② 근로자수 30~300인 미만은 2021.1.1. ③ 근로자수 5~30인 미만은 2022.1.1.부터 단계적으로 적용된다.

29) 고용노동부, 개정 근로기준법 설명자료, 2018.5., pp.20~21.

〈도표 5-20〉 관공서의 공휴일에 관한 규정 요약

구 분	주요 내용	
공휴일	- 일요일 ➡ 근로기준법 시행령에서 제외	
	- 국경일 중 3·1절, 광복절, 개천절, 한글날(제헌절 제외) - 1월 1일 - 설 연휴 3일(음력 12월 말일, 1월 1일, 2일) - 부처님오신날(음력 4월 8일) - 어린이날(5월 5일) - 현충일(6월 6일) - 추석 연휴 3일(음력 8월 14일, 15일, 16일) - 크리스마스(12월 25일)	15일
	- 공직선거법 상 선거일 - 기타 수시 지정일(임시공휴일)	
대체공휴일	- 설·추석 연휴, 3·1절, 광복절, 개천철, 한글날, 어린이날이 일요일 또는 다른 공휴일과 겹치면 다음 비공휴일을 공휴일로 정함. (3·1절, 광복절, 개천철, 한글날, 어린이날,의 경우 토요일도 포함)	

(5) 휴일대체

사용자가 유급휴일에 대해 근로자대표와 사전에 서면 합의한 경우 대체할 다른 날을 특정하여 유급휴일로 부여해야 한다(근로기준법 제55조제2항 2018.3.20.신설). 이 때 개별 근로자의 동의를 요하지는 않는다. 휴일대체의 요건을 보면 ① 근로자대표와 서면 합의가 있어야 하고, ② 사전에 근로자에게 교체할 휴일을 특정하여 고지해야 한다(24시간 전).

휴일대체 근로에 대해서는 휴일근로 가산수당의 지급의무가 없다. 휴일대체를 하는 경우 원래의 휴일은 통상의 근로일이 되고 그 날의 근로는 휴일근로가 아닌 통상의 근로가 되므로 휴일근로 가산수당이 지급되지 않는다(대법원 2008.11.13. 2007다590). 다만, 변경된 대체휴일에 불가피하게 근로한 경우에는 휴일근로 가산수당을 지급해야 한다.

그러나 휴일대체가 인정되지 않는 경우가 있는데 ① 대체 휴일을 특정하여 고지하지 않고, 임의로 사용토록 할 때와, ② 근로자의 날(5.1.)이다. '근로자의 날'에 대해 휴일 대체할 수 있는 규정이 없으므로 근로자의 날에 근로한 경우에는 휴일근로 가산수당을 지급하여야 한다.[30)]

한편, 휴일대체 근로 시에도 근로기준법에 따른 주 52시간 한도는 준수해야 한다. 휴일대체 근로를 하였다면, 원래의 휴일은 통상의 근로일이 되고, 휴일대체일의 근로는 휴일근로가 아닌 통상의 근로가 된다. 그러므로 휴일대체 근로시간을 포함하여 주 52시간 범위 내에서 근로를 할 수 있다.[31)] 휴일대체 규정의 시행시기는 관공서의 공휴일 민간적용과 같다.

6. 연차유급휴가

(1) 의 의

연차유급휴가란 근로자가 일정한 출근율을 갖춘 경우 근로자에게 일정기간 근로의무를 면제함으로써 정신적·육체적 휴양의 기회를 제공하고 문화적 생활의 향상을 기하기 위해 보장된 법정휴가제도이다(대법원 2008.10.9. 2008다41666).

연차유급휴가는 근로자의 청구에 의하여 발생하는 것이 아니라 일정한 법적 요건을 갖추면 법률상 당연히 발생하는 권리이다(대법원 1997.3.25. 96다4930).

(2) 발생의 요건

1년 이상 근속한 자는 1년 동안 8할 이상 출근해야 연차유급휴가를 받을 수 있고(근로기준법 제60조제1항), 1년 미만 근속한 자는 1개월 동안 개근해야 월단위 연차휴가를 받을 수 있다(근로기준법 제60조제2항).

30) 고용노동부, 노동시간 단축 가이드, p.24.
31) 고용노동부, 노동시간 단축 가이드, p.24.

1) 산정기간

1년 이상 근속한 자의 연차휴가 산정기간은 1년이고, 1년 미만 근속한 자의 월 단위 연차휴가의 산정기간은 1개월이다.

처음 1년 또는 1개월의 산정기간은 해당 근로자의 입사일(채용일)부터 기산한다. 그러나 사용자가 연차휴가 산정의 편의를 위하여 예컨대 매년 1월 1일 또는 매월 1일 등 특별한 날을 전체 근로자에 대한 획일적 기산일로 하더라도 근로자에게 불리하지 않도록 처리한다면 적법하다.

2) 출근율

① 소정근로일

'8할 이상 출근' 또는 '개근' 등의 출근율은 소정근로일 수에 대한 출근일 수의 비율로 결정된다. 소정근로일은 법이 허용하는 범위에서 취업규칙 등으로 정한 근로일을 말한다. 따라서 유급주휴일, 근로자의 날, 약정휴일 등의 휴일을 제외한 날이 소정근로일이 된다.

② 출근간주

i) 업무상 부상·질병으로 휴업한 기간과 ii) 산전후휴가 또는 유사산휴가를 사용한 기간, iii) 육아휴직으로 휴업한 기간은 연차휴가의 출근율 산정에 관해서는 출근한 것으로 본다(근로기준법 제60조제6항). 또한, iv) 연차휴가·생리휴가의 기간처럼 성질상 결근으로 처리할 수 없는 기간과 공민권 행사, 예비군·민방위·동원훈련의 기간처럼 관계법령상 휴무일로 보지 않도록 규정되어 있는 기간도 출근한 것으로 본다.

3) 직위해제기간 등의 결근처리 여부

징계처분으로서의 정직, 출근정지, 직위해제 기간을 비롯하여 위법한 파업에 참가한 기간, 사용자의 정당한 직장폐쇄로 출근하지 못한 기간의 결근처리 여부가 문제된다.

판례는 "정직이나 직위해제 등의 징계를 받은 근로자는 징계기간 중 근로자의 신분을 보유하면서도 근로의무가 면제되므로, 사용자는 취업규칙에서 근로자의 정직 또는 직위해제 기간을 소정 근로일수에 포함시키되 그 기간 중 근로의무가 면제되었다는 점을 참작하여 연차유급휴가 부여에 필요한 출근일수에는 포함되지 않는 것으로 규정할 수도 있고, 이러한 취업규칙의 규정이 구 근로기준법 제59조(현 제60조)에 반하여 근로자에게 불리한 것이라고 보기는 어렵다."라고 판시하여 긍정하는 입장이다(대법원 2008.10.9. 2008다41666).

4) 부당해고, 적법한 쟁의행위기간의 결근처리 여부

부당해고 기간, 적법한 쟁의행위 기간 등 근로제공의무가 정지되는 기간을 연차유급휴가의 출근율을 계산함에 있어 연차 유급휴가 일수의 산정방식에 대해 학설의 대립이 있다.

첫째, 출근간주설은 해당 기간의 길이에 따라 휴가일수를 비례적으로 삭감할 수 있는 법률상 근거가 없고, 연차휴가제도의 취지상 근로자에게 불리하게 해석할 수 없으므로 근로자가 출근하지 못한 기간을 전체 근로일 및 출근일에 모두 산입하여, 출근한 것으로 보고 산정한다는 견해이다.[32)]

둘째, 비례삭감설은 연차휴가일수는 부당해고등 사용자의 귀책사유로 휴업한 기간, 정당한 파업에 참가한 기간, 육아휴직기간 및 이들에 준하는 기간을 제외한 나머지 소정근로일수의 비율에 따라 부여한다는 견해이다.[33)]

한편, 이와 관련하여 판례의 태도는 사안에 따라 비례삭감설 또는 출근간주설을 취하고 있다.

첫째, 적법한 쟁의행위 관련하여 판례는 적법한 쟁의행위로 인해 근로를 제공하지 못한 자들에 대한 연차 유급휴가 일수 산정방식이 문제된 사례에서, ① 우선 연간 소정근로일수에서 쟁의행위 등 기간이 차지하는 일수를 제외한 나머지 일수를 기준으로 근로자의 출근율을 산정하여 연차유급휴가 취득 요건의 충족 여부를 판단하여 그 요건이 충족된 경우에는 본래 평상적인 근로관계에서 8할의 출근율을

---

32) 임종률, 노동법, pp.484~485.

33) 임금근로시간정책팀-3228(연차유급휴가 등의 부여 시 소정근로일수 및 출근여부 판단기준), 2007.10.25.

충족할 경우 산출되었을 연차 유급휴가 일수를 산정한 뒤, ② 그 산정된 휴가일수에 대하여 '연간 소정근로일수에서 쟁의행위 등 기간이 차지하는 일수를 제외한 나머지 일수'를 '연간 소정근로일수'로 나눈 비율을 곱하여 산출된 연차 유급휴가 일수를 근로자에게 부여함이 합리적이라고 하여 비례삭감설과 같은 입장으로 판시한 바 있다(대법원 2013.12.26. 2011다4629).

둘째, 부당해고기간과 관련하여 판례는 부당해고와 연차 유급휴가 일수 산정방식이 문제된 사안에서, "연차휴가수당을 산정하기 위한 연간 소정근로일수와 출근일수를 계산함에 있어서 사용자의 부당해고로 인하여 근로자가 출근하지 못한 기간을 근로자에 대하여 불리하게 고려할 수는 없으므로 그 기간은 연간 소정근로일수 및 출근일수에 모두 산입되는 것으로 보는 것이 타당하며, 설령 부당해고기간이 연간 총근로일수 전부를 차지하고 있는 경우에도 달리 볼 수는 없다."라고 하여 출근간주설과 같은 입장으로 판시한 바 있다(대법원 2014.3.13. 2011다95519).

핵심 판례 **연차휴가 산정 시 직장폐쇄 기간의 처리**

사용자의 적법한 직장폐쇄로 인하여 근로자가 출근하지 못한 기간은 원칙적으로 연차휴가일수 산정을 위한 연간 소정근로일수에서 제외되어야 한다. 다만 노동조합의 쟁의행위에 대한 방어 수단으로서 사용자의 적법한 직장폐쇄가 이루어진 경우, 이러한 적법한 직장폐쇄 중 근로자가 위법한 쟁의행위에 참가한 기간은 근로자의 귀책으로 근로를 제공하지 않은 기간에 해당하므로, 연간 소정근로일수에 포함시키되 결근한 것으로 처리하여야 한다.

이와 달리 사용자의 위법한 직장폐쇄로 인하여 근로자가 출근하지 못한 기간을 근로자에 대하여 불리하게 고려할 수는 없으므로 원칙적으로 그 기간은 연간 소정근로일수 및 출근일수에 모두 산입되는 것으로 보는 것이 타당하다. 다만 위법한 직장폐쇄 중 근로자가 쟁의행위에 참가하였거나 쟁의행위 중 위법한 직장폐쇄가 이루어진 경우에 만일 위법한 직장폐쇄가 없었어도 해당 근로자가 쟁의행위에 참가하여 근로를 제공하지 않았을 것이 명백하다면, 이러한 쟁의행위가 적법한지 여부를 살펴 적법한 경우에는 그 기간을 연간 소정근로일수에서 제외하고, 위법한 경우에는 연간 소정근로일수에 포함시키되 결근한 것으로 처리하여야 한다(대법원 2019. 2. 14. 선고 2015다66052).

(3) 휴가일수

1) 기본휴가일수

계속근로연수가 1년 이상인 근로자가 ① 8할 이상 출근한 경우에 받을 수 있는 휴가일수는 '15일'이다(근로기준법 제60조제1항). ② 출근율이 8할 미만인 근로자가 받을 수 있는 휴가일수는 '1개월 개근 시 1일'이다(근로기준법 제60조제2항).

한편, 계속근로연수가 1년 미만인 근로자에 대하여는 '1개월 개근시 1일'의 연차 유급휴가를 주어야 한다(근로기준법 제60조제2항).[34)]

2) 가산휴가일수

3년 이상 계속 근로한 자에게는 15일의 휴가일수에 최초 1년을 초과하는 계속근로연수 매 2년에 대하여 1일을 가산하여 부여하되(근로기준법 제60조제4항), 가산휴가일수를 포함한 총 휴가일수는 25일을 한도로 한다(근로기준법 제60조제5항).

따라서 3년 이상 5년 미만 근속한 자에게는 1일, 5년 이상 7년 미만 근속한 자에게는 2일 등의 방식으로 각각 기본휴가일수에 가산하되, 21년 이상 근속한 자에게는 일률적으로 10일을 가산하게 된다.

근로자가 가산휴가를 받기 위해서는 3년 이상 계속 근로하여야 하며, 휴가산정 대상기간 중에 80퍼센트 이상 출근하여야 한다.

〈도표 5-21〉 근속년수별 휴가 산정례

1년	2년	3년	4년	5년	10년	15년	20년	21년	25년
15일	15일	16일	16일	17일	19일	22일	24일	25일	25일

주: 8할 이상 출근자 기준

34) 구 근로기준법(2017.11.28. 개정되기 이전) 제60조 제3항에 "사용자는 근로자의 최초 1년간의 근로에 대하여 유급휴가를 주는 경우에는 제2항에 따른 휴가를 포함하여 15일로 하고, 근로자가 제2항에 따른 휴가를 이미 사용한 경우에는 그 사용한 휴가 일수를 15일에서 뺀다."라는 규정이 있었으나 법 개정으로 삭제됨

(4) 휴가의 시기

1) 의 의

휴가는 휴일의 경우와 달리 미리 시기가 특정되어 있지 않기 때문에 요건이 충족되어 휴가권이 발생하더라도 근로자가 휴가권을 행사(휴가를 사용)하려면 휴가의 구체적 시기가 특정되어야 한다. 휴가의 시기는 휴가권을 가진 근로자가 지정할 수 있고(시기지정권), 휴가를 부여할 의무가 있는 사용자는 근로자가 지정한 시기에 휴가를 주어야 하지만 사업운영에 막대한 지장이 있는 경우에는 그 시기를 변경할 수 있도록(시기변경권) 한 것이다(근로기준법 제60조제5항).

2) 근로자의 시기지정

① 휴가시기의 특정

시기의 지정은 휴가의 시기를 구체적으로 확정하려는 것이므로 예컨대, '9월 10일부터 3일 동안'과 같이 근로자가 원하는 휴가의 시기일과 종료일을 명확히 하는 방식으로 해야 한다. 이에 반해 '9월 중순 경부터 3일 동안'과 같이 시작일과 종료일이 불명확한 방식은 시기의 지정이 아니라 시기지정에 관하여 사용자의 의향을 타진하는 것에 불과하다고 보아야 한다(대법원 1972.11.28. 72다1758).

② 지정의 대상

휴가는 특정한 소정근로일에 해당 근로자가 근로제공 의무를 면제받는 것이므로 소정근로일을 휴가일로 지정해야 하고, 휴일을 휴가일로 지정할 수는 없다.

③ 분할지정

휴가시기의 지정은 확정된 휴가일수 전부에 대하여 할 수도 있고, 그 일부에 대하여 몇 차례에 걸쳐 할 수도 있다.

3) 사용자의 시기변경

사용자는 근로자가 지정한 시기에 휴가를 주는 것이 사업운영에 막대한 지장이 있는 경우에는 그 시기를 변경할 수 있다(근로기준법 제60조제5항 단서). 사용자가 적법하게 시기변경권을 행사한 경우에는 근로자의 시기지정은 그 효력발생이 저지되어 그 시기에 대한 근로제공의무는 면제되지 않는다.

사용자가 적법하게 시기변경권을 행사하였음에도 불구하고 근로자가 일방적으로 연차휴가를 사용한 경우에 사용자는 그 근로자에 대해 무단결근으로 처리할 수 있다(대법원 1997.3.25. 96다4930).

핵심 판례 연차사용권과 연차수당청구권의 발생일

연차휴가를 사용할 권리 혹은 연차휴가수당 청구권은 근로자가 전년도에 출근율을 충족하면서 근로를 제공하면 당연히 발생하는 것으로서 연차휴가를 사용할 해당 연도가 아니라 그 전년도 1년간의 근로에 대한 대가라는 점과 일정기간 출근한 근로자에게 일정기간 유급으로 근로의무를 면제함으로써 정신적·육체적 휴양의 기회를 제공하고 문화적 생활의 향상을 기하기 위한 것이라는 연차휴가 제도의 목적을 고려하면, 근로기준법 제60조 제1항은 최초 1년간 80% 이상 출근한 근로자가 그 다음 해에도 근로관계를 유지하는 것을 전제로 하여 2년차에 15일의 유급휴가를 주어야 한다는 취지로 해석함이 타당하다. 즉, 근로기준법 제60조 제1항은 1년 기간제 근로계약을 체결하여 1년의 근로계약기간이 만료됨과 동시에 근로계약관계가 더 이상 유지되지 아니하는 근로자에게는 적용되지 않는다(대법원 2021. 10. 14. 선고 2021다227100).

(5) 휴가의 사용

1) 연차휴가와 임금

연차휴가는 유급휴가이므로 사용자는 연차휴가 기간에 대하여 취업규칙 등에서 정하는 통상임금 또는 평균임금을 지급해야 한다(근로기준법 제60조제5항). 이 경우 연차휴가 임금은 휴가를 주기 전 또는 준 직후의 임금지불일에 지급하여야 한다(근로기준법 시행령 제33조).

월급근로자에게 지급되는 소정의 월급액은 일반적으로 1개월 동안의 소정근로일 전체를 결근함이 없이 근로할 것으로 예정한 임금이므로, 월급근로자의 휴가 사용에 대하여 소정의 월급을 감액하지 않고 지급하면 유급휴가 임금을 지급한 것으로 인정된다.

일급근로자에게 지급되는 소정의 일급액은 1일의 소정근로시간에 대한 임금에 불과하므로, 일급근로자의 휴가 사용에 대해서는 별도로 유급휴가 임금을 지급해야 한다.

2) 휴가의 용도

휴가 사용의 목적에 관하여는 법률상 제한이 없고, 휴가를 어떻게 사용할지는 근로자의 자유에 속한다. 따라서 근로자가 휴가의 용도를 사용자에게 통보할 필요가 없다.

한편, 휴가기간 중 타 작업에도 종사할 수 있는데, 이는 근로자 개인의 취향이나 생활사정과 관련된 개인적인 문제이므로, 권리남용으로 볼 만한 특별한 사정이 없으면 휴가제도의 목적에 반하는 것이라고 단정할 수 없을 것이다.

다만, 쟁의 목적으로 연차휴가를 사용하는 경우, ① 근로자들이 그 주장을 관철할 목적으로 연차휴가를 사용하는 때에는 이는 그 실질에 있어서 연차휴가라는 이름을 빌린 파업에 지나지 않으며 이를 본래 의미의 연차휴가권의 행사라고 볼 수는 없으므로[35] 유급휴가 임금 지급의무도 없다고 보아야 한다. 그러나 ② 휴가 중의 근로자가 다른 근로자의 쟁의행위 등에 참가 또는 지원하는 경우에는 유급휴가 임금 지급의무를 인정하여야 할 것이다.

(6) 휴가의 대체

1) 의 의

사용자는 근로자대표와의 서면합의에 따라 연차휴가일을 갈음하여 특정한 근로일에 근로자를 휴무시킬 수 있다(근로기준법 제62조).

명절 전후의 근로일 등 특정 근로일에 상당수 근로자를 휴무하게 하는 대신 그

---

35) 김형배·박지순, 노동법강의, p.368.

날을 휴가일로 처리할 수 있도록 특례를 인정한 것으로서 이는 조업성과가 낮은데도 정상임금을 지급하는 사용자의 부담을 줄이고, 연속되는 휴일을 즐기려는 근로자의 편의도 도모하려는 취지이다.

2) 근로자대표와의 서면합의

연차유급휴가를 대체하기 위해선 근로자대표와의 서면합의를 필요로 한다. 휴가일의 대체는 근로자의 시기지정권을 제약하는 측면이 있으므로 사용자가 이를 일방적 의사로 할 수 없도록 한 것이다.

3) 근로자의 시기지정권의 제한

근로자대표와 서면합의를 체결하는 경우에는 근로자의 휴가에 대한 시기지정권은 그 범위에서 배제되므로, 근로자는 그 날에 근로하는 대신 다른 날을 휴가일로 지정할 수 없다. 따라서 근로자가 서면합의에 따른 휴가 실시일에 휴가를 취득하는 것을 거부하더라도 휴가는 유효하게 성립하고 당해 휴가일수에 상응하는 휴가권이 소멸한다.

(7) 휴가의 소멸

1) 의 의

연차유급휴가는 1년간 행사하지 아니하면 소멸된다. 다만, 사용자의 귀책사유로 사용하지 못한 경우에는 그러하지 아니하다(근로기준법 제60조제7항).

2) 미사용휴가수당

1년의 경과로 연차휴가권이 소멸되었다 하더라도 그 미사용휴가에 대한 수당청구권까지 소멸되는 것은 아니다. 그러므로 사용자는 근로자가 휴가를 사용하지 않고, 근로를 제공한 것에 대한 수당을 지급해야 한다. 또한, 미사용휴가수당의 성질은 임금이므로 3년의 소멸시효가 적용된다(대법원 1995.6.29. 94다18533).

근로자가 연차휴가권을 취득한 후에 연차휴가를 사용하기 전에 퇴직하더라도 미사용휴가수당을 청구할 권리는 그대로 존재하므로, 근로자는 퇴직 시까지 사용하지 못한 휴가일수 전부에 상응하는 수당을 청구할 수 있다(대법원 2005.5.7. 2003다48549).

한편 연차휴가를 사용할 권리는 다른 특별한 정함이 없는 한 그 전년도 1년간의 근로를 마친 다음날 발생한다고 보아야 하므로, 근로자가 연차휴가권을 취득하기 전에 퇴직 등으로 근로관계가 종료한 경우에는 연차휴가를 사용할 권리에 대한 보상으로서의 연차휴가수당도 청구할 수 없다고 보아야 한다(대법원 2018.6.28. 2016다48297).

3) 휴가소멸의 예외

근로자가 사용자의 귀책사유로 휴가를 사용하지 못한 경우, 휴가청구권은 그 발생일로부터 1년이 지났더라도 소멸되지 않으며(근로기준법 제60조제7항 단서), 그 다음 해로 이월된다.[36]

(8) 휴가의 사용촉진

1) 의 의

사용자가 연차휴가의 사용을 촉진하기 위하여 소정의 휴가사용 촉진조치를 했는데도 근로자가 휴가를 사용하지 않아 휴가가 소멸한 경우에 사용자는 그 사용하지 않은 휴가에 대하여 보상할 의무가 없다(근로기준법 제61조). 근로자가 임금을 목적으로 휴가의 사용을 회피하는 것은 휴가제도의 취지에 반한다는 점을 고려하여 휴가 사용을 촉진하려는 특례를 규정한 것이다.

2) 요 건

① 소멸시효 전 6개월

휴가사용 시한인 1년이 끝나기 6개월 전을 기준으로 10일 이내에 사용자가 근로자별로 사용하지 아니한 휴가 일수를 알려주고, 근로자가 그 사용시기를 정하여 사용자에게 통보하도록 서면으로 촉구하여야 한다.

---

36) 이상윤, 노동법, p.310.

② 소멸시효 전 2개월

이러한 촉구에도 불구하고 근로자가 촉구를 받은 때부터 10일 이내에 사용자에게 통보하지 않는다면 휴가사용 시한인 1년이 끝나기 2개월 전까지 사용자가 사용하지 아니한 휴가 일수를 알려주고, 근로자가 그 사용시기를 정하여 사용자에게 통보하도록 서면으로 촉구하여야 한다.

③ 근로자의 휴가 미사용

위와 같은 조치를 하였음에도 불구하고 근로자가 휴가를 사용하지 아니하여 연차휴가권이 소멸하여야 한다(근로기준법 제61조 본문).

〈도표 5-22〉 연차휴가사용 촉진조치의 시기(정부회계연도 단위로 연차휴가 부여)

시기지정요구 (회사)	사용시기 지정 (근로자)	휴가시기 통보 (근로자 미지정시) (회사)	휴가 사용	휴가 사용
7.1.~7.10.	10일 이내	만료 2월전 10.31.까지	11.1.	12.1. 12.31

핵심 판례 연차휴가 사용촉진 조치

사용자가 위와 같은 조치를 하였음에도 근로자가 휴가를 사용하지 아니하여 연차휴가가 소멸된 경우에는 사용자는 그 사용하지 아니한 휴가에 대하여 보상할 의무가 없다(구 근로기준법 제61조). 다만 위와 같은 휴가 미사용은 근로자의 자발적인 의사에 따른 것이어야 한다. 근로자가 지정된 휴가일에 출근하여 근로를 제공한 경우, 사용자가 휴가일에 근로한다는 사정을 인식하고도 노무의 수령을 거부한다는 의사를 명확하게 표시하지 아니하거나 근로자에 대하여 업무 지시를 하였다면 특별한 사정이 없는 한 근로자가 자발적인 의사에 따라 휴가를 사용하지 않은 것으로 볼 수 없어 사용자는 근로자가 이러한 근로의 제공으로 인해 사용하지 아니한 휴가에 대하여 여전히 보상할 의무를 부담한다(대법원 2020. 2. 27. 선고 2019다279283).

3) 요건 구비의 효과

이러한 요건이 구비되면 사용자는 사용하지 않은 휴가에 대한 임금지급 의무를 면한다. 또한, 사용자의 귀책사유에 해당하지 않는 것으로 보므로 근로자는 사용하지 않은 휴가를 다음 해로 이월하지 못한다.

7. 가산임금

가산임금이란 연장근로, 야간근로 또는 휴일근로에 대하여 통상임금의 50% 이상을 가산하여 지급하는 임금을 말한다(근로기준법 제56조).

근로기준법 | **연장·야간 및 휴일근로 가산수당**

제56조【연장·야간 및 휴일 근로】 ① 사용자는 연장근로(제53조·제59조 및 제69조 단서에 따라 연장된 시간의 근로를 말한다)에 대하여는 통상임금의 100분의 50 이상을 가산하여 근로자에게 지급하여야 한다.
② 제1항에도 불구하고 사용자는 휴일근로에 대하여는 다음 각 호의 기준에 따른 금액 이상을 가산하여 근로자에게 지급하여야 한다.
1. 8시간 이내의 휴일근로: 통상임금의 100분의 50
2. 8시간을 초과한 휴일근로: 통상임금의 100분의 100
③ 사용자는 야간근로(오후 10시부터 다음 날 오전 6시 사이의 근로를 말한다)에 대하여는 통상임금의 100분의 50 이상을 가산하여 근로자에게 지급하여야 한다.

(1) 가산임금의 지급사유

1) 연장근로

① 유 형

연장근로의 유형에는 합의(통상)연장과 응급(특별)연장(근로기준법 제53조), 특례연장(제59조), 연소자의 연장근로(제69조 단서)가 있으며 이는 가산임금의 지급사유가 된다. 그러나 이는 적법한 연장근로를 예시한 것에 불과하고, 법률로 정한 연장

근로의 제한을 위반하여 근로한 경우도 연장근로에 포함되고 가산임금의 지급대상이 된다.

② 연장근로의 기준시간

연장근로에 해당하는지 여부는 그 근로가 적법한지 여부에 관계없이 i) 규칙적인 근로형태의 경우에는 법정 근로시간(근로기준법 제50조)을 기준으로, ii) 법정 근로시간의 유연화 제도의 경우에는 법률에 따라 제한된 시간(근로기준법 제51조, 제52조)을 기준으로 이를 초과하는지 여부에 따라 결정된다.

③ 지급되지 아니하는 경우

규칙적인 근로형태의 경우 실제의 근로시간이 소정근로시간을 초과하더라도 법정 근로시간(근로기준법 제50조)을 초과하지 않으면 연장근로가 아니므로 가산임금을 지급하지 않아도 된다(대법원 1991.5.14. 90다14089).

즉, 당사자 간에 소정근로시간을 법정 근로시간 이내(예: 1일 7시간)로 약정하고, 법정 근로시간 이내에서 연장근로(예: 1시간)를 실시하는 법내 연장근로의 경우 단체협약이나 취업규칙에 별도의 정함이 없다면 법 제56조에 의한 가산임금을 지급하지 않아도 법 위반이 아니다(대법원 1995.6.29. 94다18553).

그러나 기간제법 제6조제3항 신설에 따라 단시간근로자가 소정근로시간을 초과하여 근로하는 경우 통상임금의 100분의 50이상을 가산하여 지급해야 한다(2014.9.19. 시행). 적법한 요건을 갖춘 법정 근로시간의 유연화 제도의 경우에는 1주 40시간 또는 1일 8시간을 초과하여도 연장근로수당이 지급되지 아니한다(근로기준법 제51조, 제52조).

④ 숙직의 경우

숙·일직 근무는 통상의 근로에 비하여 경미한 점에 그 특징이 있으므로 원칙적으로 연장근로로 인정되지 않는다. 다만, 숙·일직 근무시 그 업무의 내용과 질이 통상의 근로와 마찬가지로 평가되는 경우에는 그러한 초과근무에 대하여 야간·연장근로수당을 지급해야 한다.

2) 휴일근로

휴일근로는 휴일에 근로하는 것을 말하고, 그 근로의 적법 여부와 관계없다.

휴일에는 ① 주휴일, ② 근로자의 날 등 법정휴일, ③ 그밖에 취업규칙 등으로 정한 휴일이 포함되며 공휴일이 당연히 포함되는 것은 아니다.

당사자 간의 합의 또는 단체협약에 의하여 통상의 근로일과 휴일을 대체하는 경우, 원래의 휴일은 통상의 근로일이 되고, 그날의 근로는 휴일근로가 아닌 통상근로가 되므로 휴일근로수당이 지급되지 않는다(대법원 2000.9.22. 99다7367).

3) 야간근로

① 야간근로는 오후 10시부터 오전 6시까지의 근로를 말하고(근로기준법 제56조), 그 근로의 적법 여부와 관계없다. 야간근로는 주간근로에 비해 가중된 정신적·육체적 피로도가 더하므로 이에 대한 보상으로 야간근로수당을 지급하게 된다.

② 근로기준법 제63조에서 열거하는 사업에 종사하는 근로사에 내하어는 연장근로·휴일근로에 대한 가산임금 지급문제가 발생하지 않지만, 야간근로를 하는 경우에는 이에 대하여 야간근로수당을 지급하여야 한다.

③ 숙직의 경우에도 그 업무의 내용이 본래의 정상적인 업무가 연장된 경우는 물론 그 내용과 질이 통상근로와 같이 평가되는 때에도 야간근로수당을 지급하여야 한다(대법원 2000.9.22. 99다7367).

(2) 가산임금의 지급

1) 원 칙

연장근로·야간근로에 대해서는 통상임금의 50% 이상을 가산하여 지급해야 한다(근로기준법 제56조제1항, 제3항). 즉, 통상임금의 1.5배 이상의 수당이 지급된다.

① 8시간 이내의 휴일근로일 경우에는 통상임금의 100분의 50, ② 8시간을 초과한 휴일근로일 경우에는 통상임금의 100분의 100 이상을 각 가산하여 지급해야 한다(근로기준법 제56조제2항).

2) 가산사유의 중복

가산사유가 중복되면 중복 가산해야 한다. 예컨대 연장근로 또는 휴일근로이면서 야간근로에 해당하면 통상임금의 50%를 2회 가산해야 한다.

하급심 판례에서는 "휴일 외에 다른 날의 근로시간이 1주에 40시간을 넘은 경우에 휴일에 한 근로시간은 휴일근로시간이면서 동시에 연장근로시간에 해당되어 가산임금을 중첩적으로 지급하여야 한다."라고 판시한 바 있다(대구지방법원 2013.9.4. 2012나61504).

〈도표 5-23〉 연장근로·휴일근로·야간근로가 중복되는 경우의 가산임금 산정방법[37)]

1일 기준근로시간(8시간) 근로 시		1일 기준근로시간 초과근로 시
무급휴일	유급휴일	
- 당해 근로에 대한 통상임금 100% - 휴일근로수당 50%	- 당해 근로에 대한 통상임금 100% - 유급휴일에 근로한 통상임금 100% - 휴일근로수당 50%	- 초과근로에 대한 가산임금 산정 • 당해 근로에 대한 통상임금 100% • (8시간 이내) 휴일근로수당 50% • (8시간 초과) 휴일근로수당 50% + 연장근로수당 50% • (야간근로) 야간근로수당 50%

3) 연장근로의 적법성 여부와 휴일근로수당

연장근로 등에 대한 가산임금은 그 연장근로가 적법한지 여부에 관계없이 지급해야 하지만, 가산임금을 지급했다고 하여 법률의 제한을 위반한 연장근로가 적법하게 되는 것은 아니다.

한편, 휴일근로수당은 그 휴일이 유급휴일인지 무급휴일인지 여부에 관계없이 지급해야 한다. 무급휴일에 근로한 경우에는 연장근로수당(가산임금)을을 지급해야 하고, 유급휴일에 근로한 경우에는 휴일근로수당(가산임금)뿐만 아니라 쉬더라도 당연히 지급되는 주휴수당을 모두 지급해야 한다.

37) 근기 01254-1099, 1993.5.31.; 대법원 1991.3.22. 90다6545.

4) 휴일근로와 연장근로 가산수당 중복 지급 문제

그간 휴일 외에 다른 날의 근로시간이 1주에 40시간을 넘은 경우에 휴일에 한 근로시간은 휴일근로시간이면서 동시에 연장근로시간에 해당되어 가산임금을 중첩적으로 지급하여야 하는지에 대한 논란이 지속되어 왔으나 2018년 근로기준법 개정으로 해소되었다.

즉, 근로자가 휴일에 근무한 경우 휴일근로만 인정하여 통상임금의 150%만 지급하면 되는 것인지, 아니면 휴일근로에 더 나아가 연장근로에도 해당하므로 연장근로수당(50%가산)을 포함하여 통상임금의 200%를 지급하여야 하는 것인지 여부가 문제가 되어 이와 관련한 다수의 소송이 진행되었다.

종래 행정해석은 근로기준법 제53조 제1하의 '1주간에 12시간을 한도로 제50조의 근로시간을 연장할 수 있다'는 규정에서 연장근로시간에는 휴일근로시간이 포함되지 않는다고 보므로 1주간에 12시간의 연장근로를 하고, 휴일에 추가 근로를 하였더라도 근로기준법 위반이 아니라고 보았다(근기 68207-2855, 2000.9.19.).

이에 2018년 3월 개정 근로기준법은 휴일근로 가산수당 할증률을 법률로 명확하게 정리하고 이에 대한 노사 간 소송 확대 등에 따른 혼란을 최소화하고자 공포 즉시 시행되었다(2018.3.20.).

즉, 근로기준법에서 1일 8시간 이내의 휴일노동에 대해 통상임금의 50% 이상을, 8시간 초과 휴일노동에 대해 통상임금의 100%를 가산 지급하도록 명확히 함으로써(근로기준법 제56조제2항 신설), 가산수당 할증률과 관련한 논란을 입법으로 정리한 것이다.

한편, 2018년 6월 대법원은 전원합의체 판결로 성남 환경미화원 사건에서 구 근로기준법상 휴일근로시간이 연장근로시간에 포함되지 않으므로 휴일근로 가산임금과 연장근로 가산임금은 중복하여 지급될 수 없다고 결론을 내렸다.

법원은 구 근로기준법과 근로기준법 시행령 규정의 내용과 체계 및 취지, 법률 규정의 제·개정 연혁과 이를 통해 알 수 있는 입법 취지 및 목적, 근로관계 당사자들의 인식과 기존 노동관행 등을 종합적으로 고려하면, 휴일근로시간은 구 근로기준법 제50조 제1항의 '1주 간 기준근로시간 40시간' 및 제53조 제1항의 '1주 간

연장근로시간 12시간'에 포함되지 않는다고 봄이 타당하다고 판시하였다(대법원 2018.6.21. 2011다112391).

(3) 포괄임금제도

1) 의 의

일정한 연장·야간 또는 휴일근로가 예정된 근무형태에서 기본임금을 미리 정하지 않은 채, 연장근로 등에 대한 가산임금을 합하여 일정한 금액을 월급 또는 일급 임금으로 정하는 경우가 있는데 이를 '포괄임금제도'라고 한다.

법원은 원칙적인 임금지급방법은 근로시간 수의 산정을 전제로 한 것이지만, 예외적으로 감시단속적 근로 등과 같이 근로시간, 근로형태와 업무의 성질을 고려할 때 근로시간의 산정이 곤란하다고 인정되는 경우에는 포괄임금제에 의한 임금 지급계약을 체결하더라도 달리 근로자에게 불이익이 없고 여러 사정에 비추어 정당하다고 인정될 때에는 유효하다고 본다(대법원 2010.5.13. 2008다605).

핵심 판례 **포괄임금제의 유효성 인정**

원칙적인 임금지급방법은 근로시간 수의 산정을 전제로 한 것인데, 예외적으로 감시단속적 근로 등과 같이 근로시간, 근로형태와 업무의 성질을 고려할 때 근로시간의 산정이 어려운 것으로 인정되는 경우가 있을 수 있고, 이러한 경우에는 사용자와 근로자 사이에 기본임금을 미리 산정하지 아니한 채 법정수당까지 포함된 금액을 월급여액이나 일당임금으로 정하거나 기본임금을 미리 산정하면서도 법정 제 수당을 구분하지 아니한 채 일정액을 법정 제 수당으로 정하여 이를 근로시간 수에 상관없이 지급하기로 약정하는 내용의 이른바 포괄임금제에 의한 임금 지급계약을 체결하더라도 그것이 달리 근로자에게 불이익이 없고 여러 사정에 비추어 정당하다고 인정될 때에는 유효하다 할 것이다(대법원 2010.5.13. 2008다605).

2) 포괄임금제도의 제한

① 포괄금액이 실제 수당보다 낮은 경우 포괄임금제도에 의하여 지급되는 수당

액이 실제상의 시간외근로에 대한 수당액보다 높은 경우에는 유효하지만, 실제의 수당액보다 낮은 경우에는 무효이므로 그 차액을 지급해야 할 것이다(대법원 1991.4.23. 89다카32118).

② 근로시간의 산정이 어려운 경우가 아닌 경우 감시·단속적 근로 등과 같이 근로시간의 산정이 어려운 경우가 아니라면 달리 근로기준법상의 근로시간에 관한 규정을 그대로 적용할 수 없다고 볼 만한 특별한 사정이 없는 한, 근로기준법상의 근로시간에 따른 임금지급의 원칙이 적용되어야 할 것이고, 포괄임금제 방식의 임금지급계약을 체결하는 것은 허용될 수 없다(대법원 2010.5.13. 2008다6052).

핵심 판례 **포괄임금제 방식의 예외적 인정**

예외적으로 감시단속적 근로 등과 같이 근로시간, 근로형태와 업무의 성질을 고려할 때 근로시간의 산정이 어려운 것으로 인정되는 경우가 있을 수 있고, 이러한 경우에는 사용자와 근로자 사이에 기본임금을 미리 산정하지 아니한 채 법정수당까지 포함된 금액을 월급여액이나 일당임금으로 정하거나 기본임금을 미리 산정하면서도 법정 제 수당을 구분하지 아니한 채 일정액을 법정 제 수당으로 정하여 이를 근로시간 수에 상관없이 지급하기로 약정하는 내용의 이른바 포괄임금제에 의한 임금 지급계약을 체결하더라도 그것이 달리 근로자에게 불이익이 없고 여러 사정에 비추어 정당하다고 인정될 때에는 유효하다 할 것이다.

그러나 위와 같이 근로시간의 산정이 어려운 경우가 아니라면 달리 근로기준법상의 근로시간에 관한 규정을 그대로 적용할 수 없다고 볼 만한 특별한 사정이 없는 한 앞서 본 바와 같은 근로기준법상의 근로시간에 따른 임금지급의 원칙이 적용되어야 할 것이므로, 이러한 경우에도 근로시간 수에 상관없이 일정액을 법정수당으로 지급하는 내용의 포괄임금제 방식의 임금 지급계약을 체결하는 것은 그것이 근로기준법이 정한 근로시간에 관한 규제를 위반하는 이상 허용될 수 없다(대법원 2010.5.13. 2008다6052).

3) 묵시적 합의에 의한 포괄임금약정의 성립

판례는 묵시적 합의에 의한 포괄임금약정의 성립을 인정하면서도, 그러한 포괄임금약정이 인정되기 위해서는 그 필요성이 인정되고, 사용자와 근로자 사이에 정액의 월급여액이나 일당임금 외에 추가로 어떠한 수당도 지급하지 않기로 하거나 특정한 수당을 지급하지 않기로 하는 합의가 있었다고 객관적으로 인정되는 경우이어야 한다고 판시하였다(대법원 2016.10.13. 2016도1060).

8. 근로시간·휴게·휴일의 적용 제외

근로기준법은 모든 사업 또는 사업장의 근로자에게 적용되는 것이 원칙이다. 그러나 사업의 성질 또는 업무의 특수성으로 인하여 출·퇴근시간을 엄격하게 정할 수 없다거나 근로시간·휴게·휴일의 적용이 적절하지 아니한 업종에 대해서는 그 적용을 배제하고 있다(근로기준법 제63조).

(1) 대상 근로자

1) 농수산업 종사자

근로기준법상 근로시간·휴게·휴일의 규정은 토지의 경작·개간, 식물의 재식·재배·채취사업, 그 밖의 농림사업, 동물의 사육, 수산동식물의 채포·양식사업, 그 밖의 축산·양잠·수산사업(근로기준법 제63조제1호, 제2호)에 종사하는 근로자에 대하여 적용이 제외된다. 농수산업은 일반적으로 기후·계절 등의 자연조건의 영향으로 근로시간의 일률적 규제에 곤란함이 따르기 때문이다. 그러나 기후·기상 등 자연조건에 크게 영향을 받지 않으면 적용제외 대상이 아니라고 본다(예: 배송업무, 경리업무, 수협위판장부두근로자, 엽연초생산지도사 등).

〈도표 5-24〉 농수산업 종사자 등 대상 근로자에게 적용되는 규정

적용되는 규정	적용되지 않는 규정
야간근로수당, 연소자와 여성의 야간근로제한, 연차휴가, 생리휴가, 산전후 휴가, 유사산휴가, 육아시간 규정 등	일반근로자의 법정 근로시간, 휴게시간, 주휴일, 가산임금, 연소자의 법정 근로시간, 여성의 연장근로제한 등

2) 감시·단속적 근로종사자

감시 또는 단속적으로 근로에 종사하는 자로서 사용자가 고용노동부장관의 승인을 받은 자에 대해서도 적용이 제외된다(근로기준법 제63조제3호).

'감시적 근로'란 감시하는 것을 본래의 업무로 하며 근로제공에 따르는 정신적·육체적 피로가 적은 업무를 말하고, '단속적 근로'란 근로가 간헐적으로 이루어져 휴게시간 또는 대기시간이 많은 업무를 말한다. 감시적 근로자에는 아파트 경비원, 보안직 사원 등이 있고, 단속적 근로자에는 보일러 기사, 전기기사 등이 있다.

감시·단속적 근로에 종사하는 자라 하더라도 근로시간에 관한 규정이 적용되지 않기 위해서는 사용자가 고용노동부장관의 승인을 받아야 한다. 근로시간 적용제외 승인은 감시·단속적 근로 업무와 근로자수를 대상으로 하며, 근로자수·업무성격·근로형태의 변경 없이 담당자만 바뀌면 다시 승인 받을 필요가 없다.

3) 감독·관리·기밀업무 종사자

감독·관리업무에 종사하는 자 또는 기밀을 취급하는 업무에 종사하는 자에 대해서도 적용이 제외된다(근로기준법 제63조제4호, 시행령 제34조). 판례는 근로조건 또는 노무관리방침 결정에 참여하거나 노무관리상의 지휘권한을 가지는지, 자기의 근로에 대해 자유재량권을 가지고 출·퇴근 등에 엄격한 제한을 받지 않는지, 지위에 따른 특별수당을 받고 있는지 여부를 관리·감독적 지위의 판단기준으로 제시하고 있다(대법원 1989.2.28. 88다카2974). 한편, 기밀업무 종사자라 함은 비서 기타 그 직무가 경영자 또는 관리·감독적 지위에 있는 자의 활동과 일체불가분의 관계에 있고, 출·퇴근 등에 엄격한 제한을 받지 않는 자를 말한다.

(2) 적용 제외 규정과 적용 규정

1) 적용 제외 규정

대상 근로자에게 적용이 배제되는 규정은 근로기준법 제4장과 제5장에서 정한 '근로시간, 휴게와 휴일에 관한 규정'이다. 따라서 일반근로자의 법정 근로시간(근로기준법 제50조), 휴게시간(제54조), 주휴일(제55조), 가산임금(제56조), 연소자의 법정 근로시간(제69조), 여성의 연장근로 제한(제71조)에 관한 규정들은 대상 근로자에게 적용되지 않는다.

2) 적용 규정

한편, 대상 근로자에게 적용되는 규정은 다음과 같다.

첫째, 야간근로는 근로시간의 규제와는 차원을 달리하므로 가산임금 규정 중 야간근로수당 관련 부분(근로기준법 제56조)이나 연소자와 여성에 대한 야간근로 제한 규정(제70조)는 적용된다.

둘째, 휴가는 휴일과 성질을 달리하므로 연차휴가(제60조), 생리휴가(제73조), 산전후휴가 또는 유사산휴가(제74조 제1항, 제2항)에 관한 규정도 적용이 배제되지 않는다고 보아야 한다.

셋째, 육아시간에 관한 규정(제75조)도 근로시간·휴게시간과 무관하므로 적용이 배제되지 않는다.

제6장

산업안전보건과 재해보상

제1절 산업안전보건

1. 산업안전보건법의 개요

(1) 의 의

산업안전보건법(산업안전법)은 산업안전·보건에 관한 기준을 확립하고, 그 책임의 소재를 명확하게 하여 산업재해를 사전에 예방하고 쾌적한 작업환경을 조성함으로써 근로자의 안전과 보건을 유지·증진시키고자 제정되었다(제1조).

즉, 산업안전법은 사용자의 안전배려 의무와 근로자의 사고대처 의무 등을 법률상의 의무로 구체화하고, 노사에게 산업재해 예방을 위한 기준을 준수하도록 함과 동시에 정부차원의 책무를 설정함으로써 근로자의 생명·신체·건강 등에 대한 보호를 강화시키는데 의의가 있다.

산업안전법에서 '산업재해'란 근로자가 업무에 관계되는 건설물·설비·원재료·가스·증기·분진 등에 의하거나 작업 또는 그 밖의 업무로 인하여 사망 또는 부상하거나 질병에 걸리는 것을 말한다(제2조제1호). 산업안전법은 산업재해의 사전적 예방에 초점을 두고 있고, 산재보험법은 재해 발생 시 사후적 보상에 중점을 두고 있다.[1]

산업안전법에서는 ① 기업의 안전보건관리 체계, ② 유해·위험 예방조치, ③ 근로자의 보건관리, ④ 고용노동부의 감독과 명령 등에 대해 규정하고 있다. 산업안전법은 모든 사업 또는 사업장(이하 '사업'이라 한다)에 적용한다. 다만, 유해·위험의 정도, 사업의 종류·규모 및 사업의 소재지 등을 고려하여 대통령령이 정하는 사업에 대하여는 이 법의 전부 또는 일부를 적용하지 아니할 수 있다. 또한 이 법과 이 법에 의한 명령은 국가·지방자치단체 및 공공기관법 제5조에 따른 공기업에 이를 적용한다(제3조).

(2) 사업주의 의무

1) 산업안전법상 사업주

산업안전법에서 사업주란 근로자를 사용하여 사업을 하는 자를 말한다(제2조제

1) 김형배, 노동법(제27판), 박영사, 2021, p.586.

3호). 즉, 사업 경영 이익의 실질적인 귀속주체가 되는 사업주로서 법인과 개인이 이에 해당한다. 건설현장에서 사업주는 건축주가 아니라 시공업자가 되고(대법원 2008.8.21. 2008도5431), 건축물의 공사시공자는 공사현장의 위해방지를 위하여 필요한 조치를 할 의무가 있으므로 공사현장에서 안전조치에 관한 책임은 공사 시공자에게 귀속된다(건축법 제28조).

한편, 파견 사업에서 파견중인 파견근로자에 대해서는 사용사업주를 산업안전법상 의무가 있는 사업주로 판단하고, 파견사업주와 사용사업주가 산업안전법을 위반하는 내용을 포함한 근로자 파견계약을 체결하고 파견근로자를 근로하게 하여 산업안전법을 위반하면 파견사업주와 사용사업주 모두를 사업주로 보고 벌칙을 적용한다(파견법 제35조제6항, 산업안전법 제2조제4호).

2) 산업재해예방 기준 준수 등

사업주는 산업안전법에서 정하는 산업재해예방을 위한 기준을 준수하고, 근로자의 안전과 건강을 유지·증진시키는 한편, 국가의 산업재해 예방시책에 따라야 한다(산업안전법 제5조제1항).

3) 기계·기구 등을 제조·수입하는 자 등의 의무

기계·기구·원재료 등을 제조·수입하는 자 등은 발주·설계·제조·수입·건설을 할 때 산업안전법에서 정하는 기준을 준수하여야 하고, 그 물건의 사용에 의한 산업재해발생의 방지에 노력하여야 한다(산업안전법 제5조제2항).

4) 산업재해 발생보고 의무

① 산업재해 발생보고

사업주는 사망자 또는 3일 이상의 휴업을 요하는 부상·질병에 걸린자가 발생한 때에는 당해 산업재해가 발생한 날부터 1개월 이내에 산업재해조사표를 작성하여 관할 지방노동관서의 장에게 제출하여야 한다(산업안전법 제10조제2항 및 시행규칙 제4조제1항).

② 중대재해 발생보고

사업주는 중대재해가 발생한 때에는 그 발생 개요·원인 및 보고 시기, 재발방지 계획 등을 고용노동부령으로 정하는 바에 따라 고용노동부장관에게 보고하여야 한다(산업안전법 제10조제2항 및 시행규칙 제4조제3항).

중대재해라 함은 산업재해 중 사망 등 재해의 정도가 심한 것으로 사망자가 1인 이상 발생한 재해, 3개월 이상의 요양을 요하는 부상자가 동시에 2인 이상 발생한 재해, 부상자 또는 직업성 질병자가 동시에 10인 이상 발생한 재해를 말한다(산업안전법 시행규칙 제2조제1항).

③ 산업재해 은폐 금지

사업주는 산업재해가 발생하였을 때에는 그 발생 사실을 은폐하여서는 아니 되며, 고용노동부령으로 정하는 바에 따라 재해발생원인 등을 기록·보존하여야 한다(산업안전법 제10조제1항). 산업재해 발생 사실을 은폐한 자 또는 그 발생 사실을 은폐하도록 교사(教唆)하거나 공모(共謀)한 자는 1년 이하의 징역 또는 1천만원 이하의 벌금에 처한다(산업안전법 제68조제1호).

5) 법령요지의 게시 및 안전보건표지 부착 의무

사업주는 산업안전법과 이 법에 의한 명령의 요지를 상시 각 사업장에 게시 또는 비치하여 근로자로 하여금 알게 하여야 한다(산업안전법 제11조제1항).

또한, 사업주는 사업장의 유해 또는 위험한 시설 및 장소에 대한 경고, 비상시 조치의 안내 기타 안전의식의 고취를 위하여 안전·보건 표지를 설치하거나 부착하여야 한다(산업안전법 제12조).

(3) 근로자의 의무

근로자는 산업안전법과 이 법에 의한 명령에서 정하는 산업재해예방을 위한 기준을 준수하여야 하며, 사업주 기타 관련단체에서 실시하는 산업재해의 방지에 관한 조치에 따라야 한다(산업안전법 제6조).

(4) 정부의 역할

1) 정부의 책무

정부는 산업안전법의 목적을 달성하기 위하여 정책 수립·집행, 재해예방 지원, 안전보건 교육 등에 관한 사항을 성실히 이행할 책무를 진다. 지방자치단체는 정부 정책에 적극 협조하고 관할 지역의 산업재해 예방 대책을 수립·시행해야 한다(산업안전법 제4조, 제4조의2).

2) 산업재해예방계획의 수립·공표

고용노동부장관은 산업재해예방에 관한 중·장기 기본계획을 수립하고, 산재보험법 제8조제1항에 따른 '산업재해보상보험및예방심의위원회'의 심의를 거쳐 공표하여야 한다(산업안전법 제7조).

3) 산업재해 발생건수 등 공표

고용노동부장관은 산업재해를 예방하기 위하여 대통령령으로 정하는 사업장의 산업재해 발생건수, 재해율 또는 그 순위 등을 공표하여야 한다(산업안전법 제10조).

4) 협조의 요청 등

고용노동부장관은 산업재해예방계획의 효율적인 시행을 위하여 관계행정기관의 장 또는 공공기관의 장에게 필요한 협조를 요청할 수 있다(산업안전법 제8조).

2. 안전·보건관리 체제

(1) 의 의

산업재해를 예방하고 쾌적한 작업환경을 조성하기 위해서는 기업이 자율적으로 산업안전·보건관리체제를 확립하는 것이 효과적이다. 산업안전법은 일정한 종류(업종)와 규모의 사업 또는 사업장(이하 사업)에 안전보건관리책임자, 관리감독자, 안전관리자, 보건관리자 등 안전·보건관리 조직을 갖추도록 의무화하고 있다.

〈도표 6-1〉 사업장의 안전보건관리 체제

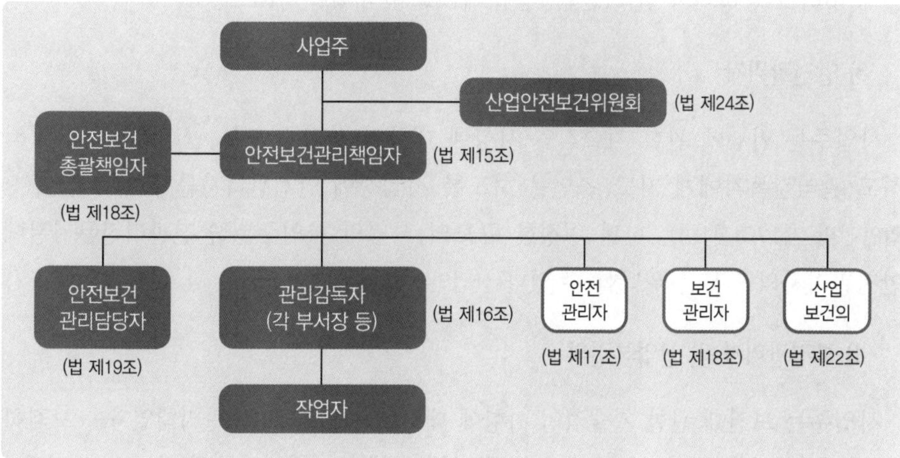

자료: 안전보건공단, 안전보건실무 길잡이(guide.kosha.or.kr).

(2) 사업장의 안전보건관리 조직

1) 안전보건관리책임자

사업주는 안전보건 업무를 총괄하게 하기 위하여 안전보건관리책임자(이하 '관리책임자'라 한다)를 두어야 한다. 관리책임자는 안전관리자와 보건관리자를 지휘·감독한다(산업안전법 제15조).

관리책임자는 ① 산업재해 예방계획의 수립에 관한 사항, ② 안전보건관리규정의 작성 및 변경에 관한 사항, ③ 근로자의 안전·보건교육에 관한 사항, ④ 작업환경측정 등 작업환경의 점검 및 개선에 관한 사항, ⑤ 근로자의 건강진단 등 건강관리에 관한 사항 등을 총괄·관리하여야 한다(산업안전법 제15조제1항).

2) 관리감독자

사업주는 사업장의 관리감독자(경영조직에서 생산과 관련되는 업무와 그 소속 직원을 직접 지휘·감독하는 부서의 장 또는 그 직위를 담당하는 자를 말한다)로 하여금 직무와 관련된 안전·보건에 관한 업무로서 안전·보건 점검 등 대통령령으로 정하는 업무를 수행하도록 하여야 한다(산업안전법 제14조 및 시행령 제10조).

3) 안전관리자

사업주는 안전에 관한 기술적인 사항에 대하여 사업주 또는 관리책임자를 보좌하고 관리감독자에게 지도·조언을 하도록 사업장에 안전관리자를 두어야 한다(산업안전법 제17조제1항). 한편 일정한 규모의 사업의 사업주는 안전관리전문기관에 안전관리자의 업무를 위탁할 수 있다(산업안전법 제17조제5항).

4) 보건관리자 및 산업보건의

사업주는 보건에 관한 기술적인 사항에 대하여 사업주 또는 관리책임자를 보좌하고 관리감독자에게 지도·조언을 하도록 사업장에 보건관리자를 두어야 한다(산업안전법 제18조제1항). 한편 일정한 규모의 사업의 사업주는 보건관리전문기관에 보건관리자의 업무를 위탁할 수 있다(산업안전법 제16조제5항). 상시 근로자수가 50인 이상인 사업장이 ① 의사인 보건관리자를 두지 않거나, ② 보건관리전문기관에 보건관리자 업무위탁을 하지 않은 경우, 사업주는 보건관리자의 업무를 지도하기 위하여 사업장에 산업보건의를 두어야 한다(산업안전법 제22조, 시행령 제29조제1항).

5) 안전보건관리담당자

사업주(제17조에 따른 안전관리자, 제18조에 따른 보건관리자를 두어야 하는 사업주 제외)는 사업장에 안전보건관리담당자를 두어 안전·보건에 관하여 사업주를 보좌하고 관리감독자에게 조언·지도하는 업무를 수행하게 하여야 한다(산업안전법 제19조).

6) 안전보건총괄책임자

동일한 장소에서 행하여지는 사업의 일부를 도급에 의하여 행하는 사업의 사업주는 그가 사용하는 근로자 및 그의 수급인이 사용하는 근로자가 동일한 장소에서 작업을 할 때에 생기는 산업재해를 예방하기 위한 업무를 총괄·관리하기 위하여 당해 사업의 관리책임자를 안전보건총괄책임자로 지정하여야 한다(산업안전법 제62조).

7) 산업안전보건위원회

사업주는 산업안전·보건에 관한 중요사항을 심의·의결하기 위하여 근로자·사용자 동수로 구성되는 산업안전보건위원회를 설치·운영하여야 한다(산업안전법 제24조).

8) 명예산업안전감독관

고용노동부장관은 산업재해예방활동에 대한 참여와 지원을 촉진하기 위하여 근로자·근로자단체·사업주단체 및 산업재해 예방 관련 전문단체에 소속된 자 중에서 명예산업안전감독관을 위촉할 수 있다(산업안전법 제23조).

3. 안전보건관리규정

상시 근로자 100명 이상(농업 등 일부 사업은 300명 이상)을 사용하는 사업장의 사업주는 안전보건관리규정을 작성하여 각 사업장에 게시하거나 갖춰 두고, 이를 근로자에게 알려야 한다. 안전보건관리 규정에는 ① 안전보건관리 조직과 직무, ② 안전보건 교육, ③ 작업장 안전관리, ④ 작업장 보건관리, ⑤ 사고 조사 및 대책 수립, ⑥ 그 밖의 안전보건에 관한 사항 등의 내용이 포함되어야 한다(산업안전법 제25조제1항).

이 때 작성되는 안전보건관리규정은 당해 사업장에 적용되는 단체협약 및 취업규칙에 반할 수 없으며, 그에 반하는 부분에 대해서는 당해 단체협약 또는 취업규칙에 정한 기준이 직접 적용된다(산업안전법 제25조제2항).

안전보건관리규정을 작성할 때는 산업안전보건위원회의 심의·의결을 거치거나, 위원회가 설치되어 있지 아니한 사업장에서는 근로자대표의 동의를 얻어야 한다(산업안전법 제26조). 안전보건관리규정에 관하여는 동법에서 규정한 것을 제외하고는 그 성질에 반하지 아니하는 범위에서 근로기준법의 취업규칙에 관한 규정이 준용된다(산업안전법 제28조).

4. 유해·위험 예방 조치

(1) 안전·보건상의 조치

1) 사업주의 위험성평가의 실시의무와 안전보건표지의 부착

사업주는 건설물, 기계·기구·설비, 원재료, 가스 등 유해·위험 요인을 찾아내어 부상 및 질병으로 이어질 수 있는 위험성 크기를 평가해야 하고, 그 결과에 따라 이 법과 이 법상 명령에 따른 조치를 해야 하며, 근로자에 대한 위험 또는 건강장해를 방지하기 위하여 필요한 경우에는 추가적인 조치를 해야 한다(산업안전법 제36조).

사업주는 사업장의 유해 또는 위험한 시설 및 장소에 대한 경고, 비상시 조치의 안내, 기타 안전의식의 고취를 위하여 안전·보건 표지를 설치하거나 부착하여야 한다. 이 경우 외국인 근로자를 채용한 사업주는 외국어로 된 안전·보건표지와 작업안전수칙을 부착하도록 노력하여야 한다(산업안전법 제36조). 안전보건표지는 금지, 경고, 지시, 안내 관계자외 출입금지 능으로 나뉜다(산업안전법 시행규칙 제38조, 별표 6).

2) 사업주의 안전상 조치 의무

산업안전법에서 사업주의 안전조치 의무는 위험원인, 작업방법, 작업장소로 구분하여 '산업안전보건기준에 관한 규칙'에서 구체적으로 상세히 규정하고 있다.[2)]

첫째, 위험원인과 관련하여 사업주는 ① 기계·기구 기타 설비에 의한 위험, ② 폭발성·인화성·발화성 물질 등에 의한 위험, ③ 전기·열 기타 에너지에 의한 위험을 예방하기 위하여 필요한 조치를 하여야 한다(산업안전법 제38조제1항).

둘째, 작업방법과 관련하여 사업주는 굴착, 채석, 하역, 벌목, 운송, 조작, 운반, 해체, 중량물 취급, 그 밖의 작업을 할 때 불량한 작업방법 등에 따른 위험으로 인한 산

---

2) 산업기술의 급속한 발달로 인하여 규율영역이 확대되고 예상치 못했던 위험요소의 출현이 증가함에 따라 산업재해 발생위험이 있는 장소 및 산업재해 예방조치의 구체적이고 세부적인 사항에 대하여 법률에서 일일이 규정하는 것은 불가능하므로, 탄력적이고 신속한 대응을 위하여 행정입법에 위임할 필요성이 인정된다(헌법재판소 2013.2.28. 2012헌가3).

업재해를 예방하기 위하여 하여 필요한 조치를 하여야 한다(산업안전법 제38조제2항).

셋째, 작업장소와 관련하여 사업주는 작업 중 근로자가 추락할 위험이 있는 장소, 토사·구축물 등이 붕괴할 우려가 있는 장소, 물체가 떨어지거나 날아올 위험이 있는 장소, 그 밖에 작업 시 천재지변으로 인한 위험이 발생할 우려가 있는 장소에는 그 위험을 방지하기 위하여 필요한 조치를 하여야 한다(산업안전법 제38조제3항).

사업주가 안전상 조치 의무를 위반할 경우에는 5년 이하의 징역 또는 5천만원 이하의 벌금에 처하고, 특히 근로자 사망 시에는 7년 이하의 징역 또는 1억원 이하의 벌금에 처한다(산업안전법 제167조제1항, 제168조제1호).

이러한 사업주의 안전상 조치의무 위반죄가 성립하기 위해서는 '산업안전보건기준에 관한 규칙'에서 규정하고 있는 안전조치를 취하지 않은 채 작업을 지시하거나, 그러한 안전조치가 취해지지 않은 상태에서 작업이 이루어지고 있다는 사실을 알면서도 방치한 경우에 한하여 성립하는 것이다. 그러므로 산업안전보건기준에 관한 규칙에 정한 안전상의 조치의무를 다했다면 산업재해가 발생하였다고 하더라도 업무상과실치사상죄로 책임을 묻는 것은 별론으로 하고 산업안전법 위반으로 사업주를 처벌할 수는 없다.

핵심 판례 **사업주의 안전상 조치 의무 위반죄의 성립 요건**

산업안전보건법 제66조의2, 제23조제3항 위반죄는, 사업주가 자신이 운영하는 사업장에서 위 법 제23조 제3항에 규정된 안전상의 위험성이 있는 작업과 관련하여 산업안전기준에 관한 규칙이 정하고 있는 안전조치를 취하지 않은 채 작업을 지시하거나, 그와 같은 안전조치가 취해지지 않은 상태에서 위 작업이 이루어지고 있다는 사실을 알면서도 이를 방치하는 등 그 위반행위가 사업주에 의하여 이루어졌다고 인정되는 경우에 한하여 성립하고, 위 규칙에서 정한 안전조치 외의 다른 가능한 안전조치가 취해지지 않은 상태에서 위험성이 있는 작업이 이루어졌다는 사실만으로 위 죄가 성립하는 것은 아니다.

관리감독자가 작업의 편리성에 치중한 나머지 추락방지망을 제거하고 추가적인 위험방지조치를 강구하지 않은 채 비계해체 작업을 지시한 사안에서, 산업안전기준에 관한 규칙에서 정한 안전조치 의무를 이행하였다면 산업안전보건법 제23조제3항에 규정된 안전조치 의무를 위반한 경우에 해당하지 않는다(대법원 2009.5.28. 2008도7030).

3) 사업주의 보건상 조치 의무

사업주가 이행하여야 할 구체적인 보건상 조치사항은 '산업안전보건기준에 관한 규칙'에서 자세하게 규정하고 있다.

사업주는 ① 원재료·가스·증기·분진·흄(fume)·미스트(mist)·산소결핍·병원체 등에 의한 건강장해, ② 방사선·유해광선·고온·저온·초음파·소음·진동·이상기압 등에 의한 건강장해, ③ 사업장에서 배출되는 기체·액체 또는 찌꺼기 등에 의한 건강장해, ④ 계측감시(計測監視), 컴퓨터 단말기 조작, 정밀공작 등의 작업에 의한 건강장해, ⑤ 단순반복작업 또는 인체에 과도한 부담을 주는 작업에 의한 건강장해, ⑥ 환기·채광·조명·보온·방습·청결 등의 적정기준을 유지하지 아니하여 발생하는 건강장해를 예방하기 위해 필요한 조치를 취하여야 한다(산업안전법 제39조).

사업주가 보건상 조치 의무를 위반할 때에는 5년 이하의 징역 또는 5천만원 이하의 벌금에 처하고, 특히 근로자 사망 시에는 7년 이하의 징역 또는 1억원 이하의 벌금에 처한다(산업안전법 제167조제1항, 제168조제1호)

4) 근로자의 준수 의무

근로자는 사업주가 행한 안전·보건상의 조치를 준수하여야 한다(산업안전법 제40조).

(2) 중대재해 위험 시 작업중지

1) 사업주의 작업중지

사업주는 산업재해발생의 급박한 위험이 있거나 중대재해가 발생하였을 때에는 즉시 작업을 중지시키고 근로자를 작업장소로부터 대피시키는 등 필요한 안전·보건상의 조치를 하여야 한다(산업안전법 제51조, 제54조제1항).

2) 근로자의 작업중지

근로자는 산업재해발생의 급박한 위험으로 인하여 작업을 중지하고 대피할 수 있고(작업중지권), 이 때에는 지체 없이 이를 관리감독자 등에게 보고하고, 관리감독자는 이에 대한 적절한 조치를 취하여야 한다(산업안전법 제52조).

이 경우 사업주는 산업재해발생의 급박한 위험이 있다고 믿을만한 합리적인 근거가 있는 때에는 작업을 중지하고 대피한 근로자에 대하여 이를 이유로 해고 기타 불리한 처우를 하여서는 아니 된다(산업안전법 제52조제4항).

(3) 도급사업에 있어서의 안전·보건

산업안전법에서는 도급인(원청)의 산업재해 예방책임을 강화하였다. 원칙적으로 안전·보건상 유해하거나 위험한 작업에 대해 분리도급(하도급 포함)을 금지하고 예외적으로 고용노동부장관의 승인을 받은 경우에 한하여 허용된다. 다만 그 승인을 받은 경우에도 그 작업을 하도급 할 수는 없다. 사업주는 산업재해 예방 능력을 갖춘 적격의 수급인을 선정할 의무가 있다(산업안전법 제58조 내지 제61조).

1) 유해작업 도급 금지

안전·보건상의 유해 또는 위험한 작업 중 도금작업, 수은·연·카드뮴 등 중금속을 제련, 주입, 가공 및 가열하는 작업, 산업안전법 제118조제1항에 따른 허가대상물질을 제조하거나 사용하는 작업은 자신의 사업장에서 그 작업만을 분리하여 도급(하도급 포함)을 줄 수 없다. 예외적으로 일시·간헐적으로 하는 작업을 도급하는 경우 또는 수급인이 보유한 기술이 전문적이고 도급인으로서의 사업주의 운영에 필수 불가결하여 고용노동부장관의 안전·보건 평가와 승인을 받은 경우에는 그 작업을 도급하여 자신의 사업장에서 수급인의 근로자가 그 작업을 하도록 할 수 있다(산업안전법 제58조).

안전·보건상의 유해 또는 위험한 작업 중 급성 독성, 피부 부식성 등이 있는 물질의 취급 등 대통령령으로 정하는 작업을 도급하려는 경우에는 고용노동부장관의 안전·보건 평가와 승인을 받아야 한다(산업안전법 제59조).

2) 도급사업에 있어서의 안전·보건조치

도급인의 산업재해 예방 책임이 강화되어 도급인은 관계수급인(도급이 여러 단계에 걸쳐 체결된 경우에 각 단계별로 도급받은 사업주 전부) 근로자가 도급인의 사업장에서 작업을 하는 경우에 자신의 근로자와 관계수급인 근로자의 산업재해 예방을 위해서 안전 및 보건 시설 설치 등 필요한 안전·보건 조치를 해야 한다. 다만 보호구 착용 지시 등 관계수급인 근로자의 작업행동에 관한 직접적인 조치는 제외된다(산업안전법 제63조).

이는 사내하도급의 사용이 일반화되어 있는 현실에서 하도급업체의 재해율이 원도급업체에 비하여 상대적으로 높은 편이고, 그 작업장소가 원도급업체가 관리하는 현장 내인 경우가 많아 하도급업체의 독자적인 노력만으로는 산업재해를 예방하는 데 역부족인 근로현실을 반영하고, 근로자의 안전과 보건을 실질적으로 보장하기 위한 것이다(헌법재판소 2013.2.28. 2012헌가3).

산업안전법에 관한 판례에서도,법령에 의하여 도급인에게 수급인의 업무에 관하여 구체적인 관리·감독의무 등이 부여되어 있거나 도급인이 공사의 시공이나 개별 작업에 관하여 구체적으로 지시·감독하였다는 등의 특별한 사정이 있는 경우에는 도급인에게도 수급인의 업무와 관련하여 사고방지에 필요한 안전조치를 취할 주의의무가 있다(대법원 2009.5.28. 2008도7030).

여기에서 수급인의 근로자를 위한 안전보건조치의무를 취해야 하는 도급 사업주는 동일한 장소에서 행하여지는 사업의 일부가 아닌 '전부'를 도급에 의하여 행하는 사업의 사업주가 아니라, 동일한 장소에서 행하여지는 공사나 공정의 일부를 직접 담당하여 시행하는 사업주이다. 또한, 중층적 하도급관계에 있어서 중간 도급사업주는 제29조의 안전보건조치의무를 부담하지 아니한다(대법원 2010.6.24. 2010도2615).

핵심 판례 **도급사업에 있어서의 안전·보건조치**

산업재해예방조치에 관한 산업안전보건법 제29조 제2항에서 말하는 '제1항의 규정에 의한 사업주'란 위 법 제29조제1항에 규정된 "동일한 장소에서 행하여지는 사업의 일부를 도급에 의하여 행하는 사업으로서 대통령령이 정하는 사업의 사업주"를 의미하고, 동일한 장소에서 행하여지는 사업의 일부가 아닌 '전부'를 도급에 의하여 행하는 사업의 사업주는 이에 해당하지 않는다.

산업안전보건법 제66조의2, 제23조제3항 위반죄는, 사업주가 자신이 운영하는 사업장에서 위 법 제23조 제3항에 규정된 안전상의 위험성이 있는 작업과 관련하여 산업안전기준에 관한 규칙이 정하고 있는 안전조치를 취하지 않은 채 작업을 지시하거나, 그와 같은 안전조치가 취해지지 않은 상태에서 위 작업이 이루어지고 있다는 사실을 알면서도 이를 방치하는 등 그 위반행위가 사업주에 의하여 이루어졌다고 인정되는 경우에 한하여 성립하고, 위 규칙에서 정한 안전조치 외의 다른 가능한 안전조치가 취해지지 않은 상태에서 위험성이 있는 작업이 이루어졌다는 사실만으로 위 죄가 성립하는 것은 아니다(대법원 2009.5.28. 2008도7030).

3) 안전·보건에 관한 협의체의 구성·운영에 관한 특례

대통령령으로 정하는 일정 규모의 건설공사 도급인은 해당 건설공사 현장에 근로자위원과 사용자위원이 같은 수로 구성되는 안전·보건에 관한 노사협의체를 구성·운영할 수 있다. 이 경우 산업안전보건위원회 및 안전·보건에 관한 협의체를 각각 설치·운영하는 것으로 본다(산업안전법 제2조제11호, 제75조).

4) 산업안전보건관리비의 계상

건설공사발주자가 도급계약을 체결하거나 건설 시공을 주도하여 총괄·관리하는 자(건설공사발주자로부터 건설공사를 최초로 도급받은 수급인은 제외)가 건설공사 사업 계획을 수립할 경우, 산업안전보건관리비를 도급금액 또는 사업비에 계상하여야 하며, 이 경우 수급인은 당해 산업안전보건관리비를 다른 목적으로 사용하여서는 아니 된다(산업안전법 제72조). 이 조항의 적용 대상은 총 공사금액 2천만원 이상인 건설공사에 적용되는 것이 원칙이다(산업안전법 제2조제11호, 건설업 산업안전보건관리비 계상 및 사용기준 제3조).

(4) 안전·보건 교육

사업주는 해당 사업장의 근로자에 대하여 정기적으로 안전·보건에 관한 교육을 실시하여야 한다(산업안전법 제29조). 그리고 관리책임자, 안전관리자, 보건관리자, 안전보건관리담당자 등은 안전보건교육기관에서 안전·보건에 관한 직무교육을 받아야 한다(산업안전법 제32조, 제33조).

(5) 유해·위험한 기계·기구 등에 대한 근원적 안전성 확보

1) 유해·위험한 기계·기구의 방호조치

유해·위험한 작업을 필요로 하거나 동력에 의하여 작동하는 기계·기구는 유해·위험방지를 위한 방호조치를 하지 아니하고는 이를 양도·대여·설치 또는 사용하거나, 양도·대여의 목적으로 진열하여서는 아니된다(산업안전법 제80조).

2) 안전인증

유해·위험한 기계·기구 및 방호장치·보호구 등을 제조하는 자는 안전인증기준에 맞는지에 대하여 고용노동부장관이 실시하는 안전인증을 받아야 한다(산업안전법 제84조).

3) 자율안전확인

안전인증대상 기계·기구 등이 아닌 '자율안전 확인대상 기계·기구 등'을 제조 또는 수입하는 자는 그 성능이 자율안전기준(고용노동부장관이 정하여 고시하는 안전기준)에 맞는 것임을 확인하여 고용노동부장관에게 신고해야 하는 것이 원칙이다(산업안전법 제89조).

4) 안전검사

유해·위험한 기계·기구등을 사용하는 사업주는 고용노동부장관이 실시하는 안전검사를 받거나(산업안전법 제93조), 사업주가 근로자대표와 협의하고 자율검사프로그램을 정하여 고용노동부장관의 인정을 받아 자율안전검사를 실시하여야 한다(산업안전법 제98조).

(6) 유해 화학물질 등 유해인자의 체계적 관리

1) 유해인자의 분류와 관리

고용노동부장관은 근로자의 건강장해를 유발하는 화학물질 및 물리적 인자 등(이하 유해인자)을 고용노동부령이 정하는 분류기준에 따라 분류하고, 이를 ① 제조 등 금지물질, ② 제조 등 허가물질, ③ 노출기준 설정대상 유해인자, ④ 허용기준 설정 대상 유해인자, ⑤ 작업환경 측정 대상 유해인자, ⑥ 특수건강진단 대상 유해인자 등으로 정하여 관리하여야 한다(산업안전법 제104조, 제105조 및 시행규칙 제143조, 안전보건규칙 제420조).

2) 제조 등의 금지와 허가

누구든지 ① 직업성 암을 유발하는 물질이나, ② 근로자에게 중대한 건강장해를 일으킬 우려가 있는 물질로서 대통령령으로 정하는 물질을 제조·수입·양도·제공 또는 사용하여서는 아니 된다. 다만, 시험·연구·검사를 위하여 고용노동부장관의 승인을 얻은 경우에는 그러하지 아니하다(산업안전법 제117조). 제조 등 금지 물질은 백연을 포함한 페인트, 벤젠을 포함한 고무풀, 석면, 황린(黃燐) 성냥 등으로 규정한다(시행령 제87조).

위의 ①, ②에 해당하는 제조 등 금지 물질로서 대통령령으로 정하는 허가물질을 제조·사용하고자 하는 자는 미리 고용노동부장관의 허가를 받아야 한다. 허가받은 사항을 변경하고자 할 때에도 또한 같다(산업안전법 제118조). 제조 또는 사용허가를 받아야 하는 유해물질은 비소, 베릴륨, 염화비닐, 크롬산 아연 등으로 구체적으로 규율한다(시행령 제88조).

3) 유해인자 허용기준 준수

사업주는 발암성 물질 등 근로자에게 중대한 건강장해를 유발할 우려가 있는 유해인자로서 납, 메탄올, 벤젠, 이황화탄소, 황산 등 38개의 유해인자에 대하여는 그 노출 농도를 고용노동부령이 정하는 허용기준 이하로 유지해야 한다(산업안전법 107조 및 시행령 제84조, 별표 26).

4) 신규화학물질의 유해·위험성조사

신규화학물질을 제조·수입하고자 하는 사업주는 화학물질에 의한 근로자의 건강장해를 예방하기 위하여 당해 신규화학물질에 대한 유해·위험성 조사보고서를 고용노동부장관에게 제출하여야 한다(산업안전법 제108조).

5) 물질안전보건자료의 작성·제출

사업주는 유해인자의 분류기준에 해당하는 물질을 제조·수입하고자 할 때는 그 화학물질에 관한 제품명, 화학물질의 명칭 및 함유량, 안전 및 보건상 취급주의 사항, 건강 환경에 미치는 유해성 및 물리적 위험성 등이 기재된 물질안전보건자료(MSDS: Material Safety Data Sheet)를 작성하여 고용노동부장관에게 제출해야 한다(산업안전법 제110조제1항 및 시행령 제86조).

다만, 영업비밀과 관련되어 그 화학물질의 명칭 및 함유량을 물질안전보건자료에 적지 않으려는 법인·개인은 고용노동부장관에게 승인을 받아 해당 화학물질의 명칭 및 함유량을 대체할 수 있는 명칭 및 함유량으로 기재할 수 있다. 그러나 근로자에게 중대한 건강장해를 초래할 우려가 있는 화학물질로서 산업재해보상보험 및 예방심의 위원회의 심의를 거쳐 고용노동부장관이 고시하는 것은 대체하여 기재할 수 없다(산업안전법 제112조제1항).

또한, 해당 사업주는 물질안전보건자료를 취급근로자가 쉽게 볼 수 있는 장소에 게시·비치해야 한다. 물질안전보건자료 대상물질을 양도·제공하는 자는 이를 양도받거나 제공받는 자에게 물질안전보건자료를 제공해야 한다(산업안전법 제111조, 제114조).

5. 근로자의 보건관리

(1) 작업환경의 측정

사업주는 유해인자로부터 근로자의 건강을 보호하고 쾌적한 작업 환경을 조성하기 위하여 근로자가 인체에 해로운 유해 화학물질 등 작업환경측정 대상 유해인자에 노출되어 작업을 하는 작업장에 대하여 고용노동부령이 정하는 자격을 가진 자로 하여금 작업환경을 측정하도록 한 후 그 결과를 기록·보존하고 고용노동부장관에게 보고하여야 한다(산업안전법 제125조).

또한, 사업주는 작업환경 측정의 결과를 근로자에게 알려야 하며, 그 결과에 따라 근로자의 건강을 보호하기 위하여 해당 시설 및 설비의 설치 또는 개선 등 적절한 조치를 하여야 한다(같은 조 제6항).

한편, 고용노동부장관은 작업환경측정 결과의 정확성과 정밀성을 평가하기 위하여 신뢰성평가를 실시할 수 있다(산업안전법 제127조).

(2) 건강진단

사업주는 근로자의 건강보호·유지를 위하여 건강진단기관에서 근로자에 대한 건강진단을 실시하여야 한다(산업안전법 제129조).

1) 건강진단의 종류

① 일반건강진단

일반건강진단이란 정기적으로 실시하는 건강진단을 말한다. 사무직 종사 근로자에 대하여는 2년에 1회 이상, 기타 근로자에 대하여는 1년 1회 이상 일반건강진단을 실시하여야 한다(산업안전법 제129조 및 시행규칙 제197조).

② 특수건강진단

특수건강진단이라 함은 벤젠·톨루엔 등 유해 화학물질, 소음, 연(鉛; 납)등의 특수건강진단 대상 유해인자에 노출되는 업무(이하 특수건강진단 대상업무)에 종사하는 근로자, 건강진단 실시 결과 직업병 소견을 판정받아 작업전환을 한 근로자 등에 대하여 당해 업무와 관련되는 유해인자에 대하여 사업주가 추가로 실시하는 건강진단을 말한다(산업안전법 제130조 및 시행규칙 제200조 내지 제202조, 제206조).

③ 배치 전 건강진단

신규채용 또는 작업부서의 전환으로 특수건강진단 대상업무에 종사할 근로자에 대하여 그 업무 배치 전에 배치 예정 업무에 대한 적합성 평가를 위하여 사업주가 특별한 사정이 없는 한 실시해야 하는 건강진단을 말한다. 검사항목은특수건강진단과 동일하다(산업안전법 제130조제2항 및 시행규칙 제203조, 제204조).

④ 수시건강진단

특수건강진단 대상업무로 인하여 해당 유해인자에 의한 작업성 천식, 직업성 피부염 기타 건강장해를 의심케 하는 증상을 보이거나 의학적 소견이 있는 근로자에 대하여 사업주가 실시하는 건강진단을 말한다. 검사항목은 특수건강진단과 동일하다(산업안전법 제130조제3항 및 시행규칙 제205조).

⑤ 임시건강진단

임시건강진단이란 유해인자에 노출되는 근로자들에게 유사한 질병 증상이 발생한 경우 등에 실시하는 건강진단을 말한다(산업안전법 제131조 및 시행규칙 제207조).

2) 건강진단결과의 사후조치

사업주는 건강진단결과 근로자의 건강을 유지하기 위하여 필요하다고 인정할 때에는 작업장소 변경, 작업 전환, 근로시간 단축, 야간근로 제한, 작업환경 측정, 시설·설비의 설치 또는 개선, 기타 적절한 조치를 하여야 한다(산업안전법 제132조제4항).

(3) 역학조사

고용노동부장관은 직업성 질환의 진단 및 발생원인의 규명 또는 직업성 질환의 예방을 위하여 근로자의 질병과 작업장의 유해요인의 상관관계에 관한 직업성 질환 역학조사를 실시할 수 있다(산업안전법 제141조).

(4) 건강관리카드

고용노동부장관은 건강장해가 발생할 우려가 있는 업무에 일정 기간 이상 종사한 근로자에 대하여 직업병의 조기발견과 지속적인 건강관리를 위하여 건강관리카드를 발급해야 한다. 건강관리카드를 교부받은 사람은 건강관리카드를 타인에게 양도 또는 대여하여서는 아니된다. 카드 소지자가 업무상 재해로 산업재해보상보험법상 요양급여를 신청할 때 카드를 제출하면 해당 재해에 관한 의학적 소견을 적은 서류를 제출한 것으로 볼 수 있다(산업안전법 제137조).

(5) 근로자의 보건관리를 위한 근로와 취업의 제한

1) 질병자의 근로 금지와 제한

사업주는 감염병, 정신질환 또는 근로로 인하여 병세가 현저히 악화될 우려가 있는 질병으로서 고용노동부령으로 정하는 질병에 걸린 사람에게는 의사의 진단에 따라 근로를 금지하거나 제한하여야 한다(산업안전법 제138조).

첫째, 사업주는 ① 전염될 우려가 있는 질병에 걸린 사람(예방 조치를 한 경우 제외), ② 정신분열증, 마비성 치매에 걸린 사람, ③ 심장·신장·폐 등의 질환이 근로에 의해 악화될 우려가 있는 사람, ④ 기타 고용노동부장관이 정하는 질병에 걸린 사람에 대하여 근로를 금지하여야 한다(산업안전법 시행규칙 제220조제1항).

둘째, 사업주는 유기화합물·금속류 등 유해물질에 중독된 사람, 해당 유해물질에 중독될 우려가 있다고 의사가 인정하는 사람 등에 대해 건강악화 우려가 있는 업무에 종사하도록 하여서는 아니된다(산업안전법 시행규칙 제221조제1항).

셋째, 사업주는 감압증 기타 고기압에 의한 장해 또는 그 후유증이 있는 자 등에 대해서 고기압 업무에 종사하도록 하여서는 아니된다(산업안전법 시행규칙 제221조제2항).

2) 유해·위험작업의 근로시간 제한

사업주는 잠함·잠수작업 등 고기압하에서 행하는 작업에 종사하는 근로자에 대하여는 1일 6시간, 1주 34시간을 초과하여 근로하게 하여서는 아니된다(산업안전법 제139조).

3) 자격 등에 의한 취업제한

사업주는 유해 또는 위험한 작업에 필요한 자격·면허·경험 또는 기능을 가진 근로자 외의 자를 당해 작업에 취업하게 하여서는 아니된다(산업안전법 제140조).

6. 감독과 명령

(1) 사전적 예방조치

1) 유해위험방지계획서의 제출

① 건설물·기계 등의 설치·이전·변경

금속가공제품 제조업 등 대통령령으로 정하는 업종 및 규모에 해당하는 사업의 사업주는 당해 사업의 건설물·기계·기구 및 설비 등을 설치·이전하거나 그 주요 구조부분을 변경하는 때에는 유해·위험방지계획서를 작성하여 고용노동부장관에게 제출하여야 한다(산업안전법 제42조제1항 및 시행령 제42조).

② 건설공사 착공

건설공사 중 터널공사 등 대통령령으로 정하는 크기, 높이 등에 해당하는 공사를 착공하려고 하는 사업주는 유해·위험방지계획서를 작성하여 고용노동부장관에게 제출하여야 한다(산업안전법 제42조제1항제3호 및 시행령 제42조).

③ 고용노동부장관의 중지·변경 명령권

고용노동부장관은 유해·위험방지계획서를 심사한 후 근로자의 안전과 보건을 위하여 필요하다고 인정할 때에는 작업 또는 공사를 중지하거나 계획을 변경할 것을 명할 수 있다(산업안전법 제42조제4항).

2) 안전·보건진단

고용노동부장관은 추락·붕괴·화재·폭발·누출 등 산업재해 발생의 위험이 현저히 높은 사업장의 사업주에게 안전·보건진단기관이 실시하는 안전·보건진단을 받을 것을 명할 수 있다(산업안전법 제47조제1항 및 시행령 제46조, 별표 14).

사업주는 안전·보건진단업무에 적극 협조하여야 하며, 정당한 사유 없이 이를 거부하거나 방해 또는 기피하여서는 아니된다(산업안전법 제47조제3항).

3) 공정안전보고서의 제출

① 중대산업사고의 예방

대통령령으로 정하는 유해·위험설비를 보유한 사업장의 사업주는 유해·위험설비로부터의 위험물질의 누출·화재·폭발 등으로 큰 피해를 줄 수 있는 '중대산업사고'를 예방하기 위하여 공정안전보고서를 작성하여 고용노동부장관에게 제출하여 심사를 받아야 한다(산업안전법 제44조제1항).

② 산업안전보건위원회의 심의

사업주는 공정안전보고서를 작성할 때에는 산업안전보건위원회의 심의를 거쳐야 한다(산업안전법 제44조제2항).

③ 공정안전보고서의 변경 명령

고용노동부장관은 공정안전보고서를 심사한 후 근로자의 안전과 보건의 유지·증진을 위하여 필요하다고 인정하는 경우에는 공정안전보고서의 변경을 명할 수 있다(산업안전법 제45조제2항).

4) 안전보건개선계획

고용노동부장관은 산업재해예방을 위하여 산업재해 다발 사업장 등에 대하여 종합적인 개선조치를 할 필요가 있다고 인정할 때에는 사업주에게 안전보건개선계획의 수립·시행을 명할 수 있다. 그리고 사업주가 안전보건개선계획을 수립할 때에는 산업안전보건위원회의 심의를 거쳐야 한다(제49조).

(2) 사후적 감독조치

1) 감독상의 조치

① 안전보건 점검

근로감독관은 산업안전법과 이 법에 의한 명령을 시행하기 위하여 필요한 경우에는 사업장 등에 출입하여 관계자에게 질문을 하고, 장부·서류 기타 물건의 검사 및 안전·보건점검을 행하며, 검사에 필요한 한도 내에서 무상으로 제품·원재료 또는 기구를 수거할 수 있다(산업안전법 제155조).

② 권한 위탁

고용노동부장관은 한국산업안전공단에 위탁된 권한을 행사하기 위하여 필요하다고 인정할 때에는 공단 소속 직원으로 하여금 사업장에 출입, 검사 및 지도 등을 행하게 하거나, 관계자에게 질문하거나 필요한 서류의 제출을 요구하게 할 수 있다(산업안전법 제156조).

③ 사용중지명령 등

고용노동부장관은 사업주가 사업장의 건설물 또는 그 부속건설물·기계·기구·설비·원재료에 대하여 안전 및 보건에 관하여 필요한 조치를 하지 않아, 근로자에게 현저한 유해·위험이 초래될 우려가 있는 경우에는 해당 기계·설비 등에 대하여 대체·사용중지·제거 또는 시설의 개선, 그 밖에 안전·보건상 필요한 조치를 하도록 명할 수 있다(산업안전법 제53조제1항).

④ 작업중지명령

고용노동부장관은 산업재해 발생의 급박한 위험이 있을 때, 또는 위의 사용중지 등의 명령이 지켜지지 아니하거나 위험상태가 해제 또는 개선되지 아니하였다고 판단될 때에는 당해 기계·설비와 관련된 작업의 전부 또는 일부의 중지를 명할 수 있다(산업안전법 제51조제7항).

2) 영업정지의 요청

고용노동부장관은 법 규정에 위반하여 다수의 근로자가 사망하거나 사업장 인근 지역에 중대한 피해를 주는 사고가 발생한 때, 법 규정에 의한 명령에 위반하여 근로자가 업무로 인하여 사망한 때 등의 사유가 발생하면 영업정지를 요청할 수 있다. 요청을 받은 관계행정기관의 장 또는 정부투자기관의 장은 정당한 사유가 없는 한 이에 응하여야 하며, 그 조치결과를 고용노동부장관에게 통보하여야 한다(산업안전법 제159조).

3) 감독기관에 대한 신고

사업장에서 산업안전법 또는 이 법에 의한 명령에 위반한 사실이 있는 때에는 근로자는 그 사실을 고용노동부장관 또는 근로감독관에게 신고할 수 있다. 사업주는 근로자의 신고를 이유로 당해 근로자에 대하여 해고 기타 불리한 처우를 하지 못한다(산업안전법 제157조).

7. 중대재해처벌법

(1) 서설

2022년 1월 28일부터 중대재해처벌등에 관한 법률(중대재해처벌법)이 시행되었다. 기존 산업안전보건법이 산업안전 및 산재 예방을 위해 존재하지만, 미흡하다는 평가에 따라 사업주, 경영책임자 등에 대한 안전보건확보의무를 부과하고 이를 위반하여 중대재해가 발생할 경우 직접 처벌을 하는 내용의 법률이다.

(2) 중대재해의 정의

중대재해는 중대산업재해와 중대시민재해가 있다. 중대산업재해는 산업안전보건법 제2조제1호에 따른 산업재해 중 1) 사망자가 1명 이상 발생하거나, 2) 동일한 사고로 6개월 이상 치료가 필요한 부상자 2명 이상 발생 또는 3) 동일한 유해요인으로 급성중독 등 대통령령으로 정하는 직업성 질병자가 1년 이내에 3명 이상 발생하는 결과를 야기한 재해를 말한다.

중대시민재해란 중대산업재해가 아닌 경우 중 특정 원료 또는 제조물, 공중 이용시설 또는 공중교통수단의 설계, 제조, 설치, 관리상의 결함을 원인으로하여 발생한 재해로서 사망자가 1명 이상 발생하거나 동일한 사고로 2개월 이상 치료가 필요한 부상자가 10명 이상 발생 또는 동일한 원인으로 3개월 이상 치료가 필요한 질병자가 10명 이상 발생하는 결과를 야기한 재해를 말한다(중대재해처벌법 제2조제1호 내지 제3호). 이하에서는 산업보건법 제2호제1호에 따른 산업재해와 관련된 중대산업재해를 중심으로 살펴본다.[3]

(3) 적용 범위

1) 50인 미만 사업장

이 법은 일반적인 사업장에 원칙적으로 적용된다. 다만, 이 법 시행 당시 개인 사업자 또는 상시 근로자가 50명 미만인 사업 또는 사업장(건설업의 경우에는 공사금액 50억원 미만의 공사)에 대해서는 이 법 공포 후 3년인 2024. 1. 27.부터 이 법이 적용된다(중대재해처벌법 부칙 제1조제1항).

2) 사업주 범위

'사업주'란 자신의 사업을 영위하는 자, 타인의 노무를 제공받아 사업을 하는 자로 정의하였다. 한편 이 법에서는 '경영책임자등'이란 개념을 정의하였다. 경영책임자 뿐만 아니라 더 넓은 범위로 구성되었다. 사업을 대표하고 사업을 총괄하는 권한과 책임이 있는 사람 또는 이에 준하여 안전보건에 관한 업무를 담당하는 사람, 중앙행정기관의 장, 지방자치단체의 장, 지방공기업의 장, 공공기관의 장이 경영책임자등에 포함된다(중대재해처벌법 제2조 제8호 및 제9호, 공공기관의 운영에 관한 법률 제4조 내지 제6조).

---

3) 중대산업재해에 관하여 최신의 깊이있고 대표적인 연구로, 〈정정임, 중대산업재해의 법적 쟁점과 규율에 관한 연구, 고려대 법학박사 학위논문, 2023.8., p.51〉 이하 참조.

3) 종사자 범위

'종사자'란 근로기준법의 근로자, 도급, 용역, 위탁 등 계약의 형식에 관계없이 그 사업의 수행을 위하여 대가를 목적으로 노무를 제공하는 사람, 사업이 여러 차례의 도급에 따라 행하여지는 경우에는 각 단계의 수급인 및 수급인과 가목 또는 나목의 관계가 있는 사람 중 하나를 말한다(중대재해처벌법 제2조제7호).

(4) 사업주 및 경영책임자 등의 안전보건 확보의무

중대재해처벌법에서는 사업주와 경영책임자등에 대해서 안전 및 보건 확보의무를 부과하고 있다. 이 의무를 위반하면 형사상 처벌되고 민사상 손해배상책임을 지게 된다. 즉, 사업주 또는 경영책임자등은 사업주나 법인 또는 기관이 실질적으로 지배·운영·관리하는 사업 또는 사업장에서 종사자의 안전·보건상 유해 또는 위험을 방지하기 위하여 그 사업 또는 사업장의 특성 및 규모 등을 고려하여 다음의 조치를 하여야 한다(중대재해처벌법 제4조제1항).

① 재해예방에 필요한 인력 및 예산 등 안전보건관리체계의 구축 및 그 이행에 관한 조치, ② 재해 발생 시 재발방지 대책의 수립 및 그 이행에 관한 조치, ③ 중앙행정기관·지방자치단체가 관계 법령에 따라 개선, 시정 등을 명한 사항의 이행에 관한 조치, ④ 안전·보건 관계 법령에 따른 의무이행에 필요한 관리상의 조치가 그것이다(중대재해처벌법 제4조 및 시행령 제4조, 제5조).

다만, 사업주나 법인 또는 기관이 제3자에게 도급, 용역, 위탁 등을 행한 경우에는 사업주나 법인 또는 기관이 그 시설, 장비, 장소 등에 대하여 실질적으로 지배·운영·관리하는 책임이 있는 경우에 한정하여 도급, 용역, 위탁 등 관계에서의 안전 및 보건 확보의무를 부담한다. 즉, 사업주 또는 경영책임자등은 실질적으로 지배·운영·관리하는 책임이 있는 경우 제3자의 종사자에게 중대산업재해가 발생하지 아니하도록 중대재해처벌법 제4조에서 정한 조치를 하여야 한다.

(5) 안전보건 확보의무 위반의 효과

1) 형사처벌

중대산업재해 사업주와 경영책임자등이 안전보건 확보의무를 위반하여 중대산업재해에 이르게 되어 사망이 발생한 경우에는 사업주 또는 경영책임자등은 1년 이상의 징역 또는 10억원 이하의 벌금에 처한다(중대재해처벌법이 최초 적용된 판결로, 의정부지법 고양지원 2023.4.6. 2022고단3254). 징역과 벌금은 병과할 수 있다.

중대산업재해에 이르게 되어 상해가 발생한 경우에는 사업주 또는 경영책임자등은 7년 이하의 징역 또는 1억원 이하의 벌금에 처한다. 이러한 형이 선고, 확정된 후 5년 이내에 재범한 경우 정한 형의 2분의 1까지 가중 처벌된다(중대재해처벌법 제6조).

양벌규정으로 경영책임자등 뿐만 아니라 법인 또는 기관에도 사망의 경우 50억원 이하의 벌금, 상해의 경우 10억원 이하의 벌금을 부과할 수 있다. 다만, 법인 또는 기관이 그 위반행위를 방지하기 위하여 해당 업무에 관하여 상당한 주의와 감독을 게을리하지 아니한 경우에는 처벌되지 않을 수 있다(중대재해처벌법 제7조).

이러한 형사처벌이 확정되면 법무부장관은 그 범죄사실을 관계 행정기관의 장에게 통보하여야 한다(중대재해처벌법 제12조).

2) 손해배상

중대재해처벌법에서는 안전보건 확보의무 위반의 효과로 형사처벌뿐만 아니라 민사상 '징벌적 손해배상'도 규정하고 있다. 사업주 또는 경영책임자등이 고의 또는 중대한 과실로 이 법에서 정한 의무를 위반하여 중대산업재해 및 중대시민재해를 발생하게 한 경우 해당 사업주, 법인 또는 기관이 중대재해로 손해를 입은 사람에 대하여 그 손해액의 5배를 넘지 아니하는 범위에서 배상책임을 진다. 다만, 법인 또는 기관이 해당 업무에 관하여 상당한 주의와 감독을 게을리하지 아니한 경우에는 손해배상 책임을 지지 않을 수 있다(중대재해처벌법 제15조).

법원은 실제 손해배상액을 산정할 때 고의 또는 중대한 과실의 정도, 의무위반행위의 기간, 횟수, 종류 및 내용, 그로 인하여 발생한 피해의 규모, 그로 인하여 사업주나 법인 또는 기관이 취득한 경제적 이익, 사업주나 법인 또는 기관의 재산상태, 피해구제 및 재발방지 노력의 정도를 고려해야 한다(제15조).

3) 중대산업재해 발생의 공표

고용노동부장관은 안전보건 확보의무를 위반하여 발생한 중대산업재해에 대해서는 사업장의 명칭, 발생 일시와 장소, 재해의 내용 및 원인 등 그 발생사실을 공표할 수 있다(중대재해처벌법 제13조).

제2절 산업재해보상

1. 산업재해보상제도

(1) 산업재해보상제도의 확대

산업재해보상제도는 근로자에게 업무상의 사유로 인해 부상, 질병, 장해, 사망 등이 발생한 경우에 해당 근로자나 유족을 보호하기 위해 마련된 것이다. 근로기준법에서는 업무수행과 재해 사이의 인과관계를 근거로 사용자에게 재해 보상책임을 부과하는 방식으로 사용자의 무과실 책임 제도를 확립하였다.[4]

근로기준법에서 재해보상을 사용자 의무로 정하고 있더라도 산업재해 발생 시 사용자가 보상금을 지급할 수 없다면 실효성이 저하되므로 신속하고 공정한 보상과 처리를 위하여 산업재해보상보험법(산재보험법)이 마련되었다. 즉, 재해보상은 사회보험 방식이 적용되고 있는데, 근로기준법상 사용자의 무과실책임제도(재해보상제도) 및 산재보험법상 다수 사용자의 책임분담과 국고의 참여라는 2가지 축에 의해 운영되고 있다.[5]

재해보상제도는 원칙적으로 개별 사용자의 책임을 전제로 하고 있으므로 업무상 재해 해당 여부가 중요한 판단기준이 된다. 그러나 보상제도의 중점이 개별 사용자의 손해배상책임에서 사회보험제도로 이동하면서 업무상 재해의 인정범위가 확대

4) 하갑래, 근로기준법(제35판), 중앙경제, 2022, p.588.
5) 김형배 · 박지순, 노동법강의(제12판), 신조사, 2023, p.392~394.

되고, 적용 대상도 사업주와 직접 사용종속관계가 없는 중·소기업 사업주, 특수형태근로종사자 등으로 확대되고 있다.

(2) 근로기준법과 산재보험법의 재해보상

근로자가 민법에 따라 사용자에게 재해로 인한 손해배상 청구를 하려면 사용자의 불법행위책임 또는 계약책임을 물어야 한다. 그러나 근로자가 사용자의 불법행위 책임에 의한 손해배상 청구를 위해 사용자 행위의 위법성·과실 및 행위와 재해 간의 인과관계를 증명하고, 근로자의 손해를 스스로 입증해야 하므로 근로자 보호에 상당한 한계가 있어 근로기준법상 재해보상제도가 도입되었다.

근로기준법상 재해보상제도는 기본적으로 근로자와 사용자간의 근로계약관계를 기초로 재해 발생 시 사용자에게 일정한 보상 의무를 부과하고 있는 것이다. 따라서 근로자가 일정 요건을 갖춘 업무상 재해를 당한 경우 사용자에 대해 재해보상을 청구할 권리를 갖는다. 이 때 사용자의 과실을 전제로 하지 않으며 보상규정은 강행규정으로서의 성격을 갖는다. 그러나 근로기준법상 보상책임은 사용자의 책임재산을 기초로 하고 있으므로 사용자가 지급의사가 없거나 지급능력이 약한 경우 근로자의 보호에 미흡하고 보상책임에 따르는 사용자의 부담도 크게 발생할 수 있었다.

이러한 근로기준법상 사용자의 개별보상책임에 따른 문제점을 보완하기 위해 사회보장제도의 일환으로 근로자의 업무상 재해에 대해 국가가 사업주로부터 소정의 보험료를 징수하여 그 기금으로 사업주를 대신하여 보상해주는 산재보험법상 재해보상제도가 도입되었다.

산재보험법은 산업재해보상보험 사업을 시행하여 근로자의 업무상의 재해를 신속하고 공정하게 보상하며, 재해근로자의 재활 및 사회 복귀를 촉진하기 위하여 이에 필요한 보험시설을 설치·운영하고, 재해 예방과 그 밖에 근로자의 복지 증진을 위한 사업을 시행하여 근로자 보호에 이바지하는 것을 목적으로 한다(제1조).

이 제도로 인해 사용자는 큰 부담 없이 보험에 가입하여 근로자의 보호에 보다 충실하게 되었고, 기업도 대규모 재해 발생 시 도산, 재정적 위험 등 걱정 없이 기

업을 영위할 수 있게 되었다.[6)]

이러한 산재보험법에 의한 보험급여는 근로자의 생활보장적 성격이 있을 뿐만 아니라 사용자의 과실을 요하지 아니함은 물론 법률에 특별한 규정이 없는 한 근로자의 과실을 이유로 책임을 부정하거나 책임의 범위를 제한하지 못하는 것이 원칙이다(대법원 2017.3.30. 2016두31272).

따라서 산업재해가 발생한 경우 ① 일반 근로자는 기본적으로 산재보험법, 근로기준법, 민법에 따라 재해보상 청구를 할 수 있다. 다만 ② 선원은 선원법과 어선원 및 어선 재해보상보험법에 따라, ③ 공무원은 공무원재해보상법에 따라, ④ 사립학교 교직원은 사립학교교직원연금법에 따라, ⑤ 군인은 군인재해보상법에 따라 각각의 재해보상을 청구할 수 있다. 이하에서는 산재보험법을 중심으로 살펴본다.

2. 산재보험법의 적용범위

(1) 적용대상과 산재보험관계의 성립

1) 적용 사업과 보험관계의 성립

산재보험법은 근로자를 사용하는 모든 사업 또는 사업장에 적용하는 것이 원칙이다(제6조, 당연 적용 사업). 그러나 위험률·규모 및 장소 등을 고려하여 일부 사업에 대해서 적용하지 아니할 수 있다(산재보험법 제6조, 시행령 제2조, 비적용 사업).

구체적으로 ① 공무원재해보상법 또는 군인재해보상법에 따라 재해보상이 되는 사업, ② 선원법, 어선원 및 어선 재해보상보험법 또는 사립학교교직원 연금법에 따라 재해보상이 되는 사업, ③ 가구내 고용활동, ④ 앞의 사업 외의 사업으로서 상시근로자 수가 1명 미만인 사업, ⑤ 농업, 임업(벌목업은 제외), 어업 및 수렵업 중 법인이 아닌 자의 사업으로서 상시근로자 수가 5명 미만인 사업이 있다.

다만, 비적용 사업의 사업주는 근로복지공단의 승인을 받아 산재보험에 임의적으로 가입할 수 있다(보험료징수법 제5조제4항).[7)]

---

6) 김형배, 노동법, p.587.

7) 비적용사업의 사업주가 산재보험법에 임의가입하지 않더라도 근로기준법상의 재해보상책임을 부

2) 사업주의 산재보험관계 성립시기

한편, 보험관계의 성립을 보면 당연적용 사업의 사업주는 그 사업이 시작된 날, 또는 비적용 사업이 적용사업으로 된 경우는 그 적용사업이 되는 날에 당연히 산재보험법상 보험가입자가 된다. 그 밖에 비적용 사업으로서 임의가입한 경우에는 근로복지공단에 보험가입승인신청서를 접수한 날의 다음 날에 보험관계가 성립한다(보험료징수법 제7조제2호, 제3호).

3) 적용 근로자

근로기준법상 재해보상을 받을 수 있는 자는 당연히 근로기준법상 근로자이며(근로기준법 제2조제1항제1호), 산재보험법상의 근로자도 근로기준법상의 근로자를 말한다(산재보험법 제5조제2호). 따라서 취업 중에 재해를 당한 자가 당연히 산재보험의 적용을 받을 수 있는 근로자인지 여부의 판단기준은 근로기준법 근로자성 판단기준과 동일하다(대법원 1998.5.8. 98다6084).

(2) 특례가입자

산재보험법의 적용대상자는 원칙적으로 근로기준법상의 근로자에 한정되지만, 업무의 성격, 해당 취업자의 보호 필요성 등을 고려하여 근로자가 아닌 자에 대하여도 산재보험법 적용이 확대되고 있다. 이를 위하여 산재보험법은 특례규정을 두어 사회적으로 보호할 필요성이 있는 일정 유형의 취업자를 산재보험법의 근로자로 의제하여 보호대상으로 규정하고 있다.

1) 노무제공자

① 구 법의 특수형태근로종사자

구 산재보험법에서 특수형태근로종사자는 계약의 형식에 관계없이 근로자와 유사하게 노무를 제공함에도 근로기준법 등이 적용되지 아니하여 업무상의 재해로부터

담한다(근로기준법 시행령 제7조 별표1 참조).

보호할 필요가 있는 자라고 규정하였다(구 산재보험법 제125조제1항). 이러한 특수형태근로종사자는 사업주의 지휘명령에 구속되지 않고, 자유로운 고용계약, 도급이나 위임계약에 따라 노무제공을 하지만 업무상의 재해로부터 보호할 필요성이 있다.

구 산재보험법은 주로 하나의 사업에 그 운영에 필요한 노무를 상시적으로 제공하고 보수를 받아 생활하며, 노무를 제공함에 있어서 타인을 사용하지 아니하는 자 중 일부 직종에 종사하는 자(특수형태근로종사자)의 노무를 제공받는 사업은 산재보험법상의 적용사업으로 간주하였다. 즉, 특수형태근로종사자는 산재보험법상 근로자로 보며, 특수형태근로종사자가 적용제외를 신청한 경우에는 근로자로 보지 아니하였다(구 산재보험법 제125조).

② 노무제공자

이와 같이 특수형태근로종사자는 '특정 사업에의 전속성' 요건을 충족하여야 하는데, 온라인 플랫폼 등에서 여러 사업에 노무 제공을 하는 경우 이에 해당할 수 없어 산재보험에 적용을 받지 못하였다. 이에 개정된 산재보험법(2023.7.1. 시행)은 특정사업에 대한 전속성 요건을 삭제하고, 기존 특수형태근로종사자 및 플랫폼 종사자 등을 모두 포함하는 산재보험법의 개념인 '노무제공자'를 새로 규정하고 있다(산재보험법 제91조의15 신설, 제125조 삭제). 이들의 노무제공 특성에 맞는 산재보험 적용·징수의 제도와 급여·보상 체계를 규율하여 산재보험의 보장을 시도한 것이다.[8]

노무제공자란 "자신이 아닌 다른 사람의 사업을 위하여 노무제공자가 사업주로부터 직접 노무제공을 요청받은 경우, 또는 노무제공자가 사업주로부터 일하는 사람의 노무제공을 중개·알선하기 위한 온라인 플랫폼을 통해 노무제공을 요청받는 경우에, 자신이 직접 노무를 제공하고 그 대가를 지급받는 사람으로서 업무상 재해로부터의 보호 필요성, 노무제공 형태 등을 고려하여 대통령령으로 정하는 직종에 종사하는 사람"으로 규정한다.

그리고 온라인 플랫폼에서 노무 제공을 하는 경우 '플랫폼 종사자'라고 규정하여,

---

8) 김형배·박지순, 노동법강의(제12판), 신조사, 2023, p.397 참조

플랫폼 종사자도 노무제공자의 개념에 명확히 포함한다(산재보험법 제91조의15). 아울러 노무제공자도 산재보험법상 적용을 받는 근로자로 의제한다(산재보험법 제91조의16). 노무제공자의 업무상 재해 인정에 관한 기준에 대해서는 근로자의 업무상 재해 인정 기준을 준용하면서, 세부 사항은 노무제공 형태 등을 고려하여 대통령령에 위임한다(산재보험법 제91조의18).

2) 중·소기업 사업주

일정한 중·소기업 사업주(근로자를 사용하지 아니하는 자를 포함)는 공단의 승인을 받아 자기 또는 유족을 보험급여를 받을 수 있는 자로 하여 보험에 가입할 수 있다. 이러한 사업주는 산재보험법을 적용할 때 근로자로 본다(산재보험법 제124조제1항).

중·소기업 사업주의 범위는 ① 보험가입자로서 300명 미만의 근로자를 사용하는 사업주, ② 근로자를 사용하지 아니한 사람(다만 법 제125조제1항에 따른 특수형태근로종사자에 해당하는 사람은 제외(다만 법 제125조제1항에 따른 특수형태근로종사자에 해당하는 사람은 제외)을 말한다(산재보험법 시행령 제122조).

산재보험법의 적용을 받는 중·소기업 사업주의 보험료의 산정, 보험 가입의 신청 및 승인, 보험료의 신고 및 납부, 보험관계의 소멸, 그 밖에 필요한 사항은 보험료징수법으로 정하는 바에 따른다(산재보험법 제124조제8항). 이 밖에도 보험급여의 산정기준이 되는 평균임금, 업무상 재해의 인정범위, 보험급여의 지급 등에 필요한 사항은 별도로 정하고 있다.

3) 해외 파견자

보험가입자(보험료징수법 제5조제3항 및 제4항)가 해외에서 하는 사업에 근로시키기 위하여 파견하는 자(해외파견자)에 대하여 공단에 보험가입신청을 하여 승인을 받으면 해외파견자를 그 가입자의 대한민국 영역의 사업에 사용하고자 하는 근로자로 보아 산재보험법을 적용할 수 있다(산재보험법 제122조제1항).

4) 현장실습생

산재보험법이 적용되는 사업에서 현장 실습을 하고 있는 학생 및 직업 훈련생(현장

실습생) 중 고용노동부장관이 정하는 현장실습생은 산재보험법을 적용할 때 그 사업에 사용되는 근로자로 본다(산재보험법 제123조). 현장실습생이 실습과 관련하여 입은 재해는 업무상의 재해로 보아 산재보험법 제36조제1항에 따른 보험급여를 지급한다.

5) 자활급여수급자

근로자가 아닌 자로서 자활급여수급자(국민기초생활보장법 제15조) 중 고용노동부장관이 정하여 고시하는 사업에 종사하는 자는 산재보험법의 적용을 받는 근로자로 본다(산재보험법 제5조제2호, 제126조제1항).

3. 산업재해보상의 요건

(1) 업무상 재해의 인정기준과 유형

근로기준법 제78조제2항에서는 업무상 질병의 범위는 대통령령으로 정한다고 하고 있을 뿐 업무상 재해의 개념에 관한 규정을 두고 있지 않으나, 산재보험법 제5조제1호는 업무상 재해를 '업무상의 사유에 따른 근로자의 부상·질병·장해 또는 사망을 말한다.'고 규정하고 있다.

일반적으로는 업무상 재해가 인정되려면 업무의 수행과 연관하여 발생하여야 하며(업무수행성), 업무와 재해 간에는 일정한 인과관계가 있어야 한다고 설명된다(업무기인성). 산재보험법은 업무상 재해에 관하여 위와 같은 정의 규정에 따라, 근로자에게 소정의 업무상 사유로 부상·질병 또는 장해가 발생하거나 사망하면 업무상의 재해로 보고, 다만, 업무와 재해 사이에 상당인과관계가 없는 경우에는 업무상 재해로 인정하지 않는다고 규정하고 있다(제37조).

이와 같은 업무상 재해의 인정기준에 대해서 보면, 산재보험법 제37조(업무상 재해의 인정기준) 및 산재보험법 시행령 제27조 내지 제36조에서는 이와 같은 업무상 재해의 인정기준을 업무상 사고, 업무상 질병, 출퇴근 재해 등의 사유로 그 인정기준을 유형화하여 상세하게 규정하고 있다. 업무상 재해의 인정기준에 관해 보면, 즉, 근로자가 업무상 사고, 업무상 질병, 출퇴근 재해 등의 사유로 부상·질병 또는 장해가 발생하거나 사망하면 업무상의 재해로 본다. 다만, 업무와 재해 사이에 상당인과관계가 없는 경우에는 업무상 재해로 인정하지 않는 것이다.

그리고 근로자의 고의·자해행위나 범죄행위 또는 그것이 원인이 되어 발생한 부상·질병·장해 또는 사망은 업무상의 재해로 보지 아니한다. 다만, 그 부상·질병·장해 또는 사망이 정상적인 인식능력 등이 뚜렷하게 저하된 상태에서 한 행위로 발생한 경우로서 대통령령으로 정하는 사유가 있으면 업무상의 재해로 본다(산재보험법 제37조제2항, 시행령 제36조).

(2) 업무상 사고

1) 업무수행 중의 사고

근로자가 ① 근로계약에 따른 업무수행 행위, ② 업무수행 과정에서 하는 용변 등 생리적 필요 행위, ③ 업무를 준비하거나 마무리하는 행위, 그 밖에 업무에 따르는 필요적 부수행위, ④ 천재지변·화재 등 사업장 내에 발생한 돌발적인 사고에 따른 긴급피난·구조행위 등 사회통념상 예견되는 행위 중 하나에 해당하는 행위를 하던 중에 발생한 사고는 업무상 사고로 본다. 그리고 근로자가 사업주의 지시를 받아 사업장 밖에서 업무를 수행하던 중에 발생한 사고는 업무상 사고로 본다(산재보험법 시행령 제27조).

다만, 사업주의 구체적인 지시를 위반한 행위, 근로자의 사적(私的) 행위 또는 정상적인 출장 경로를 벗어났을 때 발생한 사고는 업무상 사고로 보지 않는다. 또한 업무의 성질상 업무수행 장소가 정해져 있지 않은 근로자가 최초로 업무수행 장소에 도착하여 업무를 시작한 때부터 최후로 업무를 완수한 후 퇴근하기 전까지 업무와 관련하여 발생한 사고는 업무상 사고로 본다(산재보험법 시행령 제27조).

핵심 판례 **업무수행 중의 사고와 회식 중 재해**

근로자가 근로계약에 따른 업무가 아닌 회사 외의 모임에 참가하던 중 재해를 당한 경우, 이를 업무상 재해로 인정하려면 모임의 주최자, 목적, 내용, 참가인원과 강제성 여부, 운영방법, 비용부담 등의 사정들에 비추어 사회통념상 행사나 모임의 전반적인 과정이 사용자의 지배나 관리를 받는 상태에 있어야 하고, 근로자가 그와 같은 모임의 정상적인 경로를 일탈하지 아니한 상태에 있어야 한다.

나아가 산재보험법에 의한 보험급여는 근로자의 생활보장적 성격이 있을 뿐만 아니라 사용자의 과실을 요하지 아니함은 물론 법률에 특별한 규정이 없는 한 근로자의 과실을 이유로 책임을 부정하거나 책임의 범위를 제한하지 못하는 것이 원칙이므로, 해당 재해가 산재보험법 제37조 제2항에 규정된 근로자의 고의·자해행위나 범죄행위 또는 그것이 원인이 되어 발생한 경우가 아닌 이상 재해 발생에 근로자의 과실이 경합되어 있음을 이유로 업무와 재해 사이의 상당인과관계를 부정하는 경우에는 신중을 기하여야 한다(대법원 2017.3.30. 2016두31272).

사업주의 지배나 관리를 받는 상태에 있는 회식 과정에서 근로자가 주량을 초과하여 음주를 한 것이 주된 원인이 되어 부상·질병·신체장해 또는 사망 등의 재해를 입은 경우, 이러한 재해는 상당인과관계가 인정되는 한 업무상 재해로 볼 수 있다(대법원 2017. 5. 30. 2016두54589).

2) 시설물 등의 결함 등에 따른 사고

사업주가 제공한 시설물, 장비 또는 차량 등의 결함이나 사업주의 관리 소홀로 발생한 사고는 업무상 사고로 본다. 다만, 사업주가 제공한 시설물 등을 사업주의 구체적인 지시를 위반하여 이용한 행위로 발생한 사고와 그 시설물 등의 관리 또는 이용권이 근로자의 전속적 권한에 속하는 경우에 그 관리 또는 이용 중에 발생한 사고는 업무상 사고로 보지 않는다(산재보험법 시행령 제28조).

3) 행사 중의 사고

운동경기·야유회·등산대회 등 각종 행사에 근로자가 참가하는 것이 사회통념상 노무관리 또는 사업운영상 필요하다고 인정되는 경우로서 ① 사업주가 행사에 참가한 근로자에 대하여 행사에 참가한 시간을 근무한 시간으로 인정하는 경우, ② 사업주가 그 근로자에게 행사에 참가하도록 지시한 경우, ③ 사전에 사업주의 승인을 받아 행사에 참가한 경우, ④ 이에 준하는 경우로서 사업주가 그 근로자의 행사 참가를 통상적·관례적으로 인정한 경우에 근로자가 그 행사에 참가(행사 참가를 위한 준비·연습을 포함)하여 발생한 사고는 업무상 사고로 본다(산재보험법 시행령 제30조).

4) 휴게시간 중의 사고

휴게시간이란 사용자의 지휘·명령이 이루어지지 아니하는 시간이지만 사업주의 지배·관리하에 있다고 볼 수 있는 행위로 발생한 사고에 대해서는 업무상 사고로 본다(산재보험법 제37조제1항제1호마목).

5) 그 밖에 업무와 관련하여 발생한 사고

첫째, 사회통념상 근로자가 사업장 내에서 할 수 있다고 인정되는 행위를 하던 중 태풍·홍수·지진·눈사태 등의 천재지변이나 돌발적인 사태로 발생한 사고는 근로자의 사적 행위, 업무 이탈 등 업무와 관계없는 행위를 하던 중에 사고가 발생한 것이 명백한 경우를 제외하고는 업무상 사고로 본다(산재보험법 시행령 제31조).

둘째, 업무상 부상 또는 질병으로 요양을 하고 있는 근로자에게 요양급여와 관련하여 발생한 의료사고, 요양 중인 산재보험 의료기관(산재보험 의료기관이 아닌 의료기관에서 응급진료 등을 받는 경우에는 그 의료기관) 내에서 업무상 부상 또는 질병의 요양과 관련하여 발생한 사고가 발생하면 업무상 사고로 본다(산재보험법 시행령 제32조).

셋째, 제3자의 행위로 근로자에게 사고가 발생한 경우에 그 근로자가 담당한 업무가 사회통념상 제3자의 가해행위를 유발할 수 있는 성질의 업무라고 인정되면 그 사고는 업무상 사고로 본다(산재보험법 시행령 제33조). 이와 관련하여 법원은 직장 동료와 업무 때문에 갈등을 빚다 상대방의 폭력에 의해 재해를 당한 경우도 직장 안의 인간관계 또는 직무에 내재하거나 통상 수반하는 위험의 현실화로서 업무와 상당인과관계가 있으면 업무상 재해에 해당한다고 판시하였다(대법원 2011.7.28. 2008다12408; 대법원 2016.5.12. 2016두31036).

핵심 판례 직장동료의 폭력에 의한 재해와 업무상 재해

구 산재보험법에 규정된 '업무상 재해'란 업무상 사유에 의한 근로자의 부상·질병·신체 장해 또는 사망을 말하는데, 근로자가 직장 안에서 타인의 폭력에 의하여 재해를 입은 경우, 그것이 가해자와 피해자 사이의 사적인 관계에 기인한 때 또는 피해자가 직무의 한도를 넘어 상대방을 자극하거나 도발한 때에는 업무상 사유에 의한 것이라고 할 수없어 업무상 재해로 볼 수 없으나, 직장 안의 인간관계 또는 직무에 내재하거나 통상 수반하는 위험의 현실화로서 업무와 상당인과관계가 있으면 업무상 재해로 인정하여야 한다...

동료 근로자에 의한 가해행위로 인하여 다른 근로자가 재해를 입어 그 재해가 업무상 재해로 인정되는 경우에 그러한 가해행위는 마치 사업장 내 기계기구 등의 위험과 같이 사업장이 갖는 하나의 위험이라고 볼 수 있으므로, 위험이 현실화하여 발생한 업무상 재해에 대하여는 근로복지공단이 궁극적인 보상책임을 져야 한다고 보는 것이 산업재해보험의 사회보험적 내지 책임보험적 성격에 부합한다(대법원 2011.7.28. 2008다12408).

(3) 업무상 질병

산재보험법은 업무상 질병을 ① 업무수행 과정에서 물리적 인자(因子), 화학물질, 분진, 병원체, 신체에 부담을 주는 업무 등 근로자의 건강에 장해를 일으킬 수 있는 요인을 취급하거나 그에 노출되어 발생한 질병, ② 업무상 부상이 원인이 되어 발생한 질병, ③ 그 밖에 업무와 관련하여 발생한 질병으로 구별하고 있다. 산재보험법은 업무상 질병의 인정기준을 정하고 있으며(산재보험법 제37조제1항제2호, 시행령 제34조 참조), 업무상 질병의 범위에 대해서는 근로기준법 시행령 제44조 제1항(별표5 참조)에서 정하고 있다.

1) 유해·위험요인에 의한 질병

근로기준법 시행령 제44조제1항에서 정한 별표 5의 업무상 질병의 범위에 속하는 질병에 걸린 경우 ① 근로자가 업무수행 과정에서 위의 유해·위험요인을 취급하거나 유해·위험요인에 노출된 경력이 있고, ② 유해·위험요인을 취급하거나 유해·위험요인에 노출되는 업무시간, 그 업무에 종사한 기간 및 업무 환경 등에 비추어 볼 때 근로자의 질병을 유발할 수 있다고 인정되며, ③ 근로자가 유해·위험요인에 노출되거나 유해·위험요인을 취급한 것이 원인이 되어 그 질병이 발생하였다고 의학적으로 인정된다면 업무상 질병으로 본다(산재보험법 시행령 제34조제1항).

2) 업무상 부상이 원인이 되어 발생한 질병

업무상 부상을 입은 근로자에게 발생한 질병이 업무상 부상과 질병 사이의 인과관계가 의학적으로 인정되고, 기초질환 또는 기존 질병이 자연발생적으로 나타난 증상이 아닐 경우에 해당하면 업무상 질병으로 본다(산재보험법 시행령 제34조제2항).

이와 관련하여 법원은 재해가 업무와 직접 관련이 없는 기존의 질병이더라도 그것이 업무와 관련하여 발생한 사고 등으로 말미암아 더욱 악화되거나 그 증상이 비로소 발현된 것이라면 업무와 사이에 인과관계가 존재한다고 보아 업무상 재해로서 취급함이 상당하다고 하고 있다(대법원 2012.2.9. 2011두25661).

유해·위험요인에 의한 질병 또는 업무상 부상이 원인이 되어 발생한 질병과 같은 업무상 질병(진폐증 제외)에 대한 구체적인 인정 기준은 산재보험법 시행령 별표3에서 자세히 정하고 있다(산재보험법 시행령 제34조제3항).

3) 업무상 정신적 스트레스가 원인이 되어 발생한 질병

직장 괴롭힘, 고객의 폭언 등으로 인한 업무상 정신적 스트레스가 원인이 되어 발생한 질병의 경우에도 업무상 질병으로 인정한다(산재보험법 제37조제1항제2호 다목, 근로기준법 제76조의2).

4) 그 밖에 업무와 관련하여 발생한 질병

그 밖에 업무와 관련하여 발생한 질병의 경우에는 유해·위험요인에 의한 질병 또는 업무상 부상이 원인이 되어 발생한 질병이 아니라고 하더라도 업무와 질병 사이에 상당인과관계가 인정되면 업무상 질병이 될 수 있다.

5) 업무상 질병 여부 판단요소

근로복지 공단은 근로자의 업무상 질병 또는 업무상 질병에 따른 사망의 인정 여부를 판정할 때에는 그 근로자의 성별, 연령, 건강 정도 및 체질 등을 고려하여야 한다(산재보험법 시행령 제34조제4항).

업무와 사망과의 인과관계의 유무는 보통평균인이 아니라 당해 근로자의 건강과 신체조건을 기준으로 판단하여야 한다(대법원 2004.9.3. 2003두12912).

핵심 판례 **과로나 스트레스로 인한 재해와 업무상 재해**

산업재해보상보험법 제4조(현 제5조) 제1호 소정의 업무상 재해라고 함은 근로자의 업무수행 중 그 업무에 기인하여 발생한 질병을 의미하는 것이므로 업무와 사망의 원인이 된 질병 사이에 인과관계가 있어야 하지만, 질병의 주된 발생 원인이 업무수행과 직접적인 관계가 없더라도 적어도 업무상의 과로나 스트레스가 질병의 주된 발생 원인에 겹쳐서 질병을 유발 또는 악화시켰다면 그 사이에 인과관계가 있다고 보아야 할 것이다.

그 인과관계는 반드시 의학적·자연과학적으로 명백히 입증하여야 하는 것은 아니고 제반 사정을 고려할 때 업무와 질병 사이에 상당인과관계가 있다고 추단되는 경우에도 그 입증이 있다고 보아야 하며, 또한 평소에 정상적인 근무가 가능한 기초 질병이나 기존 질병이 직무의 과중 등이 원인이 되어 자연적인 진행 속도 이상으로 급격하게 악화된 때에도 그 입증이 있는 경우에 포함되는 것이며, 업무와 사망과의 인과관계의 유무는 보통평균인이 아니라 당해 근로자의 건강과 신체조건을 기준으로 판단하여야 한다(대법원 2004.9.3. 2003두12912).

(4) 출퇴근 재해

출퇴근이란 취업과 관련하여 주거와 취업장소 사이의 이동 또는 한 취업장소에서 다른 취업장소로의 이동을 말하고(산재보험법 제5조제8호), 출퇴근 재해는 근로자가 출퇴근 중에 발생한 재해를 말한다. 산재보험법에서는 사업주 지배하에서의 출퇴근 재해 이외에 통상의 경로와 방법에 따른 출퇴근 재해까지 업무상 재해의 인정 범위를 확대하였다.

참고 출퇴근 재해 규정의 개정 연혁

종래에 법원은 원칙적으로 출퇴근 중에 발생한 재해가 업무상의 재해로 되기 위하여는 사업주가 제공한 교통수단을 근로자가 이용하거나 또는 사업주가 이에 준하는 교통수단을 이용하도록 하는 등 근로자의 출퇴근 과정이 사업주의 지배·관리하에 있다고 볼 수 있는 경우라야 한다는 입장을 취해 왔었다(대법원 2007.9.28.2005두12572 전합).

이후 산재보험법에 제37조 제1항 제1호 다목 '업무상 사고: 사업주가 제공한 교통수단이나 그에 준하는 교통수단을 이용하는 등 사업주의 지배관리하에서 출퇴근 중 발생한 사고'라는 조항을 신설하였다.

또한, 법원은 산재보험법 제37조 제1항 제1호 (다)목, (바)목, 제3항, 산재보험법 시행령 제29조의 내용, 형식 및 입법 취지를 종합하면, 시행령 제29조는 각 호의 요건 모두에 해당하는 출퇴근 중에 발생한 사고가 산재보험법 제37조 제1항 제1호 (다)목이 규정하고 있는 '사업주가 제공한 교통수단이나 그에 준하는 교통수단을 이용하는 등 사업주의 지배관리하에서 출퇴근 중 발생한 사고'에 해당하는 경우임을 예시적으로 규정한 것이고, 그 밖에 출퇴근 중에 업무와 관련하여 발생한 사고를 모두 업무상 재해 대상에서 배제하는 규정으로 볼 수는 없다고 하여 다른 출퇴근의 방법도 사정에 따라 업무상 재해로 인정할 수 있는 가능성을 보여주었다(대법원 2012.11.29. 2011두28165).

한편, 2016년 헌법재판소는 도보나 자기 소유 교통수단 또는 대중교통수단 등을 이용하여 출퇴근하는 산재보험 가입 근로자(비혜택근로자)는 사업주가 제공하거나 그에 준하는 교통수단을 이용하여 출퇴근하는 산재보험 가입 근로자(혜택근로자)와 같은 근로자인데도 사업주의 지배관리 아래 있다고 볼 수 없는 통상적 경로와 방법으로 출퇴근하던 중에 발생한 재해(통상의 출퇴근 재해)를 업무상 재해로 인정받지 못한다는 점에서 평등원칙 위배를 이유로 헌법불합치 결정을 하였다(헌법재판소 2016.9.29. 2014 헌바254). 이에 따라 산재보험법 제37조제1항제3호(2018.1.1. 시행)를 신설하였다.

산재보험법의 업무상 재해의 사유로서 기존의 업무상 사고, 업무상 질병 이외에 출퇴근 재해를 추가하여 규정하고 있다. 산재보험법은 출퇴근 재해를 '사업주 지배하에서의 출퇴근 재해'와 '통상의 출퇴근 재해'로 구분하고, 다만, 통상의 출퇴근 재

해시에도 경로 일탈 또는 중단의 경우에는 출퇴근 재해로 보지 않으나, 산업안전법 시행령으로 정한 일상생활에 필요한 행위에 대해서는 예외를 인정한다(제37조제1항제3호, 제37조제3항).

핵심 판례 **산재보험법상 출퇴근 중 재해 조항의 헌법불합치 결정**

산재보험제도는 사업주의 무과실배상책임을 전보하는 기능도 있지만, 오늘날 산업재해로부터 피재근로자와 그 가족의 생활을 보장하는 기능의 중요성이 더 커지고 있다. 그런데 근로자의 출퇴근 행위는 업무의 전 단계로서 업무와 밀접·불가분의 관계에 있고, 사실상 사업주가 정한 출퇴근 시각과 근무지에 기속된다.

대법원은 출장행위 중 발생한 재해를 사업주의 지배관리 아래 발생한 업무상 재해로 인정하는데, 이러한 출장행위도 이동방법이나 경로선택이 근로자에게 맡겨져 있다는 점에서 통상의 출퇴근행위와 다를 바 없다. 따라서 통상의 출퇴근 재해를 업무상 재해로 인정하여 근로자를 보호해 주는 것이 산재보험의 생활보장적 성격에 부합한다.

사업장 규모나 재정여건의 부족 또는 사업주의 일방적 의사나 개인 사정 등으로 출퇴근용 차량을 제공받지 못하거나 그에 준하는 교통수단을 지원받지 못하는 비혜택근로자는 비록 산재보험에 가입되어 있다 하더라도 출퇴근 재해에 대하여 보상을 받을 수 없는데, 이러한 차별을 정당화할 수 있는 합리적 근거를 찾을 수 없다...

따라서 심판대상조항(산재보험법 제37조제1항제1호다목)은 합리적 이유 없이 비혜택근로자를 자의적으로 차별하는 것이므로, 헌법상 평등원칙에 위배된다(헌법재판소 2016.9.29. 2014헌바254).

(5) 자해행위에 따른 업무상 재해의 인정기준

근로자의 고의·자해행위나 범죄행위 또는 그것이 원인이 되어 발생한 부상·질병·장해 또는 사망은 업무상의 재해로 보지 아니한다(산재보험법 제37조).

다만, 그 부상·질병·장해 또는 사망이 정상적인 인식능력 등이 뚜렷하게 저하된 상태에서 한 행위로 발생한 경우로서 ① 업무상의 사유로 발생한 정신질환으로 치료를 받았거나 받고 있는 사람이 정신적 이상 상태에서 자해행위를 한 경우, ② 업무상의 재해로 요양 중인 사람이 그 업무상의 재해로 인한 정신적 이상 상태에서 자해행위를 한 경우, ③ 그 밖에 업무상의 사유로 인한 정신적 이상 상태에서 자해행위를 하였다는 것이 의학적으로 인정되는 경우에 해당하면 업무상의 재해로 본다(산재보험법 시행령 제36조).

법원은 근로자가 자살행위로 인하여 사망한 경우에도 자살자의 질병 내지 후유증상의 정도, 그 질병의 일반적 증상, 요양기간, 회복가능성 유무, 연령, 신체적-심리적 상황, 자살자를 에워싸고 있는 주위상황, 자살에 이르게 된 경위 등을 종합적으로 고려하여 업무와 사망 사이에 상당인과관계가 있다고 판단되는 경우 업무상 재해로 인정하고 있다(대법원 2011.6.9. 2011두3944).

핵심 판례 근로자의 자살과 업무상 재해

근로자가 자살행위로 인하여 사망한 경우, 근로자가 업무로 인하여 질병이 발생하거나 업무상 과로나 스트레스가 그 질병의 주된 발생원인에 겹쳐서 질병이 유발 또는 악화되고, 그러한 질병으로 인하여 심신상실 내지 정신착란의 상태 또는 정상적인 인식능력이나 행위선택능력, 정신적 억제력이 현저히 저하된 정신장애 상태에 빠져 자살에 이르게 된 것이라고 추단할 수 있는 때에는 업무와 사망 사이에 상당인과관계가 있다고 할 수 있는데, 그와 같은 상당인과관계를 인정하기 위하여는 자살자의 질병 내지 후유증상의 정도, 그 질병의 일반적 증상, 요양기간, 회복가능성 유무, 연령, 신체적-심리적 상황, 자살자를 에워싸고 있는 주위상황, 자살에 이르게 된 경위 등을 종합적으로 고려하여야 한다(대법원 2011.6.9. 2011두3944).

근로자가 극심한 업무상의 스트레스와 그로 인한 정신적인 고통으로 우울증세가 악화되어 정상적인 인식능력이나 행위선택능력, 정신적 억제력이 현저히 저하되어 합리적인 판단을 기대할 수 없을 정도의 상황에 처하여 자살에 이르게 된 것으로 추단할 수 있는 경우라면 망인의 업무와 사망 사이에 상당인과관계가 인정될 수 있고, 비록 그 과정에서 망인의 내성적인 성격 등 개인적인 취약성이 자살을 결의하게 된 데에 영향을 미쳤다거나 자살 직전에 환각, 망상, 와해된 언행 등의 정신병적 증상에 이르지 않았다고 하여 달리 볼 것은 아니다(대법원 2017.5.31. 2016두58840).

(6) 인과관계와 증명책임

사용자의 재해보상의무가 발생하기 위해서는 근로자가 입은 재해가 업무상 재해이어야 하며, 이는 업무와 재해 사이에 상당인과관계가 있어야 한다. 그리고 이러한 인과관계의 존재에 대한 증명책임은 산재보험 급여를 청구하는 자, 즉 피재근로자 또는 그 유족이 부담하게 된다[대법원 2011.6.9. 2011두3944, 대법원(전합) 2021.9.9. 2017두45933, 헌법재판소 2015.6.26. 2014헌바269 등].

판례는 이러한 증명책임의 부담을 완화하기 위하여, 업무와 재해 사이의 상당인과관계는 반드시 의학적 자연과학적으로 명백히 증명되어야야 하는 것은 아니고 규범적 관점에서의 상당인과관계가 인정되면 그 증명이 있다고 본다. 또한 재해의 발생원인에 관한 직접적인 증거가 없더라도 근로자의 취업 당시 건강상태, 질병원인, 작업장의 발병원인이 될 만한 물질의 유무, 그 작업장에서의 근무기간 등을 고려하여 합리적인 추론으로 상당인과관계를 인정할 수도 있다(대법원 2017.11.14. 2016두1066 등).

핵심 판례 　첨단산업분야 희귀질환에서의 인과관계

산업재해의 발생원인에 관한 직접적인 증거가 없더라도 근로자의 취업 당시 건강상태, 질병의 원인, 작업장에 발병원인이 될 만한 물질이 있었는지, 발병원인물질이 있는 작업장에서 근무한 기간 등의 여러 사정을 고려하여 경험칙과 사회통념에 따라 합리적인 추론을 통하여 인과관계를 인정할 수 있다. 이때 업무와 질병 사이의 인과관계는 사회 평균인이 아니라 질병이 생긴 근로자의 건강과 신체조건을 기준으로 판단하여야 한다.

첨단산업분야에서 유해화학물질로 인한 질병에 대해 산업재해보상보험으로 근로자를 보호할 현실적 · 규범적 이유가 있는 점, 산업재해보상보험제도의 목적과 기능 등을 종합적으로 고려할 때, 근로자에게 발병한 질병이 이른바 '희귀질환' 또는 첨단산업현장에서 새롭게 발생하는 유형의 질환에 해당하고 그에 관한 연구결과가 충분하지 않아 발병원인으로 의심되는 요소들과 근로자의 질병 사이에 인과관계를 명확하게 규명하는 것이 현재의 의학과 자연과학 수준에서 곤란하더라도 그것만으로 인과관계를 쉽사리 부정할 수 없다(대법원 2017.8.29. 2015두3867).

4. 산재보험급여

(1) 보험급여의 종류

1) 요양급여

요양급여는 근로자가 업무상의 사유로 부상을 당하거나 질병에 걸린 경우에 그 근로자에게 지급하나, 부상 또는 질병이 3일 이내의 요양으로 치유될 수 있으면 요양급여를 지급하지 아니한다. 요양급여 대상이 되는 경우 산재보험 의료기관에서 요양을 하게하며, 부득이한 경우에는 요양을 갈음하여 요양비를 지급할 수 있다. 구체적인 요양급여의 범위는 진찰 및 검사, 약제 또는 진료재료와 의지나 그 밖의 보조기의 지급, 처치·수술·그 밖의 치료, 재활치료, 입원, 간호 및 간병, 이송, 그 밖에 고용노동부령으로 정하는 사항으로 한다(산재보험법 제40조).

2) 휴업급여

휴업급여는 업무상 사유로 부상을 당하거나 질병에 걸린 근로자에게 요양으로 취업하지 못한 기간에 대하여 지급하되, 1일당 지급액은 평균임금의 100분의 70(70%)에 상당하는 금액으로 한다. 다만, 취업하지 못한 기간이 3일 이내이면 지급하지 아니한다(산재보험법 제52조).

이 밖에도 산재보험법에서는 부분휴업급여(제53조), 저소득근로자의 휴업급여(제54조), 고령자의 휴업급여(제55조), 재요양기간 중의 휴업급여(제56조)에 대해서 각각 정하고 있다.

3) 장해급여

장해급여는 근로자가 업무상의 사유로 부상을 당하거나 질병에 걸려 치유된 후 신체 등에 장해가 있는 경우에 그 근로자에게 지급한다. 장해급여는 장해등급에 따라 그리고 수급권자의 선택에 따라 별표 2에 따른 장해보상연금 또는 장해보상일시금으로 하되, 그 장해등급의 기준은 대통령령으로 정한다(산재보험법 제57조).

4) 간병급여

간병급여는 요양급여를 받은 자 중 치유 후 의학적으로 상시 또는 수시로 간병이 필요하여 실제로 간병을 받는 자에게 지급한다(산재보험법 제61조). 이와 달리, 치유 전 요양 중의 간병비는 요양급여에 포함된다(산재보험법 제40조 제4항).

5) 유족급여

유족급여는 근로자가 업무상의 사유로 사망한 경우에 유족에게 지급한다. 유족급여는 별표 3에 따른 유족보상연금이나 유족보상일시금으로 하되, 유족보상일시금은 근로자가 사망할 당시 제63조제1항에 따른 유족보상연금을 받을 수 있는 자격이 있는 자가 없는 경우에 지급한다. 또한 유족보상연금을 받을 수 있는 자격이 있는 자가 원하면 별표 3의 유족보상일시금의 100분의 50에 상당하는 금액을 일시금으로 지급하고 유족보상연금은 100분의 50을 감액하여 지급한다(산재보험법 제62조).

6) 상병보상연금

요양급여를 받는 근로자가 요양을 시작한 지 2년이 지난 날 이후에 ① 그 부상이나 질병이 치유되지 아니한 상태이며, ② 그 부상이나 질병에 따른 폐질의 정도가 대통령령으로 정하는 중증요양상태 등급 기준에 해당하고, ③ 요양으로 인하여 취업하지 못하였을 경우에 해당하는 상태가 계속되면 휴업급여 대신 상병보상연금을 그 근로자에게 지급한다(산재보험법 제66조).

이 밖에도 산재보험법에서는 저소득근로자의 상병보상연금(제67조), 고령자의 상병보상연금(제68조), 재요양 기간 중의 상병보상연금(제69조)에 대해서 각각 정하고 있다.

7) 장례비

장례비는 근로자가 업무상의 사유로 사망한 경우에 지급하되, 평균임금의 120일분에 상당하는 금액을 그 장례를 지낸 유족에게 지급한다. 다만, 장례를 지낼 유족이 없거나 그 밖에 부득이한 사유로 유족이 아닌 자가 장례를 지낸 경우에는 평균임금의 120일분에 상당하는 금액의 범위에서 실제 드는 비용을 그 장례를 지낸 자에게 지급한다(산재보험법 제71조).

8) 직업재활급여

직업재활급여는 ① 장해급여 또는 진폐보상연금을 받은 자나 장해급여를 받을 것이 명백한 자로서 대통령령으로 정하는 자 중 취업을 위하여 직업훈련이 필요한 자에 대하여 실시하는 직업훈련에 드는 비용 및 직업훈련수당이나, ② 업무상의 재해가 발생할 당시의 사업에 복귀한 장해급여자에 대하여 사업주가 고용을 유지하거나 직장적응훈련 또는 재활운동을 실시하는 경우에 각각 지급하는 직장복귀지원금, 직장적응훈련비 및 재활운동비로 구별된다(산재보험법 제72조).

(2) 보험급여의 지급과 소멸시효

1) 산재보험급여의 청구와 지급

보험급여는 산재보험법 제40조, 제52조부터 제57조까지, 제60조부터 제62조까지, 제66조부터 제69조까지, 제71조, 제72조, 제91조의3 및 제91조의4에 따른 보험급여를 받을 수 있는 자의 청구에 따라 지급결정일로부터 14일 이내 지급한다. 산재보험법에 따라 보험급여를 지급받게 되면 근로기준법에 따른 재해보상의무는 면책된다(산재보험법 제80조).

2) 건강보험급여의 우선 지급

산재보험법 제41조제1항에 따라 요양급여의 신청을 한 자는 공단이 산재보험법에 따른 요양급여에 관한 결정을 하기 전에는 국민건강보험법 제39조에 따른 요양급여 또는 의료급여법 제7조에 따른 의료급여를 우선하여 받을 수 있다. 그리고 건강보험 요양급여 등을 받은 자가 국민건강보험법 제41조 또는 의료급여법 제10조에 따른 본인 일부 부담금을 산재보험법 제43조제1항에 따른 산재보험 의료기관에 납부한 후에 이 법에 따른 요양급여 수급권자로 결정된 경우에는 그 납부한 본인

일부 부담금 중 제40조제5항에 따른 요양급여에 해당하는 금액을 공단에 청구하여 지급받을 수 있다(산재보험법 제42조).

3) 연금의 지급기간 및 지급시기

장해보상연금, 유족보상연금, 진폐보상연금 또는 진폐유족연금의 지급은 그 지급사유가 발생한 달의 다음 달 초일부터 시작되며, 그 지급받을 권리가 소멸한 달의 말일에 끝난다. 또한 장해보상연금, 유족보상연금, 진폐보상연금 또는 진폐유족연금은 그 지급을 정지할 사유가 발생한 때에는 그 사유가 발생한 달의 다음 달 초일부터 그 사유가 소멸한 달의 말일까지 지급하지 아니한다.

장해보상연금, 유족보상연금, 진폐보상연금 또는 진폐유족연금은 매년 이를 12등분하여 매달 25일에 그 달 치의 금액을 지급하되, 지급일이 토요일이거나 공휴일이면 그 전날에 지급한다. 다만 장해보상연금, 유족보상연금, 진폐보상연금 또는 진폐유족연금을 받을 권리가 소멸한 경우에는 앞서 설명한 지급일 전이라도 지급할 수 있다(산재보험법 제70조).

4) 소멸시효

산재보험법 제36조제1항에 따른 보험급여를 받을 권리, 제45조에 따른 산재보험 의료기관의 권리, 제46조에 따른 약국의 권리, 제89조에 따른 보험가입자의 권리, 제90조제1항에 따른 국민건강보험공단 등의 권리는 3년간 행사하지 아니하면 시효로 말미암아 소멸한다. 다만 산재보험법 제36조제1항에 따른 보험급여를 받을 권리 중 장해급여, 유족급여, 장례비, 진폐보상연금, 진폐유족연금을 받을 권리의 소멸시효는 5년이다. 소멸시효에 관하여는 이 법에 규정된 것 외에는 민법에 따른다(산재보험법 제112조).

소멸시효는 산재보험법 제36조제2항에 따른 산재보험급여 수급권자의 청구로도 중단된다. 이 경우 청구가 제5조제1호에 따른 업무상의 재해 여부의 판단을 필요로 하는 최초의 청구인 경우에 그 청구로 인한 시효중단의 효력은 제36조제1항에서 정한 다른 보험급여에도 미친다(산재보험법 제113조).

5. 제3자에 대한 구상권

1) 구상권 제도의 의의

제3자의 행위에 의하여 업무상 재해를 당한 산재근로자의 경우 제3자의 불법행위에 대한 손해배상청구권과 업무상 재해에 대한 보험급여청구권을 동시에 선택적으로 갖게 된다. 일반적으로 산재근로자가 제3자를 상대로 손해배상청구를 하려면 소송에 따른 경제적·시간적·법기술적인 어려움이 많으므로 산재보험급여를 먼저 청구하게 된다.

이러한 경우 보험관장자가 수급권자 보호를 위해 먼저 보험급여를 지급하고, 근로자가 제3자에 대하여 가지는 손해배상청구권을 대위하는 것을 산재보험법상 구상권이라 한다(산재보험법 제87조 참조).

2) 구상권 행사의 요건

첫째, 제3자의 행위에 의하여 재해가 발생하여야 한다. 제3자라 함은 보험관장자, 보험가입자, 및 당해 사업체의 소속 근로자 이외의 자를 말한다.

둘째, 보험관장자가 산재근로자에게 보험급여를 이미 지급하였어야 한다. 보험급여를 수급권자가 신청하였으나 보험급여를 지급하지 아니한 상태라면 구상권을 행사할 수 없다.

셋째, 산재근로자가 제3자에 대한 손해배상청구권을 갖고 있어야 한다. 손해배상청구권의 대위는 어디까지나 보험급여를 수령한 자의 제3자에 대한 손해배상청구권이 존재하고 있음을 전제로 하는 것이다. 따라서 산재근로자가 제3자의 손해배상청구권을 면제하였다면 구상권을 행사할 수 없다(대법원 1991.8.27. 91다19081).

넷째, 수급권자 및 보험가입자는 제3자의 행위로 재해가 발생하면 지체 없이 공단에 신고하여야 한다(산재보험법 제87조제4항).

3) 구상권 행사의 범위

첫째, 보험관장자가 수급권자의 제3자에 대한 민사상 손해배상청구권을 대위할 수 있는 범위는 보험급여가 지급된 사유와 동일한 사유에 국한한다.

둘째, 구상권을 행사할수 있는 금액은 제3자의 행위로 인하여 지급한 보험급여액과 구상에 소요된 법적비용에 국한된다(대법원 1997.1.24. 96다39080).

셋째, 수급권자가 제3자로부터 동일한 사유로 인하여 보험급여에 상당하는 손해배상을 받은 경우에는 공단은 그 배상액을 대통령령으로 정하는 방법에 따라 환산한 금액의 한도 안에서 보험급여를 지급하지 아니한다(산재보험법 제87조제2항). 제3자에 의한 재해에 대하여 보험급여를 먼저 지급하는 경우에는 구상권을 행사하고, 손해배상을 먼저 받은 경우에는 보험급여를 지급하지 않게 함으로써 보험운영의 합리성을 유지하는 것이다.

넷째, 청구권은 제3자의 불법행위가 있는 날로부터 10년, 이를 안 날로부터 3년 이내에 청구하지 않으면 소멸한다.

4) 구상권 행사의 예외

보험가입자인 2이상의 사업주가 같은 장소에서 하나의 사업을 분할하여 각각 행하다가 그 중 사업주를 달리하는 근로자의 행위로 재해가 발생한 경우에는 구상권을 행사하지 아니한다(산재보험법 제87조제1항 단서).

핵심 판례 근로복지공단의 대위권 행사 범위

산재보험법에 따라 보험급여를 받은 재해근로자가 제3자를 상대로 손해배상을 청구할 때 그 손해 발생에 재해근로자의 과실이 경합된 경우에, 재해근로자의 손해배상청구액은 보험급여와 같은 성질의 손해액에서 먼저 보험급여를 공제한 다음 과실상계를 하는 '공제 후 과실상계' 방식으로 산정하여야 한다.

불법행위가 사업주와 제3자에 의하여 발생한 경우 순환적인 구상소송을 방지하는 소송경제적인 목적 등에 따라 공단은 제3자에 대하여 산재보험 가입 사업주의 과실 비율 상당액은 대위행사할 수 없다는 원칙은 여전히 타당하고, 따라서 근로복지공단은 '공제 후 과실상계' 방식에 따라 '보험급여에서 재해근로자의 과실 비율 상당액을 공제'한 다음, 여기서 다시 '재해근로자가 배상받을 손해액 중 가입 사업주의 과실비율 상당액을 공제한 차액'에 대해서만 재해근로자의 제3자에 대한 손해배상청구권을 대위할 수 있다 [대법원(전합) 2022.3.24. 2021다241618].

제7장

여성과 소년 등 보호

제1절 | 여성과 소년의 보호

제2절 | 소년에 대한 보호

제3절 | 여성에 대한 보호

제4절 | 일과 가정의 양립 지원

제5절 | 직장내 성희롱 및 괴롭힘 금지

제1절 여성과 소년의 보호

1. 의 의

헌법(제32조 제4항, 제5항)은 여성과 연소자에 대해 특별한 보호를 받는다고 규정하고 있고, 이에 기초하여 근로기준법(제5장)은 여성과 소년에 대한 보호를 구체화하고 있다.

연소근로자는 15세 이상 18세 미만자를 말하고, 미성년자는 19세 미만자를 말하며, 연소근로자와 미성년자를 총칭하여 소년이라고 부른다.

근로기준법 제5장에서는 여성과 연소근로자에 대해 공통적인 보호 규정을 두는 한편, 여성, 연소근로자, 미성년자에 대해 개별적으로 특별보호 규정을 두고 있다. 여성과 소년 근로자에 대한 특별보호는 과거와는 달리 단순히 은혜적인 약자 보호의 필요성이 아니라 신체적·생리적인 특성에 알맞은 보호를 하는 것이 국가의 책임이라는 측면에서 규정을 마련하고 있다.

2. 여성과 소년에 대한 공통 보호 규정

(1) 유해·위험사업에 대한 사용규제

사용자는 임신 중이거나 산후 1년이 경과되지 아니한 여성(이하 임산부)과 18세 미만자를 도덕상 또는 보건상 유해·위험한 사업에 사용하지 못한다(근로기준법 제65조제1항).

사용자가 여성과 연소근로자를 유해·위험한 사업에 사용할 수 없도록 한 이유는 성년 남자근로자에 비해 신체적·생리적으로 차이가 있는 여성 근로자 및 성장과정에 있는 연소근로자를 건강, 안전과 위생 등 측면에서 보호하고자 하는데 있다.

(2) 갱내근로 금지

사용자는 여성과 18세 미만인 자를 갱내에서 근로시키지 못한다(근로기준법 제72조). 갱내근로는 광산, 굴, 터널 등의 내부에서 굴삭, 채굴, 발파 또는 운반 등의 작업에 종사하는 것을 말한다.

다만, 대통령령으로 정하는 업무, 즉 ① 보건, 의료 또는 복지 업무, ② 신문·출판·방송프로그램 제작 등을 위한 보도·취재 업무, ③ 학술연구를 위한 조사 업무, ④ 관리·감독 업무, ⑤ 그리고 위의 업무와 관련된 분야에서 하는 실습 업무를 수행하기 위하여 일시적으로 필요한 경우에는 그러하지 아니하다(제72조 단서, 시행령 제42조).

갱내근로는 특수한 작업환경에서 수행되고, 육체적·정신적으로 과도한 부담이 되므로 신체적인 특수성을 가지고 있는 여성과 성장과정에 있는 연소자에 대해 원칙적으로 금지하고 있는 것이다.

(3) 야간·휴일근로의 규제

사용자는 임산부와 18세 미만자를 원칙적으로 야간(오후 10시부터 오전 6시) 및 휴일에 근로시키지 못한다. 다만, ① 18세 미만자의 동의가 있는 경우, ② 산후 1년이 지나지 아니한 여성의 동의가 있는 경우, ③ 임신 중의 여성이 명시적으로 청구하는 경우로서 고용노동부장관의 인가를 얻은 경우에는 야간 및 휴일근로를 하게 할 수 있다(근로기준법 제70조제2항).

여성과 연소자의 야간근로는 건강상·도덕상 유해하다는 이유로 제한하거나 금지해 왔다. 휴일근로는 성년 남성에 비해 신체적인 조건이 불리한 연소자에게 충분한 휴식을 부여하고, 특히, 여성에게는 가사와 자녀 양육 시간을 주기 위해 규제하고 있는 것이다.

제2절 소년에 대한 보호

1. 의 의

소년(연소자와 미성년자)은 성인에 비해 신체적 조건이 취약하고, 업무능력이 미숙하며, 육체적·정신적으로 성장과정에 있다. 따라서 이들의 건강·안전과 건전한 성장을 보장하고 교육의 기회를 부여하기 위해 법적으로 특별한 보호를 하고 있다.

헌법(제32조제5항)은 연소자 근로에 대한 특별보호를 명시하고 있고, 이를 기초로 근로기준법(제5장)에서는 여성과 더불어 소년 근로자에 대한 특별보호를 구체화하고 있다.

2. 연소근로자에 대한 특별보호

(1) 최저 취업연령의 제한과 취직인허증

원칙적으로 사용자는 15세 미만인 자(중학교 재학 중인 18세 미만자 포함)를 근로자로 사용하지 못한다(근로기준법 제64조제1항). 이는 근로자의 최저 취업연령을 제한함으로써 연소자의 건강·안전과 의무교육을 보장하기 위한 것이다.

그러나 예외적으로 사용자는 15세 미만자라 하더라도 고용노동부장관이 발급한 취직인허증을 소지한 자를 사용할 수 있다(근로기준법 제64조제1항 단서). 취직인허증은 학교장(의무교육 대상자와 재학 중인 자) 및 친권자 또는 후견인의 서명을 받아 사용자가 될 자와 연명으로 고용노동부장관에게 신청하여야 한다(근로기준법 시행령 제35조제3항).

취직인허증을 받을 수 있는 자는 원칙적으로 13세 이상 15세 미만인 자이나, 예술공연 참가를 위한 경우에는 13세 미만인 자도 취직인허증을 받을 수 있다(시행령 제35조제1항). 고용노동부장관은 의무교육에 지장이 없는 경우에 한해 직종을 지정하여서만 취직인허증을 발행할 수 있다(근로기준법 제64조제2항).

(2) 연소자 증명서의 비치

사용자는 18세 미만인 자에 대하여는 그 연령을 증명하는 가족관계기록사항에 관한 증명서와 친권자 또는 후견인의 동의서를 사업장에 갖추어 두어야 한다(근로기준법 제66조). 친권자 또는 후견인이 미성년자의 근로계약 체결을 대리할 수는 없으나(제67조제1항), 이에 대한 동의는 필요하기 때문이다.

사업장에 연소자 증명서를 비치하게 한 취지는 사용자가 연소자의 연령을 확인하고, 연소자의 보호에 관한 제반 규정을 준수하도록 하며, 사업장 감독상의 실효성을 확보하기 위한 것이다.

(3) 연소자의 근로계약

1) 근로조건 서면명시 및 교부

사용자는 18세 미만인 자와 근로계약을 체결한 경우에는 임금, 소정근로시간, 휴일, 연차 유급휴가 등의 근로조건을 서면으로 명시하여 교부하여야 한다(근로기준법 제67조제3항). 이는 사업주의 적법한 고용을 권장하고, 연소근로자에 대한 노동기본권을 보호하기 위한 것이다.

2) 사용직종과 갱내근로의 제한

사용자는 18세 미만자를 도덕상 또는 보건상 유해·위험한 사업에 사용하지 못한다(근로기준법 제65조제1항). 또한, 사용자는 18세 미만자를 갱내에서 근로시키지 못한다. 다만, 보건·의료, 보도·취재 등 대통령령으로 정하는 업무를 수행하기 위하여 일시적으로 필요한 경우에는 그러하지 아니하다(제72조).

3) 근로시간의 보호

근로기준법은 15세 이상 18세 미만의 연소자를 특별히 보호하기 위하여 기준 근로시간(제50조)과 합의 연장근로(제53조)에 대한 예외를 규정하고 있다.

우선, 기준 근로시간의 특례로서 15세 이상 18세 미만인 자의 근로시간은 1일에 7시간, 1주일에 35시간을 초과할 수 없다. 다만, 당사자 사이의 합의에 따라 1일에 1시간, 1주일에 5시간을 한도로 연장할 수 있다(근로기준법 제69조).

그리고 사용자는 18세 미만자를 야간(오후 10시부터 오전 6시까지의 시간) 및 휴일에 근로시키지 못함을 원칙으로 하고, 18세 미만자의 동의와 고용노동부장관의 인가를 얻은 경우에만 예외적으로 근로가 가능하도록 하고 있다(근로기준법 제70조제2항).

또한, 탄력적 근로시간제와 선택적 근로시간제는 15세 이상부터 18세 미만의 근로자에게는 적용되지 아니한다.

3. 미성년자의 보호

(1) 미성년자의 근로계약

1) 근로계약의 대리체결 금지

미성년자(19세 미만자)의 채용에 대하여는 연소자(18세 미만자)와 달리 특별한 제한은 없으나, 민법상 미성년자의 법률행위에 대한 특칙 규정 때문에 근로기준법에서 미성년자와의 근로계약에 관하여 규제를 하고 있다.

근로기준법(제67조제1항)에서 친권자나 후견인은 미성년자의 근로계약을 대리할 수 없도록 하고 있다. 민법은 친권자 또는 후견인이 미성년자를 대리해서 계약을 체결하는 것을 인정하나 근로기준법은 대리에 의한 근로계약 체결을 금지한다. 이는 법정 대리인의 친권 남용 등으로 미성년자가 강제근로를 하게 되는 것을 방지하기 위한 것이다.[1)]

2) 근로계약의 해지

친권자, 후견인 또는 고용노동부장관은 근로계약이 미성년자에게 불리하다고 인정하는 경우에는 이를 해지할 수 있다(근로기준법 제67조제2항). 근로계약이 불리하게 체결되었더라도 계약기간 도중에 해지할 수 없는 것이 원칙이지만, 미성년자 보호를 위하여 해지할 수 있도록 한 것이다.

3) 위반의 효과

법정 대리인이 미성년자를 대리하여 사용자와 근로계약 체결 시 그 계약은 무권대리에 의한 행위로 무효가 되지만, 이미 제공한 근로에 대한 임금청구권은 상실되지 않는다.

(2) 미성년자의 임금청구

미성년자는 독자적으로 임금을 청구할 수 있다(근로기준법 제68조). 따라서 법정

---

1) 김형배, 노동법(제27판), 박영사, 2021, pp.259~260.

대리인은 미성년자를 대리하여 임금을 수령할 수 없고, 임금의 직접지불 원칙상 미성년자의 위임이 있었더라도 대리수령은 금지된다.

이 조항에 대한 별도의 벌칙규정은 없으나, 사용자가 법정 대리인 등에게 임금을 지급한 경우 근로기준법상 임금의 직접지불원칙 위반이 된다. 따라서 사용자가 법정 대리인에게 임금을 지불하였더라도 미성년자에 대해 그 효력을 주장할 수 없다.

일반 근로자에 대해 사용자는 임금을 반드시 직접 지급해야 한다(근로기준법 제43조 제1항). 이와는 별도로 미성년자에 대해 독자적인 임금청구 규정을 별도로 둔 것은 미성년자가 법정 대리인 등에 의해 임금을 중간착취 당하지 않도록 하기 위한 것이다.

한편, 미성년자를 위한 소송행위는 원칙적으로 법정 대리인이 수행하여야 하지만 미성년자 자신의 임금청구는 미성년자가 독자적으로 할 수 있다.

제3절 여성에 대한 보호

1. 의 의

여성 근로자들의 노동시장 진출이 증가함에 따라 여성의 신체적 특성에 따른 특별보호는 완화되거나 축소되어 왔다. 반면 모성보호와 남녀고용평등이라는 측면에서 여성 근로자에 대한 특별한 보호와 지원 규정을 두는 방향으로 추세가 변화하고 있다.[2]

헌법에서는 여성 근로자에 대한 특별보호(제32조제4항)와 모성의 보호(제36조제2항)를 규정하고 있다. 이에 기초하여 근로기준법은 남녀의 차별적 대우금지(제6조)와 여성 근로자의 근로조건 보호(제5장)에 대해, 남녀고용평등법은 남녀의 차별적 대우금지(제2장)와 여성 근로자의 모성보호(제3장)에 대해 구체적인 규정을 두고 있다.

2) 김형배, 노동법, pp.481~482.

2. 일반 여성 근로자의 보호

1) 사용직종과 갱내근로의 제한

사용자는 임산부가 아닌 18세 이상의 여성을 보건상 유해·위험한 사업 중 임신 또는 출산에 관한 기능에 유해·위험한 사업에 사용하지 못한다(근로기준법 제65조제2항).

또한, 사용자는 여성을 갱내에서 근로시키지 못한다. 다만, 보건·의료, 보도·취재 등 업무를 수행하기 위하여 일시적으로 필요한 경우에는 그러하지 아니하다(근로기준법 제72조).

2) 야간근로와 휴일근로의 제한

사용자가 18세 이상의 여성을 야간(오후 10시부터 오전 6시까지) 및 휴일에 근로시키려면 해당 근로자의 동의를 얻어야 한다(근로기준법 제70조제1항). 따라서 원칙적으로 18세 이상의 여성 근로자에게 야간·휴일근로가 허용된다고 볼 수 있다. 일반 근로자도 당사자 간에 합의가 있어야 연장근로를 할 수 있기 때문이다.[3)]

3) 생리휴가

사용자는 여성인 근로자가 청구하는 경우에 월 1일의 생리휴가를 주어야 한다(근로기준법 제73조). 생리휴가는 근로자의 청구가 있는 경우에 1개월간 개근 여부와 관계없이 무급으로 부여된다. 그리고 여성 근로자가 생리휴가를 사용하지 않더라도 휴가근로수당 청구권은 발생하지 않는다.

3. 임산부의 모성보호

(1) 유해·위험사업에의 사용금지

사용자는 임신 중이거나 산후 1년이 경과되지 아니한 여성을 도덕상 또는 보건상 유해·위험한 사업에 사용하지 못한다(근로기준법 제65조제1항).

---

3) 김형배, 노동법, p.483.

(2) 근로시간 규제와 보호

1) 야간근로와 휴일근로의 제한

사용자는 임산부를 야간 및 휴일에 근로시키고자 할 경우에는 고용노동부장관의 인가를 받아야 한다. 이때 해당 근로자의 동의 또는 명시적인 청구가 있어야 한다. 이 경우 사용자는 고용노동부장관의 인가를 받기 전에 근로자의 건강 및 모성보호를 위하여 그 시행 여부와 방법 등에 관하여 그 사업 또는 사업장의 근로자대표와 성실하게 협의하여야 한다(근로기준법 제70조제2항, 제3항).

2) 연장근로의 제한

사용자는 임신 중의 여성 근로자에게 시간외근로를 하게 하여서는 아니된다(제74조제5항). 또한, 사용자는 산후 1년이 지나지 아니한 여성에 대하여는 단체협약이 있는 경우라도 1일에 2시간, 1주일에 6시간, 1년에 150시간을 초과하는 시간외근로를 시키지 못한다(근로기준법 제71조).

3) 탄력적 근로시간제의 적용 금지

임신 중인 여성 근로자에 대하여는 탄력적 근로시간제를 적용하지 아니한다(근로기준법 제51조제3항).

4) 임신 중 근로시간 단축

사용자는 임신 후 12주 이내 또는 36주 이후에 있는 여성 근로자가 1일 2시간의 근로시간 단축을 신청하는 경우 이를 허용하여야 한다. 사용자는 근로시간 단축을 이유로 해당 근로자의 임금을 삭감하여서는 아니 된다(근로기준법 제74조제7항, 제8항).

(3) 출산전후휴가

1) 출산전후휴가

사용자는 임신 중의 여성에게 출산 전과 출산 후를 통하여 90일(한 번에 둘 이상

자녀를 임신한 경우 120일)의 출산전후휴가를 주어야 하며, 이 경우 휴가기간의 배정은 출산 후에 45일(한 번에 둘 이상 자녀를 임신한 경우 60일) 이상이 되어야 한다(근로기준법 제74조제1항).

또한, 사용자는 임신 중인 여성 근로자가 유산의 경험 등 대통령령으로 정하는 사유로 제1항의 휴가를 청구하는 경우 출산 전 어느 때라도 휴가를 나누어 사용할 수 있도록 하여야 한다. 이 경우에도 출산 후의 휴가기간은 연속하여 45일(한 번에 둘 이상 자녀를 임신한 경우 60일) 이상이 되어야 한다(근로기준법 제74조제2항).

2) 유산·사산휴가

사용자는 임신 중인 여성이 유산 또는 사산한 경우로서 그 근로자가 청구하면 대통령령이 정하는 바에 따라 유산·사산휴가를 주어야 한다. 다만, 인공 임신중절 수술에 의한 유산의 경우는 그러하지 아니하다(근로기준법 제74조제3항).

3) 출산전후휴가 급여의 지급

출산전후휴가와 유산·사산휴가 중 최초 60일(다태아 임신의 경우 75일)은 유급으로 한다. 다만, 남녀고용평등법 제18조에 따라 출산전후휴가 급여 등이 지급된 경우에는 그 금액의 한도에서 사용자가 지급한 것으로 본다(근로기준법 제74조제4항).

즉, 원칙적으로 휴가급여는 사용자가 최초 60일(다태아 임신의 경우 75일)에 대하여 통상임금을 지급하고, 국가가 나머지 30일을 고용보험에서 부담한다(남녀고용평등법 제18조, 고용보험법 제75조). 고용보험에서 부담하는 휴가급여는 통상임금으로 하되, 구체적인 지급기간과 지급액은 별도로 규정한다(고용보험법 제76조).

(4) 업무전환 및 직무복귀의 보장

사용자는 임신 중의 여성 근로자에게 시간외근로를 하게 하여서는 아니 되며, 그 근로자의 요구가 있는 경우에는 쉬운 종류의 근로로 전환하여야 한다(근로기준법 제74조제5항).

또한, 사업주는 임신 중인 여성 근로자의 출산전후휴가 종료 후에는 휴가 전과 동일한 업무 또는 동등한 수준의 임금을 지급하는 직무에 복귀시켜야 한다(제74조 제6항). 한편, 출산전후휴가 중의 여성 근로자에 대해서는 원칙적으로 해고가 제한된다(제23조제2항).

(5) 태아검진 시간의 허용과 육아시간 부여

사용자는 임신한 여성 근로자가 모자보건법 제10조에 따른 임산부 정기건강진단을 받는 데 필요한 시간을 청구하는 경우 이를 허용하여 주어야 한다. 사용자는 건강진단 시간을 이유로 그 근로자의 임금을 삭감하여서는 아니 된다(근로기준법 제74조의2).

사용자는 생후 1년 미만의 유아를 가진 여성 근로자가 청구하면 1일 2회 각각 30분 이상의 유급 수유 시간을 주어야 한다(제75조). '유아'는 여성 근로자가 직접 출산한 자이든, 또는 출산한 자가 아니든 관계없다. 또한 '여성 근로자'는 기혼·미혼을 불문하며, '수유시간'은 반드시 수유시간 뿐만 아니라 기타 유아를 보살피는데 필요한 시간을 말한다.

제4절 일과 가정의 양립 지원

1. 의의

근로자의 의식은 일 중심에서 일과 가정생활과의 균형을 중시하는 방향으로 변화하고 있다. 그리고 여성의 사회 진출 욕구에 적극 대응하며, 여성의 경제활동 참여를 활성화하기 위하여 일과 가정 양립을 위한 정책이 확대되었다.

이와 같은 추세를 반영하여 '남녀고용평등과 일·가정 양립 지원에 관한 법률(남녀고용평등법)'에서는 근로자의 일·가정 양립 지원을 위해 사용자의 의무와 국가의 지원에 대한 규정을 세부적으로 두고 있다.

현행 남녀고용평등법은 ① 고용에 있어서 남녀의 평등한 기회보장 및 대우(제2장), ② 모성보호(제3장), ③ 일·가정 양립의 지원(제3장의2)에 관해 규정하고 있다.

그리고 일·가정 양립의 지원(제3장의2)에서는 육아휴직, 육아기 근로시간 단축, 직장어린이집 지원, 가족돌봄휴직 등에 대한 규정을 두고 있다.

2. 육아휴직

육아휴직제도는 근로자가 고용관계를 유지하면서 일정 기간 동안 자녀양육을 위한 휴직을 할 수 있도록 하여 직장과 가정 생활을 균형있게 양립시키고자 하는 제도로서, 남자·여자 근로자 모두 육아휴직 청구권자가 될 수 있다.

1) 육아휴직의 신청과 기간

사업주는 임신 중인 여성 근로자가 모성을 보호하거나 근로자가 만 8세 이하 또는 초등학교 2학년 이하의 자녀(입양한 자녀를 포함)를 양육하기 위하여 휴직(육아휴직)을 신청하는 경우에 이를 허용하여야 한다(남녀고용평등법 제19조제1항). 육아휴직의 기간은 1년 이내로 한다(제19조제2항). 다만, ① 육아휴직을 시작하려는 날(휴직개시예정일)의 전날까지 해당 사업에서 계속 근로한 기간이 1년 미만인 근로자, 또는 ② 같은 영유아에 대하여 배우자가 육아휴직(다른 법령에 따른 육아휴직을 포함)을 하고 있는 근로자에 대해서는 사업주가 육아휴직을 허용하지 아니할 수 있다(남녀고용평등법 시행규칙 제10조).

한편, 기간제근로자 또는 파견근로자의 육아휴직 기간은 기간제법 제4조에 따른 사용기간 또는 파견법 제6조에 따른 근로자파견기간에 산입하지 아니한다(제19조제5항).

2) 불리한 처우 금지와 동일 수준의 직무 복귀

사업주는 육아휴직을 이유로 해고나 그 밖의 불리한 처우를 하여서는 아니 되며, 육아휴직 기간에는 그 근로자를 해고하지 못한다. 다만, 사업을 계속할 수 없는 경우에는 그러하지 아니하다(남녀고용평등법 제19조제3항).

사업주는 근로자가 육아휴직을 마친 후에는 휴직 전과 같은 업무 또는 같은 수준의 임금을 지급하는 직무에 복귀시켜야 하며, 육아휴직 기간은 근속기간에 포함한다(제19조제4항).

3. 육아기 근로시간 단축

1) 육아기 근로시간 단축의 신청

사업주는 육아휴직을 신청할 수 있는 근로자가 육아휴직 대신 근로시간의 단축(육아기 근로시간 단축)을 신청하는 경우에 이를 허용하여야 한다. 다만, 대체인력 채용이 불가능한 경우, 정상적인 사업 운영에 중대한 지장을 초래하는 경우 등 대통령령이 정하는 경우에는 그러하지 아니하다(남녀고용평등법 제19조의2제1항).

이와 같이 사업주가 육아기 근로시간 단축을 허용하지 아니하는 경우에는 해당 근로자에게 그 사유를 서면으로 통보하고 육아휴직을 사용하게 하거나 그 밖의 조치를 통하여 지원할 수 있는지를 해당 근로자와 협의하여야 한다(남녀고용평등법 제19조의2제2항).

2) 육아기 근로시간 단축의 기간과 근로조건

해당 근로자에게 육아기 근로시간 단축을 허용하는 경우 단축 후 근로시간은 주당 15시간 이상이어야 하고 30시간을 넘어서는 아니 된다(남녀고용평등법 제19조의2제3항). 육아기 근로시간 단축의 기간은 1년 이내로 한다(제19조의2제4항).

사업주는 ① 육아기 근로시간 단축을 하고 있는 근로자에 대하여 근로시간에 비례하여 적용하는 경우 외에는 육아기 근로시간 단축을 이유로 그 근로조건을 불리하게 하여서는 아니 되며, ② 육아기 근로시간 단축을 한 근로자의 근로조건(육아기 근로시간 단축 후 근로시간을 포함)은 사업주와 그 근로자간에 서면으로 정한다. 그리고 사업주는 ③ 육아기 근로시간 단축을 하고 있는 근로자에게 단축된 근로시간 외에 연장근로를 요구할 수 없으며, 다만, 그 근로자가 명시적으로 청구하는 경우에는 사업주는 주 12시간 이내에서 연장근로를 시킬 수 있다. 또한, ④ 육아기 근로시간 단축을 한 근로자에 대하여 근로기준법 제2조제6호에 따른 평균임금을 산정하는 경우에는 그 근로자의 육아기 근로시간 단축 기간을 평균임금 산정기간에서 제외한다(남녀고용평등법 제19조의3).

3) 불리한 처우 금지와 동일 수준의 직무 복귀

사업주는 육아기 근로시간 단축을 이유로 해당 근로자에게 해고나 그 밖의 불리한 처우를 하여서는 아니 된다(남녀고용평등법 제19조의2제5항). 또한, 사업주는 근로자의 육아기 근로시간 단축기간이 끝난 후에 그 근로자를 육아기 근로시간 단축 전과 같은 업무 또는 같은 수준의 임금을 지급하는 직무에 복귀시켜야 한다(제19조의2제6항).

4. 육아휴직과 육아기 근로시간 단축의 사용형태

근로자는 육아휴직을 2회에 한정하여 나누어 사용할 수 있되, 이 경우 임신 중인 여성 근로자가 모성보호를 위하여 육아휴직을 사용한 횟수는 육아휴직을 나누어 사용한 횟수에 포함하지 아니한다(남녀고용평등법 제19조의4제1항).

그리고 근로자는 육아기 근로시간 단축을 나누어 사용할 수 있다. 이 경우 나누어 사용하는 1회의 기간은 3개월(근로계약기간의 만료로 3개월 이상 근로시간 단축을 사용할 수 없는 기간제근로자에 대해서는 남은 근로계약기간을 말한다) 이상이 되어야 한다(남녀고용평등법 제19조의4제2항).

5. 그 밖의 조치와 지원

1) 육아지원을 위한 그 밖의 조치

사업주는 초등학교 취학 전까지의 자녀를 양육하는 근로자의 육아를 지원하기 위하여 ① 업무를 시작하고 마치는 시간 조정, ② 연장근로의 제한, ③ 근로시간의 단축, 탄력적 운영 등 근로시간 조정, ④ 그 밖에 소속 근로자의 육아를 지원하기 위하여 필요한 조치를 하도록 노력하여야 한다(남녀고용평등법 제19조의5).

대법원은 2023년 11월에 사업주가 워킹맘인 근로자에게 새벽 근무 거부 및 공휴일 무단결근을 이유로 시용기간 만료 후 본채용 거부를 통보한 사건에서 사업주가 육아기 근로자에 대하여 일·가정 양립을 위한 배려의무를 부담한다고 하면서, 배려의무의 판단기준을 제시하였다.

즉, 남녀고용평등법 제19조의5에 따라 자녀 양육에 대한 부담으로 발생하는 근무상 어려움을 육아기 근로자 개인이 전적으로 감당하여야 한다고 볼 수 없고, 사업주는 그 소속 육아기 근로자의 일·가정 양립을 지원하기 위한 배려의무를 부담한다고 봄이 타당하다. 사업주가 그 소속 육아기 근로자에 대하여 근로시간 등에서 배려하는 것은 남녀고용평등과 일·가정 양립의 필수적인 전제가 되는바, 이때 사업주가 부담하는 배려의무의 구체적인 내용은 근로자가 처한 환경, 사업장의 규모 및 인력 운영의 여건, 사업 운영상의 필요성 등 제반 사정을 종합하여 개별 사건에서 구체적으로 판단하여야 한다.

그러므로 사업주가 어린 자녀를 양육하는 근로자에 대하여 고용승계에 따른 시용기간 동안 일·가정 양립을 위한 배려의무를 다하지 아니하였고, 그 결과 근로자가 초번 근무와 공휴일 근무를 하지 못하고 근태 항목에서 상당한 감점을 당하여 본채용 거부통보를 받기에 이르렀다고 볼 여지가 상당하다고 본다(대법원 2023.11.16. 2019두59349).

2) 직장복귀를 위한 사업주의 지원

사업주는 남녀고용평등법에 따라 육아휴직 중인 근로자에 대한 직업능력 개발 및 향상을 위하여 노력하여야 하고 출산전후휴가, 육아휴직 또는 육아기 근로시간 단축을 마치고 복귀하는 근로자가 쉽게 직장생활에 적응할 수 있도록 지원하여야 한다(남녀고용평등법 제19조의6).

3) 비용 및 재정 지원

국가는 사업주가 근로자에게 육아휴직이나 육아기 근로시간 단축을 허용한 경우 그 근로자의 생계비용과 사업주의 고용유지비용의 일부를 지원할 수 있다. 또한 국가는 소속 근로자의 일·가정의 양립을 지원하기 위한 조치를 도입하는 사업주에게 세제 및 재정을 통한 지원을 할 수 있다(남녀고용평등법 제20조).

4) 직장어린이집 설치 및 지원

사업주는 근로자의 취업을 지원하기 위하여 수유·탁아 등 육아에 필요한 어린이집(직장어린이집)을 설치하여야 한다(남녀고용평등법 제21조). 고용노동부장관은 직장어린이집을 설치하여야 하는 사업주 외의 사업주가 직장어린이집을 설치하려는 경우에는 직장어린이집의 설치·운영에 필요한 정보 제공, 상담 및 비용의 일부 지원 등 필요한 지원을 할 수 있다(제21조의2).

6. 근로자의 가족 돌봄 등을 위한 지원

① 사업주는 근로자가 부모, 배우자, 자녀 또는 배우자의 부모(가족)의 질병, 사고, 노령으로 인하여 그 가족을 돌보기 위한 휴직(가족돌봄휴직)을 신청하는 경우이를 허용하여야 한다(남녀고용평등법 제22조의2제1항). 다만, 대체인력 채용이 불가능한 경우, 정상적인 사업 운영에 중대한 지장을 초래하는 경우 등 대통령령으로 정하는 경우에는 그러하지 아니하다(남녀고용평등법 제22조의2제1항 단서).

② 사업주는 근로자가 가족(조부모 또는 손자녀의 경우 근로자 본인 외에도 직계비속 또는 직계존속이 있는 등 대통령령으로 정하는 경우는 제외한다)의 질병, 사고, 노령 또는 자녀의 양육으로 인하여 긴급하게 그 가족을 돌보기 위한 휴가(이하 "가족돌봄휴가"라 한다)를 신청하는 경우 이를 허용하여야 한다. 다만, 근로자가 청구한 시기에 가족돌봄휴가를 주는 것이 정상적인 사업 운영에 중대한 지장을 초래하는 경우에는 근로자와 협의하여 그 시기를 변경할 수 있다(남녀고용평등법 제22조의2제2항).

③ 사업주가 가족돌봄휴직을 허용하지 아니하는 경우에는 해당 근로자에게 그사유를 서면으로 통보하고, 적절한 조치(업무시간 조정, 연장근로 제한, 근로시간의 조정, 사업장 사정에 맞는 지원조치)를 하도록 노력하여야 한다(제22조의2제3항).

④ 가족돌봄휴직 기간은 연간 최장 90일로 하며, 이를 나누어 사용할 수 있다. 그리고 이 경우 나누어 사용하는 1회의 기간은 30일 이상이 되어야 한다(제22조의2제4항제1호).

가족돌봄휴가 기간은 연간 최장 10일[제3호에 따라 가족돌봄휴가 기간이 연장되는 경우 20일(한부모가족지원법 제4조제1호의 경우 25일)이내]로 하며, 일단위로 사용할 수 있다. 다만, 가족돌봄휴가 기간은 가족돌봄휴직 기간에 포함된다(제22조의2제4항제2호).

고용노동부장관은 감염병의 확산 등을 원인으로 재난 및 안전관리 기본법 제38조에 따른 심각단계의 위기경보가 발령되거나, 이에 준하는 대규모 재난이 발생한 경우로서 근로자에게 가족을 돌보기 위한 특별한 조치가 필요하다고 인정되는 경우 고용정책 기본법 제10조에 따른 고용정책심의회의 심의를 거쳐 가족돌봄휴가 기간을 연간 10일(한부모가족지원법 제4조 제1호에 따른 모 또는 부에 해당하는 근로자의 경우 15일)의 범위에서 연장할 수 있다(제22조의2제4항제3호).

⑤ 이러한 연장된 가족돌봄휴가는 ⅰ) 감염병 확산을 사유로 심각단계의 위기경보가 발령된 경우로서 가족이 위기경보가 발령된 원인이 되는 감염병의 감염병환자, 감염병의사환자, 병원체보유자인 경우 또는 감염병의심자 중 유증상자 등으로 분류되어 돌봄이 필요한 경우, ⅱ) 자녀가 소속된 학교, 유치원 또는 어린이집(즉, 학교 등)에 대한 휴업명령 또는 휴교처분, 휴원 명령으로 자녀의 돌봄이 필요한 경우, ⅲ) 자녀가 감염병으로 인하여 자가격리 대상이 되거나 학교 등에서 등교 또는 등원 중지 조치를 받아 돌봄이 필요한 경우 등의 어느 하나에 해당하는 경우에만 사용할 수 있다(제22조의2제5항).

⑥ 사업주는 가족돌봄휴직을 이유로 해당 근로자를 해고하거나 근로조건을 악화시키는 등 불리한 처우를 하여서는 아니 된다(남녀고용평등법 제22조의2제6항).

⑦ 가족돌봄휴직 및 가족돌봄휴가 기간은 근속기간에 포함한다. 다만, 근로기준법 제2조제1항제6호에 따른 평균임금 산정기간에서는 제외한다(남녀고용평등법 제22조의2제7항).

⑧ 사업주는 소속 근로자가 건전하게 직장과 가정을 유지하는 데에 도움이 될 수 있도록 필요한 심리상담 서비스를 제공하도록 노력하여야 한다(남녀고용평등법 제22조의2제8항).

7. 국가의 지원

고용노동부장관은 사업주가 가족돌봄휴직 또는 가족돌봄휴가 조치를 하는 경우에는 고용 효과 등을 고려하여 필요한 지원을 할 수 있다(남녀고용평등법 제22조의2제9항).

제5절 직장 내 성희롱 및 괴롭힘 금지

1. 의의

근로자는 직장에서 근로의 권리 및 노동삼권을 누리면서 아울러 자유로운 인격의 발현을 추구하게 되나, 그럼에도 직장 내에서의 인격권 침해 사례가 빈번하게 일어나고 있다. 이러한 인격권 침해는 구체적으로는 상사나 직장 동료에 의한 성희롱이나 집단 괴롭힘 등의 형태로 주로 나타나게 되는데, 직장 내 성희롱에 대해서는 남녀고용평등법에서, 직장 내 괴롭힘에 대해서는 근로기준법에서 그 법적구제 및 처벌에 관하여 규율하고 있다.

개정 남녀고용평등법(2021.5.18.)에서는 직장 내 성희롱으로 피해를 입은 근로자가 그 시정을 위해 노동위원회에 시정신청을 할 수 있도록 한 구제절차가 새로이 도입되었다. 그리고 개정 근로기준법(2021.4.13.)에서는 직장 내 괴롭힘 금지의 실효성 제고를 위해 사용자에게 당사자 등을 대상으로 한 객관적 조사의무를 부여하는 한편, 사용자 등이 직장 내 괴롭힘 행위를 하거나 조치의무를 이행하지 않은 경우 과태료를 부과하는 내용의 규정을 신설하였다. 아울러 조사과정에서 알게 된 비밀누설금지 의무 규정도 신설하였다.

2. 직장 내 성희롱 예방과 금지

(1) 개념

'직장 내 성희롱'이란 사업주·상급자 또는 근로자가 직장 내의 지위를 이용하거나 업무와 관련하여 다른 근로자에게 성적 언동 등으로 성적 굴욕감 또는 혐오감을 느끼게 하거나 성적 언동 또는 그 밖의 요구 등에 따르지 아니하였다는 이유로 근로조건 및 고용에서 불이익을 주는 것을 말한다(남녀고용평등법 제2조제2호).

여기에서 '성적 언동'이란 남녀 간의 육체적 관계나 남성 또는 여성의 신체적 특징과 관련된 육체적, 언어적, 시각적 행위로서 사회공동체의 건전한 상식과 관행에 비추어 볼 때, 객관적으로 상대방과 같은 처지에 있는 일반적이고도 평균적인 사람으로 하여금 성적 굴욕감이나 혐오감을 느끼게 할 수 있는 행위를 의미한다(대법원 2018.4.12. 2017두74702).

성희롱이 성립하기 위해서는 행위자에게 반드시 성적 동기나 의도가 있어야 하는 것은 아니지만, 당사자의 관계, 행위가 행해진 장소 및 상황, 행위에 대한 상대방의 명시적 또는 추정적인 반응의 내용, 행위의 내용 및 정도, 행위가 일회적 또는 단기간의 것인지 아니면 계속적인 것인지 여부 등의 구체적 사정을 참작하여 볼 때, 객관적으로 상대방과 같은 처지에 있는 일반적이고도 평균적인 사람에게 성적 굴욕감이나 혐오감을 느낄 수 있게 하는 행위가 있고, 그로 인하여 행위의 상대방이 성적 굴욕감이나 혐오감을 느꼈음이 인정되어야 한다(대법원 2008.7.10. 2007두22498).

(2) 직장 내 성희롱의 행위자와 피해자

직장 내 성희롱의 행위자는 사업주 즉, 법인의 대표자나 법인 기타 사용인은 물론 상급자, 같은 근로자도 포함되며, 피해자는 근로자로서 기간제·단시간·파견 근로자, 하청업체·협력업체 근로자 및 면접을 보러온 구직자 등도 포함된다.[4)]

남녀고용평등과 일·가정 양립 지원에 관한 법률(남녀고용평등법) 제37조제2항 제2호, 제14조제2항이 규정하고 있는 '사업주'에는 파견근로자에 대한 사용사업주도 포함되고, 피고인이 피해자에게 파견근로계약 해제를 통보하면서 파견업체에게 파견근로자인 피해자의 교체를 요구한 것은 위 규정에서 정한 '그 밖의 불리한 조치'에 해당한다(대법원 2017.3.9. 2016도18138).

(3) 직장 내 성희롱의 판단기준

직장 내 성희롱에 해당되는지에 대한 판단기준을 보면 아래와 같다.

첫째, 사용자, 상급자 또는 동료 근로자가 직장 내에서 지위를 이용하거나 업무와 관련성이 있어야 하는데, 여기에서 업무 관련성은 직장 내, 근무시간에 국한되는 것은 아니므로 사업장 밖, 근무시간 외에 발생한 성희롱도 포함된다(예: 회식장

4) 고용노동부, 직장 내 성희롱 예방 대응 매뉴얼, 2018, pp.10~11

소, 체육대회, 야유회 등).

둘째, 피해자가 원하는 않는 행위를 한 경우인데, 피해자가 명시적으로 거부의사를 표시하지 않고 묵시적, 소극적으로 거부를 한 경우에도 성희롱이 성립될 수있다.

셋째, 성적인 언동이 수반되어야 한다. 성희롱 행위에는 육체적, 언어적, 시각적, 기타 사회 통념상 성적 굴욕감이나 혐오감을 느끼게 하는 행동이나 언어가 포함된다(남녀고용평등법 시행규칙 제1조별표1 참조). 다만, 이러한 성희롱이 성립하기 위해서 행위자의 성적 동기나 의도가 반드시 있어야 하는 것은 아니다.

넷째, 직장 내 성희롱은 행위자가 피해를 발생시킬 의도가 있었는지 여부와 관계없이 피해자가 성적 굴욕감이나 혐오감을 느꼈는지 여부에 따라 판단한다. 판례는, 성희롱 관련 소송의 심리를 할 때에는 그 사건이 발생한 맥락에서 성차별 문제를 이해하고 양성평등을 실현할 수 있도록 '성인지 감수성'을 잃지 않아야 한다고 보았다(대법원 2018.4.12. 2017두74702).

(4) 사업주의 예방조치

사업주는 직장 내 성희롱을 예방하고 근로자가 안전한 근로환경에서 일할 수 있는 여건을 조성하기 위하여 직장 내 성희롱의 예방을 위한 교육을 매년 실시하여야 하고, 사업주 및 근로자는 성희롱 예방 교육을 받아야 한다(남녀고용평등법 제13조제1항, 제2항).

사업주는 성희롱 예방 교육의 내용을 근로자가 자유롭게 열람할 수 있는 장소에 항상 게시하거나 갖추어 두어 근로자에게 널리 알려야 하고, 고용노동부령으로 정하는 기준에 따라 직장 내 성희롱 예방 및 금지를 위한 조치를 하여야 한다(남녀고용평등법 제13조제3항, 제4항).

사업주는 성희롱 예방 교육을 고용노동부장관이 지정하는 기관에 위탁하여 실시할 수 있고, 만약 성희롱 예방교육을 하지 아니하거나 교육내용을 근로자에게 공지하지 아니하는 경우에는 500만원 이하의 과태료 부과처분을 받을 수 있다(남녀고용평등법 제13조의2, 제39조제2항).

(5) 직장 내 성희롱 발생시 조치

피해 근로자(피해를 입었다고 주장하는 근로자 포함) 외에 누구든지라도 직장 내 성희롱 발생 사실을 알게 된 경우 그 사실을 해당 사업주에게 신고할 수 있으며, 이러한 신고를 받거나 직장 내 성희롱 발생 사실을 알게 된 사업주는 지체없이 그 사실 확인을 위한 조사를 하여야 한다(남녀고용평등법 제14조제1항, 제2항).

사업주는 피해근로자가 조사 과정에서 성적 수치심 등을 느끼지 아니하도록 하여야 하며, 직장 내 성희롱 발생 사실을 조사한 사람, 조사 내용을 보고 받은 사람 또는 그 밖에 조사 과정에 참여한 사람은 조사와 관련된 내용을 사업주에게 보고하거나 관계 기관의 요청에 따라 필요한 정보를 제공하는 경우를 제외하고는 해당 조사 과정에서 알게 된 비밀을 피해근로자등의 의사에 반하여 다른 사람에게 누설하여서는 아니 된다(남녀고용평등법 제14조제2항, 제7항). 이에 위반하여 조사 과정에서 알게 된 비밀을 누설한 자는 500만원 이하의 과태료 부과처분을 받을 수 있다(남녀고용평등법 제39조제2항).

사업주는 조사 기간 동안 피해근로자를 보호하기 위하여 필요한 경우 해당 피해근로자에 대하여 근무장소의 변경, 유급휴가 명령 등 적절한 조치를 하여야 하며, 이 경우 피해근로자등의 의사에 반하는 조치를 하여서는 아니 된다(남녀고용평등법 제14조제2항, 제3항).

사업주는 조사 결과 직장 내 성희롱 발생 사실이 확인된 때에는 피해근로자가 요청하면 근무장소의 변경, 배치전환, 유급휴가 명령 등 적절한 조치를 하여야 하고, 지체 없이 직장 내 성희롱 행위를 한 사람에 대하여 징계, 근무장소의 변경 등 필요한 조치를 하여야 한다. 이 경우 사업주는 징계 등의 조치를 하기 전에 그 조치에 대하여 직장 내 성희롱 피해를 입은 근로자의 의견을 들어야 한다(남녀고용평등법 제14조제4항, 제5항). 사업자가 피해근로자의 보호조치, 가해자에 대한 징계조치를 하지 아니한 경우에는 500만원 이하의 과태료 부과처분을 받을 수 있다(남녀고용평등법 제39조제2항).

사업주는 성희롱 발생 사실을 신고한 근로자 및 피해근로자등에게 파면, 해임, 해고, 징계 등과 같은 신분상 불이익, 부당한 인사조치, 임금 등의 차별지급과 같은 불리한 처우를 하여서는 아니 되며, 위반 시 3년 이하의 징역 또는 3,000만원 이하의 벌금형에 처해질 수 있다(남녀고용평등법 제14조제6항, 제37조제2항).

(6) 고객 등에 의한 성희롱 방지

사업주는 근로자가 고객 등 업무와 밀접한 관련이 있는 사람으로부터 성희롱 피해를 당하는 것을 방지하기 위하여, 고객 등이 업무수행 과정에서 성적인 언동 등을 통하여 근로자에게 성적 굴욕감 또는 혐오감 등을 느끼게 하고, 해당 근로자가 그로 인한 고충 해소를 요청할 경우에는 근로자의 근무 장소를 변경하거나, 배치전환, 유급휴가의 명령 등 적절한 조치를 취해 주어야한다. 그리고 근로자가 고객 등에 의한 성희롱 피해를 주장하거나 고객 등으로부터의 성적 요구 등에 따르지 아니하였다는 것을 이유로 해고나 그 밖의 불이익한 조치를 하여서는 아니 된다(남녀고용평등법 제14조의 1제1항, 제2항). 이에 위반하는 사업주는 300만원 이하의 과태료 부과처분을 받을 수 있다(남녀고용평등법 제39조제3항).

(7) 노동위원회를 통한 구제

2021.5.18. 개정된 남녀고용평등법은 사업주가 직장 내 성희롱 또는 고객 등에 의한 성희롱이 발생하였음에도 불구하고 적절한 조치를 취하지 않거나, 피해근로자에 대해 해고 등의 불이익한 조치를 취한 경우, 피해근로자는 노동위원회에 그 시정을 신청하여 구제를 받을 수 있도록 규정하였다(남녀고용평등법 제26조제1항).

성희롱 피해 근로자가 노동위원회에 구제신청을 한 경우, 노동위원회는 지체없이 필요한 조사와 관계 당사자에 대한 심문을 하고, 그거한 조사 및 심문이 끝난 뒤 법 위반 사실이 인정될 경우에는 해당 사업주에게 시정명령을 하여야 한다(남녀고용평등법 제27조, 제29조). 이러한 시정명령에는 법 위반행위의 중지 뿐만 아니라 적절한 배상 등의 시정조치를 포함할 수 있다(남녀고용평등법 제29조의2제1항).

3. 직장 내 괴롭힘 금지

(1) 의의

직장 내에서는 사용자와 근로자 또는 근로자 상호 간 인권을 존중하고 일체의 괴롭힘이 없어야 하나 직장에서의 지위나 관계가 우위인 점을 이용하여 폭행, 협박, 명예훼손, 모욕, 강요, 따돌림 등 그 형태를 불문하고 괴롭히는 사례가 있어왔다. 그러나 이를 민법상의 불법행위 책임이나 형사 책임으로 다룰 뿐 근로관계법에서 직접 이러한 직장 내 괴롭힘을 규율하는 규정은 없었다.

그로 인해 다양한 태양의 괴롭힘을 예방하거나 통제하는 데 있어 한계가 있었는데, 이에 따라 2019.1.15. 근로기준법 개정을 통해 최초로 '직장 내 괴롭힘' 개념을 법률에 규정함과 동시에 직장 내 괴롭힘 발생 시 조치에 대해 규정함으로써 직장 내 괴롭힘으로부터 근로자의 정신적·신체적 건강을 보호하고자 하였으며, 이러한 직장 내 괴롭힘의 악영향에 기인한 기업의 부담을 막고자 하였다(제76조의2, 제76조의3).

근로기준법 상 직장 내 괴롭힘은 '사용자 또는 근로자는 직장에서의 지위 또는 관계 등의 우위를 이용하여 업무상 적정범위를 넘어 다른 근로자에게 신체적·정신적 고통을 주거나 근무환경을 악화시키는 행위'라고 정의하고 있다(제76조의2).

한편, 상시 10명 이상의 근로자가 있는 곳은 직장 내 괴롭힘의 예방 및 발생시 조치에 대한 사항에 관한 취업규칙을 작성하여 고용노동부장관에게 신고하여야 하고(제93조), 직장 내 괴롭힘 발생사실에 대한 신고·주장을 이유로 근로자에게 해고 등 불이익을 준 경우 형사처벌까지 가능해졌다(제109조).

그리고 산업재해보상법은 직장 내 괴롭힘으로 인한 업무상 스트레스가 원인이 되어 발생한 질병도 업무상 질병에 포함하였고(제37조), 산업안전보건법은 정부에 직장 내 괴롭힘 예방을 위한 조치기준을 마련하고 지도 및 지원하도록 책무규정을 두었다(제4조).

(2) 직장 내 괴롭힘의 판단 요소

1) 행위자

직장 내 괴롭힘의 행위자는 사용자 또는 근로자로서, 사용자는 근로기준법에 따른 사용자, 즉 사업주 또는 사업경영담당자, 그 밖에 근로자에 관한 사항에 대하여 사업주를 위하여 행위하는 자를 말한다(근로기준법 제2조제1항제2호).

예를 들어, 대표이사, 등기이사, 지배인은 물론 인사노무담당이사, 공장장 등이 사용자에 해당하는데, 형식적인 직위나 직급에 따라 판단하는 것이 아니라 구체적인 직무내용에 의해 판단하여야 한다.

한편, 파견근로자보호 등에 관한 법률 제34조제1항 본문에 따라 파견 중인 근로자에 대하여 파견사업주 및 사용사업주를 근로기준법에 따른 사용자로 볼 수 있으므로, 사용사업주도 파견근로자에 대하여 직장 내 괴롭힘 행위자로 인정될 수 있다.

근로자는 피해자와 같은 사용자와 근로관계를 맺고 있는 근로자일 것이 원칙이지만, 파견법상의 사업주에게 파견근로자에 대한 보호의무를 인정하는 것이 판례의 입장이므로(대법원 2013.11.28. 2011다60247), 사용사업주 소속 근로자와 파견근로자 사이에서 발생한 직장 내 괴롭힘 사안에 대하여 사용사업주도 사용자로서 근로기준법에 따른 조치의무 등을 부담한다.

핵심 판례 근로자 파견관계에서 직장 내 괴롭힘의 행위자

근로자파견에서의 근로 및 지휘·명령 관계의 성격과 내용 등을 종합하면, 파견사업주가 고용한 근로자를 자신의 작업장에 파견받아 지휘·명령하며 자신을 위한 계속적 근로에 종사하게 하는 사용사업주는 파견근로와 관련하여 그 자신도 직접 파견근로자를 위한 보호의무 또는 안전배려의무를 부담함을 용인하고, 파견사업주는 이를 전제로 사용사업주와 근로자파견계약을 체결하며, 파견근로자 역시 사용사업주가 위와 같은 보호의무 또는 안전배려의무를 부담함을 전제로 사용사업주에게 근로를 제공한다고 봄이 타당하다.

그러므로 근로자파견관계에서 사용사업주와 파견근로자 사이에는 특별한 사정이 없는 한 파견근로와 관련하여 사용사업주가 파견근로자에 대한 보호의무 또는 안전배려의무를 부담한다는 점에 관한 묵시적인 의사의 합치가 있다고 할 것이고, 따라서 사용사업주의 보호의무 또는 안전배려의무 위반으로 손해를 입은 파견근로자는 사용사업주와 직접 고용 또는 근로계약을 체결하지 아니한 경우에도 위와 같은 묵시적 약정에 근거하여 사용사업주에 대하여 보호의무 또는 안전배려의무 위반을 원인으로 하는 손해배상을 청구할 수 있다(대법원 2013. 11.28. 2011다60247).

2) 피해자

피해자인 근로자는 원칙적으로 사용자과 직접 근로계약을 체결한 근로기준법 상의 근로자가 되며, 고용형태 및 근로계약기간 등을 불문한다. 사용자와 직접 근로관계에 있지 아니한 하청회사의 근로자나 특수형태근로종사자는 피해자로 보기 어려우나, 산업안전보건법상 사업주의 제3자의 폭언에 의한 건강장해 보호조치의무는 고객응대 근로자뿐만 아니라 모든 근로자를 대상으로 하고 있어, 근로자는 사업주에게 예방조치를 요구할 수 있고, 사업주의 미조치 또는 불리한 처우에 대하여 제재 할 수 있다.[5)]

3) 행위 요건

직장 내 괴롭힘으로 판단되기 위해서는 아래의 세가지 요소를 모두 충족해야한다.

① 직장에서의 지위 또는 관계 등의 우위를 이용할 것

여기에서 우위성이 인정되기 위해서는 피해 근로자가 저항 또는 거절하기 어려울 개연성이 높은 상태가 인정되어야 하며, 행위자가 이러한 상태를 이용해야 한다.

지위의 우위성이란 기본적으로 지휘명령 관계에서 상위에 있는 경우를 말하나, 직접적인 지휘명령 관계에 놓여있지 않더라도 회사 내 직위·직급 체계상 상위에 있음을 이용한다면 지위의 우위성을 인정할 수 있다.

관계의 우위성이란 사실상 우위를 점하고 있다고 판단되는 모든 관계가 포함될

5) 고용노동부, 직장 내 괴롭힘 예방·대응 매뉴얼, 2023, p.39

수 있는데, 예를 들면 주로 개인 대 집단과 같은 수적 측면, 연령·학벌·성별·출신지역·인종 등 인적 속성, 근속연수·전문지식 등 업무역량, 노조·직장협의회 등 근로자 조직 구성원 여부, 감사·인사부서 등 업무의 직장 내 영향력, 정규직 여부 등의 요소 등이 문제될 수 있다. 행위자가 피해자와의 관계에서 우위성이 있는지는 특정 요소에 대한 사업장 내 통상적인 사회적 평가를 토대로 판단하되, 관계의 우위성은 상대적일 수 있기 때문에 행위자–피해자 간에 이를 달리 평가해야 할 특별한 사정이 있는지도 함께 확인이 필요하다.

지위, 관계 중 여러 요소가 중복적으로 우위성을 형성할 수도 있으며 명확히 구분되지 않을 수도 있다.

② 업무상 적정범위를 넘을 것

행위자가 피해자에 비하여 우위성이 인정되더라도 문제된 행위가 업무관련성이 있는 상황에서 발생한 것일 필요하고 이러한 행위가 업무상 적정범위를 넘어야 한다. 여기에서 업무상 적정범위를 넘는다고 함은, 그 행위가 사회 통념에 비추어 볼 때 업무상 필요성이 인정되지 않거나, 업무상 필요성은 인정되더라도 그 행위 양태가 사회 통념에 비추어 볼 때 상당하지 않다고 인정되어야 한다.

따라서 업무상 지시, 주의·명령에 불만을 느끼는 경우라도 그 행위가 사회 통념상 업무상 필요성이 있다고 인정될 경우에는 직장 내 괴롭힘으로 인정하기는 곤란하다. 여기에서 업무상 필요성이 있는지 여부는 근로계약, 단체협약, 취업규칙 및 관계법령에서 정한 내용에 비추어 판단하게 된다.

다만, 그 지시나 주의·명령 행위의 양태가 폭행이나 과도한 폭언 등을 수반하는 등 사회 통념상 상당성을 결여하였다면 업무상 적정범위를 넘었다고 볼 수 있으므로 직장 내 괴롭힘에 해당될 수 있다.

또한, 업무상 필요가 인정되더라도 사업장 내 동종유사업무를 수행하는 근로자에 비하여 합리적 이유 없는 문제 행위라면, 사회통념적으로 상당하지 않은 직장 내 괴롭힘으로 볼 수 있다.

③ 신체적·정신적 고통을 주거나 근무환경을 악화시키는 행위일 것

근무환경을 악화시키는 것이란, 그 행위로 인하여 피해자가 능력을 발휘하는 데 간과할 수 없을 정도의 지장이 발생하는 것을 의미하는데, 예를 들어 벽을 보고 근무(면벽근무)를 하게 하는 경우와 같이 근무공간을 통상적이지 않은 곳으로 지정하는 등 인사권의 행사범위에는 해당하더라도 사실적으로 볼 때 근로자가 업무를 수행하는 데 적절한 환경 조성이 아닌 경우 근무환경이 악화된 것으로 볼 수 있다. 이 경우, 행위자의 의도가 없었더라도 그 행위로 신체적·정신적 고통을 받았거나 근무환경이 악화되었다면 인정할 수 있을 것이다.

한편 피해자에게는 신체적·정신적 고통 및 근무환경 악화의 결과가 직장 내 괴롭힘의 행위로 인한 것임을 증명하여야 할 입증책임이 있다.[6)]

4) 행위 장소

위와 같은 세가지 요소를 모두 충족한다면, 행위 장소는 반드시 사업장 내일 필요가 없으며, 외근이나 출장지, 회식이나 기업 행사 등의 장소 뿐 아니라 사내 메신저 기타 온라인 상에서도 직장 내 괴롭힘 행위가 있을 수 있다.

5) 종합판단

직장 내 괴롭힘이 성립되는지에 대하여는 당사자의 관계, 행위가 행해진 장소 및 상황, 행위에 대한 피해자의 명시적 또는 추정적인 반응의 내용, 행위의 내용 및 정도, 행위가 일회적 또는 단기간의 것인지 또는 계속적인 것인지 여부 등의 구체적인 사정을 참작하여 종합적으로 판단하여야 한다.

(3) 직장 내 괴롭힘 예방 및 대응

2019.1.15. 개정된 근로기준법은 직장 내 괴롭힘을 법으로 금지하되, 누구든지 직장 내 괴롭힘 발생 사실을 알게 된 경우에는 그 사실을 사용자에게 신고할 수 있도록 규정하였으나(제76조의3제1항), 구체적인 대응은 사업장별 상황에 맞게 취업

---

6) 김형배·박지순, 노동법강의(제12판), 신조사, 2023, p.99.

규칙 등을 통하여 정하고 그에 따르도록 하고 있으며, 행위자에 대한 직접적인 처벌규정 또는 직장 내 괴롭힘 사건에 대한 사용자의 적절한 조치 미이행 시 제재규정은 별도로 두지 않았다. 그 대신 상시 10명 이상의 근로자를 사용하는 사용자는 취업규칙의 필수 기재사항에 '직장 내 괴롭힘 예방 및 발생 시 조치에 관한 사항'을 반드시 반영하도록 하였다(제93조제11호).

한편, 사용자는 직장 내 괴롭힘에 대한 신고를 접수하거나 직장 내 괴롭힘 발생 사실을 인지한 경우에는 지체 없이 당사자 등을 대상으로 그 사실 확인을 위하여 객관적으로 조사를 실시하여야 한다(제76조의3제2항). 사용자는 조사 기간 동안 직장 내 괴롭힘과 관련하여 피해를 입은 근로자 또는 피해를 입었다고 주장하는 근로자(피해 근로자)를 보호하기 위하여 필요한 경우 해당 피해근로자등에 대하여 근무장소의 변경, 유급휴가 명령 등 적절한 조치를 하여야 하고, 이 경우 사용자는 피해근로자등의 의사에 반하는 조치를 하여서는 아니 된다(제76조의3제3항).

그리고 사용자는 조사 결과 직장 내 괴롭힘 발생 사실이 확인된 때에는 피해근로자가 요청하면 근무장소의 변경, 배치전환, 유급휴가 명령 등 적절한 조치를 하여야 하며(제76조의3제4항), 사용자는 조사 결과 직장 내 괴롭힘 발생 사실이 확인된 때에는 지체 없이 행위자에 대하여 징계, 근무장소의 변경 등 필요한 조치를 하여야 한다(제76조의3제5항). 이 경우 사용자는 징계 등의 조치를 하기 전에 그 조치에 대하여 피해근로자의 의견을 들어야 한다.

또한, 사용자는 직장 내 괴롭힘 발생 사실을 신고한 근로자 및 피해근로자등에게 해고나 그 밖의 불리한 처우를 하여서는 아니 되며(제76조의3제6항), 직장 내 괴롭힘 발생 사실을 조사한 사람, 조사 내용을 보고받은 사람 및 그 밖에 조사 과정에 참여한 사람은 해당 조사 과정에서 알게 된 비밀을 피해근로자등의 의사에 반하여 다른 사람에게 누설하여서는 아니 된다(제76조의3제7항). 다만, 조사와 관련된 내용을 사용자에게 보고하거나 관계 기관의 요청에 따라 필요한 정보를 제공하는 경우는 제외한다.

(4) 직장 내 괴롭힘 금지 규정 위반자에 대한 제재

사용자가 근로기준법 제76조의 3 제6항을 위반하여 직장 내 괴롭힘 발생 사실을 신고한 근로자 또는 피해 근로자 등에게 해고나 그 밖의 불리한 처우를 한 경우에는 3년 이하의 징역 또는 3천만원 이하의 벌금형에 처해지게 되고(제76조의3제6항, 제109조제1항), 동조 다른 사항을 위반한 경우에는 500만원 이하의 과태료처분을 받게 된다(제76조의3, 제116조제2항).

사용자 및 사용자의 친족(시행령:배우자·배우자·4촌 이내 혈족·인척)인 근로자가 근로기준법 제76조의2(직장 내 괴롭힘의 금지) 규정에 위반하여 그러한 행위를 한 경우에는 1천만 원 이하의 과태료(제116조제1항) 처분을 받게 된다.

제8장

인사이동과 인사명령

제1절 인사이동의 의의

기업은 적재적소에 노동력 배치를 통한 근로의욕의 증대와 경영능률의 증진, 부서간 인사교류를 통한 업무의 원활화, 조직개편에 따른 노동력 수급조절 등 다양한 목적에서 인사이동을 필요로 한다.

그러나 근로자의 입장에서는 인사이동으로 인하여 근로조건이 변경되거나 예측할 수 없었던 생활상의 불이익을 당할 수 있고, 때로는 노동조합 활동에 대한 보복조치의 결과로 나타날 수도 있다.

따라서 인사이동은 그 필요성이 인정됨에도 불구하고, 기업과 근로자 간에 이해가 상충되는 결과가 발생할 수 있으므로 정당성을 갖출 것이 요구된다. 따라서 그 정당성의 요건이 무엇인지가 주요 쟁점으로 등장하게 된다.

이러한 인사이동은 기업 내에서 수평적으로는 근로내용 내지 근무장소가 변경되는 전직의 형태를 띠고, 수직적으로는 업무 권한과 책임이 높아지는 승진, 기업질서 위반에 대한 제재 또는 업무의 효율성 제고 등을 위해 행하여지는 강등(강임, 강격)으로 나타난다.

승진의 경우 노동조합 활동에 대한 거부감, 혐오 등을 이유로 특정 근로자를 승진대상에서 배제하는 것과 오히려 조합활동을 할 수 없는 직위로의 승진이 불이익취급 또는 지배·개입의 부당노동행위에 해당하는지 여부가 종종 문제가 되기도 한다. 강등은 그 사례가 드물기는 하지만, 기업질서 위반에 대한 제재로 나타날 수 있으며, 징계의 정당성 여부와 관련하여 쟁점으로 부각될 수 있다.

한편, 인사이동은 기업 내에서뿐만 아니라 기업 간에도 행하여져서 전적 또는 전출의 요건과 그 정당성이 문제가 된다.

아래에서는 기업 내 인사이동을 전직을 중심으로 살펴본 다음, 기업 간 인사이동인 전출·전적에 대해 설명한 후 대기발령, 직위해제 및 직권면직 등 인사명령에 대해 살펴본다.

제2절 기업 내 인사이동

1. 전직의 의의

사용자는 경영상의 이유 또는 근로자에 대한 징벌의 일환으로 근로자의 직무내용이나 근무장소를 변경하는 인사명령을 하는 경우가 있는데, 통상 동일한 기업 내에서 근로자의 직무내용이나 근무장소를 상당한 기간에 걸쳐 변경하는 것을 통칭하여 전직 또는 배치전환(근로자참여법 제20조)이라고 한다. 전직에서 직무내용을 변경하는 것을 전보, 근무장소의 변경을 수반하는 경우를 전근이라고 표현하기도 한다.[1)]

사용자의 전직 인사명령은 업무상 필요한 범위 안에서는 상당한 재량이 인정되어야 하고, 근로기준법(제23조제1항)에 위배되거나 권리남용에 해당하는 등 특별한 사정이 없는 한 유효하다(대법원 2009.4.23. 2007두20157).

참고 징벌적 성격의 전직과 통상적인 배치전환(전직)

사용자의 배치전환 명령(전직 명령)은 우선 근로기준법 제23조제1항(해고 등의 제한)의 규제를 받는다. 즉 사용자는 정당한 이유 없이 근로자에 대해 전직 등을 하지 못하도록 규정하고 있다. 그러나 근로기준법 제23조제1항이 제한하고 있는 전직처분은 징벌적 성격의 인사조치로서 통상적인 인사명령으로서 배치전환(전직)과는 의미가 다르다고 볼 수 있다.

그러나 이러한 기업의 통상적인 인사권의 행사로서 배치전환 명령(전직)도 권리남용에 해당하지 않아야 하므로 업무상 필요성, 생활상 불이익, 양자 비교 교량, 신의칙상 요구되는 절차 준수 등 정당성을 갖춰야 한다.

자료: 김형배·박지순, 노동법강의(제12판), 신조사, 2023, pp.164~171.

1) 노동법실무연구회, 근로기준법주해 Ⅱ(제2판), 박영사, 2020, p.346.

전직처분의 근거와 관련하여 포괄적 합의설, 근로계약설 등이 주장되고 있다. 근로계약설은 근로계약에 의해 합의된 범위 이외의 전직명령은 계약내용의 변경이므로 근로자의 동의를 얻어야 한다는 입장이다. 그리고 포괄적 합의설은 사용자에게 인사권 행사 차원에서 전직처분권을 인정하면서도 예외적으로 근로계약상 근로장소 등이 특정된 경우에는 근로자의 동의를 얻어야 한다는 주장으로 판례도 포괄적 합의설의 입장을 취하고 있는 것으로 보인다.[2)]

그리고 〈도표 8-1〉에서는 인사이동을 기업 내 전직(전보, 전근), 기업 간 전직(전출, 전적)으로 구분하여 개념을 설명하였다.

한편, 전직을 기업 내 인사이동으로 한정하지 않고, 널리 근로자의 계약상 지위를 변동시키는 인사명령 일체를 뜻하는 것으로 파악하여 기업 내 전직과 기업 간 전직(전출 및 전적)을 포함하는 것으로 보기도 하나,[3)] 이하에서는 전직의 개념을 기업 내 전직으로 한정하여 살펴보기로 한다.

〈도표 8-1〉 전직의 유형과 개념

구 분	유 형	개 념	판단요소
기업 내 전직 (배치전환)	전 보	직무의 종류와 내용 변경	– 사용자 고유권한 – 업무상 필요성, 생활상 불이익, 신의칙상 협의
	전 근	근무장소의 변경	
기업 간 전직	전 출	근로자가 원래 고용된 기업에 소속되어 있으면서 휴직, 파견 등의 처분에 따라 근로제공 의무를 면하고, 다른 기업의 지휘·감독하에 업무에 종사하는 것	– 특별한 사정이 없는 한 당사자의 동의 필요
	전 적	근로자의 근로계약 상대방을 변경하여 새로운 사용자의 업무에 종사하도록 하는 것(다른 기업으로 적을 옮겨 소속이 완전히 달라짐)	

2) 김형배·박지순, 노동법강의(제12판), 신조사, 2023, pp.165~166.
3) 김종범, "부당전직에 관한 몇가지 문제", 행정재판실무연구Ⅳ, 법원도서관, 2013, pp.334~335.

2. 전직의 정당성

(1) 의 의

법원은 전직의 정당성에 관해 원칙적으로 사용자의 권한에 속하므로 업무상 필요한 범위 안에서는 상당한 재량이 인정되지만, 전직처분이 정당한지 여부는 ① 업무상 필요성 ② 근로자의 생활상의 불이익 ③ 업무상 필요성과 생활상 불이익의 비교·교량 ④ 노동조합 또는 근로자와의 협의 등 신의칙상 요구되는 절차 준수 등을 종합적으로 고려하여야 한다는 일관된 견해를 취하고 있다(대법원 2018.10.25. 2016두44162; 대법원 2015.10.29.2014다46969 등).

핵심 판례 **전직처분의 정당성 판단기준**

근로자에 대한 전직이나 전보처분은 근로자가 제공하여야 할 근로의 종류·내용·장소 등에 변경을 가져온다는 점에서 근로자에게 불이익한 처분이 될 수도 있으나, 원칙적으로 인사권자인 사용자의 권한에 속하므로 업무상 필요한 범위 안에서는 상당한 재량을 인정하여야 하고, 그것이 근로자에 대하여 정당한 이유 없이 해고·휴직·정직·감봉 기타 징벌을 하지 못하도록 하는 근로기준법 제23조제1항에 위배되거나 권리남용에 해당하는 등 특별한 사정이 없는 한 무효라고는 할 수 없고, 전직처분 등이 정당한 인사권의 범위 내에 속하는지의 여부는 당해 전직처분 등의 업무상의 필요성과 전직에 따른 근로자의 생활상의 불이익을 비교·교량하고, 근로자가 속하는 노동조합(노동조합이 없으면 근로자 본인)과의 협의 등 그 전직처분을 하는 과정에서 신의칙상 요구되는 절차를 거쳤는지 여부를 종합적으로 고려하여 결정하여야 한다(대법원 2015.10.29. 2014다46969)

또한, 법원은 업무상 필요에 의한 전보 등에 따른 생활상의 불이익이 근로자가 통상 감수하여야 할 정도를 현저하게 벗어난 것이 아니라면 이는 정당한 인사권의 범위 내에 속하는 것으로서 권리남용에 해당하지 않으며, 전보처분 등을 함에 있어서 근로자 본인과 성실한 협의절차를 거쳤는지의 여부는 정당한 인사권의 행사인지의 여부를 판단하는 하나의 요소라고는 할 수 있으나, 그러한 절차를 거치지 아니하였다는 사정만으로 전보처분 등이 권리남용에 해당하여 당연히 무효가 된다고는 볼 수 없다는 입장에 서있다(대법원 1997.7.22. 97다18165).

이러한 법원의 입장을 종합하여 보면, 전직처분에 대한 사용자의 폭넓은 재량권은 인정하면서도, 사용자에 의한 무분별한 전직처분의 남용을 막기 위해 업무상 필요성과 생활상의 불이익을 비교·교량하고, 노동조합 또는 근로자 본인과 협의 등 신의칙상 요구되는 절차이행 여부 등을 종합적으로 감안하여 전직처분의 정당성 여부를 판단하고 있다.

한편, 전보처분이 외형상으로는 업무상 필요를 내세우고 있지만, 실질적으로는 근로자의 노동조합 조직·가입 또는 노조 활동에 대한 보복조치로서 이루어진 경우 이는 불이익 취급의 부당노동행위에 해당하고, 그 효력이 부인된다. 만약 근로자와 사용자가 근로계약을 체결하면서 근로의 내용 또는 근무장소를 특정하였다면, 전직처분에 있어서 근로자의 동의를 필요로 하고, 동의가 없으면 원칙적으로 그 효력이 부인된다.

단체협약에서 전직처분을 할 때 노동조합의 동의를 얻도록 규정하고 있다면 사용자는 동의 없이 전직처분을 할 수 없으나, 노동조합이 동의권을 남용한 경우에는 전직처분의 정당성이 인정된다.

(2) 업무상 필요성

전직처분에서 업무상 필요성의 사유로는 노동력의 적정 배치, 업무의 능률 증진, 근로자의 능력개발, 근무의욕의 고양, 업무운영의 원활화, 직장질서의 유지나 회복, 근로자간의 인화 등이 있다.

법원이 전직처분의 업무상 필요성을 긍정한 사례로는 ① 지역간 인력수급 불균형으로 인해 정기적으로 생활권 외 전보를 시행했던 관행이 있는 경우(서울고등법원 2011.5.12. 2010누41781), ② 조직개편으로 부서 간 근무인원 조정이 필요한 경우(서울행정법원 2012.5.24. 2011구합31611), ③ 경영실적이 좋지 않은 상황에서 신규 인력 채용에 제한을 받고 있었고, 인력수급의 불균형을 해소할 필요성이 있는 경우(대전고등법원 2015.6.25. 2015누10191), ④ 근로자의 경력과 업무의 특수성을 감안하여 인원충원이 필요한 곳으로 전보한 경우(서울고등법원 2010.9.9. 2010누1356), ⑤ 동료 근로자들과의 불화를 해결하기 위한 경우(서울고등법원 2011.5.24. 2010누26164), ⑥ 근로자가 직무수행 과정에서 업무능력 및 태도에 문제가 있었던 경우(서울고등법원 2014.10.22. 2016누26608) 등이 있다.

이에 반해 법원이 전직처분의 업무상 필요성을 부정한 사례로는 ① 징계처분의 후속조치로 전보하는 관행이 있다고 하더라도 선행 징계처분이 위법한 경우 이어서 행해진 전보(서울고등법원 2014.12.17. 2013누26325), ② 근로자가 사직권고를 거절하자 전보명령을 하였고, 전보 이후 근로자에게 업무를 부여하지 않은 경우(서울행정법원 2013.10.11. 2013구합54038), ③ 전보발령 직전에 신규직원을 채용한 경우(대법원 2000.4.11. 99두2963) 등이 있다.

한편, 사용자가 전직처분을 함에 있어서 요구되는 업무상 필요성은 인원 배치의 변경 필요성뿐만 아니라 그 변경에 어떠한 근로자를 포함시키는 것이 적절할 것인가 하는 인원선택의 합리성도 의미하는데, 여기에는 업무능률의 증진, 직장질서의 유지나 회복, 근로자 간의 인화 등의 사정도 포함된다(대법원 2013.2.28. 2010다52041).

따라서 조직개편, 공장 신설 등의 이유로 다수의 근로자를 전보할 필요성이 있는 경우에는 업무상 필요성을 판단함에 있어서 인원배치를 변경할 필요성뿐만 아니라 대상자 선정의 합리성과 공정성도 고려하여야 한다.

(3) 생활상 불이익

생활상 불이익은 경제적 불이익에 한정되지 않고 정신적, 육체적, 사회적 불이익 나아가 노동조합 활동상의 제약까지도 포함된다(서울행정법원 2010.4.1. 2009구합25415). 이러한 생활상 불이익은 통상 감수하여야 할 정도를 현저하게 벗어난 것인지 여부가 중요한 기준이 된다.

사용자가 전보처분을 하면서 통근차량이나 숙소를 제공하였는지 여부, 특별수당을 지급하여 불이익 제거 또는 완화조치를 취하였는지 여부 등은 근로자의 생활상 불이익이 통상 감수하여야할 정도를 현저하게 벗어난 것인지에 대해 판단하는 요소가 될 수 있다.

다만, 교통·통신의 발달 등의 추세에 비추어볼 때 판례에서 전직으로 인한 생활상의 불이익이 근로자가 통상 감수하여야 할 정도를 현저하게 벗어나는 것에 해당되는 경우는 많지 않을 것으로 보인다.[4]

법원도 근로자가 서울에서 가족과 함께 적정 수준의 생계 유지가 어렵다고 주장한 것에 대해 현재의 교통수단을 고려하면 근로자가 출퇴근이 가능한 서울 외곽지역에 주거를 마련할 수도 있고, 서울의 생계비가 춘천보다 다소 많이 소요된다 하더라도 근로자의 경제적 수준으로 서울에서 가족과 함께 생활하는 것 자체가 불가능하거나 현저히 어렵다고 할 수도 없다고 판시함으로써(대법원 1995.10.13. 94다52928), 교통수단의 발달을 생활상 불이익 여부를 판단하는데 있어서 중요한 고려요소로 파악하고 있다.

법원에서 근로자가 입게 되는 생활상 불이익이 사회통념상 통상의 전보에 따르는 정도를 현저히 넘어선 것으로 판단한 사례로는 ① 노동강도의 증가 등 직무내용의 변경으로 인한 업무수행상 어려움이 막대한 경우(서울행정법원 2007.10.19. 2007구합15810), ② 상당한 수준의 임금 감소(약 27%)가 있는 경우(서울행정법원 2013.6.26. 2012구합41134), ③ 임금총액은 거의 차이가 없으나 기본급이 감소하고 성과급 비중이 증가하였으며 근로자가 실적을 올리는 것이 어려운 경우(서울고등법원 2011.2.1. 2010누19845), ④ 근거리 근무지에 인사수요가 있음에도 불구하고 원격지로 전보되어 연봉에 비해 상당히 많은 출퇴근 비용을 추가적으로 부담하게 되었고 출퇴근에 소요되는 시간이 1시간 이상 증가한 경우(서울행정법원 2011.3.3. 2010구합40571), ⑤ 장애인인 부모와 자녀를 부양하는 것이 곤란하다고 인정되는 경우(서울행정법원 2010.11.11. 2010구합26810) 등이 있다.

(4) 업무상 필요성과 생활상 불이익의 비교·교량

사용자의 업무상 필요성의 정도와 근로자의 생활상 불이익의 정도는 서로 상관관계가 있으나, 업무상 필요성과 생활상 불이익은 대등한 판단요소라고 할 수 없다.

4) 김종범, "부당전직에 관한 몇가지 문제", 행정재판실무연구 Ⅳ, p.350.

전직의 정당성을 판단함에 있어서 업무상 필요성은 폭넓게 인정되지만, 생활상의 불이익은 현저한 경우에 한하여 인정된다.[5)]

법원도 "업무상 필요에 의한 전보 등에 따른 생활상의 불이익이 근로자가 통상 감수하여야 할 정도를 현저하게 벗어난 것이 아니라면 이는 정당한 인사권의 범위 내에 속한다."라고 판시하여(대법원 2018.10.25. 2016두44162), 위 견해를 뒷받침하고 있다.

전직처분이 부당하다고 인정된 대부분의 사례는 그 업무상 필요성이 제대로 입증되지 아니한 경우 또는 표면적으로는 업무상 필요성을 들고 있으나 실질적으로는 근로자의 노동조합 활동에 대한 혐오 등으로 근로자를 사직하게 하거나 조합 활동에서 배제할 의도에서 이루어진 경우가 대부분이고(대법원 2000.4.11. 99두2963), 명시적으로 업무상 필요성에 비하여 근로자의 생활상 불이익이 현저하다는 이유로 부당전직을 인정한 사례는 찾아보기 어렵다.[6)]

(5) 신의칙상 요구되는 성실한 협의절차의 이행

신의칙상 요구되는 협의절차란 사용자의 일방적인 전직처분을 제한하기 위한 절차적 정당성을 의미한다. 구체적으로 살펴보면, 전직의 필요성에 대하여 설명하고 고려기간을 충분히 부여하였는지, 사용자가 근로자의 동의를 얻기 위한 노력을 얼마나 기울였는지, 동의를 얻지 못한 경우에도 근로자의 가정·사회생활상의 사정을 어느 정도까지 고려하였는지 등이 협의절차의 내용에 포함될 수 있다(서울행정법원 2010.4.1. 2009구합 25415).

그리고 전직처분으로 인하여 근로자가 입게 될 생활상의 불이익이 크면 클수록 신의칙상의 협의절차 이행 의무의 정도도 더 높아진다고 보아야 할 것이다.

법원은 근로자 본인과 신의칙상 요구되는 성실한 협의절차를 거치지 아니하였다는 사정만으로 전보처분 등이 권리남용에 해당하여 당연히 무효가 된다고는 볼 수 없다

---

5) 김종범, "부당전직에 관한 몇가지 문제", p.350.
6) 김종범, "부당전직에 관한 몇가지 문제", p.351.

고 일관되게 판시하고 있으므로(대법원 2013.6.27. 2013다9475; 대법원 1997.7.22. 97다18165; 대법원 1995.10.13. 94다52928), 다른 요건이 구비된 경우 협의절차 불이행이라는 이유만으로는 부당전직이라고 판단하기는 어려울 것으로 보인다.

한편, 근로자에 대한 전직 처분이 당해 근로자에 대한 제재적인 의미가 내포되어 있다고 하더라도 그 자체가 단체협약 또는 취업규칙 등에 정한 징계절차를 요하는 징계로서 규정되지 아니한 이상 징계절차를 거쳐야 하는 것은 아니다(대법원 1998.12.22. 97누5435).

(6) 입증책임

전직처분의 정당성에 대한 입증책임은 사용자에게 있으므로 사용자는 전직으로 인한 근로자의 생활상 불이익보다 업무상 필요성이 더 크고, 근로자 본인 또는 노동조합과 신의칙상 요구되는 협의절차를 성실히 이행하였음을 증명하여야 한다. 다만, 개인적인 사정에 의한 생활상의 불이익은 사용자가 알 수 없으므로 근로자가 주장하고 증명하여야 한다.

3. 근로자의 동의가 필요하다고 본 전직처분 사례

사용자는 근로계약을 체결할 때 취업의 장소와 종사하여야 할 업무에 관한 사항을 명시하여야 하는데(근로기준법 제17조제1항 근로기준법 시행령 제8조제1항), 근로계약에서 근로내용이나 근무장소를 특별히 한정한 경우에 있어서는 사용자가 근로자에 대하여 전직처분을 하려면 원칙적으로 근로자의 동의가 있어야 한다(대법원 2013.2.28. 2010다52041).

이러한 근로자의 동의는 묵시적으로도 가능하며, 사용자가 근로자의 동의 없이 전직처분을 하였더라도 근로자가 이의나 거부를 하지 않은 채 상당한 기간 동안 근로를 하였다면 묵시적 동의를 한 것으로 볼 수 있다.[7]

---

7) 최누림, "근로자의 인사이동에 대한 법률상 쟁점의 개관", 인권과 정의 370호, 2007.6., p.61.

(1) 직무내용이 특정된 경우

근로계약에 직무내용을 특별히 한정한 경우에는 사용자가 당해 근로자에 대해 전직처분을 하려면 근로자의 동의를 필요로 한다. 특히, 의사, 간호사, 운전기사, 보일러공 등과 같이 특수한 기술이나 전문적인 자격을 소지하고 있는 것을 전제로 취업한 근로자의 경우 특별한 사정이 없는 한 근로계약상 근로의 종류나 내용이 특정되어 있다고 할 것이다.

직업훈련을 거쳐 일정한 기능을 습득하거나 숙련공으로서 장기간 동일 직종에 근무하여 온 근로자의 경우 종래의 기능과 전혀 무관한 직종에의 전보명령은 근로계약의 범위를 넘어서는 것이나(대법원 2000.4.11. 99두2963), 근로자의 기능을 계속 활용할 수 있는 유사 직종으로의 전보는 정당하다고 할 것이다.

그러나 생산직·경비직 등에 종사하는 근로자는 직종이 한정되어 있는 것으로 보기 어려우므로 경비원 직제의 폐지로 인하여 경비직 근로자를 생산직으로 전직시킨 것은 정당하다.[8)]

직무내용이 특정되었기 때문에 근로자의 동의가 필요하다고 본 판례는 다음과 같다.

① 구미 공장의 생산부 보일러공으로 종사하여 온 근로자에 대하여 서울출장소의 영업부에서 근무하도록 한 조치는 중대한 근로조건의 변경이므로 근로자의 사전동의가 없었다면 무효라고 판단된다(대법원 1994.2.8. 92다893).

② 회사가 채용공고를 하면서 채용분야를 주차지도(야간 및 휴일 부정주차 지도 업무 등)로 특정하고, 주차지도 분야 응시자에 대하여서만 2종보통 운전면허 자격 및 차량운전이 가능할 것을 자격조건으로 제시하였으며, 또한, 근로계약을 체결하면서 임용분야를 주차지도로 특정하고 '종사분야를 지정하여 임용한 경우 임용(지정)분야 업무와 다른 업무분야로 전보하지 않는다'는 특별 동의사항을 근로계약서에 명시한 점 등을 감안할 때 회사와 근로자사이에 체결된 근로계약은 근로의 내용을 주차지도 업무로 특별히 한정한 경우에 해당한다(서울행정법원 2013.9.13. 2013구합52346).

③ 입사 당시 작성된 근로계약서에 직종 부분이 공란으로 되어 있고 이력카드에

8) 최누림, "근로자의 인사이동에 대한 법률상 쟁점의 개관", p.61.

도 신입사원으로 채용되었지만, 근로자가 조리사 면허증을 제출하면서 식음료 분야에 지원하였고 실제 조리업무 내지 조리업무와 밀접한 관련이 있는 업무만을 20여년 담당한 경우에는 근무내용을 '조리 업무'로 특별히 한정하는 근로계약이 체결되었다고 보아야 한다(서울고등법원 2011.7.14. 2010누30408).

(2) 근로장소가 특정된 경우

근로계약 등에 근로장소를 특정한 경우 사용자가 당해 근로자에 대해 전직처분을 하려면 근로자의 동의를 필요로 한다. 근로계약 등에 근로장소가 특정되어 있지 않더라도 현지 채용하여 관행상 전근없이 근로하여 온 근로자, 파트타임 근로자와 같이 생활 본거지가 고정되어 있고 근로계약상 이를 전제로 취업한 근로자의 경우에는 근로장소가 특정되어 있다고 보아야 하므로 근로자 본인의 동의를 얻어야 전보처분의 정당성이 인정된다(대법원 1992.1.21. 91누5204).

한편, 근로계약상 근무장소가 국회현장으로 되어 있는 근로자를 다른 곳으로 전직명령한 것이 승진이기는 하나 전직명령의 시기가 노동쟁의가 한창인 무렵에 이루어지고, 사용자가 노동조합 활동을 주도한 노조간부들만을 재계약 포기의 방법으로 해고함과 동시에 이 근로자에 대하여는 조합활동을 할 수 없는 곳으로 전직시킴으로써 조합활동상 불리한 조치를 한 점 등에 비추어 위 전직명령은 인사권 남용에 해당하고 조합활동을 이유로 한 불이익처분으로서 부당노동행위에 해당한다(대법원 1992.1.21. 91누5204)고 본다.

(3) 단체협약에 따라 노동조합의 동의가 필요한 경우

단체협약에 전직처분을 할 때 노동조합의 동의를 얻도록 규정하고 있다면 원칙적으로 사용자는 노동조합의 동의를 얻어 전직처분을 하여야 그 정당성이 인정된다. 다만, 노동조합이 동의권을 남용한 경우에는 전직처분의 정당성이 인정될 수 있다.

사용자가 인사처분을 할 때 노동조합의 사전동의나 승낙을 얻어야 한다거나 노동조합과 인사처분에 관한 논의를 하여 의견 합치를 보아 인사처분을 하도록 단체협약에 규정된 경우 그러한 절차를 거치지 아니한 인사처분은 원칙적으로 무효이다.

그러나 사전합의 조항을 두고 있다고 하더라도 사용자의 인사권이 어떠한 경우라도 노동조합의 동의나 합의가 있어야만 행사할 수 있는 것은 아니고, 노동조합이 사전합의권을 남용하거나 스스로 사전합의권 행사를 포기하였다고 인정되는 경우에는 합의 없이 한 사용자의 인사처분도 유효하다.

여기서 노동조합이 사전합의권을 남용한 경우라 함은 노동조합 측에 중대한 배신행위가 있고 이로 인하여 사용자측의 절차 흠결이 초래되었다거나, 인사처분의 필요성과 합리성이 객관적으로 명백하며 사용자가 노동조합 측과 사전합의를 위하여 성실하고 진지한 노력을 다하였음에도 노동조합 측이 합리적 근거나 이유 제시도 없이 무작정 인사처분에 반대함으로써 사전합의에 이르지 못하였다는 등 사정이 있는 경우를 의미한다(대법원 2012.6.28. 2010다38007).

한편, 단체협약상 사용자의 인사처분에 대한 노동조합의 동의조항과 협의조항은 그 성격이 다르다.

법원은 단체협약의 인사협의(합의)조항에 조합간부의 인사에 대하여는 사전 '합의'를, 조합원의 인사에 대하여는 사전 '협의'를 하도록 용어를 구분하여 사용하고 있다면, 교섭 당시 사용자의 인사권에 대하여 조합간부와 조합원을 구분하여 제한의 정도를 달리 정한 것으로 보아야 하고, 노조원에 대한 인사권의 신중한 행사를 위하여 단순히 의견수렴 절차를 거치라는 뜻의 사전 '협의'와는 달리, 노조간부의 인사에 대하여는 노동조합과 의견을 성실하게 교환하여 노사 간에 '의견의 합치'를 보아 인사권을 행사하여야 한다는 뜻에서 사전 '합의'를 하도록 규정한 것이라고 해석하는 것이 타당하다고 본다(대법원 2012.6.28. 2010다38007).

4. 근로자의 동의가 필요하지 않다고 본 전직처분 사례

법원은 근로계약에서 근로 내용이나 근무장소를 특별히 한정한 것으로 볼 여지가 있는 사례에서도 사용자의 전직 처분에 대하여 근로자의 동의를 필요로 하지 않는다고 본 다음과 같은 판례가 있다.

① 근로자가 입사원서의 희망 근무지란에 '서울'이라고 기재한 사실은 인정되지만 이는 근로자의 일방적인 희망을 기재한 것이고 면접과정에서 지방근무에 따르

겠다고 답한 사실이 인정되므로 입사 당시에 근무지를 서울로 하는 근로계약이 체결되었다고 할 수도 없으므로 근로자가 서울지역을 취업장소로 특정하는 근로계약을 체결하였다고 볼 수 없다(대법원 1993.9.14. 92누18825).

② 사용자가 노동위원회의 구제명령에 따라 근로자를 방송본부 뉴스센터의 취재부 기자로 원직복직시킨 다음 행한 방송본부 편성센터 발령에 근로자가 이의를 제기하지 아니하고 3년 8개월 정도 기자가 아닌 다른 업무를 수행한 이상, 근로자는 근로계약에서 정한 근로내용인 기자 업무가 아닌 다른 업무를 담당하는 것에 관해 묵시적으로 동의하였다고 할 것이고, 근로자의 동의가 없다는 이유로 위 전보처분이 무효라고 볼 수 없다(서울행정법원 2013.12.19. 2013구합17268).

③ 근로자들은 최초 입사 당시의 직종이 객실승무직으로 특정되었을 뿐 그 이후 근로계약 및 취업규칙 등에 의하여 직무가 변경될 수 있다는 점에 동의 또는 승낙하고 회사와 근로계약을 체결하였다고 봄이 상당하므로 근로자들의 동의는 이 사건 전직처분의 요건이 아니다(대법원 2013.2.28. 2010다52041).

제3절 기업 간 인사이동

1. 전 출

1) 전출의 의의

전출은 근로자가 원래 고용된 기업에 소속되어 있으면서 휴직, 파견, 장기출장, 사외근무 등의 처분에 따라 근로제공 의무를 면하고 다른 기업의 지휘·감독하에 업무에 종사하는 것을 의미한다.

기업 외부로의 인사이동이지만 전출은 기존 사용자와 근로관계가 유지된다는 점에서 전적과 구별되고, 사용자의 업무에 종사하던 근로자를 제2사용자에게 보내고 복귀도 예정되어 있다는 점에서 처음부터 제2사용자에게 보낼 것을 전제로 하는 근로자 파견과도 다르다.[9)]

---

9) 임종률, 노동법(제20판), 박영사, 2022, p.535.

2) 전출의 유효요건

전출은 근로자의 소속 기업과 전출을 받는 회사 사이의 근로자의 전출에 관한 계약을 전제로 한다. 민법 제657조제1항은 “사용자는 노무자의 동의 없이 그 권리를 제3자에게 양도하지 못한다.”라고 규정하고 있으므로 소속 기업이 근로자에 대한 전출을 명령하기 위해서는 전출에 따라 업무지휘권의 주체가 변경되고 근로조건이 변경된다는 점을 감안하여 기존 근로계약의 변경사항에 대해 근로자의 적법한 동의를 얻어야 한다.[10)]

취업규칙에 전출에 관한 포괄적인 근거 규정이 있다는 것만으로는 전출이 정당화되지 않는다. 그러나 전출에 관해 미리 근로자의 포괄적인 동의를 받은 경우에는 전출시에 따로 근로자의 동의를 받지 않더라도 그 전출은 정당한 것으로 인정되지만, 이 경우 포괄적인 사전동의는 전출할 기업을 특정하고, 그 기업에서 종사할 업무에 관한 사항 등 기본적인 근로조건이 명시되어야 한다.[11)]

3) 전출과 근로관계

전출의 경우 사용자와 전출 근로자 사이의 근로관계는 존속하지만, 전출 근로자는 제2사용자에게 근로를 제공하므로 기존 사용자와의 근로관계는 정지된다. 사용자의 취업규칙 중 근로제공을 전제로 하지 않는 부분은 적용될 것이나, 전출 근로자는 제2사용자의 지휘감독하에 근로를 제공하므로 제2사용자의 근무형태와 복무규율에 따라야 한다.[12)]

10) 김형배·박지순, 노동법강의, p.173.
11) 임종률, 노동법, p.536.
12) 임종률, 노동법, p.537.

2. 전 적

1) 전적의 의의

전적은 근로자의 근로계약 상대방을 변경하여 새로운 사용자의 업무에 종사하도록 하는 인사처분을 말하며,[13] 근로자가 다른 기업으로 적을 옮겨 소속이 완전히 달라진다.

전적의 방식으로는 사용자와의 근로계약을 합의해지하고 제2사용자와 근로계약을 체결하거나 근로계약상의 사용자의 지위를 제2사용자에게 양도하는 방식이 있다.

2) 전적의 유효요건

기업은 근로자와의 근로계약 관계를 떠나서 근로자의 노동력을 일방적으로 처분할 수 없다는 점과 민법 제657조제1항의 규정 취지를 고려하면 전적의 경우에도 근로자의 적법한 동의를 필요로 한다(대법원 2003.10.3. 2003다38597).

근로자의 동의에는 묵시적 동의도 포함되므로 근로자가 사용자의 전출 또는 전적 명령에 이의제기나 거부를 하지 않은 채 상당기간 정상적인 근무를 계속하였다면 묵시적 동의를 한 것으로 볼 수 있다.

법원는 근로자가 자치단체로부터 퇴직금을 수령하고 자치단체 산하 시설공단 소속으로 근로를 제공한 경우는 전적에 해당하고, 근로자가 전적된 이후 업무수행, 급여 수령, 노동조합 결성 등을 한 것을 토대로 전적에 묵시적으로 동의하였다고 본다(대법원 2021.10.14. 2017다204070; 서울행정법원 2007.9.21. 2007구합7642).

근로자가 입사할 때 기업그룹 내부의 인사명령에 대한 포괄적인 사전동의를 할 수도 있는데, 이러한 사전동의가 유효하기 위해서는 사용자는 기업그룹 내의 전출 또는 전적할 기업을 특정하고, 그 기업에서 종사하여야 할 업무에 관한 사항 등 기본적인 근로조건을 명시하여 근로자의 동의를 얻어야 한다(대법원 1993.1.26. 92다11695).

한편, 단체협약 또는 취업규칙에서 근로자를 계열회사에 인사이동 시킬 수 있다는 일반규정을 두고 있거나 근로자를 그룹 차원에서 일괄 채용하는 형식을 밟아 입사 전에 계열회사 간의 인사이동에 대한 설명을 들어서 알고 있다는 사정만으로는

---

13) 임종률, 노동법, p.535.

전출 또는 전적에 관하여 근로자의 포괄적인 사전동의가 있었다고 할 수 없다(대법원 1993.1.26. 92누8200).

이와 달리 기업그룹 내에서 근로자의 동의를 얻지 아니하고 다른 계열기업으로 전적시키는 관행이 있고, 그 관행이 기업 내에서 일반적으로 근로관계를 규율하는 규범적 사실로 명확하게 승인되어 있거나 기업의 구성원이 일반적으로 아무런 이의 없이 받아들여 사실상의 제도로 확립되어 있는 경우에는 근로자의 구체적인 동의가 없어도 전적은 유효하다고 할 것이다(대법원 2006.1.12. 2005두9873).

이와 관련하여 회사가 4년간 81명의 근로자를 근무지 변경을 수반한 계열사로 전적하면서 근로자의 동의를 받은 바는 없으나, 근로자들 사이나 일반인들 사이에서나 같은 조직으로 인식되고 있고, 근로자들의 업무내용이나 근로조건이 전적 전후에 별다른 차이가 없다는 점을 감안할 때 계열사들 사이에 근로자의 동의 없는 계열사 간 전적이 사실상의 제도로서 확립되어 있다고 판단한 사례가 있다(대법원 2012.9.27. 2012두12815).

3) 전적과 근로관계

전적이 정당하게 이루어진 경우 기존 사용자와의 근로관계는 종료되고, 제2사용자와의 근로관계가 시작된다. 따라서 제2사용자가 근로기준법 등 노동관계법상의 사용자로서 책임을 진다.[14)]

전적은 종전 기업과의 근로관계를 합의해지하고 이적하게 될 기업 간에 새로운 근로계약을 체결하는 것이므로, 유효한 전적이 이루어진 경우 당사자 사이에 종전 기업과의 근로관계를 승계하기로 하는 특약이 있거나 이적하게 될 기업의 취업규칙 등에 종전 기업에서의 근속기간을 통산하도록 하는 규정이 있는 등의 특별한 사정이 없는 한 당해 근로자의 종전 기업과의 근로관계는 단절되고, 이적하게 될 기업이 당해 근로자의 종전 기업과의 근로관계를 승계하는 것은 아니다(대법원 2000.12.22. 99다21806).

---

14) 임종률, 노동법, p.538.

제4절 대기발령과 직위해제

1. 대기발령과 직위해제의 의의

(1) 대기발령의 의의

1) 대기발령의 개념과 유형

대기발령은 근로자가 현재의 직위 또는 직무를 장래에 계속 담당하게 되면 업무상 장애 등이 예상되는 경우에 이를 예방하기 위하여 일시적으로 당해 근로자에게 직위를 부여하지 아니함으로써 직무에 종사하지 못하도록 하는 잠정적인 조치를 의미하므로, 근로기준법 제23조제1항에서 정한 '휴직'에 해당한다(대법원 2013.10.11. 2012다12870).

대기발령에는 ① 회사의 경영상 사정에 의해 일정기간 보직을 부여하지 못하거나 적절한 인력배치를 위한 전보대기, ② 근로자의 귀책사유로 인해 일정기간 근로를 시키지 않는 징계성 대기, ③ 기타 조직개편 등으로 직무부여가 곤란한 경우 등의 대기발령이 있다.[15)]

이러한 대기발령은 과거 근로자의 비위행위에 대하여 기업질서 유지를 목적으로 행하여지는 징벌적 제재인 징계와는 성격이 다르므로 대기발령의 정당성은 당해 대기발령 사유의 존재 여부, 절차규정의 위반 여부 및 그 정도에 의하여 판단된다(대법원 2011.10.13. 2009다86246).

2) 대기발령의 법적 성격

① 인사권의 행사로서 대기발령

기업에서 근로자를 계속적으로 직무에 종사시키는 것이 불가능하거나 적절하지 아니한 경우 또는 어느 사업에 과잉인원 발생으로 이를 조정할 목적으로 인사고과 등에 의해 근로자에 대해 대기발령을 명하는 경우가 있다.

---

15) 최영우, 개별 노동법 실무(제12판), 중앙경제, 2023, p.1335.

대기발령이 취업규칙 등에 징계처분으로 규정되어 있지 않다면 기업이 그 활동을 계속적으로 유지하기 위하여 노동력을 재배치하거나 그 수급을 조절하는 것이 필요 불가결하므로 대기발령이 근로자에게 불이익한 처분이라도 이는 원칙적으로 인사권자인 사용자의 고유권한에 속하는 인사명령의 범주에 속하는 것이라고 보아야 하고, 인사명령에 대하여는 업무상 필요한 범위 안에서 사용자에게 상당한 재량을 인정하여야 한다. 따라서 위와 같은 처분은 그것이 근로기준법에 위반되거나 권리남용에 해당하는 등의 특별한 사정이 없는 한, 단지 징계절차를 거치지 아니하였다는 사정만으로 위법하다고 할 수는 없다(대법원 2018.12.27. 2016두51443).

또한, 사용자가 자신의 귀책사유에 해당하는 경영상의 필요에 따라 개별 근로자들에 대하여 대기발령을 하였다면 이는 근로기준법 제46조제1항에서 정한 휴업을 실시한 경우에 해당하므로 사용자는 그 근로자들에게 휴업수당을 지급할 의무가 있다(대법원 2013.10.11. 2012다12870).

② 징벌 성격의 대기발령

취업규칙 등에서 대기발령을 징계처분의 유형으로 규정하는 한편, 그 사유와 절차를 정하고 있는 경우와 근로자의 근무수행 능력부족, 사업장의 질서위반 또는 사고발생으로 인해 대기발령을 한 경우 징벌의 성격을 가진 것으로 볼 수 있다.[16] 그 경우 대기발령의 사유, 절차 등의 정당성을 판단할 때는 징계사유 및 징계절차의 정당성을 따져야 한다(대법원 2013.5.9. 2012다64833).

3) 대기발령 이후의 징계

출근을 하지 않는 대기발령 시에 임금 등 근로조건의 저하가 없을 경우 그 자체로 징계로 보기 어려우므로 대기발령 이후 이어지는 전보명령, 경영상 해고 또는 당연퇴직 등에 대해 정당성을 판단해야 한다.[17]

---

16) 박수근, “직위해제의 노동법상 쟁점과 해석”, 노동법학 26호, 2008.6., p.393.
17) 하갑래, 근로기준법(제35판), 중앙경제, 2022, p.882.

인사조치로서의 대기발령 후 다시 징계해고를 하였다 하여 징계해고가 이중징계에 해당하는 것은 아니고 징계를 받은 후 다시 대기발령 하였다 하더라도 그것이 일사부재리나 이중처벌금지의 원칙에 저촉되는 것은 아니다.

동일한 취지에서 어느 사유로 징계를 받았다 하더라도 그것이 직위해제 사유로 평가될 수 있다면 이를 이유로 새로이 직위해제를 할 수도 있는 것이고, 이는 일사부재리나 이중처벌금지의 원칙에 저촉되는 것이 아니다(대법원 1992.7.28. 91다30729).

(2) 직위해제의 의의와 대기발령과의 관계

1) 직위해제의 개념과 성격

직위해제는 근로자가 직무수행 능력이 부족하거나 근무성적 또는 근무태도 등이 불량한 경우, 근로자에 대한 징계절차가 진행 중인 경우, 근로자가 형사사건으로 기소된 경우 등에 있어서 당해 근로자가 장래에 있어서 계속 직무를 담당하게 될 경우 예상되는 업무상의 장애 등을 예방하기 위하여 일시적으로 당해 근로자에게 직위를 부여하지 아니함으로써 직무에 종사하지 못하도록 하는 잠정적인 조치로서의 보직의 해제를 의미한다(대법원 2004.10.28. 2003두6665).

이는 근로자의 과거의 비위행위에 대하여 기업질서 유지를 목적으로 행하여지는 징벌적 제재로서의 징계와는 그 성질이 다르므로, 근로자에 대한 직위해제 처분의 정당성은 근로자에게 당해 직위해제 사유가 존재하는지 여부나 직위해제에 관한 절차규정을 위반한 것이 당해 직위해제 처분을 무효로 할 만한 것이냐에 의하여 판단하게 된다(대법원 2005.11.25. 2003두8210).

2) 직위해제와 대기발령과의 관계

직위해제와 대기발령은 근로계약이 유지되는 가운데 일시적으로 업무의 전부 또는 일부로부터 근로자를 격리하는 조치로서 사업장의 규정에 따라 내용과 성격을 달리한다.

직위해제는 직위를 박탈하여 직무수행을 못하게 하는 것이 그 본질적인 내용이지만 대기발령은 반드시 직위의 박탈을 전제로 하는 것은 아니나 근무태도 등이 불량한 근로자에게 일정기간 동안 보직을 부여하지 않고 대기시키는 인사발령으로 기능면에서 양자는 유사하다.[18]

직위해제는 국가공무원법, 지방공무원법과 사립학교법 및 공무원에 관한 규정을 준용하고 있는 공공기관의 취업규칙 등에 근거 규정을 두고 있고, 일반 회사에서도 취업규칙 등에 대기발령에 관한 근거 규정을 두는 경우가 있다.

그러나 인사실무상 양자가 일체로 행하여지는 경우가 많고 개념상 혼용되어 사용되기도 하며 실제로 법원에서도 이를 엄격하게 구별하여 사용하고 있지도 아니하다. 양자의 개념을 구분하더라도 직위해제가 대기발령에 선행하는 경우가 있다는 정도의 의미가 있을 뿐 구별의 실익이 없어 이하에서는 양자를 일체로서 취급하기로 한다.[19]

〈도표 8-2〉 대기발령(직위해제)과 징계의 비교

구 분	대기발령(직위해제)	징 계
의 의	현재의 직위나 직무를 계속 담당하게 되면 업무상 장애 등이 예상되는 경우에 일시적으로 근로자에게 직위를 부여하지 아니하여 직무에 종사하지 못하게 하는 잠정적인 조치	근로자의 과거의 비위행위에 대하여 기업질서 유지를 목적으로 행하여지는 징벌적 제재
목 적	인사상의 필요	기업질서 유지
성 질	일시적·잠정적 조치	확정적·종국적 조치
불이익 처분의 본질	불이익은 부수적 효과로서 발생	불이익 부과가 본질적 목적
절 차	원칙적으로 인사명령, 징계의 일종으로 규정된 경우 관련 징계절차에 따름	징계절차 규정이 있으면 그에 따름

자료: 박수근, "직위해제의 노동법상 쟁점과 해석", 노동법학 26호, 2008.6, p.230.

---

18) 박수근, "직위해제의 노동법상 쟁점과 해석", pp.389~415.

19) 김성진, "대기발령의 법적성질과 정당성", 노동법학 26호, 2008.6., pp.229~372.

2. 대기발령의 구제이익 판단

1) 불이익이 없는 대기발령

법률상 또는 인사상 불이익이 없는 대기발령은 근로기준법 제23조제1항에 해당할 여지가 없어 노동위원회에서 근로자의 구제신청을 각하하는 것이 이론상으로는 타당하다.

그러나 노동위원회 규칙을 개정(2021.10.7.)하여 당사자적격이 없는 경우, 구제신청의 내용이 노동위원회의 구제명령 대상이 아닌 경우, 신청하는 구제의 내용이 신청의 이익이 없음이 명백한 경우가 각하의 대상에서 제외되었고(60조), 실무상 대기발령이 정당한 인사권의 범위 내에 속하는지 여부는 업무상 필요성, 생활상 불이익, 신의칙상 협의가 있었는지 여부를 검토하여 대개 출·퇴근상의 불이익, 임금의 감소 등 생활상 불이익이 없으면 구제신청을 기각하고 있다.

2) 사용자의 대기발령 처분 해제

대기발령 이후 대기발령 처분이 해제되어 다시 직위를 부여받았다면 원칙적으로 부당 대기발령 구제신청의 이익이 존재하지 않으나 대기발령 처분이 실효되더라도 대기발령에 기하여 이미 발생한 효과까지 소급하여 소멸하는 것은 아니므로 기왕의 대기발령으로 인해 승진·승급에 제한이 가해지는 등의 특별한 사정이 있는 경우라면 구제이익을 인정한다(대법원 2010.7.29. 2007두18406).

사용자의 대기발령 처분 해제가 있었더라도 이미 발생한 승진·승급의 제한 등으로 인한 경제적 불이익이 있을 경우 대법원 전원합의체 판결(2020.2.20. 2019두52386), 근로기준법 제30조4항 신설과 노동위원회 규칙 제60조 개정의 취지에 비추어 판단할 때 구제이익을 인정하는 방향이 옳다.

3) 해고 등에 선행하는 대기발령 처분의 구제이익

근로자를 대기발령한 후 그 대기발령 사유와 동일한 사유를 이유로 징계처분을 하였다면 뒤에 이루어진 징계처분에 의하여 그 전에 있었던 대기발령 처분은 효력을 상실한다(대법원 2010.7.29. 2007두18406).

대기발령 처분이 효력을 상실한다는 것은 대기발령 처분이 소급적으로 소멸하여 처음부터 대기발령 처분이 없었던 것과 같은 상태로 되는 것이 아니라 사후적으로 그 효력이 소멸한다는 의미이므로 인사규정 등에서 대기발령 처분에 따른 효과로 승진·승급에 제한을 가하는 등의 법률상 불이익을 규정하고 있는 경우에는 여전히 구제이익이 인정된다(대법원 2007.12.28. 2006다33999).

직위해제 처분 후 새로운 사유를 들어 다시 직위해제 처분을 하였다면 그 이전에 한 직위해제 처분은 이를 묵시적으로 철회하였다고 봄이 상당하므로, 그 이전 처분의 취소를 구하는 부분은 존재하지 않는 행정처분을 대상으로 한 것으로서 소의 이익이 없어 부적법하다(대법원 2003.10.10. 2003두5945).

대기발령 사유와 다른 사유로 징계처분을 하는 경우는 뒤에 이루어진 징계처분에 의해 앞선 대기발령 처분이 실효되는 것이 아니므로 부당대기발령과 부당징계에 대한 각각의 구제신청을 별도로 제기할 수 있다.[20)]

또한, 정직처분에 연이어 대기발령을 하였다고 하여 이를 이중처벌금시 원칙에 위반한 것으로 볼 수 없다(대법원 2014.1.23. 2013두22246).

3. 대기발령의 정당성

(1) 실체적 정당성

1) 대기발령 사유의 존재

대기발령을 포함한 인사명령은 원칙적으로 인사권자인 사용자의 고유권한에 속하므로 업무상 필요한 범위 안에서 상당한 재량을 인정하여야 하며 이것이 근로기준법 등에 위반되거나 권리남용에 해당하는 등의 특별한 사정이 없는 한 위법하다고 할 수 없다(대법원 2007.5.31. 2007두1460). 그러나 대기발령 사유의 존재에 대한 입증책임은 사용자에게 있다.

---

20) 도재형, "해고에 선행하는 직위해제처분의 구제이익", 노동법학 제35호, 한국노동법학회, 2010.9., pp.399~402.

인사규정에 대기발령 사유가 한정되어 있는 경우 그 이외의 사유를 대기발령의 사유로 삼을 수 없고(대법원 2015.10.29. 2015두49016), 사용자가 규정에 의하여 직원을 대기발령하였다면 그 대기발령의 당부는 당해 처분에서 대기발령 사유로 삼은 사유에 의하여 판단하여야 하고, 이와는 전혀 별개의 사유까지를 포함하여 위 대기발령 처분의 당부를 판단할 수는 없다(대법원 2000.6.23. 98다54960).

대기발령의 구체적인 사유에는 근로자의 행위로 인한 것과 업무수행의 부적합, 정당한 인사권 행사인 전보명령에의 불응(서울행정법원 2004.7.5. 2004구합37017), 특정 사업의 과잉인원으로 이를 조정할 필요성의 존재 등이 있다.

법원도 근로자의 폭언·명예훼손 행위, 근무시간 중 선동하여 근무지 이탈, 착오로 법인에 재산상 손해 야기, 수입 및 지출의 투명성 미확보, 인장의 임의 사용을 이유로 한 직위해제 및 대기발령 처분에서 그 사유의 정당성을 인정한다(대법원 2005.11.25. 2003두8210).

또한, 규정위반 대출로 인하여 부실채권이 발생하는 등 회사에 실질적 손해가 발생하였고, 추가적인 규정 위반 대출 내지 손해의 발생을 사전에 막을 업무상 필요성이 있는 경우 대기발령 처분의 정당성을 인정한다(대법원 2011.7.28. 2009두2665).

2) 대기발령의 정당성 판단

대기발령의 사유 또는 업무상의 필요성이 인정된다 하더라도 근로기준법 등에 위반하거나 권리남용에 해당하는 등의 특별한 사정이 없어야 하고, 대기발령이 사용자의 정당한 인사권의 범위 내에 속하는지 여부는 인사명령의 업무상의 필요성과 그에 따른 근로자의 생활상의 불이익과 비교·교량하고 근로자 본인과의 협의 등 그 처분을 하는 과정에서 신의칙상 요구되는 절차를 거쳤는지 여부를 종합적으로 고려하여 결정하여야 한다(대법원 2013.5.9. 2012다64833).

사안에 따라서는 대기발령에 따른 근로자의 생활상 불이익과의 비교·교량 없이 대기발령 사유의 존부만으로 곧바로 대기발령의 정당성을 판단하는 경우도 있는바, 인사규정에 대기발령 사유로 규정된 것에 부합하는 경우, 예를 들어 근로자에 대한 인사고과 결과와 업무실적, 출결현황, 상급자 또는 동료 근로자들의 평가 등을 종합한 결과 근로자의 직무수행 능력이 현저히 부족하다고 판단하여 대기발령을 한 경우 대기발령 사유가 존재하는 것으로 바로 그 정당성을 인정하고 있다(대법원 2002.7.26. 2000두9113).

그러나 대기발령 사유인 과거 비위행위에 대한 추가적인 사고와 손해발생 방지를 위한 시정조치가 완료된 반면, 급여가 40~45% 감소하고 승급 및 승진이 제한되는 등 생활상 불이익이 큰 경우 기간을 정하거나 어떠한 협의절차를 거친 바도 없고, 구체적인 처분사유도 전혀 밝히지 아니한 채 직위해제 및 대기발령 처분을 한 것은 인사재량권을 일탈·남용한 위법한 것이라고 본다(대법원 2012.6.14. 2012두6780).

또한, 대기발령의 취지상 원직 복직이나 무기정직보다 낮은 징계절차를 밟아야 하나 후속조치를 밟지 않고 규정에 반하여 장기간 대기발령한 것도 효력이 없다고 판단한다(대법원 2012.9.27. 2010다99279).

3) 대기발령의 기간

대기발령 사유가 인정되고 재량권 범위 내에서 행하여진 대기발령이라 하더라도 근로자가 상당한 기간에 걸쳐 근로를 제공할 수 없다거나 근로를 제공함이 매우 부적당한 경우가 아닌데도 부당하게 장기간 대기발령을 하는 경우는 정당성이 부정된다.

판례는 대기발령 기간의 합리성에 대한 평가에 있어 ① 당해 대기발령 규정의 목적과 그 실제 기능, ② 대기발령 유지의 합리성 여부, ③ 그로 인하여 근로자가 받게 될 신분상·경제상의 불이익 등 구체적인 사정을 모두 참작하고 있다(대법원 2013.5.9. 2012다64833).

법원은 구조조정 과정에서 발생한 잉여인원에 대해 2000년 12월에 행해진 대기발령 처분이 자산매매 및 고용승계가 이루어진 2002년 10월 이후에도 상당기간 지속된 경우 최초 대기발령을 행할 필요성은 인정될 수 있으나 고용승계가 이루어진 이후에도 당해 대기발령 조치를 유지한 것은 합리적 필요성이 인정되지 아니하므로 무효인 것으로 본다(대법원 2007.2.23. 2005다3991).

(2) 절차적 정당성

법원은 사용자가 대기발령 시 '근로자와의 협의'를 신의칙상 요구되는 절차 중 하나로 판시하고 있으나 그러한 절차를 거치지 아니하였다는 사정만으로 대기발령이 권리남용에 해당되어 당연히 무효가 되는 것은 아니다(대법원 2005.2.18. 2003다63029).

4. 대기발령과 임금 지급

사용자가 자신의 귀책사유에 해당하는 경영상의 필요에 따라 개별 근로자들에 대하여 대기발령을 하였다면 이는 근로기준법 제46조제1항에서 정한 휴업을 실시한 경우에 해당하므로 사용자는 그 근로자들에게 휴업수당(평균임금의 100분의 70 이상)을 지급할 의무가 있다(대법원 2013.10.11. 2012다12870).[21)]

근로기준법 제46조제1항의 '휴업'에는 개개의 근로자가 근로계약에 따라 근로를 제공할 의사가 있는데도 그 의사에 반하여 노무제공이 거부되거나 불가능하게 된 경우도 포함되므로, 이는 '휴직'을 포함하는 광의의 개념이다.

사유와 책임성 면에서 근로자에게 주로 책임 있는 사유에 기해 인사권 행사로 대기발령이 내려진 경우 임금 지급 여부는 대기발령 시의 조건, 취업규칙, 단체협약, 노동관행을 검토하여 판단할 것이나 징계가 아니므로 감급제한(근로기준법 제95조)은 적용되지 않는다.

21) 손향미, "업무경영상 행해지는 대기발령의 법적 성격과 처우", 노동판례리뷰, 노동법학 제49호, 2014.3., pp.368~372.

제5절 직권면직

1. 직권면직의 의의

직권면직은 취업규칙, 단체협약 등에 정한 사유, 즉 근무수행 능력 부족이나 근무성적 불량, 폐직 또는 과원 발생, 유죄판결의 선고, 근로자의 파산, 성년후견의 개시, 노동능력의 상실 등이 발생했을 때 사용자가 일방적으로 근로자와의 근로관계를 해지하는 것을 말한다.[22)]

직권면직은 국가공무원법, 지방공무원법 및 사립학교법에 규정된 신분상의 불이익이나 공사, 공단, 재단(사단)법인 등의 사업장에서도 근로자의 근무태도 불량이나 비위행위 등에 대하여 이루어지는 경우가 종종 있다. 또한, 대기발령이나 직위해제 이후에 직권면직 처분이 이루어지는 경우도 발생한다.

취업규칙 등에 채용결격 사유를 당연퇴직 사유로 규정하고 있는 경우 이를 해고의 제한을 받지 않는 근로관계의 자동소멸 사유로 볼 것인지, 아니면 근로기준법상의 제한을 받는 해고로 볼 것인지가 문제된다.

사용자가 채용결격 사유를 규정하고 채용 이후 이에 해당하면 당연퇴직을 하는 경우 당연퇴직 사유를 정한 것이 사회통념상 상당성을 인정하기 어렵다는 등의 특별한 사정이 없는 한 위 규정들의 취지는 존중되어야 하므로(대법원 2005.6.10. 2004두10548), 그에 따라 처분의 정당성을 판단하되 임용자격 기준 위반이 당연퇴직 사유로 규정되지 않은 경우에 이를 이유로 행한 당연퇴직 처분은 무효이다(대법원 2013.3.14. 2012두26579).

즉, 입사 후 채용결격 사유가 발견되었을 때의 당연퇴직 처분, 유죄판결을 이유로 당연퇴직 처분을 하는 것 모두가 근로기준법상의 제한을 받는 해고에 해당한다.

---

22) 직권면직은 사용자에 의한 일방적인 근로관계의 종료로서 '제11장 해고' 부분에서 다루어질 수 있으나, 실무상 대기발령이나 직위해제 이후에 이루어지는 경우 직권면직 처분의 정당성 관련 논란이 빈번하게 발생하므로 이번 장에서 설명하기로 한다.

참고 국가·지방공무원법과 사립학교법상 직권면직 사유

국가·지방공무원법상 직권면직은 근무성적 불량, 근무수행 능력 부족, 자격증 상실, 면허취소, 적격심사 탈락, 휴직기간 만료 후 업무 미복귀, 징병·입영 등 기피, 휴직 중 군무 이탈, 폐직 또는 과원 등 사유가 있는 경우 본인의 의사와는 관계없이 임용권자가 일방적인 의사에 의하여 공무원의 신분을 박탈하는 단독행위이다.

사립학교법상 면직사유는 신체 또는 정신상의 장애로 1년 이상 직무를 감당하지 못할 만한 지장이 있을 때, 근무성적이 극히 불량한 때, 정부를 파괴함을 목적으로 하는 단체에 가입하고 이를 방조한 때, 정치운동을 하거나 집단적으로 수업을 거부하거나 또는 어느 정당을 지지 또는 반대하기 위하여 학생을 지도·선동한 때, 인사기록에 있어서 부정한 채점·기재를 하거나 허위의 증명이나 진술을 한 때이다.

근로관계를 일방적으로 종료시키는 사유가 ① 징계의 한 종류로 규정된 경우, ② 징계사유와 별도로 규정된 경우, ③ 징계의 한 종류로 규정하면서도 별도의 규정을 따로 두는 경우 등 다양한 형태로 규정 되어 있고, 각각의 법률적 취급에 다소 차이가 있다.

취업규칙 등에 징계해고와 구별하여 직권면직·당연퇴직의 규정을 두고 이를 근거로 근로관계를 일방적으로 종료하는 경우 그 정당성을 둘러싼 법적 다툼이 발생하고 있다.

법원은 사용자가 어떤 사유의 발생을 당연퇴직 또는 면직사유로 규정하고 그 절차를 통상의 해고나 징계해고와 달리한 경우에 그 당연퇴직 사유가 근로자의 사망이나 정년, 근로계약 기간의 만료 등 근로관계의 자동소멸사유로 보이는 경우를 제외하고는 당연퇴직 처분은 근로기준법 제23조의 제한을 받는 해고로 본다(대법원 2009.2.12. 2007다62840).

따라서 직권면직(당연퇴직)의 경우도 근로기준법 제23조제1항에 따라 정당한 이유에 의한 제한을 받는다. 직권면직이 해고에 해당하는 경우의 직권면직 사유에 대해서는 제11장의 해고사유를 참고하면 된다.

핵심 판례 **대기발령과 직권면직**

인사규정에 의하여 행하여진 대기발령과 이에 이은 직권면직은 이를 일체로서 관찰할 때 근로자의 의사에 반하여 사용자의 일방적 의사에 따라 근로계약관계를 종료시키는 것으로서 실질상 해고에 해당하므로, 그 처분에 있어 근로기준법에 의한 제한을 받는다.

따라서 이러한 직권면직은 그 바탕이 된 대기발령이 인사규정에 의하여 정당하게 이루어진 것일 뿐 아니라 대기발령 후 3개월 동안 그 대기발령의 사유도 소멸되지 않아야 정당한 처분으로서 효력이 인정되고, 대기발령 자체가 그 사유의 부존재로 정당성이 없는 것이라면 이로써 직권면직 역시 정당성을 결여하여 무효라고 보아야 한다(대법원 2007.9.21. 2006다25240).

한편, 직권면직에 대하여 일반의 징계해고와 달리 아무런 절차 규정이 없는 경우에는 직권면직 사유가 동일하게 징계사유로도 규정되어 있는 경우를 제외하고는 사용자가 직권면직 처분을 할 때 일반의 징계절차를 거칠 필요가 없다(대법원 2008.9.25. 2006두18423).

따라서 직권면직 처분의 경우 본인 소명의 기회 없이 징계해고와 동일한 효과로 연결될 가능성이 높아서 손쉽게 근로관계를 종료하기 위한 방법으로 오·남용될 소지가 있다.

2. 직권면직과 당연퇴직

직권면직과 유사하나 구별되어야 할 개념으로 당연퇴직(면직)이 있다.[23]

당연퇴직 사유로 사망, 정년, 근로계약 기간 만료, 유죄판결 선고, 휴직 후 복직원 미제출, 채용 결격 사유 등이 존재하는 경우 사용자에 의한 별도의 조치 없이 근로관계가 자동으로 종료되는 것으로 통상 규정되어 있다.

23) 조성혜, "공기업 근로자에 대한 직위해제와 직권면직의 문제-징계 및 징계해고와의 관계를 중심으로-", 노동법학 제23호, 2006.12., 한국노동법학회, pp.303~333.

이와 같이 당연퇴직의 사유에는 사망, 정년, 근로계약 기간 만료 등 자동소멸 사유까지 포함되고 사용자의 적극적 행위에 의한 불이익 조치가 없어도 근로관계가 종료되는 것으로 되어 있는 점에서 직권면직과 구별된다.

다만 사용자가 취업규칙 등에 어떤 사유의 발생을 당연퇴직 또는 면직사유로 규정하고 그 절차를 통상의 해고나 징계해고와 달리하였는데 그 당연퇴직 사유가 근로자의 사망이나 정년, 근로계약 기간의 만료 등 근로관계의 자동소멸 사유로 보이는 경우, 위와 같은 당연퇴직 사유를 규정한 취업규칙이 유효한 이상 그러한 사유의 발생만으로 그 사유발생일 또는 소정의 일자에 당연히 근로관계가 종료한다.

정년 등과 같은 근로관계의 자동소멸사유로 인한 퇴직처리는 법률상 당연히 발생한 퇴직의 사유 및 시기를 공적으로 확인하여 알려주는 관념의 통지에 불과할 뿐 근로자의 신분을 상실시키는 해고처분과 같은 새로운 형성적 행위가 아니다(대법원 2008.2.29. 2007다85997).

본 장에서는 해고에 해당하지 않는 근로관계의 자동소멸 사유를 원인으로 한 당연퇴직은 제외(제12장 해고 이외의 근로관계 종료 참조)하고, 해고에 해당하는 직권면직(당연퇴직)만을 설명하기로 한다.

3. 직권면직에 대한 제한

1) 정당한 사유의 존재

해고에 해당하는 직권면직은 근로기준법 제23조에 따라 정당한 사유가 있어야 한다. 정당한 사유의 판단에 있어서는 직권면직이 징계와 별도로 규정되어 있는 경우 면직사유에 해당하는지의 결정에 있어 그 재량을 남용, 일탈하였는지가 대상이 되고 직권면직이 징계의 한 종류로 규정되어 있는 경우 직권면직과 다른 종류의 징계간의 선택재량의 문제가 있으므로 징계양정을 여전히 판단하여야 한다.

정당한 사유는 사회통념상 고용관계를 계속할 수 없을 정도로 근로자에게 책임있는 사유가 있는 경우를 뜻하는데, 직권면직 사유가 근로계약 관계를 계속 유지할 수 없는 사유인지 및 근로자를 직권면직 시키는 것이 형평성과 비례의 원칙의 관점에서 사회적 타당성이 있는지 등이 정당성 여부 판단을 위해 고려되어야 한다.

법원도 '비록 정관 등에 규정된 당연퇴직 사유에 의한 퇴직처리도 근로기준법의 제한을 받는 해고에 해당한다고 하더라도 그 정당성의 판단에 있어서는 이와 같은 당연퇴직 사유를 정한 것이 사회통념상 상당성을 인정하기 어렵다는 등의 특별한 사정이 없는 한 위 규정들의 취지는 존중되어야 할 것이다'(대법원 2005.6.10. 2004두10548)는 입장이다.

이는 사용자가 채용조건으로 일정 수준 이상의 학위 소지자일 것을 요구하여 근로자가 이와 관련하여 학위 논문을 제출한 경우 그 학위 논문에 표절 등 연구부정 행위의 하자가 있음을 이유로 해고(면직)하는 때도 마찬가지이다.

핵심 판례 **직권면직 사유의 정당성**

연구원의 채용조건으로 해당 분야의 박사학위 소지자일 것을 요구하고 박사학위 논문을 제출하도록 하는 것은 해당 분야의 연구능력 및 전문지식과 함께 연구원으로서의 진정성과 정직성, 연구 환경에 대한 적응성 등을 판단하기 위한 자료를 확보하고, 상호 간 신뢰관계의 형성과 안정적인 연구 환경의 유지 등을 도모하고자 하는 데에도 목적이 있어, 이는 고용계약의 체결뿐 아니라 고용관계의 유지에서도 중요한 고려요소가 된다.

따라서 인사관리규정에서 채용 당시 제출한 박사학위 논문에 부정 또는 하자가 있는 때를 해고(면직)사유로 특히 명시하고 있는 경우, 이를 이유로 해고하는 것은 채용 당시 및 그 이후의 사정에 비추어 보더라도 사회통념상 현저히 부당하지 아니하다면 그 정당성이 인정된다(대법원 2016.10.27. 2015다5170).

2) 판단상의 제한

사용자가 직원의 직권면직 사유에 관하여 정하고 있는 인사규정에 의하여 직원을 면직처분하였다면 그 면직처분의 당부는 당해 처분에서 면직사유로 삼은 사유에 의하여 판단하여야 하고 이와는 전혀 별개의 사유까지를 포함하여 면직처분의 당부를 판단할 수는 없다(대법원 2000.6.23. 98다54960).

3) 서면통지

직권면직(당연퇴직 처분)이 성질상 해고에 해당하는 경우 근로기준법 제27조에 따라 서면에 의해 근로관계를 종료시킨다는 사용자의 의사표시가 있어야 하고 그 의사표시가 근로자에게 도달하여야 효력이 발생한다(대법원 1998.12.8. 98다31172).

4. 직권면직과 징계규정

사용자는 직권면직에 관해 취업규칙 등에 절차규정을 두고 있으면 그에 따라야 하고 그러하지 아니한 경우 일정한 절차 없이 직권면직을 시킬 수 있다.

취업규칙 등에 면직처분과 징계처분이 따로 규정되어 있으면서도 면직처분에 관하여는 일반의 징계처분과 달리 아무런 절차규정도 두고 있지 아니하고 그 면직사유가 동일하게 징계사유로 규정되어 있는 것도 아니라면, 사용자가 면직처분을 함에 있어 일반의 징계절차를 거쳐야 한다고 할 수 없고, 이는 면직사유가 실질적으로 징계사유로 보여지는 경우에도 동일하게 해석된다(대법원 2000.6.23. 99두4235).

직권면직의 경우 징계시효 기간이 없고, 소정의 직권면직 사유에 해당하면 사회통념상 근로관계를 계속할 수 없는 사유에 해당하는지 여부만 판단하면 되기 때문에 사용자에게 보다 많은 재량권이 주어진다.

법원은 인사규정상의 직권면직 사유 중 '근무수행 능력이 현저하게 부족한 경우'라 함은 정신적·육체적으로 직무를 적절하게 처리할 수 있는 능력이 현저히 부족한 경우만을 의미하고 징계사유에 지나지 아니하는 명령위반, 직무상 의무위반, 직무태만 등은 이에 해당하지 않는다고 봄이 상당하므로, 사고의 원인이 된 근로자의 직무태만을 가리켜 근무수행 능력이 현저하게 부족한 경우라고 볼 수 없다(대법원 1993.9.28. 93다22524)고 하여 징계와 직권면직을 엄격히 구분하고 있다.

따라서 근무시간 중 수시로 낮잠을 잔 경우 이는 사무 처리상의 과오나 직무태만 행위와 같은 징계사유에는 해당할 수 있으나 직무수행 능력이 현저히 부족하거나 근무태도가 극히 불량할 때의 직권면직 사유로는 볼 수 없다.

이상과 같이 직권면직은 근로자의 의무위반 또는 비위행위와 무관한 사유가 주를 이루고, 징계해고는 대부분 의무위반 또는 비위행위와 관련되어 있다. 그러나 현실에서는 의무위반 행위가 취업규칙 등에서 정한 바에 따라 직권면직 사유로 되기도 하고 징계사유로도 된다.

따라서 기업에서 직권면직을 징계와 별도로 규정하면서 절차규정을 두지 않는 경우 소명의 기회가 부여되지 아니하는 점에서 직권면직이 징계보다 더 가혹한 결과를 초래할 수 있다.[24]

5. 대기발령 이후의 직권면직

인사규정에 의하여 행하여진 대기발령과 이에 이은 직권면직을 일체로 볼 경우 근로자의 의사에 반하여 사용자의 일방적 의사에 따라 근로계약관계를 종료시키는 것으로서 실질상 해고에 해당하므로, 그 처분에 있어 근로기준법에 의한 제한을 받는다.

따라서 대기발령(직위해제)에 이은 직권면직 처분을 할 경우, 대기발령 사유의 존재, 사회통념상 합리성이 있는 범위 내의 대기발령 기간 설정여부와 그 기간 동안 근로자의 근무태도, 개선 노력 및 사용자의 경영여건 등을 종합하여 처분의 정당성 여부를 결정하게 된다.

(1) 정당성을 인정한 판례

대기발령에 이은 직권면직이 정당하려면 선행된 대기발령이 정당하고, 대기발령 기간 중 능력향상이나 개전의 정이 없거나, 대기발령 기간 동안 대기발령 사유가 소멸하였음에도 사용자가 합리적 이유 없이 직위를 부여하지 않고 직권면직한 경우가 아니어야 한다.

① 대기발령 또는 직위해제 처분이 정당하고 그 대기발령 또는 직위해제 처분 당시에 이미 근로자에게 사회통념상 근로관계를 지속시킬 수 없을 정도로 귀책사유

24) 조성혜, "공기업 근로자에 대한 직위해제와 직권면직의 문제-징계 및 징계해고와의 관계를 중심으로-", pp.303~333.

가 있어 해고의 요건이 존재하는 경우에는 대기발령 또는 직위해제 처분 후 직무수행 능력의 회복이나 근무태도 개선 등 직위해제 사유가 소멸되어 마땅히 직위를 부여하여야 할 사정이 있음에도 합리적인 이유 없이 직위를 부여하지 아니하는 등의 경우가 아닌 한 대기발령 또는 직위해제 처분에 이은 당연퇴직 또는 면직처리 그 자체가 인사권 내지 징계권의 남용에 해당한다고 볼 수 없다(대법원 2002.7.26. 2000두9113).

② 단체협약 등에 '직무수행 능력이 부족하거나 근무성적이 극히 불량한 자 또는 직원으로서 근무태도가 심히 불성실한 자'등의 경우 직위해제를 명할 수 있고, 직위해제 처분을 받은 자가 그 기간 중 능력의 향상 또는 개전의 정이 없다고 인정되는 경우에는 징계위원회의 동의를 얻어 면직할 수 있다는 규정을 두고 있는 경우, 정당하게 직위해제 처분이 이루어진 다음 그 기간 중 능력의 향상 또는 개전의 정이 없음을 이유로 사용자가 면직처분을 하는 것은 정당하다(대법원 2005.11.25. 2003두8210).

③ 직권면직 사유로 '기구 개편 또는 정원의 감축으로 담당직무가 없어진 날로부터 6월 이내에 보직을 받지 못하는 때'를 정하고 있는 사용자가 실질적인 정리해고의 일환으로 담당 직무가 없어진 근로자에 대해 봉급 등의 수령기회 확대와 전직대책 마련 등을 위한 배려 차원에서 인력 감축의 최종시기까지 기다려서 한 직권면직 처분이 객관적 합리성과 사회적 상당성을 지닌 것으로 정당하다(대법원 2002.7.12. 2002다21233).

④ 대기발령이 근로기준법 등에 위반되거나 권리남용에 해당하여 위법하다고 단정할 수 없고, 근로자가 대기발령 연장기간 중에 한 무단결근 및 시위행위가 대기발령의 부당함을 항의하려는 취지에서 행해진 것이 아닌 사안에서 노동조합 조합원들을 상대로 한 조합탈퇴 권유 활동, 사원교육 불참과 회사임원의 중요업무 하달을 이유로 한 호출에 불응한 사유로 면직처분을 한 것은 정당하다(대법원 2006.8.25. 2006두5151).

(2) 정당성을 부정한 판례

대기발령 사유가 없는 경우, 대기발령 당시 해고사유가 존재하지 아니하거나 그 기간 중 해고사유가 확정되지 않은 경우, 대기발령 기간 동안 합리적 이유 없이 직위를 부여하지 아니하다가 대기발령 기간 경과를 이유로 직권면직한 경우 그 정당성을 부정한다.

① 대기발령 사유가 존재하지 않는 경우 그에 연이은 직권면직은 무효이다. 인사규정의 '직무수행 능력이 부족하거나 근무성적이 불량한 자 또는 근무태도가 극히 불량한 자'에 해당한다는 이유로 대기발령을 받은 후 대기발령 상태로 3개월이 경과하면 직권으로 면직 처리하도록 한 규정에 따라 이루어진 직권면직은 대기발령 사유가 부존재하므로 직권면직도 정당성을 결여하여 무효라고 본다(대법원 2007.9.21. 2006다25240).

② 대기발령이 정당하더라도 대기발령 당시 해고사유가 이미 존재하거나 그 기간 중 해고사유가 확정되어야 직권면직이 유효하다. 대기발령 이후의 당연퇴직이 정당한 처분이 되기 위해서는 대기발령 당시에 이미 그 대기발령 사유가 중하여 사회통념상 고용관계를 계속할 수 없을 정도였다거나 또는 대기발령 기간 중 정당한 해고사유가 확정된 것으로 보기 힘든 상황에서 내린 당연퇴직 처분은 인사권 내지 징계권의 남용에 해당한다(대법원 2007.5.31. 2007두1460).

③ 직위해제 처분 후 3월의 기간 동안 합리적인 사유 없이 직위를 부여하지 아니하다가 3월의 기간이 만료되었다는 사유만으로 면직처분을 한 것은 부당하다(대법원 2004.10.28. 2003두6665).

제9장

기업변동과 근로관계

제1절 | 의 의

제2절 | 영업양도

제3절 | 합병과 분할

제4절 | 근로관계 이전의 시기와 효과

제1절 의 의

기업은 외부환경 변화에 대응하고, 기업의 경쟁력 제고와 이윤 극대화 등을 위해 인적·물적 조직에 변화를 주는 영업양도, 회사의 합병과 분할 등 기업변동을 추진하게 되는데, 이러한 기업변동은 근로관계에도 일정한 영향을 미치게 된다.

종전에는 근로자의 퇴직금과 관련하여 종전 기업을 퇴직하고 퇴직금을 정산한 후 신규입사 형식으로 새로운 기업에 입사한 경우 근속연수에 종전 기업의 재직기간을 통산할 것인지 여부가 주로 문제가 되었으나, 1980년대에 접어들어 산업 구조조정 과정을 거치면서 기업변동 과정에서 소멸하는 기업에 속한 근로관계가 승계되는지 여부가 쟁점으로 등장하기 시작하였다.

특히 1997년 IMF(국제통화기금) 외환위기 이후 기업의 인수·합병이 확산되고 자산양수도 방식에 의한 사업의 양도가 등장하게 되면서 영업양도와 자산양수도의 판단에 관한 문제가 부각되었다.

이러한 기업변동과 근로관계에 대하여 상법(제235조, 530조제2항, 603조)에서는 합병후 존속한 회사 또는 합병으로 인하여 설립된 회사는 합병으로 인하여 소멸된 회사의 권리의무를 승계한다고 규정되어 있고, 민법(제657조제1항)에서는 사용자가 노무자의 동의 없이 그 권리를 제3자에게 양도하지 못하도록 하고 있다.

그러나 노동관계법에서는 아무런 규정을 두고 있지 않으므로 기업변동이 근로관계에 미치는 법적 효과와 관련된 분쟁에 대해서는 해석론을 통하여 해결할 수밖에 없다.

근로관계에서 사업주의 변경이 있게 되는 경우로는 영업양도, 합병, 개인사업체에 있어서 사업주의 사망으로 인한 영업의 상속, 영업임대차, 회사의 조직변경, 기업분할에 의한 자회사의 설립, 개인사업체의 법인 전환, 채무자 회생 및 파산에 관한 법률상 회생절차의 개시 또는 폐지, 기업그룹 산하 계열 회사 간 전적 등이 있다.

이러한 유형 중 영업양도와 합병이 기업변동의 주요 형태로 활용되고 있고, 특히 영업양도는 기업의 분할이나 개인사업체의 법인 전환 등의 경우에도 이용되고 있으므로[1] 여기에서는 영업양도, 합병과 분할을 중심으로 근로관계의 이전에 관한 법률문제를 살펴보기로 한다.

제2절 영업양도

1. 영업양도와 근로관계 승계의 일반원칙

영업의 양도는 일정한 영업목적에 의하여 조직화된 일체, 즉 인적·물적 조직을 그 동일성을 유지하면서 일체로서 이전하는 것을 의미한다(대법원 2005.7.22. 2005다602).

이러한 영업양도의 경우 양도인과 양수인 간에 근로관계를 포괄적으로 승계하기로 하는 명시적 또는 묵시적 합의를 하고, 근로자들 역시 명시적 또는 묵시적 동의를 하여 3면의 합의에 도달한 경우에는 근로관계가 양수인에게 포괄적으로 승계되었다고 보는데에는 아무런 의문이 없다.

문제는 영업양도 시 근로관계에 대하여 아무런 약정을 하지 아니한 경우 근로관계의 승계를 인정할 수 있는지 여부이다. 영업이 포괄적으로 양도되면 반대의 특약이 없는 한 양도인과 근로자 사이의 근로관계도 원칙적으로 양수인에게 포괄적으로 승계된다고 보는 것이 통설·판례(대법원 1994.6.28. 93다33173 등 다수)의 입장이다.

이 경우 근로자가 반대의 의사표시를 함으로써 양수기업에 승계되는 대신 양도기업에 잔류하거나 양도·양수기업 모두에서 퇴직할 수도 있고, 영업양도 과정에서 승계가 확정되기 이전이라면 승계의 의사표시를 철회하는 방법으로 승계 반대의 의사표시를 할 수 있다(대법원 2002.3.29. 2000두8455).

한편, 영업양도가 있으면 기존의 근로관계가 양수인에게 그대로 승계되는 것이 원칙이지만, 영업양도 당사자 간에 근로관계의 일부를 승계의 대상에서 제외하기로 하는 특약이 있는 경우에는 그에 따라 승계가 이루어지지 않을 수 있다.

1) 사법연수원, 해고와 임금, 2014, pp.264~265.

그러나 그러한 반대의 특약은 승계대상에서 제외되는 근로자에 대하여 실질적으로 해고나 다름이 없으므로 근로기준법 제23조제1항 소정의 정당한 이유가 있어야만 유효하고, 영업양도 그 자체만을 사유로 삼아 근로자를 해고하는 것은 근로기준법 제24조제1항 후문의 규정에 의한 긴박한 경영상의 필요가 있어서 경영상의 이유에 의한 해고사유가 될 수 있는 경우를 제외하고는 정당한 이유가 없다고 보아야 한다(대법원 2002.3.29. 2000두8455).

다른 기업의 사업부문의 일부를 양수하는 계약을 체결하면서 그 물적 시설과 함께 그 사업부문에 근무하는 근로자들에 대한 권리의무도 함께 포괄승계받기로 약정한 경우에는 원칙적으로 해당 근로자와의 근로관계는 영업양수인에게 승계되는 것이지만 이때 승계되는 근로관계는 계약체결일 현재 실제로 그 영업부문에서 근무하고 있는 근로자와의 근로관계만을 의미하고 계약체결일 이전에 해당 영업부문에서 근무하다가 해고 또는 면직된 근로자로서 해고 및 면직처분의 효력을 다투는 근로자와의 근로관계까지 승계하는 것은 아니다(대법원 1993.5.25. 선고 91다41750 판결).

영업양도에 의해 근로관계가 승계되는 경우 근로자가 영업양도 당시 실제로 양도되는 영업부문에서 근무하고 있는지 여부에 관계없이 적법 유효한 근로관계에 있는 근로자와의 근로관계는 모두 승계된다. 따라서 부당해고를 다투던 근로자가 승소하고 판결이 확정되었으나, 현실적인 복직조치가 없었다고 하더라도 이 근로자는 영업양도 당시 양도회사와 적법 유효한 근로관계에 있었다고 보아야 하므로 그 근로자와 양도회사와의 근로관계는 양수회사에게 승계되는 것이다(대법원 1994.6.28. 93다33173).

2. 영업양도로 인정되기 위한 요건

위에서 살펴본 것처럼 영업의 전부 또는 일부가 양도되면 근로관계가 포괄적으로 승계된다는 점에 대해서는 이론이 없으나, 영업양도가 인정되기 위한 요건과 판단기준이 무엇인지가 문제가 되는데, 아래에서는 이에 대하여 살펴본다.

첫째, 영업이 양도되어야 한다. 여기서 영업은 사업주의 영업활동, 영업재산의 물적 시설(자본) 및 인적 조직(노동)의 3요소를 포함하는 개념이다(대법원 1993.5.25.

91다41750). 영업의 전부뿐만 아니라 영업의 일부도 영업양도의 대상이 될 수 있지만, 양도되는 영업부문만으로 일정한 영업목적을 달성하는데 충분할 정도의 유기적으로 결합된 조직체를 이루고 있어야 한다. 따라서 영업이 아닌 기계나 설비 등 단순한 영업용 재산의 양도나 상호만의 양도는 영업양도와 구별되어야 한다.

둘째, 영업의 동일성이 유지되어야 한다. 여기서 영업의 동일성 여부는 일반 사회관념에 의하여 결정되어져야 할 사실 인정의 문제이기는 하지만, 영업재산의 전부를 양도했어도 그 조직을 해체하여 양도했다면 영업의 양도는 되지 않는 반면에 그 일부를 유보한 채 영업시설을 양도했어도 그 양도한 부분만으로도 종래의 조직이 유지되어 있다고 사회관념상 인정되기만 하면 영업의 양도로 보아야 할 것이다(대법원 1989.12.26. 88다카10128).

참 고 영업의 동일성 유지에 대한 판단

영업의 동일성이 유지되고 있는지 여부는 계약의 형식적인 명칭이나 내용만으로 판단하여서는 아니되고, 계약체결 전후의 사정과 경위, 당사자의 의사, 현실적으로 이전된 물적·인적 조직의 범위와 내용 등을 종합적으로 판단하여야 하며, 이러한 판단에서 고려하여야 할 요소로는 사업목적이 동일한지 여부, 기존의 고객관계가 유지되고 있는지 여부, 생산시설이나 생산수단 및 생산목적이 동일한지 여부, 자산 및 부채가 어느 정도 이전되었는지 여부, 지적재산권·영업권 등이 이전되었는지 여부, 근로자의 상당수가 양수인에게 계속 고용되었는지 여부, 경영조직이 그대로 유지되고 있는지 여부 등을 들 수 있다.

자료: 노동법실무연구회, 근로기준법주해 II, 박영사, 2010, pp.580~581.

3. 영업양도와 자산양수도 계약의 구별

영업이 아닌 자산만을 양도하는 계약, 즉 자산양수도 계약이 이루어진 경우, 양수인은 특별한 약정이 없는 한 근로관계 승계의무를 부담하지 않는다. 그러나 자산양도계약의 형식을 취했음에도 불구하고 그 실질이 영업양도로 인정되어야 하는지 여부를 둘러싸고 논란이 되는 경우가 있다.

아래에서는 대표적인 사례인 한국오므론전장과 삼미특수강 판례를 소개한다. 두 판례를 비교하여 보면 인적 조직의 해체 여부, 계약체결의 경위와 전후 사정, 주력 사업의 변화 여부, 거래선의 유지 여부 등에 차이가 있어서 똑같은 자산양수도 계약임에도 불구하고 다른 결론에 이른 것으로 보인다.

(1) 영업양도를 긍정한 경우

한국오므론전장은 동해로부터 전장사업부문과 관련된 일체의 자산을 271억원에 인수하되, 부채와 근로자를 인수하지 않기로 하는 자산매매계약을 체결하였는데, 근로자 199명 중 재취업신청서를 제출한 176명을 신규입사 형식으로 채용하였고, 전장사업부에 필요한 일체의 유형·무형 재산 및 거래처에 대한 계약자의 지위까지 인수하였다.

이에 대해 대법원은 사실상 대부분의 근로자가 채용되고, 종전의 직급을 유지하며 동일한 업무를 계속하여 인적 조직이 그 동일성을 유지한 채 승계된 점, 한국오므론전장은 동해로부터 승계한 물적·인적 조직을 이용하여 전장사업부문의 기본 골격을 유지한 채 사업을 수행하고 있는 점에 비추어 한국오므론전장이 동해로부터 전장사업부문을 사업목적으로 하여 일체화된 물적·인적 조직을 그 동일성을 유지한 채 포괄적으로 이전받음으로써 사업을 양수하였다고 판단하였다(대법원 2002.3.29. 2000두8455).

(2) 영업양도를 부정한 경우

포항제철의 자회사인 창원특수강은 삼미특수강과의 사이에 창원공장의 봉강 및 강관사업부문의 자산을 7,194억원에 인수하기로 하는 내용의 자산매매계약을 체결하면서 부채, 거래처 등과 맺은 계약상의 지위, 근로자를 인수대상에서 제외하기로 하는 특약을 맺었고, 근로자 중 60.6%가 신규로 채용되었다.

이에 대해 대법원은 ① 종업원들을 포괄하여 양도하는 방식으로는 양수희망자가 없어 이 사건 자산매매계약의 체결에 이르게 된 사실, ② 삼미는 자산매매계약 체결 전 노동조합 측에게 자산매각의 불가피성을 설명하면서 고용승계는 이루어지지 않는 점을 알리고 다만 포항제철과 협의하여 최대한 고용이 보장되도록 노력하겠다는 취지로 설명한 사실, ③ 창원특수강은 공개채용 절차에 의거 신규 채용하되 창원특수강으로의 입사를 희망하는 삼미의 종업원들을 우선적으로 고려하기로 한 사실, ④ 삼미는 창원특수강의 채용전형에 합격한 자에 대하여 자신의 비용 부담 및 책임하에 근로관계를 종료시키며 채용되지 않은 근로자들의 경우에는 삼미에 그대로 잔류한 사실, ⑤ 창원특수강은 삼미 소속 종업원들의 60.6% 정도를 신규입사의 형식으로 새로이 채용하면서 3개월간의 수습기간을 거쳐 창원특수강 고유의 직급 및 급여체계, 근무시간 등에 따라 재배치함으로써 종전 삼미의 인적 조직을 해체하여 포항제철 계열사의 기준 및 인사 관리 방법에 따라 재구성하여 조직화한 사실, ⑥ 사업목적(생산품목)에 있어서도 1996년말 기준으로 전체의 59.8%이던 봉강 생산량을 1998년 9월말 기준으로는 11.3%로 대폭 축소하는 등 생산전략을 크게 바꾼 사실, ⑦ 창원특수강은 삼미의 외상매출금·받을어음·미수금 등 채권은 물론 1조원이 넘는 부채도 인수하지 않았고 삼미의 거래선 중 원자재 구입처의 약 29%, 판매처의 약 10%를 유지하였을 뿐 대부분의 거래처를 새로이 개척한 사실, ⑧ 창원특수강은 삼미가 영업상 확보한 주문관계나 영업상 비밀 등의 재산가치를 인수하지 아니한 사실을 고려하면 창원특수강이 실질적으로 삼미로부터 봉강·강관 사업부문의 영업상 인적·물적 조직을 그 동일성을 유지하면서 일체로서 포괄적으로 이전 받음으로써 영업을 양도받은 것으로 볼 수 없다고 판단하였다(대법원 2001.7.27. 99두2680).

4. 영업양도와 유사한 기업변동의 형태

(1) 입법에 의한 사업이관

법률의 제정·개정에 의해 공공기관이 통폐합되거나 업무가 이관되는 경우 또는 새로운 특수법인이 설립되어 종전에 동일한 기능을 수행하던 법인 등 단체의 기능을 흡수하는 경우에 있어서 근로관계가 이전되는지 여부가 문제되는데, 이는 당해 법률에 근로관계의 승계에 관한 규정이 있는지 여부에 따라 달라진다.

즉, 법률에 근로관계의 승계에 관한 명문의 규정을 둔 경우[2] 이를 근거로 근로관계가 포괄 승계되지만(대법원 1994.8.26. 93다58714), 근로관계가 승계되는지 여부에 대한 별도의 규정을 두지 아니한 채 단순히 새로 설립되는 법인이 종전 단체에 속하였던 모든 재산과 권리·의무를 승계한다는 규정만 두고 있는 경우에는 종전 단체의 직원들의 근로관계가 당연히 새로 설립되는 법인에 승계되지 않는다(대법원 1998.10.23. 98다33932; 대법원 2002.5.14. 2001두6579).

국가 또는 지방자치단체가 수행하던 특정 사업을 법률에 의하여 새로 설립되는 공사에 이관하면서도 공사의 설립에 관한 법률에서 이관되는 업무에 관한 권리·의무를 공사가 승계한다는 규정만을 두고 근로관계의 승계 여부에 관한 별도의 규정을 두지 않은 경우에도 공사설립 전 해당 공무원들의 근로관계가 새로 설립되는 공사에 당연 승계된다고 볼 수 없다(대법원 2005.3.25. 2003다39644).

또한, 법률의 개정으로 인하여 정부의 특정업무의 대행기관이 변경된 경우에는 이를 두 단체 사이의 약정에 의한 영업양도라고 볼 수는 없으므로 종전에 그 대행업무에 종사하던 직원들의 근로관계가 새로이 그 업무를 맡게 된 기관에 포괄적으로 승계된다고 할 수 없고, 이러한 경우에 있어 근로관계의 승계가 있다고 보기 위하여는 법률의 부칙이나 새로이 업무를 맡게 된 기관의 정관, 취업규칙 등에 근로관계의 승계에 관한 경과규정을 두거나 두 단체 사이에 직원들의 근로관계의 승계에 관한 별개의 약정이 있어야 할 것이다(대법원 2000.12.12. 99다66373).

(2) 행정기관 내부의 업무처리방침에 의한 업무이관

법률의 제정이나 개정 또는 이와 동등한 효력이 있는 법규에 의하지 아니하고, 행정기관 내부의 업무처리방침 또는 행정조치 등에 의하여 새로운 법인이 설립되어 종전에 동일한 기능을 수행하던 법인 등 단체의 기능을 흡수하는 경우가 있다.

이러한 경우 신설되는 법인의 정관에 기존 법인의 업무, 재산 및 권리 의무를 승

---

2) 1989.12.30. 법률 제4193호로 개정된 전파법 부칙 제7조제3항에서는 “이 법에 의한 사업단 설립당시 협회의 직원은 사업단의 직원으로 임명된 것으로 본다.”라고 규정하고 있었다.

계한다는 규정만 두고, 근로관계에 관해서는 아무런 규정을 두고 있지 않아도 영업양도와 동일한 법리를 적용하여 근로관계의 승계가 인정된다(대법원 2007.12.27. 2007다51017).

그러면, 입법에 의한 사업 이관의 경우 근로관계의 승계에 관한 명문의 규정이 없으면 근로관계의 승계를 부정하면서, 행정기관의 내부 방침에 의해 특정 기관(단체)의 업무가 이관되는 경우에는 근로관계의 승계를 긍정하는 이유는 무엇일까?

이는 법률의 규정에 의하여 국가 또는 지방자치단체가 특수법인을 설립하여 특정업무를 이관하거나, 법률의 규정에 의하여 국가의 특정업무의 주무관청이 변경됨으로써 종전의 업무대행기관이 변경된 경우에 있어서는 특별법이 일반법에 우선한다는 원칙에 따라 새로운 법률의 제정이나 개정 등으로 근로기준법의 적용을 배제하려는 입법자의 의사를 존중한다는 취지에서 이를 영업양도로 볼 수 없고, 영업양도에 적용되는 해고제한의 법리를 그대로 적용시킬 수는 없으나, 행정기관의 행정조치에 의하여 해산되는 법인과 새로 설립되는 법인 사이에 업무, 재산과 권리·의무가 승계되는 경우에는 여전히 근로기준법이 적용되어 종전 단체에 소속된 직원들과의 근로관계도 새로 설립되는 법인에 당연히 승계되기 때문이다.[3)]

(3) 부실금융기관에 대한 계약 이전 결정

IMF(국제통화기금) 외환위기 직후 행하여졌던 부실금융기관에 대한 금융감독위원회의 계약이전 결정과 이에 부수한 별도의 계약으로 자산과 부채의 일부만 다른 은행으로 인수된 사안의 경우(P&A: Purchase of Assets & Assumption of Liabilities) 고용승계를 부정하였다.

3) 이동훈, "법률의 규정에 의하여 아니하고 행정기관 내부의 업무처리의 일환으로서 종전 법인의 해산과 새로운 법인의 설립을 추진함에 있어 그들 사이의 업무 및 권리·의무가 승계되는 경우, 종전 단체에 소속된 직원들의 근로관계가 새로운 법인에 승계되는 것으로 해석할 수 있는지 여부", 대법원 판례해설 72호, 2008.7., p.314.

이와 관련하여 법원은 부실 금융기관의 정리와 예금자 보호를 위하여 그 부실 금융기관의 일부 우량자산만을 다른 금융기관에게 이전시킨 구 금융산업구조개선법 제14조제2항에 의한 계약이전 결정에 의하여 고용승계를 수반하는 영업양도의 효과가 발생하였다고 볼 수 없음은 물론 인수 은행이 별도 약정에 의하여 일부 고정자산을 양수하고 직원의 일부를 새로 채용하였다고 하더라도 이는 부실은행의 은행업 인가가 취소되어 그 조직이 해체되는 과정에서 이루어진 것으로서 영업양도라고 할 수 없다고 판단하였다(대법원 2003.5.30. 2002다23826).

(4) 업무위탁의 변경

국가의 위탁업무를 수행하는 수탁자가 변경된 경우 종전 수탁자와 새로운 수탁자사이에 영업양도에 관한 계약이 없었기 때문에 근로관계의 승계가 부정된다(대법원 1997.6.24. 96다2644). 따라서 신규 수탁업체는 고용승계 의무를 부담하지 않으므로 기존 근로자 채용을 거부한 것은 부당해고가 아니다(대법원 2013.12.12. 2012두14323).

그러나 용역계약서에 이전 용역업체의 근로자를 재채용하도록 권고하고 있고, 특별한 사정이 없는 한 고용을 승계하는 관행이 존재한다면 새로운 용역업체는 재채용 의무를 부담한다. 다만 종전 근로자에게 비위나 업무태만 등 고용승계 거부에 대한 합리적인 사유가 있으면 해당 근로자에 대해서는 채용을 거부할 수 있다(서울고등법원 2014.6.25. 2013누27298).

한편, 2017년 노무도급계약의 본질적 성질, 고용승계의 관행, 입찰 참가 시 신수탁업체의 의사 등을 근거로 신구수탁업체 사이의 영업양도의 의사를 추단하여 묵시적 영업양도계약의 성립을 인정한 판례(대법원 2017.10.12. 2017두51303)가 나왔는데, 노무관련 용역·위탁 관행에 상당한 영향을 미칠 것으로 전망된다.

핵심 판례 **묵시적 영업양도를 인정한 사례**

다음과 같은 사정들을 종합하여 보면, 종전 사업체를 운영하던 손○○과 원고들(용역업체 사업주들) 사이에 묵시적 영업양도계약이 성립되었음을 인정할 수 있다.

(가) 이 사건 용역을 수행하는 업체는 특별한 물적 시설 없이 광업소의 물적 시설을 이용하면서 이 사건 용역을 수행할 인력을 공급하는 역할을 담당하였으므로, 이 사건 용역 수행과 관련하여서는 인적 조직이 제일 중요한 요소이다.

(나) 광업소의 용역을 도급받아 수행하는 용역업체가 변경되는 경우 새로이 선정된 용역업체가 종전 용역업체에 고용되었던 근로자들 중 자진퇴사자, 정년퇴직자 등을제외하고 그대로 고용하는 관행이 있었다.

(다) 종전 사업체를 운영하던 손○○이 원고들에게 이 사건 근로자들의 명부를 교부하였고 종전 사업체에 고용되어 이 사건 용역업무를 수행하던 이 사건 근로자들 역시 새로이 선정된 원고들을 위하여 이 사건 용역업무를 그대로 수행하였다.

(라) 원고들이 손○○ 등과 함께 경쟁입찰에 참가하여 낙찰자로 선정되고 공사와의 사이에 직접 이 사건 용역에 관한 도급을 체결하였기는 하나 앞서 살펴본 관행에 비추어볼 때 입찰자들은 종전 사업체의 인적·물적 조직을 그 동일성을 유지하면서 일체로서 이전받는 것을 전제로 입찰에 참여하였던 것으로 보인다(대법원 2017.10.12. 2017두51303).

(5) 아파트 관리형태의 변경 또는 위탁관리업체의 변경

아파트 관리업무의 형태가 변경된 경우 영업양도 등 고용승계 의무가 부과되는 법률적 요건에 해당되지 않으므로 새롭게 아파트관리업무를 수행하는 자는 고용승계 의무를 부담하지 아니한다. 즉, 자치관리에서 위탁관리로 변경되거나(대법원 2004.3.25. 2003두13991), 위탁관리를 유지하면서 위탁관리업체가 변경된 경우(대법원 2013.12.12. 2012두14323) 모두 영업양도가 아니므로 고용승계가 부정된다고 할 것이다.

제3절 합병과 분할

1. 합 병

1) 합병의 의의

회사의 합병은 2개 이상의 회사가 계약에 의하여 상법에 정해진 절차에 따라 그 당사자로 된 회사의 일방 또는 전부가 재산의 청산절차 없이 해산하여 소멸되고 1개의 회사로 존속 또는 신설되는 것을 말한다. 합병 당사자 어느 일방이 해산 소멸되고 다른 일방의 회사가 그 소멸회사를 흡수하는 흡수합병의 경우와 합병의 당사자로 된 모든 회사가 해산 소멸함과 동시에 새로운 회사가 설립되어 그 소멸회사 모두를 합체하는 신설합병으로 구분된다.

회사의 합병에 대해서는 상법 제174조, 제175조에서 통칙적인 규정을 두고 있으며, 주식회사, 유한회사 등 회사의 유형에 따라 세부적인 규정도 마련되어 있다.

2) 합병과 근로관계의 승계

상법은 회사 합병의 효과와 관련하여 '합병후 존속하는 회사 또는 합병으로 인하여 설립되는 회사가 합병으로 인하여 소멸하는 회사의 권리의무를 승계한다.'(제235조, 제530조제2항, 제603조)고 규정하고 있어서 소멸회사와 근로자 사이의 근로관계 역시 존속회사 또는 신설회사에 법률상 당연히 포괄적으로 승계된다는 것이 통설과 판례(대법원 1994.3.8. 93다1589; 대법원 2001.4.24. 99다9370 등 다수)의 입장이다.

따라서 합병 당사자 간에 소멸회사의 근로자의 전부 또는 일부를 승계의 대상에서 제외한다는 합의는 무효이고, 소멸회사나 존속 또는 신설회사는 합병 그 자체를 근로자에 대한 해고사유로 삼을 수 없는 것이다.

한편, 회사 합병의 경우에도 민법(제657조제1항)에 따라 근로자의 동의가 있어야 하는지 문제가 될 수 있다. 회사 합병의 경우 근로관계가 포괄 승계된다는 통설 및 판례의 입장에 의하면 근로자의 동의가 필요없다고 할 것이다.

그러나 회사와 근로자 사이에 유효한 의사표시에 의하여 근로관계를 해소하는 것을 금지할 수는 없으므로 근로자가 합병 전 소멸회사에 사직서를 제출하고 합병

후 존속회사 또는 신설회사에 입사하였다면 합병 전 소멸회사와의 근로관계는 단절된 것으로 보아야 한다(대법원 1991.12.10. 91다12035).

3) 합병에 따른 근로관계 승계의 법률효과

합병에 따른 존속회사 또는 신설회사는 소멸회사의 근로자에 대한 사업주의 지위를 그대로 포괄 인수하는 것이므로 근로자의 임금, 직무내용 등 근로조건에 관하여 형성된 근로관계의 내용은 사업주의 교체에 관계없이 아무런 변동없이 그대로 유지되는 것이고, 근로자가 존속회사 또는 신설회사에 편입되어 새로운 근로관계를 형성하는 것은 아니다(대법원 1994.3.8. 93다1589).

따라서 합병 당시 취업규칙의 개정이나 단체협약의 체결 등을 통하여 합병 후 근로자들의 근로관계의 내용을 단일화하기로 변경·조정하는 새로운 합의가 없는 한 합병 후 흡수회사는 해산회사에 근무하던 근로자들에 대한 근로조건을 종전과 같은 내용으로 승계하는 것이며(대법원 2001.4.24. 99다9370), 합병에 따라 합병회사의 근로자들이 서로 다른 근로조건을 적용받는다 하더라도 근로기준법상 균등대우의 원칙에 위배되지 않는다.

2. 분 할

1) 분할의 의의

회사의 분할은 분할의 대상이 되는 회사(피분할회사)의 적극 재산과 소극 재산의 총체 및 주주가 분리되어 적어도 하나 이상의 신설회사 또는 존속회사(분할회사)에 승계되고, 그 대가로 분할회사의 주식이 피분할 회사의 주주(인적분할)또는 피분할회사(물적분할)에게 부여되는 제도이다.

상법(제530조의10)은 회사 분할의 효과로서 '분할 또는 분할합병으로 인하여 설립되는 회사 또는 존속하는 회사는 분할하는 회사의 권리와 의무를 분할계획서 또는 분할합병계약서가 정하는 바에 따라 승계한다.'고 규정하고 있으므로 분할계획서 등에 승계 근로자의 범위를 기재한 경우 분할회사가 그 근로관계를 승계하게 된다.

그러나 근로관계는 분할계획서 등의 필요적 기재사항이 아니므로(상법 제530조의5, 제530조의6), 이를 기재하지 않은 경우 근로관계가 승계되는지 여부 및 그 범위가 문제가 된다.

2) 분할과 근로관계 승계의 문제

상법(제530조의10)에는 분할로 인하여 설립되는 회사(신설회사)는 분할하는 회사의 권리와 의무를 분할계획서가 정하는 바에 따라서 승계한다고 규정하고 있으므로, 분할하는 회사의 근로관계도 이 규정에 따른 승계의 대상에 포함될 수 있다.

그런데 헌법은 직업선택의 자유를 보장하고 있고, 근로기준법에서 근로자의 보호를 위하여 근로조건에 관한 근로자의 자기결정권(제4조), 강제근로의 금지(제7조), 사용자의 근로조건 명시의무(제17조), 부당해고등의 금지(제23조) 또는 경영상 이유에 의한 해고의 제한(제24조) 등을 규정하고 있는 취지에 비추어 볼 때, 회사 분할에 따른 근로관계의 승계는 근로자의 이해와 협력을 구하는 절차를 거치는 등 절차적 정당성을 갖춘 경우에 한하여 허용되고, 해고의 제한 등 근로자 보호를 위한 법령 규정을 회피하기 위한 방편으로 이용되는 경우라면 그 효력이 부정될 것이다.

따라서 둘 이상의 사업을 영위하던 회사의 분할에 따라 일부 사업 부문이 신설회사에 승계되는 경우 분할하는 회사가 분할계획서에 대한 주주총회의 승인을 얻기 전에 미리 노동조합과 근로자들에게 회사 분할의 배경, 목적 및 시기, 승계되는 근로관계의 범위와 내용, 신설회사의 개요 및 업무내용 등을 설명하고 이해와 협력을 구하는 절차를 거쳤다면 그 승계되는 사업에 관한 근로관계는 해당 근로자의 동의를 받지 못한 경우라도 신설회사에 승계되는 것이 원칙이다.

다만, 회사의 분할이 근로기준법상 해고의 제한을 회피하면서 해당 근로자를 해고하기 위한 방편으로 이용되는 등의 특별한 사정이 있는 경우에는, 해당 근로자는 근로관계의 승계를 통지받거나 이를 알게 된 때부터 사회통념상 상당한 기간 내에 반대 의사를 표시함으로써 근로관계의 승계를 거부하고 분할하는 회사에 잔류할 수 있다(대법원 2013.12.12. 2011두4282).

제4절 근로관계 이전의 시기와 효과

1) 근로관계 이전의 시기

영업양도나 사실상 회사의 분할로 인한 근로관계의 이전은 양도계약 등의 체결 시점이 아니라 양수인이 양도인으로부터 현실적으로 영업을 인수하여 사실상 운영할 수 있을 때 이루어진다. 회사의 합병과 분할의 경우 그 등기일에 효력이 발생하므로(상법 제234조, 제530조, 제530조의 11) 이 때에 근로관계가 이전된다.

2) 이전되는 근로관계의 내용과 범위

기업변동에 따라 승계되는 근로관계에는 근로계약상의 지위만이 아니라 근로계약의 내용도 포함되고, 따라서 근로조건 등 개별적 근로관계의 내용은 그대로 새로운 사업주에게 포괄적으로 이전되어 존속하는 것이며, 근로자가 신사업주의 사업에 편입되어 새롭게 근로관계를 형성하여 나가는 것이 아니다(대법원 1995.12.26. 95다41659).

기업변동에 따라 이전되는 근로관계는 현실적으로 근무하고 있는 근로자들뿐만 아니라 유효한 근로관계를 맺고 있는 모든 근로자의 근로관계가 이전된다.

기업변동의 경우 취업규칙의 내용 중 근로조건과 관련되는 부분은 근로계약의 내용으로 승계된다는 점에는 이론이 없다. 그러나 사업장 질서를 규율하는 부분을 포함하여 취업규칙 모두가 승계되는지에 대하여는 견해의 차이가 있으나,[4] 취업규칙은 개별적 근로관계를 형성하는 규범적 기초라는 점에서 이전된다고 보는 것이 타당할 것이다.

---

4) 노동법실무연구회, 근로기준법주해 Ⅱ(제2판), 박영사, 2020, p.856.

핵심 판례 **기업변동과 취업규칙의 승계**

근로관계가 포괄적으로 승계되는 경우에는 근로자는 승계한 법인에서도 종전의 근로관계와 동일한 근로관계를 유지하게 되고, 사용자가 일방적으로 취업규칙을 변경하거나 종전의 근로관계보다 불리한 승계한 법인의 취업규칙을 적용하기 위해서는 종전의 근로계약상 지위를 유지하던 근로자 집단의 집단적 의사결정방법에 의한 동의 등의 사정이 있어야 하며, 이러한 동의 등이 없는 한 사용자가 일방적으로 종전의 근로조건을 근로자에게 불리하게 변경하거나 종전의 근로조건보다 불리한 승계한 법인의 취업규칙을 적용할 수 없다. 이 경우 종전의 근로조건을 그대로 유지한 채 승계한 법인에서 근무하게 되는 근로자에 대하여는 종전의 취업규칙이 그대로 적용된다(대법원 2010.1.28. 2009다32522, 32539).

한편, 단체협약의 경우에도 복수의 기업이 합병되더라도 새로운 단체협약의 체결이나 합의가 있기 전까지는 피합병회사의 근로자들과 합병회사 사이에 그대로 승계되어 존속된다(대법원 2004.5.14. 2002다23185. 23192).

핵심 판례 **기업변동과 단체협약의 승계**

복수의 회사가 합병되더라도 피합병회사와 그 근로자 사이의 집단적인 근로관계나 근로조건 등은 합병회사와 합병 후 전체 근로자들을 대표하는 노동조합과 사이에 단체협약의 체결 등을 통하여 합병 후 근로자들의 근로관계 내용을 단일화하기로 변경·조정하는 새로운 합의가 있을 때까지는 피합병회사의 근로자들과 합병회사 사이에 그대로 승계되는 것이고 ... 서로 다른 종류의 사업을 운영하던 회사들이 합병한 이후 근로자들의 근로관계 내용을 단일화하기로 변경·조정하는 새로운 합의가 있기 전에 그 중 한 사업부문의 근로자들로 구성된 노동조합이 회사와 체결한 단체협약은 그 사업부문의 근로자들에 대하여만 적용될 것이 예상되는 것이라 할 것이어서 다른 사업부문의 근로자들에게는 적용될 수 없다고 할 것이다(대법원 2004.5.14. 2002다23185. 23192).

제10장
징 계

제1절 | 기업질서와 징계의 원칙

제2절 | 징계의 종류

제3절 | 징계사유의 정당성

제4절 | 징계양정의 적정성

제5절 | 징계절차의 정당성

제1절 기업질서와 징계의 원칙

1. 기업질서와 징계의 의의

기업은 경영목적 달성과 질서 확립을 위하여 근로자의 복무규율이나 그 밖의 기업질서 위반행위에 대한 제재로서 해고, 휴직, 정직, 감봉 등 근로관계상의 불이익 조치를 취할 수 있는데, 이와 같은 불이익 제재를 징계라고 한다.[1)]

근로자에 대한 징계는 질서 위반자에 대하여 가해지는 질서벌의 성격을 가진다는 점에서 계약 위반에 대한 제재로서 가해지는 계약벌과 구별된다.

계약벌은 근로계약상 의무 위반에 대한 문책이 금전적인 채무불이행의 손해배상 형태로 이루어지는 반면, 질서벌은 해고나 정직 등 기업에서의 지위에 가해지는 신분상 제재의 형태로 이루어짐에 따라 징계권의 행사는 법률에 의해 권한이 부여되거나 특별한 관계에 의하여 정당화되어야 한다.[2)]

이와 관련하여 근로기준법은 징계권의 근거를 명시적으로 규정하고 있지는 않으나, ① 정당한 이유가 없는 징벌과 해고를 금지하고(제23조), ② 부당해고등 정당한 이유가 없는 제재에 대해 노동위원회에 구제를 신청할 수 있도록 하며(제28조), ③ 취업규칙에 제재에 관한 사항을 필수적으로 기재토록 규정하고(제93조제11호), ④ 감급의 제재를 제한하고 있는(제95조) 등 징계제도와 관련된 규정을 두고 있다.

또한, 기업의 인사실무에서도 단체협약이나 취업규칙에 징계사유와 징계종류, 징계절차 등을 규정하고 사용자는 이에 터 잡아 징계권을 행사하는 것이 일반적인데, 대법원은 징계권의 근거를 기업의 존립과 사업의 원활한 운영을 위한 기업질서의 확립·유지 필요성에서 찾으면서, '근로자의 기업질서에 관련된 비위행위에 대하여 취업규칙에서 해고 등의 징계사유로 규정하는 것은 원래 사용자의 권한에 속하는 것'이고(대법원 2000.9.29. 99두10902) 취업규칙은 사용자가 근로자의 복무규

---

1) 김형배·박지순, 노동법강의(제12판), 신조사, 2023, p.186; 임종률, 노동법(제20판), 박영사, 2022, p.543.

2) 노동법실무연구회, 근로기준법주해 Ⅱ(제2판), 박영사, 2020, p.175.

율이나 근로조건의 기준을 정립하기 위하여 작성한 것으로 노사 간의 집단적인 법률관계를 규정하는 법규범의 성격을 가진다(대법원 2020.11.26. 2017두70793)고 판시하였다.

사용자가 근로자의 행동에 대하여 징벌을 할 때는 근로자의 귀책의 정도에 따라 그 수위를 정하는 양정을 하게 되는데, 근로관계에서 일시적 또는 영구적으로 배제하거나 임금의 일부 또는 전부를 지급하지 않는 방식 등으로 이루어진다.

사용자가 징계권을 남용할 경우 근로자는 가혹한 불이익을 받게 되고 특히 해고의 경우 생계에 심각한 타격을 받게 되므로 징계권 행사는 반드시 법적 테두리 안에서 취업규칙·단체협약 등에 근거를 두고 행해져야 한다.

2. 징계권의 근거

사용자는 개인 사이의 법률관계를 규율하는 사법상 계약인 근로계약에 따라 형성된 대등한 근로관계의 일방 당사자에 불과하므로 사용자에게 근로자를 징계할 수 있는 권한이 부여되는 근거에 대해서는 다양한 학설이 있다.

징계권의 법적 근거에 대해서는 ① 사용자의 고유권한으로 보는 고유권설, ② 취업규칙이나 근로계약과 같은 노사합의에서 근거를 구하는 계약설, ③ 취업규칙의 법규범성을 인정하면서 근로관계를 규율하는 법규범에서 근거를 구하는 법규범설, ④ 기업의 공동질서 위반에 대한 제재를 규정한 단체협약이나 노사협정과 같은 노사 공동규범에서 근거를 구하는 공동규범설 등으로 나뉘어 있다.[3)]

판례는 '근로자의 상벌 등에 관한 인사권은 사용자의 고유권한으로서 그 범위에 속하는 징계권 역시 기업운영 또는 근로계약의 본질상 당연히 사용자에게 인정되는 권한이기 때문에 그 징계규정의 내용이 강행법규나 단체협약의 내용에 반하지 않는 한 사용자는 그 구체적 내용을 자유롭게 정할 수 있다'(대법원 2002.12.26. 2000두8011)고 하여 기본적으로 고유권설을 취하고 있는 것으로 보인다.

---

3) 김소영, "경력사칭을 이유로 하는 징계해고의 정당성: 대법원 2012.7.5. 선고 2009두16763 판결을 중심으로", 기업법연구 제26권 제3호, 한국기업법학회, 2012, pp.245~246; 노동법실무연구회, 근로기준법주해 Ⅱ, pp.176~180.

핵심 판례 **징계권의 근거로서 취업규칙의 규범성 인정**

징계사유는 취업규칙의 의무적 기재사항이고, 사용자는 기업질서 확립·유지에 필요하고 합리적인 것으로 인정되는 한 기업질서 위반행위에 대해 관련 법령에 반하지 않는 범위 내에서 이를 규율하는 취업규칙을 제정할 수 있고, 단체협약에서 규율하고 있는 기업질서 위반행위 외의 기업질서 관련 비위행위를 취업규칙에서 해고 등 징계사유로 규정하는 것은 사용자의 권한에 속하는 것이므로, 단체협약에서 해고사유 및 절차를 단체협약에 의하도록 명시적으로 규정하고 있거나, 동일한 징계사유나 절차에 관하여 단체협약상의 규정과 취업규칙의 규정이 상호 저촉되는 경우가 아닌 한, 사용자는 취업규칙에서 단체협약에서 정한 해고사유와는 관련이 없는 새로운 해고사유를 정할 수 있고, 그 해고사유에 터 잡아 근로자를 해고할 수 있다(대법원 2000.9.29. 99두10902).

기업의 인사실무에서 징계의 사유와 양정기준, 절차와 관련된 구체적인 사항은 단체협약이나 취업규칙, 근로계약에 규정되는데, 그 내용은 근로기준법 등 법령과 신의칙에 위배되지 않고 권리남용에 해당되지 아니하며 사회통념상 합리성을 가지고 있어야 한다(대법원 1992.3.13. 91다39559).

징계해고 요건으로 취업규칙은 무단결근 7일, 단체협약은 5일로 규정하는 등 단체협약과 취업규칙의 징계규정이 경합하는 경우에는 단체협약이 우선하나(대법원 2002.12.27. 2000두9063), 단체협약상 해고사유와 관련이 없는 새로운 사유를 취업규칙에 정하고 이에 터 잡아 해고하는 것은 가능하다(대법원 1999.3.26. 98두4672).

단체협약에는 징계사유를 배타적으로 규정(예: ○○○만을 징계사유로 한다)하였으나 단체협약에 없는 해고사유를 취업규칙에 규정한 경우 그 내용이 사회통념상 합리성이 있다면 단체협약보다 불리한 것으로 보거나 당연 무효로 볼 수 없어 취업규칙을 근거로 징계해고를 할 수 있다(대법원 1993.4.27. 92다48697).

만일 취업규칙 등에 구체적인 징계규정이 없는 경우에는 근로기준법 제23조(해고 등의 제한)의 해석 일반으로 돌아가 정당성 여부를 판단하게 된다.[4] 단체협약이

---

4) 노동법실무연구회, 근로기준법주해 Ⅱ, p.183.

나 취업규칙에 근거 규정을 둔 경우에도 강행규정인 근로기준법의 통제 범위 내에서만 그 효력이 인정되고, 분쟁이 발생하면 궁극적으로는 근로기준법에 따라 법적 판단을 받게 된다.[5)]

3. 징계의 정당성

사용자는 정당한 이유 없이 해고 등 징계를 하지 못한다. 정당한 이유는 개별 사안에 대해 구체적으로 판단되어야 하지만 기본적으로 ① 징계사유의 정당성, ② 징계양정의 적정성, ③ 징계절차의 정당성을 갖추어야 한다.

1) 징계사유의 정당성

근로기준법(제93조)에서 10인 이상 근로자를 사용하는 사업장은 제재에 관한 사항을 취업규칙에 기재하도록 하고 있으므로 원칙적으로 징계처분을 하려면 그 행위가 취업규칙에 규정되어 있는 사유에 해당하는 것이어야 한다.

단체협약에서 징계사유를 한정적으로 열거한 경우에는 이에 따라야 하고 취업규칙에서 별도로 규정하는 것은 허용되지 아니하나, 단체협약에 반하지 않는 한 사용자는 취업규칙에서 새로운 징계사유를 정할 수 있고, 그 징계사유에 터잡아 징계를 할 수 있다(대구고등법원 2004.2.4. 2003나5543; 대법원 1995.2.14. 94누5069).

다만, 취업규칙에 규정된 징계해고사유가 단체협약상의 징계해고사유와 내용 및 취지를 같이 한다고 볼 수 없어 정당한 해고의 근거규정이 될 수 없다고 판단(대법원 2005.5.26. 2005두1152)한 사례도 있어 단체협약에 반하지 않는 새로운 취업규칙상의 징계사유 여부를 살펴보아야 한다.

2) 징계양정의 적정성

징계사유가 인정되는 경우에 어떤 징계를 선택할 것인지는 원칙적으로 징계권자의 재량에 속하며, 징계권자가 '징계양정 기준'을 정하고 그에 따라 징계처분을 하였을 경우 정해진 징계양정 기준이 전혀 합리성이 없다거나 특정의 근로자만을 해

5) 김형배, 새로 쓴 노동법(제25판), 박영사, 2016, p.595.

고하기 위한 방편이라는 등의 특별한 사정이 없는 한 그 징계처분이 형평의 원칙에 반하여 위법하다고 할 수는 없는 것이다(대법원 2007.10.12. 2007두7093).

또한, 징계처분이 재량권을 남용한 것인지 여부를 판단함에 있어서는 피징계자의 평소의 소행, 근무성적, 징계처분 전력 이외에도 징계처분 사유 전후에 저지른 징계사유로 되지 아니한 비위사실도 징계양정의 참고자료가 될 수 있다(대법원 2005.11.25. 2005두9019).

징계사유와 징계처분 사이에는 사회통념상 상당하다고 인정되는 균형이 요구되고 가벼운 징계사유에 대해 무거운 제재를 과하는 것은 징계권 남용으로서 무효이다.

한편, 여러 개의 징계사유 중 일부가 인정되지 않더라도 인정되는 다른 징계사유만으로도 당해 징계처분의 타당성을 인정하기에 충분한 경우에는 그 징계처분을 유지하여도 위법하지 아니하다(대법원 2002.9.24. 2002두6620).

3) 징계절차의 정당성

징계가 정당하다고 인정받으려면 징계사유의 실체적 정당성뿐만 아니라 절차적 정당성도 요구되는바, 판례에 따르면 단체협약이나 취업규칙 등에 규정된 절차를 준수하지 않으면 절차상 위법으로서 정당성이 부인된다.

절차적 정당성을 판단함에 있어서 근로자가 방어권을 행사할 수 있도록 충분한 시간적 여유를 두고 사전에 통지하였는지, 서면 또는 구두로 소명할 기회를 부여하였는지, 인사위원회가 이해관계자를 배제하는 등 정당하게 구성되었는지 여부 등이 주로 쟁점이 된다.

4. 일사부재리 원칙과 이중처벌금지

1) 이중처벌금지의 의의

헌법은 제13조 후단에서 '동일한 범죄에 대하여 거듭 처벌받지 아니한다.'고 규정하여 '일사부재리 원칙'을 명문화하고 있는바, 고용관계에 있어서도 정당한 징계사유가 있다 하더라도 같은 사유에 대하여 두 번 이상 징계할 수는 없다. 이중징계는 근로기준법 제23조 위반으로서 일사부재리의 원칙에 위배되어 무효이다.

2) 이중징계 판단기준

이중징계에 해당하려면 선행처분과 후행처분이 모두 법적 성질상 징계처분이어야 하고, 선행 징계처분이 취소됨이 없이 유효하게 확정되어야 하며, 선행처분과 후행처분의 징계혐의 사실이 동일해야 한다(대법원 2000.9.29. 99두10902). 이에 대해 상세하게 설명하면 다음과 같다.

첫째, 이중징계에 해당하려면 선행처분과 후행처분이 모두 징계처분이어야 한다.

예컨대, 형사소추 등의 혐의로 정직처분을 한 뒤 선고가 확정되었다는 것을 이유로 하여 다시 해임처분을 하는 것은 이중징계에 해당되지만(중앙노동위원회 2013.4.10. 2013부해59), 직위해제 처분은 징벌적 제재인 징계와는 법적 성질을 달리하는 것이므로 어느 사유로 징계처분을 받았다 하더라도 그것이 직위해제 처분의 사유로 평가될 수 있다면 이를 이유로 삼아 새로이 직위해제 처분을 할 수 있고, 일단 직위해제를 한 뒤 혐의사실이 확인되면 다시 징계하는 것도 가능하다(대법원 1992.7.28. 91다30729).

법원 판결에 의하여 집행유예 이상의 형이 확정되었음을 이유로 한 당연퇴직 처분은 징벌적 제재인 징계와 그 성질을 달리하는 것이므로 이중징계에 해당되지 아니하며 일사부재리 또는 이중처벌금지 원칙을 위반한 것이 아니다(대법원 2005.4.15. 2003두12639).

둘째, 선행 징계처분이 취소됨이 없이 유효하게 확정되어야 후행처분이 이중징계가 된다.

선행처분을 취소하고 다시 징계처분을 할 때는 징계사유를 추가하여 양정을 고려해도 된다. 징계사유나 절차 또는 양정에 잘못이 있음을 사용자 스스로 인정하여 노동위원회 구제명령이나 법원 판결을 기다리지 않고 사용자 스스로 종전의 징계를 취소할 수 있고, 새로운 사유를 추가하거나 같은 사유에 대하여 적정 절차를 다시 밟거나 징계수준을 조정하여 다시 적법한 징계처분을 하는 것도 이중징계에 해당하지 않는다(대법원 2010.6.10. 2009다97611).

절차상의 위법을 이유로 한 직위해제 및 직권면직 처분의 무효 확인 판결이 확정된 경우 그 소송 도중 징계시효 기간이 도과했어도 판결확정일로부터 상당한 기간 내에 같은 사유로 다시 징계처분을 할 수 있고(대법원 1998.6.12. 97누16084), 노동위원회나 법원에서 징계절차 위반이나 양정과다로 부당하다고 판정되자 사용자가 동일한 사유에 대하여 다시 절차를 밟거나 징계수위를 낮추어 다시 징계하는 것도 인정된다(대법원 1995.12.5. 95다36138).

1차 징계해고가 양정과다로 구제명령을 받아 복직시킨 뒤 동일한 사안에 대하여 해고사유를 추가로 보완해서 2차 징계해고를 하는 것이나(서울고등법원 2007.10.10. 2006누9285), 과거에 발견하지 못한 징계사유를 상당한 시일이 경과하여 발견해서 징계사유로 삼는 것도 가능하다(서울행정법원 2010.9.17. 2010구합8287).

셋째, 선행처분과 후행처분의 징계혐의 사실이 동일해야 이중징계가 되므로 징계혐의 사실이 다르면 이중징계가 되지 않는다.

판례에 따르면, 졸음운전으로 교통사고를 발생시키고 시말서 제출을 거부한 택시근로자에 대하여 고정승무배제 처분을 한 뒤 그 동안 발생한 여타의 과거 비위행위들을 징계사유로 하여 해고한 것은 이중징계에 해당되지 않는다(대법원 2013.10.14. 2013두13471).

제2절 징계의 종류

근로기준법 제23조제1항에서 예시한 징계의 종류는 해고, 휴직, 정직, 전직, 감봉이 있다. 그 밖에 일반적으로 징벌로 행하여지는 것으로 직위해제, 강등, 견책, 경고, 승무정지, 대기발령, 시말서 제출 등이 있다.

노동위원회의 행정적 구제절차(근로기준법 제28조제1항)는 민사소송을 통한 통상적인 권리구제 방법의 번잡성, 절차의 지연, 과다한 비용 부담 등의 폐해를 지양하고 신속·간이하며 경제적이고 탄력적인 권리구제를 도모하기 위한 것이므로(대법원 1997.2.14. 96누5926 참조) 그 구제신청의 대상은 법률로 규정된 것에 한정된다.

근로기준법 제23조의 '부당해고등'으로 지칭되는 징계 중 해고, 휴직, 정직, 전직, 감봉이 구제신청의 대상이 됨은 명확하나 그 밖의 징벌이 무엇을 의미하는지와 구체적인 구제신청 범위에 대해서는 해석에 맡겨져 있다.

근로기준법 **해고등의 제한과 부당해고등의 구제신청**

제23조 【해고 등의 제한】 ① 사용자는 근로자에게 정당한 이유 없이 해고, 휴직, 정직, 전직, 감봉, 그 밖의 징벌(懲罰)(이하 "부당해고등"이라 한다)을 하지 못한다.

제28조 【부당해고등의 구제신청】 ① 사용자가 근로자에게 부당해고등을 하면 근로자는 노동위원회에 구제를 신청할 수 있다.

실무에서는 인사고과에 따른 임금삭감, 승진누락 등 사용자의 전형적이지 않은 불이익 처분에 대해 구제신청이 제기되었을 때 그 처분이 그 밖의 징벌에 해당하여 구제신청의 대상이 되는지, 더 나아가 해당 처분이 정당한지 여부에 관해 판단하여야 하는지 분명하지 아니한 경우가 적지 않다.

따라서 근로기준법에 예시된 징벌 외에 구제의 대상인 그 밖의 징벌이 징계에 한정되는 것인지, 징계 이외의 모든 불이익을 포괄하는 개념인지 또는 모든 불이익이 아니라 일정한 한계를 두어야 하는지에 내해서도 살펴볼 필요가 있다.

아래에서는 징계의 종류를 ① 해고, ② 근로를 제공하지 않고 임금도 지급되지 않는 정직과 휴직, ③ 임금은 지급되나 근무장소와 직무가 변경되는 전직과 전보, ④ 근로를 제공하지만 임금의 일부를 지급하지 않는 감봉과 감급 등으로 구분하여 설명한다.[6]

〈도표 10-1〉 근로기준법상 징계의 종류

	근 로	임 금	비 고
해고	×	×	·
정직·휴직	×	△	일시적 근로 미제공
전직·전보	장소·직무 변경	○	
감봉·감급	○	일부 삭감	

주: 정직·휴직 기간 중 임금 미지급이 원칙이나 단체협약, 취업규칙 등에 따라 임금이 일부 지급 되기도 함.

6) 하갑래, 근로기준법(제35판), 중앙경제, 2022, pp.876~877.

1. 해 고

노동위원회 심판사건의 대부분을 차지하는 해고에 대하여는 제11장에서 상세하게 설명하기로 하고 여기에서는 해고의 개괄적인 내용에 대해서만 살펴본다.

해고란 실제 사업장에서 불리는 명칭이나 절차와 관계없이 근로자 의사에 반하여 사용자의 일방적 의사에 의하여 이루어지는 모든 종류의 근로계약관계 종료를 의미한다(대법원 2014.2.28. 2013두23904).

해고에는 해고의 사유와 목적에 따라 징계해고, 정리해고, 통상해고가 모두 포함된다. 해고는 근로자에게 가장 치명적인 처분이어서 일반적 징벌보다 더욱 엄격하게 근로자를 보호하고 있으므로 다른 징벌에 비하여 특수성이 인정된다.

2. 정직과 휴직

(1) 정 직

징계처분으로서의 정직(출근정지 포함)은 근로관계는 계속되면서 일정기간(정직의 경우 통상 1개월 내지 6개월 범위 내, 출근정지는 일 단위) 근로자의 출근을 금지하고 근로제공을 못하게 하는 징계처분이다.

정직기간 동안 임금이 지급되지 않는 것이 원칙이나 회사에 따라서는 단체협약이나 취업규칙 등에 따라 일부 임금을 지급하기도 한다. 다만 정직기간도 근속연수에는 포함된다.

정직은 해고 다음의 중징계에 속하며 근로자가 정직을 당한 후 같은 종류의 기업질서 위반행위를 하면 해고에 이를 수도 있게 된다.

운송사업체에 있어서의 승무정지 처분은 사용자가 경영권 행사의 일환으로 업무수행을 위하여 근로자에 대하여 행하는 승무지시의 소극적 양태라 할 것이고, 경영상의 필요나 업무수행의 합리적인 이유에 기인한 경우에는 정당한 업무명령에 속한다고 할 것이므로 비록 단체협약에 승무정지(출근정지 수반)가 징계사유(정직사유)로 열거되어 있다고 하여도 징계로서의 승무정지와는 별도로 업무명령으로서의 승무정지도 가능하므로(대법원 1997.11.25. 96누13231) 일반 정직처분과는 구별하여야 한다.

정직과 관련해서 근로자가 정직처분을 받고 노동위원회 구제절차나 행정소송이 진행되는 도중에 정직기간이 경과하는 경우가 발생하는데, 그 경우 정직기간 중 임금상당액 손해는 여전히 남으므로 별도의 임금상당액 청구에 대해 구제이익이나 소의 이익을 인정할 수 있는지가 문제된다.[7]

즉 임금상당액만의 지급을 구하는 것이 독립적인 이익이 될 수 있는지, 기타 승진이나 승급상 불이익, 이후의 징계처분에서 가중처벌의 가능성 및 징계기록의 존치 등 추가적 불이익이 있을 수 있어 이들도 구제이익이나 소의 이익 유무 판단에 있어 고려요소가 될 수 있는지가 쟁점이 된다.

노동위원회 실무에서는 심문회의 당시 또는 이미 그 전에 정직기간이 경과하였더라도 임금상당액 지급, 기타 불이익이 있을 수 있고 근로자의 권리구제를 위한 구제이익이 있음을 전제로 정직의 정당성 여하에 대하여 본안 판단을 하고 있었다.

오랫동안 판례는 부당해고 구제신청을 하여 해고의 효력을 다투던 중 정년에 이르거나 근로계약기간이 만료되는 등의 사유로 원직복직이 불가능하게 된 경우 구제이익을 부정했다. 이후 대법원은 전원합의체를 통해 판례를 변경하여 부당해고 구제신청으로 해고의 효력을 다투던 중 정년에 이르는 등의 사유가 있어도 구제이익을 인정하였다(대법원 2020.2. 20. 2019두52386).

이에 따라 근로기준법에서 “노동위원회는 근로계약기간의 만료, 정년의 도래 등으로 근로자가 원직복직(해고 이외의 경우는 원상회복을 말한다)이 불가능한 경우에도 제1항에 따른 구제명령이나 기각결정을 하여야 한다. 이 경우 노동위원회는 부당해고 등이 성립한다고 판정하면 해고기간 동안 근로를 제공하였더라면 받을 수 있었던 임금상당액에 해당하는 금품(해고 이외의 경우에는 원상회복에 준하는 금품을 말한다)을 근로자에게 지급하도록 명할 수 있다.”(제30조제4항)라는 규정을 신설하게 된다.

이로써 구제신청을 하여 해고, 휴직, 정직, 전직, 감봉, 그 밖의 징벌의 효력을 다투던 중 정년에 이르거나 근로계약기간이 만료된 근로자의 구제이익에 관한 논

7) 조갑식, “정직과 관련한 실무상의 법적 쟁점”, 노동법포럼 제12호, 2014.4., p.169.

란은 정리된 것으로 보인다.

위 전원합의체 판결에서는 부당해고 구제명령제도에 관한 근로기준법의 규정 내용과 목적 및 취지, 임금 상당액 구제명령의 의의 및 법적 효과 등을 종합적으로 고려하면, 근로자가 부당해고 구제신청을 하여 해고의 효력을 다투던 중 정년에 이르거나 근로계약기간이 만료하는 등의 사유로 원직에 복직하는 것이 불가능하게 된 경우에도 해고기간 중의 임금 상당액을 지급받을 필요가 있다면 임금 상당액 지급의 구제명령을 받을 이익이 유지되므로 구제신청을 기각한 중앙노동위원회의 재심판정을 다툴 소의 이익이 있다고 보아야 한다고 판시하였다. 위와 같은 법리는 근로자가 근로기준법 제30조제3항에 따른 금품지급명령을 신청한 경우에도 마찬가지로 적용된다.

한편, 법원에서 정직무효확인소송이 계속되던 중 정직기간이 경과된 사안에 대하여 법원은 징계처분의 무효 여부에 관한 확인판결을 받는 것이 자신의 현재의 권리 또는 법률상의 지위에 대한 위험이나 불안을 가장 유효·적절하게 제거할 수 있어 확인의 이익이 있다고 판단하고 있다.

핵심 판례 **정직무효확인 소송에서 확인의 이익**

정직기간 동안 임금을 전혀 지급받지 못하는 법률상 불이익을 입게 된 이상 징계처분은 정직기간 동안의 임금 미지급 처분의 실질을 갖는 것이고, 이는 근로자의 임금청구권의 존부에 관한 현재의 권리 또는 법률상 지위에 영향을 미치고 있으므로 비록 징계기간이 도과하였다 할지라도 징계처분의 무효 여부에 관한 확인 판결을 받음으로써 가장 유효·적절하게 자신의 현재의 권리 또는 법률상의 지위에 대한 위험이나 불안을 제거할 수 있어 확인의 이익이 있다(대법원 2010.10.14. 2010다36407).

정직기간이 경과하더라도 임금청구권의 존부를 다툴 법률상 이익이 인정되는 외에 징계전력으로 인한 가중처벌이 관련 규정에 명시되어 있는 경우 소송 계속 중 정직기간이 경과하더라도 정직무효확인소송에 대해 독립된 확인의 이익을 인정한다(대법원 2010.9.9. 2010다48100).

확인의 소에서 근로자 승소의 확인판결이 나면 근로자가 주장한 법률관계에 대한 위험이나 불안이 제거되기는 하나 일정한 이행의무를 부과하는 것은 아니므로 그에 따른 집행력은 발생하지 않아 사용자가 임의로 이행하지 않을 경우 별도의 이행판결을 구해야 하는 불편함이 따를 수 있다.[8)]

(2) 휴 직

1) 휴직의 의의

휴직은 근로자를 그 직무에 종사하게 하는 것이 불가능하거나 또는 적당하지 아니한 사유가 발생한 때에 그 근로자의 지위를 그대로 두면서, 일정한 기간 그 직무에 종사하는 것을 금지시키는 사용자의 처분을 말한다(대법원 2013.10.11. 2012다12870). 휴직제도는 통상 단체협약이나 취업규칙 등에 규정되어 있다.

휴직과 유사한 것으로 대기발령(직위해제)이 있다. 대기발령은 근로자가 현재의 직위 또는 직무를 장래에 계속 담당하게 되면 업무상 장애 등이 예상되는 경우에 이를 예방하기 위하여 일시적으로 당해 근로자에게 직위를 부여하지 아니함으로써 직무에 종사하지 못하도록 하는 잠정적인 조치를 의미하므로, 대기발령은 근로기준법 제23조제1항에서 정한 '휴직'에 해당한다(대법원 2013.10.11. 2012다12870).

2) 휴직의 제한

정당한 이유 없는 사용자의 일방적인 휴직은 금지되나(근로기준법 제23조제1항), 휴직명령을 포함한 인사명령은 원칙적으로 인사권자인 사용자의 고유권한에 속하므로 이러한 인사명령에 대하여는 업무상 필요한 범위 안에서 사용자에게 상당한 재량이 인정된다.

따라서 휴직명령은 근로기준법(제23조제1항)에 위배되거나 권리남용에 해당하는 등 특별한 사정이 없는 한 무효라고 할 수 없으며, 경영상의 필요를 이유로 휴직명령이 취해진 경우 정당한 인사권의 범위 내에 속하는지 여부는 경영상의 필요성과

8) 한국사법행정학회, 주석 민사소송법(4), 2012, p.41.

근로자가 받게 될 신분상·경제상의 불이익을 비교·교량하고, 대상자 선정의 기준이 합리적이어야 하며, 근로자가 속하는 노동조합과의 협의 등 휴직명령을 하는 과정에서 신의칙상 요구되는 절차를 거쳤는지 여부를 종합적으로 고려하여 결정하여야 한다(대법원 2009.9.10. 2007두10440).

한편, 사용자가 자신의 귀책사유에 해당하는 경영상의 필요에 따라 개별 근로자들에 대하여 대기발령을 하였다면 이는 근로기준법 제46조제1항에서 정한 휴업을 실시한 경우에 해당하므로 사용자는 그 근로자들에게 평균임금의 70% 이상을 휴업수당으로 지급할 의무가 있다(대법원 2013.10.11. 2012다12870).

그러나 단체협약이나 취업규칙에 달리 정함이 없는 한 근로자 귀책사유에 의한 휴직, 직위해제, 대기발령, 승무정지 등의 경우 임금청구권은 발생하지 않는다.[9)]

3) 휴직의 승인과 복직 관련 사례

법률상 휴직이 보장된 경우 근로자가 적법하게 신청하면 사용자는 이를 승인하여야 한다(근로기준법 제10조, 남녀고용평등법 제19조). 그 밖의 사유로 휴직을 신청하는 경우에도 취업규칙에 규정이 있거나 사회통념상 휴직을 용인하여야 할 사정이 있을 수 있다. 한편, 휴직 기간이 만료되었으나 휴직 사유가 없어지지 않았거나 복직 신청이 없는 경우 해당자를 해고할 수 있는지가 문제 되는 바, 이하에서 관련 사례를 살펴보기로 한다.

① 근로자가 상사·동료의 폭행·협박으로 직장생활을 감당할 수 없음을 이유로 휴직신청을 했으나 회사가 이를 승인하지 않자 계속 그 승인을 요구하면서 무단결근한 경우, 그에 대한 징계면직 처분은 징계권의 남용이나 형평의 원칙에 반하여 무효이다(대법원 1997.7.22. 95다53096).

② 회사의 취업규칙과 인사규정이 '복직원을 제출하지 아니한 때에는 자진퇴직으로 간주하고 면직시킬 수 있다'고 규정한 취지는, 휴직한 직원이 복직원을 제출하지 아니하면 회사가 퇴직처분을 할 수 있고 퇴직처분을 하였을 때 회사와 직원 사이의 근로계약관계가 종료된다는 의미로 해석하여야 할 것이지, 이와 달리 '자진퇴

9) 노동법실무연구회, 근로기준법주해Ⅱ, 박영사, 2010, pp.86~87.

직으로 간주한다.'는 문구에 구애되어 근로관계의 당연종료사유를 규정한 것으로 보아서는 안 된다(대법원 1993.11.9. 93다7464).

③ 근로자의 휴직이 본인의 귀책사유로 인한 것이 아닌 회사의 귀책사유로 인한 것인데도, 휴직기간이 만료되어도 기간 내에 복직하지 아니하는 때에는 퇴직 처리할 수 있다는 취업규칙상의 규정을 형식적으로 적용하여 그 근로자를 퇴직처분함은 인사권의 남용 내지는 신의칙과 형평에 반하는 무효의 것으로 보아야 한다(대법원 1991.10.11. 91다19883).

3. 전직과 강등

전직명령은 전보와 전근을 포함하는 배치전환 명령(기업 내 전직) 및 전출과 전적(기업 간 전직)을 모두 포함하는 개념으로 징계를 목적으로 하는 경우도 있으나 인력관리의 효율성 내지 업무능률 향상을 위한 인사명령으로 이루어지는 경우가 대다수이다.

전보·전직은 업무나 보직을 바꾸면서 직급·호봉·직위를 유지하는 것이고, 강등은 보직을 변경하면서 직급·호봉 등을 낮추는 것이다.[10]

(1) 전 직

전직의 개념과 분류 등 개괄적인 내용에 대해서만 본 장에서 검토하고 상세한 내용은 '제8장 인사이동과 인사명령' 부문에서 설명하기로 한다. 근로기준법 제23조 제1항(해고 등의 제한)과 관련하여 주로 문제되는 것은 징벌적 성격을 가진 전직처분이다.

---

10) 하갑래, 근로기준법, p.883.

1) 기업 내 전직

근무장소는 변경되지 않으면서 직무의 종류와 내용이 바뀌는 전보와 근무장소가 바뀌는 전근은[11] 인사권자인 사용자의 고유권한에 속하므로 업무상 필요한 범위 내에서는 사용자에게 상당한 재량이 인정된다. 그 처분이 근로기준법에 위반되거나 권리남용에 해당되는 등의 특별한 사정이 없는 한 유효하다(대법원 2015.10.29. 2014다46969).

전보처분 등을 함에 있어서 근로자 본인과 성실한 협의절차를 거쳤는지의 여부는 정당한 인사권의 행사인지의 여부를 판단하는 하나의 요소라고는 할 수 있으나, 그러한 절차를 거치지 아니하였다는 사정만으로 전보처분 등이 권리남용에 해당하여 당연히 무효가 된다고는 볼 수 없다.

2) 기업 간 전직

전출(轉出)은 근로자의 적을 당초 소속기업에 둔 채 다른 기업의 사업장에서 상당한 기간 업무에 종사하게 하는 인사발령이다. 전출에 따라 노동력의 이용·처분 권한은 당초 회사로부터 전출처 회사로 양도되는 결과가 나타난다.

그러므로 전출은 입사 시에 근무지에 대한 장래 포괄적 합의가 성립되어 있거나 단체협약·취업규칙에 의한 명백한 특약 규정, 당해 기업에 있어서의 명백히 확립되어 있는 노동관행, 근로자 본인의 명시 또는 묵시의 동의가 없는 한 유효하지 아니하다.[12]

한편, 전적(轉籍)은 근로자가 고용된 기업으로부터 다른 기업으로 적을 옮겨 다른 기업의 업무에 종사하게 하는 것으로서, 종래에 종사하던 기업과의 근로계약을 합의해지하고 이적하게 될 기업과 새로운 근로계약을 체결하는 것이거나 근로계약상 사용자의 지위를 양도하는 것이다.

전적의 경우 동일 기업 내의 인사이동인 전근이나 전보와 달라 특별한 사정이 없는 한 근로자의 동의를 얻어야 효력이 생긴다.

---

11) 노동법실무연구회, 근로기준법주해 Ⅱ(제2판), 박영사, 2020, p.346.
12) 김수복, 근로기준법(개정5판), 중앙경제, 2018, pp.469~470.

3) 전직처분의 유효성과 근로자의 동의

근로자에 대한 전직처분은 근로자가 제공하여야 할 근로의 종류·내용·장소 등에 변경을 가져온다는 점에서 근로자에게 불이익한 처분이 될 수도 있으나, 원칙적으로 사용자의 권한에 속하므로 업무상 필요한 범위 내에서 상당한 재량을 인정하여야 하고 그 처분이 근로자에 대하여 정당한 이유 없이 해고·휴직·정직·전직 등을 하지 못하도록 하는 근로기준법 제23조제1항에 위배되거나 권리남용에 해당하는 등 특별한 사정이 없는 한 무효라고 할 수 없다.

한편, 전직처분은 근로내용이나 장소 등의 변경을 가져오므로 직무내용이나 근로장소가 특정된 경우, 단체협약 등에 근로자의 동의를 얻도록 하는 근거 규정이 있는 경우 유효한 전직이 되기 위해서 근로자의 동의가 필요하다.

(2) 강 등

강등은 근로자의 직급을 낮추는 징계로 그로 인해 직급과 임금에 불이익이 발생하는 중징계의 일종이다. 강등은 해고에 준하는 사유가 있어 근로관계를 현재와 같이 유지하는 것이 타당치 않음이 사회통념상 인정되고 처분의 근거가 취업규칙 등에 규정되어 있어야 적법한 처분이 된다.[13)]

다만, 강등이 취업규칙 등에 징계로 규정되어 있지 않음에도 불구하고 간부사원을 일반사원인 팀원으로 인사발령을 낼 수 있게 하는 보직부여 인사제도 및 정기상여금을 인사고과에 따라 차등해서 지급하기로 하는 규정의 시행에 따라 발한 전보명령이 징계의 일종인 강등과 유사한 결과를 초래하는 경우 부당하다고 본 사례가 있다(대법원 2015.8.13. 2012다43522).

즉 변경된 보직 부여 기준안에 따라 1, 2급 간부사원들이 3급 내지 5급 직원들이 담당하던 업무를 맡을 수도 있게 되어 실질적으로는 징계의 일종인 강등과 유사한 결과를 초래해 근로자들의 불이익이 결코 적지 않고 취업규칙 개정의 필요성과

13) 하갑래, 근로기준법, p.883.

정도가 긴박하거나 중대했다고 인정할 만한 객관적인 자료가 부족하여 취업규칙의 불이익 변경에 사회통념상 합리성이 있다고 보기 어렵다고 판단한 것이다.

취업규칙의 불이익 변경 관련 '사회통념상 합리성법리'를 폐기한 전원합의체 판결[대법원 2023.5.11. 2071다 35588, 2017다 35595(병합)]에 의하더라도 그 결론은 동일할 것이다.

강등이 업무는 종전과 마찬가지로 하면서 임금만 삭감하는 취지라면 근로기준법 제95조의 감봉제재의 제한 위반이 될 수 있다. 그러나 직무를 전환하면서 임금도 삭감하는 경우라면 임금저하가 직무변경에 수반하는 결과이므로 감봉제재의 제한 위반이 되지 않는다.[14]

실무적으로 기업에서 팀장에서 팀원으로 전보처분을 한 경우 사실상 부당한 강등에 해당한다고 다투는 경우가 많다.

센터장에서 팀장으로, 팀장에서 팀원으로 순차적으로 강등되어 그에 불응한 근로자를 직권면직한 사례에서, 법원은 회사의 보상조직에서 센터장은 부장급 또는 차장급, 팀장은 과장급, 팀원은 대리급 및 평사원으로 보직되는데 근로자와 같이 센터장에서 팀원으로의 강등은 전례가 없는 심한 정도인 점, 최고책임자의 사직 요구를 거부한 직후에 팀원으로의 강등이 이루어진 점 등을 고려하여 회사의 근로자에 대한 팀원으로의 강등은 회사의 자진사직 권유에 불응한 데 대한 의도적인 보복인사로서 인사재량권의 남용으로 본다(서울행정법원 2003.6.19. 2002구합39880).

그러나 팀장에서 팀원으로의 직위 변경이 있더라도 직급이나 임금에 불이익이 없고 업무상 필요성을 인정할 수 있으면 정당한 전보명령으로 판단될 수 있다(서울지방노동위원회 2015.3.9. 2015부해115).

4. 감봉과 감급

감봉(감급)은 근로자의 질서위반 행위에 대해 근로 제공의 대가로 지급되는 임금에서 소정의 금액을 삭감하는 징계이다. 감봉(감급)에 대해서는 1회의 금액이 평균

---

14) 하갑래, 근로기준법, p.887.

임금의 1일분의 2분의 1을, 총액이 1임금지급기의 임금 총액의 10분의 1을 초과하지 못하는 근로기준법(제95조)상의 제한이 따른다.

퇴직금도 감급제한 대상에 포함되는지가 문제될 수 있으나, 퇴직금은 후불임금으로서의 성격 이외에도 사회보장적 급여로서의 성격과 공로보상으로서의 성격을 아울러 가지는 것인 점에 비추어(대법원 2014.7.16. 2013므2250) 감급제한을 받지 않는 것으로 본다. 다만, 감액을 하더라도 근속연수 1년에 평균임금의 30일분 이상의 퇴직금을 지급해야 하는 퇴직금 제도에 따른 한계는 있다.

만약 근로자가 퇴직 당시 퇴직급여 전액을 지급받았으나 퇴직 후 재직 중의 업무와 관련하여 금고 이상의 형을 받은 경우 그 퇴직급여를 감하여 지급한다는 퇴직급여규정이 있을 경우 그에 따라 근로자는 퇴직급여 중 그 감액 상당액을 법률상 원인 없이 취득한 것으로 반환하여야 할 수 있다.

핵심 판례 **퇴직급여의 감급**

퇴직급여에 관한 규정에서 임직원이 업무와 관련하여 금고 이상의 형을 받은 경우에는 그 퇴직급여의 100분의 50을 감하여 지급하도록 규정하고 있더라도, 재직 중 성실하고 청렴하게 근무하도록 유도하기 위한 정당한 목적, 제한의 사유를 업무와 관련한 범죄행위로 금고 이상의 형을 선고받은 중대한 사유가 발생한 경우 등으로 한정, 제한의 범위도 근로기준법 소정의 최저 퇴직금 제도에 위배되지 아니함으로써 그 수단의 상당성과 법익의 균형성도 갖춘 것이라면 그 규정을 무효라고 볼 수 없다(대법원 2002.9.6. 2002다29442).

근로자의 복무규율 위반에 대한 징계처분의 종류는 이상에서 살펴본 바와 같이 해고, 휴직, 정직, 전직, 강등과 감봉(감급)이 있고 이러한 징계조치는 주로 취업규칙에 규정되어 있으며, 노동위원회의 권리구제 대상이 된다.

〈도표 10-2〉 징계의 종류

종 류	개 념
해 고	근로자 의사에 반하여 사용자가 일방적으로 근로관계를 종료시키는 인사조치
휴 직	근로자가 근로를 제공할 수 없을 때 본인의 희망 또는 취업규칙 등에 따라 근로관계를 유지하면서 일정기간 직무종사를 금지시키거나 근로제공 의무를 면제시키는 인사처분
정 직 (출근정지)	근로관계를 유지하면서 일정기간 동안 근로자의 출근과 근로제공을 금지하는 징계처분
전 직	전보와 전근을 포함하는 배치전환 명령(기업 내 전직) 및 전출과 전적(기업 간 전직)을 모두 포함
	일상적 인사이동에 해당하는 전직(배치전환)이 대부분이나 징벌에 해당하는 전직도 있을 수 있음
강 등	근로자의 직급을 낮추는 징계로서 직급과 임금에 불이익이 발생하는 중징계의 일종
감봉(감급)	근로자가 실제로 제공한 근로에 대한 임금액에서 일정액을 삭감하는 징계처분

5. 그 밖의 징벌

(1) 그 밖의 징벌의 의의

'그 밖의 징벌'이라 함은 해고, 휴직, 정직, 전직, 감봉을 제외한 처분으로서 사용자가 당해 근로자에게 제재로서 가하는 불이익한 처분만을 의미하고 근로계약관계에서 일반적으로 발생할 수 있는 모든 불이익한 처분을 의미하는 것은 아니다(대법원 2010.2.11. 2009두20977).

그러나 실제의 사례는 그 밖의 징벌에는 징계만 해당한다는 판결과 징계에 해당하지 않는 그 밖의 징벌이 있을 수 있다는 판결로 견해가 나뉜다.[15)]

15) 유성재, "노동위원회 구제신청 대상 및 제척기간 등 쟁점사항 연구", 중앙노동위원회, 2013.11., p.125.

근로자가 이사를 이유로 연차사용 신청을 했으나 실제로는 노동조합의 행사에 참석한 것을 이유로 사용자가 무단결근 처리한 사안에서 무단결근 처리는 '그 밖의 징벌'에 해당하지 아니한다(서울고등법원 2000.3.9. 99누10802)고 하여 그 밖의 징벌은 징계만 해당한다고 보았다.

반면 징계절차를 거치지 아니한 직위해제 처분이 사실상의 인사상 불이익처분이므로 '그 밖의 징벌'에 포함된다(대법원 2005.11.25. 2003두8210)고 하여 징계에 해당하지 않는 그 밖의 징벌이 있을 수 있다고도 보았다. 후자의 입장을 취하더라도 제재로서 가하는 불이익한 처분인지 여부에 대한 판단 기준이 명확하지 아니하다.

실무에서는 해고, 정직, 전직, 휴직, 감봉에 해당하지 않으면서 사용자가 취업규칙 등에서 징계로도 명시하지 않아 외관상 인사명령의 형태를 가진 처분이라 하더라도 근로자에게 사실상 징계에 상응하는 불이익이 발생하는 경우 구제의 필요성이 있을 수 있다.

판례는 징벌적 성격을 갖는 근속승진 누락(서울행정법원 2009.7.1. 2008구합47494), 평가등급에 영향을 미치는 주의처분, 근무평정에 영향을 미치는 경고에 대하여는 그 밖의 징벌에 해당하는 것으로 본다.[16)]

반면 일반적인 호봉승급 누락, 성과급 미지급, 정기승진 누락, 경고, 근무형태 변경, 성과급 차등지급에 대해서는 그 밖의 징벌에 해당하지 않는 것으로 본다〈도표 10-3〉.

〈도표 10-3〉 그 밖의 징벌에 대한 판례

그 밖의 징벌 인정	그 밖의 징벌 부정
- 근속승진 누락 - 견책 - 근무평정에 영향을 미치는 경고 - 평가등급에 영향을 미치는 주의 처분 - 배차변경	- 정기승진 누락 - 경고(구두 또는 서면으로 훈계하는 제재) - 인사고과에 따른 불이익 - 비전속배차로의 근무형태 변경

16) 유성재, "노동위원회 구제신청 대상 및 제척기간 등 쟁점사항 연구", pp.148~159.

원칙적으로 사적 자치의 원칙이 적용되는 사용자와 근로자 사이의 계약관계에서 발생할 수 있는 모든 불이익한 처분을 구제신청의 대상이 되는 것은 행정의 과도한 관여가 될 수 있으므로 그 밖의 징벌은 근로계약관계에서 일어나는 모든 불이익한 처분이 아니라 제재로서 가하는 불이익한 처분만을 의미하는 것으로 보는 것이 타당하다(대법원 2010.2.11. 2009두20977).

다만, 대기발령(직위해제)과 같은 인사명령에 대해서는 징계와는 다른 성질을 인정하면서도 근로기준법 등에 위반되거나 권리남용에 해당될 경우 위법 무효이므로 노동위원회의 심판대상이 되는 것으로 보고 있다.

노동위원회규칙(2022.4.29.) 개정으로 구제 신청 내용이 노동위원회 구제명령 대상이 아닌 경우, 각하판정을 하지 않게 되어 노동위원회 단계에서 심판대상 여부의 중요성은 반감되었다(제60조).

(2) 견책과 경고

견책은 사용자가 근로자의 위법부당한 행위에 대하여 이를 반성하게 하고 장래에 반복되지 않도록 하는 처분이며 보통 시말서를 받는 방법으로 이루어진다.[17] 견책 그 자체만으로는 실질적인 불이익을 부과하지 않으나 인사관리 측면에서 감점요인으로 작용하기도 한다.

시말서 제출이 그 밖의 징벌에 해당되는지와 관련하여 법원은 징계 대상자가 시말서 제출의 제재 처분을 받게 된 경위, 비위사실의 구체적인 내용과 정도, 기업의 위계질서가 문란케 될 위험성 등 기업질서에 미칠 영향, 징계대상자가 자신의 비위사실에 대하여 반성하고 있는지의 여부, 과거의 근무태도, 기업질서 위반으로 다른 징계처분 등을 받은 전력이 있는지의 여부 등 여러 사정을 종합적으로 검토하여야 하는 것으로 보고 있다(대법원 1995.4.25. 94누13053).

회사의 관련 규정에서 견책에 관해 상호 모순되게 규정하고 있는 경우 근로자에게 유리하게 합리적으로 해석하여야 한다.

---

17) 최영우, 개별 노동법 실무(제12판), 중앙경제, 2023, p.1144.

법원도 단체협약에서 '시말서를 연 5회 이상 제출한 때'를 징계사유로 규정하면서 한편으로 같은 단체협약에서 징계의 종류로 견책을 규정하고 '시말서 3회 제출시'에 견책하도록 규정하였다면 서로 상충되는 것으로, 상충하는 규정을 근로자에게 유리하게 합리적으로 해석하려면 견책처분에 병기한 '시말서 3회 제출시'라는 기재를 무의미한 것으로 해석하는 수 밖에 없다(대법원 1995.4.25. 94누13053)고 하였다.

한편, 법원은 대학교에서 재직하다가 정년퇴임한 교수가 품위유지 의무 위반을 이유로 재직기간 마지막 날로 소급한 견책의 징계처분을 받고 제기한 징계처분 무효 확인소송에서 위 징계처분의 전력으로 명예교수 추대 등에서 사실상의 불이익이 있을 뿐 권리나 법률상의 지위에 현존하는 위험이나 불안이 있다고 할 수 없다고 하여 확인의 이익을 부정한다(대법원 2015.6.24. 2014다234322).

경고가 그 밖의 징벌에 해당하는지 여부에 대해서는 관련 규정에 경고가 징계로 규정되어 있지 않더라도 그로 인한 불이익이 있는지에 따라 달라진다.

단체협약 및 취업규칙에서 징계의 종류로 규정되어 있지 않고 경고로 인해 근로자가 받는 불이익이 전혀 없는 경우 경고는 '그 밖의 징벌'에 해당하지 않는다고 본다(중앙노동위원회 2016.8.10. 2016부해526/부노95 병합).

반면, 경고가 인사규정에 징계의 종류로 포함되어 있지 않지만 쟁의행위 참가를 사유로 내려진 조치이고 관련 규정에 경고를 받은 자에 대한 근무성적 평정시 0.2점을 감하여 평정하도록 되어 있어 인사상의 불이익이 존재하는 경우에는 구제신청의 대상이 되는 그 밖의 징벌로 본다(중앙노동위원회 2011.3.24. 2010부해1330).

회사 규정상 주의조치를 받을 경우 평가시 10점 이상을 감점하도록 되어 있고, 이로 인해 특별성과급의 50%를 지급받지 못하거나 상당한 금액의 감액이 예정되어 있어 상당한 불이익이 있으며 2년 연속 평가 등급 2등급 이하인 경우 계약이 해지될 수 있는 잠재적 불이익이 있으므로 그 밖의 징벌에 해당한다(중앙노동위원회 2012.9.5. 2012부해584)고 본다.

(3) 인사고과에 따른 불이익

1) 인사고과에 따른 임금 삭감

인사고과 결과에 따라 연봉 인상률이 다르거나 연봉이 삭감되는 것은 전 직원에 대한 업무실적 등을 평가하는 과정에서 이루어진 것으로서 근로자들의 비위행위에 대한 '제재'로 실시된 것이 아니며, 성과에 따라 그 처우를 달리하는 일종의 장려정책에 해당하므로 인사고과 결과에 따라 연봉이 삭감된 것을 제재로서의 성질을 가진 것으로서 노동위원회의 구제신청 대상이 되는 근로기준법 제23조제1항의 '그 밖의 징벌'에 해당한다고 볼 수 없다(대법원 2012.8.17. 2012두10116).

인사고과는 근로자에 대한 전인격적, 복합적인 평가로 인사권자의 고유권한에 속하고 평가기준, 항목 설정, 점수 배분 등에 있어 광범위한 재량이 인정되므로 평가대상에 해당하는 모든 근로자들에 대하여 동일한 기준으로 이루어진 결과 보수수준 등 각종 인사관리에 활용·반영되어 특정 근로자에게 불리한 결과로 되더라도 평가 자체를 제재로서의 징벌에 해당한다고 볼 수 없기 때문이다.

한편, 인사고과가 징벌에 해당되지 않는다 하더라도 임금지급청구소송에서 '사용자의 인사고과가 헌법·근로기준법 등에 위반되거나 객관적으로 공정한 평정의 기준을 현저하게 위반해 정당한 인사권의 범위를 벗어난 때에는 인사고과의 평가결과는 사법심사의 대상이 된다(대법원 2015.6.24. 2013다22195)'고 하여 인사고과 평가결과가 위헌, 위법 또는 현저하게 공정성에 의혹이 제기되는 때에는 사법심사의 대상이 되는 것으로 보고 있다.

회사의 부진인력 대상자 명단에 기재된 근로자들에 대해 인사고과 F등급을 부여하고 임금삭감을 한 경우 특별한 사정이 없는 한 헌법 제11조의 평등원칙, 헌법 제32조제3항이 근로조건의 기준을 인간의 존엄성을 보장하도록 법률로 정하게 한 취지 및 우리 사회의 건전한 상식과 법감정에 비추어 용인될 수 있는 한계를 벗어나 사회질서에 위반되는 것이어서 삭감된 임금을 지급하여야 한다(대법원 2015.6.24. 2013다22195)고 본 사례가 있다.

2) 근무평정과 역량평가에 따른 호봉승급 보류

근무평정에 의하여 이루어지는 회사의 호봉승급은 근로자의 근로의욕 고취와 생산성 향상을 위해 성과에 따라 처우를 달리하는 상여로서의 성질을 가지므로, 비록 호봉승급 보류로 인하여 해당 근로자들이 호봉승급된 근로자들에 비하여 상대적으로 불이익한 처우를 받게 되었다고 하더라도 노동위원회 구제대상이 되는 근로기준법 제23조제1항의 '그 밖의 징벌'에 해당한다고 볼 수 없다(대법원 2010.2.11. 2009두20977).

3) 직무성과평가에 따른 상여금 및 임금 상승률 차등 적용

사용자가 인사평가 및 변경된 성과급 지급규정에 따라 연봉 및 성과급을 지급하지 않은 것은 징계사유가 있음을 전제로 징계기간 동안 임금을 삭감하는 감봉의 징계와 달리, 징계사유와는 무관하게 실적에 따른 보상강화를 위하여 사용자가 연봉 및 성과급을 미지급한 것으로 그 밖의 징벌에 해당한다고 볼 수 없다(서울고등법원 2010.11.19. 2010누14925).

4) 감호조치

근로자가 정기승급을 하게 되면 2호봉 승급조치가 따르는 반면 승급제외 조치를 받거나 1호봉만 승급조치를 받게 되면 결과적으로 임금인상의 효과를 가진 승급에서 배제되는 효과가 나타나는데 이를 감호조치라 한다.

법원은 감호조치로 인해 호봉 승급된 다른 근로자들에 비하여 급여 지급액이 인상되지 않는 불이익이 있음에도 불구하고 감호조치를 과거의 잘못에 대한 제재로서 가하는 불이익한 처분인 그 밖의 징벌에 해당하지 않는다고 판단한다(서울고등법원 2013.10.16. 2013누7874; 서울행정법원 2013.1.31. 2012구합15883).

즉 정기승급이 개별 근로자의 역량, 업적, 근무태도 및 적성 등을 대상으로 한 역량평가의 결과에 따라 이루어지고 능력과 업적에 그 처우를 달리하는 일종의 상여 내지 장려정책에 해당하며, 회사의 관련 규정에는 정기승급 배제(감호)를 징계의 하나로 규정하고 있지 아니하고, 근로자의 비위행위에 대한 제재로 실시된 것이 아

닌 점 등에 근거하여 감호조치가 그 밖의 징벌에 해당하지 아니한다고 본다.[18)]

(4) 승진 누락

1) 정기승진 누락

매년 1회 동일한 승진기준에 따라 승진심사를 실시한 결과 승진 누락된 근로자는 승진된 근로자들과 비교할 때 상대적으로 불이익한 처우를 받게 되었다 하더라도 이를 제재로서 가하는 불이익 조치라 볼 수 없어 노동위원회의 구제대상인 그 밖의 징벌에 해당한다고 보기 어렵다(대법원 2013.12.12. 2013두18469).

2) 근속승진 누락

사용자가 평가, 아침행사 불참 및 승인 받지 않은 유인물 배포를 이유로 경고처분을 한 후 회사 내규에 따라 2회 경고처분을 받은 근로자를 근속승진 심사대상에서 제외한 사안에서, 법원은 근속승진 누락으로 인해 급여상의 불이익을 받게 되어 감봉과 비슷한 징벌적 효과가 있어 사실상 견책보다 가혹한 불이익 제재에 해당하므로 구제신청의 대상인 근로기준법 제23조제1항 소정의 그 밖의 징벌에 해당한다고 판단한다(서울행정법원 2009.7.1. 2008구합47494).

본 사안은 위 1)의 정기승진심사에서 소정의 기준을 충족하지 못하여 승진이 누락된 경우와 달리 징계의 종류로는 명시되어 있지 않으나 사실상 제재로서 가한 경고처분으로 인해 근속승진 누락이 이루어지고 그로 인해 감봉과 유사한 불이익이 발생하였으므로 경고와 근속승진 누락 양자를 일련의 행위로 보아서 징벌적 성격을 인정한 것으로 보인다.

18) 이승길, "감호조치가 근로기준법 제23조제1항의 '그 밖의 징벌'에 해당 여부", 노동법학 제46호, 2013.6., pp.347~352; 노호창, "'그 밖의 징벌'의 해석에 관한 견해", 노동법학 제46호, 2013.6., pp.311~315.

(5) 근무형태 변경

1) 비전속배차로의 근무형태 변경

택시, 버스 등 자동차 운송사업을 영위하는 회사에서는 정해진 시간에 정해진 차량을 운전하게 하는 전속배차(고정배차), 배차시간이나 차량이 정해지지 않는 비전속배차(유동근무)의 근무형태가 있다.

운송사업을 영위하는 회사에서 사용자가 승무직 근로자인 운전기사에 대하여 전속배차에서 비전속배차로 근무형태 변경을 한 것은 근로기준법 소정의 전직이나 기타 징벌에 해당한다고 볼 수 없고, 이는 정당한 업무명령에 속한다(서울행정법원 2004.7.16. 2003구합37232)고 본다.

따라서 근로자인 운전사는 특별한 사정이 없는 한 이러한 사용자의 배차 지시에 따라야 할 것이고, 이를 거부하는 것은 근로계약에 따른 근로자의 본질적이고 기본적인 의무인 근로제공 의무를 이행하지 않는 것으로서, 이는 채무불이행이 될 뿐 아니라 일반적으로 해고사유가 된다(대법원 2000.6.23. 98다54960).

근로자에 대한 순환근무 인사명령(고정기사에서 예비기사로 발령)은 근로조건의 차이가 없고, 야기된 생활상 불편은 수인하여야 할 범위 내인 것으로 근로기준법상의 그 밖의 징벌에 해당하지 아니한다고 본 사안(중앙노동위원회 2014.2.6. 2013부해1061,1062,1065/부노188,189,192 병합)도 동일한 취지이다.

2) 배차변경

자동차 운송사업을 영위하는 회사의 사용자가 운전사에 대하여 행하는 배차 지시는 통상적인 업무수행 명령에 속하나, 근무시간을 제한하고 기타 제재적 성격의 불이익처분이 포함되어 있는 경우 그 밖의 징벌에 해당할 수 있다.

사용자의 승인 없이 발생한 초과근무(1일 10시간 이후)로 인한 운송수입금을 부당이득금으로 간주하여 공제하고, 초과운송수입금의 40% 미지급, 교대근무 지시, 배차시간 준수 지시는 택시기사인 근로자에 대한 제재적 성격의 불이익 처분에 해당하여 그 밖의 징벌로 보았다.

그러나 위 사건에서 근무시간 제한과 기타 불이익한 처분이 그 밖의 징벌에는 해당하지만 근로자가 과로로 인하여 '안면 신경 마비' 증상을 들어 업무상 재해신청을 요구한 사실과, 임금협정서, 단체협약서, 취업규칙에 규정된 내용들을 이행하기 위한 조치로 보아서 근로자에 대한 사용자의 징벌적 행위가 위법하다고 볼 수 없다고 판정하였다(중앙노동위원회 2011.6.23. 2011부해341/부노108 병합).

(6) 직위해제와 대기발령

직위해제는 직위를 박탈하여 직무수행을 못하게 하는 것이 그 본질적인 내용이다. 반면 대기발령은 반드시 직위의 박탈을 전제로 하는 것은 아니지만 근무태도 등이 불량한 근로자에게 일정기간 동안 보직을 부여하지 않고 대기시키는 인사발령으로서 대기발령과 직위해제는 그 기능면에서 유사하다.

그러나 인사실무상 양자가 동시에 행하여지는 경우가 많고 개념상 혼용되어 사용되기도 하며 실제로 법원에서도 이를 엄격하게 구별하여 사용하고 있지도 아니하다.

법원은 대기발령의 경우 징계 대체적인 성격이 있고 봉급 삭감 등의 불이익이 수반되는데도 이를 징계로 보지 않지만(대법원 2006.8.25. 2006두5151), 직위해제, 배치전환, 전출, 전적, 신차배차 거부 등 일반적인 인사처분의 성격을 띠는 사용자의 처분과 마찬가지로 노동위원회의 심판대상으로 인정해 왔다.[19]

핵심 판례 **직위해제의 성질과 정당성 판단기준**

근로자에 대한 직위해제는 장래에 있어서 계속 직무를 담당하게 될 경우 예상되는 업무상의 장애 등을 예방하기 위하여 일시적으로 당해 근로자에게 직위를 부여하지 아니함으로써 직무에 종사하지 못하도록 하는 잠정적인 조치로서의 보직의 해제를 의미하므로, 과거의 근로자의 비위행위에 대하여 기업질서 유지를 목적으로 행하여지는 징벌적 제재로서의 징계와는 그 성질이 다르다. 또 대기발령을 포함한 인사명령은 원칙적으로 인사권자인 사용자의 고유권한에 속한다 할 것이므로 업무상 필요한 범위 안에서 사용자에게 상당한 재량을 인정하여야 하며, 근로기준법 등에 위반되거나 권리남용에 해당하는 등의 특별한 사정이 없는 한 위법하다고 할 수 없다(대법원 2007.5.31. 2007두1460).

---

19) 이승길, "감호조치가 근로기준법 제23조제1항의 '그 밖의 징벌'에 해당 여부", pp.347~352.

직위해제나 대기발령 모두 징계가 아니라고 볼 경우에도 노동위원회에 구제신청을 할 수 있는 '그 밖의 징벌'은 징계로 제한되지 않으므로 노동위원회에 구제를 신청할 수 있는 대상이고 그 사유와 절차의 정당성이 인정되지 않으면 부당한 직위해제 또는 대기발령이 될 수 있다. 대기발령과 직위해제에 대해서는 제8장의 '제4절 대기발령과 직위해제'에서 상세히 설명하기로 한다.

(7) 그 밖의 징벌 판단기준

위와 같이 구체적인 인사조치가 징계에 해당하지 않더라도 '그 밖의 징벌'에 해당하는 경우 노동위원회의 구제신청 대상이 될 수 있으나 해당 처분이 '제재로서 가하는 불이익한 처분'인지 여부의 판단은 실제에 있어 명확하지 아니하다.

실무적으로 그 밖의 징벌로 인정되는 요소와 인정되지 않는 요소를 〈도표 10-4〉에서 정리하였다.

〈도표 10-4〉 그 밖의 징벌 판단 기준

구 분	그 밖의 징벌로 인정되는 요소	그 밖의 징벌로 인정되지 않는 요소
제재로서 가하는 불이익한 처분 여부	- 규정에 징계로 분류	- 해당 조치가 징계규정과 별도로 기재
	- 사실상 비위행위에 대한 제재 조치	- 비위행위에 대한 제재가 아니라 다른 목적을 위한 조치
	- 급여·인사상 불이익이 존재하거나 규정상 불이익이 예상	- 불이익이 없거나 감수하여야 할 정도의 생활상 불편 발생 - 인사평가의 결과로 인한 승진, 연봉 등에서의 불이익 발생
구체적 사례	- 직위해제 - 경고(평가등급 등 불이익 수반)	- 인사고과에 따른 승급 배제, 임금 및 상여금의 인상률 차등 지급 - 비전속배차(유동기사) - 단순 경고

제3절 징계사유의 정당성

1. 징계사유의 의의

단체협약, 취업규칙이나 근로계약에 징계사유, 징계 종류, 징계 절차 및 양정에 관하여 규정하고 있고, 그에 따라 사용자가 징계권을 행사하더라도 이를 남용하면 안 된다. 근로자에 대한 징계가 권리남용이 되지 않으려면 취업규칙 등에 정해진 징계사유에 해당하고 징계사유 그 자체가 정당한 것으로 평가될 수 있어야 한다.[20)]

취업규칙 등에 규정된 징계사유는 다양하지만 ① 근로계약 체결에 의해 근로자에게 발생하는 주된 의무인 근로제공 의무의 위반, ② 부수적으로 발생하는 성실의무의 위반, ③ 노동조합 활동과 관련하여 발생하는 징계사유로 대별할 수 있어 각 사유별로 구체적인 비위행위를 살펴보기로 한다. 다만, 이하에서는 개략적인 징계사유에 대해서만 설명하고 상세한 사례는 제11장의 해고 부문에서 살펴본다.

2. 징계사유별 정당성 판단

(1) 근로제공 의무 위반의 징계사유

1) 무단결근

근로자가 정당한 사유나 사용자의 승인 없이 근무일에 사업장에 나오지 않아 근로제공 의무를 다하지 아니하는 것을 말한다. 이는 그 자체로서는 단순한 근로제공 의무의 위반이지만 그것이 다른 근로자의 근무 태도에 악영향을 미쳐 직장질서에 반하는 경우 정당한 징계사유가 된다. 정당한 결근 사유가 있더라도 취업규칙 소정의 결근계를 제출하지 않거나 승인을 받지 않은 경우에는 무단결근으로 인정된다.[21)]

2) 근무태만·성적불량

근로자가 정당한 사유 없이 지각·조퇴를 빈번하게 하여 근무를 태만히 하거나

20) 임종률, 노동법, p.544.
21) 임종률, 노동법, pp.544~545.

근무성적이 현저하게 지속적으로 불량하거나, 합리적인 사유 없이 담당 업무와 배치되는 행동을 하거나 필요한 조치를 취하지 아니하는 경우 사용자는 취업규칙 등에 의하여 징계를 할 수 있다.

3) 정당한 업무지시·명령의 거부

근로자가 전직 등 사용자의 정당한 인사명령이나 연장근로명령 등을 거부하거나 경위서 제출을 거부하는 등 업무명령에 위반하는 경우 근로제공 의무의 불이행에 해당하나 그 명령 위반으로 근무규율이나 직장질서에 악영향을 미쳐야 정당한 징계사유가 된다.[22)]

(2) 성실 의무 위반의 징계사유

1) 학력·경력사칭과 위장취업

학력·경력사칭이나 위장취업은 근로자가 기업에 채용될 때 제출하는 이력서나 면접 등에서 고의로 학력, 경력, 학생운동 전력, 노동운동 전력, 사회활동 전력 또는 전과사실을 속이거나 은폐하는 것을 말한다. 경력사칭은 정당한 징계사유, 특히 징계해고의 사유가 되는지가 문제된다.

2) 직장 내 근무규율 위반

출근부 허위기재, 음주도박, 직원·상사 폭행 등의 근무기강 문란행위, 직장 내 성희롱, 업무상 횡령·배임·뇌물 수령 등 범법행위와 중대 사고의 발생 등이 해당한다. 이는 직장의 풍기·질서를 문란하게 하는 행위로서 정당한 징계사유로 인정된다.

3) 직장 외 비행행위

경업·겸직 금지 의무 위반, 회사 고소·고발·진정 및 자료유출·자료도용으로 인해 사용자의 비밀, 명예, 신용 등을 훼손하는 것, 그리고 사생활의 비행과 풍기문란 등은 정당한 징계사유가 될 수 있다.

---

22) 임종률, 노동법, p.545.

(3) 노동조합 활동과 관련한 징계사유

사용자는 헌법(제33조제1항)과 노동조합법(제3조, 제4조)에서 보장하는 정당한 노조 활동을 금지하거나 이를 이유로 징계할 수 없으나 위법한 활동을 한 경우에는 정당한 징계사유가 된다.

① 근무시간 중에 사용자의 승인을 받지 않고 노동조합의 운영이나 집회활동에 참여하거나, ② 노조전임자가 취업규칙 등에 규정된 절차를 거치지 않고 출근을 하지 않거나, ③ 회사의 허가 없이 유인물을 배포하거나, ④ 위법한 쟁의행위를 하는 경우에 징계사유로 삼을 수 있다.

해고사유에 해당하는 근로자의 행위에 대해 그 책임을 면제하기로 노사가 합의한 경우 면책 합의에 반하여 그 행위를 징계사유로 삼을 수는 없으나 다른 비위행위를 사유로 하여 징계할 때 면책 합의된 행위를 양정의 판단자료로 삼을 수 있다.

위에 설명한 징계사유를 도표로 정리하면 〈도표 10-5〉와 같다.

〈도표 10-5〉 징계사유

구 분	징계사유	
근로제공 의무 위반 (주된 의무)	무단결근	
	근무태만과 성적불량	
	정당한 업무지시와 명령의 거부	
성실 의무 위반 (부수적 의무)	학력·경력사칭과 위장취업	
	직장 내 근무규율 위반	근무기강 문란(출근부 허위기재, 음주도박, 직원·상사 폭행 등)
		직장 내 성희롱
		범법행위와 중대사고의 발생
	직장 외 비위행위	경업·겸직 금지 의무 위반
		회사 고소·고발·진정, 자료유출·자료도용
		사생활 비행과 풍기문란
위법한 노동조합 활동	노동조합 운영과 집회 참가	
	노조전임자 등의 무단 결근	
	유인물 배포	
	위법한 쟁의행위	

제4절 징계양정의 적정성

1. 징계양정의 의의

징계양정이란 근로자의 비위행위에 대하여 처분할 징계의 종류와 내용을 선택하는 것을 말하며, 이는 원칙적으로 징계권자의 재량에 맡겨져 있다(대법원 2002.8.23. 2000다60890, 60906). 비위사실이 징계사유에 해당하더라도 징계의 양정이 과다하면 그 징계처분은 무효이다.

각 회사의 취업규칙에서 정하는 징계의 종류나 정도는 다양하지만 징계양정의 적정성 판단기준과 징계양정의 참작사유들을 고려하되 아래 표와 같이 비위행위의 정도와 고의·중과실이나 경과실의 정도에 따라 구체적인 양정이 결정된다〈도표 10-6〉.

〈도표 10-6〉 징계양정의 종류

비위정도 \ 고의·과실정도	경과실	고의·중과실
심함	정직 감봉	징계해고 정직
약함	견책 경고	정직 감봉

2. 징계양정의 적정성 판단기준

징계양정의 적정성에 대한 판단기준은 징계권자의 재량과 한계로 구분하여 설명할 수 있다.[23)]

---

23) 조정호, 인사명령과 구제절차, 중앙경제, 2011, pp.321~333.

(1) 징계권자의 재량

취업규칙에서 징계사유와 그에 대한 징계종류를 규정하고 있는 이상 그 규정 자체가 신의칙에 위반한다거나 권리남용에 해당하는 등 특별한 사정이 없는 한 규정에 따른 징계처분은 일응 정당하다(대법원 1991.10.11. 91다20173).

기업에 따라서는 비위의 유형과 비위의 정도 및 과실 여부에 따른 자체 징계양정의 기준을 정하여 적용하고 있으나 종국적으로는 노동위원회나 법원이 양정의 적정성에 대해 판단하게 된다.

징계양정 기준을 그대로 적용하기 어려운 경우 징계의 원인이 된 비위사실의 내용과 성질, 징계에 의하여 달성하려고 하는 목적, 징계양정의 기준 등 여러 요소를 종합하여 판단하게 되나 원칙적으로 피징계자에게 어떤 징계를 하는가는 징계권자의 재량에 속한다(대법원 2012.9.27. 2010다99279).

다만, 징계양정에 있어서 ① 회사의 특수성[24]을 고려해야 하고, ② 근로자의 권한과 책임이 클수록 비위행위가 중하게 평가되며, ③ 사생활 영역에서 이루어진 비위행위는 기업질서에 미치는 정도에 따라 다르게 판단될 수 있고, ④ 비위행위에 사용자가 책임이 있거나 그로부터 유발되는 경우 감경 요소로 판단될 수 있다.[25]

(2) 징계재량의 한계

1) 사회통념상 타당성

취업규칙이나 상벌규정에서 징계사유를 규정하면서 동일한 사유에 대하여 여러 등급의 징계가 가능한 것으로 규정한 경우에 그 중 어떤 징계처분을 할 것인가는 징계권자의 재량에 맡겨져 있으나 그 재량권 행사에는 일정한 한계가 있다 할 것이다. 징계권자의 징계재량은 자의적이고 편의적인 재량이 아니라 징계사유와 처분 사이의 사회통념상 상당한 균형이 요구되고 비례의 원칙에 부합되고 권리의 남용

24) 광주고등법원(전주) 2017.1.12. 2015나102250. 소액의 버스요금을 주된 수입원으로 삼는 고속버스 회사의 운전기사가 2,400원을 횡령한 비위행위에 대한 해고가 정당하다고 한 판결이다.
25) 김수련, “징계양정 결정 및 판단시 유의사항”, 노동법률, 2017.3., pp.94~97.

이 없어야 한다(대법원 2014.11.27. 2011다41420).

또한, 내부의 인사기준에 따라 징계하였다는 사정만으로 징계처분이 적법하다고 할 수 없고(대법원 1998.10.9. 97누1198), 고소나 폭행이 있었더라도 그 경위나 결과, 징계전력, 회사에 미친 손해 등을 고려할 때 양정에 있어 재량권의 범위를 벗어나면 위법하다(대법원 2005.3.11. 2004두13332).

사회통념상 타당성은 구체적인 사례에 따라 비위행위의 내용과 성질, 징계의 목적, 징계양정의 기준 등 여러 요소를 종합적으로 검토하여 판단하게 된다.

핵심 판례 **징계양정의 기준**

징계권자가 재량권의 행사로서 한 징계처분이 사회통념상 현저하게 타당성을 잃어 재량권을 남용한 것이라고 인정되는 경우 그 처분은 위법한바, 징계권의 행사가 공익적 목적을 위하여 징계권을 행사하여야 할 공익의 원칙에 반하거나 일반적으로 징계사유로 삼은 비행의 정도에 비하여 균형을 잃은 과중한 징계처분을 선택함으로써 비례의 원칙에 반하거나 또는 같은 정도의 비행에 대하여 일반적으로 적용하여 온 기준에 비추어 합리적인 이유 없이 공평을 잃은 징계처분을 선택함으로써 평등의 원칙을 위반한 경우 이러한 징계처분은 재량권의 한계를 벗어난 처분으로서 위법하다(대법원 2015.1.29. 2014두40616).

2) 형평의 원칙

형평의 원칙은 징계권자의 자의가 배제되고 객관적 사실을 기초로 합리적 근거에 의하여 징계권이 행사 되어야 한다는 의미이다. 따라서 징계권자가 다수의 피징계자에 대한 유사한 징계사유에 대해 적용할 징계양정의 기준을 정하고 그에 따라 징계처분을 하였을 경우 그 기준이 전혀 합리성이 없다거나 특정의 근로자만을 해고하기 위한 방편이라는 등의 특별한 사정이 없는 한 단순히 다른 근로자들에게 상대적으로 경미한 징계가 이루어졌다는 사정만으로 당해 징계처분이 형평의 원칙에 반하여 위법하다고 보기는 어렵다(대법원 2014.11.27. 2011다41420).

3) 공익, 비례의 원칙

징계권의 행사가 공익의 원칙에 반하거나 징계사유와 징계처분 사이에 사회통념상 상당하다고 인정되는 비례의 원칙을 위반하여 징계권을 행사하면 재량권의 한계를 벗어난 처분으로서 위법하다.

3. 징계양정시 참작사유

징계 양정시 참작사유에는 ① 비위행위와 관련하여 과거의 비위행위, 징계 전후의 비위행위, 면책 합의, ② 행위자와 관련하여 개전의 정, 과거 징계전력, ③ 사업주와 관련하여 사업의 목적, 성격 등이 있고, 이러한 사유들을 고려하여 징계양정을 정하게 된다.[26)]

(1) 비위행위

1) 징계 전후의 비위행위

사용자는 징계처분에서 징계사유로 삼지 아니한 비위행위라도 징계종류 선택의 자료로서 피징계자의 평소 소행과 근무성적, 해당 징계처분 사유 전후에 저지른 비위행위 사실 등을 징계양정의 참고자료로 삼을 수 있다(대법원 2011.3.24. 2010다21962).

징계의 대상이 된 징계사유 외에도 당해 징계처분 사유 전후에 저지른 징계사유가 되지 아니한 각종 비위사실도 사회통념상 회사와의 신뢰관계를 반복적으로 훼손한 경우 징계양정의 판단자료로 삼을 수 있다(대법원 2004.6.25. 2002다51555).

2) 일부 징계사유의 인정

수 개의 징계사유 중 일부가 인정되지 아니하더라도 일부 인정되는 징계사유의 비위 정도, 전력 등 만으로 당해 징계처분의 타당성을 인정하기에 충분한 경우 그

26) 조정호, 인사명령과 구제절차, pp.321~333; 중앙노동위원회, "부당해고에 대한 최근 판례의 동향", 중앙노동위원회 조사관 연찬회 자료집, 2008.9.

징계처분이 재량권의 범위를 일탈한 것으로서 위법한 처분이라고 할 수 없다(대법원 2014.6.26. 2014두35779).

3) 면책 합의와 징계시효 도과

근로자의 비위행위에 대하여 징계를 하지 않기로 면책 합의를 하였더라도 이는 그 비위행위를 징계사유로 삼는 것을 허용하지 않는 것일 뿐 다른 비위행위를 징계사유로 하여 근로자를 징계하면서 면책 합의된 비위행위가 있었던 점을 징계양정의 판단자료로 삼는 것까지 금하는 것은 아니다(대법원 2014.11.27. 2011다41420).

한편, 징계시효가 지난 비위행위도 징계양정의 참작자료로 삼을 수 있다(대법원 2008.10.9. 2006두13626).

(2) 비위 행위자

1) 과거 징계전력과 포상경력

기업의 관련 규정에서 과거 징계전력을 징계가중 사유로 규정하고 있는 경우 단순히 징계전력이 있다고 하여 일률적으로 가중사유로 삼을 것이 아니라 그 징계처분의 사유가 되었던 비위행위의 내용, 경위 등을 고려하여 양정을 결정하여야 한다.

징계규칙상 가중사유인 징계전력이 있더라도 근로자에게 비행의 정도에 비하여 과중하게 사무관에서 6급 주사로 강등조치를 한 징계처분은 위법하다(대법원 2014.2.13. 2013두19714)고 본 사례에서 그 예를 참고할 수 있다.

한편, 기업에 따라 포상경력이 있으면 징계양정을 감경해 주는 규정을 두고 있기도 하다.

2) 지위 및 담당직무의 내용

공금을 유용한 행위에 대해 징계처분에 이르게 된 경위, 고도의 성실 의무와 청렴 의무가 요구되는 공기업의 주요 간부였던 근로자의 지위 등을 종합하여 중징계를 한 것은 징계재량권을 일탈한 것으로 보기 어렵다(대법원 2014.12.24. 2012다116864).

(3) 사업의 목적과 성격

공공기관의 경우 비위행위에 따라서 공공의 일상 생활에 불편을 초래함으로써 공익사업을 수행하는 회사의 대외 이미지와 신뢰를 손상할 수 있어 엄격한 처분을 하더라도 양정이 적정한 것으로 인정하는 경향이다.

금전을 취급하는 금융기관의 경우에도 일반 회사보다 높은 도덕성과 책임감을 요구하여 동료나 거래처와의 사적 금전대차에 대하여 엄격한 처분을 인정하고 있다.

위 판례들의 태도에 비추어 징계양정 판단을 할 때 고려되어야 할 참작사유를 정리하면 〈도표 10-7〉과 같다.

〈도표 10-7〉 징계양정 판단시 참작사유

구 분	세부 판단 요소
비위행위	비위행위의 내용과 성질
	비위행위의 동기와 경위
	당해 징계처분 사유 전후에 발생한 비위행위 사실
	면책 합의하거나 징계시효가 지난 비위행위
비위행위자	근로자의 평소 소행과 근무성적
	근무성적 이외의 과거 근무태도와 전력
	과거의 징계전력과 포상 경력
	징계사유 발생 이후의 태도
	당해 근로자의 지위 및 담당 직무의 내용
사업주	사업의 목적과 성격(예: 공공기관, 금융기관)
	사업장의 여건, 기업의 규모
	징계에 의하여 이루고자 하는 목적
	기업질서에 미칠 영향

자료: 〈중앙노동위원회, "부당해고에 대한 최근 판례의 동향", 중앙노동위원회 조사관 연찬회 자료집, 2008.9.〉를 기초로 작성.

4. 구체적 판단사례

피징계자에게 징계사유가 있어 징계처분을 하는 경우 구체적으로 어떠한 처분을 할 것인가는 징계권자의 재량에 맡겨진 것이므로 비위행위의 내용과 성질, 근로자의 귀책사유의 정도, 사업의 목적과 성격 및 징계에 의해 이루고자 하는 목적과 과거의 비위행위를 모두 고려하여 징계처분의 양정이 적정한지 여부를 판단한다.

(1) 징계양정의 적정성을 인정한 판례

① 제반 규정을 솔선하여 준수할 고도의 충실의무가 요구되는 간부급 지위에 있는 자가 승진인사 누락에 불만을 품고 권리구제라는 개인적인 이익을 위해 회사의 사전 승낙을 받지 아니한 채 인사위원회 심의결과 보고 공문 사본을 지방노동위원회 등에 무단으로 제출한 점, 보고 공문의 유출만으로도 인사위원회의 공정한 심사의 근간이 되는 비밀보장에 대한 신뢰가 크게 훼손된 점, 적극적 주도행위를 한 자와 단순 가담자의 징계양정에 차등을 둘 필요성, 비밀누설의무 위반의 비위 유형에 관하여 정하고 있는 징계양정기준에도 부합하는 점 등을 종합하여 징계처분이 징계재량권의 범위를 일탈하였거나 남용한 것이라고 볼 수는 없다(서울행정법원 2015.3.12. 2014구합64568).

② 파업기간이 짧았으나 파업이 불법이고, 공공의 일상생활에 마비가 올 수 있다는 등의 사회 경제적 불안을 안겨줌으로써 공익사업을 수행하는 회사의 대외 이미지와 신뢰에 손상을 주게 된 사정을 감안할 때 파업에 참가한 책임이 가볍다고 할 수 없으며, 감봉으로 인한 불이익이 크다 하더라도 감봉은 취업규칙상 가장 수위가 낮은 견책 다음 단계의 처분인 점 등 파업의 경과와 피징계인들의 노조에서의 지위, 파업 당시의 역할, 파업 이후의 정상 및 징계 경력 등을 고려하면 징계처분이 형평의 원칙에 반한다거나 징계재량권을 일탈 또는 남용했다고 볼 수 없다(서울행정법원 2008.9.19. 2008구합5285).

(2) 징계양정의 적정성을 부정한 판례

비위행위가 있더라도 비위행위의 정도, 개전의 정, 타 관련자와의 형평성, 사업장의 징계관행, 사용자의 과실, 비위행위의 의도 등을 감안할 때 비례의 원칙을 위반한 징계는 재량권을 일탈하거나 남용한 징계로 본다.

① 징계위원회에서 의결된 징계사유 중 일부 징계사유의 정당성을 부인하고 관련자들에 대한 징계수준을 고려할 때 형평의 원칙에 반하며 징계사유로 인정된 비위행위를 한 의도가 개인적 이익을 얻기 위한 것이 아닌 때에 사용자의 피징계인에 대한 정직의 징계처분은 사회통념상 현저하게 타당성을 잃어 징계재량권을 일탈하거나 남용한 것으로 본다(서울행정법원 2012.6.1. 2011구합23320).

② 징계규칙상 가중사유인 징계전력이 있는 근로자가 평소 안면 있는 후배를 우연히 만나 술자리를 갖자고 제의하였다가 거절당하자 술 취한 상태에서 머리로 후배의 얼굴을 들이받아 전치 3주 상해를 가한 데 대해 근로자를 사무관에서 6급 주사로 강등하는 징계처분을 한 것은 징계사유로 삼은 비행의 정도에 비하여 지나치게 과중한 징계의 종류를 선택함으로써 비례의 원칙에 위배되는 등으로 사회통념상 현저하게 타당성을 잃어 재량권을 일탈·남용한 것으로서 위법하다(대법원 2014.2.13. 2013두19714).

제5절 징계절차의 정당성

1. 징계절차의 의의

징계는 사용자의 일방적 의사로 행해지는 근로자에 대한 불이익한 처분이므로 징계과정에서 절차적 정의가 준수되어야 할 필요성이 크다. 단체협약이나 취업규칙 또는 이에 근거를 둔 징계규정에서 징계절차를 규정한 것은 징계권의 공정한 행사를 확보하고 징계제도의 합리적인 운영을 도모하기 위한 것으로서 중요한 의미를 가진다(대법원 2006.11.23. 2006다48069).

따라서 판례는 취업규칙 등에 절차적 규정이 있는 경우 이에 위반한 징계처분은 일반적으로 무효로 보고, 규정이 없는 경우에는 절차를 거치지 않더라도 효력에 영향을 주지 않는 것으로 보고 있다.[27]

핵심 판례 **절차 규정 유무와 징계절차**

해고의 절차는 경영상의 이유에 의한 해고의 경우와 같이 특별한 법 규정 등이 없는 한 단체협약이나 취업규칙 등에 정한 바에 따라야 한다. 따라서 단체협약이나 취업규칙 등에 일정한 사유를 이유로 하여 해고처분 등을 할 때에는 반드시 일정한 절차를 거치도록 규정하는 한편, 그와 달리 일정한 사유에 대하여는 아무런 절차 없이 해고처분 등을 할 수 있도록 규정하고 있다면, 이러한 경우 위 전·후자 각각의 사유 중 어느 것이 동일한 사유로서 중복되는 등의 특별한 사정이 없는 한, 사용자가 절차 규정이 없는 사유를 이유로 하여 해고처분 등을 할 때에는 절차 규정이 있는 사유를 이유로 하여 해고처분 등을 하는 경우와는 달리 어떠한 절차도 거치지 않고 할 수 있다(대법원 2008.9.25. 2006두18423).

징계절차 규정이 있는 회사가 피징계자를 징계하고자 할 때 통상 소명기회 부여를 위해 징계위원회 출석을 사전에 통지하고, 이해관계인 배제 등 규정에 따른 징계위원회 개최, 징계사유의 통보, 재심 징계위원회 개최 등의 절차를 거친다.

2. 징계절차 규정의 법적 효과

(1) 징계절차 규정이 있는 경우

단체협약, 취업규칙, 사규 등에 징계절차가 규정되어 있는 경우 이에 위반한 징계처분은 무효로 본다.

그러나 모든 징계절차 규정 위반의 징계를 일반적으로 무효로 볼 것인가에 대해서는 이론이 있을 수 있다. 법원은 단체협약에 정하여진 해고에 관한 절차위반이 그 해고를 무효로 하느냐 여부는 일률적으로 말할 수는 없고 그 규정의 취지에 따라 결정되어야 한다는 입장이다(대법원 2015.5.28. 2013두3351).

27) 중앙노동위원회, 주제별 판례 분석집(전면개정판), 2020, pp.483~484.

절차적 하자가 징계의 효력을 좌우할 수 있는지 여부를 판단하는 기준은 원칙적으로 당해 절차 규정의 취지로 미루어 그 절차적 권리가 근로자의 방어권 보장에 본질적인 영향을 미칠 사항이라면 중요한 절차에 관한 사항(징계의 통지와 소명기회의 부여 등)으로서 그 위반은 징계의 효력에 영향을 미치고, 그렇지 않다면(통지와 징계위원회 개최 사이의 간격 등) 절차의 하자가 징계의 효력에 직접적인 영향을 미치지 않는 것으로 본다.[28)]

핵심 판례 소명기회 절차 흠결의 법적 효과

징계대상자에게 징계위원회에 출석하여 변명과 소명자료를 제출할 기회를 부여하도록 되어 있음에도 이러한 징계절차를 위반하여 징계해고 하였다면 이러한 징계권의 행사는 징계사유가 인정되는 여부와 관계없이 절차에 있어서의 정의에 반하여 무효라고 보아야 한다(대법원 2012.1.27. 2010다100919).

(2) 징계절차 규정이 없는 경우

근로기준법 제96조는 취업규칙의 필수적 기재사항으로 '제재에 관한 사항'을 규정하고 있지만 징계절차에 관한 규정을 둘 것인가는 일반적으로 사용자의 재량에 속한다. 따라서 징계절차에 관한 규정이 정해져 있지 않은 경우에는 그와 같은 절차를 거치지 아니하더라도 정당하다고 본다(대법원 1998.11.27. 97누14132).

해고 시에 인사위원회를 개최하거나 소명의 기회를 부여하도록 하는 등의 절차규정이 마련되어 있지 아니한 경우 그러한 절차를 거침이 없이 근로자에게 일방적으로 해고를 통보하였다고 하여 절차상의 잘못은 없는 것이다(대법원 1998.11.27. 97누14132).

다만, 조직 내에 해고절차와 관련한 별도 규정이 없더라도 근로기준법(제27조)에 따라 사용자는 해고사유와 해고시기의 서면통지에 관한 의무를 반드시 준수하여야 한다.

---

28) 김성진, "절차위반 징계의 효력-노조의 인사협의·동의절차를 중심으로-", 노동법포럼 제15호, 2015.7., p.169.

(3) 징계절차 규정이 임의규정인 경우

징계절차에 관한 규정이 있다 하더라도 문언해석상 임의규정으로 해석되는 경우 그 절차규정 위반의 효과를 어떻게 볼 것인가에 대한 사례를 살펴본다.

① 상벌위원회 운영규정에서 위원회의 심의상 필요하다고 인정되는 관계자를 위원회에 출석시켜 의견을 청취할 수 있다고 규정한 경우 변명 기회를 부여하지 않은 징계를 당연 무효라고 할 수 없다(대법원 2007.12.27. 2007다51758).

② 단체협약 등에 규정된 인사조항의 구체적 내용이 사용자가 인사처분을 하면서 신중을 기할 수 있도록 노동조합이 의견을 제시할 수 있는 기회만을 주도록 규정된 경우에는 그 절차를 거치지 아니하였다고 하더라도 인사처분의 효력에는 아무런 영향이 없다(대법원 2014.11.27. 2011다41420).

③ 당사자에게 구두 또는 서면으로 소명할 기회를 부여할 수 있다는 규정만 있는 경우 소명기회 부여 여부는 재량사항이지만 소명의 기회를 부여하지 못할 정도로 장소적·시간적으로 급박한 사정이 없었다면 회사의 이사회 및 운영위원회가 근로자들에게 소명의 기회를 부여하지 아니한 채 해고를 한 것은 징계재량권의 남용으로서 위법하다(대법원 2006.2.24. 2005두14806).

위와 같이 절차 관련 규정이 임의규정으로 되어 있더라도 판례는 그 절차 위반의 효력에 대해 다른 입장을 보여주고 있다. 그러나 절차규정이 임의규정으로 해석되는데도 그 절차의 흠결을 이유로 징계처분이 일반적으로 위법하다고 보기는 어렵다고 판단된다.

위 ③의 사안은 경영권 다툼이 계속되는 와중에 이사회와 운영위원회에서 소명기회를 부여하지 아니하고 해고를 한 것으로, 경영권 다툼의 어느 일방을 편들 수는 없고 표면적으로 드러난 행위만으로 해고의 실질적인 정당성을 판단하기가 곤란하여 임의규정 형식의 절차상 하자를 이유로 해당 처분을 위법한 것으로 판단한 것으로 보인다.

따라서 기업의 입장에서는 관련 규정이 임의규정으로 되어 있더라도 징계의 통지와 소명기회의 부여 등 근로자의 방어권 보장에 본질적인 영향을 미치는 사항이라면 가급적 절차를 준수하는 것이 필요하다.

(4) 징계절차를 규정한 단체협약의 유효기간이 경과한 경우

실무적으로 징계절차를 규정한 단체협약의 유효기간이 경과하여 실효된 경우에도 징계절차를 준수하여야 할 것인가가 문제된다.

단체협약의 유효기간이 만료되거나 동 협약의 자동연장기간 중 당사자의 일방 해지통보로 인해 단체협약이 실효되었다 하더라도 당해 협약의 내용 중 '근로조건 등 기타 근로자의 대우에 관한 사항(이른바 규범적 부분)'은 개별 근로자의 근로계약으로 전환되어 계속 효력을 유지하므로 사용자가 이를 변경하고자 하는 경우에는 적법 절차에 따라 새로운 단체협약(또는 취업규칙)이 체결·작성되거나 또는 개별 근로자의 동의를 얻어야 한다(대법원 2000.6.9. 98다13747).

따라서 그러한 사정이 없다면 실효된 단체협약의 징계절차에 관한 규정은 개별적인 근로자의 근로계약의 내용으로 여전히 남아 있어 사용자와 근로자를 규율하게 된다(대법원 2007.12.27. 2007다51758).

핵심 판례 **징계절차를 규정한 단체협약의 실효와 절차 규정 적용**

새로운 단체협약이나 취업규칙이 체결·작성되었거나 개별적 동의를 얻었다는 사정이 없다면 실효된 단체협약의 징계절차에 관한 규정은 개별적인 근로자의 근로계약의 내용으로 여전히 남아 있어 사용자와 근로자를 규율하게 되므로 구 단체협약의 징계절차가 적용된다(대법원 2009.2.12. 2008다70336).

한편, 취업규칙과 단체협약의 내용이 다른 경우 유·불리를 불문하고 상위규범인 단체협약에서 정한 근로조건이 취업규칙에 우선하여 적용된다고 본다(유리성 원칙 부정설 입장).

① 협약자치의 원칙상 노동조합은 사용자와 사이에 근로조건을 유리하게 또는 불리하게 변경하는 내용의 단체협약을 체결할 수 있으므로, 근로조건을 불리하게 변경하는 내용의 단체협약이 현저히 합리성을 결하여 노동조합의 목적을 벗어난 것으로 볼 수 있는 것과 같은 특별한 사정이 없는 한 개정된 후의 단체협약에 의하여 취업규칙상의 면직기준에 관한 규정의 적용은 배제된다(대법원 2002.12.27.

2002두9063).

② 사용자와 노동조합 사이에 근로자에 대한 징계절차를 취업규칙에 정해진 징계절차보다 근로자에게 유리한 방식으로 운영하기로 합의가 이루어져 상당한 기간 그 합의에 따라 징계절차가 운영되어 왔고, 이에 대하여 근로자들도 아무런 이의를 제기하지 아니하였다면 노사 합의에 따른 징계절차의 운영은 취업규칙의 징계절차에 따르지 않았더라도 그 효력을 부인할 수는 없다(대법원 2001.4.10. 2000두7605).

징계 관련 규정의 개정으로 징계사유 발생 시와 징계처분 시의 취업규칙(또는 단체협약)이 다른 경우 어떤 취업규칙(또는 단체협약)을 적용할 것인가가 문제되는데 이와 관련한 사례를 보면 다음과 같다.

① 징계사유 발생 시와 징계처분 시 존재하는 규정이 다를 경우 징계권(징계사유)의 유무에 관한 결정은 징계사유 발생 시의 구 단체협약(또는 구 취업규칙)에 따라야 한다(대법원 2009.2.12. 2008다70336).

② 취업규칙이 개정된 경우에 경과 규정에서 달리 정함이 없는 한 징계절차에 관하여 징계절차 요구 당시 시행되는 개정 취업규칙에 의하는 것이 원칙이고, 개정 취업규칙이 기존의 사실관계(또는 법률관계)를 적용대상으로 하면서 근로자에 대한 징계시효를 연장하는 등으로 불리한 법률효과를 규정하고 있는 경우에도 그 사실관계가 개정 취업규칙이 시행되기 이전에 이미 완성 또는 종결된 경우에는 구 취업규칙이, 아직 완성되지 아니한 경우에는 개정 취업규칙이 적용된다(대법원 2014.6.12. 2014두4931).

취업규칙의 적용대상인 사실 또는 법률관계가 개정 취업규칙 시행 전에 이미 완성된 경우 개정 취업규칙을 적용하는 것은 헌법상 불소급의 원칙에 위배되고, 개정 전 취업규칙의 존속에 대한 근로자의 신뢰가 개정 취업규칙 적용에 관한 공익상 요구보다 더 보호가치가 있기 때문이다. 위 사항들을 정리하면 〈도표 10-8〉과 같다.

〈도표 10-8〉 취업규칙의 불리한 변경과 적용되는 취업규칙

취업규칙의 불리한 변경	변경 사유		적용되는 취업규칙
징계사유 발생시점과 징계절차 요구시점 간 취업규칙의 불리한 변경	징계사유 유무에 관한 결정		구(舊) 취업규칙
	징계절차	원칙(경과규정 없음 전제)	신(新) 취업규칙
		징계권 유무에 직접적 영향을 미치는 징계절차	구(舊) 취업규칙
	징계시효	개정 취업규칙 시행 전 시효 완성 또는 종결된 경우	구(舊) 취업규칙
		시효가 완성되지 않은 경우	신(新) 취업규칙

자료: 〈중앙노동위원회, 주제별 판례 분석집, 2016, pp.632~633〉을 재구성.

(5) 통상해고와 당연퇴직 처분 등에 대한 징계절차 규정 적용

취업규칙 등에 면직처분과 징계처분이 따로 규정되어 있으면서도 면직처분에 관하여는 일반의 징계처분과 달리 아무런 절차규정도 두고 있지 아니하고 그 면직사유가 동일하게 징계사유로 규정되어 있는 것도 아니라면, 사용자가 면직처분을 함에 있어 일반의 징계절차를 거쳐야 한다고 할 수 없다(대법원 2000.6.23. 99두4235).

그러나 비위행위가 단체협약의 징계해고 사유 및 통상해고 사유 양쪽에 모두 해당하는 경우 근로자에게 변명의 기회가 부여되지 않더라도 해고가 당연시될 정도라는 등의 특별한 사유가 없는 한, 통상해고에 의하더라도 징계해고에 따른 소정의 절차는 부가적으로 요구된다(대구고등법원 2021.11.3. 2020나24473). 이는 절차적 보장의 취지가 회피되는 것을 방지하는 데에 그 목적이 있다.

이러한 원칙은 직권면직에도 동일하게 적용되어 변명의 기회가 부여되지 않더라도 피징계자에 대한 직권면직이 당연시될 정도의 특별한 사유가 없는 한 사용자가 피징계자를 직권면직할 때 징계해고의 절차를 거쳐야 한다(서울행정법원 2014.10.16. 2013구합22338).

3. 소명기회의 부여

1) 소명기회 부여의 필요성

징계대상자에게 징계위원회에 출석하여 변명과 소명자료를 제출할 기회를 부여하도록 되어 있음에도 징계절차를 위반하여 징계해고 하였다면 그 징계권의 행사는 징계사유가 인정되는지와 관계없이 절차의 정의에 반하여 무효이고, 징계요구권자와 징계위원회가 구분되어 있는데 징계위원회에서 징계사유를 추가하면서 추가된 징계사유에 대하여 제대로 고지하지 않은 경우 해당 징계사유에 대한 변명과 소명자료를 제출할 기회를 부여하지 않은 것이므로 해당 징계는 무효이다(대법원 2012.1.27. 2010다100919).

단체협약에서 당사자에게 징계사유와 관련한 소명기회를 주도록 규정하고 있는 경우에도 그 대상자에게 그 기회를 제공하면 되는 것이고, 소명 그 자체가 반드시 이루어져야 하는 것은 아니다.

그리고 징계위원회에서 징계대상자에게 징계혐의 사실을 고지하고 그에 대하여 진술할 기회를 부여하면 충분하며, 그 혐의 사실 개개의 사항에 대하여 구체적으로 발문하여 징계대상자가 이에 대하여 빠짐없이 진술하도록 조치하여야 하는 것은 아니다(대법원 2014.11.27. 2011다41420).

다만, 그 경우에도 이미 정해지거나 정당한 것으로 인정된 징계사유에 대하여 노동위원회의 양정과다 판정에 따라 징계양정만 다시 하기 위하여 징계위원회를 개최하는 경우에는 별도로 소명기회를 부여하지 않았다 하더라도 적법하다(서울고등법원 2007.6.26. 2006누26075).

소명 기회를 부여하였는데도 소명하지 아니하고 연기요청을 하는 경우에는 피징계자의 참석과 의견개진 없이 징계위원회를 예정대로 개최할 수 있다(대법원 1995.5.23. 94다24763).

2) 소명권의 포기와 남용[29)]

사용자가 피징계자에게 출석하여 소명하거나 의견을 개진할 기회를 부여하였음에도 스스로 출석을 거부한 경우 소명권의 포기에 해당하므로 통보만으로 징계절차를 속행할 수 있다(대법원 1993.9.28. 91다30620).

징계혐의자에 대한 출석통지는 징계혐의자로 하여금 자기에게 이익이 되는 사실을 진술하거나 증거자료를 제출할 수 있는 기회를 부여하는 데에 목적이 있으므로 징계위원회가 진술의 기회를 부여하였음에도 징계혐의자가 진술권을 포기하거나 출석통지서의 수령을 거부하여 진술권을 포기한 것으로 간주되는 경우 징계위원회는 차후 그 징계혐의자에 대하여 징계위원회 출석통지를 할 필요 없이 서면심사만으로 징계의결을 할 수 있다(대법원 1993.5.25. 92누8699).

그러나 피징계자가 징계사유의 구체적인 명시를 요구하며 징계위원회 참석을 거부한 것은 피징계자가 징계사유를 알고 있음을 전제로 한 소명권·출석권의 포기라고 볼 수 없다(서울고등법원 2001.4.27. 2000누13824).

4. 징계위원회 개최 사전통지

(1) 사전통지의 필요성

취업규칙 등에서 징계해고를 함에 있어서는 징계대상자에게 징계위원회에 출석하여 변명할 기회를 부여하도록 규정하고 있는 경우 징계위원회의 개최통지는 그 변명과 소명자료를 준비할 수 있을 정도의 시간적 여유를 두고 고지되어야 한다(대법원 2007.10.12. 2006다59748).

그러나 징계위원회 출석요청서에 대하여 수령을 거부하여 사내 게시판에 게시한 것은 적절한 출석 통지와 함께 의견을 진술할 기회를 충분히 부여한 것으로 징계절차에 하자가 없다(대법원 2006.4.14. 2006두1715).

사전통지는 징계위원회가 언제 개최되는가를 알게 함과 동시에 자기에게 이익

---

29) 박은정, "징계절차의 하자와 해고의 정당성", 노동법학 제42호, 2012.6., pp.390~392.

되는 사실을 진술하거나 증거자료를 제출할 기회를 부여하기 위한 조치에서 나온 강행규정이고(대법원 1993.2.23. 92누16096), 근로자의 방어권 보장에 본질적인 영향을 미치는 중요한 사항이므로 단체협약 등에 사전통지를 규정하고 있다면 이는 징계의 유효요건에 해당한다(대법원 1996.9.6. 95다16400).

사전통지가 임의조항으로 되어 있더라도 특별한 사정이 없는 한 통지를 하지 않은 경우 그 효력을 부인하는 판결이 있음을 고려할 때 사전통지가 의무조항으로 되어 있다면 다음과 같은 사정이 있더라도 반드시 사전통지를 하여야 적법한 징계가 될 것이다.

즉, 징계사유 내용이 객관적으로 명확하다거나 징계대상자가 다른 절차에서 징계사유의 정당성에 대한 이의를 제기했다 하더라도 피징계자가 구속 중인 경우(대법원 1992.7.28. 92다14786), 피징계자가 다른 불법행위를 저지를 위험이 있다는 사정이 있는 경우(대법원 1992.9.22. 91다36123), 피징계자가 행방불명 등으로 통보 자체가 불가능한 경우는 아니나 피징계자가 수사 당국으로부터 내사를 받고 있는 경우에도 반드시 사전통지를 하여야 한다.

그러나 행방불명 등으로 통보 자체가 불가능한 것과 같은 부득이한 사유가 있는 경우에는 사전통지나 소명이 없더라도 무방하다(대법원 1990.12.7. 90다6095).

핵심 판례 징계위원회 개최통지 흠결의 효과

회사가 징계위원회 개최통지를 하지 아니함으로써 단체협약이 징계대상자에게 주도록 규정한 소명의 기회를 주지 아니한 채 개최된 징계위원회의 심의결과에 의거하여 임명권자가 한 징계해고 처분은 징계절차에 위배한 부적법한 징계권의 행사로서 무효라고 보아야 한다(대법원 1993.7.13. 92다50263).

(2) 사전통지의 상대방과 방법

1) 사전통지의 상대방

사전통지의 상대방은 특별한 사정이 없는 한 징계대상자 본인이어야 하므로 징계대상자의 가족, 동료에 대한 사전통지는 원칙적으로 적법하지 않다.

출석통지서 송달 당시 가족들과 동거하지 아니하고 주소지나 본가에서 행방이 알려져 있지도 아니하였던 경우 통지서를 수령한 가족들이 실제로 그 취지를 징계 혐의자 본인들에게 전달하였다는 등 특별한 사정이 없는 한 적법한 통지가 있었다고 보기 어렵다(대법원 1993.5.25. 92누8699).

2) 사전통지의 방법

징계절차에 관한 규정에 통지방법을 명시하고 있으면 그 방법을 따라야 할 것이나, 해고의 서면통지와 달리 징계위원회의 개최에 대해 비록 서면으로 통지하도록 규정하고 있더라도 구두, 전화 또는 전언 등의 방법 또는 사내게시판 등으로 전달되었다면 적법하다고 본다.

제1차 징계를 위한 인사위원회 출석통지서를 2차 징계위원회 개최 전날 수령하여 징계 혐의사실을 이미 알고 있는 근로자가 제2차 인사위원회 개최 2시간 전에 개최장소와 가까운 회사 정문 앞에서 출석통지서를 수령하면서 스스로 불참의사를 밝힌 경우 징계절차상의 하자가 없다고 본다(대법원 1997.7.11. 95다55900).

3) 사전통지의 시기

취업규칙에 피징계자에게 징계위원회의 개최일시 및 장소를 일정한 기간의 여유를 두고 통지하도록 규정하고 있는 경우 이는 징계의 객관성과 공정성을 확보하기 위한 것이므로 그 절차를 위반하여 한 징계처분은 효력이 없다. 그러나 이러한 절차상의 하자가 있음에도 피징계자가 스스로 징계를 위한 인사위원회에 출석하여 출석통지 절차에 대한 이의를 제기함이 없이 충분한 소명을 하였다는 특별한 사정이 있다면 그 절차상의 하자는 치유된다(대법원 2016.11.24. 2015두54759).

그러나 촉박하게 이루어진 통보에 따라 징계대상자가 그 징계위원회에 출석하여 진술을 하였다 하여도 스스로 징계에 순응하는 것이 아닌 한 그 징계위원회의 의결에 터 잡은 징계해고는 징계절차에 위배한 부적법한 징계권의 행사라고 본다(대법원 2004.6.25. 2003두15317).

징계위원회 개최 통보시기에 관한 규정이 없는 경우에는 상당한 시간을 두고 통보하면 충분하다. 상당한 시간은 징계혐의 사실을 인지하여 회의에 참석·소명할 만한 시간적 여유인데 일률적으로 규정할 수 없지만 근로장소와 회의장소 간의 거리, 징계 내용, 근로자의 사전예측 가능성 및 요구되는 자료의 정도 등을 고려하여 사회통념상 합리적인지에 따라 판단하게 된다.[30)]

근로자가 이의를 제기하였음에도 불구하고 이를 묵살하거나 사실상 출석하여 변명을 할 수 없을 정도로 촉박하게 이루어진 통보(예컨대 ① 3시간 30분 전, ② 1시간 50분 전[31)])를 제외하고는 대체로 그 통보 시기의 하자에 대하여는 유효하게 보는 입장이다(예컨대 1일 내지 3일 전).

징계위원회 개최 통보서가 사용자 귀책사유가 아닌 우체국 사정으로 송달이 지체된 경우에도 사용자가 징계절차 위반의 책임을 지게 된다(대법원 2004.6.25. 2003두15317).

(3) 사전통지시 혐의사실 고지의 정도

징계대상자에게 미리 혐의사실을 고지하여야 한다는 취지의 규정이 없는 경우 사용자가 반드시 징계대상자에게 징계혐의 사실을 구체적으로 고지하여 줄 의무가 있는 것은 아니어서 징계통보 당시 단지 '직장질서 문란'이라고만 고지하더라도 절차상 하자가 있다고 할 수 없다(대법원 2004.1.29. 2001다6800 참조).

징계사유를 쟁의행위 기간 중 행한 불복종, 무단결근·이탈, 회사 자산 손상, 폭행·협박 등 비행, 안전규칙 위반 등과 같이 축약하여 특정 하였더라도 징계절차상 하자는 없다(서울고등법원 2007.11.1. 2007누13571).

그러나 '취업규칙 제ㅇㅇ조, 제ㅇㅇ의 각 위반'으로만 통지한 경우 그 조항이 추상적·포괄적인데다가 여러 사유들이 열거되어 있어 징계사유 특정이 곤란하고, 근로자의 이의 제기에도 불구하고 해고통보에 이르기까지 끝내 사유를 통보 받지 못한 경우에는 절차상 하자가 있어 위법하다(서울행정법원 2007.2.15. 2006구합24701).

30) 중앙노동위원회, 주제별 판례 분석집, p.490.
31) ① 대법원 1993.5.11. 92다27089, ② 대법원 1991.7.23. 91다13731.

5. 징계위원회 구성과 운영

(1) 징계위원회 구성 규정을 위반한 징계처분의 효력

징계를 하기 위해 징계위원회의 심의 또는 의결을 거치도록 되어 있거나 징계위원회 구성에 노동조합의 대표를 참여시키도록 되어 있음에도 불구하고 그러한 징계절차를 위배하여 징계를 하면 그 징계는 무효로 된다.

① 징계위원회에 의한 심의 또는 의결을 거치지 아니하고 회사의 이사회 및 운영위원회를 개최하여 근로자를 징계하였다면 징계절차상 중대한 하자가 있어 무효이다(대법원 2006.2.24. 2005두14820).

② 단체협약에서 징계위원회의 구성에 근로자측의 대표자를 참여시키도록 되어 있음에도 불구하고 이러한 징계절차를 위배하여 징계해고를 하였다면 그 징계권의 행사는, 근로자측에 징계위원 선정권을 행사할 기회를 부여하였는데도 근로자측이 스스로 징계위원 선정을 포기 또는 거부하였다는 등의 사정이 없는 한, 징계사유가 인정되는지 여부에 관계없이 절차에 관한 정의에 반하는 처사로서 무효라고 보아야 할 것이다(대법원 2009.3.12. 2008두2088).

③ 취업규칙 등에서 노·사 동수로 징계위원회를 구성하도록 한 것은 징계위원회에 근로자들의 참여권을 보장함으로써 절차적 공정성을 확보하고 사측의 징계권 남용을 견제하기 위한 것이므로, 징계위원의 자격과 선임절차에 관하여 명시하고 있지 않더라도, 노측 징계위원들이 이전부터 근로자들을 대표하거나 근로자들의 의견을 대변해 왔다는 등의 특별한 사정이 없는 한 사용자가 근로자들의 의견을 반영하는 과정 없이 임의로 노측 징계위원을 위촉할 수는 없다(대법원 2006.11.23. 2006다48069).

징계위원회 구성과 관련한 규정을 이행하기 어려운 사정이 존재하는 경우 이를 위반한 징계위원회의 구성은 적법하다고 볼 수 있다.

예컨대, 3인의 인사위원회 구성원 중 당연직 위원인 사무국장이 징계대상자인 관계로 사무국장 대신 이사 1인을 새로운 인사위원으로 하여 징계의결을 한 경우 징계는 유효하다(대법원 1997.12.12. 97누3637). 관련 규정에 가부동수인 경우 위원장이 결정하도록 되어 있어 당연직 위원 대신 다른 위원을 추가하여 의결하도록 하는 것이 공정한 징계권 행사를 위하여 필요하기 때문이다.

단체협약에서 징계위원회에 노사가 참여하도록 되어 있으나 자격에 대해서는 명시되지 않은 경우 근로자측 징계위원은 사용자 회사 소속인 근로자로 한정된다.

기업별 단위노동조합이 단체협약을 체결한 후 산업별 단위노동조합의 지부 또는 분회로 조직이 변경되고 그에 따라 산업별 단위노동조합이 단체협약상의 권리·의무를 승계한다고 하더라도, 노동조합의 조직이 변경된 후 새로운 단체협약이 체결되지 아니하였다면 근로자의 징계절차에는 기업별 단위노동조합일 때 체결된 단체협약이 그대로 적용되어야 하므로 징계절차에서도 근로자측 징계위원은 사용자 회사에 소속된 근로자에 한정되어야 한다(대법원 2015.5.28. 2013두3351).

(2) 이해관계를 가진 자의 징계위원 참석

취업규칙 등에 징계사유에 관하여 이해관계가 있는 징계위원은 징계위원회에 참석할 수 없다는 규정이 있는 경우에 그러한 이해관계자가 징계위원으로 징계위원회에 참석하였다면 그 징계는 절차상 중대한 하자가 있어 무효이나, 그러한 규정이 없는 경우에는 그 징계가 무효라고 할 수 없다(대법원 2013.8.20. 2013두8561). 아래에서 징계사유와 관계있는 자의 의미, 이해관계자가 참석한 경우의 효력 등에 대하여 살펴본다.

① '징계사유와 관계있는 자'란 징계권을 행사하려는 사용자측과 관련이 있는 모든 자를 가리키는 것이 아니라 대체로 피징계자와 이해관계를 같이 하거나 징계혐의 사유의 직접적인 피해자를 의미한다(대법원 1998.6.12. 97누16084).

② 인사위원회 위원 중 징계사유와 관계있는 자는 징계의결에 참석하지 못한다는 규정이 있는 경우, 그 위반은 중대한 절차상 하자로 무효이며 자격이 없는 징계위원을 제외하고서도 의결정족수가 충족된다 하더라도 징계위원회 구성 자체에 위법이 있는 이상 그 징계는 무효이다(대법원 1996.6.28. 94다53716). 다만 징계사유와 관계있는 자가 의결권이 있는 인사위원이 아닌 간사 등으로 참여하는 것은 무방하다(대법원 2015.1.29. 2014두42827).

③ 그러나 취업규칙 등에 징계사유에 관하여 이해관계가 있는 징계위원은 징계위원회에 참석할 수 없다는 규정이 없는 경우 징계사유에 관해 이해관계 있는 자가 징계위원으로 참석하였다고 하여 그 징계해고에 절차상 하자가 있다고 할 수 없다(서울고등법원 2012.7.12. 2012누2353).

④ 징계 관련 규정에 징계사유와 관계있는 자에 대하여 피징계자의 기피신청권이 규정되어 있는 경우, 특별히 징계위원회 개최 전에 명단 공개를 요구하지 않았고 명단공개 규정도 없었다면 징계위원의 명단을 공개하지 않은 것이 기피신청권을 본질적으로 침해한 것으로 볼 수 없다(대법원 2011.11.29. 2011두25166).

기피신청권을 실질적으로 보장하기 위해서는 징계위원 명단을 사전에 통지하는 것이 타당하나 취업규칙 등에 의무적으로 공개해야 한다는 규정이 없으면 명단 비공개로 인한 절차의 위법성을 인정하지 않는다.

⑤ 징계위원 전원 또는 대부분에 대하여 동시에 기피신청을 함으로써 징계위원회를 구성할 수 없게 하거나 징계위원회의 결정 자체를 불가능하게 하는 경우, 그 밖에 기피신청이 징계절차의 지연을 목적으로 함이 명백한 경우 등 기피신청권의 남용에 해당하는 경우에는 그 기피신청 자체가 부적법하고, 이러한 경우에는 기피신청의 대상이 된 징계위원이 기피결정에 관여하는 것이 금지된다고 볼 수 없다.

나아가 기피신청이 징계절차의 지연을 목적으로 함이 명백한 경우에 해당하는지는 징계에 이르게 된 경위, 징계위원회 출석 여부 등 피징계자가 징계절차에서 취한 행태, 기피신청의 시기와 횟수, 기피신청으로 주장하는 기피사유의 내용 등을 종합적으로 고려하여 판단하여야 한다(대법원 2015.11.27. 2015다34154). 법이 사용자에게 실현 불가능한 것을 요구할 수는 없고 권리남용의 경우까지 권리를 보호할 필요성이 없다는 판단으로 보인다.

(3) 그 밖의 징계위원회 구성과 운영에 관한 사항

1) 의장 윤번제

단체협약상 징계위원회의 의장 윤번제를 규정하고 있으나 노사간 운영방식에 대해 대립이 있는 경우(사측은 징계안건별, 노측은 징계위원회 회수별) 노측에 대한 설득이나 노동위원회에 단체협약 해석 요청 없이 일방적으로 사측이 의장을 자처하여 징계위원회를 주재한 경우 그 징계는 절차적 정당성이 없으므로 무효이다(대법원 2008.9.11. 2008두11105).

2) 캐스팅보트 조항의 효력

징계위원회의 표결 결과 가부동수이면 위원장이 결정권을 행사할 수 있다고 규정하는 경우 그에 따른 징계의결의 효력을 인정하고 있다(대법원 1985.5.14. 85누13).

그러나 과반수에 미치지 못하는 의견이 3가지 이상으로 나뉠 경우 상위 두 가지 의견에 대하여 재의결을 거쳤음에도 의결을 하지 못한 경우에 한하여 예외적으로 회사의 대표이사에게 징계에 관한 결정권을 부여하였는데 1차에서 과반수를 얻은 찬성의견이 없는데도 재의결 절차를 거치지 않고 회사대표가 최종 징계결정을 한 경우 그 징계절차는 무효로 본다(대법원 2006.9.28. 2006두12401).

3) 단체협약 등의 증인 신청 규정

단체협약에 조합원이 증인을 신청할 때 징계위원회는 이를 받아들여야 하고 이를 위반한 경우 징계는 무효로 한다는 규정이 있는 경우, 근로자가 신청한 증인 중 일부를 채택하지 않았다면 절차상 하자가 중대하므로 무효이다(대법원 2006.9.11. 2007두10174).

징계절차의 공정성과 적정성을 확보하기 위하여 특별히 엄격한 절차와 방식에 따르도록 한 취지라고 보아 신속한 절차 진행의 필요가 있다거나 근로자에게 소명 및 불복의 기회가 충분히 주어졌다는 등의 사정이 있다고 하여 달리 볼 것은 아니기 때문이다.

4) 외부위원의 참여

취업규칙에는 징계시 상벌위원회의 의결을 거치도록 규정하고 있을 뿐, 그 구성과 절차에 대하여 별도의 규정이 없다면 해당 사업장에 소속되지 아니한 자를 상벌위원회의 위원으로 선정하였더라도 징계를 무효라 할 수는 없다(서울행정법원 2007.2.2. 2006구합16311).

6. 노동조합의 참여

(1) 사전동의 규정의 효력과 사전동의권의 행사

1) 사전동의 규정의 효력

사용자가 인사처분을 할 때 노동조합의 사전동의나 승낙을 얻어야 한다거나 노동조합과 인사처분에 관한 논의를 하여 의견 합치를 보아 인사처분을 하도록 단체협약 등에 규정된 경우 그 절차를 거치지 아니한 인사처분은 원칙적으로 무효이다(대법원 2007.9.6. 2005두8788).[32]

그러나 징계 등 인사처분에 대해 사전합의 또는 사전동의 조항을 두고 있더라도 노동조합이 사전합의권을 남용하거나 스스로 그 행사를 포기하였다고 인정되는 경우에는 그러한 합의 없이 한 인사처분도 유효하다.

핵심 판례 **노동조합의 사전합의권 남용**

사전합의조항이 있다고 하더라도 사용자의 인사권이 어떠한 경우라도 노동조합의 동의나 합의가 있어야만 행사할 수 있는 것은 아니고, 노동조합이 사전합의권을 남용하거나 스스로 그 행사를 포기하였다고 인정되는 경우에는 사용자가 이러한 합의 없이 한 인사처분도 유효하다고 보아야 한다. 노동조합이 사전합의권을 남용한 경우란 노동조합측에 중대한 배신행위가 있고 이로 인해 사용자측의 절차 흠결이 초래되었다거나, 인사처분의 필요성과 합리성이 객관적으로 명백하며 사용자가 노동조합측과 사전합의를 위하여 성실하고 진지한 노력을 다하였음에도 노동조합측이 합리적 근거나 이유제시도 없이 무작정 인사처분에 반대함으로써 사전합의에 이르지 못하였다는 등 사정이 있는 경우를 의미한다(대법원 2012.6.28. 2010다38007).

2) 사전동의권의 포기와 남용

노동조합의 사전동의권은 어디까지나 신의성실의 원칙에 입각하여 합리적으로

---

32) 김성진, "절차위반 징계의 효력 – 노조의 인사협의·동의절차를 중심으로–", pp.165~191.

행사되어야 하고 노조가 사전동의권을 남용하거나 행사를 포기한 경우 사용자가 노조의 동의 없이 한 인사처분은 유효하다.

사전동의권의 남용은 ① 노동조합 측에 중대한 배신행위가 있고 이로 인하여 사용자측의 절차 흠결이 초래된 경우, ② 인사처분의 필요성과 합리성이 객관적으로 명백하며 사용자가 노동조합 측과 사전합의를 위하여 성실하고 진지한 노력을 다하였음에도 노동조합 측이 합리적 근거나 이유 제시도 없이 무작정 인사처분에 반대함으로써 사전합의에 이르지 못하였다는 등 사정이 있는 경우(대법원 2012.6.28. 2010다38007) 등에 인정된다.

그러나 노동조합이 최소한의 징계를 요청하였을 뿐 징계회부 자체를 반대하거나 징계위원회의 개최 또는 심의를 방해하는 등의 행위를 하지 아니한 경우 사전합의권을 남용한 것으로 볼 수 없다(대법원 2013.4.25. 2013두1089).

(2) 사전협의 규정의 효력

징계에 관한 관련 규정에서 노동조합과 사전협의 또는 의견을 참작하도록 하는 것은 동의 또는 합의와 달리 징계를 할 때 신중과 공정을 기하기 위하여 노동조합의 의견을 참고자료로 고려하게 하려는 취지이다.[33]

따라서 단체협약에 '조합간부의 인사는 조합과 협의하여야 한다.'는 규정이 있더라도 그 협의절차를 거치지 아니한 징계해고는 유효하다(대법원 1994.12.13. 93다59908).

(3) 합의와 협의의 구별이 모호한 경우

사용자의 징계처분에 대해 합의가 필요한지 협의가 필요한지는 특별한 사정이 없는 한 문언해석에 의해 결정하는 것이 원칙이다. 그러나 그 구별이 분명하지 아니한 경우 일률적으로 말할 수 없고 규정의 취지 등을 고려하여 종합적으로 해석해야 한다.

---

33) 중앙노동위원회, 주제별 판례 분석집, pp.499~500.

단체협약상 징계결정통지서에 노사 양대표의 날인을 요구한 것은 노조 대표에게 필요한 의견 제시의 기회를 주고 제시된 노조의 의견을 참고로 하게 하는 취지로 봄이 상당하고, 노조대표가 징계위원회에 변론위원의 자격으로 참석하여 의견을 진술하는 등 징계과정에 관여한 이상 비록 징계결정통지서에 노조대표의 날인이 누락되었다고 하더라도 단체협약에 규정된 해고절차 위반으로 무효가 된다고 볼 수 없다(대법원 2012.3.29. 2011두2071).

이 사건에서 근로자에 대한 인사권은 사용자인 사업주에게 있는 점, 단체협약에서 '회사의 인사권은 조합에서 관여하지 않는다', '징계위원회는 회사 징계위원회의 운영규정에 의하여 운영하되, 노동조합 측 2명을 참석시켜 변론케 한다.'는 규정을 두고 있는 점을 고려할 때 회사의 자의적인 인사권이나 징계권 행사를 방지하려는 취지에서 합의가 아닌 협의의 의미로 해석한 것으로 보인다.

7. 징계 재심절차

1) 징계 재심절차의 의의

단체협약 등에 징계처분에 대한 재심규정이 없으면 재심절차를 이행하지 아니하였더라도 절차상 하자는 없으나 규정이 있는데도 그 구제 내지 확정 절차로서의 재심을 전혀 생략한 하자를 갖고 있다면 그 해고처분은 절차상의 중대한 하자가 있어 무효이다(대법원 1995.3.10. 94다33552).

또한, 단체협약에 조합원 징계의 경우 조합 대표자가 심의위원으로 참석하도록 규정되어 있는 경우 재심 징계위원회에서 노조 대표자의 참석을 배제하여야 할 합리적인 이유가 없으므로 재심 징계절차에서 적법한 노조 대표자의 참석 없이 이루어진 해고결의는 재심 징계절차에 하자가 있어 부당해고이다(서울고등법원 2007.10.19. 2007누12295).

그러나 취업규칙 등에 징계처분에 대한 재심절차에서 징계대상자에게 진술기회를 부여한다는 규정이 없는 이상 재심절차가 징계대상자에게 진술기회를 부여하지 않고 진행되었다고 하여 무효라고 할 수 없다(대법원 1995.7.14. 94누11491).

2) 징계 재심절차와 원 징계처분의 효력

단체협약에 징계처분을 받은 자가 재심을 청구할 수 있도록 규정하고 있다 하더라도 재심절차는 근로자에 대한 구제절차에 불과하고, 징계해고는 즉시 효력을 발생하여 사용자와 징계해고된 근로자와의 근로관계는 종료되며, 다만 재심에서 징계해고 처분이 취소되는 경우에는 소급하여 해고되지 아니한 것으로 볼 뿐이다(대법원 1993.5.11. 91누11698).

원 징계처분과 징계 재심절차의 관계에서 노동위원회에 구제신청을 할 때 적용되는 3개월의 제척기간의 기산점을 원 징계처분일로 할 것인지 재심절차에서의 처분일로 할 것인지 문제된다.

징계 재심절차를 거친 경우에도 원칙적으로 원처분일을 기준으로 하고, 다만 징계의 재심절차에서 원처분이 취소, 변경된 경우와 단체협약이나 취업규칙 등에서 재심청구시 재심이 결정될 때까지 원처분의 효력이 정지되도록 규정한 경우에는 재심처분일을 기준으로 기산하게 된다.[34)]

3) 징계 재심절차에 중대한 하자가 있는 경우

징계처분에 대한 재심절차는 징계처분에 대한 구제 또는 확정절차로서 원래의 징계절차와 함께 전부가 하나의 징계처분절차를 이루는 것으로서 그 절차의 정당성도 징계과정 전부에 관하여 판단해야 한다(대법원 2020.11.26. 2017두70793).

① 따라서 원래의 징계처분이 그 요건을 갖추었다 하더라도 재심절차를 전혀 이행하지 않거나 재심절차에 중대한 하자가 있어 재심의 효력을 인정할 수 없는 경우에는 그 징계처분은 현저히 절차적 정의에 반하는 것으로서 무효이다(대법원 2010.5.27. 2010두1743).

② 재심청구 내용 및 입증자료가 징계 원심에서 소명한 내용과 거의 유사하다는 이유만으로 재심청구를 각하했다면 중대한 절차상 하자에 해당하는 것으로 본다(대법원 2012.12.27. 2012두20281).

---

34) 서울지방노동위원회, 손에 잡히는 상담 가이드(고객상담 FAQ), 2016.4.

③ 징계처분권자가 원 징계의결에 따른 징계처분을 하지 아니함으로써 징계요구권자만이 재심청구가 가능한 상태에서 그의 재심청구에 의한 재심의결에 따라 비로소 징계처분을 받은 경우에는 그 징계처분에 대한 구제수단으로서의 재심청구는 허용되어야 하는데 재심절차를 거부하고 이를 전혀 이행하지 아니한 것이라면 그 징계처분은 무효이다(대법원 1998.12.8. 98다31172).

일부 절차상의 하자가 있다 하더라도 무효에 이르는 정도의 중대한 절차상 하자로 보지 않는 경우가 있다.

① 재심개최기간 또는 재심결정기한의 경우 강행규정이라고 보지 않으므로 규정된 기간을 다소 도과했다고 하여 중대한 절차상 하자가 있다고 보지 않는다(대법원 2005.11.25. 2003두8210).

② 비록 6개월이 경과하여 징계재심절차를 이행하였다 하더라도 징계재심 청구사건이 50여건을 초과하여 전체적으로 지연되고 있는 등 지연에 상당한 이유가 있었던 경우에는 위법하지 않다고 본다(서울고등법원 2007.7.4. 2006누23496).

그러나 재심절차를 6~7개월 정도의 장기간 재심개최기간을 도과하여 개최하거나 진행한 경우 상당한 이유가 없는 한 원칙적으로 위법하다고 본 사례가 있다(대법원 1994.1.14. 93다968).

8. 징계절차상 하자의 치유

징계절차상 하자는 사전통지, 징계위원회 구성과 운영, 소명기회의 부여 등 하자와 관련하여 문제가 되고, 하자가 치유된 경우에는 징계절차 위반에 해당되지 않는다.[35] 이하에서는 징계절차 중 하자의 유형에 따른 치유의 방법 내지 효력에 대해 살펴본다.

1) 사전통지 위반 하자의 치유

단체협약에 조합원을 징계할 경우 징계위원회 개최일로부터 소정일 이전에 피징계자에게 징계회부 통보를 하도록 규정되어 있는데도 사용자가 단체협

35) 조정호, 인사명령과 구제절차, p.306.

약에 규정된 여유기간을 두지 아니하고 피징계자에게 징계회부 되었음을 통보하는 것은 잘못이나, 피징계자가 징계위원회에 출석하여 통지절차에 대한 이의를 제기하지 아니하고 충분한 소명을 한 경우에는 그와 같은 절차상의 하자는 치유된다(대법원 2016.11.24. 2015두54759; 대법원 1999.3.26. 98두4672).

그러나 징계대상자가 징계위원회에 출석하여 진술을 했더라도 스스로 징계에 순응하는 경우가 아닌 한(예컨대 절차에 대한 이의를 제기하고 진술을 하거나 출석하였으나 충분한 소명을 하지 못한 경우) 징계해고는 무효이다(대법원 2004.6.25. 2003두15317).

2) 징계위원회 구성 하자의 치유

징계위원회 구성에 하자가 있더라도 재심위원회에서 규정에 따른 적법한 심의·의결을 거쳤다면 원징계절차의 하자는 치유된다(대법원 2005.11.25. 2003두8210).

그러나 이 경우에도 재심 인사위원회가 개최되지도 않은 채 재심청구가 각하된 경우에 그 하자는 치유되지 아니한다(대법원 2002.12.26. 2002다57201).

3) 징계 재심절차 하자의 치유

징계처분에 대한 재심절차는 원래의 징계절차와 함께 전부가 하나의 징계처분 절차를 이루는 것으로서 그 절차의 정당성도 징계과정 전부에 관하여 판단되어야 할 것이므로, 원래의 징계과정에 절차위반의 하자가 있더라도 재심과정에서 보완되었다면 그 절차위반의 하자는 치유된다(대법원 2009.2.12. 2008다70336).

징계 재심위원회가 노동조합측 위원의 불참으로 대학측 위원 5인만이 참석한 상태에서 진행되었기는 하나, 신 단체협약에 의하면 징계 재심위원회는 총장이 임명하는 대학측 5인과 노조측 4인의 위원으로 구성하며 재적위원 과반수의 출석에 출석위원 과반수의 찬성으로 결의하게 되어 있었으므로 노조측 재심위원이 불참하였다고 하여 징계 재심위원회의 개최나 진행에 하자가 있다고 할 수 없어 원래의 징계절차상의 하자가 치유되었다고 본다(대법원 2009.2.12. 2008다70336).

9. 징계시효

(1) 징계시효의 의의

근로자에 대한 징계사유가 있어 사용자가 근로자를 징계할 수 있었음에도 그 행사 여부를 확정하지 아니하여 근로자도 사용자가 더 이상 징계권을 행사하지 않으리라는 기대를 갖게 된 상태에서 징계권을 행사하는 것은 신의칙에도 반하므로(대법원 2008.7.10. 2008두2484) 소정의 기간이 경과하면 사용자의 징계권이 소멸하게 된다.

(2) 징계시효의 기산점

원칙적으로 징계사유가 발생한 때(대법원 2008.7.10. 2008두2484)가 징계시효의 기산점이 되지만 취업규칙 등에서 사용자가 징계사유 발생사실에 대하여 구체적으로 알게 된 때를 기산점으로 본다고 규정한 경우 그 규정은 유효하다(대법원 2015.1.15. 2014두12345).

징계사유에 해당하는 비위행위 자체에 대한 징계시효가 만료된 이후 비위행위가 수사대상이 되거나 언론에 보도되었다고 하여 이를 들어 새로운 징계사유가 발생한 것으로 본다면, 비위행위에 대한 징계시효가 연장되는 것과 다름없어 일정 기간의 경과를 이유로 징계권 행사를 제한하고자 하는 징계시효의 취지에 반할 뿐 아니라, 새로운 징계사유의 발생이 사용자 등에 의하여 의도될 우려가 있다.

따라서 비위행위 자체에 대한 징계시효가 만료된 경우 나중에 수사나 언론보도 등이 있더라도 이로 인해 새로운 징계사유가 생긴 것으로 보거나 수사나 언론보도 등의 시점을 새로운 징계시효의 기산점으로 볼 수 없다고 본다(대법원 2019.10.18. 2019두40338).

그러나 시효의 법리에 비추어 징계시효가 지난 근로자의 행위는 어떠한 경우에도 징계사유로 삼을 수 없는 것인가?

이에 대해 법원은 근로자는 채용 당시부터 그 채용여부에 중요한 영향을 미칠 경력을 은폐하고 허위의 경력을 기재함으로써 신의칙상의 의무에 위배하여 근로계약을 체결한 자이고, 사용자는 과오 없이 그 징계사유를 알지 못하여 징계시효기간을 도과하였음에도 불구하고 이를 이유로 자신에 대한 징계처분의 효력을 다투는 것은 보통인의 정의 관념에 비추어 볼 때 신의칙에 위반되므로(대법원 1995.3.10. 94다14650) 명시적인 징계시효의 기산점 규정에도 불구하고 근로자의 징계권 소멸에 관한 주장을 인정하지 않는다.

그러나 회사가 근로자의 학력은폐 사실을 알고도 회사측 사정으로 약 1년 3개월 남짓 경과한 후에 근로자를 징계하는 것을 신의성실의 원칙 위반으로 판단한다(대법원 1994.1.28. 92다45230).

사용자가 경력은폐 사실을 알고도 상당 기간 동안 징계권을 행사하지 않은 경우 신의칙상 징계해고를 하는 것은 부당하므로[36] 취업규칙 등에 정한 징계시효 기간 도과 후에 징계를 할 수 있기 위해서는 징계가 불가능한 사정이 있는 등 특별한 사정이 없는 한 바로 징계절차에 착수하여야 할 것이다.

예를 들면, 쟁의기간 중 쟁의과정에서 발생한 징계사유를 들어 징계하고자 하나 '쟁의기간 중의 징계금지' 규정으로 인해 징계가 어려운 특별한 사정이 있는 경우에는 쟁의행위가 종료된 때로부터 징계시효 기간이 기산된다(대법원 2013.2.15. 2010두20362).

한편, 비위사실이 계속적으로 행하여진 일련의 행위로서 하나의 행위로 볼 수 있는 경우 징계시효의 기산점은 일련의 행위 중 최종의 것을 기준으로 하여야 한다(대법원 1986.1.21. 85누841).

사립학교 교원이 그 임용과 관련된 비위행위에 의하여 사립학교 교원으로 임용되었다면 그 신분을 취득하기까지의 일련의 행위가 사립학교법상의 징계사유에 해당하므로 징계시효의 기산점도 임용 전의 비위행위 시가 아니라 교원으로 임용된 때로부터 기산하여야 한다(대법원 1996.3.8. 95누18536).

---

36) 조건주, "학력 또는 경력을 사칭한 경우 징계해고의 정당성", 민사판례연구 25권, 2003.2., 박영사, pp.361~387.

(3) 징계시효의 정지와 완성

징계시효는 예외적으로 인사규정 등에서 재판진행 내지 수사개시 등을 징계시효 정지의 사유로 규정하고 있는 경우에 한하여 정지될 수 있다(대법원 2008.7.10. 2008두2484).

한편, 징계시효가 만료되면 징계권은 소멸하므로 징계시효가 경과한 후 이루어진 징계는 무효이다. 그러나 징계시효가 완성되었는지 여부는 징계시효 기간이 경과할 때까지 징계의결 요구 등의 징계절차에 착수하였는지 여부로 판단하고 징계처분까지 완료하여야 한다는 의미는 아니다.

즉, 징계대상자를 재징계하기 위해 필요한 절차에 착수한 사실을 징계대상자가 객관적으로 인식할 수 있게 된 때(대법원 2012.3.15. 2011두32690)에 징계시효가 완성하였는지 여부를 판단하면 된다.

징계처분의 효력을 다투는 소송의 계속 중에 징계시효가 완성되고 그 후 징계처분이 무효라고 확정된 경우 상당한 기간 내에는 시효가 완성되었더라도 동일한 징계사유에 대하여 징계요구를 할 수 있다.

핵심 판례 징계시효 완성과 징계요구

직위해제 및 대기발령 사유이면서 동시에 징계사유에도 해당하는 사유로 직위해제 등 처분과 면직처분 등 불이익 처분을 한 데 대해 근로자가 면직처분 등이 무효임의 확인을 구하는 소송을 제기하여 그 효력을 다투는 소송의 계속 중에 인사규정에 정한 징계시효 기간이 경과되고 그 후에야 절차상의 위법을 이유로 위 각 처분의 무효확인판결이 확정되기에 이르렀다면, 종전의 각 처분도 실질적으로는 근로자의 복무규율이나 기타 기업질서의 위반에 대한 제재적 목적으로 행하여진 것이므로 사용자는 위 판결확정일로부터 상당한 기간 내에 다시 동일한 사유에 대하여 징계요구를 할 수 있다고 보아야 한다(대법원 1998.6.12. 97누16084).

(4) 징계시효와 징계절차와 관련한 기간의 구별

'징계사유 발생일로부터 2년을 경과한 때에는 징계할 수 없다'는 규정은 징계시효에 관한 것으로서 강행규정이므로 그 기간이 도과하면 징계할 수 없다(대법원 2008.7.10. 2008두2484).

그러나 징계처분의 실체상 또는 절차상 흠결을 이유로 재심위원회에서 취소 또는 변경하는 결정을 하는 경우에 징계처분권자는 다시 당해 징계사건에 대한 징계절차를 밟게 되고 그 재징계기한은 신속한 재징계절차의 진행 도모, 행정법 관계의 장기간에 걸친 불안정상태 방지를 목적으로 하는 훈시적 규정으로써 기한이 지나 재징계의결을 하였다고 하더라도 징계 시효기간 내에 징계의결을 요구한 이상, 재징계처분이 위법하게 되는 것은 아니다(대법원 1999.3.15. 97누19335).

또한, 근로자가 자신에게 유리한 자료를 제출할 수 있는 소명기회를 부여하고, 징계처분 대상자의 불안감을 해소하여 직무에 전념하도록 하기 위해 되도록 빠른 시일 내에 징계절차를 실행하라는 의미 정도로 해석될 수 있는 규정은 징계절차와 관련된 절차적 훈시규정에 해당되고(서울고등법원 2007.7.26. 2007누3451) 단순한 훈시규정에 그친다고 할 수 없더라도 강행규정으로는 볼 수 없다(대법원 2005.11.25. 2003두8210).

단체협약에서 '징계위원회는 징계사유 발생일로부터 15일 이내에 개최되어야 하고, 이를 따르지 않는 징계는 무효로 한다.'고 정하고 있는 경우, 징계대상자·징계사유의 조사 및 확정에 상당한 기간이 소요되어 위 규정을 준수하기 어렵다는 등의 부득이한 사정이 없는 한, 위 규정을 위반하여 개최된 징계위원회에서 한 징계결의는 무효이다. 다만, 징계위원회 개최시한의 기산점은 원칙적으로 징계사유가 생긴 때이지만, 징계를 하는 것이 불가능한 사정이 있는 경우에는 그러한 사정이 없어진 때부터 위 기간이 기산된다. 만일 근로자에게 징계사유가 있더라도 그 사유가 나중에 밝혀지기 전까지 징계를 할 수 없었던 부득이한 사정이 있다면, 사용자가 징계절차를 개시해도 충분할 정도로 징계사유에 대한 증명이 있다는 것을 알게 된 때부터 징계위원회의 개최시한이 기산된다고 보아야 한다(대법원 2022.3.11. 2019두59103).

위에서 살펴본 바와 같이 징계시효인지 징계절차와 관련한 기간인지는 문언의 형식, 기간의 장단 등을 종합적으로 고려하여 판단하여야 할 것이다. 통상 장기간(2년, 3년)을 설정한 경우 징계시효로 볼 여지가 있으나, 절차 내에서 처리기한으로 단기간(30일, 60일)을 설정하고 있는 경우에는 징계처리 기간 등 징계절차와 관련된 훈시규정으로 볼 여지가 있다. 그러나 꼭 기간의 장단만으로 결정되는 것은 아니고 문언이 강행규정인지, 임의규정인지 등 형식도 살펴서 결정하여야 한다.

대체적으로 신속한 절차 진행이나 행정법 관계의 장기간 불안정상태 방지 등이 목적인 경우 그 기간은 훈시규정으로, 근로자의 불안정한 신분의 조속한 확정 등이 목적인 경우 그 기간은 강행규정으로 해석하는 것이 타당하다.

(5) 연장된 징계시효의 소급적용

징계사유의 발생시점과 징계절차 요구시점 사이에 취업규칙이 개정된 경우, 개정된 취업규칙의 경과규정에서 달리 정함이 없다면 해당 징계사유에 대한 징계절차와 관련해서는 징계절차 요구 당시 시행되는 개정 취업규칙과 그에 정한 바에 의하는 것이 원칙이다(대법원 2005.11.25. 2003두8210).

개정 취업규칙이 개정 전 취업규칙에서 정한 징계사유에 해당하는 비위행위(기존의 사실 또는 법률관계)를 적용대상으로 하면서 근로자에 대한 징계시효를 연장하는 등으로 불리한 법률효과를 규정하고 있는 경우, 그러한 비위행위에 대한 개정 전 취업규칙에 따른 징계시효가 개정 취업규칙이 시행되기 이전에 이미 완성 또는 종결된 것이 아니라면, 개정 취업규칙을 적용하여 징계시효를 연장하는 것이 헌법상 불소급의 원칙에 위배되어 근로기준법 제96조제1항에 따라 효력이 없다고 할 수는 없다(대법원 2014.6.12. 2014두4931).

10. 재징계

사용자가 징계절차의 하자나 징계사유의 존부, 징계양정 등에 잘못이 있음을 인정한 때에는 노동위원회 구제명령이나 법원의 무효확인판결을 기다릴 것 없이 스스로 징계처분을 취소할 수 있고 나아가 새로이 적법한 징계처분을 하는 것도 가능하다(대법원 2010.6.10. 2009다97611).

징계처분 취소 후 같은 사유 또는 새로운 사유를 추가해 다시 징계처분을 한다고 하더라도 이는 일사부재리 원칙, 신의칙, 금반언의 원칙에 위배된다고 볼 수 없다.

1차 해고의 효력이 다투어지는 상태에서 사용자가 근로자를 복직시키고 1차 해고를 취소함이 없이 절차를 보완하고 해고사유를 추가하여 2차 해고를 한 경우 2차 해고가 단지 1차 해고가 효력이 없을 것에 대비하여 예비적으로 행한 해고라는 것만으로 당연히 무효라고 볼 수 없다(대법원 1996.4.23. 95다53102).

해고무효확인소송 계속 중 회사가 항소를 취하하고 근로자를 복직시킨 후 소송 중에 주장하지 않았던 허위경력 기재 사실을 들어 다시 해고한 경우에도 징계권의 남용으로 보지 않는다(대법원 1997.5.28. 95다45903).

징계절차 위반으로 인한 해고무효 판결 확정 후 같은 사유를 들어 새로이 필요한 제반 징계절차를 밟아서 징계처분을 하는 경우 징계사유 발생일로부터 상당한 시일이 경과하여 징계시효 완성 여부가 문제될 수 있다.

그러나 소송 도중 징계시효 기간이 도과하였어도 판결확정일부터 상당한 기간 내에는 다시 동일한 사유에 대하여 징계요구를 할 수 있다(대법원 2008.7.10. 2008두2484). 이는 이미 시효기간 내에 불이익처분을 한 이상 소송 계속 중에 새로운 징계처분을 할 수도 없는 것이므로 복무규율이나 기타 기업질서의 위반에 대한 제재를 허용하는 것이 타당하다고 본 것이다.

제11장
해 고

제1절 총 론

1. 해고의 의의

1) 해고란 무엇인가?

해고는 근로자의 의사에 반해서 사용자가 일방적으로 고용관계를 종료시키는 일체의 행위를 말한다.[1] 근로계약의 종료사유는 ① 근로자의 의사나 동의에 의하여 이루어지는 '퇴직', ② 근로자의 의사에 반하여 사용자의 일방적 의사에 의하여 이루어지는 '해고', ③ 근로자나 사용자의 의사와는 관계없이 이루어지는 '자동소멸' 등으로 나눌 수 있다.

그 가운데 근로기준법에서 말하는 해고란 '실제 사업장에서 불리는 명칭이나 절차에 관계없이 근로자의 의사에 반하여 사용자의 일방적 의사에 의하여 이루어지는 모든 근로계약관계의 종료'를 의미한다(대법원 2011.3.24. 2010다92148).

2) 해고의 개념 구성과 특징

해고의 개념을 구성하는 요소와 특징을 살펴보면 다음과 같다.[2]

첫째, 근로계약의 종료를 목적으로 하는 의사표시가 근로자의 의사에 반하여 이루어지는 것이라는 점에서 근로자의 의사나 동의에 의하여 이루어지는 퇴직, 근로자나 사용자의 의사와는 관계없이 이루어지는 자동소멸 등과 구별된다.

둘째, 근로계약의 효력을 장래에 대하여 상실시키는 해지(민법 제550조)의 의사표시라는 점에서 과거에 대한 소급효가 발생하여 원상회복의 의무가 있는 해제(민법 제548조)와 구별된다.

셋째, 사용자의 의사표시라는 점에서 근로자의 의사표시에 따라 근로계약이 해지되는 사직과 구별되고, 근로자의 의사에 반하여 이루어지는 점에서 근로자와 사용자의 의사의 합치에 따라 이루어지는 합의해지와 구별된다.

---

1) 김형배, 노동법(제27판), 박영사, 2021, p.774; 임종률, 노동법(제20판), 박영사, 2022, p.562.
2) 노동법실무연구회, 근로기준법주해 Ⅱ(제2판), 박영사, 2020, pp.74~76.

넷째, 상대방인 근로자에 대하여 사용자가 단독으로 행하는 행위, 즉 상대방 있는 단독행위이므로 해고의 의사표시가 근로자에게 도달하는 때에 효력이 발생한다(민법 제111조).

다섯째, 명칭이나 절차를 불문하고 성질상 해고에 해당되면 실질적 의미의 해고가 되어 근로기준법에서 규정한 정당한 이유와 절차적 요건 등을 갖추어야 유효한 것으로 인정된다. 사직이나 합의해지의 형식을 띠고 있거나 취업규칙에 따른 당연퇴직 또는 직권면직도 사용자가 일방적으로 근로관계를 종료시키는 것으로 해석되는 경우[3]에는 실질적으로는 해고에 해당되어 정당한 법적 요건을 갖추어야 한다.[4]

2. 해고의 유형 구분

기업현장에서 다양한 이유와 형태로 해고가 이루어지고 있는 가운데 학계에서는 일반해고, 보통해고, 통상해고, 징계해고, 정리해고, 경영상 해고, 즉시해고, 대량해고 등 다양한 용어가 사용되고, 같은 용어에 대해서도 개념정의가 통일되지 않고 있어 실무상 혼란이 적지 않은 실정이다.

이러한 문제점은 현행 근로기준법이 해고와 해고 이외의 제재를 한 조문에 규정하면서 '징벌'이라는 용어를 사용하고 있는 점, 해고 등에 대한 의미의 설명 없이 '정당한 이유'가 있어야 한다고만 규정하여 추상적 개념의 구체화는 개별 사건에 대한 해석 적용의 과제로 넘기고 있는 점, 정리해고에 관한 별도의 조문을 두고 있는 것 외에는 해고 유형별 개념 정의나 구체적인 정당성 요건에 관한 규정이 없는 점 등 입법적 미비에서 기인하는 바가 크다.

---

3) 사직의 의사가 없는 근로자로 하여금 어쩔 수 없이 사직서를 작성·제출하게 한 후 이를 수리하는 이른바 의원면직 형식에 의한 근로계약관계 종료(대법원 2004.6.25. 2002다68058), 일괄사표 종용(대법원 1992.7.10. 92다3809), 강요나 폭행에 의한 사직 의사표시(대법원 1992.3.13. 91누10046) 등은 해고에 해당한다.

4) 사용자에 의한 근로자의 고용보험 피보험자격 상실 신고는 사인이 공법적 효과를 발생시킬 목적으로 법률의 규정에 의하여 국가 등 행정주체에게 법률사실이나 어떤 사실에 대해 서면으로 작성된 서류를 제출하는 행위(이른바 '사인의 공법행위')에 해당하며, 이러한 행위로 인해 곧바로 사인간의 사법적 효과가 완성되는 것이 아니므로 고용보험 상실 신고로 곧바로 근로관계가 종료되는 것은 아니다.

이에 학계에서도 법 개념의 명확한 범위 획정 및 유형화의 필요성과 근로기준법상 해고 규정의 개정 내지 독일과 같은 해고법제의 단행법 체계화 필요성이 제기되고 있다.[5)]

종래의 해고사유를 기준으로 한 분류법에 따르면, 근로자의 고의·과실에 기인한 과거의 비위행위에 대한 징벌로서의 징계해고는 징계기록이 남아 재취업에 불이익을 받을 수 있는 등 일반적으로 통상해고나 정리해고에 비해 근로자가 감수해야 할 불이익이 크다는 점에서 상대적으로 엄격한 요건이 요구된다.

한편, 통상해고는 주로 근로자의 고의·과실 없는 사유에 기인하여 장래에 근로계약상의 의무 이행을 기대하기 어렵다는 것을 이유로 한다는 점에서 사용자에게는 근로자가 그와 같은 사유를 개선·해소하여 고용관계를 유지하면서 근로계약을 이행할 수 있도록 배려할 의무가 있으며, 해고는 최후의 수단으로서 고려되어야 한다(최후수단의 원칙).

그러나 동일한 해고사유라 하더라도 사용자의 의도 내지 목적에 따라 징계의 대상이 될 수도 있고 징계 아닌 근로계약의 해지 대상이 될 수도 있다는 점에서 사유만을 기준으로 한 분류법은 한계가 있을 뿐만 아니라, 근무태만으로 인한 성과부진과 같이 징계해고 사유와 통상해고 사유를 명확하게 구분하기 어려운 경우가 많다.

따라서 기업실무에서는 통상해고 사유만으로 해고처분을 하는 예는 드물고 대부분 징계 절차를 밟아 처분하는 경향을 보여 왔다. 판례도 근로자의 질병·부상이나 자격상실 등 전형적인 일신상의 사유에 따른 것을 제외하고는 통상해고에 관한 것은 매우 드문 것이 현실이다.

한편, 기업실무를 보면 단체협약이나 취업규칙에 해고사유가 규정된 '인사의 장'과 징계사유·종류·절차 등이 규정된 '징계의 장'이 구별되어 있는 경우가 많고, 통상해고와 징계해고의 구분은 실무상으로 특정사유에 대하여 징계절차를 거쳐 해고하도록 되어 있는지 여부에 따라 나누어질 수 있다고 설명하는 견해도 있다.[6)]

---

5) 권 혁, "해고 유형론에 관한 소고", 법학연구, 제51권 제1호, 부산대학교, 2010.2., p.731.
6) 사법연수원, 해고와 임금, 2014, pp.376~377.

〈도표 11-1〉 해고의 유형 분류기준

분류기준	유 형	징 계
해고예고 필요 여부[7]	통상해고	해고 예고 필요
	즉시해고	해고 예고 불필요
해고의 사유[8]	징계해고	근로자의 행태상 사유
	통상해고	근로자의 일신상 또는 행태상 사유
	정리해고	사용자의 경영상 사유
해고의 목적	일반해고(진정 해고)	근로계약 의무로부터의 해방
	징계해고(부진정 해고)	근로자에 대한 징벌
당사자관계 유지 여부	종료해고	당사자 관계 종료
	변경해지	당사자 관계 유지

이 책에서는 해고의 사유와 목적을 함께 고려하여 징계해고와 정리해고를 구분하고, 그 이외 것은 통상해고로 분류하고자 한다.

---

7) 사법연수원, 해고와 임금, p.376 이하; 권 혁, "해고 유형론에 관한 소고", p.725; 통상해고는 징계해고와 대비시키고, 즉시해고에 대비되는 용어로는 '보통해고'를 사용하는 예도 있다(노동법실무연구회, 근로기준법주해 Ⅱ, pp.71~76).

8) ① 박지순, "지속적인 근무성적 및 근무태도 불량자 해고의 정당성 판단에 관한 연구", 조정과 심판 2010 겨울호, 중앙노동위원회, p.3. 독일 해고제한법에서는 '사회적 상당성'이 없는 해고는 무효이고, 사회적 상당성은 일신상의 사유, 행태상의 사유, 긴박한 경영상의 사유가 있을 때 인정되며, 독일 연방노동법원은 이러한 해고사유가 근로자의 계속 취업에 대한 기대가능성을 인정할 수 없을 정도일 것을 요구한다.
② 하갑래, 근로기준법(제35판), 중앙경제, 2022, p.867.

〈도표 11-2〉 해고 유형별 비교

	징계해고	통상해고	정리해고
개념	근로자의 비위행위 등 기업질서 위반행위에 대한 제재조치로서의 해고	근로자가 근로계약상의 의무를 이행하지 못함에 따른 해고	긴박한 경영상 필요에 따라 기업의 유지·존속을 위하여 하는 해고
법적 근거	근로기준법 제23조제1항	근로기준법 제23조제1항	근로기준법 제23조제1항 및 제24조
구분 기준	·근로자의 행태상 사유(고의·과실 전제) ·근로자 비위행위에 대한 징벌 목적 ·취업규칙 등의 '징계의 장'에 규정	·근로자의 일신상 사유(고의·과실 미전제) 또는 행태상 사유(고의·과실 전제) ·계약의무로부터의 해방 목적 ·취업규칙 등의 '인사의 장'에 규정	·기업의 긴박한 경영상 필요(고의·과실 미전제) ·기업의 유지·존속 목적
사유 예시	·업무명령 위반 ·근무태도 불량 ·업무에 중대한 지장 초래 ·회사명예·신용 훼손	·부상·질병 등으로 인한 심신 장해 ·자격 상실 ·형사소추(구속)·유죄판결(징역·금고) ·업무능력 결여 ·근무성적 부진	·실적 악화, 도산 위기 ·경쟁력 회복·제고를 위한 작업형태나 사업조직 변경 ·생산성 향상 내지 신기술 도입 ·기술혁신에 따른 산업구조 변화 ·경영 악화 방지를 위한 사업양도·인수·합병
정당성 판단 요소	사회통념상 고용관계를 계속할 수 없을 정도일 것		
	·징계사유, 절차, 양정 ·사업 목적과 성격, 사업장 여건, 근로자의 지위와 담당직무 내용, 비위행위 동기와 경위, 기업 질서에 미치는 영향, 과거 근무태도와 개전의 정 등	·근로계약관계를 계속할 수 없을 정도로 중대한지 여부 ·업무능력결여·저성과자: 근거 규정, 평가의 공정성, 해고회피 노력, 성과 부진 기간, 근로자의 개선노력, 교육훈련 결과 등	·긴박한 경영상의 필요 ·해고회피 노력 ·합리적이고 공정한 해고대상자 선정 ·근로자대표와의 성실한 협의

3. 해고 이외의 근로관계 종료 사유

근로자가 부당해고 구제신청을 제기하면 우선 근로계약관계 종료 사유를 판단하게 되는데, 해고 이외의 근로관계 종료 사유로는 퇴직(사직과 합의해지), 기한의 도래(기간만료, 정년), 자동소멸(근로자의 사망, 사업주 파산, 폐업) 등이 있다. 이에 대해서는 '제12장 해고 이외의 근로관계 종료' 부문에서 상세히 설명한다.

4. 해고의 제한

(1) 해고 제한의 의의와 법률체계

오늘날 다수의 취업자는 타인에게 어느 정도 종속되거나 지휘·감독을 받으면서 일을 한 대가로 임금을 받아 생계를 유지하는 임금근로자 내지 피용자의 지위를 가지고 삶을 영위하고 있다. 이러한 상황에서 사용자에 의한 일방적이고 무분별한 해고는 근로자와 그 가족의 인간적인 삶을 위협할 뿐만 아니라 경제·사회질서의 혼란과 불안 등 공동체의 지속가능성을 흔드는 부작용을 야기할 수 있다는 점에서 대부분의 국가는 해고에 대한 법적 규율 장치를 마련하고 있다.

참 고 해고에 대한 접근방법 국제비교

해고에 대한 접근방법은 크게 두 가지 유형으로 나눌 수 있는데, 하나는 해고자유의 원칙에 입각하되 차별을 엄격하게 규율하는 유형(예: 미국)이고, 다른 하나는 해고제한의 원칙에 입각해서 해고사유와 절차 등을 상대적으로 엄격하게 규율하는 유형(예: 독일, 일본 등 대다수의 국가)이다.

일본의 경우 사용자의 해고권 행사가 객관적으로 합리적인 이유가 없거나 사회통념상 상당하다고 인정할 수 없는 경우에는 권리남용이 되어 무효가 된다는 이른바 '해고권 남용의 법리'가 판례를 통해 확립되고, 2007년 제정된 노동계약법(제16조)에도 이러한 판례법리가 반영되었다.

독일은 해고제한법(제1조)에서 6개월 이상 근로관계를 유지하는 근로자에 대한 '해고가 사회적으로 정당하지 아니한 경우에는 무효'이고, '근로자의 일신상·행태상의 사유에 의하지 아니하거나 같은 사업에서 근로자의 계속 취업을 불가능하게 하는 긴박한 경영상의 필요에 의하지 아니하고 행한 해고는 사회적으로 정당하지 않다'고 규제하고 있다.

다만, 각국의 해고 제한 제도는 실업자에 대한 사회보장제도 및 직업훈련 등 노동시장 프로그램과 밀접한 관계를 가지고 있기 때문에 국가 간 비교를 할 때는 일부가 아니라 전체를 종합적으로 보아야 한다.

우리나라의 해고에 대한 규제는 근로기준법 등 법률에 의한 제한, 단체협약이나 취업규칙 등 근로관계 당사자의 자치규범에 의한 제한, 그리고 개별사건에 대한 구체적 판단과정에서의 법원 판례에 의한 제한으로 구성된다.

그 가운데 해고에 대한 법적 규율은 민법에서 그 뿌리를 찾아볼 수 있다. 민법상 고용계약은 당사자 일방이 상대방에 대하여 노무제공을 약정하고 상대방이 이에 대하여 보수를 지급할 것을 약정함으로써 그 효력이 생긴다(민법 제655조).

따라서 고용계약은 평등한 인격자인 근로자와 사용자의 자유로운 의사에 의해 체결되는 것이며, 고용기간의 약정이 없는 경우 근로자는 물론 사용자는 언제든지 고용계약을 해지할 수 있다(민법 제660조1항). 이 경우 상대방이 해지 통고를 받은 날로부터 1월이 경과하면 해지의 효력이 생기고(민법 제660조제2항), 주급, 월급 등과 같이 일정한 기간단위로 보수를 정한 때에는 상대방이 해지 통고를 받은 당기 후의 1기를 경과함으로써 해지의 효력이 생긴다(민법 제660조제3항).

한편, 민법의 특별법인 근로기준법은 이를 근로자가 사용자에게 근로를 제공하고 사용자는 이에 대하여 임금을 지급하는 것을 목적으로 체결된 계약, 즉 근로계약이라고 한다(근로기준법 제2조제1항제4호).

근로계약은 노무(근로) 제공과 보수(임금) 지급이라는 대가적 교환관계인 채권적 쌍무계약이라는 점에서 고용계약과 성질상 공통점을 가지나, 근로기준법은 해고에 대하여 근로자의 실직 예방, 근로의 기회 및 근로조건 보호를 위하여 해고의 사유(정당한 이유)와 시기(업무상 요양 및 출산 휴업기간 등), 그리고 절차(해고예고제, 서면통보제 등)를 제한하고 있다.

즉, 사용자가 근로자를 해고하려면 ① 정당한 이유가 있어야 하고, ② 해고 하려는 날의 30일 전에 해고를 예고하여야 하며, ③ 해고사유와 해고시기를 서면으로 통지하는 등의 절차를 준수해야 한다.

나아가 이를 위반한 부당해고의 경우 근로자는 노동위원회에 원직복직이나 금전보상을 내용으로 하는 부당해고 구제를 신청할 수 있고, 사용자가 노동위원회의 구제명령을 이행하지 않는 경우에는 이행강제금[(500만원~2천만원)×연2회×2년]이라는 경제적 제재와 형사처벌(1년 이하의 징역 또는 1천만원 이하의 벌금)을 함으로써 상당히 엄격한 규제적 입장을 취하고 있는 것이다.

〈도표 11-3〉 노동법상 해고의 제한과 권리구제

구 분	내 용
사유제한	정당한 이유
절차제한	해고예고, 서면통보, 징계절차(징계해고), 노사협의(정리해고), 해고회피노력
시기제한	업무상 재해·질병으로 인한 요양기간, 출산휴업기간 등
구제절차	부당해고구제신청(노동위원회)
이행강제	경제적 제재(구제명령 이행강제금), 형사적 제재(징역 1년, 벌금 1천만원)

(2) 해고사유의 제한

1) 해고의 정당한 이유

근로기준법은 제23조제1항에서 '정당한 이유 없이 해고 등을 하지 못한다.'고 규정하여 해고의 사유를 제한하고 있다. 여기서 말하는 해고에는 징계해고뿐만 아니라 통상해고와 정리해고 모두 포함된다는 것이 판례와 통설의 입장인바, 종류를 불문하고 해고에는 '정당한 이유'가 있어야 한다는 점에서는 다를 바가 없다.[9)]

정리해고는 같은 법 제24조제1항부터 제3항까지 규정하고 있는 경영상 이유에 의한 해고의 제한 요건들을 충족하였을 때 정당한 이유가 있는 것으로 간주될 뿐이다(근로기준법 제24조제5항).

9) 박제성, "일반해고와 취업규칙", 월간 노동리뷰, 2016.1., 한국노동연구원, p.69.

그러나 기본적으로 근로기준법 제23조제1항에서 규정하고 있는 '정당한 이유'라는 개념은 비록 헌법재판소가 '명확성의 원칙'에 반하지 않는다고 판시[10]하였지만 실무적 관점에서 보면 여전히 추상적일 뿐만 아니라 근로기준법은 그 의미를 전혀 밝히고 있지 아니하여 제23조제1항의 적용은 결국 '정당한 이유'를 어떻게 해석하는가에 따라 달라진다.

취업규칙이나 단체협약 등의 내용이 해석의 보충적 근거가 될 수는 있으나 취업규칙 등의 규정이 바로 해고를 정당화하는 것은 아니므로 최종적으로는 개별적인 사건에 대한 법원의 사법적 판단에 맡겨지는 것이다.[11]

판례에 따르면, 해고의 정당한 이유라 함은 고용관계를 계속 유지할 수 없을 정도의 이유, 즉 '사회통념상 고용관계를 계속 유지할 수 없을 정도로 책임 있는 사유가 근로자에게 있거나 부득이한 경영상의 필요가 있는 경우'를 말하며, 이때 "사회통념상 고용관계를 계속 유지할 수 없을 정도인지 여부는 사용자의 사업의 목적과 성격, 사업장 여건, 근로자의 지위와 담당직무, 비위행위의 동기와 경위, 이로 인하여 기업의 위계질서가 문란하게 될 위험성 등 기업에 미칠 영향, 과거의 근무태도 등 여러 가지 사정을 종합적으로 고려하여 판단하여야 한다"고 판시하고 있다(대법원 2014.7.10. 2012다100760).

그러나 이와 같은 판례는 기본적으로 근로자에게 책임 있는 사유, 즉 유책성(有責性)을 전제로 하는 것이어서 근로자에게 책임을 물을 수 없는 일신상의 사유에 따른 통상해고에 대해서는 그대로 적용하기 어려운 한계를 가지고 있다.

2) 해고사유에 대한 특별 제한

노동관계법은 특정한 경우 해고를 제한하는 구체적인 규정을 두고 있다. 대표적인 예로서 사용자가 남녀의 성이나 국적, 신앙 또는 사회적 신분을 이유로 근로자를 차별적으로 해고하는 행위(근로기준법 제6조), 사용자의 법 위반 사실을 고용노동부장관이나 근로감독관에게 통보한 것을 이유로 해고하는 행위(같은 법 제104조

10) 헌법재판소 2013.12.26. 2012헌바375; 헌법재판소 2005.3.31. 2003헌바12.

11) 김승휘, "일반해고의 정당성 판단에 대한 판례법리의 검토 - 저성과자에 대한 해고의 정당성 판단을 중심으로 -", 강원법학, 제35권, 강원대학교 비교법학연구소, 2012.2., p.160.

제2항),[12] 근로자의 노동조합 활동을 이유로 해고하는 행위(노동조합법 제81조제1호 및 제5호)는 허용되지 않는다.

한편, 남녀고용평등법은 근로자를 해고할 때 남녀를 차별하는 행위, 일하는 여성의 혼인, 임신, 출산을 퇴직사유로 예정하는 근로계약을 체결하는 행위(제11조제1항 및 제2항), 직장 내 성희롱 피해 근로자 또는 피해를 입었다고 주장하는 근로자에 대하여 해고 등 불리한 조치를 하는 행위(제14조제2항), 사업을 계속할 수 없는 경우가 아님에도 육아휴직을 이유로 해고하거나 육아휴직 기간 동안 해고하는 행위(제19조제3항)를 금지하고 있다.

(3) 해고절차의 제한

1) 의 의

근로자는 직업보유권의 주체로서 해고 절차에 주체적으로 참여하여 자신의 권익을 관철·실현시킬 수 있어야 할 뿐만 아니라 헌법상 적법 절차의 이념, 자연적 정의의 요청 등을 고려한다면 근로기준법 제23조제1항에서 말하는 정당한 이유에는 절차적 정당성도 당연히 포함된다고 보아야 한다.[13]

국제노동기구(ILO)도 1982년 채택된 '고용주 주도 하의 고용종료에 관한 협약(제158호 협약)' 제7조에서 징계 대상 근로자에게 소명의 기회 부여를 필수적인 절차로 규정하고 있다(우리나라 미비준).

현행 법률에 명시되어 있는 것은 일반적 절차규정으로서 해고예고제와 서면통지제도 정도이나, 기업실무에서는 취업규칙이나 단체협약에서 징계위원회의 구성, 사전통지와 본인 소명기회 부여 및 징계위원회의 심의, 노동조합 등 근로자대표와의 협의나 동의 등의 절차를 두고 있는 것이 일반적이고, 판례는 단체협약이나 취업규칙 등 자치규범에 의한 절차규정의 규범적 효력을 인정하고 있다.

---

12) 노동법실무연구회, 근로기준법주해 Ⅱ, p.146. 기간제법, 파견법, 고용보험법, 산업안전법 등도 유사한 제한규정을 두고 있다.

13) 강용현, "징계절차의 적법성", 법과 정의, 이회창 선생 화갑기념 논문집, 1995, p.826; 이흥재, "정리해고의 절차적 제한", 노동법연구 제22호, 서울대 법학연구소, 1993, pp.182~183.

해고사유의 사전고지 등 절차규정을 통해 해고를 제한하는 것은 사용자의 자의적인 해고로부터 근로자를 보호하고 해고사유 등을 명확히 하여 분쟁을 방지하고 신속하고 원활하게 분쟁을 해결할 수 있도록 하는데 그 의의가 있다.[14]

그리고 이와 같은 절차규정은 단순히 실체적 정의 확보수단으로서가 아니라 절차 그 자체로서 정의의 한 축을 이루는 독자적인 역할과 기능을 수행하는 것이라는 점에서 절차적 정당성은 해고가 정당하려면 반드시 요구되는 것이라고 하겠다.[15]

해고사유의 정당성과 마찬가지로 해고절차의 정당성에 대한 주장과 입증책임은 사용자가 부담하며, 법원은 사용자가 해고절차의 적법성을 주장하더라도 증거에 의하여 이를 배척하면서 근로자가 주장하지 않은 절차상 하자를 인정할 수도 있다(대법원 1991.7.12. 90다9353).

징계절차와 관련하여 흔히 발생하는 다툼은 해고사유를 언제, 어떤 방법으로 통보해야 하는지를 둘러싼 것인데, 사전통지에 관하여 취업규칙 등에 규정이 있으면 그에 따라야 하고 이를 위반하면 실체적 정당성을 따질 필요도 없이 무효이다(대법원 1994.10.25. 94다25889).

설사 명시규정이 없더라도 변명과 소명자료 준비에 필요한 상당한 시간을 부여하여야 하고(대법원 2007.10.12. 2006다59748), 징계위원회 구성에 근로자측 대표자를 참여시키도록 한 단체협약 규정을 지키지 않고 징계해고를 하는 것은 근로자측이 위원 선정을 포기 또는 거부하지 않은 한 징계사유 인정 여부에 관계없이 절차적 정의 위반으로서 무효라고 보아야 한다(대법원 2009.3.12. 2008두2088).

징계사실의 통보방법은 취업규칙 등에 명시규정이 없으면 우편이나 인편, 전화 등에 의해 서면이나 구두 등 적절한 방법으로 통보하면 되나, 징계사유와 징계위원회 개최일시·장소 등을 구체적이고 명확하게 특정하여 통보하여야 한다.

징계절차에 관한 상세한 내용은 '제10장 징계' 부문에서 설명하였으므로 여기서는 근로기준법이 해고에 대해서만 특별한 절차적 제한으로 명시하고 있는 해고예고제와 서면통지제를 중심으로 살펴본다.

---

14) 노동법실무연구회, 근로기준법주해 Ⅱ, p.113.
15) 박은정, "징계절차의 하자와 해고의 정당성", 노동법학 제42호, 한국노동법학회, 2012.6., pp.390~392.

2) 해고예고 제도

다른 징벌과 달리 해고(정리해고 포함)의 경우에는 30일 전에 해고를 예고하거나 30일 분 이상의 통상임금(해고예고수당)을 지급하여야 한다.

근로기준법 | **해고의 예고와 예외가 인정되는 사유**

제26조【해고의 예고】 사용자는 근로자를 해고(경영상 이유에 의한 해고를 포함한다)하려면 적어도 30일 전에 예고를 하여야 하고, 30일 전에 예고를 하지 아니하였을 때에는 30일분 이상의 통상임금을 지급하여야 한다. 다만, 천재·사변, 그 밖의 부득이한 사유로 사업을 계속하는 것이 불가능한 경우 또는 근로자가 고의로 사업에 막대한 지장을 초래하거나 재산상 손해를 끼친 경우로서 고용노동부령으로 정하는 사유에 해당하는 경우에는 그러하지 아니하다.

해고예고 제도는 근로자가 갑자기 해고를 당하면 생활에 어려움이 있을 수 있으므로 새 일자리를 구할 수 있도록 시간적 여유를 주거나 구직활동 기간 동안의 생계비를 보장하여 경제적 어려움을 덜어주기 위한 것이다.[16]

즉, 돌발적인 실직의 위험으로부터 근로자를 보호하려는데 그 취지가 있으며, 사용자에 대해서는 대체근로자를 찾는 과정에서 해고를 재고하도록 하는 일종의 숙려기간으로 작용하기도 하고, 근로자에게는 정당한 해고사유의 유무에 대한 자기 변호의 기회를 부여하는 효과도 있다(헌법재판소 2015.12.23. 2014헌바3). 따라서 해고예고는 일정 시점을 특정하여 하거나 언제 해고되는지를 근로자가 알 수 있는 방법으로 하여야 한다(대법원 2010.4.15. 2009도13833).

유의할 것은 해고예고 제도는 해고를 할 경우 일정한 유예기간을 두거나 예고수당을 지급할 것을 내용으로 하는 것이지 해고 자체를 금지하는 제도는 아니라는 점이다. 따라서 예고의무를 위반하더라도 정당한 사유를 갖추고 있는 한 해고는 유효한 것으로 인정된다(대법원 2015.2.26. 2014두44700).

다만, 사용자가 30일 전에 해고예고를 하지 않거나 해고예고수당도 지급하지 않

16) 국제노동기구(ILO) 제158호 고용종료협약(1982년) 제11조도 고용이 종료되는 근로자가 중대한 잘못을 저지르지 않는 한 합리적인 해고 기간을 누릴 권리가 있다고 규정하고 있다.

고 해고를 한 경우에는 근로기준법 제26조 위반으로서 근로자가 처벌을 원하지 않는다는 의사를 밝히더라도 사용자는 형사처벌(2년 이하의 징역 또는 2천만원 이하의 벌금) 대상이 된다.

해고사유와 절차 등에 있어서 정당한 요건을 갖추고 있는 한 해고예고를 하지 않았다 하더라도 해고의 효력에는 영향이 없으나, 근로기준법의 입법취지를 고려할 때 해고예고는 이행하는 것이 바람직하다.

그렇다면 해고예고를 하거나 해고예고수당을 지급하기만 하면 해고가 적법한 것으로 인정되는가?[17)]

해고의 사유가 정당하지 않은 경우에는 해고예고 또는 해고예고수당 지급이 이루어지더라도 해고의 효력은 생기지 않는다(대법원 1992.3.31. 91누6184). 해고의 정당성은 해고예고나 해고예고수당 지급 여부가 아니라 해고의 사유와 절차, 그리고 양정의 적정성 여부에 따라 결정되기 때문이다.

해고사유와 해고시기의 서면통지제와 달리 해고예고의 방법에 대해서는 근로기준법에서 특별히 정한 것이 없으므로 서면뿐 아니라 구두로도 가능하나, 해고될 날짜를 명확히 하여 해고 대상자를 특정하고 해고사유도 명확히 하여야 한다.

해고예고는 해고일로부터 최소한 30일 전에 이루어져야 하며, 이보다 짧게 정한 것은 강행법규인 근로기준법 위반으로 무효이다. 30일은 역일(曆日)로 계산하므로 그 기간에는 휴일이나 휴가기간도 포함된다.[18)]

논리모순적인 측면이 있지만 상시 근로자가 5명 미만인 사업에는 근로기준법 제23조의 해고제한 규정은 적용되지 않으나 제26조의 해고예고 규정은 적용되며, 부당해고 시에도 해고예고 위반의 책임은 면제되지 않으므로 해고예고를 하지 않은 경우에는 해고예고수당 지급의무를 지게 된다.

다만, 아래와 같이 천재·사변 등 예외적인 경우나 근로관계가 계속될 것이라고 기대할 가능성이 매우 적은 경우에는 해고예고를 하지 않아도 된다.

첫째, '천재·사변, 그 밖의 부득이한 사유로 사업을 계속하는 것이 불가능한 경

---

17) 해고예고수당 지급 시기에 대해선 판례나 학설이 법정 금품청산 기일(14일) 내 지급하면 된다는 입장과 즉시해고와 동시에 지급하여야 한다는 입장으로 갈리는데, 후자가 타당하다고 본다.

18) 노동부 행정해석 근기 68207-180, 1995.1.17.; 노동법실무연구회, 근로기준법 주해 Ⅱ, pp.480~481.

우 또는 근로자가 고의로 사업에 막대한 지장을 초래하거나 재산상 손해를 끼친 경우로서 고용노동부령이 정하는 사유에 해당하는 경우'에는 해고예고를 하지 않아도 된다(근로기준법 제26조 단서).

이때 '부득이한 사유'라 함은 천재·사변에 준하는 정도로 불가항력적이고 돌발적인 사유(예: 중요한 건물, 설비, 기계 등의 소실)를 말하며, 불황이나 경영난은 여기에 포함되지 않는다. '사업을 계속하는 것이 불가능한 경우'라 함은 사용자가 사회통념상 취할 수 있는 모든 조치를 다했음에도 사업의 전부 또는 대부분을 계속하는 것이 불가능하여 상당 기간 중지할 수밖에 없는 경우(예: 기업의 부도·도산 등)를 말하며, 일부 사업을 계속할 수 없는 경우는 해당되지 않는다.[19)]

해고예고의 예외가 인정되는 근로자의 귀책사유는 즉시해고를 하지 않을 수 없다고 인정될 정도의 중대한 복무규율 위반행위나 배신행위를 말하며, 고용노동부령이 규정하고 있는 구체적인 내용은 〈도표 11-4〉와 같다.

〈도표 11-4〉 해고예고의 예외가 되는 근로자의 귀책사유

근로기준법 시행규칙 제4조 관련 별표
1. 납품업체로부터 금품이나 향응을 제공받고 불량품을 납품받아 생산에 차질을 가져온 경우 2. 영업용 차량을 임의로 타인에게 대리운전하게 하여 교통사고를 일으킨 경우 3. 사업의 기밀이나 그 밖의 정보를 경쟁관계에 있는 다른 사업자 등에게 제공하여 사업에 지장을 가져온 경우 4. 허위 사실을 날조하여 유포하거나 불법 집단행동을 주도하여 사업에 막대한 지장을 가져온 경우 5. 영업용 차량 운송 수입금을 부당하게 착복하는 등 직책을 이용하여 공금을 착복, 장기유용, 횡령 또는 배임한 경우 6. 제품 또는 원료 등을 몰래 훔치거나 불법 반출한 경우 7. 인사·경리·회계담당 직원이 근로자의 근무상황 실적을 조작하거나 허위 서류 등을 작성하여 사업에 손해를 끼친 경우 8. 사업장의 기물을 고의로 파손하여 생산에 막대한 지장을 가져온 경우 9. 그 밖에 사회통념상 고의로 사업에 막대한 지장을 가져오거나 재산상 손해를 끼쳤다고 인정되는 경우

19) 김형배, 노동법, pp.781~782.

둘째, 근로관계가 임시적인 속성을 가지고 있어서 그 근로관계가 장래에도 상당기간 계속될 것이라는 기대 가능성이 낮다고 볼 수 있는 특수한 근로자의 경우에는 계약기간 도중에 해고예고 없이 즉시해고 할 수 있다.

이에 대하여 근로기준법 제35조는 ① 일용근로자로서 3개월을 계속 근무하지 아니한 자, ② 2개월 이내의 기간을 정하여 사용된 자, ③ 월급근로자로서 6개월이 되지 못한 자, ④ 계절적 업무에 6개월 이내의 기간을 정하여 사용된 자, ⑤ 수습 사용 중인 근로자(수습 사용한 날부터 3개월 이내인 자[20])를 해고예고 적용제외자로 규정하고 있다.

그러나 2015년 헌법재판소는 '월급근로자로서 6개월이 되지 못한 자'를 해고예고 제도의 적용대상에서 제외하는 것은 헌법상 근로의 권리와 평등원칙에 위반되어 위헌이라고 결정하였다(헌법재판소 2015.12.23. 2014헌바3).[21]

3) 서면통지제도

사용자가 근로자를 해고할 때는 해고사유와 해고시기를 서면으로 명시해서 통지하여야 하고 서면으로 통지하지 않은 해고는 효력이 없다(근로기준법 제27조). 여기서 해고사유란 해고의 동기 또는 원인을 말하며, 해고시기는 해고의 효력을 발생시키고자 하는 시기를 말한다.

근로기준법 | 해고사유와 해고시기의 서면통지

제27조【해고사유 등의 서면통지】 ① 사용자는 근로자를 해고하려면 해고사유와 해고시기를 서면으로 통지하여야 한다.
② 근로자에 대한 해고는 제1항에 따라 서면으로 통지하여야 효력이 있다.
③ 사용자가 제26조에 따른 해고의 예고를 해고사유와 해고시기를 명시하여 서면으로 한 경우에는 제1항에 따른 통지를 한 것으로 본다.

---

20) 근로기준법 시행령 제16조.

21) 헌법재판소는 이 결정에서 같은 조항에 대하여 재판관 다수 의견(7:2)으로 합헌이라고 결정했던 종전의 결정(헌법재판소 2001.7.19. 99헌마663)을 재판관 전원 일치 의견으로 변경하였다. 동 위헌결정 선고 이후 대법원도 같은 취지로 판결을 하고 있다(대법원 2017.1.12. 2016재다224).

근로계약 해지 의사표시로서의 해고는 상대방 있는 단독행위로서 그 의사표시가 상대방에게 도달하는 때에 효력이 발생하고, 의사표시의 방법은 서면, 구두 또는 전화 등 어떠한 방법으로 알려도 상관이 없는 것이 원칙이나(대법원 1997.9.26. 97누1600), 2006.12.21. 이른바 '선진화 입법'으로 개정된 근로기준법(2007.7.1. 시행) 제27조에 의해 서면통지제도가 의무화되었다. 서면통지 의무 위반에 대한 벌칙 규정은 없다.

해고의 서면통지를 의무화한 취지는 사용자로 하여금 해고를 신중하게 결정하도록 함과 아울러, 해고의 존부 및 시기와 그 사유를 명확하게 하여 사후의 분쟁해결을 적정하고 용이하게 할 수 있도록 하고 근로자도 해고에 적절히 대응할 수 있도록 하기 위한 것이다(대법원 2011.10.27. 2011다42324).[22)]

근로기준법 제27조의 해고에는 모든 유형의 해고가 포함되므로 서면통지제도는 징계해고 뿐 아니라 통상해고, 정리해고에 대해서도 적용된다. 시용근로자에 대해서도 사용자가 본 근로계약 체결을 거부하는 경우에는 해당 근로자로 하여금 그 거부사유를 파악하여 대처할 수 있도록 구체적·실질적인 거부사유를 서면으로 통지하여야 하며, 단순히 '시용기간의 만료로 해고한다.'는 취지로만 통지한 것은 절차상 하자가 있어 무효이다(대법원 2015.11.27. 2015두48136).

서면통지의 시기는 최소한 해고처분일 이전 또는 해고예고수당을 지급하면서 바로 이루어져야 하며, 해고처분을 한 뒤에 통지한 경우에는 해고의 효력이 인정되지 않는다(서울행정법원 2008.10.10. 2008구합14098).

근로관계 종료가 합의해지, 직권면직·당연퇴직, 유기계약 근로자의 갱신거부 등의 형식을 취하더라도 실질적으로는 해고에 해당하는 경우에는 서면통지 의무가 적용된다.[23)] 근로자에게 서면이 도달하면 되므로 서면통지를 전달하는 방법에는 제한이 없어 우편, 인편, 직접 교부 등 어느 것이든 가능하다.

서면통지는 해고의 효력발생 요건이므로 이 의무를 위반한 해고는 무효이다. 따라서 노동위원회는 아무리 징계사유가 정당하다고 하더라도 서면으로 통지하지 아

---

22) 전형배, "해고의 서면통지", 노동판례백선, 한국노동법학회, 2015, pp.162~165.
23) 노동법실무연구회, 근로기준법주해 Ⅱ, p.491.

니하였다는 이유만으로도 부당해고로 판정하고 원직복직과 임금상당액 지급의 구제명령을 하여야 한다. 이 경우 사용자는 같은 해고사유에 대하여 다시 서면통지를 하여 절차적 흠을 치유하고 해고처분을 할 수 있다.

대법원은 사용자가 해고사유 등을 서면으로 통지할 때는 근로자의 처지에서 해고사유가 무엇인지를 구체적으로 알 수 있도록 해야 하고, 특히 징계해고의 경우에는 해고의 실질적 사유가 되는 구체적 사실 또는 비위 내용을 기재하여야 하며 징계 대상자가 위반한 단체협약이나 취업규칙의 조문만 나열하는 것으로는 충분하다고 볼 수 없다는 해석론을 정립하고 있다(대법원 2011.10.27. 2011다42324).[24] 다만, 해고 대상자가 이미 해고사유가 무엇인지 구체적으로 알고 있고 그에 대해 충분히 대응할 수 있는 상황이었다면 해고통지서에 징계사유를 축약해 기재하는 등 징계사유를 상세하게 기재하지 않았더라도 위법한 해고통지라고 볼 수 없다는 입장을 밝히고 있다(대법원 2014.12.24. 2012다81609).[25]

한편, 종기를 정하지 않은 채 1년 기간제 고용계약을 체결하고 H중공업 국제법무팀에서 근무한 자에게 5년간 연속 최하위 근무평정을 받는 등 근무 능력 불량을 이유로 해고하며 계약 종료 사유나 별도 근거 규정을 기재하지 않은 계약종료통지서를 교부한 사건에서, 해고 대상자가 해고사유가 무엇인지 알고 있고 그에 대해 대응할 수 있는 상황이었다고 하더라도, 사용자가 해고를 서면으로 통지하면서 해고사유를 전혀 기재하지 않았다면 이는 근로기준법에 위반한 해고통지에 해당한다고 판시하였다(대법원 2021.2.25. 2017다226605).

사용자는 해고사유와 해고시기를 확정하여 서면으로 통지하여야 하므로 확정적 해고 의사표시가 기재되지 않은 조건부 해고통지는 허용되지 않는다고 본다.

서면통지의 내용은 해고사유의 구체성과 근로자의 이해가능성, 해고시기의 명확성을 갖추어 근로자의 입장에서 왜, 언제 해고되는지 알 수 있어야 한다. 따라서 예컨대, 대학 어학원 강사를 해고하면서 '11월 강좌개설 시부터 강의를 할 수 없다'는 내용을 공문으로 통보한 것만으로는 서면통지로 인정되지 않는다(서울행정법원

24) 노상헌, 근로기준법 제27조 해고사유 등의 서면통지 해석론,

25) 노상헌, 근로기준법 제27조 해고사유 등의 서면통지 해석론, 노동판례 리뷰 2021, p.134.

2012.2.23. 2012구합24361).

또한, 해고사유에는 진정한 사유가 기재되어야 하므로 업무상 횡령을 이유로 징계해고를 하면서 근로자를 배려한다는 것을 명분으로 경영악화를 사유로 기재한 것은 서면통지 위반이 된다(서울행정법원 2010.6.3. 2009구합52844).

해고통지와 달리 해고예고는 구두로도 가능하여 반드시 서면으로 해야만 하는 것은 아니다. 다만, 해고예고를 해고사유와 해고시기를 명시하여 서면으로 한 경우에는 해고의 의사표시를 서면으로 통지한 것으로 간주한다(근로기준법 제27조제3항).

서면통지제와 관련하여 다툼이 많이 발생하는 것이 서면의 의미와 형식에 관한 것인바, 서면이라 함은 종이로 된 문서를 의미하므로 사용자의 기명 또는 날인이 포함된 문서를 직접 또는 등기우편으로 송부하는 것이 원칙이다(서울행정법원 2010.6.18. 2010구합11269).

앞서 언급했듯이 해고사유와 해고시기를 서면으로 통지할 것을 해고의 효력요건으로 하여 법률로 의무화한 취지는 ① 해고사유와 시기의 입증을 쉽게 하고, ② 사용자의 일시적인 감정에 의한 해고를 방지하며, ③ 근로자의 권익을 보호하기 위한 것이라는 점에서 서면통지 요건 충족 여부는 엄격하게 해석하여야 한다(서울행정법원 2010.4.16. 2009구합31878).

따라서 전송이나 복사는 서면으로 인정되지 않는 것이 원칙이고(대법원 2011.10.27. 2011다42324), 휴대전화 문자메시지도 해고자의 서명·날인 등이 존재하지 않아 진정한 의사를 확인하기 어렵기 때문에 서면과 동일하게 취급할 수 없다(서울행정법원 2010.4.16. 2009구합31878).

전자우편(E-mail) 같은 단순한 전자문서는 회사가 전자결재체계를 완비하여 전자문서로 모든 업무의 기안, 결재, 시행 과정을 관리하는 등 특별한 사정이 있는 경우 외에는 서면에 해당하지 않는다고 해석하는 것이 근로기준법의 문언과 입법취지에 부합한다(서울행정법원 2010.6.18. 2010구합11269). 소셜 네트워크 서비스(SNS)를 이용한 해고통지도 전자우편 사례와 같이 예외적인 경우가 아니면 역시 서면통지로 인정되지 않는 것이 원칙이다.

다만, 전자문서 및 전자거래기본법은 전자적 형태로 되어 있다는 이유로 문서로서의 효력이 부인되지 않는다고 규정하고 있고, 판례도 해고사유와 해고시기 등이 구체적으로 기재되어 있는 등 서면통지의 입법취지를 해치지 않는 범위에서 구체적 사안에 따라 예외적으로 전자적 방법에 의한 해고 통지도 유효한 것으로 인정하고 있다.

핵심 판례 **이메일에 의한 해고통지도 예외적으로 서면통지로서의 유효성 인정**

'서면'이란 일정한 내용을 적은 문서를 의미하고 이메일 등 전자문서와는 구별되지만, 전자문서 및 전자거래기본법 제3조는 "이 법은 다른 법률에 특별한 규정이 있는 경우를 제외하고 모든 전자문서 및 전자거래에 적용한다."고 규정하고 있고, 같은 법 제4조제1항은 "전자문서는 다른 법률에 특별한 규정이 있는 경우를 제외하고는 전자적 형태로 되어 있다는 이유로 문서로서의 효력이 부인되지 아니한다."고 규정하고 있는 점, 출력이 즉시 가능한 상태의 전자문서는 사실상 종이 형태의 서면과 다를 바 없고 저장과 보관에서 지속성이나 정확성이 더 보장될 수도 있는 점, 이메일(e-mail)의 형식과 작성경위 등에 비추어 사용자의 해고 의사를 명확하게 확인할 수 있고, '이메일에 해고사유와 해고시기에 관한 내용이 구체적으로 기재되어 있으며, 해고에 적절히 대응하는데 아무런 지장이 없는 등 서면에 의한 해고통지의 역할과 기능을 충분히 수행하고 있다면 단지 이메일 등 전자문서에 의한 통지라는 이유만으로 서면에 의한 통지가 아니라고 볼 것은 아닌 점 등을 고려하면, 근로자가 이메일을 수신하는 등으로 내용을 알고 있는 이상, 이메일에 의한 해고통지도 해고사유 등을 서면 통지하도록 규정한 근로기준법 제27조의 입법취지를 해치지 아니하는 범위 내에서 구체적 사안에 따라 서면에 의한 해고 통지로서 유효하다고 보아야 할 경우가 있다(대법원 2015.9.10. 2015두41401).

판례를 보면, ① 회사가 전자결재체계를 완비하여 전자문서로 모든 업무의 기안·결재·시행 과정을 관리하는 경우(서울행정법원 2013.9.12. 2012구합36941),[26] ② 해외 근로자와 같이 원거리에 있어서 장소적으로나 기술적으로 전자우편 외에는 마땅한 연락수단이 없는 상황에서 인사위원회 의결통보서를 첨부하여 전자우편을 발송하였고 근로자가 이를 정상적으로 수신하여 확인한 경우(서울중앙지법

26) 고용노동부 근로기준팀 - 8048, 해고의 서면통지 관련 업무처리지침, 2007.11.29.

2009.9.11. 2008가합42794), 또는 ③ 근로자의 법률대리인인 노무사의 전자우편으로 사용자의 인감이 날인된 징계결과통보서를 복사한 파일을 첨부하여 발송하였고 근로자가 이를 수신한 경우(대법원 2015.9.10. 2015두41401) 서면통지와 같은 효력을 인정하였다.

한편, 서면통지형식은 반드시 그 이름이 '해고통지서'일 필요는 없으며 징계위원회의 징계심의결과 확정통보서 등도 해고의 서면통지로 볼 수 있다.[27)]

(4) 해고시기의 제한

노동법은 업무상 부상이나 질병, 임신·출산 등으로 인한 실직을 방지하고 노동력의 회복을 위하여 근로자 보호의 필요성이 큰 경우에는 비록 해고사유가 인정되는 경우라 하더라도 일정기간 해당 근로자를 해고하지 못하도록 제한하고 있다.

사용자는 근로자가 업무상 부상이나 질병의 요양을 위하여 휴업한 기간과 그 후 30일 동안 또는 여성이 출산으로 인하여 휴업한 기간과 그 후 30일 동안은 해고를 하지 못하며(근로기준법 제23조제2항), 육아휴직 기간 동안에도 그 근로자를 해고하지 못한다(남녀고용평등법 제19조제3항). 선원법이 적용되는 선원의 경우에도 직무상 부상 또는 질병 요양을 위해 직무에 종사하지 아니한 기간과 그 후 30일 간은 선원근로계약을 해지하지 못한다(선원법 제34조제2항제1호).

그러나 사용자가 업무상 부상 또는 질병의 요양을 받고 있는 근로자에게 근로기준법 등에 따라 일시 재해보상금을 지급한 경우(근로기준법 제84조, 산재보험법 제80조제4항) 또는 사업을 계속할 수 없게 된 경우에는 예외적으로 법에 따른 해고금지기간의 제한을 받지 않는다(근로기준법 제23조제2항단서).

근로자가 업무상 부상 등을 입고 치료 중이라 하더라도 휴업하지 아니하고 정상적으로 출근하고 있는 경우 또는 업무상 부상 등으로 휴업하고 있다 하더라도 요양을 위하여 휴업할 필요가 있다고 인정되지 아니하는 경우에는 위 규정에서 정한 해고가 제한되는 휴업기간에 해당하지 아니한다(대법원 2011.11.10. 2009다63205).

여기서 정상적 출근이라 함은 정상적인 노동력으로 근로를 제공하는 경우를 말

---

27) 하갑래, 근로기준법(제35판), 중앙경제, 2022, p.976.

하는 것이므로 요양휴업이 필요함에도 사용자의 요구에 따라 출근해서 근무하고 있는 경우는 해당되지 않으며, 요양휴업이 필요한지 여부는 업무상 부상 등의 정도, 치료과정 및 치료방법, 업무의 내용과 강도, 근로자의 용태 등 객관적인 사정을 종합하여 판단하여야 한다.

업무상 부상이나 질병, 임신·출산으로 노동력을 상실하고 있는 기간과 노동력 회복에 필요한 일정기간 동안 해고를 제한하는 취지는 해당근로자를 실직의 위협으로부터 절대적으로 보호하기 위한 것이므로 사용자가 이에 위반하여 근로자를 해고한 경우에는 정당한 해고사유가 있다 하더라도 위법한 해고로서 무효이다(대법원 2001.6.12. 2001다13044).

사용자가 해고금지 기간 중 해고를 한 경우에는 형사처벌(근로기준법 제107조, 5년 이하의 징역 또는 5천만원 이하의 벌금) 대상이 된다. 출산전후휴가 기간과 그 후 30일간 및 육아휴직 기간 중의 해고는 일종의 절대금지 기간으로서 설령 해당 근로자가 이의를 제기하지 않겠다고 합의를 하거나 사후에 그 해고를 승인했다고 하더라도 무효이고, 사용자는 법을 위반한 것이 되어 남녀고용평등법(제37조제2항제3호)에 따라 형사처벌(3년 이하의 징역 또는 3천만원 이하의 벌금)을 받게 된다(대법원 1984.4.10. 84도387).

그러나 절대적 해고금지 기간 중이라 하더라도 해고가 아니라 근로계약 기간 만료, 정년 등 근로관계 자동소멸 사유가 발생하면 별도의 특별한 규정을 두고 있지 않는 한 그 근로관계는 종료된다.

제2절 징계해고

1. 징계해고의 의의

'징계'는 기업의 경영목적 달성과 질서 확립을 위하여 근로자의 복무규율이나 그 밖의 기업질서 위반행위에 대한 제재로서 노동관계상의 불이익을 가하는 것을 말한다. 일반적으로 징계는 비위행위와 근로자의 귀책 정도에 따라 그 수위를 정하는 양정을 하여 해고, 정직, 감봉, 경고 등의 형태로 행해진다.[28)]

이 가운데 징계해고는 가장 중한 징계로서 근로자에게 책임이 있는 비위행위 등을 사유로 하여 사용자의 일방적 의사표시에 의해 근로관계를 종료시키는 것을 말하며, 실무에서는 해임, 면직, 파면이라고도 한다.

2. 징계와 징계해고의 정당성 판단기준

징계해고를 하려면 근로기준법 제23조제1항(해고 등의 제한)에 따라 정당한 이유가 있어야 한다. 정당한 이유의 내용은 개별 사안마다 구체적으로 판단되어야 하지만 기본적으로 징계해고 사유의 정당성, 징계해고 양정의 적정성, 그리고 징계해고 절차의 정당성 내지 적법성을 갖추어야 한다.

(1) 징계해고 사유의 정당성

징계해고의 정당성을 판단할 경우 ① 우선 징계사유의 존재 여부를 살피고, ② 그 징계사유에 해당하는 근로자의 행위가 사회통념상 근로계약을 유지할 수 없을 정도인지, ③ 사용자가 징계재량권을 일탈하거나 남용했는지를 따지게 된다.

취업규칙 등의 징계해고 사유에 해당하는 경우에도 해고처분이 당연히 정당한 것으로 되는 것은 아니고 '사회통념상 고용관계를 계속할 수 없을 정도'로 근로자에게 책임 있는 사유가 있는 경우에 행하여져야 정당성이 인정되는 것이다(대법원 1998.11.10. 97누18189).

---

28) 김형배·박지순, 노동법강의(제12판), 2023, p.186; 임종률, 노동법, p.543.

한편, 해고의 정당성을 판단함에 있어선 그로 인하여 사용자가 얻는 이익과 근로자가 받게 되는 불이익을 비교하여 전자가 후자보다 큰 경우에만 해고가 정당화된다는 '이익형량의 원칙'이 적용된다.[29]

근로자와 관련해서는 의무위반의 종류·중요성·빈도, 종래 행태와의 관련성, 사용자의 공동과실책임, 근무연한, 연령, 부양의무의 범위, 해직시점의 노동시장 상황, 전직 가능성 등이, 사용자와 관련해서는 사업기능 유지, 재산손해·위험발생 방지, 위신추락, 다른 근로자의 보호 등이 고려되어야 한다(헌법재판소 2005.3.31. 2003헌바12).

(2) 징계해고 양정의 적정성

징계사유가 인정되는 경우에 어떤 징계를 선택할 것인지는 원칙적으로 징계권자의 재량에 속하며, 징계권자가 '징계양정기준'을 정하고 그에 따라 징계처분을 하였을 경우 정해진 징계양정기준이 전혀 합리성이 없다거나 특정의 근로자만을 해고하기 위한 방편이라는 등의 특별한 사정이 없는 한 그 징계처분이 형평의 원칙에 반하여 위법하다고 할 수는 없는 것이다(대법원 2007.10.12. 2007두7093).

징계사유와 징계처분 사이에는 사회통념상 상당하다고 인정되는 '균형'과 '비례성'이 있어야 한다. 즉, 구체적인 징계수단은 징계사유인 비위행위의 종류, 정도, 반복성, 직장질서에 미치는 영향 등에 비추어 상당한 것으로서(상당성의 원칙) 과잉징계가 아니어야 한다(과잉금지의 원칙).[30] 따라서 징계사유에는 해당되지만 그 정도가 가벼운 비위행위에 대하여 해고와 같은 무거운 제재를 하는 것은 징계권 남용으로서 무효이다(대법원 2008.1.31. 2005두8269).

징계사유가 여러 개인 경우 징계해고 처분의 '적정성'은 여러 사유를 하나씩 떼어서 또는 그 가운데 일부만 가지고 판단할 것이 아니라 전체를 살펴서 판단해야 하며(대법원 2013.10.31. 2013두13198), 일부 사유가 부당해도 나머지 사유가 근로관계를 유지할 수 없는 정도라면 해고는 유효한 것으로 인정된다(대법원 2004.11.12. 2002두11813).

---

29) 하갑래, 근로기준법, p.888.

30) 임종률, 노동법, pp.549~550.

징계의 종류나 정도는 같은 비위행위에 대한 과거의 징계처분이나 다른 근로자에게 가한 징계처분과 같거나 비슷한 것이어야 한다(형평성의 원칙).[31] 다만, 앞으로는 엄정히 처벌하겠다는 방침을 사전에 충분히 주지시킨 경우에는 무거운 징계를 가할 수 있고, 징계대상자가 많아서 모두 해고하면 업무에 지장을 줄 우려가 있을 경우에는 일정한 기준을 정하고 상대적으로 비위 정도가 낮은 자를 구제하는 것은 인정된다(대법원 1997.10.28. 96누5780).

노동위원회나 법원에서 부당해고 여부를 판단할 때는 ① 비위행위의 동기와 경위, 고의·과실 여부, ② 비위행위 근로자의 지위나 직책, 담당업무의 내용과 중요도, 과거의 근무태도, 과거 포상이나 징계 내역, ③ 징계의 목적과 사업의 성격, 취업규칙 등 징계양정 기준, 과거 유사 징계사례에서 다른 근로자와의 형평성, 사업 및 기업질서에 미친 영향의 정도 등을 살펴본다.

(3) 징계해고 절차의 정당성

해고절차의 제한에 관한 일반론에서도 언급하였듯이 징계해고가 정당하다고 인정받으려면 징계해고 사유의 실체적 정당성 뿐 아니라 절차적 정당성도 요구되는바, 판례에 따르면 근로자를 징계해고 할 때 해고예고와 서면통보 등 법정사항 준수 여부와 더불어 단체협약이나 취업규칙 등에 규정된 절차를 준수하지 않으면 절차위법으로서 정당성이 부인된다.

절차적 정당성 인정 여부를 판단하는 경우 ① 근로자가 방어권을 행사할 수 있도록 충분한 시간적 여유를 두어 사전에 통지하고 서면 또는 구두로 소명할 기회를 부여하였는지 여부, ② 인사위원회나 징계위원회가 이해관계자를 배제하는 등 정당하게 구성되었는지 여부 등이 주로 쟁점이 된다. 징계절차에 관해서는 '제10장징계' 부문에서 보다 상세히 설명한다.

한편, 징계해고 절차와 관련하여 실무적으로는 사용자가 근로자에 대한 1차 해고를 취소하고 2차 해고를 하는 경우 그 효력이 문제되는 경우가 있다.

이와 관련된 판례를 보면, 사용자가 징계절차의 하자나, 징계사유의 인정, 징계

---

31) 임종률, 노동법, p.550.

양정 등에 잘못이 있음을 스스로 인정한 때에는 노동위원회의 구제명령이나 법원의 무효확인판결을 기다릴 것 없이 스스로 징계해고 처분을 취소할 수 있고, 나아가 같은 사유 또는 새로운 사유를 추가하여 다시 징계처분을 한다고 하여 일사부재리의 원칙이나 신의칙에 위배된다고 볼 수는 없다고 판시하였다(대법원 1994.9.30. 93다26496).

또한, 법원은 사용자가 제1차 해고를 취소하여 고용관계를 회복한 후 새로운 사유를 들어 제2차 해고를 하였다면 그것이 당연무효의 것이 아닌 한 무효인 제1차 해고로 인하여 야기된 고용관계의 중단상태는 해소되었으며, 제1차 해고의 무효에 따라 임금지급을 명한 채무명의의 집행력 또한 위 제2차 해고로 인하여 저지되었다고 보아야 한다고 판단하였다(대법원 1992.8.14. 91다43558).

3. 징계해고 사유별 정당성 판단 사례

징계해고 사유의 정당성 여부에 대하여는 ① 근로자의 근로제공 의무 위반으로 무단결근, 근무태만, 업무명령 위반, ② 근로자의 성실 의무 위반으로 학력과 경력 사칭, 근무기강 문란, 직장 내 성희롱, 직장 외 비위행위, ③ 노동조합의 활동과 관련된 사유 순으로 설명한다.

(1) 무단결근

무단결근이라 함은 근로자가 정당한 사유와 사용자의 승인 없이 근로일에 사업장에 나오지 않아 근로제공 의무를 다하지 않음으로써 노사간의 신뢰를 깨는 행위를 말한다.

1) 사용자의 승인을 얻지 않은 결근

판례에 따르면, 취업규칙 등에 사전이나 사후에 결근계를 제출하여 사용자의 승낙을 받도록 규정하고 있는데 결근계를 제출하지 않은 경우 무단결근이 된다. 따라서 전화나 구두로 사전 승낙을 받은 경우에도 사후에 사유서를 첨부하여 결근계를 제출하도록 규정하였다면 결근계를 제출하지 않은 이상 실제로 질병 또는 부득이한 사유가 있었더라도 무단결근이 된다(대법원 1987.4.14. 86다카1875).

취업규칙 등에 결근에 관한 특별한 규정이 없는 경우에도 결근이 정당화되려면 객관적인 소명자료를 제시하는 등 적절한 방법으로 사전 또는 사후에 사용자의 승인을 받아야 하며(대법원 1992.4.24. 91다17931), 관리자에게 병가사실을 알린 경우라도 사용자가 소정의 절차에 따라 병가를 신청하도록 권유하였음에도 이를 이행하지 않고 출근하지 않은 것은 무단결근에 해당한다(대법원 2016.2.18. 2015두57673).

한편, 사전에 허가를 받거나 연차휴가를 사용하지 않고서 노동위원회 심문회의에 출석하기 위하여 외출한 것은 개인적 사유로 인한 무단외출에 해당하고 사후에 연차휴가를 사용하였더라도 이미 행한 무단외출이 정당하게 되는 것은 아니다(서울고등법원 2011.11.4. 2011누4901).

그러나 버스기사인 근로자들이 노동위원회 심문회의 참석을 위해 배차명령 조정을 여러 차례 요청하였고 관행적으로 배차조정이 어렵지 않아 보임에도 불구하고 사용자가 연차휴가 사용만을 주장하여 결국 버스가 결행된 경우, 이러한 배차명령은 신의칙에 반하여 위법하고 이에 따르지 않은 것을 징계사유로 삼을 수는 없다(대전고등법원 2015.12.3. 2015누11934).

상사·동료의 폭행, 협박으로 직장생활을 감당할 수 없어 휴직신청을 하였으나 회사가 이를 승인하지 아니하자 계속 승인을 요구하면서 결근한 것은 무단결근에 해당하지만 이를 이유로 해고한 것은 징계권을 남용한 것이다(대법원 1997.7.22. 95다53096).

2) 연차휴가

연차휴가는 근로자가 청구한 시기에 주어야 하고, 그 기간에 대하여는 취업규칙 등에서 정하는 통상임금 또는 평균임금을 지급하여야 한다. 다만, 근로자가 청구한 시기에 휴가를 주는 것이 사업운영에 막대한 지장이 있는 경우에는 그 시기를 변경할 수 있다(근로기준법 제60조제5항). 즉, 휴가의 시기는 근로자가 지정할 수 있고(시기지정권), 사용자는 예외적인 경우 그 시기를 변경할 수 있는 것이다(시기변경권).

따라서 근로자가 연차휴가를 사용하려면 구체적인 시기를 특정하여 신청하여야 하고, 근로자에 의해 휴가시기가 지정되면 사업운영에 막대한 지장이 있어서 사용자가 그 시기를 변경하지 않는 한 휴가의 시기는 확정되는 것이다. 그러므로 사용자가 시기변경권을 행사하였다는 사정이 없는 한 연차휴가 신청에 회사의 승인이 없더라도 근로자는 출근의무를 지지 않는다(대법원 2013.8.20. 2013두8561).

근로자의 휴가시기 지정방법은 취업규칙에 정한 바에 따라 행하되, 구체적인 절차 규정이 없는 경우에는 전화나 구두 청구도 적법하다(대법원 1992.4.10. 92누404). 그러나 동료직원에게 알리고 회사 게시판에 게재하였지만 사용자의 사전승인 없이 휴가를 간 것은 무단결근에 해당한다(서울행정법원 2012.6.29. 2012구합6933).

한편, 근로자가 사용자를 규탄하는 천막농성을 하기 위하여 휴가를 신청한 경우, 휴가기간 동안의 개인적 활동(천막농성)이 사업 운영에 막대한 지장이 있는 경우에 해당된다고는 볼 수 없으므로 사용자는 사후에 손해배상청구 또는 징계를 하는 것은 별론으로 하고 시기변경권을 행사하거나 휴가신청을 반려할 수 없다(서울행정법원 2014.6.20. 2013구합65243).

그러나 단체교섭을 요구하는 농성에 참여할 목적으로 시기를 특정하지 않고 연차휴가 신청서를 제출하고 출근하지 않은 노조간부를 무단결근으로 해고한 것은 정당하고(대법원 1997.3.28. 96누4220), 리조트 객실 정비 용역업체에서 근로자들의 집단적 연차휴가는 사업운영에 막대한 지장이 초래될 개연성이 인정되므로 연차휴가를 승인하지 않은 것은 정당하다(대법원 2015.8.31. 2015두42756).

3) 정당한 인사명령 거부

근로자가 전근·전보·전적 등 사용자의 인사명령에 반발하여 출근하지 않는 것은 징계해고 사유가 될 수 있는가?

판례에 따르면, 선행 인사명령이 정당하다면 취업규칙상 무단결근 또는 업무상 명령 위반을 이유로 한 해고의 정당성이 인정되지만(대법원 1995.8.11. 95다10778), 선행 인사명령이 부당하다면 정당성이 부정된다(대법원 2009.3.12. 2007두22306).

다만, 인사명령이 정당하여 해고사유가 될 수 있는 경우에도 결근일수, 인사처분 경위 등의 사정을 고려하여 해고가 재량권 범위 내의 처분인지를 살펴야 한다. 예컨대, 운수업체 근로자가 대기발령 기간에 출근해서 대기를 하더라도 사용자가 배차지시를 안할 것이 명백히 예상되는 상황에서 배차지시가 없는 것을 확인한 후 사용자의 허락 없이 귀가한 것은 징계해고 사유인 무단결근으로 볼 수 없다(대법원

2012.9.27. 2012두13702).

노동위원회의 구제명령이나 법원의 판결에 따라 해고근로자를 복직시키면서 종전과 다른 업무로 인사명령을 하자 근로자가 거부하며 계속 결근한 경우에는 어떻게 되는가? 해고가 유효함을 전제로 하여 이미 이루어진 인사질서, 사용자의 경영상 필요 등을 고려하여 복직근로자에게 그에 합당한 다른 일을 시킨 것이라고 인정된다면 이에 불응하며 업무를 거부하는 것은 무단결근으로서 징계해고 사유가 된다(대법원 1997.5.16. 96다47074).

한편, 근로자가 직위해제 되었다고 하더라도 특별한 사정이 없는 한 출근의무가 면제되는 것은 아니다(서울고등법원 1995.11.14. 95구4829). 즉, 출근의무는 근로계약에 의한 근로제공 의무에 내재된 것으로서 근로관계 유지를 위하여 필수적으로 이행되어야 할 기본적인 의무에 해당하고, 직위해제 처분이 위법하다고 하여 출근의무가 면제되는 것은 아니므로 직위해제 처분의 부당함을 다투면서 출근하지 않은 것은 무단결근에 해당한다(서울고등법원 2012.11.14. 2012누11777).

4) 무단결근 기간의 계산

판례를 보면, 연속 3일 무단결근(대법원 1991.3.27. 90다15631), 5일 이상 무단결근(대법원 2002.12.27. 2002두9063), 월간 누계 7일의 무단결근(서울고등법원 2003.7.25. 2003누5008)을 이유로 한 해고는 정당하다고 인정된 사례가 있다.

'7일 이상 무단결근'이 해고사유로 규정되어 있는 경우, 이는 원칙적으로 '상당한 기간 내'에 합계 7일 이상 무단결근한 경우를 의미한다고 제한적으로 해석해야 하며, 1년 2개월에 걸쳐 합계 7일 무단결근한 것이라면 사회통념상 고용관계를 계속할 수 없을 정도의 징계해고 사유에는 해당되지 않는다(대법원 1995.5.26. 94다46596).

한편, 징계해고 사유로 '△일 이상 계속 무단결근'을 규정한 경우 결근한 첫날과 마지막 날 사이에 있는 주휴일은 법정 강행규정이므로 결근일수에 포함시키지 않고 결근한 날만 포함한다(대법원 2004.6.25. 2002두2857).

그러나 격일제 버스기사와 같이 교대제 근로자의 근무기간 중 비번일은 전날 정상근무를 한 경우 인정되는 것이므로 결근이 계속되는 경우에는 비번인 그 다음날의 결근도 결근일수에 포함된다(서울행정법원 2015.2.25. 2014구합14587).

(2) 근무태만과 성적불량

근로자는 근로계약상의 의무를 성실히 이행해야 하므로 정당한 사유 없이 근무를 태만히 하거나, 근무성적이 현저하게 지속적으로 불량하거나, 합리적인 사유 없이 담당업무와 배반되는 행동을 하거나 필요한 조치를 취하지 아니하거나, 부하직원의 범법·부당행위에 대하여 지휘·통솔책임을 다하지 아니한 경우, 사용자는 취업규칙 등의 규정에 근거하여 징계를 할 수 있으며, 그 정도가 사회통념상 근로계약관계를 지속할 수 없을 정도에 이른 경우에는 해고할 수 있다.

1) 징계해고의 정당성을 인정한 판례[32)]

3개월간 59회의 무단외출과 7일간의 지각을 하고도 반성하는 태도를 보이지 않은 근로자(대법원 1996.9.20. 95누15742), 그리 높지 않은 목표치를 부여하였음에도 보험계약을 체결해 보험료를 입금시킨 실적이 1년 5개월 동안 22%에 그치고 하위 직급인 과장급직원의 평균 6%에 그친 실적 불량자(대법원 1991.3.27. 90다카25420), 업무실적이 목표량의 18.9%(후임자는 목표량의 99.8% 달성)에 불과하고 평생고객이력 등록내역이 동료 및 후임자의 1/22 내지 1/11 수준으로 매우 저조한 연금공단 근로자(서울행정법원 2011.11.27. 2011구합19956)에 대한 징계해고는 정당하다.

근무성적평정이 3년 연속 최하위로서 7회나 승급이 제한되고 몇 차례 경고를 받았어도 변화가 없거나(서울민사지방법원 1990.4.12. 89가합33263), 단순·정형적 업무임에도 같은 실수를 반복하여 매년 인사고과에서 업무능력과 지식을 높이도록 지시를 받았음에도 개선되지 않고 수차에 걸쳐 평가점수가 최하위를 기록한 자(서울행정법원 2003.1.24. 2002구합16306) 등 근무평정이 계속해서 불량한 근로자를 징계해고 하는 것은 정당하다.

거래선 개척, 거래중지자 미수금 관리 등의 업무담당임에도 1년간 미수금 회수실적이 없고 다음 해에도 동종사원의 10%에도 미치지 못하는 등 불성실한 근로로 업무실적이 부진한 신문사 판매관리부 차장(대법원 1987.4.14. 86다카1875), 학생들의 학력평가 자료를 불성실하게 잘못 입력하고 수업시간에 충실하게 수업을 하

---

32) 중앙노동위원회, 주제별 판례 분석집(전면개정판), 2020, pp.417~418.

지 않고 학생들의 학업성취 및 인격향상에 악영향을 미칠 수 있는 발언들로 인하여 학생들로부터 민원이 들어오기도 한 사립학교 교사(서울행정법원 2013.8.29. 2013구합9427)를 징계해고 한 것은 정당하다.

소속 직원에 대한 지휘·감독을 소홀히 하여 국방일보에 '피바다' 관련 기사가 게재되도록 한 국방홍보원장(대법원 2002.11.26. 2002두5948), 노조집회 참석이 목적이라고 밝힌 직원들의 연차휴가, 조퇴 신청을 상사의 지시에 반하게 승인하여 업무를 소홀히 한 경비회사의 노무관리 직원(서울행정법원 2003.9.4. 2003구합5143) 등을 징계해고 한 것도 정당하다.

2) 징계해고의 정당성을 부정한 판례[33]

명확한 업무지침과 손실발생 입증자료가 없는 파면은 위법하고(서울행정법원 2009.6.10. 2008구합25166), 결재권자로서 부하직원에 대한 지휘·감독 의무를 위반한 점은 있으나 기말결산에서 계정 금액을 맞춰보기 전에는 부하직원의 부정행위를 쉽게 밝혀낼 수 없는 경우에는 근무태만으로 볼 수 없다(대법원 1971.8.31. 71다1400).

점심시간이 고정되지 않은 근로자가 허용된 휴게시간 범위 내에서 근무지를 이탈한 것은 무단이탈에 해당하지 않으며(서울고등법원 2015.6.12. 2014누2340), 몇 차례 지각하였으나 참작할 만한 사정이 있고 업무상 지장이 없으며 사용자가 특별한 반응을 보이지도 않아서 근로자로서는 묵시적 양해가 있는 것으로 해석할 수 있었던 경우에는 징계사유에 해당하지 않는다(대법원 2015.8.19. 2015두43377).

파업 등으로 대체 근로자가 없어 하루에 16시간씩 근무하고 있었던 상황에서 상사의 개선지시가 있었음에도 근무 중 취침하였다 하여 근무태도가 불량하다고 단정하기 어렵고(대법원 2015.5.28. 2013두3351), 감독권자인 근로자가 토요일 근무시간 중에 부하직원과 골프를 3회 하고 이것이 언론에 게재된 것은 징계사유에는 해당하지만 해고는 가혹하여 징계권 남용에 해당한다(대법원 1996.4.23. 96다2378).

근무평정 결과 45명 가운데 43위를 하였지만 이것이 일시적이고 그 외에 업무처리능력이 현저히 부족하다는 객관적 증거가 없으면 해고의 정당성이 인정되지 않

---

33) 중앙노동위원회, 주제별 판례 분석집, pp.419~420.

고(서울민사지방법원 1974.5.13. 73가합4840), 연구직 근로자가 6회 연속 매우 낮은 직무평가등급을 받은 것은 직무태만에 해당하나, 이전에는 이를 징계사유로 삼지 않았고 직무평가등급이 낮은 것을 이유로 징계한 사례가 없는 경우 해고는 양정과다로 부당하다(서울행정법원 2012.2.9. 2011구합29441).

(3) 정당한 업무지시와 명령의 거부

사용자의 업무지시나 명령을 정당한 이유 없이 거부하는 것은 기업 내 질서를 문란하게 만들고 노사간의 신뢰를 깨뜨리는 행위로서 징계해고의 사유에 해당된다.[34)]

다만, 사용자의 업무지시·명령 불응을 이유로 한 해고처분이 정당하려면 ① 사용자의 업무명령이 근로계약 범위 내의 것으로서 정당하고 유효한 것이고, ② 근로자가 그 명령에 따르지 않은 것에 부득이한 사유가 없었고, ③ 그 명령위반에 대한 징계해고 처분이 상당한 것이어야 한다.[35)]

1) 위법·부당한 업무지시

사용자의 업무지시가 법률이나 관행에 위배되어 위법·부당한 경우에는 이를 거부한 것을 이유로 한 해고는 정당성이 인정되지 않는다. 근로시간 제한에 관한 법규정을 위반하여 일할 것을 명하는 경우, 산업안전법을 위반하거나 통상의 수준을 넘어서 생명이나 신체에 특별한 위험이 초래될 우려가 있는 일을 하도록 지시하는 경우,[36)] 노조 정기총회 날 체육행사 등을 실시한다는 것을 알고서도 아무 말 없다가 총회 전날이 되어서야 총회 당일 오전 정상 근무토록 지시하는 경우(대법원 1990.12.7. 90다6095) 등을 예로 들 수 있다.

판례에 따르면, 어린이집 사용자가 원아체벌 사건에 따른 학부모들의 요청으로 폐쇄회로티브이(CCTV)를 설치하면서 단체협약상 절차를 거치지 않은 경우 노조는 절차 위반을 이유로 철거를 요구할 수 있고, 따라서 보육교사들이 검정 비닐봉지를

---

34) 하갑래, 근로기준법, p.902.

35) 중앙노동위원회, 주제별 판례 분석집, p.390.

36) 김지형, '헌법상 기본권과 노동법-개별적 근로관계에 있어서의 논의를 중심으로-', 재판자료 제76집 헌법문제와 재판(중), 법원행정처, 1997.6., pp.715~716.

씌운 채 이를 제거하라는 지시를 불이행한 것은 징계사유로 삼을 수 없다(서울고등법원 2015.5.14. 2014누65808).

경비지도사는 법령상 경비원 근무가 금지되고 이를 위반할 경우 자격정지를 받을 수 있음에도 사용자가 경비근무 지시를 하자 근로자가 이를 거부하는 것을 이유로 해고하는 것은 부당하며(서울고등법원 2012.8.16. 2012누5901), 가스충전원은 대기실에서 대기하는 것이 관행임에도 충전장에 상주하도록 지시하는 것은 정당성이 없어 이를 거부한 것을 이유로 징계할 수 없으며(대법원 2015.8.13. 2015두42541), 상사에게 직무명령 이행의 어려움을 호소하기 위해 단순히 항의의 의사표시를 한 것은 업무상 지시 거부로 보기 어려워 정당한 해고사유로 인정되지 않는다(대법원 1990.12.7. 90다6095).

금융기관의 직원연수과정에서 해병대 훈련 등 과도한 신체훈련을 둘러싼 마찰 사례와 같이 직무연수가 업무능력 향상에 별다른 도움이 되지 않거나 다소 도움이 되더라도 근로자의 직무종류·양태, 경력·나이, 신체조건 등을 종합적으로 고려할 때 인간으로서의 품위나 인격권 등을 현저하게 침해하여 사회통념상 용인되기 어려운 경우에는 부당한 업무지시와 다름이 없어 근로자가 이를 거부하더라도 성실 의무 위반, 업무지시 위반 등의 징계사유를 구성한다고 볼 수 없다(서울고등법원 2013.3.27. 2012누19450).[37]

2) 본질적이고 기본적인 의무의 불이행

그간의 판례는 운수업 관련 사건이 많았는바, 승무직 근로자가 특별한 사정이 없음에도 사용자의 배차지시(운전수에 대한 승무지시)와 같은 통상적인 업무수행 명령을 거부하는 것은 단순한 무단결근과는 달리 여객운송이 중단되거나 운송질서를 문란하게 만드는 등 '근로계약의 본질적이고 기본적인 의무'를 불이행하는 것으로

---

37) 근로자(52세, 허리디스크, 한쪽 눈 실명한 6급 시각장애인)가 훈련을 감당하기 어려울 것이라는 두려움으로 참여를 거부하며 회사 담당자와의 연락을 요청하였으나 훈련기관 관계자들이 묵살함에 따라 폭언과 몸싸움이 발생하자, 정직 6개월(18개월간 승진·승급 불허, 기준급의 80% 지급, 인센티브·성과급·제수당·중식대 미지급)의 징계를 한 것은 비위 정도에 비해 양정이 과도하다고 판단한 사안이다.

서 일반적으로 해고사유가 된다(대법원 2000.6.23. 98다54960).

또한, 고속버스 기사가 배차지시를 거부하고 1일 결근하여 노선이 1회 결행, 2회 대리 운행되었거나(대법원 1994.8.12. 94누1890), 시내버스 기사가 승무 하루 전에 일방적으로 휴무신청 후 결근 등 3회 배차지시를 거부해 시내버스가 결행되었다면(대법원 2015.9.10. 2015두44097) 징계해고는 정당하다.

그러나 1일 12시간까지 택시운행을 묵인해왔던 회사가 운송수입금 전액관리제 시행을 요구한 근로자에 대해서만 취업규칙에 규정된 7시간 20분으로 배차를 제약하고 추가 승무를 금지하자 근로자가 정상적인 근무시간과 배차를 요구하면서 결근한 경우, 이를 이유로 한 해고는 부당하다(대법원 2010.11.25. 2010두18178).

3) 시말서와 양심의 자유

기업실무에서는 근로자가 잘못을 행한 경우 사실관계를 확인하고 그에 대해 사죄 내지 반성의 뜻을 표명하는 내용을 담아 시말서나 경위서를 제출토록 하는 경우가 많은데, 기본적으로 사실 확인 차원에서 단순히 사건의 경위를 보고하는 시말서를 작성하여 제출토록 하는 것은 가능하다.

법원도 취업규칙에 근거하여 징계처분과 함께 시말서를 제출토록 하였음에도 이를 따르지 아니한 것은 사용자의 업무명령 거부로서 새로운 징계사유가 될 수 있다고 한다(대법원 1995.3.3. 94누11767). 시말서 제출 거부만으로 해고하는 것은 징계권을 남용한 것이나(대법원 1991.12.24. 90다12991), 1년이 채 되지 않은 기간 동안 5차례에 걸쳐 반복적으로 시말서 제출을 요구받은 근로자를 징계해고 하는 것은 정당하다(대법원 1995.4.25. 94누13053).

그러나 근로자의 양심상의 판단과 결정에 관계없이 반성이나 사죄의 내용을 반드시 포함하도록 강제하는 것은 허용되지 않는다. 예컨대, 취업규칙에서 사용자가 사고나 비위행위 등을 저지른 근로자에게 시말서를 제출하도록 명할 수 있다고 규정한 경우, 그 '시말서가 단순히 사건의 경위를 보고하는 데 그치지 않고 사고 발생 등에 대한 사죄문 또는 반성문을 의미하는 것이라면 헌법이 보장하는 내심의 윤리적 판단에 대한 강제로서 양심의 자유를 침해하는 것'이므로 그러한 취업규칙은 헌법에 위배되어 근로기준법 제96조제1항에 따라 효력이 없고, 시말서 제출명령 이행을 거부했다 하더라도 징계사유나 징계양정의 가중사유로 삼을 수는 없다(대법원 2010.1.14. 2009두6605).[38)]

한편, 교육을 수료하지 않아 견책 징계를 받고도 그 내용을 담은 시말서 제출을 거부해서 감급처분을 한 것은 사죄문이나 반성문이 아니고 양심의 자유를 침해한 것이 아니므로 정당하다(서울고등법원 2015.12.11. 2015나2022593).

(4) 학력 · 경력사칭과 위장취업

학력이나 경력의 사칭·은폐란 근로자가 고의로 기업에 채용될 때 제출하는 이력서나 면접 등에서 학력, 경력, 학생운동 전력, 노동운동 전력, 사회활동 경력 또는 전과사실 등을 거짓으로 속이거나 숨기는 것을 말한다.[39)]

1) 종래의 판례

경력사칭에 대한 법원의 종래 판례에 따르면, 기업이 근로자를 고용하면서 학력 또는 경력 증명을 요구하는 이유는 단순히 근로능력 평가만이 아니라 노사간 신뢰 형성과 기업질서 유지를 위하여 근로자의 지능과 경험, 교육 정도, 정직성, 직장 정착성과 적응성 등 '전인격적 판단'을 거쳐 고용 여부 결정에 필요한 판단자료로 삼기 위한 것이다.

따라서 채용 여부 등에 중요한 경력을 은폐하고 허위의 경력을 기재하는 것은 근로자의 정직성에 대한 중요한 부정적인 요소가 됨은 물론 전인격적 판단을 그르치게 하는 것이고 신의칙상의 의무에 위배되는 것이므로 기업질서 문란의 현실적 결과가 발생하지 않았더라도 징계사유가 된다(대법원 1995.3.10. 94다14650).

또한, 사전에 그러한 사실이 발각되었다면 사용자가 근로계약을 체결하지 않았거나 적어도 같은 조건으로는 근로계약을 체결하지 않았을 것으로 인정되는 정도

---

38) 하경효, "시말서제출요구와 근로자의 양심의 자유-대법원 2010.1.14. 선고 2009두6605 판결(부당해고및부당노동행위구제재심판정취소)", 노동판례백선, p.146.

39) 임종률, 노동법, p.547. 경력사칭은 기업질서위반에 기한 징계의 대상이라고 볼 수 없고, 진실고지의무위반으로 인한 일반해고 또는 착오나 사기에 의한 채용 의사표시 취소를 할 수 있다고 보아야 한다는 견해도 있다(김형배, 노동법, p.702).

의 것이라면 징계해고 사유가 된다(대법원 2000.6.23. 98다54960).[40]

이에 따라 법원은 최종학력을 높인 경우 뿐 아니라 낮추어 이력서에 기재한 것도 최종학력 위조이고(대법원 1989.1.31. 87다카2410), 오랜 기간 동안 학력으로 인한 문제없이 성실하게 근무해왔음에도 불구하고 학력이 채용요건보다 높거나(대법원 2004.1.16. 2003두5198) 낮거나(대법원 1989.3.14. 87다카3196) 모두 징계해고 사유에 해당한다고 하여 해고의 정당성이 인정되는 학력·경력사칭의 범위를 폭넓게 보아 왔는바, 2012년 이전까지의 대표적인 판례들을 학력, 경력, 전과 등의 유형으로 나누어 살펴보면 다음과 같다.[41]

① 학력사칭에 대한 판례

중학교 졸업 이상 학력을 요건으로 하는 회사에 입사하면서 중학교 졸업을 사칭하고 졸업증명서를 위조하여 제출한 후 8년간 계속 근무한 경우 학력사칭은 정당한 해고사유로 인정되었다(대법원 1989.3.14. 87다카3196).

공고 졸업, 공전 2학년 중퇴 사실을 은폐하고 중졸로 이력서에 허위 기재한 경우(대법원 1989.1.31. 87다카2410), 대학교 졸업 사실을 누락시키고 고교 졸업 후 트럭 조수 등으로 근무하다가 군에 입대한 것처럼 허위로 기재한 이력서를 제출하여 입사한 사실을 사용자가 안 뒤 1년 3개월여 만에 해고한 경우(대법원 1994.1.28. 92다45230), 또는 고졸 이하의 미혼여성으로 지원자격을 제한한 회사에 입사하면서 대학교 3학년까지 마친 뒤 제적되었음에도 이력서에 고교 졸업으로 기재하고 허위사실이 발견되면 어떠한 처벌도 감수하겠다고 각서를 제출한 경우(대법원 2003.5.16. 2002다25525) 학력사칭은 정당한 해고사유가 된다.

반면, 단순 생산직의 육체노동 근로자로서 학교 이름만 조금 다르게 기재했을 뿐 학력이 전혀 문제되지 않았다면 해고사유로 삼을 수 없다(대법원 1989.5.9. 88다카4918). 또한, 초등학교 5학년 중퇴 임에도 고교 2학년을 중퇴했다고 하여 입사하였으나 주로

40) 노동법실무연구회, 근로기준법주해 Ⅱ, p.200.

41) 중앙노동위원회, 주제별 판례 분석집, pp.403~405; 김소영, “경력사칭을 이유로 하는 징계해고의 정당성: 대법원 2012.7.5. 선고 2009두16763 판결을 중심으로”, 기업법연구 제26권 제3호, pp.247~253; 하갑래, 근로기준법, pp.921~925.

납땜 업무에 종사하여 학력이 업무 능력에 미치는 영향이 거의 없었고, 입사 후 2년 9개월 동안 성실하게 직무를 수행하여 학력 미달로 인한 능력 부족이나 그 밖의 결함이 없었다면, 동 학력 은폐·사칭이 노사간 신뢰관계나 기업질서유지에 영향을 미쳤다고 볼 수 없으므로 징계해고의 사유가 될 수 없다(대법원 1986.10.28. 85누851).[42]

② **경력사칭에 대한 판례**

다른 고속버스 회사 퇴직자는 채용하지 않는다고 했는데 근무경력을 허위기재하여 입사의 전제조건이 되는 전직을 은폐하거나(서울고등법원 1984.10.11. 84나83), 다른 공장에서 봉제공으로 근무한 경력이 있음에도 그 공장이 노사분규와 관련하여 폐쇄된 것으로 항간에 알려져 있어 그 기간 동안 다른 회사에 근무한 것처럼 이력서에 허위 기재하여 봉제공으로 취업한 경우(대법원 1985.4.9. 83다카2202) 해고는 정당하다.

또한, 중공업 회사에 입사하면서 철도청 공작창 근무경력이 1년 4개월 남짓임에도 약 4년간 근무한 것처럼 이력서에 기재한 경우(대법원 1990.12.7. 90다카23912), 입사 전 3개 업체에 2년 미만씩 근무하고 마지막 회사 근무 중 해고당하자 부당해고 구제신청을 하고 사용자와 합의하여 구제신청을 취하하고 퇴사하였음에도, 마치 2개 업체에서 7년과 3년 동안 근무하였고 마지막 회사에는 근무한 적 없는 것처럼 기재한 경우(대법원 2000.6.23. 98다54960), 근로자 대부분이 여성인 회사에 입사하면서 강간치상죄 처벌 사실을 은폐하고 경력을 과장한 경우(대법원 1991.4.9. 90다카2742) 역시 경력 허위사실 기재는 징계해고의 정당한 사유가 된다.

그러나 근로자가 버스업체 입사 시 제출한 이력서에 다른 버스업체에 4개월 근무한 경력을 누락하였지만 비위사실을 은폐하고자 고의로 누락한 것이 아니라 그 경력 외에 2년 이상 대형버스 운전 경험이 있고 이것만으로도 입사자격인 운전 경력을 나타내는 데 지장이 없다고 판단하여 누락한 경우에는 해고사유로 삼을 수 없다(대법원 1999.12.21. 99다53865).

대학교 중퇴와 다른 택시 회사 경력을 누락하였지만 실제로 회사에는 대졸 학력

---

42) 이종복, "학력 내지 경력사칭으로 인한 근로관계종료에 관한 법리구성", 판례연구, 고려대학교 법학연구원, 1986, pp.163~193.

자가 최소한 5명 이상 있었고, 해당 근로자나 대졸 학력자들이나 모두 같은 조건으로 근무했고, 학력·경력이 근로계약 체결 여부나 근로조건 결정에 크게 영향을 주지 않았으며, 고학력 때문에 동료들 사이에 위화감이나 위장취업에 따른 노사 분쟁을 야기한 적이 없는 등 학력·경력 은폐와 관련한 문제가 없었다면, 경력사칭을 이유로 한 해고는 부당하다(대법원 2004.2.27. 2003두14338).

③ **전과나 징계 은폐에 대한 판례**

근로자가 고등학교 재학 중에 특수강도 혐의로 형사 입건되어 퇴학처분을 받았음에도 고등학교 졸업으로 이력서를 허위 기재하였거나(대법원 1988.2.9. 87누818), 근무성적불량 해고 및 주거침입혐의 수배 사실 등을 숨기고 다른 회사에 근무한 것으로 경력을 사칭하였다면(대법원 1990.10.30. 89다카30846) 정당한 징계해고 사유가 된다.

그러나 근로자가 철도청에 근무하다 업무상 배임죄로 형사처벌을 받고 파면된 후 6년이 지나 그 사실을 은폐하고 관광호텔에 입사하였지만, 철도청 직무와는 다른 종류인 관광 숙박업 종사원 자격증을 취득하고 호텔 식음료부에 13년간 성실하게 근무하였다면(대법원 1993.10.8. 93다30921) 전과 은폐는 정당한 해고사유가 될 수 없다.

2) 학계의 비판

이와 같은 판례의 태도에 대하여 학계의 입장은 매우 비판적이었다.[43]

첫째, 판례는 불신과 기업질서의 추상적 위험성에서 징계해고 사유의 근거를 구하면서 양자 사이의 관계는 사칭이 없었으면 고용하지 않았을 정도의 인과관계를 요구하고 있으나, 이와 같은 단순한 조건관계의 존부로서는 질서 침해의 위험성을 판단할 수 없는 것이다.[44]

둘째, 판례는 경력사칭을 사전에 알았더라면 고용계약을 체결하지 않았거나 적어도 같은 조건으로 계약을 체결하지 않았을 것으로 인정되는 경우라고 하여 '가정적인 인과관계'의 판단으로 근로기준법이 요구하는 정당한 이유를 대체하고 있을

43) 노동법실무연구회, 근로기준법주해 Ⅱ, pp.201~202.

44) 김형배, "경력사칭과 징계해고-대법원 85.4.9. 선고, 83다카2202 판결에 대한 비판-", 김진웅화갑기념논문집, 1985, 일신사, p.125 이하. 이종복, 판례연구, p.170에서 재인용.

뿐만 아니라 사회통념상 근로계약을 계속시킬 수 없을 정도로 근로자에게 책임 있는 사유에 해당하는지 여부에 대하여 사업장 여건, 직무 내용, 비위행위의 동기와 경위 등을 종합적으로 검토하여 판단하지 아니하고 근로계약시 사용자의 주관적 사정만을 고려하고 있다.[45)]

셋째, 근로관계가 형성되기 전의 문제를 이유로 기업질서 위반의 제재벌인 징계를 하는 것은 징계권 발동의 기초를 결여하는 것으로서, 기업질서 유지에 미칠 부정적 영향이라고 하는 추상적 위험성으로 구체적인 정황 판단을 덮어서 지워버림에 따라 근로자가 근로계약 체결 시의 사소한 잘못으로도 해고될 위험에 처하게 되어 근로자 생활보호라는 입법취지에 반한다.[46)]

넷째, 인격조사를 위한 사용자의 질문권은 무한정 인정되는 것이 아님에도 인격조사자료라는 명목으로 진실의무의 범위를 무제한으로 인정하는 것은 옳지 못하며,[47)] 수년간 문제없이 근무했다면 인격적 판단에 근거한 근로관계는 이미 형성되었다고 봄이 타당한데 몇 년 전의 것을 들춰내서 전인격적 판단이 잘못되었으니 해고해야 한다는 것은 부당하다.[48)]

3) 판례의 변화와 향후 전망

청년실업이 사회문제가 되는 가운데 학력보다는 직무능력이 강조되고 대졸자가 학력을 낮추어 취업하는 사례도 적지 않은 현실에서 학력사칭 해고의 정당성 판단은 시각 전환의 필요성에 직면하였으나, 그간 대법원은 기본적으로 징계해고의 정당한 사유의 존부를 가정적 인과관계에 따라서 채용당시를 중심으로 소급하여 판단함에 따라 학계로부터 많은 비판을 받아왔던 것이다.

---

45) 조건주, “학력 또는 경력을 사칭한 경우 징계해고의 정당성”, 민사판례연구 제25권, 박영사, 2003.2.
46) 김도형, “이력서 허위기재를 이유로 한 해고와 부당노동행위와의 관계”, 노동법연구, 제6호, 서울대학교 노동법연구회, 1997, pp.574~575.
47) 이상수, “경력사칭과 징계해고-대법원 85.4.9. 선고, 83다카2202 판결-, 판례월보, 1985.6., 제177호, p.40 이하. 이종복, 판례연구, p.169에서 재인용.
48) 박홍규, “취업규칙과 단체협약의 관계 및 무단결근을 이유로 한 해고의 정당성”, 노동법률 제144호, 중앙경제, 2003.5., p.307.

그러나 2012년 대법원은 마침내 학계의 견해를 수용하여 그간의 입장을 바꾼 판결을 내놓았다. 이 판례는 기존의 대다수 판례들이 채용 시점의 가정적 인과관계와 기업질서 침해의 추상적 위험성을 기준으로 판단했던 것과 달리 해고 시점에서의 사회통념상 타당성을 중심으로 경력사칭과 업무관련성의 현실적 인과관계에 초점을 맞추어 판단함으로써[49] '판단 시점'을 채용 당시에서 해고 시점까지로 확장시키고, '판단 요소'에 사용자의 주관적 의사뿐 아니라 객관적 제반사정까지 포함시켜 기존 판례보다 엄격한 기준을 제시하였다는 데서 의의를 찾을 수 있다.

핵심 판례 **학력사칭에 대한 징계해고의 정당성 요건**

학력 등의 허위기재를 징계해고 사유로 규정한 취업규칙에 근거하여 근로자를 해고하는 경우에도, 고용 당시에 사용자가 근로자의 실제 학력 등을 알았더라면 어떻게 하였을지에 대하여 추단하는 이른바 가정적 인과관계의 요소뿐 아니라 고용 이후 해고 시점까지의 제반 사정을 보태어 보더라도 그 해고가 사회통념상 현저히 부당한 것은 아니라고 인정이 되어야만 정당성이 인정될 수 있다고 할 것이다(대법원 2012.7.5. 2009두16763).

결론적으로 학력사칭 등이 사회통념상 근로계약관계를 계속 유지할 수 없을 정도인지 여부는 ① 가정적 인과관계의 존부(사용자가 사실을 미리 알았더라면 근로계약을 체결하지 않았거나 적어도 같은 조건으로는 체결하지 않았을 것이라는 채용 당시의 사정)와 ② 고용된 후 해고될 때까지의 사정(근로내용과 기간, 근로에 지장 초래 여부, 허위사실 인지 경위, 사실을 알고 난 뒤 근로자의 태도와 사용자의 조치 내용, 노사 및 근로자 상호간 신뢰관계 유지와 안정적인 기업경영 및 질서유지에 미치는 영향 등)을 종합적으로 고려하여 판단하여야 한다.[50]

한편, 취업규칙에서는 징계의 시효를 규정하고 있는 경우가 많은데, 근로자의 허

---

49) 김소영, "경력사칭을 이유로 하는 징계해고의 정당성: 대법원 2012.7.5. 선고 2009두16763 판결을 중심으로", 기업법연구 제26권 제3호, 2012, p.260.

50) 하경효, "경력사칭과 해고", 노동판례백선, 한국노동법학회, 2014, pp.158~159; 판단요소 예시사항은 하갑래, 근로기준법, pp.809~810 참조.

위 경력 은폐로 사용자가 잘못 없이 그 사실을 알지 못해 징계시효가 지난 경우에는 신의칙의 중대한 위반이 되어 시효를 주장할 수 없다(대법원 1995.3.10. 94다14650).

그리고 경력사칭을 이유로 근로계약이 취소된 경우에, 취소 의사표시의 효과는 근로자의 근로제공 여부와 상관없이, 장래에 대하여만 효력이 있을 뿐 의사표시 도달 이전으로 소급되지 않는다(대법원 2017.12.22. 2013다25194, 25200).

(5) 근무기강 문란 행위

조직의 목적을 달성하기 위하여 다수의 근로자가 공동체를 형성하고 함께 일하는 직장의 질서를 유지하기 위해서는 구성원의 근무기강을 엄정하게 확립하고 유지하는 것이 중요하다.

직장의 근무기강을 어지럽히는 행위가 해고사유가 되는지 여부는 비위행위의 내용에 따라 발생장소, 동기·경위와 가담 정도, 위계질서나 업무에 미치는 영향, 재산상 손해나 인명피해 발생 여부나 우려, 근로자 사이의 형평성 등을 종합적으로 고려하여 구체적·개별적으로 판단하여야 한다.

판례를 보면, 근로자가 반복적으로 출근부 또는 식사대장을 허위로 기재한 행위(서울행정법원 2009.8.14. 2009구합5503), 의사인 근로자가 사업장을 임의로 이탈하여 타 병원에서 진료한 행위(서울행정법원 2009.12.11. 2009구합17100), 고속버스 기사의 기숙사내 심야 음주·도박 등 사업장 내 또는 업무수행과 관련하여 음주나 도박으로 중대한 업무지장이나 손해·피해를 발생시키는 행위(대법원 1983.11.22. 83다카1243)는 징계해고의 정당한 사유로 인정된다.

또한, 동료직원이나 상사를 폭언·폭행하는 행위도 직장의 복무질서를 어지럽히거나 직원간의 융화단결을 저해하고 조직의 명예와 신용을 해치는 경우에는 해고의 정당한 사유가 될 수 있다.

예컨대, 16세 연상이고 근무경력도 10년 많은 노조대표자를 폭행해 3주 상해를 입혀 형사처벌을 받은 행위(대법원 1992.3.13. 91다39559), 다른 직원들 앞에서 회사 대표와 상무에게 욕설과 폭행을 한 행위(대법원 1995.6.30. 95누2548), 승진탈락 불만으로 상급자에게 투서 위협을 하면서 대화를 녹음하고 대표이사를 비롯한 15명의 상사와 동료를 고소하고 주주총회를 방해하며 질서유지인에게 상해를 입힌

행위(대법원 2011.3.24. 2010다21962) 등도 징계해고의 정당성이 인정된다.

다만, 교사가 전근 축하자리에서 우연히 한번 도박에 가담해 술기운에 차츰 액수가 커진 경우(대법원 1985.3.26. 84누711), 단합대회를 하다 술기운에 상사 멱살을 잡아당기다가 옷이 찢어진 경우(대법원 1992.5.22. 91누5884)와 같이 업무수행과 관련이 없는 가벼운 잘못이나 업무에 지장이 없는 일시적 우발적 행위는 징계양정이 감안되어야 하는바, 이러한 경우의 해고는 양정이 과하다고 본다.

(6) 직장 내 성희롱

직장 내 성희롱과 관련한 기본적인 설명은 제2장 '5. (2) 직장 내 성희롱 예방과 금지'에서 하였으므로 여기에서는 판례를 중심으로 살펴보기로 한다.

성희롱 관련 판례의 경향을 보면, 1998년 성희롱의 성립에 관한 판단기준과 종사자의 성희롱 행위에 대한 사용자의 책임에 관한 법리를 세우면서 불법행위를 최초로 인정한 대법원 판결(대법원 1998.2.10. 95다39533)을 계기로 적극적인 입장을 보여, 성적 동기나 의도는 성희롱의 성립요건이 아니라는 판결(대법원 2007.6.14. 2005두6461), 성희롱 행위자와 사용자를 공동불법행위자로 인정한 판결(서울지방법원 2002.5.3. 2001가합6471), 사업주가 경비를 지급한 공개적인 회식자리나 야유회 등에서 근로자와 이사 등이 행한 성희롱에 대해 사업주도 책임이 있다고 인정한 판결(서울지방법원 2002.10.26. 2000가합57462), 사용자에게 성희롱을 방지할 의무를 이행하지 못한 채무불이행 책임을 부과한 판결(성남지방법원 2010.4.15. 2008가합5314) 등이 잇따르고 있다.[51]

기업의 인사실무에서는 성희롱 그 자체를 징계해고 사유로 규정하거나 '직원으로서의 품위손상' 또는 '직장명예 훼손' 등의 사유로 규정하는 것이 일반적인데, 성희롱은 피해자의 인권을 침해할 뿐만 아니라 직장 내 사업질서를 해치는 중대한 비위행위로서 취업규칙 등의 규정과 관계없이 징계사유가 되는바, 직장 내 성희롱 판단을 위한 기준을 예시하면 〈도표 11-5〉와 같다.

---

51) 김엘림, "직장 내 성희롱과 사용자 책임-대법원 1998.2.10. 선고 95다39533 판결(손해배상(기))-", 노동판례백선, 한국노동법학회, 2015, p.249.

〈도표 11-5〉 직장 내 성희롱 판단 기준(예시)

1. 성적인 언동

가. 육체적 행위

(1) 입맞춤이나 포옹, 뒤에서 껴안는 등의 신체적 접촉행위
(2) 가슴·엉덩이 등 특정 신체부위를 만지는 행위
(3) 안마나 애무를 강요하는 행위

나. 언어적 행위

(1) 음란한 농담을 하거나 음탕하고 상스러운 이야기를 하는 행위(전화통화 포함)
(2) 외모에 대한 성적인 비유나 평가를 하는 행위
(3) 성적인 사실관계를 묻거나 성적인 내용의 정보를 의도적으로 유포하는 행위
(4) 성적인 관계를 강요하거나 회유하는 행위
(5) 회식자리 등에서 무리하게 옆에 앉혀 술을 따르도록 강요하는 행위

다. 시각적 행위

(1) 음란한 사진·그림·낙서·출판물 등을 게시하거나 보여주는 행위(컴퓨터 통신이나 팩시밀리 등을 이용하는 경우 포함)
(2) 성과 관련된 자신의 특정 신체부위를 고의적으로 노출하거나 만지는 행위

라. 그밖에 사회통념상 성적 굴욕감 또는 혐오감을 느끼게 하는 것으로 인정되는 언어나 행동

2. 고용상의 불이익을 주는 것

채용탈락·감봉·승진탈락·전직·정직·휴직·해고 등과 같이 채용 또는 근로조건을 일방적으로 불리하게 하는 것

* 성희롱 여부의 판단 시에는 피해자의 주관적 사정을 고려하되, 사회통념상 합리적인 사람이 피해자의 입장이라면 문제가 되는 행동에 대하여 어떻게 판단하고 대응하였을 것인가를 함께 고려하여야 하며, 결과적으로 위협적·적대적 고용환경을 형성하여 업무능률을 저해하게 되는지를 검토하여야 한다.

자료: 중앙노동위원회, 주제별 판례 분석집, 2016, p.373.

성희롱 징계해고에 대한 판례를 보면 간부직원에 의한 반복적 성희롱 행위에 대하여 매우 엄격한 입장임을 알 수 있다.[52] 예컨대, 카드회사 지점장이 우월적 지위를 이용하여 자신의 지휘·감독을 받는 8명의 여직원을 상대로 일정 기간 동안 14회에 걸쳐 반복적으로 성희롱 행위를 한 사안에서, 그 성희롱 행위가 왜곡된 사회

52) 중앙노동위원회, 주제별 판례 분석집, p.396.

적 인습이나 직장문화 등에 의하여 형성된 평소의 생활태도에서 비롯된 것으로서 특별한 문제의식 없이 이루어진 것이라 하여 가볍게 평가할 수 없으므로 징계해고 처분은 정당하다(대법원 2008.7.10. 2007두22498).

또한, 여직원이 많은 항공회사에서[53] 제한된 공간에 남녀가 함께 근무하고 해외 체류 시 장시간 공동생활을 하는 업무의 특성을 고려하여 교육자료와 취업규칙 등을 통하여 성희롱 행위를 엄격히 금지하고 있으나 팀장의 지위에 있는 자가 과거 두 차례 주의와 경고를 받았음에도 상습적이라고 할 정도로 상당기간 여러 번에 걸쳐 여승무원들에 대해 성희롱 행위를 하고 징계절차에서도 변명만 하는 등 개전의 정이 없는 경우 징계해고는 정당하다(서울고등법원 2012.7.5. 2011누42774).

공기업 간부가 해외출장지에서 여자 인턴사원에게 성희롱 발언을 하고, 이 사실이 인터넷 언론에 보도되어 회사 명예가 훼손된 경우(서울고등법원 2012.5.16. 2011누29788), 방송국 보도국 간부가 후배 여기자의 신체부위를 만지는 등 형법상 강제추행죄에 해당될 정도의 성희롱 행위를 하고, 이 사실이 언론에 보도된 경우(서울고등법원 2012.3.21. 2011누29481), 대학교 직원으로서 우월적 지위에 있는 자가 하급 직원들을 상대로 반복적으로 성희롱 행위를 한 경우(서울고등법원 2011.4.12. 2010누19630), 헬스클럽 코치가 장기간에 걸쳐 여성고객 및 직원을 상대로 성적 언동을 하여 수차례 경고를 받았음에도 개선하지 않은 경우(서울행정법원 2012.4.27. 2011구합34863) 등과 같이 기관의 특성을 감안할 때 명예를 훼손하거나 운영에 막대한 영향을 끼친 경우에는 더욱 엄격히 판단하여 해고의 정당성을 인정한다.

성적인 언동 등에는 육체적·언어적·시각적 행위가 모두 포함되고, 언어적 성희롱이라고 하여 위법성이 낮다고 볼 수 없으며(서울고등법원 2012.7.5. 2011누42774), 취업규칙에는 성희롱을 강직(降職) 이하의 징계로 규정하였으나 팀장인 가해자의 행위가 성희롱을 넘어 강제추행에 이르렀을 경우에는 취업규칙 규정이 징계양정의 한계로 적용될 수 없으므로 해고의 정당성이 인정된다(서울고등법원 2012.7.12. 2011누445032).

53) 전체 직원 1만7천명 가운데 7천명이 여성이고, 객실승무원은 90%에 상당하는 5천명이 여성인 회사 사건이다.

(7) 범법행위와 중대사고의 발생

사용자는 근로계약상 노동력의 처분권자로서의 지휘·명령권을 가질 뿐이어서 근로자는 사업장 밖이나 근로시간 이외의 시간에는 시민으로서 사생활의 자유를 누릴 수 있고, 비록 사회적으로 비난받고 위법하게 보이는 행위를 한 경우에도 사용자가 직접 근로자에게 책임을 추궁할 수는 없는 것이 원칙이다.[54]

그러나 근로자가 업무와 관련하여 횡령·배임 등 범죄행위를 하거나 형사처벌을 받게 된 경우, 또는 중대한 과실이나 고의로 사고를 발생시킨 경우에는 근로계약상의 성실 의무를 중대하게 위반한 것이 되어 징계해고의 대상이 될 수 있다.[55]

1) 횡령·배임·뇌물수령·공금유용·수입금 미납 등

횡령 등의 범죄행위는 비록 그 액수가 적더라도 비행의 정도가 결코 가볍다 할 수 없으므로 해고의 사유가 될 수 있다. 다만, 그 사업의 목적과 업무의 성격, 근로자의 지위와 직무 내용, 비위행위의 동기와 경위, 비위행위와 업무와의 관련정도, 부당이득의 성격 등을 고려하여야 한다.

예컨대, 횡령금 일부를 회사 업무에 사용하였고 사용자의 손해를 배상했다고 하더라도 상당기간 수차에 걸쳐 고의로 판매대금을 횡령한 자(대법원 1990.11.23. 90다카21589)나 징계전력이 있는 근로자가 13개월 동안 159회에 걸쳐 지정식당에서 식사한 것으로 허위 장부를 만들어 35만원의 손해를 발생시킨 자(서울고등법원 2010.5.11. 2009누26816)를 해고한 것은 정당하다.

특히 운수회사의 요금 횡령(시내버스 요금 2,600원 횡령 사건, 대법원 2004.4.28. 2004두2714), 택시회사의 운송수입금 미납 행위(택시기사가 정당한 이유 없이 수십 개월간 기준운송수입금을 미납한 사건, 대법원 2013.10.31. 2013두13198),[56] 자동차판

54) 하갑래, 근로기준법, p.913.

55) 노동법실무연구회, 근로기준법주해 Ⅱ, p.225.

56) 법원은 '전액관리제' 하에서 미터기를 사용하지 않고 운송수입금을 횡령하고 과거에도 같은 사유로 세 차례 징계를 받았던 자를 해고할 수 있으나(서울고등법원 2002.5.1. 2001누3060), '사납금제' 하에서는 소액(약 60만원)의 운송수입금을 미납한 자(대법원 2011.12.27. 2011두25715)나 초과금액 전액 근로자에게 반환, 미납금액 월급 공제 방식으로 운영하는 회사에서 운송수입금 일부를 미납한 자(대법원 2002.2.22. 2000두9984)는 이를 이유로 해고할 수 없다고 판단하였다.

매회사의 수수료 횡령(영업사원이 차량전매행위로 판매수수료 부당취득 및 공금 유용한 사건, 대법원 2008.4.28. 2008두3678), 금융회사 직원의 횡령(은행원이 50만원을 횡령한 사건, 대법원 2008.6.26. 2008두4923) 또는 반복적 배임행위(금융업무 총괄자가 자산건전성 내부 심사규정 미준수 및 배임행위를 반복한 사건, 대법원 2015.11.26. 2015두46550)나 공금 유용행위(카지노회사 직원이 사내복지기금을 유용해 게임을 한 사건, 대법원 2003.5.30. 2002구합32476) 등과 같이 회사의 본질적 수입원과 연결되어 있거나 대외신용과 명예를 훼손하고 노사간의 신뢰에 치명적인 손상을 주는 행위는 더욱 엄정한 징계의 대상으로서 해고사유가 된다.

다만, 업무와 관련하여 징계해고를 할 때 대상이 되는 '업무'의 범위는 근로계약상의 업무에 한정되는 것이므로 근로자가 노동조합의 임원으로서 조합비 등 노조의 업무와 관련하여 횡령을 한 경우에는 원칙적으로 노조 내부의 징계대상이 될 뿐 사용자가 징계해고의 사유로 삼을 수는 없다(대법원 2014.10.16. 2014두37900).

한편, 취업규칙상 징계사유로 규정되는 것이 일반적인 뇌물수수의 경우, 명시적인 청탁을 받지 않았다거나 식사대금 또는 전별금 명목으로 수수하였다 하여 뇌물수수에 있어 고의가 없다고 할 수 없으므로 해임처분은 정당하다(서울고등법원 2004.1.30. 2003누9772).

2) 중대한 과실 등으로 손해 야기

운수업체에서는 취업규칙 등에 교통사고 다발, 중대한 과실로 교통사고 유발 및 그로 인하여 회사에 상당한 손해를 끼친 경우 징계해고 할 수 있다는 규정을 두는 경우가 많은데, 징계양정을 둘러싼 다툼이 자주 발생하게 된다.

교통사고처리특례법은 교통사고로 업무상과실치상죄 또는 중과실치상죄와 재물손괴, 중과실재물손괴자는 피해자의 명시적 의사에 반해 처벌할 수 없도록 하되(반의사불벌죄), 뺑소니 등 일정한 경우에는 반의사불벌 원칙이 적용되지 않도록 규정하고 있다.[57]

---

57) 업무상과실치상죄 또는 중과실치상죄를 범한 뒤 미조치 도주 또는 피해자를 유기하고 도주한 경우, 음주측정에 불응한 경우, 또는 교통사고처리특례법 제3조제2항 단서 각호의 11가지 예외(신호·지시위반, 중앙선침범·법규위반횡단·유턴·후진, 제한속도 20km 초과, 금지 위반, 건널목 통과방법 위반, 횡단보도 보행자의무 위반, 무면허·면허증미소지, 음주·약물운전, 보도침범·보도횡단법위반, 승객추락방지 위반, 어린이보호의무 위반)에 해당하는 행위로 인하여 업무상과실

이에 대한 판례를 보면, ① 가벼운 사고라도 상습적이어서 업무능력이 현저히 부족하거나 근로계약 의무 이행이 곤란하다고 인정되는 경우, ② 사고로 이어지지 않더라도 음주, 무면허 등과 같이 사고의 개연성이 높은 경우, ③ 신호위반, 중앙선 침범, 음주 등 운전습관과 관련하여 사고로 인해 승객의 안전과 인명에 심각한 위협을 줄 수 있는 경우는 취업규칙상 '고의 또는 과실로 중대한 사고를 일으켜 회사에 손해를 끼친 경우' 등에 해당되어 해고 등 중징계사유가 될 수 있다는 입장을 보이고 있다.

예컨대, 시내버스 운전기사가 교차로에서 사망사고를 낸 경우(대법원 1992.8.18. 92다19910), 시내버스 운전기사가 사내 주차장에서 가속페달을 밟아 동료직원이 사망하고 다수의 차량이 파손되는 사고를 낸 경우(대법원 1997.4.8. 96다33556), 졸음·과속운전으로 피해액 500만원 이상의 사고를 낸 경우(서울행정법원 2006.8.22. 2006구합15578)에 징계해고는 정당하다.

가벼운 사고라도 상습적으로 반복되는 경우, 특히 안전을 요하는 업무인 경우에는 징계해고의 정당성이 폭넓게 인정되는바, 고속버스 운전사고와 관련하여 고속버스는 순간의 실수로 대형 인명피해가 날 가능성이 크므로 높은 주의와 조심성이 필요하다며 가벼운 사고라도 '1년에 3회 이상 교통사고를 일으키면 해고한다.'는 규정에 근거한 징계해고는 정당하고(대법원 1993.7.13. 92다56933), 운전기사가 비록 사고는 나지 않았지만 고의로 반복해서 음주·무면허운전을 하여 집행유예를 받은 경우 징계해고 대상이 된다(대법원 2007.11.15. 2005두4120).

한편, 근로자가 시설안전규칙을 위반하여 중대한 사고와 손실을 발생시키거나 야기할 우려가 있는 행동을 한 경우에도 징계해고의 사유가 될 수 있다. 예컨대, 화약류 취급 공간에서 1미터 떨어진 금연구역에서의 흡연은 장소가 폭발 위험성이 매우 높아 엄청난 인명과 재산손실을 초래할 수 있고 근로자들이 평소 안전교육 등을 통해 이를 충분히 인식하고 있었음에도 흡연행위를 한 것은 취업규칙에서 정한 '비위의 정도가 극심하거나 고의가 있는 경우'에 해당되므로 징계해고는 정당하다(대법원 1991.8.27. 91다20418).

치상죄 또는 중과실치상죄를 범한 경우.

3) 형사범죄와 유죄판결

단체협약이나 취업규칙 등에 근로자가 범죄를 저질러서 형사처벌을 받은 경우 해고나 당연면직 시킬 수 있다고 규정하는 사례가 많고, 다수의 판례(대법원 1999.9.3. 98두18848 등)도 그 정당성을 인정하고 있다.

형사상 유죄판결을 해고의 정당한 사유로 인정하는 논거는 장기간 근로제공 의무 이행 불능, 조직의 명예나 신용 실추 및 거래에 악영향 초래, 사용자와 근로자 사이의 신뢰관계 상실 등에서 찾을 수 있다.

해고사유가 되는 유죄판결의 범위와 시기 등은 단체협약이나 취업규칙 등에 정하는 내용에 따르게 된다.[58] 그런데 취업규칙 등에 단지 '형사상 범죄로 유죄판결을 받았을 경우'라고 규정되어 있는 경우 미확정 판결이나 하급심 판결도 포함되는지, 실형만을 의미하는지, 외국법원의 판결도 포함되는지 등이 문제가 될 수 있다.

일반적으로 유죄판결이라 함은 단체협약 등에 미확정 유죄판결도 해고사유로 한다는 등의 다른 규정이 없는 한 헌법상 무죄추정의 원칙에 따라 유죄의 확정판결을 받은 경우를 의미하지만(대법원 1997.7.25. 97다7066), 유죄판결을 해고사유로 규정한 이유가 주로 장기간 근로제공 의무 이행 불능 상태를 이유로 한 것으로 해석된다면 1심판결 등 미확정 유죄판결을 받은 경우도 포함될 수 있다(대법원 1993.5.11. 92다20712).[59]

수사 중 구속되어 4개월 복역하다가 1심에서 징역 1년을 선고 받고 4개월 더 복역한 뒤 항소심에서 집행유예 판결을 받았다면, 8개월이 넘는 기간 근로제공이 불가능했고 1심 당시 실형 선고로 근로제공 불능이 예상되는 시점이었으므로 1심의 유죄실형판결 선고만으로 직권면직이 가능하다고 인정된 사례가 있다(대법원 1995.3.24. 94다42082).[60]

취업규칙 등에 유죄 확정판결을 해고요건으로 규정한 경우에는 비록 판결이 추후에 확정되더라도 항소심 진행 중의 해고는 무효로 본다(인천지법 1990.6.14. 88가합10165). 반면에 1심 유죄판결을 해고요건으로 한 경우에는 상급심 무죄판결 시 복직한다는 단서가 있어도 1심 판결에 따라 해고할 수 있으나(대법원 1993.2.29.

58) 노동법실무연구회, 근로기준법주해 Ⅱ, pp.240~241.
59) 중앙노동위원회, 주제별 판례 분석집, p.400.
60) 중앙노동위원회, 주제별 판례 분석집, p.400.

92다22206), 상급심에서 무죄판결이 나오면 복직시켜야만 한다.[61)]

해고사유로 규정된 형사상 유죄판결(예: 단체협약 등에 금고 이상의 형이 확정되었을 때를 해고사유로 규정)이 실형만을 의미하는 것으로 제한하여 해석할 필요는 없으며(대법원 2008.9.25. 2006두18423), 신체 구속으로 장기간 근로제공이 불가능한 경우를 상정한 것이 아니라 회사의 신용·명예훼손이나 직장질서 유지에 대한 악영향으로 노사간 신뢰 상실이 우려되어 규정한 것이라면 집행유예 판결도 포함되는 것으로 해석해야 한다(대법원 1997.9.26. 97누1600).

근로자의 범죄 행위 자체가 근로관계를 유지하지 못할 정도의 해고사유에 해당되는 경우에는 유죄판결 전이라도 취업규칙상 성실 의무·품위유지의무·복종의무 위반 등 다른 징계사유를 적용하여 해고할 수 있다(대법원 1994.6.24. 93다28584). 이는 헌법(제27조제4항)이나 형사소송법(제275조의2)의 무죄추정원칙에 저촉되지 않고 무죄입증 기회를 박탈한 것으로도 보지 않는다(대법원 2003.6.13. 2003두1042).[62)]

한편, 형사재판에서 확정된 사실은 특단의 사정이 없는 한 유력한 증거로서 노동위원회 구제절차나 행정소송 단계에서도 합리적 이유 없이 배척할 수 없으며(대법원 2007.8.23. 2005다72386, 72393),[63)] 검찰의 공소장 등 공문서는 그 문서의 명의인과 작성자가 일치하여 진실하다는 의미의 진정(眞正)성립이 추정되고 그 기재내용의 증명력도 진실이 아니라는 특별한 사정이 없는 한 함부로 배척할 수 없다(대법원 2006.6.15. 2006다16055)는 것이 판례의 입장이다.

(8) 경업 · 겸직 금지의무 위반

제2장 '근로계약 규율의 기초' 중 근로계약 부분에서 설명했듯이 '경업피지약정' 또는 '경업금지약정'은 근로자가 재직 중 또는 근로관계 종료 후에 경쟁업체에 전직하거나 경쟁업체를 설립·운영하는 등의 방법으로 사용자와 경쟁적 영업행위나 직업활동을 하지 않을 것을 내용으로 하는 근로자와 사용자간의 약정을 말하며, '겸

61) 하갑래, 근로기준법, p.915.
62) 하갑래, 근로기준법, p.916.
63) 중앙노동위원회, 주제별 판례 분석집, p.401.

업금지'는 근로자가 사용자와 근로계약관계를 유지하면서 다른 사업장에서 일을 하는 이중취업을 제한하는 것을 말한다.

근로자는 대외적으로 사용자의 영업활동을 보조하는 경우 신의칙 또는 상법 제17조에 따라 경업행위를 하지 않을 의무를 가지며, 당사자 사이에 퇴직 후 일정기간 동안 영업비밀을 침해하지 않고 경쟁이 되는 행위를 하지 않겠다는 약정을 한 경우에는 직업선택의 자유 등 근로자의 권리와 자유로운 경쟁을 과도하게 제한하여 민법 제103조에서 규정하고 있는 바와 같이 사회질서에 어긋나 무효가 아닌 이상 퇴직 후까지도 영업비밀을 유지하고[64] 경업을 피할 의무가 존속한다.

근로자는 헌법상 직업선택의 자유와 근로의 권리를 가지며, 근로시간 외의 시간은 자유로이 활용할 수 있는 것이 원칙이나, 기업의 영업비밀이나 고객관계 등을 보호하기 위하여 취업규칙이나 근로자와의 약정을 통하여 경업이나 겸업을 제한하는 경우 그 효력이 문제가 될 수 있다.

판례에 따르면, 근로자가 근로시간 외의 시간을 활용하여 개인적인 능력에 따라 다른 사업장에서 겸업하는 것을 전면적이고 포괄적으로 금지하는 것은 부당하나(서울고등법원 2002.7.4. 2001누13098), 본래의 일에 지장을 줄 정도로 장시간 겸직하거나 경쟁회사의 일을 하는 등의 행위로 작업능률 저하, 기업질서 문란, 기업비밀 누설, 부당하게 사용자의 이익 침해 등의 결과를 야기하는 경우에는 금지 대상으로서 징계해고 사유로 삼을 수 있다(서울행정법원 2001.7.24. 2001구7456).

또한, 취업규칙에서 이중취업을 해고사유로 규정하지 않았더라도 동종 회사에의 이중취업은 사용자와 근로자 사이의 신뢰관계를 파괴하는 행위로서 특별한 사정이 없는 한 징계해고 사유가 될 수 있으나(대법원 2011.10.27. 2011두20208), 취업규칙에 겸직금지 의무를 규정하고 있더라도 상급자가 개별적으로 겸직을 승인하였다면 징계사유로 삼을 수 없다(대법원 2013.6.13. 2013두6060).

법원은 시사주간지 '시사저널' 발행 회사의 기자 등이 무기정직 및 대기발령 처분을 받은 상태에서 파업에 적극적으로 참여하고 퇴직자들과 함께 경쟁업체를 설립하여 경쟁매체인 '시사in'을 발간하였는데 그 후 회사가 기자 등을 해고한 사안에

64) 임종률, 노동법, p.365.

서, 무기정직 및 대기발령 처분은 무효이지만 경업금지 의무를 위반한 기자 등에 대한 해고처분은 징계재량권 범위를 일탈하거나 남용한 것이 아니라고 판단하였다(대법원 2012.9.27. 2010다99279).

최근 판례에서는 경업금지약정의 효력은 근로자의 자유와 권리에 대한 합리적인 제한으로 인정되는 범위 내에서만 유효한 것으로 제한하여 해석하여야 한다는 기본원칙을 제시하고 있다.

핵심 판례 **경업금지약정의 효력 인정범위 (스마트러닝코리아 사례)**

직업선택의 자유와 근로의 권리는 국민의 기본권에 속하므로, 근로자가 사용자와 사이의 근로관계 종료 후 사용자의 영업부류에 속한 거래를 하거나 동종의 업무에 종사하지 아니하기로 하는 등 경업금지약정을 한 경우에, 그 약정은 사용자의 영업비밀이나 노하우, 고객관계 등 경업금지에 의하여 보호할 가치 있는 사용자의 이익이 존재하고, 경업제한의 기간과 지역 및 대상 직종, 근로자에 대한 대가의 제공 여부, 근로자의 퇴직 전 지위 및 퇴직 경위, 그 밖에 공공의 이익 등 관련 사정을 종합하여 근로자의 자유와 권리에 대한 합리적인 제한으로 인정되는 범위 내에서만 유효한 것으로 인정된다. 그리고 경업금지약정의 유효성을 인정할 수 있는 위와 같은 제반 사정은 사용자가 주장·증명할 책임이 있다(대법원 2016.10.27. 2015다221903).

이 사건은 A씨 등이 B학원 위층에서 학원을 운영하다가 수강생들을 데리고 B학원 강사로 옮겨와 1년간 강사로 일하기로 계약하면서 '2년 이내 학원설립과 강사활동 금지'의 경업금지약정도 함께 체결했으나, 5개월 여 만에 강사료가 체불되자 B학원에서 150m 정도 떨어진 곳에 새로운 학원을 열고(이들의 수강생 상당수도 새 학원으로 옮김) 밀린 강사료 500만원 청구소송을 내자, B학원은 경업금지약정 위반으로 인한 손해 680만원을 배상하라고 반소를 낸 사안이었다.

이에 대하여 법원은 계약기간 대비 경업금지약정은 강사의 부담이 과도한데다 학원을 그만둔 이유도 강사들의 일방적인 계약파기로 인한 것이라고 보기 어렵고, 옮겨간 수강생들 대부분도 강사들을 따라 왔다가 다시 이동한 경우인바, 따라서 B학원 자체의 운영상 노하우 등이 수강생들의 선택에 큰 영향을 미쳤다고 볼 수 없고, 인근에 동종 학원을 운영했다고 해서 수강생들의 학습권 보장이나 관련 업계의 영업질서 등과 관련한 공공의 이익이 침해된다고 볼 사정도 찾아 볼 수 없다며, 경업금지약정의 효력을 인정할 수 없다고 판시하였다(대법원 2016.11.21. 2015다221903).

다른 사례를 보면, 근로자가 꽃집을 운영하면서 사용자의 이름과 거래처, 명함 도안 등을 꽃집 운영에 활용하는 등 회사의 직무·직위를 부당하게 이용하고 근무시간 중 회사 자산을 이용하여 영리를 취한 행위(대법원 2014.11.28. 2014두40197), 공기업인 토지주택공사 근로자가 공사의 미분양 아파트를 매입하여 입대사업을 할 목적으로 설립된 영리 기업들을 실질적으로 운영·관리하였거나 투자하여 취업규칙상 '영리적인 업무를 스스로 경영'하는 행위, '본인의 직무와 관련 있는 타인의 기업에 투자'에 해당되는 행위(대법원 2015.7.23. 2015두41845) 등도 징계해고의 대상이 된다.

(9) 회사 고소·고발·진정 및 자료유출·자료도용

해고사유에 대한 특별제한에서 살펴보았듯이 근로자는 사용자가 불법행위를 하거나 그로 인하여 자신의 권리가 침해된 경우, 이를 사법기관 등에 고소·고발·진정·구제신청 등을 할 수 있고, 관련 법령에 따라 국가기관 등에 보고·출석·자료제공 등을 할 수 있다.

그러나 동시에 근로자는 사용자의 이익을 배려해야 할 근로계약상 성실 의무와 비밀유지 의무도 지게 되므로 이러한 권리를 남용하여 사용자의 비밀, 명예, 신용 등을 훼손하는 것은 징계사유가 될 수 있고, 그 정도가 심하면 해고에까지 이를 수 있다.

이에 대한 법원의 기본입장은 공표내용과 그 진위, 공표경위와 목적, 공표방법 등을 고려하여 징계의 정당성을 판단해야 한다는 것이다(대법원 1999.12.21. 98두7787).

1) 고소·고발·진정·언론제보

근로자가 특정인을 비방한 증거가 없고 그 동기와 경위가 적절하다면 고의로 직장질서를 문란하게 한 것이라고 볼 수 없을 것이나(서울고등법원 1990.7.11. 90나7748), 뚜렷한 자료나 명확한 근거 또는 확신 없이 대표자를 고소, 고발하거나 인격을 비난하는 진정서 등을 관련기관에 제출하는 행위(대법원 1992.6.26. 91다

42982), 공개석상에서 진실과 다른 내용을 가지고 회사를 비방하는 행위 등은 징계사유가 된다(대법원 1996.3.12. 95다51403).

대기발령을 받은 근로자가 자신에 대한 인사가 부당하다고 지적하는 수준을 넘어서 다른 직원에 대한 정당한 인사권 행사나 고도의 경영정책적 판단사항에 대하여 관계기관에 탄원서를 제출한 것을 이유로 한 해고는 정당하다(서울행정법원 2001.2.2. 2000구14466).

그러나 고소, 고발 및 언론제보 등이 진실이거나 상당한 근거가 있는 경우에는 징계사유에 해당하더라도 징계해고까지 하는 것은 재량권을 일탈한 것이고, 특히 공공성이 강한 경우에는 더욱 그러하다(대법원 1995.3.3. 94누11767).

2) 청원권 행사 및 소송제기

청원권이나 재판청구권은 헌법상 보장된 기본권이므로 근로자도 사용자에 관한 사항에 대하여 청원하거나 소송을 제기할 수 있다. 그러나 근로자는 사용자의 이익을 배려해야 할 근로계약상의 성실 의무를 지고 있으므로 주로 사익적인 목적이나 동기에서 직장의 내부사실을 외부에 공표하거나 청원내용이 허위의 사실 또는 사용자를 비방하는 것이어서 사용자의 인격, 비밀, 명예, 신용 등을 훼손하는 것이라면 징계사유가 될 수 있고, 징계처분의 수위는 재량권 남용이 아닌 한 징계권자의 재량사항이다.

해고까지는 이르지 않고 정직에 그쳤으나 관련 판례를 보면, 구 의료보험관리공단 직원이 4급이 아닌 5급으로 잘못 임용되었다고 주장하면서 행정심판과 행정소송을 제기하여 패소 확정되었으나 소송비용 상환을 거부한 사안에 대하여, 소송제기는 법률적 견해 차이에 따른 것이지 사용자에게 손해를 입히려는 목적이 아니고 소송비용 상환은 민사상 채무에 불과할 뿐 직무상 의무는 아니므로 징계사유에 해당하지 않으나, 감사원 감사청구 형식으로 다른 직원 전보인사에 대하여 제보한 것은 위법처분 시정이 아니라 개인적인 불만을 이유로 경미한 규정위반 사실을 부각시켜 공단의 명예나 신용을 훼손하려는 의도에서 나온 행위로서 징계사유가 되고, 허위사실을 내용으로 한 청원도 징계사유가 되며, 정직 3월의 징계기간 만료 후 타지역으로 전보 조치한 것은 업무상 필요에 따라 재량권 범위 내에서 정당하게 이루어진 것이라고 보았다(대법원 1999.9.3. 97누2528).

3) 내부 고발

근로자는 사용자의 이익을 배려해야 할 성실 의무를 지고 있으므로 직장 내부사실의 외부 공표행위에 대한 징계의 정당성은 공표된 내용과 그 진위, 공표 경위와 목적, 방법 등을 고려하여 판단하게 되며, 공익을 위한 내부 고발 행위는 일부 사실과 다른 내용이 있더라도 전체적으로 진실되고 목적이 정당하다면 해고사유로 삼을 수 없다(대법원 1999.9.3. 97누2528).

공공법인의 경우 고도의 공공성을 가진다는 점에서 내·외부로부터 감시·견제되어야 할 필요성이 크므로 소속 직원에 의한 업무 관련 사실의 공표행위는 일반 사기업의 경우와 동일하게 평가할 수 없으며(대법원 1999.12.21. 98두7787), 따라서 지방공사 의료원 직원이 도지사에게 의료원의 비정상적인 약품 구입 절차를 조사해 시정하여 달라는 진정을 하고 진정서 사본을 도의회 의원에게 제공한 행위를 이유로 파면한 것은 징계재량권을 일탈한 것이다(대법원 1999.12.21. 98두7787).

사회복지법인의 근로자가 사용자의 비리혐의를 관계기관 및 시민단체 등에 제보한 사건에서 근로자 주장 및 의혹에 일부 부합하는 사실이 인정된 이상, 비록 시 및 관할 지방경찰청, 국가인권위원회 등으로부터 사용자에게 부패행위가 없다는 통지를 받았더라도 그것만으로는 근로자가 자신의 신고 및 이의신청 내용이 허위라는 사실을 알았거나 알 수 있었다고 보기 어려우므로 근로자는 구 부패방지법에 정한 법적 보호를 받으며, 이를 사유로 한 징계는 부당하다(서울행정법원 2009.10.23. 2009구합1822). 그러나 공표 내용이 공익성과 관련 없는 극히 경미한 사항으로서 주로 사익적인 목적이나 동기에서 비롯된 것이라면 징계사유가 된다(대법원 1999.9.3. 97누2528,2535).

4) 자료유출·자료도용·정보침해

간부들만 볼 수 있는 내부정보를 유출시키고 외부인을 상당기간 내부망에 접속할 수 있도록 하는 등 정당한 권한이 없는 자가 내부정보를 외부로 유출하거나(서울행정법원 2012.3.8. 2011구합26855), 소정의 업무상 절차를 지키지 않고 오랜 기간 외부 보안기관에 내부 개인정보 자료를 무단으로 제공하는 행위(서울행정법원

2012.3.23. 2011구합37787)에 대한 징계해고는 정당하다.

전산책임자가 당사자 동의 없이 임의로 다른 직원들의 컴퓨터에 접속하여 대표이사 등의 전자우편 정보를 자신의 컴퓨터에 변환·저장하려고 시도한 행위(서울행정법원 2009.11.5. 2008구합22396), 직원들의 전자우편 계정에 불법으로 접속하여 문서파일을 열람하고 내려 받는 행위(대법원 2016.9.15. 2015다24409), 공법인 소속 직원이 직무관련자로부터 지속적으로 향응을 받고 보험 가입자의 개인정보를 무단으로 열람하고 제3자에게 유출한 행위를 이유로 한 해고 역시 정당하다(서울행정법원 2015.10.8. 2015구합3423).

5) 영업비밀유지 의무와의 조화

근로자는 근로계약의 당사자로서 근로제공 의무와 더불어 부수적 의무로서 여러 가지 작위 또는 부작위 의무를 지게 되는데, 그 가운데 하나가 '비밀유지 의무', 즉 일을 하면서 알게 된 영업비밀을 재직기간이나 퇴직 후에 제3자에게 누설하지 않을 의무이다.

이때 영업비밀이라 함은 공공연히 알려져 있지 않고 독립된 경제적 가치를 가지는 것으로서, 상당한 노력에 의하여 비밀로 유지된 생산방법·판매방법 그 밖에 영업활동에 유용한 기술 또는 경영정보를 말한다(부정경쟁방지 및 영업비밀보호법 제2조제2호).

예컨대, 필기구 제조업체의 직원으로서 영업비밀에 해당하는 기술정보를 습득한 자가 타 회사에 스카우트되어 그 회사에서 기술정보를 공개하고 이를 사용하여 제품을 만든 행위는 부정경쟁방지법의 영업비밀 침해행위에 해당하며(대법원 1996.12.23. 96다16605), 소속 직원이라면 누구나 공유할 수 있는 고객정보라도 로그인 절차는 거쳐야 열람이 가능하다면 영업비밀에 해당한다(서울중앙지방법원 2015.10.2. 2014가합48335).

근로자 퇴직 후의 영업비밀 유지기간은 직업선택과 영업의 자유를 제한할 우려가 크므로 제한적으로 해석되어야 하며(서울고등법원 2002.11.12. 2002라313), 영업비밀 보호기간의 경과로 영업비밀은 당연히 더 이상 비밀이 아닌 것으로 되고, 금지기간 중 영업비밀 침해 행위를 하였는지 여부 등의 사정에 따라 연장되지 않는다(대법원 1998.2.13. 97다24528).

그런데 근로자가 회사를 상대로 고소·고발 등을 하다보면 일을 하면서 알게 된

정보를 공표할 수밖에 없는 경우가 있다. 이에 대한 판례에 따르면, 노동위원회에 부당해고 구제신청을 하고 노동위원회 지시에 따라 자신의 업무실적 입증자료를 제출한 것은 그 제출동기를 회사측에서 제공한 것이므로 비밀누설로 볼 수 없다(서울행정법원 2001.10.19. 2001구20017).

그러나 일본판례를 보면 업무수행 중에 알게 된 회사 기밀을 노조의 지위향상을 목적으로 누설한 행위(도쿄고등재판소 1980.2.18.)나 전신전화공사 직원이 업무상 청취한 통화내용을 누설한 행위(오사카고등재판소 1967.12.25.)를 해고사유로 인정한 사례가 있다.[65)]

(10) 사생활 비행과 풍기문란

근로자의 사생활 비행은 사적 공간에서 발생하는 것이므로 원칙적으로 해고사유가 될 수 없으나, 사업에 직접적인 관련이 있거나 기업의 사회적 평가를 훼손할 염려가 있고 그 정도가 심하다면 해고할 수 있다(대법원 1994.12.13. 93누23275).

이때 '기업의 사회적 평가를 훼손할 염려'는 반드시 구체적인 업무 저해의 결과나 거래상의 불이익이 발생해야 하는 것은 아니고, 그 행위의 성질과 정상, 기업의 목적과 경영방침, 사업의 종류와 규모, 근로자의 기업 내 지위와 담당업무 등 여러 사정을 종합적으로 고려하여 비위행위가 기업의 사회적 평가에 미친 악영향이 상당히 중대하다고 객관적으로 평가될 수 있어야 한다(대법원 2001.12.14. 2000두3689).

예컨대, 공기업인 도시개발공사 직원의 부동산투기 행위는 객관적으로 공사의 사회적 평가에 심히 중대한 악영향을 미치는 것으로 평가될 수 있는 경우로서 인사규정의 '공익을 저해하는 중대한 행위'에 해당한다(대법원 1994.12.13. 93누23275).

결혼한 여중 교사가 불륜관계를 맺어오다가 이혼까지 하는 등 물의를 일으킨 행위(대법원 1993.10.22. 93누14240), 항공사 팀장이 해외 비행 후 근무의 연장이라 할 수 있는 현지 호텔 체류 중 부하 여직원과 부적절한 관계를 맺었거나 적어도 그렇게 인식되도록 보이는 행동을 한 것(서울고등법원 2012.1.19. 2011누31842)은 '풍기문란 행위'로서의 징계사유가 인정된다.

---

65) 하갑래, 근로기준법, p.913.

근로자가 사업장 밖에서 불법 스포츠도박을 한 것은 징계사유로 할 수 없으나, 근무시간에 사내 공용 개인컴퓨터 등을 이용하여 공공연하게 불법스포츠도박을 한 것은 사업장의 근무기강과 질서를 해치는 행위로서 징계해고 사유가 된다(대법원 2015.2.26. 2014두14365).

(11) 위법한 노동조합 활동과 집단행동

모든 근로자는 근로조건의 향상을 위하여 자주적인 단결권·단체교섭권·단체행동권을 가지며(헌법 제33조제1항), 단체교섭과 쟁의행위 등 정당한 노조활동에 대해서는 민·형사책임을 지지 않는 등(노동조합법 제3조 및 제4조 등) 헌법과 법률의 보호를 받는다. 따라서 헌법과 노동조합법에서 보장하는 정당한 노조 활동이라면 사용자 등은 허가제를 이유로 이를 금지하거나(대법원 1988.10.11. 87누147) 징계할 수 없으나, 위법한 활동인 경우에는 당연히 징계사유로 삼을 수 있다.

1) 노동조합 운영과 집회참가

근로자가 업무와 무관한 집회에 참가하는 것은 자유이나, 사용자의 승인을 받지 않고 근로시간을 이용하거나, 집회 및 시위에 관한 법률이나 도로교통법 등 위반 행위로 유죄판결을 받아 근로계약상 의무를 이행하지 못하게 되거나 업무상 명령을 위반하게 되는 경우 징계해고 사유가 될 수 있다(대법원 1993.2.29. 92다22206).[66]

점심시간 중이라 하더라도 허가를 받지 않고 사내에서 취업규칙이 금하고 있는 모습으로 집회가 이루어진 경우에는 징계해고 대상이 될 수 있으며(대법원 1994.5.13. 93다32002), 부당노동행위 조사 명목으로 조합원 10여 명이 영업소를 찾아가 붉은 머리띠를 두르고 시위를 하며 영업소장의 퇴장요구에 불응하고, 사무실 옆면에 걸려있는 노조 게시판을 떼어 정면의 경영방침 옆에 못을 치고 게시한 행위는 정당한 해고사유가 된다(대법원 1992.9.25. 92다18542).

노사분규가 수습되어 회사의 업무가 정상적으로 돌아왔음에도 불구하고 노조활동임을 내세워 장기간 승무에 임하지 아니하여 해고한 것은 정당한 징계권 행사이고

66) 하갑래, 근로기준법, p.912.

(대법원 1990.10.23. 89누4666), 운수회사의 노조 대의원선거에 입후보하여 그 선거운동을 한다는 이유로 회사의 배차지시를 거부하고 결근한 것은 정당한 사유에 의한 결근이라고 볼 수 없어 징계해고 사유에 해당된다(대법원 1992.2.11. 91다5976).

반면, 회사의 승낙 없이 회사를 비난하는 성명서와 게시문을 회사 내외 전자통신망 등에 게재·배포하였더라도 기본적 목적이 회사의 이익을 침해하거나 명예를 훼손하려는 것이 아니라 노조 가입 촉구 등 근로자의 단결권에 포함될 수 있고 전체적으로 그 내용이 진실한 것이라고 인정되는 경우 징계사유로 삼을 수 없다(대법원 2002.10.25. 2001두8339).

한편, 노조 내부의 문제라 하더라도 그로 인하여 회사의 손실 등이 초래되는 경우에는 회사 취업규칙 등에서 규정하는 징계사유에 해당할 수 있으나(대법원 2002.5.28. 2001두10455), 노조 설립 후원금의 모금 및 관리·사용과 관련하여 노조 설립추진위원회 구성원들 사이에 발생한 분쟁을 이유로 추진위원회 핵심 임원들을 해고한 것은 사회통념상 고용관계를 계속할 수 없을 정도로 근로자에게 책임이 있는 경우에 해당한다고 보기 어려워 재량권의 범위를 일탈한 것이다(대법원 2009.4.9. 2008두22211).

2) 노조전임자 등의 무단결근

노조전임자는 휴직 상태와 유사하게 근로제공 의무가 정지된 상태에서 노조를 위하여 일하기 때문에 교육·연수·훈련에 참가하지 않은 것은 징계사유에 해당하지 않는다(대법원 1999.11.23. 99다45246).

그러나 노조전임자라 할지라도 사용자와의 사이에 기본적인 근로관계는 유지되는 것이므로 단체협약에 특별 규정을 두거나 특별한 관행이 존재하지 않는 한 출·퇴근에 대한 사규의 적용을 받고, 노조전임자의 출근은 통상적인 노조업무가 수행되는 노조사무실에서 노조업무에 착수할 수 있는 상태에 임하는 것이고, 노조전임자가 사용자에게 취업규칙 등에 규정된 절차를 취하지 않고 출근하지 않는 것은 무단결근에 해당한다(대법원 2000.7.28. 2000다23297).

따라서 예컨대, 노조전임자가 범죄를 저지르고 사용자에게 사전에 통고도 하지 않고 10일간 도피한 것은 무단결근에 해당하며(대법원 1997.3.11. 95다46715), 노조 대표자의 승인 없이 노조사무실에 출근하지 않은 경우도 무단결근에 해당한다(서울행정법원 2015.2.25. 2014구합14587).

단체협약에 따라 노조 전임규정을 두고 노조가 사용자에게 특정 근로자를 전임자로 통보하였더라도 사용자의 노조 전임 발령이 없었다면 원칙적으로 근로제공 의무가 면제되지 아니하므로(대법원 1997.4.25. 97다6926), 노조의 통지만으로 근로제공 의무가 면제되는 관행 등 특별한 사정이 없는 한 종전 근무 부서에 결근하면 무단결근에 해당하며, 근로제공 의무 불이행을 정당화하기 위해서는 사용자로부터 사전 또는 사후에 승인을 받아야 한다(대법원 2010.10.28. 2010두18246).

한편, 단체협약이 유효기간 만료로 효력을 상실한 경우에는 사용자의 원직복귀명령에 따르지 않으면 무단결근으로서 징계해고 사유가 된다(대법원 1997.6.13. 96누17738).

3) 유인물 배포

근로자의 유인물 배포 행위가 정당한지 여부는 회사의 승인이나 허가 여부만으로 판단할 것은 아니고, 그 유인물의 내용, 매수, 배포의 시기, 대상, 방법과 이로 인해 회사나 업무에 영향을 미친 정도 등 여러 가지 사정을 고려하여 판단하여야 한다(대법원 1997.12.23. 96누11778).

휴게시간 중 배포한 경우에는 다른 근로자의 근로에 악영향을 미치거나 휴게시간의 자유로운 이용을 방해하거나 구체적으로 직장질서를 문란하게 한 것이 아닌 한 허가를 얻지 않았다는 이유만으로 정당성이 부인되어 징계대상이 되는 것은 아니다(대법원 1991.11.12. 91누4164).

그러나 휴게시간 중이라 하더라도 시설 관리나 다른 직원의 자유로운 휴게시간 이용을 방해할 염려가 있고 기업질서를 어지럽힐 가능성도 있으므로 취업규칙으로 미허가 유인물 배포행위를 징계사유로 규정하여 제한할 수 있다(대법원 1994.9.30. 94다4042).

'회사의 허가 없이 사내에서 집회, 연설 또는 유인물 배포'가 징계사유로 규정되어 있는 경우, 근무 질서 유지라는 목적에 비추어 볼 때 사내 여부는 단순히 장소적인 면만으로 판단할 것이 아니라 회사의 노무지휘권이 미치는 범위 내인지에 따라 판단해야 하는바, 회사 정문 앞의 유인물 배포는 사내의 유인물 배포에 해당한다(대법원 1991.4.12. 90다8084).

유인물 배포방법으로 근로자에게 직접 건네지 않고 사업장에 은밀히 뿌리는 것은 사용자의 시설관리권을 침해하는 것이고, 이러한 행위가 직장질서를 문란하게 할 구체적인 위험성이 있는 것이라면 정당성이 없다(대법원 1992.6.23. 92누4253).

유인물의 내용은 타인의 인격·명예 등을 훼손하거나 허위사실을 담은 것이 아니라 근로조건의 유지·개선과 근로자의 복지 증진 기타 경제적 사회적 지위 향상을 도모하기 위한 것으로서 전체적으로 진실하다면 정당성이 인정되지만(대법원 1993.12.28. 93다13544), 예컨대 유인물이 집단 월차휴가를 선동하는 것으로서 다수의 근로자가 동조하여 사업장을 무단이탈해서 업무의 정상적 운영에 지장을 주었다면 유인물 배포행위는 징계대상이 된다(대법원 1992.3.13. 91누5020).

취업규칙 등에 불법 유인물 배포·게시를 금지한다고만 규정하고 다른 명시적 규정이 없다면 소지·운반·작성 등 준비행위는 이에 포함되지 않으므로 징계할 수 없다(대법원 1993.10.12. 93다1957).

4) 위법한 쟁의행위

노동조합법에 따르면, '노동쟁의'라 함은 노조와 사용자 또는 사용자단체간에 임금·근로시간·복지·해고 기타 근로조건의 결정에 관한 주장의 불일치로 인하여 발생한 분쟁상태를 말하며, '주장의 불일치'라 함은 당사자 간에 합의를 위한 노력을 계속하여도 더 이상 자주적 교섭에 의한 합의의 여지가 없는 경우를 말한다(노동조합법 제2조제5호).

한편, '쟁의행위'라 함은 파업·태업·직장폐쇄 기타 노동관계 당사자가 그 주장을 관철할 목적으로 행하는 행위와 이에 대항하는 행위로서 업무의 정상적인 운영을 저해하는 행위를 말한다(노동조합법 제2조제6호).

사용자는 노동조합법에 의한 단체교섭 또는 쟁의행위로 인하여 손해를 입은 경우에 노조 또는 근로자에 대하여 그 배상을 청구할 수 없으며(노동조합법 제3조), 형사상 면벌을 규정한 형법 제20조의 정당방위 규정은 노조가 단체교섭·쟁의행위 기타의 행위로서 근로조건의 개선과 근로자의 경제적·사회적 지위 향상 등을 도모하기 위한 목적을 달성하기 위하여 한 정당한 행위에 대하여 적용되나, 어떠한 경우에도 폭력이나 파괴행위는 정당한 행위로 해석되어서는 아니 된다(노동조합법 제4조).

요약하자면, 근로자들의 정당한 쟁의행위는 민·형사상 면책 보호를 받지만 주체, 목적, 절차, 방법에 있어서 정당한 요건을 갖추어야 하고, 정당성이 없는 쟁의행위는 민·형사상 책임 뿐 아니라 취업규칙상 '중대한 비행 또는 정당한 명령에 대한 고의적인 불복종' 내지 '불법파업을 주동하거나 참여한 경우' 등에 해당되어 징계해고 사유가 될 수 있다. 결국 쟁의행위의 정당성 여부에 따라 징계해고의 정당성에 대한 판단이 이루어지게 되는 것이다.

핵심 판례 **쟁의행위의 정당성 요건**

근로자의 쟁의행위가 적법하기 위해서는, 첫째 그 주체가 단체교섭의 주체로 될 수 있는 자이어야 하고, 둘째 그 목적이 근로조건의 향상을 위한 노사간의 자치적 교섭을 조성하는 데에 있어야 하며, 셋째 사용자가 근로자의 근로조건 개선에 관한 구체적인 요구에 대하여 단체교섭을 거부하였을 때 개시하되 특별한 사정이 없는 한 조합원의 찬성결정 등 법령이 규정한 절차를 거쳐야 하고, 넷째 그 수단과 방법이 사용자의 재산권과 조화를 이루어야 함은 물론 폭력의 행사에 해당되지 아니하여야 한다(대법원 2009.6.25. 2007두10891).

① 주 체

노동조합법의 규정과 같이 근로자의 쟁의행위가 정당성을 갖추기 위해서는 그 주체가 단체교섭이나 단체협약을 체결할 능력이 있는 노조이어야 하고(대법원 1994.9.30. 94다4042), 노조 아닌 근로자 집단에 의한 쟁의행위(대법원 1991.5.24. 91도324), 노조의 일부 조합원이 조합의 승인 없이 또는 조합원 전체의 의사에 반하여 하는 이른바 '비공인 파업'(대법원 1997.4.22. 95도748) 등은 그 정당성을 인정받지 못한다.

② 목 적

집단적 노사분쟁은 장차 노사합의를 통하여 권리로 될 것이 기대되는 이익을 둘러싼 이익분쟁과 단체협약 이행, 부당노동행위 구제, 해고자 복직, 체불임금 청산 등 단체협약 등에 의해 이미 확정된 권리의 해석, 적용, 준수 등에 관한 권리분쟁으로 구분되는바, 권리분쟁은 노동위원회의 조정대상이 아니며 쟁의행위의 정당한 목적으로 인정되지 않는다.

노동조합법은 노동쟁의를 근로조건의 결정에 관한 주장의 불일치로 인한 분쟁상태라고 규정하고 있어 쟁의행위의 대상을 이른바 이익분쟁에 한정하고 있는 것으로 해석되며, 법원도 권리분쟁을 목적으로 하는 쟁의행위의 정당성을 부인하고 있다.

또한, 근로조건의 유지·개선을 위한 목적이 아닌 i) 순수한 정치적 목적의 정치파업(대법원 1991.1.29. 90도2852) ii) 제3자가 파업 중인 노동관계 당사자를 조종·방해·선동할 목적으로 간섭하는 동정파업(헌법재판소 1990.1.15. 89헌가103) iii) 경영주체의 고도의 경영상 결단에 속하는 사항을 목적으로 하는 파업(대법원 2005.4.29. 2004두10852)은 정당성을 인정받지 못한다.

다만, 회사간부 퇴진을 요구하는 것이라 하더라도 그것 자체가 목적이 아니고 근로조건 유지·개선을 위한 수단으로서 주장할 때에는 정당성이 인정되는 경우가 있고(대법원 1992.5.12. 91다34523), 순수한 정치파업과 구별하여 근로조건 유지·개선 목적의 파업에 이르게 된 점(대법원 2002.4.26. 2000두4637) 등을 참작하여 해고가 지나치다고 본 판례도 있다.

핵심 판례 **쟁의행위의 목적과 정당성**

정리해고나 사업조직의 통폐합 등 기업의 구조조정의 실시 여부는 경영주체의 고도의 경영상 결단에 속하는 사항으로서 이는 원칙적으로 단체교섭의 대상이 될 수 없고, 그것이 긴박한 경영상의 필요나 합리적 이유 없이 불순한 의도로 추진되는 등의 특별한 사정이 없는 한, 노조가 실질적으로 그 실시 자체를 반대하기 위하여 쟁의행위에 나아간다면, 비록 그 실시로 인하여 근로자들의 지위나 근로조건의 변경이 필연적으로 수반된다고 하더라도 그 쟁의행위는 목적의 정당성을 인정할 수 없으며, 또한 쟁의행위에서 추구되는 목적이 여러 가지이고 그 중 일부가 정당하지 못한 경우에는 주된 목적 내지 진정한 목적의 당부에 의하여 그 쟁의목적의 당부를 판단하여야 하고, 부당한 요구사항을 제외하였다면 쟁의행위를 하지 않았을 것이라고 인정되는 경우에는 그 쟁의행위 전체가 정당성을 갖지 못한다고 보아야 한다(대법원 2011.1.27. 2010도11030).

③ 시기 및 절차

노동조합법에 따르면 노조가 쟁의행위에 들어가기 위해서는 어느 일방이 상대방에게 서면으로 통보하여야 하며(제45조제1항), 노동위원회의 노동쟁의 조정절차를

거쳐야 한다(조정전치제도, 제45조제2항).[67)]

또한, 노동위원회의 조정기간(일반사업 10일, 공익사업 15일, 당사자 합의로 각 10일 또는 15일 이내 연장 가능, 제54조)이 지나면 쟁의행위를 할 수 있는데, 쟁의행위에 들어가기 위해서는 조합원의 직접·비밀·무기명 투표에 의한 조합원(교섭대표노조가 결정된 경우에는 그 절차에 참여한 노조의 해당 사업장 소속 전체 조합원) 과반수의 찬성이 있어야 한다(노동조합법 제41조제1항).

핵심 판례 쟁의행위의 절차와 정당성

근로자의 쟁의행위가 정당행위가 되기 위한 절차적 요건으로서, 쟁의행위를 함에 있어 조합원의 직접·비밀·무기명투표에 의한 찬성결정이라는 절차를 거치도록 한 노동조합 및 노동관계조정법 제41조제1항은 노조의 자주적이고 민주적인 운영을 도모함과 아울러 쟁의행위에 참가한 근로자들이 사후에 그 쟁의행위의 정당성 유무와 관련하여 어떠한 불이익을 당하지 않도록 그 개시에 관한 조합의사의 결정에 보다 신중을 기하기 위하여 마련된 규정이라고 할 것인데, 이와 같은 취지에 비추어 보면, 지역별·산업별·업종별 노조의 경우에는 총파업이 아닌 이상 쟁의행위를 예정하고 있는 당해 지부나 분회소속 조합원의 과반수의 찬성이 있으면 쟁의행위는 절차적으로 적법하다고 보아야 할 것이다(대법원 2009.6.25. 2007두10891).

④ 방 법

폭력적 방법의 쟁의행위는 정당화될 수 없으며(대법원 1990.10.12. 90도1431), 부분적·병존적 직장점거는 허용되나 장기간에 걸친 전면적·배타적 점거는 정당화되지 않는다(대법원 1990.5.15. 90도357).

쟁의행위가 정당한 경우 그 기간 동안 근로자는 근로제공 의무 등이 정지되므로 무단결근에 해당되지 않고, 근로자들이 출근하지 않음으로써 다른 직원의 업무부담이 가중되거나 그로 인해 회사업무에 지장이 초래된 것 역시 정당한 쟁의행위 참가의 결과에 불과하므로 징계사유로 삼을 수 없으나(서울고등법원 2004.10.21.

---

67) 조정전치절차 위반을 이유로 곧바로 쟁의행위 정당성을 상실하는 것은 아니라는 입장을 보인 판례가 있다(대법원 2000.10.13. 99도4812; 대법원 2001.11.27. 99도4779; 대법원 2001.6.26. 2000도2871).

2003누20830), 정당성이 없는 쟁의행위에 참가한 경우에는 정당한 업무명령에 대한 고의적인 불복종에 해당하여 해고사유가 된다(대법원 1992.9.22. 91다4317).

그러나 정당성이 없는 쟁의행위에 참가한 것만으로 해고가 당연히 정당화되는 것은 아니고 징계해고 양정의 적정성 여부를 다시 판단해야 하는데, 판례는 통상 일반 조합원보다는 쟁의행위를 기획·결정하는 등 주도적 역할을 하는 노조 간부들에게 무거운 책임을 묻는 경향을 보이나(대법원 2010.2.11. 2009두19694), 직책과 달리 주도적 역할을 하지 않은 간부를 중징계하는 것은 허용되지 않는다(대법원 2014.9.4. 2013두864).

한편, 부당하게 해고된 근로자도 부당노동행위 구제신청을 한 경우 중앙노동위원회 재심판정이 있을 때까지는 근로자 지위를 가지므로 정당성이 인정되지 않는 쟁의행위에 참여한 경우 징계대상이 될 수 있다(대법원 1994.9.30. 93다26496).

핵심 판례 **쟁의행위의 방법과 정당성**

근로자의 쟁의권 행사는 그것이 정당할 때에 한하여 형법상 위법성이 부정되어 처벌되지 않는 것인 바, ... 쟁의권의 행사방법은 노무의 제공을 전면적 또는 부분적으로 정지하는 것이어야 함은 물론 공정성의 원칙에 따라야 할 것임은 노사 관계의 신의칙상 당연하며, 사용자의 기업시설에 대한 소유권 기타의 재산권과도 조화를 기해야 하고, 폭력의 행사는 신체의 자유, 안전이라는 법 질서의 기본원칙에 반하는 것이므로 허용될 수 없고, 특히 쟁의권이 노동력의 집단적 거래로서의 측면을 갖는 단체교섭에 있어서 그것을 집단적으로 이용시키지 않게 함으로써 경제적 압력을 넣는 권리이고, 또한 이러한 경제적 압력을 유지, 강화시키기 위하여 사용자가 다른 노동력을 사용하거나 거래선을 확보하는 것을 방해하는 권리인 것이므로 쟁의권에 의하여 보호되는 행위로서의 "쟁의행위"는 근로자집단이 그 주장의 시위나 그 주장을 관철할 목적으로 노무의 제공을 완전 또는 불완전하게 정지하거나, 또한 필요에 따라 이 노무정지를 유지하기 위한 피켓팅이나 사용자와의 거래를 거부하라고 호소하는 행위를 의미하는 것이다(대법원 1990.5.15. 90도357).

⑤ 쟁의행위와 업무방해죄

위계 또는 위력으로 사람의 업무를 방해한 경우에는 형법 제314조제1항의 업무방해죄가 성립되는바, 근로자가 주장을 관철시키기 위하여 집단적으로 노무제공 중단이라는 실력행사를 함으로써 사용자의 업무의 정상적인 운영을 저해하는 쟁의행위로서의 파업은 업무방해죄에서의 위력으로 볼 만한 요소를 포함하고 있다.

그러나 근로자에게는 헌법상 단결권·단체교섭권 및 단체행동권이 보장되므로 이러한 파업이 언제나 업무방해죄의 구성요건을 충족하는 것은 아님에도 불구하고, 파업이 쟁의행위의 목적 등에 있어서 노동관계법상 쟁의행위의 정당성 요건을 갖추지 못한 경우에는 당연히 업무방해죄를 구성하는 것으로 판단되어 처벌됨에 따라 국내 학계와 노동계는 물론 국제노동기구(ILO), 경제협력개발기구(OECD) 등 국제사회로부터도 많은 비판이 제기되어왔다.

이러한 상황에서 대법원은 2011년 3월에 '전국철도노조 파업' 사건에 대한 전원합의체 판결을 통하여 쟁의행위로서 파업이 업무방해죄의 '위력'에 해당하는지 여부를 판단함에 있어서 '사용자가 예측할 수 없는 전격성'(파업의 전격성)과 '사업운영에 심대한 혼란 내지 막대한 손해'(파업의 중대성)라는 기준을 제시하였다.

이 사건에서 법원은 "쟁의행위로서 파업이 언제나 업무방해죄에 해당하는 것으로 볼 것은 아니고, 전후 사정과 경위 등에 비추어 사용자가 예측할 수 없는 시기에 전격적으로 이루어져 사용자의 사업운영에 심대한 혼란 내지 막대한 손해를 초래하는 등으로 사용자의 사업계속에 관한 자유의사가 제압·혼란될 수 있다고 평가할 수 있는 경우에 비로소 집단적 노무제공의 거부가 위력에 해당하여 업무방해죄가 성립한다고 보는 것이 타당하다."라고 판시하였다(대법원 2011.3.17. 2007도482).

그 결과 근로자들이 집단적으로 근로의 제공을 거부하여 사용자의 정상적인 업무운영을 저해하고 손해를 발생하게 한 행위가 당연히 위력에 해당하는 것을 전제로 노동관계법령에 따른 정당한 쟁의행위로서 위법성이 조각되는 경우가 아닌 한 업무방해죄를 구성한다는 취지로 판시한 종래의 판결[68]은 전원합의체 판결의 견해에 배치되는 범위 내에서 변경되었다.

---

68) 대법원 1991.4.23. 90도2771; 대법원 1991.11.8. 91도326; 대법원 2004.5.27. 2004도689; 대법원 2006.5.12. 2002도3450; 대법원 2006.5.25. 2002도5577 등.

이후 대법원은 전국공공서비스노조 한국가스공사 지부의 2009년 11월 파업 사건(대법원 2014.11.13. 2011도393), 전국철도노조의 2013년 12월 수서발 고속철도 반대파업 사건 등에 전원합의체 판결 법리를 적용하여 '불법파업 = 업무방해죄' 공식은 더 이상 유효하지 않다는 것을 확인시켜 주었다(대법원 2017.2.3. 2016도1690).

핵심 판례 **쟁의행위로서 파업이 업무방해죄의 위력에 해당하는지 여부**

업무방해죄는 위계 또는 위력으로써 사람의 업무를 방해한 경우에 성립하며(형법 제314조제1항), '위력'이란 사람의 자유의사를 제압·혼란케 할 만한 일체의 세력을 말한다. 쟁의행위로서 파업(노동조합 및 노동관계조정법 제2조제6호)도, 단순히 근로계약에 따른 노무의 제공을 거부하는 부작위에 그치지 아니하고 이를 넘어서 사용자에게 압력을 가하여 근로자의 주장을 관철하고자 집단적으로 노무제공을 중단하는 실력행사이므로, 업무방해죄에서 말하는 위력에 해당하는 요소를 포함하고 있다.

근로자는 원칙적으로 헌법상 보장된 기본권으로서 근로조건 향상을 위한 자주적인 단결권·단체교섭권 및 단체행동권을 가지므로(헌법 제33조제1항), 쟁의행위로서 파업이 언제나 업무방해죄에 해당하는 것으로 볼 것은 아니고, 전후 사정과 경위 등에 비추어 사용자가 예측할 수 없는 시기에 전격적으로 이루어져 사용자의 사업운영에 심대한 혼란 내지 막대한 손해를 초래하는 등으로 사용자의 사업계속에 관한 자유의사가 제압·혼란될 수 있다고 평가할 수 있는 경우에 비로소 집단적 노무제공의 거부가 위력에 해당하여 업무방해죄가 성립한다고 보는 것이 타당하다(대법원 2011.3.17. 2007도482).

(12) 노사 면책 합의

징계해고 사유에 해당하는 근로자의 행위에 대해 그 책임을 면제하기로 노사가 합의한 경우, 사용자는 면책 합의에 반하여 그 행위를 징계사유로 삼을 수 없다. 다만, 이러한 합의는 회사가 근로자들에게 민·형사상의 책임 추궁이나 고용관계상 불이익 처분을 하지 않겠다는 취지이지 회사에 권한이 없는 사항에 대해서까지 면책을 약속한 취지는 아니다(대법원 1992.7.28. 92다14786).

또한, 면책 합의는 바로 그 비위 행위를 징계사유로 삼지 않기로 하는 것이지, 다른 비위행위를 사유로 하여 징계할 때 양정의 판단자료로 삼는 것까지 금하는 것은 아니다(대법원 2008.10.9. 2006두13626).

판례에 따르면, 면책 합의는 특정 행위와 일체성을 가지거나 필연적으로 연속되어 불가분적 관계에 있는 행위도 면책시키기로 한 것이라고 보아야 하므로, 면책 합의 이전의 농성행위 등으로 인하여 면책 합의 이후에 처벌을 받고 그로 인하여 결근한 행위는 형식상 인사규정 등의 징계해고 사유에 해당한다고 하더라도 이를 이유로 징계해고를 한 것은 면책 합의에 반한다(대법원 1992.7.28. 92다14786).

한편, '최대한 선처' 합의가 징계를 면해주겠다는 의미는 아니다(대법원 1993.5.11. 93다1503).

제3절 정리해고

1. 정리해고의 의의

(1) 개 념

정리해고[69]라 함은 사용자가 경영상 필요가 있는 경우 기업의 유지와 존속을 위하여 일정한 요건 아래 근로자들 가운데 일부를 해고하는 것을 말한다(대법원 2003.4.25. 2003다7005).

정리해고는 기업이 경영상 어려움에 처할 때 기업을 굴속시키면서 기업의 인적·물적인 규모와 구조를 보다 효율적인 방향으로 조정하기 위한 것이다.

우리나라의 정리해고 제도는 해고의 사유, 절차 및 우선 재고용 제도와 정부의 조치로 구성되어 있으며, 정리해고는 통상해고나 징계해고와 비교할 때 다음과 같

69) '정리해고(整理解雇)'라는 용어는 일본의 영향을 받은 것으로서 근로기준법에서는 1997년 개정법부터 '경영상 이유에 의한 해고'라는 용어를 사용하고 있으나, 이 책에서는 독자들의 이해의 편의를 위해 종래의 용례에 따라 정리해고라는 용어를 사용한다.

은 특징이 있다.[70]

첫째, 해고사유를 기준으로 할 때 근로자의 일신상 또는 행태상의 사유가 아니라 기업 경영상의 필요에 의해 이루어지는 해고이다(근로자의 비귀책성).

둘째, 기업의 유지·존속을 전제로 그 소속 근로자들 가운데 일부를 해고하는 것이라는 점에서 사업의 폐지를 위한 청산과정에서 근로자를 해고하는 것과 구별된다(기업의 유지·존속 목적성).

판례는 사업의 폐지를 위하여 해산한 기업이 그 청산과정에서 근로자를 해고하는 경우 또는 기업이 파산선고를 받아 사업의 폐지를 위하여 그 청산과정에서 근로자를 해고하는 경우는 정리해고가 아니고 통상해고라고 한다(대법원 2003.4.25. 2003다7005). 그러나 공동주택 관리방식을 변경하는 것은 사업의 폐지라고 볼 수 없고, 그로 인한 관리직원의 해고는 경영상의 필요에 의한 해고에 해당한다(대법원 2011.3.24. 2010다92148).

셋째, 근로자측의 사유에 의한 것이 아니기 때문에 해고 대상자가 특정되지 않는 단계에서 해고안이 제시된다(대상자의 불특정성).

넷째, 기업의 경영위기 극복이나 효율을 높이기 위한 사업·조직의 구조조정 과정에서 이루어짐에 따라 다수의 근로자가 해고되는 경우가 많다(해고자의 집단성).

다섯째, 일반적으로 경제가 어려운 상황에서 기업 경영상의 필요에 따라 책임 없는 다수의 근로자를 해고하게 됨에 따라 실직자의 생존권을 침해하고 고용 불안과 사회적 갈등을 심화시킬 수 있다(이슈의 사회문제성).

이러한 특성을 고려하여 근로기준법은 제24조에서 그 사유와 절차를 엄격히 규정하고 있다. 따라서 정리해고에 관한 법령을 해석할 때에는 이와 같은 법적 성격에 유념해야 하며, 정리해고는 근로자의 귀책사유 없이 이루어진다는 점에서 그에 따른 사회적 비용을 사용자와 근로자 그리고 국가가 어떻게 분담할 것인가 하는 배분적 정의의 관점에서 바라볼 필요가 있다.[71]

---

70) 임종률, 노동법, pp.563~568; 하갑래, 근로기준법, p.948.

71) 존 롤스(J. Rawls) 지음, 황경식 옮김, 사회정의론(A theory of Justice), 서광사, 2001. 롤스는 모든 사람에게 다른 사람의 유사한 자유와 상충되지 않는 한도 내에서 기본적인 자유와 평등한 권리가 인정되고(평등한 자유의 원칙), 자유를 제외한 사회적·경제적 가치는 가장 불리한 입장에 있는

이러한 맥락에서 근로기준법에서 정리해고 제도와 함께 규정하고 있는 사용자의 우선 재고용 의무와 정부의 해고근로자에 대한 생계안정, 재취업, 직업훈련 등 조치의무는 중요한 의미가 있다.

(2) 학설과 판례의 변화

정리해고의 유효요건에 대한 학설은 정당성 판단 기준을 하나라도 결여하면 유효성을 인정할 수 없다는 판단요건설(3요건설 또는 4요건설)과 판단기준을 전체적·종합적으로 고려하여야 한다는 판단요소설(종합설)로 나눌 수 있다.[72)]

근로기준법은 정리해고의 정당성 내지 유효성 여부 판단기준으로 4가지를 규정하고 있으며, 판례는 4가지 요건을 모두 갖추어야 한다는 4요건설을 중심으로 발전하다가(대법원 1989.5.23. 87다카2132), 급변하는 경제·사회상황을 반영하여 사전협의절차 등을 거치지 않아도 유효하다고 인정하는 등 판단요소설을 가미한 형태로 4요건설을 완화하는 추세를 보여 왔다(대법원 1995.12.5. 94누15783).

이들 판례에 따르면 4가지 요건의 구체적 내용은 확정적·고정적인 것이 아니라 구체적 사건에서 다른 요건의 충족 정도와 관련하여 유동적으로 정해지는 것이므로 개별 사정들과 경제·사회상황 등을 종합적으로 고려하여 판단해야 한다는 것이다(대법원 2011.1.27. 2008두13972).

다만, 최근 대법원은 경영상 해고의 4가지 요건 중 하나라도 갖추지 못한 경우 나머지 요건을 충족하였는지 살펴볼 필요도 없이 위법하다고 판단하고 있다.[73)]

사람들의 편익을 최대화하고, 모든 직무와 지위에 대한 기회균등이 공정하게 이루어지는 한도 내에서 차등이 인정되는(차등조정의 원칙) 상태가 배분적 정의가 이루어진 상태라고 한다.

72) 김형배, 노동법, pp.807~809. '3요건설'은 근로자측과의 협의를 독립적 요건으로 보지 않는 반면, '4요건설'은 긴박한 경영상 필요성, 해고회피 노력, 정리해고 기준의 합리성과 대상자 선정의 공정성, 근로자대표와 협의 요건을 모두 갖추어야 한다고 본다.

73) 중앙노동위원회, 주제별 판례 분석집, p.592; 대법원 2019.4.5. 2018두66234; 대법원 2017.6.29. 2016두52194;

참고 정리해고 제도의 변천 경과

정리해고는 구 근로기준법 제27조 '해고 등의 제한' 규정을 근거로 학설과 판례에 의해 인정되어 오다가 1996.12.31. 개정(1997.3.1. 시행) 근로기준법에 의해 처음 명문화되었다.

정리해고제의 입법 목적은 기업의 경영상 이유로 이루어지는 해고의 예측 가능성과 법 적용의 투명성을 높임으로써 고용조정 과정에서 빈발하는 분쟁과 갈등을 예방·완화하고, 노사의 노력을 통해서 해고를 최소화함으로써 근로자를 보호하고 기업 구조조정을 원활히 하려는데 있다. 이에 따라 근로기준법에 경영상 이유에 의한 해고의 요건과 절차, 우선 재고용 노력 등의 규정이 신설되었다.

그러나 1996년법은 이른바 '노동법 파동'[74]으로 시행도 해보지 못한 채 폐기되고 해고사유와 해고절차를 일부 수정하여 '경영상 이유에 의한 고용조정' 규정을 신설한 1997.3.13. 제정법에 의해 대체되었다.

이후 1997년 외환위기로 국제금융기구(IMF) 구제금융 체제에 들어가면서 양도·인수·합병을 긴박한 경영상 필요가 있는 것으로 보는 경우를 '계속되는 경영악화로 인한'(사후대응 목적)에서 '경영악화를 방지하기 위한'(사전예방 목적)으로 일부 수정하고, 60일 전 사전통보규정을 부활시키면서 대량해고 신고의무를 규정하고, 1997년법의 시행유예기간을 없애 즉시 시행토록 하는 법 개정이 1998년 2월 이루어졌다.

2007년 1월에는 사전통보 기간이 50일로 단축되고, 우선 재고용 기간이 3년으로 연장되고 노력조항은 의무조항으로 강화되었다. 그 후 2007.4.11.(법률 8372호) 전문 개정으로 조문을 정비하면서 '경영상 이유에 의한 해고의 제한' 규정은 제24조로, '우선 재고용 등'의 규정은 제25조로 변경되었으나, 정리해고 제도의 근간은 그대로 유지되고 있다.

---

74) '노사관계개혁위원회' 논의 결과 등을 토대로 정리해고제 명문화 등 근로기준법 개정안과 상급단체 복수노조를 허용하되 시행을 유예하는 '노동조합 및 노동관계조정법' 개정안 등이 안기부법 개정안과 함께 1996.12.26. 오전 6시에 여당 단독으로 국회에서 통과되자 양 노총(한국노총과 민주노총)의 총파업과 야당의 반발에 직면하였고, 결국 노동법 재개정 협상이 이루어져 동 법률은 폐지되고 1997.3.13. 제정법 형식으로 전면 개정된 법률에 의해 대체되었다.

〈도표 11-6〉 정리해고 제도 입법 연혁

구 분	주요내용	비 고
1996.12.31. 개정 법률5245호	제27조의2【경영상 이유에 의한 해고】긴박한 경영상 필요(계속되는 경영악화로 인한 사업의 양도·합병·인수 포함)/ 해고회피 노력/ 합리적이고 공정한 해고 기준과 대상자 선정/ 일정규모 이상 해고 시 노동위원회의 승인 제27조의3【경영상 이유에 이한 해고의 절차】노조와 근로자에게 해고일 60일 전 통보/ 근로자대표와 성실 협의 제27조의4【우선 재고용】2년 이내 채용 시 정리해고 근로자 우선 고용 노력 제27조의5【해고의 예고】해고(경영상 해고 포함) 30일 전에 예고	1997.3.1. 시행 예정이었으나, 노동법파동으로 1997.3.13. 제정법에 의해 폐기됨
1997.3.13. 제정 법률5309호	제31조【경영상 이유에 의한 고용조정】긴박한 경영상 필요/ 해고회피 노력/ 합리적이고 공정한 해고 기준 및 대상자 선정/ 근로자대표와 성실 협의	판례법리 입법화 2년간 시행유예
1998.2.20. 개정 법률5510호	제31조【경영상 이유에 의한 해고의 제한】경영악화 방지 위한 사업 양도·인수·합병은 긴박한 경영상 필요가 있는 것으로 간주/ 해고기준 및 대상자 선정 시 남녀차별 금지/ 근로자대표에게 해고일 60일 전 통보/ 일정규모 이상 해고 시 노동부장관에게 신고 제31조의2【우선 재고용 등】2년 이내에 근로자 채용 시 정리해고 근로자 우선 고용 노력/ 정부는 생계안정, 재취업, 직업훈련 등 우선 조치	즉시 시행
2007.1.26. 개정 법률8293호	제31조【경영상 이유에 의한 해고의 제한】근로자대표에게 사전 통보해야 하는 기간 단축(60일→50일) 제31조의2【우선 재고용 등】노력사항을 의무로 강화(3년 이내에 정리해고 근로자가 담당하던 업무와 동일한 업무에 근로자 채용 시 정리해고 근로자 우선 고용)	2007.7.1. 시행 (우선 재고용 의무는 개정법 시행 후 최초 발생 해고부터 적용)
2014.3.24. 개정 법률12527호	제24조【경영상 이유에 의한 해고의 제한】긴박한 경영상 필요(경영악화 방지 위한 사업 양도·인수·합병은 긴박한 경영상 필요가 있는 것으로 간주)/ 해고회피 노력/ 합리적이고 공정한 해고 기준과 대상자 선정(남녀차별금지)/ 근로자대표에게 해고일 50일 전 통보하고 성실히 협의/ 일정규모 이상 해고 시 고용노동부장관에게 신고 제25조【우선 재고용 등】3년 이내에 정리해고 근로자가 담당하던 업무와 동일한 업무에 근로자 채용 시 정리해고 근로자 우선 고용/ 정부는 정리해고 근로자 생계안정, 재취업, 직업훈련 등 조치	현행 규정

2. 정리해고의 정당성 판단 기준

사용자가 경영상의 이유로 근로자를 해고하려면, ① 긴박한 경영상의 필요가 있어야 하고(필요성), ② 해고를 피하기 위한 노력을 다하여야 하며(보충성), ③ 합리적이고 공정한 기준에 따라 그 대상자를 선정하여야 하고(공정성), ④ 해고를 피하기 위한 방법과 해고의 기준 등을 근로자대표에게 해고실시일 50일 전까지 통보하고 성실하게 협의하여야 한다(쌍무성).[75]

근로기준법 | **정리해고의 요건과 제한**

제24조【경영상 이유에 의한 해고의 제한】 ① 사용자가 경영상 이유에 의하여 근로자를 해고하려면 긴박한 경영상의 필요가 있어야 한다. 이 경우 경영 악화를 방지하기 위한 사업의 양도·인수·합병은 긴박한 경영상의 필요가 있는 것으로 본다.
② 제1항의 경우에 사용자는 해고를 피하기 위한 노력을 다하여야 하며, 합리적이고 공정한 해고의 기준을 정하고 이에 따라 그 대상자를 선정하여야 한다. 이 경우 남녀의 성을 이유로 차별하여서는 아니 된다.
③ 사용자는 제2항에 따른 해고를 피하기 위한 방법과 해고의 기준 등에 관하여 그 사업 또는 사업장에 근로자의 과반수로 조직된 노조가 있는 경우에는 그 노조(근로자의 과반수로 조직된 노조가 없는 경우에는 근로자의 과반수를 대표하는 자를 말한다. 이하 "근로자대표"라 한다)에 해고를 하려는 날의 50일 전까지 통보하고 성실하게 협의하여야 한다.
④ 사용자는 제1항에 따라 대통령령으로 정하는 일정한 규모 이상의 인원을 해고하려면 대통령령으로 정하는 바에 따라 고용노동부장관에게 신고하여야 한다.
⑤ 사용자가 제1항부터 제3항까지의 규정에 따른 요건을 갖추어 근로자를 해고한 경우에는 제23조제1항에 따른 정당한 이유가 있는 해고를 한 것으로 본다.

(1) 긴박한 경영상의 필요성

1) 의 의

정리해고의 요건 중 '긴박한 경영상의 필요'란 반드시 기업의 도산을 회피하기 위

75) 중앙노동위원회, 주제별 판례 분석집, p.591 참조.

한 경우에 한정되지 않고, 장래에 올 수도 있는 위기에 미리 대처하기 위하여 인원 삭감이 필요한 경우도 포함되지만 객관적으로 보아 인원삭감에 합리성이 있다고 인정되어야 한다(대법원 2019.11.28. 2018두44647).

그간 판례는 긴박한 경영상의 필요성의 의미에 대하여 그 엄격성의 정도를 지속적으로 완화시켜 왔다.

초기에는 '고도의 경영위기'를 기준으로 제시하여 기업이 근로자를 해고하지 않으면 경영이 위태로울 정도로 급박한 경영상 필요성이 있거나, 도산할 위기에 있거나, 경영악화로 사업을 계속할 수 없거나, 기업재정상 심히 곤란한 처지에 놓일 개연성이 있을 것을 요구하였다(도산회피설).

1990년대 들어서는 반드시 기업의 도산을 회피하기 위한 것에 한정할 필요는 없고, '인원삭감의 객관적 합리성'이 있으면 긴박한 경영상 필요성을 인정하는 입장(합리성 필요설)으로 바뀌었고, 최근에는 경영합리화 목적으로 '장래의 위기 가능성'에 미리 대처하기 위하여 인원 삭감이 객관적으로 보아 합리성이 있다고 인정되는 경우도 긴박한 경영상 필요성이 있다고 인정하고 있다(장래대비설 또는 감량경영설).[76)]

2) 긴박한 경영상의 필요성 판단범위

긴박한 경영상의 필요가 있는지를 판단할 때에는 법인의 일부 사업부문 내지 사업소의 수지만을 기준으로 할 것이 아니라 법인 전체의 경영사정을 종합적으로 검토하여 결정하여야 한다(대법원 2021.7.29. 2016두64870).

회사의 어느 사업부문이 다른 사업부문과 인적·물적·장소적으로 분리되어 있고 재무·회계가 분리되어 있으며 경영여건도 서로 달리하는 경우에는 예외적으로 그 사업부문만을 따로 떼어 긴박한 경영상의 필요성을 판단할 수 있다(대법원 2012.2.23. 2010다3629). 그러나 외형적으로 분리되어 있는 것처럼 보여도 실질적으로는 재무, 회계, 영업 등이 밀접하게 결합되어 있다면 이를 분리하여 판단할 수 없다(예: ㅇㅇ호텔 서울호텔사업부와 부산호텔사업부).

---

76) 박은정, "경영상 해고를 위한 '긴박한 경영상의 필요' – 대법원 2014.11.13. 선고 2014다20875 판결 –", 노동판례리뷰 2015, 한국노동연구원, 2016, pp.151~156.

또한, 법인이 다르더라도 같은 업종의 사업을 경영하여 그 업종의 경기상황에 동시에 반응하며, 상호 인적·물적 설비가 엄격하게 분리되어 있지 않고, 노조도 단일노조로 구성되어 두 법인과 통일적으로 교섭하고 있는 등 사실상 하나의 기업으로 볼 수 있을 정도로 상호 밀접한 관련이 있는 경우에는 두 법인의 긴박한 경영상의 필요에 관하여 종합적으로 판단하게 된다(대법원 2006.9.22. 2005다30580). 두 사업부문이 별개의 법인이지만 인사교류, 자재 공동구입, 단일노조, 대표이사 겸직, 자금지원 등의 면에서 사실상 1개 단위로 운영되어 온 경우에도 마찬가지이다(대법원 2006.9.22. 2005다30580).

따라서 예컨대, 사용자가 위탁관리하고 있는 여러 개의 아파트 단지 중 일부 영업소의 영업이익이 감소하였다는 사정만으로는 긴박한 경영상의 필요를 인정할 수 없으며(대법원 1999.4.27. 99두202), 교내식당 운영을 담당하던 복지위원회의 사업부문이 다른 사업부문과 인적·물적으로 분리·독립되어 있거나 경영여건을 달리하고 있다고 보기 어려운 경우 복지위원회의 사업부문은 다른 사업부문들로부터 독립되었다고 볼 수 없다(대법원 2010.3.11. 2010두207).

자치단체와 별개의 용역계약을 체결하여 운영하고 있는 여러 개의 사업부문이 있으나 회계처리, 사업장간 인사이동 등에서 독립된 사업부문이라고 볼 수 없다면 긴박한 경영상의 필요성 판단은 법인 전체를 기준으로 판단하여야 한다(대법원 2009.8.20. 2009두9314).

사업장이 인적·물적·장소적으로 분리되어 있고 노조가 별도로 조직되어 있더라도 특히 재무·회계가 분리되어 있다고 보기 어려운 경우에는 하나의 사업부만을 분리해서 긴박한 경영상의 필요 여부를 판단하기 어렵고(대법원 2015.5.28. 2012두25873), 각 사업부에서 생산하는 제품은 모두 관련 제품으로 제조공정 등 그 생산업무 사이에 업무종사의 호환성이 높은 경우에도 각 사업부를 별개의 독립된 사업체로 보기 어렵다(서울행정법원 2016.6.2. 2015구합70874).

'긴박한 경영상 필요'는 전체 법인 단위로 판단하는 것이 판례의 일관된 입장인바, 사용자가 일부 사업 부문(통신사업부)을 폐지하면서 소속 생산직 근로자들을 해고한 뒤 그 정당성을 다툰 사건에서, "일부 사업의 폐지·축소가 사업 전체의 폐지와 같다고 볼만한 특별한 사정"이 인정되지 않는 한 일부 사업의 폐지·축소를 이유로 한 해고[77]는 허용되지 않으며, 이때 일부 사업의 폐지가 폐업과 같다고 인정할 수 있는지는 해당 사업 부분이 인적·물적 조직 및 운영상 독립성이 있는지, 재무 및 회계의 명백한 독립성이 갖추어져 별도의 사업체로 취급할 수 있는지, 폐지되는 사업 부분이 존속하는 다른 사업 부문과 취급하는 업무의 성질이 전혀 달라 다른 사업 부문으로의 전환배치가 사실상 불가능할 정도로 업무 종사의 호환성이 없는지 등 여러 사정을 구체적으로 살펴 종합적으로 판단하여야 한다고 판시하였다(대법원 2021.7.29. 2016두64876).

이와 같은 긴박한 경영상 필요성은 경영악화 또는 재정상 어려움이 일시적인 것이 아니라 계속적으로 누적되어 왔고 장래에도 쉽사리 해소되지 않을 계속성이 있어야 한다(대법원 1993.1.26. 92누3076).

3) 긴박한 경영상의 필요성 판단 기준시점과 판단방법

긴박한 경영상 필요성의 입증책임은 사용자에게 있으며, 긴박한 경영상의 필요가 있었는지 여부는 정리해고를 한 당시의 사정을 기준으로 판단하여야 한다(대법원 2013.6.13. 2011다60193).

판단방법으로는 경영상태를 보여줄 수 있는 손익계산서, 현금흐름표 등 재무제표 자료를 기본으로 하지만 정리해고 전후의 인건비 상태, 해고 후의 신규채용, 시간외 근무의 추이, 적자 부문의 계속 영업 유무, 배당 유무, 희망퇴직자 수와 비(非)해고자 수의 비율 등 간접사실도 고려될 수 있다.

정리해고 당시라 함은 사용자가 해고회피 조치를 취할 시점부터 해고 조치를 취할 시점까지의 사이를 의미하므로(대법원 2008.11.27. 2008두16711), 정리해고를 한 뒤에 경영상태가 호전되었는지 여부는 원칙적으로 고려되지 않으며, 정리해고 당시에 해고의 필요성이 인정된다면 그 이후의 사정은 정리해고의 정당성을 판단하는 간접적 요소에 불과한 것이다(대법원 2013.6.13. 2011다60193).

---

77) 이 사건 해고의 법적 성질에 대하여 1심 법원은 경영상 해고로 보았으나 2심 법원은 통상해고로서 정당한 해고에 해당한다고 보았으나, 대법원은 경영상 해고에 해당하며, 경영상 해고의 요건을 충족하지 못한 부당해고에 해당한다고 판단하였다. 김근주, 경영상 해고에서 '합리적이고 공정한 대상자 선정'의 의미, 한국노동연구원, 2021 노동판례리뷰, p.143.

그러나 감원을 한 직후 대폭적인 임금인상(대법원 1995.11.24. 94누10931), 대규모의 신규인력 채용, 고율의 주주배당 등 정리해고 사유와 명백하게 모순되는 조치가 뒤따른 경우에는 긴박한 경영상의 필요성이 부정될 수 있다.[78] 또한, 사용자가 주장하는 경영악화 지표와 달리 다른 지표들은 안정적인 경우, 회계지표 악화의 원인이 과잉인력과 관계없는 경우, 또는 경영상 위기의 일반적인 상황에 반하는 간접사실들이 다수 있는 경우에는 긴박한 경영상 필요성이 부인될 수 있다.[79]

4) 긴박한 경영상 필요성을 인정한 판례[80]

정리해고 시점에서 부채비율 증가, 당기순손실 누적, 매출액 감소 등의 사정이 있는 경우(대법원 2011.1.27. 2008두13972), 또는 당기순손실이 지속될 뿐만 아니라 비용 중 인건비의 비율이 높고 유휴인력이 상당수 존재하는 사정 등이 있는 경우(대법원 2011.9.8. 2009두14682) 긴박한 경영상의 필요성이 있는 것으로 본다.

누적적자로 경영이 악화된 상황에서 인력감축을 통한 생산성 향상이 필요한 경우(대법원 2011.1.27. 2008두13972), 또는 지속적인 적자 누적으로 구조조정을 실시하여 일시적인 흑자로 돌아서거나 기업 전체 경영실적이 흑자를 기록하고 있더라도 일부 사업부문이 경영악화를 겪고 있어 향후 계속적인 구조조정이 필요한 경우(대법원 2013.6.13. 2011다60193)에 긴박한 경영상의 필요성이 인정될 뿐 아니라, 일부 영업부문 적자로 총 영업이익이 감소되어 향후 계속하여 경상손실이 가중될 것으로 보이는 경우에도 그 영업부문에 대한 구조개선의 객관적 합리성이 인정된다(대법원 2009.5.14. 2009두3897).

기술집약적 산업에서 상당기간 신규 설비 및 기술 개발에 투자를 하지 못해서 경영위기가 온 것은 계속적·구조적인 것으로서 긴박한 경영상의 필요성이 있는 것으로 인정된다(대법원 2014.11.13. 2012다14517).

손익계산서상 결손이 발생한 경우가 아니라 하더라도, 전년도 대비 순이익 대폭감소, 비효율적 영업구조, 시장점유율 하락 등의 사정을 종합적으로 고려하여 장

---

78) 노동법실무연구회, 근로기준법주해 Ⅱ, pp.452~453.
79) 중앙노동위원회, 주제별 판례 분석집, pp.618~621.
80) 중앙노동위원회, 주제별 판례 분석집, pp.611~618.

래 도래할 수 있는 위기에 대처하기 위한 경우(대법원 2010.9.9. 2010두10273), 리무진운영 수급업체가 도급업체의 감차방침 및 수송인원 감소 등으로 적자발생이 예상되자 장래에 올 수 있는 위기에 대처하기 위하여 인원삭감을 한 경우(대법원 2003.9.26. 2001두10776), 또는 장래에 올 수 있는 위기에 미리 대처하기 위하여 경영 합리화 조치의 일환으로 소유 건물과 그 건물 관리업무를 하던 자회사를 매각하고 건물관리 업무를 외주용역으로 전환하면서 감원한 경우(대법원 2012.6.28. 2010다38007) 긴박한 경영상의 필요성이 있는 것으로 인정된다.

판례에 따르면, 국가·지방자치단체 등은 인원삭감을 하지 않으면 도산할 우려가 있거나 심각한 재정상의 곤란이 초래되는 상황을 일반적으로 상정하기 어려우므로 정리해고의 정당성을 판단함에 있어서도 긴박한 경영상의 필요성을 민간 기업처럼 엄격하게 다룰 수는 없는 것이므로, 기초자치단체가 정부와 도(道)의 지방조직개편추진지침 등에 따라 청소업무를 민간위탁하면서 발생한 해고는 경영상의 필요성이 충분히 인정되고(대법원 2006.8.25. 2006두9269), 지방자치단체가 출연한 재단에 대한 예산지원이 중단된 경우에도 정리해고의 긴박한 경영상의 필요성이 인정된다(서울행정법원 2007.2.2. 2006구합26547).

한편, 공동주택 입주자들이 공동주택을 자치관리 하다가 주택법에 정한 절차에 따라 주택관리업자에 의한 위탁관리로 관리방식을 변경함으로써 관리직원을 해고한 것은 정리해고로서 긴박한 경영상의 필요성이 있는 것으로 인정된다(서울고등법원 2009.9.8. 2009누3189).

5) 긴박한 경영상 필요성을 부정한 판례[81)]

법원은 사용자가 경영상 필요의 근거로 삼는 지표 이외의 다른 지표들은 안정적인 경우에는 정리해고의 긴박한 필요성을 부정한다.

예컨대, 정리해고 실시 전년도에 당기순손실이 발생하였으나 그 이전에는 지속적으로 당기순이익이 발생하였고 유동비율·부채비율·시장점유율 등 다른 지표들이 안정적인 경우(대법원 2012.2.23. 2009두15401), 수년간 매출액 감소로 인한 누

81) 중앙노동위원회, 주제별 판례 분석집, pp.618~622.

적적자가 발생하였으나 유동비율·부채비율·이익잉여금 등이 안정적이고 감원에 앞서 임금삭감 여지가 있는 경우(대법원 2009.11.4. 2009두15838), 또는 일부 사업부문은 영업손실을 기록하였으나 법인 전체로는 영업이익이 발생하였고 성과급 지급 및 신규인력 채용을 한 경우(대법원 2015.5.28. 2012두25873)에는 긴박한 경영상의 필요성이 있다고 보지 않는다.

적자발생의 주된 원인이 인건비가 아닌 관리비 등 기타 비용이고, 일부 업무를 외주용역으로 전환한 뒤에도 특별한 개선이 없다면 회계지표 악화는 과잉인력과 무관한 것으로 볼 수 있어 긴박한 경영상 필요성이 부정되고(서울행정법원 2007.2.15. 2006구합14179), 재무제표상 자본잠식 상황이라 하더라도 사업확장, 자금대여, 계속된 신규사원 채용 등 경영상 위기의 일반적인 상황에 반하는 간접사실들이 다수 있는 경우에도 긴박한 경영상의 필요성이 부정된다(대법원 1995.11.24. 94누10931).

한편, 이미 회사가 노사협의회와 협의하여 설정한 최종 감원목표를 상회하여 감원한 상황에서 추가로 정리해고를 하였다면, 이는 노사협의회 등과의 협의를 위반한 것으로서 객관적으로 보아 합리성이 있다거나 해고를 피하기 위한 노력을 다한 것으로 보기 어려워 부당해고이다(대법원 2017.6.29. 2016두52194).

일부 사업의 폐지·축소가 사업 전체의 폐지와 같다고 볼만한 특별한 사정이 인정되지 않는 한 일부 사업의 폐지·축소를 이유로 한 정리해고는 긴박한 경영상의 필요성이 있었다고 인정하기 어렵고, 해고회피노력을 다하지 않고 대상자 선정도 합리적이고 공정하게 이루어지지 아니하였다면 부당해고에 해당한다(대법원 2021.7.29. 2016두64876).

(2) 해고회피 노력

1) 의 의

긴박한 경영상 필요성이 인정되더라도 해고는 최후의 수단으로 이루어져야 한다는 점에서 사용자는 정리해고를 할 때 해고를 피하기 위한 노력을 다하여야 한다(근로기준법 제24조제2항 전문 전단).

해고회피 노력을 다하여야 한다는 것은 근로자의 해고범위를 최소화하기 위하여 경영방침이나 작업방식의 합리화, 신규채용의 금지, 일시휴직 및 희망퇴직의 활용, 전근, 임금삭감·동결 등 사용자가 취할 수 있는 모든 조치들을 취하는 것을 의미하고, 그 방법과 정도는 확정적·고정적인 것이 아니라 당해 사용자의 경영위기의 정도, 해고를 실시하여야 하는 경영상의 이유, 사업의 내용과 규모, 직급별 인원상황 등에 따라 달라지는 것이다(대법원 2021.7.29. 2016두64876).[82] 해고회피 노력으로 인하여 해고의 필요성이 없어졌음에도 정리해고를 실시하는 것은 부당해고에 해당한다(서울고등법원 2010.11.24. 2007누12738).

고용보험법은 경기의 변동, 산업구조의 변화 등에 따른 사업규모의 축소, 사업의 폐업 또는 전환으로 고용조정이 불가피하게 된 사업주가 근로자에 대한 휴업, 직업전환에 필요한 직업능력개발 훈련, 인력의 재배치 등을 실시하거나 그 밖에 근로자의 고용안정을 위한 조치를 취하는 경우 사업주에게 필요한 지원을 할 수 있도록 하고 있으며, 행정해석에 따르면 사용자가 고용유지지원금 등 고용보험법상의 고용안정 지원제도[83]를 활용하면 해고회피 노력을 다한 것으로 인정된다(근기 68201-586, 1998.3.28.).

2) 해고회피 노력의 수단과 내용

해고회피 노력으로 인정되는 수단과 내용 및 그 노력 정도의 판단기준은 획일적·확정적·고정적인 것이 아니라 경영위기의 정도, 정리해고를 실시해야 하는 경영상의 이유, 사업의 내용과 규모, 직급별 인원상황 등에 따라 달라지는 것이다(대법원 2017.6.29. 2016두52194).

해고회피 수단으로는 ① 일하는 시간과 기존인력 사용을 줄이는 방법(연장·휴일근로 중단, 근로시간 단축, 일시휴직, 집단휴가 사용 등), ② 경비절감을 통해 경영을 개선하는 방법(임금동결, 교육훈련·복지비 축소, 일반 관리비 감축, 자산매각, 사무실 축소

---

82) 국제노동기구(ILO)는 해고회피 또는 최소화 조치의 내용으로 채용제한, 배치전환, 일정한 기간에 걸친 인력의 자연감축, 훈련 및 재훈련, 적절한 소득보장이 수반되는 자발적인 조기퇴직, 시간외 근로 제한 및 정규 근로시간 단축 등을 제시하고 있다(1982년 '사용자의 주도에 의한 고용종료에 관한 권고' 제166호 제21조).

83) https://www.ei.go.kr/ei/eih/eg/eb/ebEntrprBnef/retrieveEb0301Info.do 참조.

등), ③ 외부노동력 의존도를 줄이는 방법(신규채용 중단, 파견·유기직 재계약 중단, 하도급 해약 등), ④ 기존인력을 재배치하는 방법(교육·훈련, 전근·전직·배치전환, 전직훈련·직종전환, 일시휴업, 휴직 등), ⑤ 해고가 아닌 형태로 인력을 줄이는 방법(희망퇴직, 명예퇴직, 계열사·합작기업·외부협력업체·외주화용역업체 등에 파견·전적·취업 알선 등)이 있다.[84]

사용자의 해고회피 조치는 구체적이고 명확하게 이루어질 필요가 있으나,[85] 해고회피 노력을 함에 있어서 이와 같은 수단들이 모두 사용된 뒤에야 정리해고를 할 수 있는 것은 아니다. 근로자의 이익이 적게 침해되는 수단을 먼저 활용하고 다음 단계의 조치가 모색되어야 한다는 '단계적 적용론'[86]이 바람직하기는 하나, 기업마다 긴박한 경영상 필요의 원인과 내용이 달라 해고회피 수단이 정형화되어 있지 않고 근로자마다 이익침해 정도가 다를 수 있다는 점 등을 고려할 때 반드시 그렇게 해야만 하는 것은 아니다.

3) 해고회피 노력을 인정한 판례[87]

사용자가 경영방침이나 작업방식의 합리화, 신규채용의 금지, 일시휴직 및 희망퇴직의 활용 및 전근 등의 가능한 모든 조치를 취한 경우에는 해고회피 노력을 다한 것으로 인정된다(대법원 2012.6.28. 2010다38007).

사용자가 자회사를 매각하면서 자회사 소속 근로자들에게 최대 30개월분 평균임금 상당액의 특별퇴직 위로금을 지급하고 매수회사에 최소 2년간 고용이 보장되도록 조치한 경우(대법원 2012.6.28. 2010다38007), 정리해고 대상자를 다른 사업부문에 배치전환하지는 않았으나, 임원진 등의 임금 일부 반납, 비품 처분, 부동산 매각 추진 등 비용절감을 위한 조치를 취하고, 관계 계열사에 해고 대상 직원의 우선채용 협조를 요청하는 한편, 당초 해고예정 인원을 감축하는 경우(대법원

84) 김형배, 노동법, pp.817~820; 노동법실무연구회, 근로기준법주해 Ⅱ, pp.455~458; 하갑래, 근로기준법, pp.954~955.

85) 조용만, "경영해고 회피 법리의 현재와 미래", 노동법연구 제13호, 2002.

86) 김형배, 새로 쓴 노동법, pp.820~821.

87) 중앙노동위원회, 주제별 판례 분석집, pp.623~629.

2011.1.27. 2008두13972), 또는 근로자가 담당하던 업무의 대체가능성이 낮아 배치전환이 사실상 곤란함에 따라 배치전환을 하지 않고 정리해고를 한 경우(대법원 2011.1.27. 2008두13972)에는 해고회피 노력을 다 한 것으로 인정된다.

정리해고 이후 나머지 직원들에 대한 보상차원에서 이루어진 급여인상이나 사기진작 차원에서 이루어진 승진인사를 이유로 해고회피 노력을 부정할 수 없으며(대법원 2008.9.11. 2008두9935), 무급휴직 실시로 인해 오히려 손실이 확대될 수 있는 사정이 존재하는 경우에는 무급휴직을 실시하지 않았다고 하여 해고회피 노력이 부정되는 것은 아니다(대법원 2008.9.25. 2008두12887).

또한, 정리해고 당시에는 고용보험의 지원을 받을 수 있는 무급휴직을 실시하지 않고 있다가 정리해고 이후 무급휴직을 실시하였으나, 정리해고에 앞서 부분휴업, 임금동결, 순환휴직, 사내협력업체 인원 축소, 임직원 복지 중단, 희망퇴직 등의 조치를 실시한 경우에도 해고회피 노력을 한 것으로 인정되고(대법원 2014.11.13. 2014다20875, 20882), 정리해고를 전후하여 비록 연장근로를 실시했더라도 한시적인 특정 제품의 생산량 증대에 기인한 것이라면 해고회피 노력이 부정되지 않는다(대법원 2011.9.8. 2009두14682).

한편, 사용자가 근로자들에게 경영상황을 설명하고 연차휴가 사용과 연말상여금 지급보류 등 근로자들의 협조를 구하면서 수차례 노사협의회와 노사실무회의 등 성실한 협의를 하였거나(대법원 2013.6.13. 2011다60193), 해고회피 방법에 관하여 노조 또는 근로자대표와 성실하게 협의하여 정리해고 실시에 관한 합의에 도달하였다면 해고회피 노력의 판단에 참작된다(대법원 2003.9.26. 2001두10776, 10783).

정리해고에 앞서 부분휴업, 임금동결, 순환휴직, 사내협력업체 인원 축소, 임직원 복지 중단, 희망퇴직 등의 조치를 실시하고, 정리해고 근로자 중 기능직은 무급휴직, 희망퇴직, 영업직 전직 등으로 전환하는 '노사합의서'를 작성하였다면 해고회피 노력을 다 한 것으로 인정된다(대법원 2014.11.13. 2012다14517).

공동주택 관리방식을 자치관리에서 위탁관리로 변경함에 있어서, 관리업체로 하여금 기존 임금수준 및 근속기간을 보장하면서 근로자들을 고용승계 하도록 한 것은 해고회피 노력으로 인정된다(대법원 2015.4.23. 2015두35727).

4) 해고회피 노력을 부정한 판례[88)]

사용자가 제시하는 여러 해고회피 노력이 구체적이지 못하고 정리해고 과정에서 성실하게 이행하지 않으면 해고회피 노력이 부정된다(서울행정법원 2009.1.16. 2008구합12382).

사용자가 해고회피 노력의 일환으로 실시한 명예퇴직으로 인해 이미 구조조정 목표치를 달성하고 수익성도 호전되고 승진과 신규채용을 실시하고 있는 상황에서 추가로 정리해고를 하는 경우(대법원 2004.1.15. 2003두11339), 또는 기존의 명예퇴직 희망자만으로도 추가적인 감원이 필요 없고 직원 급여 삭감을 일시적으로 실시하였으며 자금사정이 악화된 상태에서 정규직 전환을 조건으로 계약직을 채용하는 등의 사정이 있는 경우(서울고등법원 2009.10.8. 2009누9606)에는 사용자가 해고회피 노력을 다 한 것으로 인정되지 않는다.

그리고 사용자가 경영방침이나 작업방식의 합리화를 통해 적자를 개선할 여지가 있음에도 그러한 노력을 하지 않은 경우(서울행정법원 2007.2.15. 2006구합14179), 해고범위를 최소화하기 위한 조치를 취하지 아니하고 전직 희망자 파악이나 다른 업체로의 취업소개 등에 그친 경우(대법원 2008.9.11. 2008두11495), 또는 희망퇴직 외에는 휴직, 조업단축, 전환배치, 임금동결 등 다른 해고회피 노력을 다하지 아니한 경우(대법원2009.6.25. 2009두6063)에는 사용자가 해고회피 노력을 다 하였다고 볼 수 없다.

학교법인이 신입생 급감으로 운영상 어려움을 겪게 되자 4개 학과 폐지를 결정하였고 이에 폐과의 교수들이 다른 학과 재배치를 요구하였는바, 재배치 희망 학과의 교수확보율에 의해 재배치가 좌우되지 않고 폐과 교수들의 전공 및 학술 활동과 희망학과 사이에 학문적 관련성이 전혀 없다고 할 수 없으며 폐과 이후에 다수의 신임 교원을 채용하거나 시간강사를 채용하여 강의를 맡겼을 뿐만 아니라 종전에도 타 학과 동의 없이 재배치된 사례가 있는 등 타과 재배치 방법으로 면직을 피할 가능성이 있었음에도 재교육 기회를 부여하거나 협의도 하지 아니하고 전공불일치 등을 이유로 면직 결정을 한 것은 객관적인 기준과 근거 없이 자의적으로 이루어진 것으로서 교원 임면에 관한 재량권을 일탈·남용하여 무효이다(대법원 2017.1.12. 2015다21554).

---

88) 중앙노동위원회, 주제별 판례 분석집, pp.629~638.

정당의 일반 사무직 당직자를 정리해고 함에 있어서도 통상적인 근로자와 마찬가지로 해고회피 노력을 다해야 하며, 순환인사가 적용되는 조직에서 특정 근로자를 비어 있는 보직으로 발령할 수 있음에도 비어 있는 보직의 상급자가 반대한다는 것을 이유로 정리해고를 하는 것은 인정되지 않는다(서울고등법원 2010.11.30. 2010누5020).

주주 지위에 있는 재단법인에 지속적으로 상당한 액수의 장학금을 지급한 경우(대법원 2009.11.4. 2009두15838), 사실상 기한이 없는 무급휴직을 권고한 것 외에 별다른 해고회피 대안을 제시하지 않고 정리해고 방침 공표 후 1주일 만에 정리해고를 단행한 경우(대법원 2012.9.27. 2012두12808), 비정기 승진을 단행하고 대표이사 추가선임 후 보수를 지급한 경우(서울고등법원 2011.5.12. 2010누32800), 또는 경영난의 주된 원인을 해결하지 않고 특정부서에만 초점을 맞춰 정리해고를 하고 자산매각 등의 자구노력이나 휴직조치 등의 노력이 없을 경우(서울고등법원 2010.7.21. 2009누33807)에는 해고회피 노력이 부정된다.

정리해고가 이루어진 이후에 취해진 조치는 해고회피 노력에 해당하지 않고, 정리해고 전에 이미 10년 동안 신규채용을 중단해왔다면 신규채용 중단은 정리해고 회피노력에 해당된다고 볼 수 없으며, 정리해고 실시일 이전으로부터 상당한 시간적 간격이 있는 조치 역시 정리해고 회피노력으로 볼 수 없다(대법원 2015.2.12. 2014두13867).

한편, 집합건물 관리방법을 자치관리에서 위탁관리로 변경하면서 행한 정리해고 과정에서 해고회피 노력의 일환으로 다른 업체와 고용승계에 관한 합의를 하였다고 하더라도, 고용승계 과정에서 임금 등 근로조건이 해당 근로자로서 받아들이기 어려울 정도로 악화되는 경우에는 해고회피 노력을 다 한 것으로 인정되지 않는다(서울행정법원 2012.4.12. 2011구합39776).

(3) 합리적이고 공정한 해고 대상자 선정

1) 의 의

정리해고 대상자의 선정은 합리적이고 공정한 기준에 따라 이루어져야 하고, 남녀의 성을 이유로 차별해서는 안 된다(근로기준법 제24조제2항 전문 후단). 이는 긴박한 경영상의 필요성과 사용자의 해고회피 노력이 인정되어 정리해고를 실시하게 된 경우에도 사용자가 해고 대상자를 자의적으로 선정해서는 안 된다는 것을 의미한다.

정리해고의 정당성은 해고 대상자 선정의 합리성과 공정성의 모습으로도 나타나게 되는데,[89] 객관적 합리성과 사회적 상당성을 가진 구체적인 기준이 마련되고 그 기준이 실질적으로 공정하게 적용되어 정당한 대상자 선정이 이루어져야 한다(대법원 2014.12.24. 2014다13556).

판례를 보면, 일반적으로 해고 대상자 선정기준이 근로자의 근무성적, 업무능력, 근무태도 및 입사시기 등을 종합적으로 고려한 것이라면 합리적이고 공정한 것으로 인정되고 있다(대법원 2002.7.26. 2000두4910).

2) 해고 대상자 및 전환배치 대상자 선정기준의 합리성·공정성 판단 원칙

합리적이고 공정한 해고의 기준은 확정적·고정적인 것은 아니고 당해 사용자가 직면한 경영위기의 강도와 해고를 실시하여야 하는 경영상의 이유, 해고를 실시한 사업 부문의 내용과 근로자의 구성, 해고 실시 당시의 사회경제적 상황 등에 따라 달라지는 것이지만, 객관적 합리성과 사회적 상당성을 가진 구체적인 기준을 실질적으로 공정하게 적용하여 정당한 해고 대상자의 선정이 이루어져야 한다(대법원 2014.7.10. 2014다1843).

따라서 해고 대상자 선정기준은 단체협약이나 취업규칙 등에 정해져 있는 경우라면 특별한 사정이 없는 한 그에 따라야 하고, 만약 그러한 기준이 사전에 정해져 있지 않다면 근로자의 건강상태, 부양의무의 유무, 재취업 가능성 등 근로자 각자의 주관적 사정과 업무능력, 근무성적, 징계 전력, 임금 수준 등 사용자의 이익 측면을 적절히 조화시키되, 근로자에게 귀책사유가 없는 해고임을 감안하여 사회적·경제적 보호의 필요성이 높은 근로자들을 배려할 수 있는 합리적이고 공정한 기준을 설정하여야 한다. 경영상 이유에 의한 해고에 앞서 전환배치를 실시하는 경우 전환배치 대상자 선정기준은 최종적으로 이루어지는 해고 대상자 선정에도 영향을 미치게 되므로, 전환배치 기준은 해고 대상자 선정기준에 준하여 합리성과 공정성을 갖추어야 하고, 이에 관한 증명책임 역시 이를 주장하는 사용자가 부담한다(대

89) 노동법실무연구회, 근로기준법주해 Ⅱ, p.258.

법원 2021.7.29. 2016두64876).

원칙적으로 사용자는 정리해고 대상자 선정기준의 수립과 적용에 있어 재량권을 가지고 있고 그러한 재량권 행사는 법령에 위반되지 않는 한 존중되어야 하나(대법원 2015.2.12. 2014두13867), 해고 대상자 선정기준이 객관적이지 못하고 사용자가 그 대상자를 임의로 정할 수 있도록 추상적으로만 정하는 것은 부당하며(서울고등법원 2010.11.30. 2010누5020), 사용자의 주된 사업과 관련이 없는 기준으로 정리해고자를 선정해서 해고하는 경우에는 합리적이고 공정한 해고기준 및 해고자 선정요건이 충족된 것으로 볼 수 없다(서울행정법원 2004.12.23. 2004구합26062).

대상자 선정기준의 합리성과 공정성을 확보하기 위한 방법의 하나로 여러 요소들을 항목별로 점수화하고 기업의 존립보호라는 취지에 부합하는 자로서 사회적 보호가 덜 필요한 근로자 순으로 해고 대상자를 선별하는 것은 합리적이다.[90)]

그러나 합리적이고 공정한 해고기준 역시 획일적·고정적인 것이 아니라 경영위기의 강도와 정리해고가 필요한 경영상의 이유 등에 따라 달라지며, 사용자가 해고기준에 관하여 근로자대표와 성실하게 협의하였는지 여부도 합리적이고 공정한 해고기준 판단에 참작된다(대법원 2002.7.9. 2001다2010).

정리해고 대상자는 긴박한 경영상 필요성이 생긴 사업의 전체 근로자 가운데서 선정하되(횡적 범위), 인력감축의 원인이 된 경영합리화 조치와 직접 관련된 근로자와 대체 가능할 정도로 유사·동일한 업무에 종사하고 있는 근로자들이(종적 범위) 대상이 되어야 하며,[91)] 경영합리화 조치로 폐지되는 업무와 전혀 무관한 기업 전체 근로자를 대상으로 하는 것은 정당성을 인정받기 어렵다(대법원 1994.5.10. 93다4892).

위법한 기준에 의한 해고 대상자 선정은 허용되지 않는바, 남녀의 성을 이유로 한 차별적 대상자 선정은 금지되고(근로기준법 제24조제2항 후단), 성·국적·신앙·사회적 신분 등을 이유로 균등처우(근로기준법 제6조)를 위반한 기준은 위법·무효이며, 노조원이나 정당한 노조활동 및 쟁의행위 참가자를 우선 대상으로 선정하는 것도 부당노동행위로서 허용되지 않는다(노동조합법 제81조).

---

90) 중앙노동위원회, 주제별 판례 분석집, pp.597~598.

91) 노동법실무연구회, 근로기준법주해 Ⅱ, p.459.

해고에 앞서 통신사업부 생산직 근로자 7명을 다른 사업부로 전환배치하고, 그 때까지 희망퇴직을 신청하지 않고 전환배치 대상자로 선정되지도 않은 근로자들을 해고하여, 전환배치 대상자 선정기준이 실질적으로 해고 대상자 선정기준으로 기능하였다고 볼 수 있는바, 노조와 사전합의에 도달하지 아니하였고, 업무적합성 40%, 임금 30%, 근태 20%, 회사공헌도(근속연수) 10%로 구성된 평가항목 중 사용자 측 이해관계를 반영하는 요소가 90%를 차지하여 타 부서 업무경험이 없는 근로자들은 전환배치 대상자에 포함되기 어려운 구조였으며, 근로자의 건강상태 등 근로자 개인의 주관적 사정을 반영하지 아니하여 업무상 재해를 입은 근로자나 재취업 가능성이 상대적으로 낮고 상당기간 가족을 부양해야 할 사정이 있어 사회적·경제적 보호의 필요성이 있는 근로자마저 일률적으로 해고 대상자에 포함하는 결과를 초래한 것은 객관적 합리성과 사회적 상당성을 가진 기준이라고 평가하기 어렵다(대법원 2021.7.29. 2016두64876).

3) 근로자대표와의 합의·협의[92]

노조와의 합의에 의해 정리해고 대상자 수와 선정기준을 결정하였고 그 기준이 근무성적, 업무능력, 근무태도 및 입사시기 등을 종합적으로 고려한 것이라면 합리적이고 공정한 해고기준으로 인정되고(대법원 2008.9.11. 2008두9935), 사용자의 선정기준이 지나치게 자의적이거나 불합리한 것이 아닌 한 그 선정기준 및 방법에 대해 사용자가 상당한 재량을 가지는 것으로 인정된다(대법원 2011.1.27. 2008두13972).

해고 대상자 선정기준에 관하여 노조 스스로 의견을 제시하지 않았거나 근로자가 해고기준과 관련한 충분한 자료를 제출하지 않은 경우 이는 노조나 근로자의 귀책사유에 해당되고(대법원 2008.12.24. 2008두16346), 정리해고 대상자가 모두 조합원이었으나, 노조가 선정 기준 등에 관한 협의를 거부하여 사용자가 정리해고 대상자를 잉여인력이 발생한 생산직 근로자로 결정하였고, 유니온숍 조항이 있어 생산직 근로자들이 모두 조합원이기 때문에 결과적으로 해고 대상자가 모두 조합원이 된 경우에는 대상자 선정 기준이 불합리하다거나 불공정하다고 보기 어렵다(대

92) 중앙노동위원회, 주제별 판례 분석집, pp.660~665.

법원 2013.6.13. 2011다60193).

소규모 사업장에서는 정리해고 대상자를 선정할 때 근로자 개인의 주관적 사정을 반영한 기준을 만드는 것은 오히려 특정인을 대상으로 한 정리해고가 될 우려가 있으므로 인사평가를 토대로 직원대표와 경영진의 협의를 통해 해고 대상자를 선정하는 것이 더 타당하다고 할 수 있다(서울고등법원 2012.10.18. 2012누623).

4) 잉여인력, 특정부서 근로자, 위탁관리 전환

일부 사업 철수에 따른 보직 미부여자가 정리해고 대상자로 선정되는 것은 어느 정도 불가피할 수 있으며(대법원 2010.2.11. 2009두19595), 정리해고 당시 무보직 상태여서 근무평점 항목에서 '0'점을 받을 수밖에 없었던 경우에도 근무평점 항목의 배점이 크지 않고 결과적으로 그것에 의해 정리해고의 대상자 선정 여부가 좌우된 것이 아닌 경우라면 정리해고 대상 선정기준이 공정성을 상실한 것은 아니라 할 것이다(대법원 2013.11.28. 2013두17565).

특정부서 근로자들만 해고 대상자로 선정하였더라도 그것이 불가피한 경우에는 불합리하거나 불공정하다고 보지 않는다(대법원 2010.9.9. 2010두10273). 그러나 구체적이고 객관적인 해고 대상자 선정기준 없이 생산부문 폐지계획을 이유로 생산직 근로자 전원을 정리해고 대상자로 하는 것이나(대법원 2009.6.25. 2009두6063), 별도의 해고기준이나 심사과정 없이, 영업이익 창출이 없다는 이유만으로 특정 직무담당자를 일률적으로 해고하는 것(서울고등법원 2007.2.14. 2006누4648)도 부당하다.

한편, 특정 근로자를 염두에 두고 직무가 없는 직원, 인건비가 높은 직원 등을 정리해고 대상자로 삼은 것은 자의적인 선정기준이고(서울고등법원 2011.5.12. 2010누32800), 특정 업무를 담당하고 있었다는 사정만으로 정리해고 대상으로 선정하거나 대체 불가자로 선정하여 정리해고 대상에서 배제하는 것은 공정한 선정기준이라 할 수 없다(서울고등법원 2010.7.21. 2009누33807).[93)]

---

93) 경영위기 상황을 사용자가 선호하지 않는 근로자에게 불이익을 가하거나 사용자가 선호하는 근로자로 바꾸는 기회로 삼을 우려가 있다는 것이나, 경영상의 필요에 따른 인력과 조직의 구조조정을 인정하는 한, 사법부의 과도한 개입이라는 비판의 소지가 있는 판결로 보인다.

오피스텔 관리방식을 기존 자치관리에서 위탁관리로 변경함에 따라 소속 근로자들을 일괄 해고한 경우에는 해고대상 인원을 선별할 수 없는 사정이 있었다고 인정된다(서울고등법원 2009.9.8. 2009누3189).

5) 노조 활동과 파업 참여자

사용자가 정리해고 선정기준을 징계사실 유무, 부양가족 여부 등으로 정한 경우, 정당하지 않은 노조활동에 대하여 감점을 하고, 연말정산 시 부양가족 신고를 하지 아니한 근로자에 대하여 부양가족이 없는 것으로 보아 점수를 산정한 것은 부당하지 않으나(대법원 2011.9.8. 2009두14682), 파업 참여자를 해고대상으로 먼저 선정한 다음 정리해고 대상기준에 포함되도록 근태기준과 적용기간을 사용자가 일방적으로 정하는 것은 부당하다(대법원 2011.8.25. 2011두11280).

6) 업무수행 능력 등 평가결과 반영

업무에 필수적인 영어구사 능력(대법원 1995.12.5. 94누15783), 인사고과 결과, 업무실적 평가결과 등 업무수행 능력이나 객관적인 근무태도 관리 결과 등을 해고대상자 선정기준으로 삼는 것은 합리성이 인정된다.

사용자가 정리해고 대상 선정기준을 정함에 있어 개인별 평가에 징계사실 반영기간을 변경한 경우, 그 경위와 의도, 징계처분 경위와 정리해고 당시 근접성을 종합적으로 고려하여 선정기준의 공정성을 판단해야 한다(대법원 2012.12.13. 2012두18530).

대상자 선정기준이 근무태도라는 단일한 대상을 주관적 평가와 객관적 평가로 나누어 동일하게 배점하고 주관적 평가항목에서 점수를 현격하게 차이가 나도록 부여하는 경우, 근무태도에 대한 주관적 평가에 의하여 해고 여부가 좌우된다는 점에서 합리적이고 공정하다고 할 수 없다(대법원 2012.5.24. 2011두 11310).

정리해고 대상자 선정기준으로 삼고자 인사고과를 보완하는 업무역량 평가를 실시하면서 구체적인 평가지침도 없고, 근로자들 사이에 인사고과와 업무역량 평가의 순위 및 점수 차이가 큼에도 업무역량 평가가 대상자 선정에 결정적인 역할을 한 경우, 객관성과 공정성을 인정하기 어렵다(대법원 2015.2.12. 2014두13867).

7) 고용형태·나이·근속연수·직급 등 근로자의 사정

정리해고 대상자를 선별함에 있어 근로자의 연령, 근속기간, 부양의무의 유무, 재산, 건강상태 등 근로자 각자의 주관적 사정은 전혀 고려하지 않거나(서울행정법원 2010.4.29. 2009구합37395), 정리해고 대상자 선정기준에 있어 사용자적 요소(업무성과, 징계 여부)와 근로자적 요소(연령, 부양의무, 근속기간)를 적절하게 고려하지 않고 근로자적 요소보다 사용자적 요소에 대한 배점비율을 현저하게 높게 정한 경우(서울고등법원 2010.11.24. 2007누12738), 사용자가 제시하고 있는 근무성적 배점기준표와 무관하게 근로자를 해고 대상자로 선정한 정황이 있는 경우(서울행정법원 2009.1.16. 2008구합12382), 그러한 선정기준은 부당한 것이다.

특별한 사유가 없는 한 일용직이나 촉탁직 또는 단시간근로자, 상대적으로 공헌도가 낮고 재취업기회가 높다고 볼 수 있는 단기근속자(서울고등법원 1996.5.9. 95구10784)를 우선해고 대상으로 정하는 것은 공정성이 인정되나, 경험과 전문성이 있음에도 단지 고임금이라는 이유로 장기 근속자를 우선해고 대상으로 정하는 것(대법원 1993.12.28. 92다34858), 또는 하위직을 우선해고 대상으로 삼는 것(대법원 1995.11.24. 94누10931)은 공정성이 부인된다.

은행이 공적자금을 지원받고자 경영 정상화 계획의 일환으로 정리해고를 실시하면서 일정 직급 이상을 대상으로 하여 각 직급에서 고연령자, 장기재직자, 근무성적이 나쁜 자를 우선해고 대상으로 정한 것은 연공서열형 임금체계 하에서 해고인원을 최소화할 수 있다는 점 등에서 합리성과 공정성이 인정된다(대법원 2002.7.9. 2001다29452).

결혼퇴직제 또는 사내결혼 시 한 사람을 퇴직시키는 것은 선량한 풍속 위반으로서 무효이며, 부부사원이라는 이유만으로 둘 중 한 명을 우선해고 대상자로 선정하는 것은 균등처우나 성차별금지에 위반되므로 합리성을 인정받기 어렵다.[94)]

94) 하갑래, 근로기준법, p.960.

(4) 근로자대표에 대한 사전통보와 성실한 협의

1) 사전협의 절차의 취지

사용자는 해고회피 방법과 해고의 기준 등에 관하여 그 사업의 근로자대표(과반수대표 노조 또는 근로자의 과반수를 대표하는 자)에게 해고하려는 날의 50일 전까지 통보하고 성실하게 협의하여야 한다(근로기준법 제24조제3항).

사전협의 절차는 정리해고의 절차적 정당성을 확보하기 위한 요건이라고 할 수 있으며, 정리해고의 실질적 요건의 충족을 담보함과 아울러 비록 불가피한 정리해고라 하더라도 협의과정을 통한 쌍방의 이해 속에서 실시되는 것이 바람직하다는 취지이다(대법원 2002.7.9. 2001다29452).

1997년 3월 근로기준법에 정리해고의 요건이 규정되기 전 대법원 판례는 사전협의가 전혀 없는 경우에도 정리해고를 무효라고 볼 수는 없다고 한 사례가 있었다. 정리해고의 실질적 요건이 충족되어 해고의 실행이 시급하게 요청되는 한편, 근로자들을 대표할 만한 노조 기타 근로자 집단도 없고 취업규칙에도 그러한 협의조항이 없으며 또 해고 대상 근로자에 대하여는 해고조치 외에 마땅한 대안이 없어서 그 근로자와의 협의절차를 거친다고 하여도 별다른 효과를 기대할 수 없는 등 특별한 사정이 있는 때에는 사용자가 근로자측과 사전협의 절차를 거치지 아니하였다 하여 그것만으로 정리해고를 무효라고 할 수는 없다는 것이었다(대법원 1992.11.10. 91다19463).

그러나 사전협의 절차 관련 입법이 된 뒤에는 사전협의가 없는 경우에 정리해고를 유효하다고 본 사례를 찾기 어렵다.[95)]

2) 사전협의의 상대방

사전협의의 상대방은 정리해고 대상자의 의견을 민주적으로 대변할 수 있는 근로자대표로서 근로자 과반수로 조직된 노조가 있는 경우에는 그 노조, 그러한 노조가 없는 경우에는 근로자의 과반수를 대표하는 자가 되며, 근로자 개개인과 개별적으로 협의할 필요는 없다(대법원 2002.7.12. 2002다21233).

---

95) 중앙노동위원회, 주제별 판례 분석집, p.599.

① 형식적 대표성과 실질적 대표성

판례를 보면 사안에 따라 노조가 과반수 근로자로 조직되어 있다는 것을 이유로 하거나(형식적 대표성), 또는 형식적 요건을 갖추지 못한 경우에는 실질적으로 해고 대상자를 대표한다는 것을 이유로 하여(실질적 대표성) 근로자대표성을 폭넓게 인정하는 입장을 보이고 있다.[96)]

예컨대, 노조 가입자격이 없는 일정 급수 이상 직원들을 대상으로 정리해고를 실시함에 있어서, 사업장에 근로자의 과반수로 조직된 노조와 협의를 거쳤다면 해고 대상자들에 의해 선출된 대표와 별도 협의를 하지 않았더라도 협의절차의 흠결이 아니라고 본다(대법원 2002.7.9. 2001다29452).[97)]

노조가 있으나 과반수가 되지 않거나 노조가 없는 경우에는 근로자대표를 선출하여야 하는 것이 원칙이나, 법원은 형식적으로 노조가 과반수로 조직되었는지 여부가 중요한 것이 아니라 과반수 미달의 노조라도 실질적으로 근로자의 의사를 대표할 수 있다면 근로자대표로 인정하는 태도를 보이고 있다(대법원 2006.1.26. 2003다69393).

대법원은 여기에서 한 걸음 더 나아가, 노조가 과반수대표 노조가 아니더라도 근로자들이 정리해고 협의에 있어 그 노조가 자신들을 대표하는 것으로 묵시적으로 인정한 경우에도 실질적인 대표성이 있다고 한다(대법원 2012.5.24. 2010두15964).

하급심에서도, 과반수대표 노조가 아니더라도, 당시 그 노조 외에 근로자 과반수 대표자가 선정되었다거나 그 노조가 근로자들의 의사를 충분히 반영하지 못하였다는 주장·입증이 없는 이상, 과반수대표 노조가 아니라는 이유만으로 사용자가 근로자대표와의 협의를 하지 않은 것으로 볼 수 없다고 판단한 사례가 있다(서울행정법원 1999.10.15. 99구6230).

---

96) 중앙노동위원회, 주제별 판례 분석집, p.599.

97) 1, 2심 법원은 가입자격이 특정직종에 한정되어 있는 노조와의 협의는 성실한 사전협의 의무에 위반된다고 하였으나, 대법원은 조합원 자격조차 없는 자들에 대한 해고에 대해서도 근로자 과반수로 구성된 노조와의 협의만으로 충분하다고 보았다.

② 노사협의회 위원의 근로자대표성

사용자가 관행적으로 사우회의 임원들을 근로자대표위원으로 인정하여 노사협의회를 구성해 운영해 왔다면, 사우회의 임원들에게 근로자대표로서의 자격을 인정해 노사협의회를 구성하여 정리해고에 대한 협의를 한 것은 정당하다(대법원 2004.10.15. 2001두1154,1161,1178).[98]

노조위원장 외에 노조원들이 모두 탈퇴한 상태에서 근로자들이 구성한 직장협의회에서 선출된 근로자대표들과 수차례 협의하여 정리해고의 기준 및 정리인원을 합의하였다면 성실한 협의를 거친 것으로 본 사례도 있다(대법원 2003.11.13. 2003두4119).

③ 제3의 기관의 근로자대표성

회사 주도로 만들어진 기구라도 평소 활동내용을 고려할 때 이 기구의 대표자들을 협의의 상대방으로 인정할 수 있고(대법원 2002.8.27. 2000두6756), 사용자가 총 구조조정 인원 중 관리직 감원규모만을 증가시킨 경우, 생산직이 대부분인 노조와의 협의 없이 관리직으로 구성된 사무직대표자협의회와 협의한 것은 위법한 것이 아니라고 본다(대법원 2014.11.13. 2012다14517).

④ 개별 근로자와의 협의

노동조합이나 노사협의회가 모두 없는 경우에는 별도의 근로자대표 선출절차를 거치는 것이 원칙이나, 사용자가 개별 근로자들과의 협의를 한 경우 성실한 협의 요건 충족 여부가 문제가 된다.

판례에 따르면, 사용자가 정리해고 이전에 노조나 노사협의회가 구성되어 있지 않아 개별 직원들의 동의를 구하는 절차를 거친 경우 직원들과 상당한 방법으로 성실한 사전협의 요건을 충족한 것으로 인정된다(대법원 2002.7.12. 2002다21233).

---

98) 근로기준법은 근로자 과반수의 대표성을 협의의 상대방 요건으로 규정하고 있으나, 과반수노조가 없는 경우 근로자대표의 선출방법이나 절차 등에 대해선 아무런 규정이 없어 민주적 대표성과 노사 대등성 확보 장치가 결여되어 있으며, 노사협의회 역시 근로자위원 선출시 근로자 과반수 득표를 요건으로 하지 않고 있음에도 과반수노조와 같은 수준의 권한을 인정하는 것은 문제가 있다. 설령 노사협의회 근로자위원에게 협의권을 인정하더라도 최소한 근로자 과반수 득표로 선출되었을 것을 요건으로 해야 할 것이다.

사용자가 정리해고의 필요성과 계획을 통보하고 그에 대해 일부 근로자들이 동의하고 퇴사한 사안에 대해서는 근로자의 개별 동의도 제대로 밟지 않았음에도 불구하고 성실한 협의요건을 충족하였다고 보았다(대법원 2010.7.8. 2010두7567).

그러나 판례 중에는 위와 같은 법원의 태도와 달리 근로자대표가 정리해고 대상 근로자들의 실질적인 대표가 아니라는 이유로 성실한 협의 요건을 부정한 사례도 있다.

회사가 비조합원인 직원들을 대상으로 정리해고를 진행하면서 그들을 대표할 수 없는 노조를 협의의 상대방으로 삼은 경우에는 노조의 근로자대표성을 부정하고(대법원 2003.7.8. 2001두7602), 근로자대표가 정리해고 대상 근로자들과 이해관계가 없는 근로자로 구성되어 있는 경우에는 사용자가 성실한 협의절차를 거쳤다고 보지 않은 것이다(대법원 2005.9.29. 2005두4403).

3) 사전통보기간 미준수 시 효력 여부

사전통보기간까지 근로자대표에게 통보하지 아니한 경우 정리해고의 유효 여부는 사전통보기간 규정의 성격에 대한 이해에 따라 달라지는데, 법원은 이를 위반할 경우 행정상 제재를 받지만 사법상 효력에는 영향이 없는 이른바 '단속규정'으로 보아 사전통보기간 준수는 정리해고의 효력요건이 아니며 기타 요건이 충족되었다면 통보기간을 정확히 지키지 않았더라도 정리해고가 유효하다고 본다(대법원 2004.10.15. 2001두1154).

이는 해고예고의무 규정을 효력규정이 아닌 단속규정으로 보아 이를 위반하더라도 해고의 효력은 유효하다는 헌법재판소(헌재 2001.7.19. 99헌마663)의 입장과도 맥을 같이 하는 것이다.

4) 사전협의의 정당성을 인정한 판례[99)]

사용자와 노조가 희망퇴직금 지급과 인원감축 정원에 대해 합의하고 정리해고 대상자 선정기준에 다면평가를 반영하라는 노조의 요청을 사용자가 받아들여 다

99) 중앙노동위원회, 주제별 판례 분석집, pp.660~663.

면평가 결과 등을 기준으로 대상자를 선정한 경우(대법원 2011.4.28. 2011두3937), 또는 사용자가 정리해고 계획 통보 전에 수차례 협의하고 통보 후에도 근로자대표와 여러 차례 협의를 시도하고 의견 제출 기회를 준 경우(대법원 2007.2.9. 2006두18812) 사전협의 절차를 거친 것으로 인정된다.

한편, 사용자의 협의 요청을 노조가 특별한 이유 없이 거부하고 무리한 요구 등을 하는 경우에는 노조의 협의권 남용으로 보아 성실한 협의 요건을 충족한 것으로 인정되고(대법원 2008.9.25. 2008두12887), 정리해고 당시 사용자가 해고 대상자 기준을 마련하고 노조에 수차례에 걸쳐 의견 제출을 요청하였으나 노조가 아무런 의견을 제시하지 아니한 경우에도 경영위기의 심각성, 합병 혹은 퇴출을 피하기 위한 조직통폐합·인력감축 등 재무구조개선 조치의 불가피성, 그 밖의 여러 사정을 종합적으로 고려하여 근로자대표와의 성실한 협의를 거친 것으로 인정된 사례가 있다(대법원 2010.9.9. 2010두10273).

5) 사전협의의 정당성을 부정한 판례[100)]

사용자가 사업장별 대책회의라는 형식을 갖추기는 하였으나 사실상 구조조정 계획과 기준을 근로자들에게 일방적으로 전달하는데 그친 경우에는 실질적인 협의를 거친 것으로 볼 수 없으며(서울고등법원 2010.11.24. 2010누12738), 두 차례의 정리해고가 약 5개월의 시차를 두고 이루어진 경우, 1차 정리해고 당시에는 사전 통보 및 협의가 있었으나 2차 정리해고 시 별도의 통보·협의절차가 없었다면 협의 절차를 거친 것으로 볼 수 없다(서울행정법원 2005.9.15. 2005구합5536).

노조에게 구조조정의 필요성을 뒷받침할 만한 자료를 주지 아니한 상태에서 구조조정 협의를 시작한 지 1개월 만에 정리해고의 전단계로서 명예퇴직 희망자를 모집하였거나(서울행정법원 2009.1.16. 2008구합12382), 약 1개월 동안 노조와 6차례 노사협의회를 개최하였으나 이러한 절차가 단지 근로자들을 해고하기 위한 형식적인 것이었던 경우에는(대법원 2009.6.25. 2009두6063) 사전협의의 정당성이 부인된다.

또한, 노조는 계속 협의할 의사를 갖고 있었고 원만한 합의에 이를 개연성이 충

---

100) 중앙노동위원회, 주제별 판례 분석집, pp.663~665.

분했음에도 사용자가 교섭창구 단일화 절차가 진행되면 쟁의행위를 할 수 없다는 점을 이용하여 교섭요구사실 공고를 함으로써 노조와의 협의를 일방적으로 중단한 채 정리해고를 한 경우에도(대법원 2015.2.12. 2014두13867) 근로자대표와 성실한 협의를 하였다고 볼 수 없어 정리해고 절차는 위법한 것이 된다.

3. 기타 정리해고 관련 쟁점

(1) 고용안정협약

고용안정협약은 경영상 이유로 정리해고를 하지 않는다거나(고용보장형 협약), 그 실시여부와 요건 등에 대하여 노조와 합의 없이 인위적·일방적으로 하지 않는다(해고동의형 협약)는 내용을 노사가 합의한 것을 말한다.[101)]

고용안정협약의 법적 성격은 '근로조건 기타 근로자에 대한 대우'에 관하여 집단적인 규율을 위해 정한 단체협약으로서 노동조합법 제33조제1항의 규범적 부분에 해당한다(대법원 2014.3.27. 2011두20406). 따라서 특별한 사정이 없는 한 고용안정협약은 지켜져야 하고, 이를 위반한 정리해고는 효력이 없게 된다.

1) 고용안정협약에서 합의의 의미

종래의 판례는 고용안정협약의 정리해고 동의 내지 노사합의 조항에도 불구하고 사실상 협의 조항으로 축소하여 해석하거나 동의권 남용 이론에 의하여 해고동의조항을 지키지 않아도 해고의 효력에는 영향이 없는 것으로 해석해 온 경향이 있었다.[102)]

이러한 입장은 사용자가 경영권의 본질에 속하여 단체교섭 대상이 될 수 없는 사항에 관하여 노조와 '합의'하여 결정 또는 시행하기로 한 경우, 그 조항 하나만을 주목해서 쉽게 경영권의 일부포기나 중대한 제한을 인정해서는 안 되고, 그와 같은 단체협약을 체결하게 된 경위와 당시 상황, 단체협약의 다른 조항과의 관계, 권한

101) 조용만, "고용안정협약을 위반한 정리해고의 효력", 노동법학 제38호, 2011.6., pp.245~248.
102) 최홍엽, "고용안정협약의 법적성격과 경영사항", 노동법학 제51호, 2014.9., p.300; 주요 판례로는 대법원 2002.2.26. 99도5380(조폐공사); 대법원 2003.7.22. 2002도7225(가스공사); 대법원 2010.11.11. 2009도4558 등 참조.

에는 책임이 따른다는 원칙에 입각하여 노조가 경영에 대한 책임까지도 분담하고 있는지 여부 등을 종합적으로 검토하여 그 조항에 기재된 '합의'의 의미를 해석해야 한다는 것이 주된 논지였다(대법원 2002.2.26. 99도5380).

그러나 대법원은 2012년 알리안츠생명 근로자지위확인소송 판결에서 입장을 바꾸었는바, 단체협약에 노조간부 인사는 사전합의를, 일반조합원 인사는 사전협의를 하도록 용어를 구분해서 사용하고 있다면, 노조간부 인사에 대해서는 노조와 의견을 성실하게 교환하여 의견의 합치를 보아 인사권을 행사해야 한다는 뜻에서 사전합의를 하도록 규정한 것으로 해석해야 타당하며, 정리해고 동의조항의 경우에도 다른 특별한 사정이 없는 한 협의조항으로 해석해선 안 된다고 하여, 합의는 문언 그대로 의견의 합치를 의미한다고 판시하였다(대법원 2012.6.28. 2010다38007).

2) 고용보장조항의 효력과 예외: 권리남용 금지와 사정변경의 원칙

법원은 고용보장조항은 단체협약으로서 규범적 효력을 가진다는 것을 명확히 하는 한편, 근로자측이 동의권을 남용하거나(권리남용 금지의 원칙) 현저한 사정변경이 있는 경우(사정변경의 원칙)에는 제한될 수 있다는 예외를 인정하고 있다.

권리남용금지의 원칙이란 권리행사가 신의칙에 반하는 경우에는 권리남용이 되어 정당한 권리의 행사로서 인정되지 않는다는 것으로서 사정변경의 원칙, 실효의 원칙과 함께 신의칙의 하부원칙의 하나이다. 이에 대한 판례를 보면, 해고할 때 사전합의조항을 두고 있다고 하더라도 노조가 사전합의권을 남용하거나 스스로 사전합의권의 행사를 포기하였다고 인정되는 경우에는 사용자가 이러한 합의 없이 한 인사처분도 유효한 것으로 인정된다. 해고동의조항은 특별한 사정이 없는 한 정리해고 동의의 의미도 포함하는 것으로 해석되어야 한다.

한편, 고용보장조항을 두고 있는 경우에도 단체협약 체결 시점과 실제 정리해고 시행 시점 사이에 사정이 현저하게 변경되어 사용자에게 그와 같은 단체협약의 이행을 강요한다면 심각한 재정적 위기에 처하여 협약의 효력을 유지하는 것이 객관적으로 부당한 상황에 이르는 경우에는 사용자가 단체협약에 의한 제한에서 벗어나 정리해고를 할 수 있다고 하여 단체협약에 사법상의 사정변경의 원칙을 인정하고 있다.

핵심 판례 **고용안정협약의 규범적 효력과 사정변경의 원칙**

정리해고나 사업조직의 통폐합 등 기업의 구조조정의 실시 여부는 경영주체에 의한 고도의 경영상 결단에 속하는 사항으로서 이는 원칙적으로 단체교섭의 대상이 될 수 없으나, 사용자의 경영권에 속하는 사항이라 하더라도 그에 관하여 노사는 임의로 단체교섭을 진행하여 단체협약을 체결할 수 있고, 그 내용이 강행법규나 사회질서에 위배되지 아니하는 이상 단체협약으로서의 효력이 인정된다.

따라서 사용자가 노조와의 협상에 따라 정리해고를 제한하기로 하는 내용의 단체협약을 체결하였다면 특별한 사정이 없는 한 그 단체협약이 강행법규나 사회질서에 위배된다고 볼 수 없고, 나아가 이는 근로조건 기타 근로자에 대한 대우에 관하여 정한 것으로서 그에 반하여 이루어지는 정리해고는 원칙적으로 정당한 해고라고 볼 수 없다.

다만 이처럼 정리해고의 실시를 제한하는 단체협약을 두고 있더라도, 그 단체협약을 체결할 당시의 사정이 현저하게 변경되어 사용자에게 그와 같은 단체협약의 이행을 강요한다면 객관적으로 명백하게 부당한 결과에 이르는 경우에는 사용자가 단체협약에 의한 제한에서 벗어나 정리해고를 할 수 있을 것이다(대법원 2014.3.27. 2011두20406).

(2) 정리해고 계획의 신고

사용자는 경영상 사유로 1개월 동안에 일정 규모 이상의 인원[103]을 해고하려면 최초로 해고하려는 날의 30일 전까지 고용노동부장관에게 신고하여야 한다(근로기준법 제24조제4항 및 시행령 제10조제1항). 정리해고 계획의 신고에는 해고사유, 해고 예정 인원, 근로자대표와 협의한 내용, 해고 일정 등의 사항이 포함되어야 하며(근로기준법 시행령 제10조제2항), 소정의 신고서(근로기준법 시행규칙 별지 제2호 서식)에 근로자대표에게 통보한 내용을 적은 해고 관련 서류를 첨부하여 관할 지방고용노동관서의 장에게 제출하여야 한다(근로기준법 시행규칙 제3조).

이와 같은 신고의무는 근로자를 대량해고할 때 행정관청이 조기에 개입하여 법 절

103) 상시 근로자수가 99명 이하인 사업(장)은 10명 이상, 상시 근로자수가 100명 이상 999명 이하인 사업(장)은 상시 근로자수의 10% 이상, 상시 근로자수가 1,000명 이상 사업(장)은 100명 이상.

차를 준수하도록 지도·감독하고 고용안정 및 조기재취업을 지원하기 위한 것으로서 정리해고의 효력요건은 아니라고 본다. 따라서 사용자가 신고의무를 불이행하였다 하더라도 정리해고의 효력 자체가 부인되는 것은 아니다.[104] 현행법에는 이에 대한 벌칙이 마련되어 있지 않아 이행강제력을 확보하기 위해서는 입법적 보완이 필요하다.

(3) 우선 재고용 의무

근로기준법은 경영상 사유로 근로자를 해고한 사용자는 근로자를 해고한 날부터 3년 이내에 해고된 근로자가 해고 당시 담당하였던 업무와 같은 업무에 근로자를 채용할 경우 경영상 사유로 해고된 근로자가 원하면 그 근로자를 우선적으로 고용할 것을 규정하고 있다(제25조제1항).

이 규정은 2007년 개정법(법률 제8372호)에 의해 '노력하여야 한다.'에서 '고용하여야 한다.'로 변경된 것으로서 단순히 노력하라는 취지가 아니라 사용자에게 근로자의 재고용에 대한 법적인 의무를 부과한 것으로 보아야 한다.[105]

근로기준법 **사용자의 우선 재고용 의무와 정부의 해고근로자 지원 조치**

제25조【우선 재고용 등】 ① 제24조에 따라 근로자를 해고한 사용자는 근로자를 해고한 날부터 3년 이내에 해고된 근로자가 해고 당시 담당하였던 업무와 같은 업무를 할 근로자를 채용하려고 할 경우 제24조에 따라 해고된 근로자가 원하면 그 근로자를 우선적으로 고용하여야 한다.
② 정부는 제24조에 따라 해고된 근로자에 대하여 생계안정, 재취업, 직업훈련 등 필요한 조치를 우선적으로 취하여야 한다.

근로기준법 제25조의 규정 내용과 입법 취지를 고려하며, 사용자는 근로기준법 제24조에 따라 근로자를 해고한 날부터 3년 이내의 기간 중에 해고근로자가 해고 당시 담당했던 업무와 같은 업무를 할 근로자를 채용하려고 한다면, 해고근로자가

104) 임종률, 노동법, p.577; 하갑래, 근로기준법, p.965.
105) 권 혁, "현행 근로기준법상 우선재고용의무제도의 법이론적 문제점", 노동법학, 한국노동법학회, 2007, pp.111~136.

반대하는 의사표시를 하거나 고용계약을 체결할 것을 기대하기 어려운 객관적인 사유가 있는 등의 특별한 사정이 있는 경우가 아닌 한 해고근로자를 우선 재고용할 의무가 있는 것이다. 이때 사용자가 해고근로자에게 고용계약을 체결할 의사가 있는지 확인하지 아니한 채 제3자를 채용하였다면, 해고근로자가 고용계약 체결을 원하지 않았을 것이라거나 고용계약 체결을 기대하기 어려운 객관적인 사유가 있었다는 등의 특별한 사정이 없는 한 근로기준법 제25조 제1항이 정한 우선 재고용 의무를 위반한 것으로 볼 수 있다(대법원 2020.11.26. 2016다13437).[106]

하급심 판례이나 법원도 ① 우선 재고용 노력규정을 근로자 보호 및 고용안정성 도모를 위해 의무규정으로 전환하고, ② 입법자의 의도는 사용자에게 법적인 재고용 의무를 부과한 것으로 볼 수 있으며, ③ 귀책사유가 없음에도 사용자의 경영상 판단에 따라 고용상실의 불이익을 감수한 근로자의 희생에 대한 사후적 보상의 필요성이 인정되고, ④ 근로자에 대한 사회적 보호 장치가 충분히 마련되지 않은 상태에서 경영상의 이유에 의한 해고만을 강화하는 것은 사회적 시장경제체제를 근간으로 하는 헌법 원리에 부합하지 않는 점 등에 비추어 볼 때, “우선 재고용 규정은 정리해고 된 근로자가 이를 근거로 사용자에 대하여 고용의무의 이행을 구할 수 있는 사법상의 청구권으로서의 성격을 가진다”고 하면서, 사용자가 정리해고 후 1년여가 지나 유사업무 담당자를 채용하면서 우선 재고용 절차를 이행하지 않은 채 신규 채용 절차를 진행한 것은 위법하고, 사용자는 정리해고 근로자에 대하여 고용의사를 표시할 의무가 있고, 다른 근로자를 신규채용한 날부터의 임금상당액을 지급할 의무가 있다고 판시하였다(인천지방법원 2014.9.25. 2013가합17168).

한편, 중간수입 공제 여부 및 한도에 대하여 대법원은 “사용자의 고용의무 불이행을 이유로 고용의무를 이행하였다면 받을 수 있었던 임금 상당액을 손해배상으로 청구하는 경우, 그 근로자가 사용자에게 제공하였어야 할 근로를 다른 직장에 제공함으로써 얻은 이익이 사용자의 고용의무 불이행과 사이에 상당인과관계가 인정된다면, 이러한 이익은 고용의무 불이행으로 인한 손해배상액을 산정할 때 공제

106) 강선희, 경영상 이유로 해고된 근로자에 대한 재고용의무의 발생시점과 위반의 효력 등, 한국노동연구원, 2021 노동판례리뷰, p.122.

되어야 한다. 한편 사용자의 고용의무 불이행을 이유로 손해배상을 구하는 경우와 같이 근로관계가 일단 해소되어 유효하게 존속하지 않는 경우라면 근로기준법 제46조가 정한 휴업수당에 관한 규정을 적용할 수 없다"라고 전제하면서 '중간수입을 전부 공제'하여야 한다고 판시하였다(대법원 2020.11.26. 2016다13437).[107]

제4절 통상해고

1. 통상해고의 의의

통상해고라 함은 근로자의 일신상 또는 행태상의 사유로 인하여 근로계약 의무를 이행하지 못하는 채무불이행 상태가 되고 장래에도 근로관계를 계속 유지하는 것이 불가능함에 따라 이루어지는 해고를 말한다.[108]

통상해고(징계와 무관한 해고)의 유형으로는 ① 업무능력의 결여, ② 자격 등 적격성의 결여, ③ 계약상 의무 위반, ④ 사생활의 비행 등이 있으나, ③과 ④는 징계해고가 가능하므로 법률 분쟁에서 주로 문제가 되는 것은 주로 업무능력 결여에 따른 저성과자 해고라 하겠다.[109]

대법원은 "근로기준법 제23조(구법 제27조)에서 말하는 해고란 근로자의 의사에 반하여 사용자의 일방적 의사에 의하여 이루어지는 모든 해고를 의미하며 회사가 어떤 사유의 발생을 당연퇴직 사유로 규정하고 그 절차를 '통상의 해고'나 징계해고와는 달리 하였더라도 근로자의 의사와 관계없이 사용자측에서 일방적으로 근로관계를 종료시키는 것이면 성질상 이는 해고로서 근로기준법에 의한 제한을 받는다." 라고 하여 근로기준법 제23조제1항에서 말하는 해고에는 징계해고 뿐 아니라 통상

---

107) 2심 법원은 휴업수당에 준하여 임금의 30%를 초과하는 중간수입이 발생하였다면 이를 공제하고 임금의 70%(휴업수당)가 손해가 된다고 판단하였으나, 대법원은 중간수입을 전부 공제하여야 한다고 본 것이다. 강선희, 경영상 이유로 해고된 근로자에 대한 재고용의무의 발생시점과 위반의 효력 등, 한국노동연구원, 2021 노동판례리뷰, p.127.

108) 권 혁, "해고 유형론에 관한 소고", pp.713~735.

109) 김근주, 통상해고의 정당성, 한국노동연구원, 노동판례리뷰 2021, p.138.

해고 등 모든 유형의 해고가 포함되며, 모든 유형의 해고에는 정당한 이유가 필요하다는 것을 밝히고 있다(대법원 1993.10.26. 92다54210).

(1) 통상해고와 징계해고

판례에 따르면, 특정사유가 단체협약이나 취업규칙 등에서 징계해고 사유와 통상해고 사유의 양쪽에 모두 해당하는 경우 뿐 아니라 징계해고 사유에는 해당하나 통상해고 사유에는 해당하지 않는 경우에도, 근로자에게 보다 유리한 통상해고 처분을 택하는 것은 사용자의 재량이지만, 절차적 보장의 취지가 회피됨으로써 근로자의 지위에 불안정이 초래될 수 있기 때문에 특별한 사유가 없는 한 징계해고 사유가 통상해고 사유에도 해당하여 통상해고의 방법을 취하더라도 징계해고 사유로 통상해고를 한다는 구실로 징계절차를 생략할 수는 없다(대법원 1994.10.25. 94다25889).

취업규칙상 징계해고 사유 규정들이 서로 다른 경우에는 근로자에게 유리한 규정을 적용해야 한다(대법원 1994.5.27. 93다57551).

징계해고와 통상해고는 제도상 엄연히 구별되는 것으로서 징계해고는 근로자에 대한 불이익이 더 크다는 점에서 징계해고 사유가 통상해고 사유에도 해당된다고 하여 절차상 부담 등을 면하기 위하여 사후에 징계해고를 통상해고로 전환하는 것은 허용되지 않는다.

핵심 판례 **징계해고의 통상해고로의 전환 불허**

무릇 징계제도가 실시되고 있는 기업에 있어서는 징계해고는 기업 질서위반에 대한 제재벌로서 통상해고와는 제도상 구별되는 것이고, 실제로도 징계해고는 근로자에게 통상해고에 비하여 단순히 금전적, 경제적인 불이익만 주는데 그치는 것이 아니라 “징계”를 받아 해고되었다는 불명예스런 경력을 남기게 되어 재취업에 중대한 장해를 수반하는 특별한 불이익을 주는 것이므로 사용자가 당초 징계해고를 하면서 동일한 비위사실이 통상해고 사유에도 해당한다 하여 예비적으로 통상해고의 의사표시를 하였다는 등의 특별한 사정이 없는 한 징계해고의 의사표시는 어디까지나 징계해고로서 독자적으로 그 유효성이 검토되어야 하고 징계해고 사유가 통상해고 사유에 해당한다 하여 사후적으로 이른바 징계해고의 통상해고로의 전환을 허용하여서는 아니 된다(대법원 2007.2.9. 2006두18287).

(2) 통상해고와 정리해고

판례는 사용자가 긴박한 경영상 필요 이외의 사유로 근로제공을 받을 수 없게 되어 근로자를 해고 하는 경우에는 통상해고로 보아야 한다는 입장인바, 사업의 폐지를 위하여 해산한 기업이 그 청산과정[110]에서 근로자를 해고하는 경우 또는 기업이 파산선고를 받아 사업의 폐지를 위하여 그 청산과정에서 근로자를 해고하는 것은 정리해고가 아니라 통상해고에 해당한다(대법원 2004.2.27. 2003두902).[111]

또한, 인력감축이 주된 목적이 아니고 업무능률을 높이기 위해 직제규정을 개정한 결과 직책(엘리베이터 주임)이 폐지됨에 따라 동일한 직급·보수의 직책(경비주임)으로 전보·전적 등을 권유하였으나 이를 거절한 근로자를 해고하는 것은 정당한 이유가 있는 통상해고로서 정리해고가 아니다(대법원 1991.9.24. 91다13533).

2. 통상해고의 사유와 정당성 판단

(1) 질병·부상 등 신체적 장해

사용자는 근로자가 업무상 질병 또는 부상에 따른 요양을 위하여 휴업한 기간과 그 후 30일 동안은 해고가 금지되지만, 30일이 지난 뒤에도 노동능력을 상실하여 업무에 복귀하지 못하면 근로자는 산재보험법에 따라 보상을 받고 퇴직하게 되고, 만일 퇴직을 거부하는 경우에는 통상해고를 할 수 있다.

예컨대, 허리뼈 장해를 입은 갱내 기계수리공의 해고(대법원 1996.11.12. 95누15728), 또는 족관절 장해로 신체장해 10등급을 받은 항만하역 근로자의 해고(대법원 1998.1.20. 96다56313)는 정당하다.

---

110) 사업폐지를 위한 청산과정은 「채무자 회생 및 파산에 관한 법률」의 파산을 의미하고 같은 법의 회생절차(법정관리)는 이에 해당하지 않으며, 해고는 법원의 허가를 받아 이루어지게 된다.

111) 임종률, 노동법, p.576; 폐업·도산 등의 경우 해고의 불가피성으로 인해 해고회피 노력, 대상자 선정의 공정성, 근로자대표와의 협의가 무의미하다는 점을 고려한 것으로 보이나, 무리한 해석이라는 비판의 여지가 있으므로 파산 등의 경우 정리해고 제한을 적용하지 않는다는 취지의 규정을 신설하는 것이 바람직하다는 견해를 제시하고 있다.

그러나 근로자의 질병이나 부상을 이유로 한 해고를 할 때에는 질병이나 부상 상태와 그로 인한 경영상의 이익 침해 정도를 비교해서 근로자에게 적합한 다른 업무로의 배치전환이나 임금조정 등을 통해 해고 대신에 고용을 유지할 수 있는 경우 이를 먼저 시도하는 것이 바람직하다. 근로자의 질병 또는 부상이 업무로 말미암은 것이라는 점에서 사용자에게 근로계약상의 '배려 의무' 내지 신의칙상 '해고회피 노력 의무'가 있기 때문이다.[112)]

근로자의 질병 또는 부상이 업무 외의 요인에 따른 것이라도 장기간 치료를 필요로 하는 경우 사용자는 업무 공백을 메우기 위하여 다른 근로자를 채용하고 그 근로자를 해고할 수 있다. 여기서 장기간이라 함은 어느 정도의 기간을 말하는지가 쟁점이 될 수 있다.

판례를 보면, 단체협약의 휴직 최고한도(45일)보다 약 3배 많은 기간 동안의 휴직 연장을 신청한 근로자를 퇴직처분한 것이나(대법원 1996.10.29. 96다21065), 휴직 가능한 기간(2개월)이 만료된 때에 2~3개월 더 치료가 필요하다는 진단서를 제출한 근로자를 퇴직처분한 것(대법원 1993.7.13. 93다3721)은 정당하다.

업무 외의 부상 또는 질병이라 하더라도 근로자가 노동능력을 상실하였다면 해고할 수 있다. 그러나 비록 노동능력이 감소되었지만 다른 일을 할 수 있다면 사용자는 배치전환 등 해고회피 노력을 할 필요가 있고, 만일 해고를 하려면 정당성을 인정받아야 한다.

법원에 따르면, 근로자가 취업규칙에서 정한 '신체 장해로 인하여 직무를 감당할 수 없을 때'에 해당한다고 보아 퇴직처분을 할 때, 그 정당성은 장해를 입게 된 경위와 사용자의 귀책사유 또는 업무상 부상으로 인한 것인지 여부, 치료 기간 및 치료 종결 후 노동능력 상실 정도, 사고 당시 담당 업무의 성격과 내용, 잔존 노동능력으로 할 수 있는 업무의 존부와 내용, 근로자의 복귀를 위하여 업무 조정 등 사용자의 배려 여부, 새 업무에 대한 근로자의 적응노력 등 제반 사정을 종합적으로 고려하여 합리적으로 판단하여야 한다(대법원 1996.12.6. 95다45934).

112) 김형배, 노동법, pp.791~792; 노동법실무연구회, 근로기준법주해 Ⅱ, pp.162~163.

(2) 자격 등의 상실

운전업무 종사자가 운전면허 취소처분을 받은 경우, 교사, 의사, 약사, 변호사, 노무사, 회계사, 세무사, 변리사, 건축사 등의 전문자격을 전제로 근무하다가 자격을 상실한 경우, 일정한 기술자격자 채용의무제에 따라 채용된 근로자가 그 기술자격을 상실한 경우 등과 같이 근로자가 업무수행에 필수적인 자격이나 면허를 상실한 경우에는 이를 이유로 해고할 수 있다.[113]

예컨대, 연구기관이 근로자의 채용조건으로 일정 수준 이상의 학위 소지자일 것을 요구하여 근로자가 이와 관련하여 학위 논문을 제출한 경우 그 학위 논문에 표절 등 연구부정행위의 하자가 있음을 이유로 해고하는 때도 마찬가지이다. 국책연구기관 부연구위원 채용조건으로 제시된 박사학위 논문을 표절하고 그것이 문제되자 누락된 출처표시를 수정한 논문을 학위취득 대학교 도서관 등에 제출하여 이 사건 논문과 교체하면서 학위취득 당시에 작성된 인준지를 그대로 다시 사용한 것을 이유로 해고한 것은 해고사유 및 사회통념상 고용관계를 계속하기 어려운 중대한 사정이 인정되어 정당하다(대법원 2016.10.27. 2015다5170).

다만, 판례는 영업용 택시운전기사가 적성검사를 받지 않아 운전면허가 취소되었다가 면허 재발급을 신청해서 곧 재발급 받은 경우 해고의 정당성을 부정한 사건에서, "일정기간 자격이 정지된 경우 면허정지 기간, 면허정지 사유, 근무기간, 업무내용 등을 종합하여 근로관계를 계속할 수 없을 정도로 중대한 사유인지, 정직이나 휴직 등 다른 징계나 제도에 의해 해고를 피할 수 있는지를 판단해야 한다"는 기준을 제시하고 있다(서울고등법원 1991.1.23. 90구10997).

비밀유지가 필요한 업무 종사자가 경쟁기업주와 인척관계 또는 그와 밀접한 관계에 있는 자가 경쟁기업에 근무하는 등 경쟁업체에 사업상 기밀을 누설할 위험이 현저한 경우, 팀워크가 중시되는 사업에서 동료와 협조가 안 되거나 성격·인품상의 부적격성으로 동료와 불화가 심하여 업무 분위기를 해치는 경우, 정치·노조·신앙·과학·미술·교육·언론 등과 같은 이른바 '경향사업(傾向事業)'의 특징적 활동을 직접 수행할 의무

113) 노동법실무연구회, 근로기준법주해 Ⅱ, p.166.

가 있는 자(예: 교회에 고용된 목사)가 그 경향사업에 반하는 행위를 한 경우, 기타 전염성 질병, 음주·마약중독, 고령, 노동허가의 불취득, 양심·신조에 반한다는 이유로 해당 노무 거부 등도 통상해고의 일신상의 사유로 인정될 수 있다는 견해가 있다.[114)]

(3) 당연퇴직 사유의 발생

국가공무원법, 지방공무원법, 사립학교법이나 공기업의 인사규정 등에서 일정한 결격사유와 당연퇴직 사유를 규정하고 있는 경우, 이에 따른 당연퇴직의 법적 성격은 통상해고로 볼 수도 있다.[115)]

(4) 업무능력 결여와 저성과자

근로자가 직무수행에 필수적인 자격증을 갖추지 못하거나 시험이나 검사에 불합격한 경우와 같은 맥락에서 전문적인 지식이나 기능 등이 부족하여 직무수행 능력이 부족한 경우 또는 근로자의 업무성과가 현저히 부진하여 근로계약관계를 더 이상 유지하기 어려운 경우에는 통상의 해고로서 근로계약을 해지할 수 있다.

판례도 "징계해직 사유가 아니라 근무수행능력 부족으로 인한 근무성적 불량 및 소속직원 감독능력 부족을 이유로 인사규정에 따라 대기발령을 한 뒤 자동해직 처분을 한 것은 구 근로기준법 제27조 위반이라 볼 수 없고 징계절차를 밟을 필요는 없다"고 하여 통상해고 사유로 인정하는 입장을 보이고 있다(대법원 1989.7.25. 88다카25595).

대법원은 2021년 판례에서 저성과자 통상해고 정당성 판단의 원칙을 다음과 같이 제시하였는바, "...일반적으로 사용자가 근무성적이나 근무능력이 불량하여 직무를 수행할 수 없는 경우에 해고할 수 있다고 정한 취업규칙 등에 따라 근로자를 해고하는 경우, 사용자가 근로자의 근무성적이나 근무능력이 불량하다고 판단한 근거가 되는 평가가 공정하고 객관적인 기준에 따라 이루어진 것이어야 할 뿐 아니라, 근로자의 근무성적이나 근무능력이 다른 근로자에 비하여 상대적으로 낮은 정도를 넘어 상당한 기간 동안 일반적으로 기대되는 최소한에도 미치지 못하고 향후에도 개선될

114) 김형배, 노동법, p.793; 노동법실무연구회, 근로기준법주해 Ⅱ, pp.168~169.
115) 노동법실무연구회, 근로기준법주해 Ⅱ, p.161.

가능성을 인정하기 어렵다는 등 사회통념상 고용관계를 계속할 수 없을 정도인 경우에 한하여 해고의 정당성이 인정된다(대법원 2021.2.25. 2018다253680)."

(5) 기타 근로제공을 받을 수 없는 사유의 발생

판례는 기업의 파산선고로 인한 청산 등과 같이 사용자가 긴박한 경영상의 필요 이외의 사유로 근로제공을 받을 수 없게 되어 근로자를 해고하는 경우, 이를 통상해고로 보고 있음은 통상해고와 정리해고의 구분에서 살펴본 바와 같다.

3. 저성과자 해고의 정당성 판단 기준

(1) 통상해고 사유로서의 업무성과 부진

1) 의 의

최근 성과주의 인력관리 강화 추세와 더불어 직무능력 향상을 위한 노력 부족이나 업무성과 부진을 이유로 하는 통상해고가 논란의 대상으로 부각되고 있다. 그러나 기본적으로 근로자의 일신상의 사유는 물론 행태상의 사유도 그 자체만으로는 통상해고 사유로 삼기 어려운 것이고, 그러한 사유의 결과로 근로자가 근로계약상의 의무를 이행하지 못하게 되고 장래에도 나아질 가능성을 기대하기 어려울 때(해고 예후의 원칙) 통상해고의 정당성도 인정될 수 있을 것이다.

근로자의 업무수행 능력이 요구수준에 미치지 못하거나 업무성과가 부진한 경우(이하 '저성과자'라 한다) 그 원인은 일신상의 사유일 수도 있고 행태상의 사유로 인한 것일 수도 있는바, 어느 경우이든 '근로제공 ⇄ 임금지급'을 내용으로 하는 근로계약의 본질상 업무수행 능력의 현저한 결여나 현저히 부진한 업무성과는 근로자가 근로제공 의무를 완전하게 이행하지 아니한 것이므로 원칙적으로 근로계약의 해지사유에 해당할 수 있으나, 정당한 해고로 평가받을 수 있기 위해서는 근로기준법 제23조에서 규정하고 있는 '정당한 이유'로서의 실체적·절차적 요건을 갖추어야만 한다.[116)]

116) 저성과자 통상해고에 관한 학설은 김승휘, "일반해고의 정당성 판단에 대한 판례 법리의 검토", 강원법학 제35권 제Ⅰ호, 2012.2., pp.157~182; 박종희, "저성과자에 대한 합리적인 인사관리

따라서 저성과자에 대한 통상해고가 정당하려면 근무성적 부진의 정도가 '사회통념상 고용관계를 계속할 수 없을 정도'로 객관적으로 불량한 정도에 이르러야 한다(대법원 2007.2.9. 2006두18287). 사회통념상 합리성을 인정받기 위해서는 근로자대표와의 협의 등 민주적인 절차를 통하여 ① 객관적인 평가 기준, ② 공정한 평가, ③ 직무능력 향상을 위한 기회 제공 또는 직무의 조정, ④ 투명한 제도 설계 등의 요건을 갖추어야 한다.[117]

다시 말해서 객관적으로 사전에 정해진 기준에 따라 공정하게 평가를 해서 성과가 낮은 근로자에게는 교육·훈련이나 직무조정 등을 통해서 적절하고도 실질적인 역량개발·성과향상의 기회를 제공하고, 그럼에도 불구하고 상당기간 지속적으로 성과가 기대에 현저히 미치지 못하는 근로자를 최후의 수단으로 해고하는 것은 정당한 해고로 인정될 수 있을 것이나, 이 모든 제도들은 처음부터 근로자들 또는 근로자들을 대표하는 자와의 성실한 협의와 교섭을 통해서 설계되고 운용될 필요가 있다.[118] 뒤집어 말하자면 위와 같은 요건을 갖추지 못한 경우에는 단지 평가결과 성과가 낮다는 이유만으로 해고하는 것은 정당성이 부인될 수 있다는 것이다.

그런데 성과평가와 관련된 종래의 판례는 상당수가 해고까지는 이르지 않은 인사권 행사 또는 징계 관련 사건이고, 근로자의 직무성과 부진을 이유로 한 통상해고 사례는 드물어서 징계해고 또는 직위해제·대기발령 후 직권면직 처분을 한 것이 다수이며, 이 경우에도 대부분은 성과 부진뿐만 아니라 다른 사유들도 복합적으로 고려되어 해고처분에 이른 것이라는 한계가 있었으나, 대법원은 2021년 한국조선해양 주식회사(구. 현대중공업 주식회사) 저성과자 해고 판결에서 종합적인 저성과자 통상해고 판단기준을 다음과 같이 제시하였다.

"근로기준법 제23조 제1항은 사용자는 근로자에게 정당한 이유 없이 해고하지 못한다고 하여 해고를 제한하고 있다. 사용자가 취업규칙에서 정한 해고사유에 해당한다는 이유로 근로자를 해고할 때에도 정당한 이유가 있어야 한다. 일반적으로 사용자가 근무성적이나 근무능력이 불량하여 직무를 수행할 수 없는 경우에 해

방안과 관련한 법률상 쟁점 검토", 고려법학 제75호, 2014.12., pp.303~368 등 참조.

117) 박제성, "일반해고와 취업규칙", 월간 노동리뷰, 2016.1., 한국노동연구원, p.69.

118) 박제성, "일반해고와 취업규칙", p.69.

고할 수 있다고 정한 취업규칙 등에 따라 근로자를 해고한 경우, 사용자가 근로자의 근무성적이나 근무능력이 불량하다고 판단한 근거가 되는 평가가 공정하고 객관적인 기준에 따라 이루어진 것이어야 할 뿐 아니라, 근로자의 근무성적이나 근무능력이 다른 근로자에 비하여 상대적으로 낮은 정도를 넘어 상당한 기간 동안 일반적으로 기대되는 최소한에도 미치지 못하고 향후에도 개선될 가능성을 인정하기 어렵다는 등 사회통념상 고용관계를 계속할 수 없을 정도인 경우에 한하여 해고의 정당성이 인정된다. 이때 사회통념상 고용관계를 계속할 수 없을 정도인지는 근로자의 지위와 담당 업무의 내용, 그에 따라 요구되는 성과나 전문성의 정도, 근로자의 근무성적이나 근무능력이 부진한 정도와 기간, 사용자가 교육과 전환배치 등 근무성적이나 근무능력 개선을 위한 기회를 부여하였는지 여부, 개선의 기회가 부여된 이후 근로자의 근무성적이나 근무능력의 개선 여부, 근로자의 태도, 사업장의 여건 등 여러 사정을 종합적으로 고려하여 합리적으로 판단하여야 한다(대법원 2021.2.25. 2018다253680)."

다만, 아직까지 저성과자 통상해고에 대한 판례가 많이 축적되어 있지는 아니하여, 이하에서는 불가피하게 징계해고 판례에서 제시된 법리도 참고하여 통상해고의 정당성 관련 쟁점을 추론하는바, 위와 같은 한계에 유의하면서 개별적 사건의 구체적 내용과 그 의미를 살펴보아야 할 것이다.

2) 통상해고의 정당성을 인정한 판례

판례를 보면, 도립 국악단 소속 단원들에 대하여 매 2년마다 실시하는 연주능력, 근무태도 등 업무평정에서 내규로 정한 수준에 미달한 연주단원을 직권해촉한 사건과 관련하여 "객관적이고 공정한 평정기준에 따라 이 사건 국악단 소속 연주단원들을 정기적으로 평가하여 위 평정기준에 미치지 못하는 단원들을 해촉하는 것은 근로기준법 제23조제1항에 규정된 해고의 '정당한 이유'가 있는 것으로 볼 수 있다"고 하면서 업무평정이 객관적이고 공정한 평정기준에 따라 합리적으로 이루어진 것으로 인정되므로 "이 사건 해촉은 정당한 이유 있는 통상해고에 해당"한다고 판시하고 있다(서울고등법원 2015.9.2. 2014누68364).

또한, 공공기관의 1급 직원으로 있던 근로자가 과거 두 차례 징계를 받았음에도 다면평가방식의 개인평가 성적이 2년 연속 최하위권을 기록하고 노조로부터 능력 검증을 요구받는 등 근무태도가 불량하고 성적이 부진하여 대기발령을 받았고, 그 후에도 반성의 빛이 없고 대기발령 사유 해소 노력을 기울이지 아니하여 대기발령 후 3월이 경과하도록 직무를 부여받지 못한 자를 인사규정에 의거 직권면직한 것은 정당하다고 보았다(서울행정법원 2009.4.17. 2008구합34443).

근로자 2인이 회사가 2010년부터 2015년까지 실시한 인사평가 결과, 유사 직인 사무연구직 과장 이상 직원 중 최하 순위에 해당하는 저조한 업무실적을 받았고, 이로 인해 3~4차례 직무경고를 받은 바도 있으며, 장기간 실적부진을 이유로 한 교육을 10개월 받은 후 직무에 재배치 되었으나, 그 후에 이루어진 2016년 상반기 다면평가에서도 업무역량 부족이 지속적으로 지적되자, 회사는 취업규칙에 의거하여 해고하였다. 이에 원고들을 취업규칙상 해고 사유가 근로기준법 제24조에 위반되고 인사평가 기준도 불공정하였다는 것을 이유로 부당해고를 다투는 소를 제기하였다. 이에 대하여 1심 법원, 2심 법원(부산고등법원 2018.7.4. 2017나59164), 대법원(대법원 2021.2.25. 2018다253680) 모두 이 사건 해고의 정당성을 인정하였다.

특히, 대법원은 ① 회사의 인사평가가 상대평가 방식을 취하고 있지만, 불합리성을 보완하고자 최저등급에 대한 재량을 두었고, ② 6년이라는 비교적 장기간의 인사평가를 근거로 충분한 기간의 직무교육을 실시하였고, ③ 교육 후 직무 재배치가 유사 업무에서 이루어졌으며, ④ 이러한 행위들이 해고회피노력의 차원에서 일회적으로 실시되었고, ⑤ 직무재배치 이후에도 원고 근로자들의 업무역량부족과 잘못이 여러 차례 반복되고, ⑥ 직무재배치 이후 업무향상계획서 제출을 거부하는 등 원고들의 협조적 자세가 나타나지 않았고 기타 개선 의지가 부족했다는 점 등을 이유로, 이 사건 해고는 정당하다고 판단한 것이다.

3) 통상해고의 정당성을 부정한 판례

비철금속무역회사에서 선물정보팀장으로 근무하던 근로자를 수습기간으로 정한 3개월도 지나지 않은 시점에 회사 손실 초래 등 업무능력 부족을 이유로 해고한 사안에 대한 판례에서는, 그 손실이 근로자의 업무능력 부족으로 인한 것이라고 단정하기에 부족하므로 객관적으로 합리적인 이유가 존재하여 사회통념상 상당한 것이라고 볼 수 없다고 하여 해고의 정당성을 부정하였다(대법원 2014.2.27. 2013두24273).

이외에도 직무능력 등을 이유로 한 해고의 정당성을 부정한 판례들을 보면, 상대평가 방식으로 저성과자 일반의 퇴출을 제도화하거나(대법원 2016.8.17. 2016두38280), 평가결과에 따라 매년 반복적으로 단기간의 직무교육을 반복적으로 실시하거나(서울행정법원 2020.2.6. 2019구합50861), 직무교육 결과에 따른 감봉, 징계 등 불이익을 미리 예정하고 있거나, 기존 직무와 연계되기 어려운 업무로 배치전환을 하는(서울행정법원 2018.3.15. 2017구합68080) 등의 사실을 부당해고의 근거로 제시하고 있다.[119)]

(2) 객관적이고 공정한 평가

1) 의 의

업무성과 부진을 이유로 한 통상해고가 정당하려면 먼저 객관적이고 공정한 평가가 선행되어야 하는바, 평가의 정당성을 확보하기 위해서는 평가기준과 평가방법, 평가실행, 평가결과 활용 등의 평가제도를 단체협약이나 취업규칙 등에 명확히 규정할 필요가 있다.

물론 계약의 원리상 원칙적으로 근로자가 근로제공 의무를 이행하지 않거나 불완전하게 이행하는 등 '정당한 이유'가 있는 경우 사용자는 취업규칙 또는 단체협약 등에 근거 규정이 없더라도 근로계약을 해지할 수 있을 것이나, 판단기준의 투명성과 예측가능성을 제고하여 해고의 정당성을 둘러싼 분쟁을 최소화하고 평가의 객관성과 공정성을 확보하기 위해서는 관련 내용을 제도화하여 취업규칙, 단체협약 등에 명시하는 것이 바람직하다.

평가의 제도화에 관한 판례의 입장을 요약해보면, ① 기본적으로 인사고과의 실시 및 그 결과에 따라 성과급 차등 지급 등 인사권을 행사하는 것은 사용자의 경영권의 본질 중 하나로서 경영활동 측면에서 폭 넓게 보장받아야 하며, ② 일부 근로자가 상대적으로 불이익을 받게 되더라도 이는 인사고과 제도 자체의 본질적 특성에 기인하는 불가피한 결과라 할 수 있고, ③ 인사고과의 기준 가운데 일부 평가항

---

119) 김근주, 통상해고의 정당성, 한국노동연구원, 노동판례리뷰 2021, p.139.

목에 객관적 판단기준이 마련되어 있지 않다는 사정만으로 부당하다고 보기는 어려우나, ④ 인사고과 기준이 현저히 불합리하거나 의도적으로 특정 근로자에게 불이익을 주기 위하여 남용되어서는 아니 된다(울산지방법원 2013.8.16. 2012가단562).

다시 말해서 근로자의 업무능력, 근무성적 등에 대한 평가는 사용자의 고유권한으로서 그 내용과 방식 등에 있어서 재량권이 인정되고, 해당 근로자를 상대로 한 전인격적, 복합적인 평가라 할 수 있는 인사평가의 성질상 정성적인 평가요소가 포함되어 있다고 하더라도 쉽사리 자의적이라거나 권한을 남용한 것이라고 단정할 수 없을 것이다(대법원 2012.5.9. 2012두4760).[120]

그러나 근로자에 대한 평가가 해고에 관한 법적 규제를 회피하고 단지 퇴직을 종용하는 수단으로 악용되는 등 불순한 동기로 남용되어서는 안 되며, 인사평가가 헌법과 법률을 위반하거나 객관적이고 공정한 기준을 현저히 위배한 경우에는 사법심사의 대상이 되어 그 효력이 부인된다.

실례로 KT가 민영화 과정에서 인건비 비율을 낮추기 위하여 명예퇴직을 통한 인력감축과 인사평가 결과에 따른 등급별 연봉인상률을 적용하는 고과연봉제(예: A등급은 6% 인상, F등급은 1% 삭감)를 실시하면서 명예퇴직 거부자, 노조활동가로 구성된 민주동지회 회원, 114 외주화 당시 전출거부자 등을 부진인력 대상자로 선정하고 F등급을 부여하자 일부 근로자가 부당한 인사고과라고 주장하며 삭감당한 연봉과 지연손해금 지급 청구소송을 제기한 사건에 대하여, 대법원은 사용자가 특정 집단을 퇴출시키기 위해 대상자를 먼저 선정한 후 이들에게 인사평가를 차별적으로 불합리하게 행한 경우 그 평가는 위법·부당하며, 이에 따른 인사처분은 무효가 된다고 판시하였다(대법원 2015.6.24. 2013다22195).

이 판결은 ① 인사고과의 평가결과는 사법심사의 대상이 된다는 것을 분명히 밝히고, ② 집단적 차별에 대한 입증방법으로서 조합원 집단과 비조합원 집단을 전체적으로 비교하여 두 집단이 서로 동질의 균등한 근로자 집단임에도 인사고과에서 두 집단 사이에 통계적으로 유의미한 격차가 있었는지를 판단하는 이른바 '대량관찰방식'

120) 수년간 근무태도와 성적이 극히 불량하고 개선 노력도 부족하였던 점, 근거 없는 상사 비방 및 부적절한 소문 유포로 직장규율과 조직질서를 저해한 점, 기타 과거 징계전력, 비위행위의 경위와 내용 등을 종합하여 볼 때, 징계해고는 정당하다고 인정된 사건이다.

을 제시하였으며, ③ 인사고과의 공정성 판단기준을 제시한 점에서 중요한 의의가 있다.[121)]

핵심 판례 **인사고과 평가 결과의 공정성 판단 (KT 사례)**

근로자에 대한 인사고과는 원칙적으로 인사권자인 사용자의 권한에 속하므로 업무상 필요한 범위 안에서는 상당한 재량을 가진다 할 것이나, 사용자는 근로자의 근무실적이나 업무능력 등을 중심으로 객관적이고 공정한 평정의 기준에 따라 이루어지도록 노력하여야 하고 그것이 해고에 관한 법적 규제를 회피하고 퇴직을 종용하는 수단으로 악용되는 등의 불순한 동기로 남용되어서는 아니 된다고 할 것이다. 이와 같이 사용자의 인사고과가 헌법, 근로기준법 등에 위반되거나 객관적이고 공정한 평정의 기준을 현저하게 위반하여 정당한 인사권의 범위를 벗어난 때에는 인사고과의 평가 결과는 사법심사의 대상이 되어 그 효력을 부인할 수 있다.

회사가 부진인력 관리계획을 수립한 후 원고들이 포함된 부진인력 대상자에게 인사고과, 업무분담 등에서 불이익을 주는 차별정책을 시행하였고, 원고들에게 합리적인 이유 없이 부당한 인사고과를 하였으므로 2009년도 인사고과는 재량권을 남용한 것으로서 위법하다(대법원 2015.6.24. 선고 2013다22195).

구체적인 사건에 있어서 평가제도의 공정성을 판단할 때는 〈도표 11-7〉과 같이 평가기준, 평가방법, 평가실행 등의 측면에서 살펴보게 된다.

〈도표 11-7〉 평가제도의 공정성 판단기준

구 분	세부내용
평가기준	내용의 객관성·적합성, 세분화·구체화, 근로자 참여
평가방법	평가단위, 평가요소, 평가방식의 타당성
평가실행	기준과 절차 준수, 결과 공개와 피드백, 이의제기 절차

121) 노상헌, "인사고과의 공정성 판단 - 대법원 2015.6.24. 선고 2013다22195 판결 -", 노동판례리뷰 2015, 한국노동연구원, 2016, pp.164~167.

2) 평가기준

평가기준이 객관적이고 공정하려면 평가대상이 사용자의 주관적 판단이 아니라 근로계약상의 의무를 내용으로 하는 것이어야 하고, 평가항목은 업무수행 능력과 실적을 평가할 수 있도록 가급적 구체적으로 세분화하여 설계할 필요가 있다.

따라서 업무실적을 평가하면서 인간관계나 업무상 마찰 등을 주요 기준으로 한다거나 업무능력 평가에 휴가나 병가 사용을 기준으로 삼는 것은 불합리하고,[122] 평가대상 근로자의 지위에 걸맞게 요구되는 업무수행 능력을 평가 기준으로 해야 한다.

① 평가기준의 정당성을 인정한 판례

법원은 평가의 공정성과 객관성을 확보하고 인정받기 위해서는 평가기준 등을 설계할 때 근로자들의 의견을 반영하는 것이 바람직하다는 입장인바, 예컨대 시립예술단 무용단의 예능단원에 대하여 노조와 실기평정 절차와 방법 등을 합의하고 그 내용을 평정대상자들에게도 미리 알려준 뒤 정기적으로 실기평정을 실시하여 기준에 미달한 자를 해고하는 것은 정당하다(서울고등법원 2013.11.1. 2013누18942).

성과향상 프로그램 탈락을 사유로 한 징계의 정당성을 다툰 사안에서는, 회사가 대상자 선정방법 및 선정절차, 프로그램의 내용, 평가방법 등 전반적인 사항을 노사협의회에서 근로자위원 측과 협의하여 결정하였고, 각 대상자들의 취약한 역량 향상을 위하여 맞춤형으로 이루어졌으며, 프로그램 진행에 앞서 대상자들에게 해당 단계 합격 시 다음 단계를 진행하지 않는다는 사실을 고지하고, 각 단계를 진행하는 도중에도 개선 기회를 부여한 것으로 보이는 점 등을 감안할 때, 이 프로그램은 "직무능력이 현저히 부족한 직원들에게 직무능력 향상과 직무재배치 기회를 부여하되 개선 효과가 없을 경우 구조조정 대상으로 삼아 조직의 효율성과 역량을 제고하려는 취지를 가진 제도로 보인다"고 하여 정당성을 인정하였다(대법원 2012.9.27. 2012두13955).

② 평가기준의 정당성을 부정한 판례

금융회사의 영업직 직원에 대하여 영업실적 보다 다면평가 비중을 다른 직원에 비

---

122) 하갑래, 근로기준법, pp.929~935.

해 현저하게 높게 하는 경우, 그 평가결과를 근거로 한 인사 조치는 정당성이 부정된다. 예컨대, 증권회사에서 기준연봉 결정을 위한 개인 업적 평가기준의 평가비율을 다른 직원들은 다면평가 20%, 인사평점(부서장평가) 30%, 고객관리(개인별 영업실적) 50%로 하면서 영업직원에 대해선 고객관리 점수는 19%에 불과하고 다면평가 40%, 인사평점 40%로 한 것은 부당하다(서울고등법원 2005.12.31. 2004누21755).

조직개편의 일환으로 서비스지원단을 신설하고 장기근속자, 장기휴직자, 상습병가자, 근무지 무단이탈자, 근무성적 부진자, 근무 부적응자 등에 대하여 서비스지원단 근무를 명하였으나 이에 불응한 것을 징계사유로 삼아 해고한 사안에 대해서는, "이른바 '근무 부적응'은 다의적, 포괄적 개념으로 그 자체로 전직대상자 선별을 정당화할만한 객관적 평가기준으로 채용하기 어려운 한계가 있는데다가, 이와 같이 다의적, 포괄적 평가기준은 인사권자의 자의적 판단을 허용하는 수단으로 악용할 소지가 높아 이를 적용하는데 신중을 기할 필요가 있다"고 하면서 전직명령이 자의적인 인사권 남용으로서 무효라고 하였다(대법원 2010.9.30. 2010두14732).

3) 평가방법

실무에서 평가방법의 타당성과 관련하여 주로 쟁점이 되는 것은 평가단위, 평가요소, 그리고 평가방식의 문제이다.

① 평가단위: 개별평가와 집단평가

평가단위는 근로자 개인에 대한 개별평가와 근로자가 속한 집단 전체를 대상으로 하는 집단평가로 나누어진다. 저성과자 여부를 판단할 때는 개별 근로자에 대한 평가를 기준으로 하는 것이 원칙이고, 예외적으로 집단평가 결과를 개별 근로자에 대한 평가로 활용하기 위해서는 집단과 개인의 업무성과 사이에 밀접한 연계성이 인정되어야만 한다.[123]

따라서 성과주의 인사관리 방식을 채용하여 유휴인력활용지침을 제정, 운용하는 은행에서 지점 전체의 성과를 책임지고 관리·감독하는 지위에 있는 지점장에 대해서는 집단평가 결과를 직접 적용하여 지점장 근무 당시 지점평가에서 하위평가를

123) 박종희, "저성과자에 대한 합리적인 인사관리방안과 관련한 법률상 쟁점 검토", 고려법학 제75호, 2014, p.333.

받은 것을 이유로 업무추진역으로 발령하고, 그 후에도 업무성과를 달성하지 못한 경우 대기발령하는 등의 인사 조치를 하는 것은 인정되나(대법원 2007.11.30. 2005두13247), 지점 전체의 영업성과가 좋았거나 좋지 않았다고 하여 개별 직원들의 공헌 여부를 가리지 않고 지점에 대한 평가와 개별 근로자 평가를 동일시 할 수는 없는 것이다(대법원 2014.11.13. 2014두10622).

② 평가요소: 계량평가와 비계량평가

성과평가를 함에 있어서 모든 평가항목이 계량화되어야만 하는 것은 아니고, 정량 또는 계량 평가가 어려운 업무에는 정성 또는 비계량 평가기준 사용이 불가피한 측면이 있다.

이에 대한 판례를 보면, 근로의 양과 질에 대한 평가에는 객관적인 실적뿐만 아니라 기업조직에의 융화정도 등 수치로 계량할 수 없는 부분에 대한 주관적인 평가도 포함되는 것이므로 일부 평가항목에 관하여 객관적인 판단기준이 마련되어 있지 아니하여 상급자의 주관적 평가에 좌우될 염려가 있다는 사정만으로 근무평정기준 전체가 부당하다고는 보기 어렵다(대법원 2012.7.12. 2012다31949).

또한, 인사고과의 비계량평가는 평가자의 주관적 판단에 기초할 수밖에 없는 점 등에 비추어 볼 때 업적평가 중 평가자의 주관적 판단이 작용할 수 있는 비계량항목에서 낮은 점수를 받았다고 하여 인사고과가 타당성과 객관성을 결여한 불합리한 평가라고 볼 수 없으므로 5차례의 경고처분과 최하위의 인사고과에 기한 근속승진누락은 정당하다(서울고등법원 2010.3.23. 2009누39317).

그러나 평가기준이 계량화되고 구체적일수록 평가자의 주관적 의견이 개입될 여지가 적어 객관성이 강화된다고 할 수 있다. 따라서 평가요소의 설계는 원칙적으로 계량평가와 비계량평가를 적정비율로 혼합하여 설계하되, 업무내용과 실적이 생산량, 매출액, 영업실적 등 객관적인 양적 수치로 나타나는 경우에는 계량 또는 정량평가기준을 사용하고, 근무태도, 만족도, 조직융화도 등과 같은 평가항목이나 업무의 성질상 불가피하게 비계량 또는 정성평가를 하는 경우에도 평가의 객관성과 공정성을 확보하기 위해서는 가급적 평가기준을 구체화하고 다면평가 등 평가자의 복수화 및 다단계화, 단계화된 점수부여방식 등에 의해 평가를 하는 것이 바람직하다.

근무성적표나 평정의견서에 따라 단계화된 점수를 부여하는 방식의 근무평정제도는 일반적으로 인정되며, 이때 세세한 기준이나 점수부여 이유까지는 기재하지 않아도 된다(대법원 2013.1.24. 2012두21710).

인사평가 결과 호봉승급을 제한하고 성과급을 차등지급하는 경우에는 사용자의 주관에 의한 자의적인 평가를 피할 수 있도록 가급적 평가항목을 구체적으로 명확하게 정의하고 평가등급을 다단계로 구성하여 등급별 평가기준을 구체화함으로써 세부항목별로 평가할 수 있도록 하는 것이 바람직하다(대법원 2014.7.24. 2014다31677).

③ 평가방식: 절대평가와 상대평가

평가방식은 저성과의 정도와 지속성의 문제와 결부되는데, 절대평가는 일정한 목표를 정하고 개인별로 목표를 달성했는지 여부를 평가하는 방식이고, 상대평가는 근로자간 비교를 통해 순위를 매기는 평가방식을 말한다.

법원은 보험회사가 보험계약을 체결하여 보험료를 입금시킨 실적(거수실적)이 불량한 사원에 대하여 징계할 수 있다는 인사규정에 의해 행한 징계면직의 정당성을 인정한 판결에서 '저성과자의 기준'을 제시하였는바, 저성과자라 함은 "다른 사원에 비해 상대적으로 다소 낮은 정도가 아니라 해당 근로자의 직위와 보수에 비추어 볼 때 일반적으로 기대되는 최저한의 실적에도 미치지 못하는 정도"라고 하여 상대평가 방식에 대하여 부정적인 입장을 시사하고 있다(대법원 1991.3.27. 90다카25420).

따라서 일반적으로 상대평가에 비해 절대평가가 보다 합리적이어서 평가의 정당성을 인정받을 수 있다고 보며, 실무에서 주로 쟁점이 되는 것은 강제분포 방식을 취하는 상대평가의 공정성 문제이다.

판례는 상대평가에서 하위등급에 일정비율이나 인원을 강제할당하고 하위등급에 포함되었다는 이유로 저성과자로 분류하여 인사조치를 하는 것에 대해서는 부정적이다.

예컨대, 설계·감리회사에서 4회 연속 인사고과 결과 최하위 등급에 해당하는 등 근무성적 불량을 이유로 권고해직한 후 7일 이내에 사직서를 제출하지 않아 징계면직한 것은 인사권 남용으로서, 업무평가등급을 5등급으로 분류하고 상대평가에 따라 최하위 등급에 일정 비율(10%)을 할당한 경우 4회 연속 최하위 등급을 받았다는 것만으로는 업무능력이나 성과가 현저히 부족한 저성과자로 볼 수 없고 다른 해고의 정당성 요소들을 종합적으로 고려하여야 한다(대법원 2007.2.9. 2006두18287). 은행 지점별로 하위등급자 수를 할당하고 시용근로자의 본채용을 거부한 것도 정당성이 인정되지 않는다(대법원 2006.2.24. 2002다62432).

다만, 상대평가방식을 채택하면서도 상위등급에는 일정비율을 할당하였지만 최하위 등급에 대해서는 강제분포가 아니라 절대평가에 따라 임의분포방식을 취하고, 1차 고과 결과에 대하여 피고과자의 의견 제출 및 면담 절차를 두고 있으며, 평가결과 최하위 등급자가 거의 없는 상황에서 인사고과 불량자로 수차례 징계전력이 있었음에도 다시 2년 연속 최하위 등급을 받은 자를 징계해고 하는 것은 정당하다(대법원 2005.10.28. 2005두9729).

또한, 단순히 인사고과에서 하위 일정비율에 속한다는 이유로 한 직권면직은 그 정당성을 인정하기 어려우나, 포괄적·추상적인 인사규정 등의 직권면직 관련 사항을 구체적으로 실현하기 위한 제도를 도입하면서 다면평가를 단계적으로 확대·실시하고 대상자 선정기준, 역량강화 교육 등 제도를 지속적으로 보완하고 투명한 기준과 절차에 따라 평가를 지속하여 직권면직 처분을 한 경우 상대평가라 하더라도 합리성이 인정된다.

따라서 예컨대, 현저하게 근무성적이 나쁜 것이 증명될 뿐 아니라 재교육 등 충분한 기회를 주었음에도 개선되지 않은 자를 인사규정에 따라 대기발령을 하고, 그 후로도 상당한 기간 동안 대기발령 사유가 소멸되지 않아 직권면직한 것은 재량권을 남용한 것이 아니다(대법원 2013.1.15. 2012두21369).

다면평가제도는 상급자 뿐 아니라 하급자나 동료 평가를 포함시킴으로써 종래의 하향식 일방적 평가방식에 비해 공정성이나 객관성을 확보할 수 있다는 장점이 있고, 개인적 친밀도에 따른 영향이나 근거 없는 악의적 평가 등의 문제로 잘못 운용될 여지도 있으나, 이러한 추상적 위험이 현실화되어 평가가 잘못되었다는 구체적 증거가 없는 이상 다면평가에 의한 근무성적 평가와 그에 근거한 저성과자 선정의 합리성이나 타당성을 부정할 수는 없다고 할 것이다(서울고등법원 2012.8.23. 2011누25458).

한편, 근로자의 업무능력 부족이나 성과 부진을 이유로 한 해고가 정당하려면 그 상태가 일시적인 것이 아니라 상당기간 지속되었다는 것이 인정되어야 하는데, 이때 상당기간이라 함은 어느 정도를 말하는지도 문제가 된다.

판례에 따르면, 거래처 개척, 계약서 관리, 미수금 관리 등의 업무 담당자가 1년간 미수금 회수실적이 전무하고 다음 1년은 동종업무 직원의 10%에도 미달하는 등 2년간 성과가 부진한 것은 근로계약을 계속시킬 수 없을 정도로 성실복무 의무를 위반한 것으로서 해고는 정당하다(대법원 1987.4.14. 86다카1875).

또한, 근무성적평정에서 3년 연속 최하위 등급을 받아 역량강화 교육 대상자로 선정되었다가 개선되지 아니하여 해고된 경우(대법원 2014.11.13. 2014두10622), 4년간 최하위의 근무성적평정을 받아 징계해고된 경우(서울행정법원 2009.2.3. 2008구합38551), 직무수행 능력 부족 등 근무태도 불량이 4년간 지속되어 대기발령 후 직권면직된 경우(서울행정법원 1999.11.2. 99구10178), 인사보조업무 담당자로서 6년간 인사고과 평가결과가 하락하고 단순 업무에서 동일한 실수를 반복하는 등 업무능력이 개선되지 아니하여 징계해고된 경우(서울고등법원 2003.9.26. 2003누3316)에 있어서 그러한 기간에 걸친 평가결과를 해고의 사유로 삼은 것은 정당하다.

4) 평가의 실행

① 평가자 선정

평가의 일관성을 확보하기 위해서는 원칙적으로 동일인이 평가하는 것이 바람직하나 반드시 평가자가 모두 동일인이어야 하는 것은 아니고, 평가대상 근로자의 수 등 기업의 상황을 고려할 때 동일인이 평가하는 것이 사실상 어려운 경우에는 상당수의 평가자가 특정 근로자의 근무태도와 업무능력 등을 평가함에 있어서 통상의 평균적인 직원들과 비교하여 평가하는 것도 가능하다(대법원 2006.2.24. 2002다62432).

상·하급자와 동료 등이 참여하는 다면평가는 평가의 공정성과 객관성을 확보할 수 있는 합리적이고 타당한 방안이 될 수 있다(대법원 2013.1.15. 2012두21369).

판례를 보면, 해당 근로자에 대하여 다수의 상급자와 동료들이 인사 조치를 요구하였고 노조 지부장조차 즉시해고 의견을 제시하였고 여러 곳의 근무처에서 연이어 최하위에 가까운 근무평정을 받은 점 등을 근거로 대기발령 및 면직처분을 한 것은 정당하고 징계권 남용에 해당하지 않는다(대법원 2002.7.26. 2000두9113).

또한, 7년간 8개 부서에서 근무한 자로서 직원들의 다면평가 및 팀장급 간부사원 평가에서 한계인력 1순위로 선정된 근로자에 대하여 조직혁신을 위한 한계인력 선정·관리계획에 따라 인사규정 등에 의하여 인사 조치를 한 것은 정당하다(대법원

2014.7.24. 2014다31677).

② 평가기준과 절차 준수

평가는 소정의 기준과 절차에 따라 공정하게 이루어져야 한다. 예컨대, 부서장, 담당임원, 대표이사로 이어지는 3단계의 평가절차를 거치도록 하였음에도 담당임원의 평가를 생략하는 등 중대한 절차상 잘못이 있는 경우, 객관적인 기준에 따라 합리적이고 공정한 평가를 거쳐 근로계약 갱신을 거절하였다고 볼 수 없다(대법원 2015.1.15. 2012두18868).

③ 평가결과의 통지 및 이의제기 절차

평가자의 주관적인 판단에 의한 인사고과라 하여 타당성과 객관성을 결여한 불합리한 평가라고 단정할 수는 없을 것이다. 그러나 해고는 최후수단이고 평가의 주된 목적은 근로자의 능력개발과 성과향상을 위한 것이라는 점에서 평가결과의 피드백과 이의제기 절차를 두는 것은 평가의 타당성과 객관성을 확보함으로써 근로자의 신뢰성과 수용성을 제고하고 자율적인 개선 노력을 유도할 수 있다는 측면에서 매우 중요하다.

(3) 고용유지를 위한 노력

1) 개 요

해고는 최후의 수단으로서 사회통념상 상당성이 있어야 하고 권리남용이 없어야 한다는 일반론에 더해서 통상해고는 기본적으로 근로자의 과거 비위 행위가 아니라 현재는 물론 장래에도 일신상의 사유로 근로계약상의 의무를 이행하지 못할 정도의 흠을 요건으로 한다는 점에서 신의칙상 가급적 고용을 유지할 수 있도록 근로자를 배려해야 할 의무가 사용자에게 요구된다.

특히 업무능력 부족이나 저성과를 이유로 하는 경우에는 제도 설정의 기본목적을 근로자의 퇴출이 아니라 능력개발과 성과향상을 통해 근로자의 고용 안정과 기업의 발전을 도모하는데 두어야 할 것이다.[124)]

124) 하갑래, 근로기준법, p.939; 신의칙상 배려 의무를 요구하는 근거는 ① 해고는 최후수단이어야 하는 점, ② 사회통념상 상당성이 있고 권리남용이 없어야 하는 점, ③ 업무 저성과가 근로자의

사용자가 취해야 할 고용유지 조치로는 근로자의 자율적인 개선 노력 촉구, 업무능력 향상을 위한 교육훈련 기회의 제공, 해고회피·고용유지 노력 등으로 나누어 볼 수 있다.

2) 근로자의 자율개선 촉구

일신상의 사유 가운데 특히 업무능력 부족이나 저성과자에 대해서는 지속적인 면담, 지시, 주의, 경고 조치 등을 통해 근로자 스스로 부족한 능력을 개발하고 성과를 향상시키기 위해 노력하도록 체계적으로 지도하고 관리할 필요가 있다.

판례를 보면, 인사보조업무 담당자가 동일 유형 실수를 반복하고 인사고과 결과가 지속적으로 저하된 것을 사유로 징계해고 한 사안에서 매년 인사고과 시 업무수행 능력 및 지식을 향상시키라는 지시를 한 것(서울행정법원 2003.1.24. 2002구합16306), 성과향상프로그램 탈락 등을 이유로 징계해고 한 사안에서 평가를 할 때 업무수행 능력 향상 지시를 하고 임원 면담을 통해 부족한 부분을 보완할 것을 독려하여 개선 기회를 부여한 것(서울행정법원 2011.9.9. 2010구합41673), 신문사 근로자의 직무태만, 불성실근무 등의 비위행위를 이유로 해임한 사안에서 상사가 3차례 경고한 것(대법원 1987.4.14. 86다카1875) 등의 선행조치를 정당성 판단의 한 요소로 인정하고 있다.

3) 능력개발을 위한 교육훈련 기회 제공

성과부진 근로자에 대한 교육훈련 내지 역량향상 프로그램은 근로자의 퇴출을 목적으로 하는 형식적 절차가 아니라 명실상부하게 실질적으로 업무 능력을 개발하고 향상시키기 위한 것이어야 한다. 따라서 그 내용이 근로자의 기존 업무나 새로운 업무와 관련이 없는 것인 경우 또는 해고나 사직을 유도할 목적으로 도저히 감당할 수 없는 과제를 부여하고 근태관리를 과도하게 엄격히 하는 경우에는 정당성을 인정받기 어렵다.

판례에 따르면, 영업직 부장으로 근무하던 자를 고객관리 업무로 전환시키면서 현장직무 실습이라는 명목으로 단순노무 및 청소업무를 시키고, 상당기간 추가교육이나 배치 없이 전화기와 인터넷 사용이 불가능한 상태로 방치한 것은 근로자의 역량개발이 아니라 퇴사시키기 위한 압박으로 부당하다(대전고등법원 2015.10.15.

과실이나 고의에서 비롯되는 것이 아닌 점 등에서 찾을 수 있고, 저성과자 관리의 목적은 근로자 퇴출이 아니라 고용유지에 두고, 근로자의 업무능력 배양과 인력의 효율적 배치에 두어야 한다.

2015누10412).

반면, 대상자들의 직종별로 교육프로그램을 다르게 설계하고 개인별로도 다른 과제를 부여하는 등 맞춤형으로 실시한 성과향상 프로그램의 경우에는 직무능력이 현저히 부족한 직원들에게 직무능력 향상 및 직무재배치 기회를 부여하되, 이를 통해서도 개선 효과가 없을 경우 구조조정 대상으로 삼아 조직 효율성과 역량을 제고하려는 취지의 제도로 인정된다(대법원 2012.9.27. 2012두13955).

교육훈련 기간은 합리적이고 충분한 기간이 부여되는 것이 바람직하나 일률적인 기준을 정할 수는 없으므로 업무의 특성과 자격취득이나 숙련형성에 필요한 시간 등을 구체적인 사안별로 판단하게 된다. 예컨대, 14년간 수도시설 관련 업무를 담당했던 자에게 5개월도 안 되는 기간을 부여하면서 기존 업무와 무관한 소방설비 산업기사 자격증 취득을 과제로 부여하고 필기시험에서 떨어져 자격을 취득하지 못한 것을 이유로 직권면직한 것은 충분한 시간을 부여한 것으로 보기 어려워 부당하다(서울고등법원 2011.11.9. 2011누8538).

4) 해고회피·고용유지 조치

근로자의 적성이나 역량과 업무의 불일치로 인하여 성과가 부진한 근로자는 배치전환 등을 통해 근로자의 업무나 소속부서, 장소 등 근무환경을 바꾸어 줌으로써 가급적 해고를 피하고 고용을 유지할 수 있는 조치를 우선적으로 고려하여야 한다.

사용자는 배치전환의 목적이 근로자 퇴출이 아니라 업무와의 불일치를 해소해서 조직의 효율성과 성과를 높이고 근로자의 고용을 안정시키기 위한 것이라는 점에 유의하여 실질적으로 업무능력과 성과를 개선할 수 있는 여건을 마련해 주어야 한다.

예컨대, 영업직으로 배치전환을 한 뒤 영업활동에 필요한 사무기기나 영업 관련 주요 자료를 지원하지 않는 등 실적을 제대로 달성할 여건을 조성해주지 않고 대기발령 후 7개월 간 영업현장으로부터 차단된 상태에 두었다가 실적 부진을 이유로 징계해고 한 것은 부당하다(서울고등법원 2005.12.31. 2004누21755).

다만, 전문직의 경우 배치전환의 필요성이 달라질 수 있는데, 예술단원으로 채용된 자가 연주 실력이 현저히 낮은 경우 사무단원으로 전직시키는 것은 사실상 어려우므로 일반 사무직원으로 배치전환 시키지 않고 해고한 것은 정당성이 인정된다

(서울고등법원 2013.11.1. 2013누18942).

(4) 해고 대상자의 판단과 해고의 실행

사용자가 공정하고 객관적인 평가를 실시하여 대상자를 선정하고 교육훈련, 배치전환 등을 통해 개선 기회를 부여하였음에도 불구하고 근로자의 업무능력이나 성과가 가까운 장래에 개선될 가능성이 없거나 근로자가 거부하는 등 사회통념상 고용관계를 더 이상 유지할 수 없다고 판단되는 경우에는 통상해고가 인정된다.

통상해고의 경우에도 해고 제한의 일반법리는 동일하게 적용되므로 노사의 이해관계, 다른 근로자 사례와의 형평성 등 비교형량의 원칙에 적합해야 하며, 서면통지, 해고예고, 해고금지 기간 등 해고에 관한 법령이나 노사협의절차 등 자치규범이 준수되어야 하고, 해고 대상자에 대해서는 희망퇴직, 전직지원 등의 배려가 이루어지는 것이 바람직하다.[125]

판례에 따르면, 회사의 역량향상 교육과 재교육 참여를 모두 거부하고 담당업무와 근무장소 변경 지시에도 따르지 않고 현업수행 평가를 위한 보고서도 수차례 제출하지 않는 등 수년간 근무태도와 근무성적이 극히 불량하였을 뿐만 아니라 이를 개선하려는 노력도 부족한 경우, 해당 근로자와의 근로관계는 사회통념상 더 이상 계속 유지하기 어려울 정도에 이르렀다고 인정된다(대법원 2012.5.9. 2012두4760).

방송국 프로듀서인 근로자가 업무능력 미흡과 성실성 결여 등을 이유로 인사고과에서 감봉 1회, 정직 3회의 징계를 받고도 개선되지 않고 오히려 4단계 등급 가운데 최하위 등급은 임의분포 방식인 인사고과에서 2회 연속 최하위 등급을 받은 경우 역시 해고는 정당하다(대법원 2005.10.28. 2005두9729).

그러나 단순히 구조조정 목적으로 상대평가를 하여 하위등급에 일정 인원을 할당하도록 하고 인사고과에서 하위 일정비율에 속한다는 이유로 직권면직을 하면 그 정당성을 인정받기 어렵다. 다만, 이 경우에도 근무성적이 현저하게 나쁜 것이 증명될 뿐만 아니라 재교육 등 충분한 기회가 주어졌음에도 개선되지 않을 경우에는 직권면직의 정당성이 인정된다(대법원 2013.1.15. 2012두21369).

---

125) 하갑래, 근로기준법, p.947.

제12장

해고 이외의 근로관계 종료

제1절 해고 이외 근로관계 종료의 유형

근로관계 종료의 유형에는 ① 근로자의 의사에 반하여 사용자의 일방적 의사에 의하여 이루어지는 해고 이외에, ② 근로자의 의사나 동의에 의하여 이루어지는 퇴직, ③ 근로자나 사용자의 의사와는 관계없이 이루어지는 자동소멸 등이 있다.

여기에서는 해고 이외의 근로관계 종료로서 근로자의 자발적 의사나 노사 당사자 간 합의에 의하는 경우 또는 노사 당사자의 의사와 관계없이 근로관계가 자동소멸되는 경우에 대해서 설명한다.

핵심 판례 **근로계약의 종료 사유**

근로계약의 종료사유는 ① 근로자의 의사나 동의에 의하여 이루어지는 퇴직, ② 근로자의 의사에 반하여 사용자의 일방적 의사에 의하여 이루어지는 해고, ③ 근로자나 사용자의 의사와는 관계없이 이루어지는 자동소멸 등으로 나눌 수 있고, 그 중 해고란 실제 사업장에서 불리는 명칭이나 절차에 관계없이 근로자의 의사에 반하여 사용자의 일방적 의사에 의하여 이루어지는 모든 근로계약관계의 종료를 의미한다(대법원 2011.3.24. 2010다92148).

해고 이외의 근로관계 종료의 유형을 그 원인별로 나누어보면 다음과 같다.

첫째, 당사자의 의사에 따른 분류이다. 근로자가 일방적으로 의사표시를 하여 근로계약을 해지하는 임의사직(사직)과 근로자와 사용자가 합의에 의해 근로계약을 해지하는 합의해지로 나누어진다. 즉, 임의사직은 근로자가 일방적으로 근로관계를 종료시키는 것이고, 합의해지는 사용자의 승낙이 있을 경우 근로관계가 종료되는 것이다.

임의사직은 사용자의 일방적인 의사표시에 의해 이루어지는 해고와 대칭되는 개념으로서,[1] 사직의 의사표시는 특별한 사정이 없는 한 근로계약을 종료시키는 취지의 해약고지로 본다(대법원 2000.9.5. 99두8657). 한편, 합의해지는 의원면직이나

1) 김형배·박지순, 노동법강의(제12판), 신조사, 2023, p.215.

권고사직 등의 형태로 나타난다. 이러한 임의사직과 합의해지를 총괄하여 퇴직이라고도 한다. **[퇴직 = 임의사직 + 합의해지]**

둘째, 기한의 도래 원인에 따른 분류이다. 우선 계약기간의 만료로 인해 근로관계가 소멸될 수 있다. 그러나 현실에서는 계약기간이 만료되더라도 근로자가 부당해고를 주장하는 경우가 있어 갱신기대권과 갱신거절의 합리적 사유가 있는지를 판단해야 한다. 한편, 계약기간 만료 이외에도 정년의 도래에 의해 근로관계가 종료 되기도 한다.

셋째, 당사자의 소멸에 의한 근로관계 종료이다. 근로자가 사망하거나, 사업주가 폐업 또는 파산함으로써 근로관계가 더 이상 유지될 수 없는 상황이 발생하는 경우이다.

해고와 해고 이외의 근로관계 종료를 원인에 따라 분류하면 〈도표 12-1〉과 같다.

〈도표 12-1〉 근로관계 종료의 원인에 따른 분류

구 분	종료 원인	유 형
해 고	사용자의 일방적 의사	징계해고 정리해고 통상해고
해고 이외 근로관계 종료	근로자의 의사·동의 (퇴직)	임의사직 합의해지
	기한의 도래	기간의 만료 정년의 도래
	당사자의 소멸	근로자의 사망 사업주의 소멸

제2절 당사자의 의사에 의한 근로관계 종료

1. 임의사직과 합의해지

(1) 임의사직과 합의해지의 법률관계

해고는 근로자의 의사에 반하여 사용자가 일방적으로 근로관계를 단절시키는 것이므로 근로자 보호 차원에서 근로기준법 제23조(해고 등의 제한)의 규정을 적용받는다.

반면에, 임의사직과 합의해지는 근로자의 자발적 의사에 따르는 것이므로 노동관계법에서 별도로 보호장치를 두고 있지 않으며, 노사 당사자 간의 계약관계에 대해 규정하고 있는 민법에 따른다.

따라서 사용자가 근로기준법상 해고의 제한을 회피하기 위해 근로자에게 합의해지를 요청하는 형식을 갖추어 사직원을 제출하도록 하는 경우, 그 진의 여부를 둘러싼 분쟁이 발생한다.

민 법 | **근로계약의 해지**

제660조【기간의 약정이 없는 고용의 해지통고】 ① 고용기간의 약정이 없는 근로계약의 경우 당사자는 언제든지 계약해지(사직)의 통고를 할 수 있다.
② 전항의 경우에는 상대방이 해지통고를 받은 날로부터 1월이 경과하면 해지의 효력이 생긴다.
③ 기간으로 보수(월급, 주급 등)를 정한 때에는 상대방(사용자)이 통고를 받은 당기(當期) 후의 일(1)기를 경과함으로써 해지의 효력이 생긴다.

제661조【부득이한 사유와 해지권】 고용기간의 약정이 있는 경우에도 부득이한 사유가 있는 때에는 각 당사자는 계약을 해지할 수 있다. 그러나 그 사유가 당사자 일방의 과실로 인하여 생긴 때에는 상대방에 대하여 손해를 배상하여야 한다.

퇴직의 효력 발생 시기는 퇴직이 근로자의 일방적인 계약해지 통고로 이루어지는 임의사직인지, 아니면 계약 당사자 간 의사합치에 의한 합의해지인지에 따라 달라진다.

고용기간의 약정이 없는 근로자가 임의사직을 하려는 경우 언제든지 계약해지(사직) 통고를 할 수 있다(민법 660조 제1항). 해지의 효력은 사용자가 해지통고를 받은 날로부터 1개월이 경과하면 발생한다(민법 제660조 제2항).

이 때 사직의 의사표시는 특별한 사정이 발생하지 않는 한 근로관계를 소멸시키는 형성권적인 효력을 갖는 '해지'이므로 합의해지의 청약과는 다르다. 근로자가 해지통고를 한 다음 근로관계 종료 이전에 출근을 하지 않을 경우 근로계약 위반행위에 대해 채무불이행 책임(손해배상책임)을 부담해야 한다.[2)]

합의해지의 경우 퇴직의 효력 발생시기는 근로자의 사직서 제출과 이에 따른 사용자의 승낙 여부 등에 따라 각각 다르게 나타난다. 기간의 정함이 없는 근로자가 퇴직 의사표시(계약해지 통고)를 하고, 사용자가 승낙한 경우 사표를 수리하는 시기에 계약해지의 효력이 발생하며, 사용자가 근로자의 사표를 수리하지 않은 경우에는 임금지급 방법에 따라 달라진다〈도표 12-2〉.

예를 들어 기간의 정함이 없는 근로자 중 일급, 시급자의 경우 10월 15일에 퇴직 의사표시를 하면 1개월이 경과된 11월 15일에 근로계약 해지의 효력이 발생한다. 그러나 월급제 근로자의 경우 10월 15일에 퇴직 의사표시를 하면 급여계산 1기가 경과된 12월 1일에 근로계약 해지의 효력이 발생한다.

〈도표 12-2〉 합의해지 시 퇴직 의사표시와 효력발생 시기

퇴직 의사표시		효력 발생 시기
근로자가 사용자에게 퇴직 의사표시(사직서 제출)를 하고 사용자가 승낙(수리)한 경우		사직서를 수리한 시기
단체협약, 취업규칙, 근로계약에 계약종료 시기에 관한 특약이 있는 경우		특약에 정한 시기 (관계 법규에 저촉되지 않아야 함)
근로자의 퇴직 의사표시 후 사용자가 승낙하지 않은 경우	임금을 기간급으로 정하지 않은 경우	사용자가 퇴직 의사표시를 통고받은 날로부터 1개월 경과(민법 제660조제2항)
	임금을 기간급으로 정한 경우(월급제 등)	사용자가 퇴직 의사표시를 통고받은 당기(當期) 후의 1 임금 지급기 경과(민법 제660조제3항)

자료: 퇴직의 효력발생 시기, 고용노동부 예규 제2015-100호를 기초로 작성

2) 김형배·박지순, 노동법강의, p.215.

회사에 따라서는 취업규칙에 근로자가 본인 사정에 의해 사직을 원하는 경우 사직원 제출에 대한 절차를 규정한 사례가 있다. 즉, 업무 인수인계 등을 위해 퇴직 예정 30일(또는 15일) 이전에 사직원을 제출하고, 사직서 수리 등 회사측의 승인이 있을 때까지 성실히 근무하며, 승인 없이 결근하는 경우 무단결근으로 처리한다는 규정을 두기도 한다.

근로자의 퇴직 의사표시는 원칙적으로 특정한 방식을 요구하고 있지 않으므로 서면(사직원) 이외에 구두 또는 이메일 등을 통한 의사표시 모두 유효하다. 그러나 해고를 둘러싼 다툼이 있는 경우 구두상 사직 의사표시는 증명하기가 어려우므로 서면에 의한 의사표시가 분쟁 소지를 줄여준다.

(2) 합의해지의 성격과 유형

임의사직은 근로자가 일방적으로 의사표시(계약해지의 통고)를 하여 근로계약이 종료되므로 단독행위로서 근로기준법이 적용되지 않고 민법(제660조)이 적용된다.

한편, 합의해지는 일반적으로 근로자의 청약과 사용자의 승낙이라는 양 당사자의 의사합치에 의해 성립되는 민사상의 계약 행위로서 역시 근로기준법이 적용되지 않고 민법이 적용된다.

핵심 판례 **합의해지에 의한 근로관계 종료**

사용자가 근로자로부터 사직서를 제출받고 이를 수리하는 의원면직의 형식을 취하여 근로계약관계를 종료시킨 경우, 사직의 의사 없는 근로자로 하여금 어쩔 수 없이 사직서를 작성·제출케 하였다면 실질적으로 사용자의 일방적인 의사에 의하여 근로계약관계를 종료시키는 것이어서 해고에 해당한다고 할 것이나, 그렇지 않은 경우에는 사용자가 사직서 제출에 따른 사직의 의사표시를 수락함으로써 사용자와 근로자의 근로계약관계는 합의해지에 의하여 종료되는 것이므로 사용자의 의원면직처분을 해고라고 볼 수 없다(대법원 2015.8.27. 2015다211630; 대법원 2005.9.9. 2005다34407).

합의해지는 일반적으로 의원면직과 권고사직의 형태로 나타난다.

첫째, 의원면직은 근로자가 자발적으로 사직 의사표시를 하고, 사용자가 승낙하여 근로관계가 해지되는 것을 말한다.

둘째, 권고사직은 사용자가 근로자에 대해 사직할 것을 권고하고, 근로자가 이를 수용하여 근로관계가 종료되는 것을 말한다. 사용자의 사직에 대한 권고가 선행되므로, 근로자는 사용자의 강요에 의해 사직원을 제출하였기 때문에 하자있는 의사표시이며, 부당해고라고 주장하는 사례가 발생한다.

권고사직은 일반 권고사직과 징계 권고사직으로 나눌 수 있다. 징계 권고사직은 징계처분의 한 종류로서 사용자가 권고사직 결정을 한 후 해당 근로자에게 사직을 권고하고 일정 기간 내에 사직원을 제출하지 않을 경우 징계해고나 자동면직 처분을 하는 것으로서 '조건부 징계해고'라고 할 수 있다.[3)]

셋째, 합의해지의 변형된 한 형태로서 명예퇴직이 있다. 명예퇴직(희망퇴직)은 사용자가 경영상 어려움을 극복하기 위해 고용조정 등의 일환으로 사전에 기준을 정한 다음 희망자를 모집하고 심사, 승인함으로써 근로관계 종료가 이루어지는 것을 말한다(대법원 2003.4.25. 2002다11458).

일반적으로 명예퇴직은 근로자들이 정년연령에 도달하기 전에 퇴직위로금 등 보상을 지급하면서 퇴직하도록 하는 것이다. 이 경우 근로자가 사직원을 제출하는 것은 청약행위이고, 사용자가 승인하는 것은 청약에 대한 승낙행위로서 명예퇴직은 합의해지의 변형된 한 형태로 볼 수 있다.[4)]

명예퇴직에는 명예퇴직금 지급과 근로관계 종료에 대한 합의가 각각 포함되어 있으므로, 명예퇴직금액, 그 지급방식 및 근로관계 종료일에 관한 청약과 이에 대한 승낙이 있어야 명예퇴직이 성립한다.[5)]

희망퇴직제 실시에 따라 근로자가 사직서를 제출하고 회사가 이를 수리하여 면직한 것은 근로기준법상의 해고가 아니다(대법원 2003.4.11. 2002다60528).

회사가 어려운 경영 상태를 극복하기 위하여 구조조정의 일환으로 희망퇴직을

---

3) 노동법실무연구회, 근로기준법 주해 II(제2판), 박영사, 2020, p.289.

4) 김형배·박지순, 노동법강의, p.218.

5) 노동법실무연구회, 근로기준법 주해 II, pp.283~284.

권유하는 과정에서, 재택근무제도를 신설하고 재택근무 인사발령시 불이익이 클 것이라는 암시를 주며 무보직 발령을 낸 사실이 있더라도, 근로자의 판단하에 희망퇴직원이 제출되어 퇴직처분이 이루어졌다면, 이는 회사의 일방적인 의사에 의한 해고에 해당되지 않는다(대법원 2004.6.25. 2002다68058).

그러나 근로자들이 명예퇴직을 신청하거나 수용한 것이 진의 아닌 의사표시(의사표시의 하자)에 해당되어 부당해고라고 주장하는 경우에 해고의 정당성 여부가 논란이 되는데 이에 대해서는 '2.4 하자 있는 사직 의사표시의 효력' 부분에서 살펴보기로 한다.

(3) 사직 의사표시에 대한 철회

근로자가 퇴직의 의사표시를 하였다 하더라도 이러한 의사표시를 철회할 수 있다. 그러나 철회 가능 시점은 근로자의 일방적인 임의사직(해지통고)인가 합의해지인가에 따라 달라진다.

의사표시가 근로자가 일방적으로 근로관계를 종료시키는 임의사직인 경우 당해 근로계약을 종료시키는 해약고지로 보아야 하므로 사직 의사표시가 사용자에게 도달한 이후에는 원칙적으로 철회할 수 없다. 다만, 사용자가 철회에 동의한 경우는 예외이다.

핵심 판례 **사직의 의사표시 이후 철회 가능 여부**

사직의 의사표시는 특별한 사정이 없는 한 당해 근로계약을 종료시키는 취지의 해약고지로 볼 것이고, 근로계약의 해지를 통고하는 사직의 의사표시가 사용자에게 도달한 이상 근로자로서는 사용자의 동의 없이는 비록 민법 제660조제3항 소정의 기간이 경과하기 이전이라 하여도 사직의 의사표시를 철회할 수 없다(대법원 2000.9.5. 99두8657).

그러나 합의해지의 경우 근로자가 사직원을 제출하여 근로관계의 합의해지를 청약하고 사용자가 이를 승낙함으로써 근로관계가 종료되므로 사용자의 사직원 수리를 필요로 한다. 따라서 사용자의 승낙의사가 근로자에게 도달하기 전까지는 사직의 의사표시를 철회할 수 있다. 단, 그 철회가 사용자에게 예측할 수 없는 손해를 주는 등 신의칙에 반하는 경우에는 철회가 허용되지 않는다.

핵심 판례 **근로관계의 합의해지 이전 철회 가능 여부**

명예퇴직은 근로자가 명예퇴직의 신청(청약)을 하면 사용자가 요건을 심사한 후 이를 승인(승낙)함으로써 합의에 의하여 근로관계를 종료시키는 것으로, 명예퇴직의 신청은 근로계약에 대한 합의해지의 청약에 불과하여 이에 대한 사용자의 승낙이 있어 근로계약이 합의해지되기 전에는 근로자가 임의로 그 청약의 의사표시를 철회할 수 있다(대법원 2003.4.25. 2002다11458).

한편, 근로자와 사용자가 근로관계 해지에 대해 합의하였다면(예: 노사 모두 서명을 한 경우) 그 합의 당시 근로자의 해지 청약 의사표시에 대해 사용자의 승낙의사가 확정적으로 표시되어 해지의사의 합치가 있었으므로 어느 일방이 임의로 철회할 수 없다(대법원 1994.8.9. 94다14629).

근로자에 의한 근로계약 해지통고(임의사직)와 합의해지의 청약시 철회 가능 시점을 비교하여 정리하면 〈도표 12-3〉과 같다.

〈도표 12-3〉 해지통고와 합의해지 청약의 철회 가능 시점 비교

구 분	해지통고(임의사직)	합의해지의 청약
원 칙	사직의 의사표시가 사용자에게 도달하기 이전 철회 가능	사용자의 승낙의 의사표시가 근로자에게 도달하기 이전 철회 가능
예 외	사용자의 동의가 있는 경우 사직의 의사표시 도달 이후에도 철회 가능	철회로 인해 사용자가 불측의 손해를 입는 등 신의칙에 반하는 사정이 있는 경우 철회 불가

자료: 중앙노동위원회, 주제별 판례 분석집(전면개정판), 2020, p.310.

2. 일방적인 해고와 자발적인 퇴직

실무적으로 사용자는 근로자가 자발적으로 사직했거나 사직권고에 합의해서 근로관계가 종료되었다고 주장하나, 근로자는 권고사직에 동의하지 않았고 사직서 제출도 거부했으므로 부당해고라고 주장하면서 노동위원회에 구제신청을 하여 퇴직인지 해고인지를 다투는 경우가 많다.

근로자가 일방적으로 사직원을 내고 사용자가 이를 수용하여 근로관계가 종료되는 경우나 사용자의 사직권고를 근로자가 받아들여 사직원을 내고 사용자가 결재를 하는 경우에는 퇴직임이 비교적 명백하다.

그러나 근로자가 사직원도 내지않고, 회사에 출근하지도 않으면서 부당해고라고 다투면 근로자의 사직 의사표시가 있었는지, 사용자의 해고 의사표시가 있었는지에 대해 여러 가지 요소를 종합적으로 고려하여 판단하게 된다.

(1) 해고로 본 판례

근로자의 자발적인 사직의 의사표시가 있었다고 보기 어렵다고 판단하여 사용자에 의한 일방적인 해고로 본 사례는 다음과 같다.

① 근로자와 사용자간의 연봉협상이 결렬됨에 따라 사용자가 근로자에게 인수인계서를 작성토록 한 후 퇴직처리를 하였고, 근로자가 퇴직권고를 받은 후 이에 대해 반발한 정황이 있으며, 사용자가 근로자에게 사직서 제출을 요구하지 않았고, 대체할 새로운 영업사원 채용을 공고한 점 등을 보면 근로관계 종료는 자발적인 사직의사에 의한 것이 아니라 사용자의 일방적 의사에 의한 해고이며, 해고에 대한 서면통지를 하지 않았으므로 부당한 해고이다(대법원 2016.5.12. 2016두32749).

② 회사의 대표이사가 공제회 이사장에게 부장급 이상 간부들에 대한 재신임을 묻겠다고 하면서 일괄하여 사직서를 제출하도록 지시를 하여 간부들은 모두 사직할 의사 없이 일괄하여 사직서를 제출하였는데 회사의 대표이사가 의원면직 처리하였다면, 이는 실질적으로 대표이사의 일방적 의사에 의하여 근로계약관계를 종료시킨 것으로서 해고에 해당한다(대법원 1994.4.29. 93누16185).

③ 사용자가 근로자에게 사직을 강요하였으나 근로자가 서면으로 해고장을 작성

해 줄 것을 요구하면서 계속 출근하였고, 사용자가 이에 대응하여 보조교사로 보직을 변경하고 급여를 삭감하는 등 불이익을 준 점 등을 감안하면 근로자를 해고하였다고 보아야 할 것이다(서울고등법원 2009.11.20. 2009누7198).

④ 근로자가 '필요하다면' 사직하겠다고 말하여 확정적인 사직의사를 갖고 있었다고 보기 어렵고, 사용자가 별도의 사직서를 제출받지 않았으며, 사직 수리 권한이 없는 과장에게 말한 사직의사를 확정적인 의사표시로 보기 어려운 점 등을 고려하면 사용자가 일방적으로 근로관계를 종료시켰다고 보는 것이 타당하다(서울행정법원 2015.3.26. 2014구합62333).

⑤ 건설현장에서 10년 이상 근로계약을 반복·갱신하여 체결하면서 감리업무를 수행한 근로자가 사직서를 제출하고 퇴직금을 지급받은 후 다시 기간제 근로계약을 체결하는 형식을 취하였다고 하더라도, 그것이 근로자의 자의에 의한 것이 아니라 사용자의 일방적인 결정에 따라 기간제법 제4조제2항(기간의 정함이 없는 근로자로의 전환)의 적용을 회피하기 위하여 퇴직과 재입사의 형식을 거친 것에 불과한 때에는, 실질적으로 사용자의 일방적인 의사에 의하여 근로계약관계를 종료시키는 것이어서 해고에 해당한다(대법원 2017.2.3. 2016다255910).

(2) 합의해지로 본 판례

법원이 근로자의 사직 의사표시가 유효하여 사용자의 일방적인 해고가 아니라 노사 당사자 간 합의해지로 본 사례를 보면 다음과 같다.

① 근로자가 근로계약서에 연봉 유효기간을 기재한 후, 연봉 유효기간에 맞추어 사직원을 제출하고, 퇴직급여를 신청하고 수령하였으며, 그로부터 오랜 기간이 지난 후에 해고의 효력을 다툰 점 등을 고려하면 근로계약관계는 합의해지에 의해 종료된 것이므로 사용자의 의원면직 처분을 해고라고 볼 수 없다(서울행정법원 2013.6.20. 2012구합12815).

② 근로자가 사직서를 자필로 작성하였고, 자신의 신병에 대해 언급하였으며, 사직서 제출 후 퇴직금을 별다른 이의없이 수령한 후 2개월이 지난 후에 의원면직에 대해 불복하였으나, 근로자가 신병치료와 금융기관의 부채문제를 퇴직금으로 해결할 수 있다는 기대로 인해 사직서를 제출한 것으로 보이므로 사용자가 근로자의 사

직 의사표시를 수락하여 근로관계가 합의해지에 의해 종료되었다고 할 것이다(서울행정법원 2005.9.13. 2005구합4168).

③ 근로자가 사직서를 제출하지 않았지만, 다른 직장으로 이직을 위한 구직활동을 해 왔고 정산된 성과급을 사전에 수령하였으며, 감사패를 수령하고 진료실의 열쇠를 반납한 점과 아무런 이의 없이 퇴직위로 여행을 다녀온 점 등을 종합하면 근로자와 사용자 사이에 근로계약 종료에 대한 합의가 있었다고 봄이 상당하다(서울고등법원 2009.1.7. 2008누22787).

(3) 사직과 해고 여부에 대한 판단기준

이러한 판례들을 종합하여 볼 때 사용자의 일방적인 해고로 본 사례는 ① 사용자가 사직서를 강요한 정황이 있는 경우, ② 근로자가 사직서 작성을 거부하면서 해고에 대해 이의를 제기한 경우, ③ 사용자가 재신임을 묻겠다며 일괄 사표를 받은 경우, ④ 근로자가 인수인계서 작성을 거부하고 물품을 반납하지 않으면서 계속 출근을 하거나 시도한 경우, ⑤ 근로자가 작별인사를 하지 않고 퇴직금 수령을 거부한 경우, ⑥ 근로자가 실업급여를 신청하지 않고 타 사업장에도 취업하지 않으면서 계속 해고를 다투는 경우 등이다.

반면, 근로자의 자발적인 사직 또는 합의해지로 본 사례는 ① 근로자가 사직서를 작성하여 제출하고 해고에 대해 별도의 이의를 제기하지 않는 경우, ② 근로자가 인수인계서를 작성하고 물품을 반납한 후 임의로 출근을 하지 않는 경우, ③ 근로자가 작별인사를 하고, 퇴직금, 전별금 등을 수령한 경우, ④ 근로자가 실업급여를 신청하고 타 사업장에 취업을 하였거나 적극적인 구직활동을 하는 경우, ⑤ 퇴직후 상당기간이 지난 뒤에 해고에 대해 이의를 제기하는 경우 등이다.

'사직과 해고 여부에 대한 판단요소'를 정리하면 〈도표 12-4〉와 같다. 노동위원회나 법원에서는 근로자가 퇴직금이나 실업급여를 수령했더라도 근로관계 종료 당시 어느 한 요소만을 단편적으로 보고 판정하는 것이 아니라 객관적인 증거와 주관적인 주장, 그리고 당시 상황 등을 바탕으로 종합적으로 판단하게 된다.

구체적인 사례를 보면, 근로자가 월 80만원에 근무하기 곤란하다는 의사를 표시한 것은 근무조건 변경에 동의하지 않는다는 취지일 뿐, 사용자와의 근로관계 종료를 자발적으로 희망한 것으로 보기 어려우므로 사용자의 일방적 의사에 따라 행해진 해고로 본다. 아울러 근로자가 근로관계 종료일에 합의한 것은 사용자의 명백한 해고의사를 확인하고 실업급여라도 수령하려고 응한 것이므로 실업급여를 조건으로 자발적 사직의사가 있었다고 볼 수 없다고 판단하고 있다(대법원 2015.12.11. 2015두55721).

또한, 근로자가 사용자측 직원으로부터 욕설과 폭언과 함께 퇴직할 것을 요구받고, 근로자가 수행하던 업무도 이미 타 직원에게 담당하게 한 점 등을 고려하면 근로자가 비록 퇴직금과 위로금을 지급받았다 하더라도 강요된 분위기에서 사직서를 제출할 수밖에 없었다면 이러한 사직은 무효로 판단한다(서울고등법원 2006.8.18. 2005누23413).

〈도표 12-4〉 사직과 해고 여부에 대한 판단요소

구 분	사직으로 볼 수 있는 요소	해고로 볼 수 있는 요소
근로자의 사직의사	근로자가 사직원을 작성하여 제출	근로자가 사용자의 사직원 작성 요청을 거부
근로자의 이의제기	근로자가 해고에 대해 별다른 이의제기를 하지 않음	근로자가 해고에 대해 항의하고, 해고를 다툼
사용자의 출근지시	근로자가 사용자의 출근지시 거부, 사측의 연락에 응하지 않음	사용자가 출근지시를 하지 아니함
근로자의 출근거부	근로자가 임의로 출근하지 않음	근로자가 계속 출근하거나 출근을 시도함
물품 정리와 반납	근로자가 이의제기 없이 인수인계서를 작성하고 물품 정리 및 반납	근로자가 인수인계서 작성을 거부하고, 물품을 반납하지 않음
작별인사와 송별회식	근로자가 동료 및 상사에게 작별인사를 하고 송별회식에도 참여	근로자가 작별인사를 하지 않고 송별회식도 없었음
퇴직금·전별금 수령	근로자가 이의제기 없이 퇴직, 전별금 등을 수령	근로자가 퇴직금, 전별금 수령을 거부함
실업급여 신청	근로자가 실업급여 수령을 위해 퇴직사유를 '권고사직' 으로 해 줄 것을 요청, 실업급여를 신청하여 수령	근로자가 실업급여를 신청하지 않음
타 사업장 취업	타 사업장에 취업하였거나 구직활동을 함	근로자가 타 사업장에 취업하지 않고 해고를 다툼

3. 근로관계 종료 원인에 대한 입증책임

사직인지 해고인지를 다툴때 근로관계 종료에 대한 입증책임을 누가 지느냐가 중요하다. 입증책임은 사실관계가 있었는가에 대해 확정할 수 없을 경우 한 당사자가 법원이나 판정기관을 설득하기 위한 증거를 제출하지 못하는 경우에 부담해야 하는 소송상의 불이익을 말한다.

따라서 노사 당사자 모두 명확한 증거를 제시하지 못할 때 입증책임을 누가 지느냐에 따라 소송의 결과가 달라지므로 입증책임이 어느 편에 있느냐가 매우 중요하다. 특히 노사 양 당사자의 주장만 있고 사실관계에 대한 증거가 모호할 경우 입증책임이 있는 당사자가 불리한 입장에 처하게 된다.

실무에서는 근로자가 부당해고를 당했다고 주장하지만 해고가 있었는지가 불분명한 경우가 많다. 사용자는 근로자에게 경영상 어려움을 설명하며 사직을 권고했을 뿐인데 근로자가 더 이상 출근하지 않아 해고가 아니고 자진 퇴사라고 주장하는 사례가 발생한다.

해고의 효력을 다투고 있는 경우, 사용자가 일방적인 의사로 근로관계를 종료시키는 해고를 하였다면 해고처분의 존재에 대한 입증책임은 이를 주장하는 자 즉, 근로자에게 있다(서울고등법원 2013.10.16. 2012누34756). 그러나 해고의 정당성 여부에 대해서는 사용자에게 입증책임이 있다.[6]

그러나 사용자가 근로자의 자발적인 사직 또는 합의해지에 의해 근로관계가 종료되었다고 주장하는 경우, 사용자측에서 근로관계 종료의 원인이 사직이나 합의해지(근로자의 의사 또는 동의)라는 점에 대한 증명책임이 있다(서울고등법원 2014.7.18. 2014누41857).

또한, 법원은 해고가 구두로 이루어진 경우 근로자는 해고 사실을 입증할 방법이 마땅치 않은 반면 근로자의 사직 의사표시가 구두로 이루어진 경우 사용자는 근로자에게 사직서 제출을 요구하거나 근로자가 이를 거부하고 무단으로 결근하는 경우 이를 징계사유로 삼아 해고할 수 있는 점 등 근로계약에 있어 양 당사자의 지위

---

6) 중앙노동위원회, 주제별 판례 분석집(전면 개정판), 2020, p.305.

와 입증의 부담을 고려하면, 근로자의 의사나 동의에 의해 근로계약이 종료되었다고 주장하는 사용자가 근로계약 종료사유를 입증할 책임이 있다고 판시하였다(서울고등법원 2015.8.19. 2014누58350).

위와 같은 판례를 종합해 보면, 해고 이외의 근로관계 종료에 대한 입증책임에 대해서는 대법원에 의해 입장이 명확하게 구체적으로 정리된 것을 찾기 어렵고, 고등법원의 판례에서는 입증책임을 사용자 또는 근로자에게 부담시키는 것으로 나뉜다.[7)]

실무적으로는 동일한 시간대에 발생한 상황에 대해 근로자는 해고라고 주장하고, 사용자는 사직 또는 합의해지라고 주장하지만 양 당사자 모두 확실한 증거가 없는 경우가 많고, 대법원의 입증책임에 대한 구체적이고 명확한 입장도 찾기 어려우므로 입증책임 이외에 위의 사직과 해고의 판단요소를 종합적으로 고려하여 판단을 하게 된다.

4. 하자있는 사직 의사표시의 효력

원칙적으로 사직서의 기재내용이나 사직과 관련한 태도 등을 보아 사직서 작성이 근로자의 진의가 아니라고 부정할 수 없고, 회사측의 강요나 강박에 의해 이루어진 것이 아닐 경우 근로자의 의사표시는 유효하여 근로관계가 적법하게 소멸된다(대법원 1996.7.30. 95누7765).

현실적으로 사용자는 근로자가 사직의 의사표시를 하였다고 주장하나 근로자는 그 의사표시가 진의가 아니었다거나, 강요 등에 의해 어쩔 수 없이 의사표시를 했다고 주장한다. 이 경우 근로자의 사직 의사표시에 하자가 있어 그 의사표시가 무효인가라는 문제가 발생된다.

법률적으로 합의해지는 민사상 계약행위이므로 근로기준법상 해고 제한 규정의 적용을 받지 않고, 사직 의사표시의 하자나 철회 등에 대해서는 민법 제107조(진의 아닌 의사표시), 제109조(착오로 인한 의사표시), 제110조(사기, 강박에 의한 의사표시) 등이 적용된다.

---

7) 중앙노동위원회, 주제별 판례 분석집, pp.305~306.

민법 | 의사표시의 하자

제107조【진의 아닌 의사표시】 ① 의사표시는 표의자가 진의아님을 알고 한 것이라도 그 효력이 있다. 그러나 상대방이 표의자의 진의아님을 알았거나 이를 알 수 있었을 경우에는 무효로 한다.

제109조【착오로 인한 의사표시】 ① 의사표시는 법률행위의 내용의 중요부분에 착오가 있는 때에는 취소할 수 있다. 그러나 그 착오가 표의자의 중대한 과실로 인한 때에는 취소하지 못한다.

제110조【사기, 강박에 의한 의사표시】 ① 사기나 강박에 의한 의사표시는 취소할 수 있다. ② 상대방이 있는 의사표시에 관하여 제삼자가 사기나 강박을 행한 경우에는 상대방이 그 사실을 알았거나 알 수 있었을 경우에 한하여 그 의사표시를 취소할 수 있다.

제111조【의사표시의 효력발생시기】 ① 상대방 있는 의사표시는 그 통지가 상대방에 도달한 때로부터 그 효력이 생긴다.

(1) 진의 아닌 사직 의사표시

1) 진의 아닌 의사표시의 개념

민법 제107조제1항에서 "의사표시는 표의자가 진의아님을 알고 한 것이라도 효력이 있다. 그러나 상대방이 표의자의 진의아님을 알았거나 이를 알 수 있었을 경우에는 무효로 한다."라고 규정하고 있다. 따라서 사용자가 근로자의 사직의사가 진의가 아니었다는 것을 알았거나 정황으로 보아 알 수 있는 경우에는 사직의사를 무효로 한다.

이 경우에 진의는 근로자가 진정으로 마음속으로 바라는 사항이 아니라 외부로 드러난 의사표시를 말한다. 근로자가 내심으로는 사직을 하고 싶지 않지만, 경영상 여건, 향후 징계 가능성 등을 고려한 후 그 당시에는 최선이라고 판단하여 의사표시를 하였을 경우 이를 진의 아닌 의사표시라고 하기는 어렵다(대법원 2007.12.27. 2007두15612).

핵심 판례 **진의 아닌 의사표시**

진의 아닌 의사표시에 있어서의 '진의'란 특정한 내용의 의사표시를 하고자 하는 표의자의 생각을 말하는 것이지 표의자가 진정으로 마음속에서 바라는 사항을 뜻하는 것은 아니므로 표의자가 의사표시의 내용을 진정으로 마음속에서 바라지는 아니하였다고 하더라도 당시의 상황에서는 그것이 최선이라고 판단하여 그 의사표시를 하였을 경우에는 이를 내심의 효과의사가 결여된 진의 아닌 의사표시라고 할 수 없다(대법원 2015.8.27. 2015다211630; 대법원 2003.4.25. 2002다11458).

근로자가 진의 아닌 의사표시를 하였다거나 사용자가 진의가 아니었다는 사실을 알았거나 알 수 있었다는 것에 대한 입증책임은 근로자에게 있다.

2) 비진의 의사표시를 인정한 판례

법원이 근로자의 사직 의사표시가 진의가 아니므로 무효라고 판결하여 부당해고로 인정한 판례를 보면 다음과 같다.[8] 주로 사용자가 형식적 또는 일괄적으로 사직서를 받은 경우 비진의 의사표시로 인정된 사례가 많다.

① 사직서 제출은 품질경영팀 전원이 품질불량 등에 대해 책임을 지고 근신한다는 모습을 보여주기 위해 형식상으로 이루어진 것으로 비진의 의사표시이다(대법원 2010.1.14. 2009두15051).

② 사용자가 임금을 제대로 지급하지 못하는 상황에서 임금체불 등을 이유로 모든 연구소 직원으로부터 일괄적으로 사직서를 받은 것은 사직서 제출을 강요하거나 종용한 것이다(서울고등법원 2008.5.14. 2007누29224).

③ 근로자가 회사의 경영방침에 따라서 사직원을 제출하고 회사가 이를 승낙하여 퇴직처리를 한 후 즉시 재입사하는 형식을 취하여 근로자가 그 퇴직 전후에 걸쳐 실질적으로 근로관계가 단절되지 않고 계속적으로 근무하였다면, 그 사직원 제출은 근로자가 퇴직의사가 없는 상황에서 퇴직의사를 표시한 것으로 볼 수 있으므

8) 중앙노동위원회, 주제별 판례 분석집, pp.319~322.

로 비진의 의사표시에 해당한다(대법원 2005.4.29. 2004두14090 참조).

3) 비진의 의사표시를 부정한 판례

법원에서 근로자의 사직 의사표시가 진의이므로 유효하다고 판단하여 비진의 의사표시로 인정하지 않은 사례를 보면 다음과 같다. 일반적으로 징계를 우려한 사직, 희망퇴직, 명예퇴직 등의 사례에서 진정 마음으로는 바라지 않았다고 하더라도 당시의 상황을 보아 퇴직이 최선의 선택이라고 판단하여 사직한 경우 정당한 근로관계 종료 또는 퇴직(합의해지)으로 판단한다.

① 근로자가 사직서 작성 당시에 이미 감급 이상의 징계처분을 받았고, 징계위원회에서 다음에 징계사유가 발생할 경우 사직서를 작성하겠다고 밝혔으며, 작성일자가 공란인 사직서를 제출한 점 등을 볼 때, 사직서 제출은 해고라기 보다는 근로자가 해고보다는 사직서 제출이 최선이라는 내심의 의사를 반영한 것으로 볼 수 있어 사직서의 효력이 인정된다(대법원 2006.4.14. 2006두1074).

② 근로자가 징계에 회부되어 사직권고를 받게 되자 징계면직이 이뤄질 경우 급여 및 퇴직금에서 불이익이 발생하게 되므로 이를 회피하기 위해 사직서를 제출한 것으로서, 사직권유만으로 근로자의 의사결정의 자유가 침해받았다고 볼 수 없고, 당시에 그것이 최선이라고 생각하여 사직서를 제출한 것을 진의 아닌 의사표시나 강요에 의한 사직 의사표시로 볼 수 없다(서울행정법원 2006.7.7. 2006구합2084).

③ 근로자들이 사용자의 희망퇴직 권고를 선뜻 수용할 수는 없었다고 하더라도 당시의 국내 경제상황, 구조조정 계획, 희망퇴직 조건, 퇴직시와 계속 근무시 이해관계 등을 종합적으로 고려한 후 당시 상황으로는 희망퇴직이 최선이라고 판단하여 희망퇴직신청원을 제출한 것으로 볼 수 있으므로, 근로관계는 근로자들이 사용자의 권유에 따라 희망퇴직 의사표시를 하고 사용자가 이를 수용함으로써 유효하게 합의해지 되었다(대법원 2005.9.9. 2005다34407).

④ 회사가 인력 구조조정의 일환으로 명예퇴직제도를 실시하는 경우 근로자가 명예퇴직을 신청하면서 사직원을 제출한 것은 진정으로 마음속으로 명예퇴직을 바라지는 않았다 하더라도 그 당시 상황을 고려, 명예퇴직을 하는 것이 최선이라고 판단하여 사직원을 제출하였다면 이를 진의 아닌 퇴직 의사표시라 할 수 없다(대법

원 2003.4.25. 2002다11458).

(2) 강박에 의한 사직 의사표시

민법 제110조에 따라 사용자의 강박 또는 강요에 의한 사직 의사표시는 취소할 수 있다. 사용자가 일방적으로 사직서 제출을 강요하여 근로자가 어쩔 수 없이 사직서에 서명을 하였다면 강박에 의한 의사표시가 되어 그 의사표시는 취소할 수 있으며, 실질적으로 부당해고로 판정·판결받을 가능성이 높다. 그러나 근로자가 사직서 제출이 강요에 의해 이루어졌다는 점을 입증하여야 한다.

핵심 판례 **강요에 의한 사직서 제출**

사용자가 근로자로부터 사직서를 제출받고 이를 수리하는 의원면직의 형식을 취하여 근로계약관계를 종료시킨 것이라 할지라도, 사직의 의사가 없는 근로자로 하여금 어쩔 수 없이 사직서를 작성·제출하게 한 경우에는 실질적으로 사용자의 일방적 의사에 의하여 근로계약관계를 종료시키는 것이어서 해고에 해당한다고 할 것이다(대법원 2005.11.25. 2005다38270).

1) 강박에 의한 사직 의사표시를 인정한 판례

법원에서 사용자의 강박에 의해 어쩔수 없이 근로관계를 종료하게 되어 해고로 판결한 사례는 다음과 같다. 사용자가 부당한 압력을 행사하여 희망퇴직을 신청하게 하거나, 반복적인 퇴직 종용, 욕설과 폭언 등에 의해 사직서 제출이 이루어진 경우는 부당해고로 판단한다.

① 근로자가 희망퇴직신청서를 제출할 당시에 사직에 대한 내심의 의사가 있었고, 희망퇴직자로 확정되었다고 하더라도, 회사가 당초 사직의사가 없는 근로자에게 부당한 영향력을 행사하여 희망퇴직을 신청하게 한 후 수리했으므로 사용자의 일방적인 근로관계 종료인 해고에 해당한다(대법원 2002.10.25. 2002두6552).

② 사용자가 퇴직의사가 전혀 없는 근로자에게 계속하여 반복적으로 퇴직을 종

용하였고 근로자가 생활하던 기숙사에 새벽에 침입하여 폭언 등을 하면서 퇴직을 요구한 점을 감안하면, 여자인 근로자로서 회사의 강요된 분위기에 위축되어 어쩔 수 없이 사직서를 제출할 수밖에 없었으므로 부당해고에 해당한다(대법원 2006.10.26. 2006두15172).

③ 사용자가 근로자를 자택으로 호출하여 욕설과 폭언으로 사직서 작성을 강요하였고, 사직서 제출 후에 비로소 이사장 자택에서 나올 수 있었으며, 사직서에 구체적인 사직 이유가 적시되어 있지 않은 점 등을 고려하면 사직서 제출이 강요와 협박에 의해 이루어졌으므로 부당해고라고 판단된다(서울행정법원 2013.7.23. 2013구합2051).

④ 식당운영자가 종업원들에게 새로운 직장을 찾으라는 취지의 문자메시지를 보낸 후 다음 날 회의를 하면서 5일 후에는 가게에 남아서 일을 하더라도 월급을 주지 못할 수 있다는 취지로 말하였고, 이에 식당을 그만둔 종업원들에 대하여 고용보험 피보험자격상실신고를 마치고 구직사이트에 직원 3명을 구하는 채용공고를 올린 사안의 경우, 비록 형식적으로는 종업원이 자진하여 식당을 그만둔 것처럼 보일지라도, 실질적으로는 식당운영자의 일방적 의사에 의하여 사직 의사가 없는 종업원들로 하여금 어쩔 수 없이 사직하게 하여 근로계약관계를 종료시킨 것이므로 해고에 해당한다(대법원 2019.10.31. 2019다246795).

2) 강박에 의한 사직 의사표시를 부정한 판례

그러나 법원에서 사용자의 강요에 의해 근로자가 사직 의사표시를 한 것으로 보지 않은 사례는 다음과 같다. 근로자가 형사처벌을 받지 않기 위해 사직원을 제출하거나, 1차 사직서 이외에 2차 사직서, 퇴직서약서까지 제출한 경우에는 강요에 의한 사직 의사표시로 보지 않고 합의해지로 판단한다.

① 근로자가 사직서 제출 당시 인사위원회에서 학력 허위기재 등을 이유로 형사책임을 묻겠다고 하자, 사직하고 싶은 마음은 없으나 형사처벌을 면하기 위해 사직이 최선이라고 판단하여 사직 의사표시를 한 것으로 보인다. 따라서 근로자가 제출한 사직서를 사용자가 수락하여 근로관계가 합의에 의해 종료된 것으로 판단된다(서울고등법원 2006.4.18. 2005누12).

② 근로자가 1차 사직서 작성 당시에 사용자측의 '경영진과 맞지 않으니 회사를 떠나라'라는 요구가 있었다고 해도, 사직 의사표시를 무효로 할 정도의 강요로 보기 어렵고, 이후 1개월이 지난 시점에 2차 사직서를 제출하였으며, 퇴직서약서까지 제출한 점 등을 보면 사직서 제출이 강요에 의해 제출되었다고 보기는 어려우므로 사용자의 일방적인 의사표시에 의한 해고라고 볼 수는 없다(서울행정법원 2008.9.5. 2008구합11549).

(3) 사기와 착오 등 의사표시의 하자

민법은 사기에 의한 의사표시(제110조), 착오로 인한 의사표시(제109조)는 취소할 수 있다고 하고 있다.

따라서 법원은 근로자가 사용자의 회유 또는 기망에 의해 사직서를 제출하였다면 근로자의 의사표시에 하자가 있으므로 부당한 해고라고 판단한다.

① 근로자가 사용자에게 사직서에 서명 당시 퇴직금와 위로금을 받으면서 구제신청을 하겠다는 의사를 밝혔으나, 이에 대해 총무부장이 해고예고수당과 위로금을 받게 해주기 위해 형식적으로 사직서를 받아두는 것이라는 등의 말로 회유하였던 점 등을 고려하면 의원면직은 사용자가 일방적인 의사표시에 의해 근로관계를 종료한 부당해고에 해당한다(서울고등법원 2006.8.18. 2005누23413 참조).

② 화해계약에서 결정된 사항과 진실과의 차이의 정도가 당사자의 주장 범위를 현저히 넘고, 당사자가 그 주장 범위를 넘는 부분에 대하여는 별로 의문을 갖지 아니하여 다툼의 대상으로 삼지 아니하고, 상호양보의 내용으로 한 바도 없었음이 명백하게 인정된다면 그 주장범위를 넘는 사항에 관하여 착오가 있는 것은 화해의 전제 내지 기초에 착오가 있는 경우에 해당한다. 따라서 근로자가 실수로 인해 희망퇴직 조건, 퇴직금 등에 대해 잘못 이해하여 사직원을 제출한 경우 예외적으로 착오에 의한 의사표시로 본다(대법원 1989.8.8. 88다카15413).

제3절 계약기간 만료에 의한 근로관계 종료

1. 비정규직 근로자와 기간제근로자

기업은 국내외에서 경쟁이 심화되고, 경영 환경의 변동성이 확대되며, 상품과 서비스에 대한 수요 변화가 커짐에 따라 인력 활용면에서 유연성을 확대하고, 인건비 등 비용을 절감하기 위해 비정규직 활용을 늘리려 한다. 다른 한편으로는 정규직에 대한 고용과 임금의 경직성 문제를 해결하기 위해 비정규직을 사용하기도 한다.

비정규직 근로자는 다시 한시적 근로자, 시간제근로자, 비전형 근로자로 구분된다. 이중 한시적 근로자는 기간제, 반복갱신, 반복갱신 기대불가로 나뉘며, 비전형 근로자에는 파견, 용역, 특수형태근로, 가정내 근로, 일일근로가 포함된다.

우리나라에서 한시적 근로자 중 많이 볼 수 있는 기간제근로자(기간의 정함이 있는 근로계약을 체결한 근로자)는 임시적 필요, 특정 사업 수행, 계절적 수요, 타 근로자의 업무대체 등을 위해 기간의 정함이 있는 업무를 수행하게 된다.

한편, 기업은 정규직이 상대적으로 해고가 쉽지 않고 인건비가 높으므로, 계약기간 만료를 이유로 고용조정을 비교적 용이하게 할 수 있고 인건비를 절약하기 위한 목적으로 기간제근로자를 사용하기도 한다.

따라서 사용자가 근로기준법상 해고의 제한을 회피할 목적으로 기간제 근로계약을 반복해서 갱신하고, 상시적인 업무에도 기간제를 남용하는 경향이 나타남에 따라 기간제근로자에 대한 불합리한 차별을 시정하고, 근로조건 보호를 강화하기 위해 '기간제 및 단시간근로자 보호 등에 관한 법률(기간제법)'을 제정하였다(2007.7.1. 시행) .

기간제법에서는 기간제근로자의 사용기간을 원칙적으로 2년으로 제한하고, 사용자가 2년을 초과하여 근로자를 사용할 경우 기간의 정함이 없는 근로계약(무기계약)을 체결한 근로자로 본다. 다만 사업의 완료 또는 특정한 업무 완성에 필요한 기간을 정한 경우 등에는 예외적으로 2년을 초과하여 기간제근로자를 사용할 수 있도록 하였다(기간제법 제4조).

사용자가 기간제근로자를 2년을 초과하여 사용한다 하더라도 벌칙은 없으나 무기계약 근로자로 전환되므로 근로기준법상 해고의 제한을 받고, 정당한 이유 없이 해고한 경우에는 부당해고에 해당된다(근로기준법 제23조).

기간제법 **기간제근로자의 사용**

제4조【기간제근로자의 사용】 ① 사용자는 2년을 초과하지 아니하는 범위 안에서(기간제 근로계약의 반복갱신 등의 경우에는 그 계속근로한 총기간이 2년을 초과하지 아니하는 범위 안에서) 기간제근로자를 사용할 수 있다.
② 사용자가 제1항 단서의 사유가 없거나 소멸되었음에도 불구하고 2년을 초과하여 기간제근로자로 사용하는 경우에는 그 기간제근로자는 기간의 정함이 없는 근로계약을 체결한 근로자로 본다.

2. 기간제의 근로계약 종료

(1) 기간제 근로계약의 효력

기간제 근로계약은 원칙적으로 기간이 만료되면 사용자의 해고 등 별다른 조치가 필요없이 당연히 종료되는 것이다. 즉, 기간을 정하여 근로계약을 체결한 근로자의 경우 그 기간이 만료됨으로써 근로자로서의 신분관계는 당연히 종료되고 근로계약을 갱신하지 못하면 갱신거절의 의사표시가 없어도 그 근로자는 당연 퇴직되는 것이 원칙이다(대법원 2011.7.28. 2009두5374).

따라서 원칙적으로 기간제근로자에게 갱신기대권이 인정되지 않는다면, 해당 기간제 근로계약은 기간의 만료로 종료되므로 해고가 존재하지 않는다.

(2) 기간의 정함이 없는 근로계약으로 본 판례

기간을 정한 근로계약서를 작성했더라도 단기의 근로계약이 장기간에 걸쳐서 반복하여 갱신됨으로써 계약기간이 단지 형식에 불과하다는 사정이 인정되는 경우에는 사실상 기간의 정함이 없는 근로계약을 맺었다고 볼 수 있으므로, 사용자가 정당한 사유 없이 갱신계약의 체결을 거절하는 것은 해고와 마찬가지로 무효이다(대법원 2013.1.14. 2011두24361).

근로자의 업무가 상시적인 필수 업무이므로 단기간 동안 고용해야 할 객관적 사유가 없고, 근로계약상 자동연장조항에 따라 자동적으로 계약을 갱신하였으며, 계약기간을 만료로 퇴사한 근로자도 없었으므로 기간의 정함이 없는 근로자로 인정되어 근로자에 대한 계약기간 만료통지는 해고에 해당한다(서울고등법원 2009.9.24. 2009누8542).

(3) 기간의 정함이 있는 근로계약으로 본 판례

법원은 근로계약이 반복 갱신되었다고 해서 당연히 기간의 정함이 없는 근로자로 보는 것이 아니라 ① 그 계약서의 내용과 근로계약이 이루어지게 된 동기 및 경위, ② 기간을 정한 목적과 당사자의 진정한 의사, ③ 동종의 근로계약 체결방식에 관한 관행, 그리고 ④ 근로자 보호법규 등을 종합적으로 고려하여 판단하고 있다(대법원 2007.7.12. 2005두2247).

핵심 판례 **기간의 정함이 있는 근로계약의 효력을 인정**

근로자와 사용자가 근로계약을 체결하면서 기간을 정한 근로계약서를 작성한 경우라 하더라도, 그 기간의 정함이 단지 형식에 불과하다는 사정이 인정되는 경우에는, 계약서의 문언에도 불구하고 기간의 정함이 없는 근로계약을 맺었다고 볼 것이나, 위와 같은 사정이 인정되지 않는 경우에는 처분문서인 근로계약서의 문언에 따라 근로자와 사용자 사이에는 기간의 정함이 있는 근로계약이 맺어진 것이라고 봄이 원칙이다(대법원 2007.7.12. 2005두2247).

구체적인 사례를 보면, 근로자가 고등교육법에 따른 연구교수이고, 연구교수임용규정에서 연구조교수는 재계약을 위해서는 일정 기준 이상의 연구실적이 있어야 하는 등 일정한 요건을 갖추도록 규정하고 있으며, 임용계약서에 계약기간 만료 시 계약이 갱신되지 아니할 때에는 자동면직된다고 규정하고 있고, 연구조교수로서 계약기간이 종료할 때마다 재계약 절차에 맞추어 교수업적 평가서를 제출하여 오는 등 별도의 재계약 절차를 거친 점 등을 종합하면, 최초의 임용계약이 체결된 후

6차례에 걸쳐 재계약이 체결된 사정만으로 사실상 기간의 정함이 없는 근로자의 지위에 있다고 볼 수 없다(대법원 2010.6.24. 2007다31471).

법원은 기간의 정함이 있는 근로계약인지 여부에 대해서 여러 가지 사정을 종합적으로 고려하여 판단하는데, 기간의 정함이 있는 근로계약으로 본 사례는 다음과 같다.[9]

① 근로계약서에 계약기간을 명시하고, 계약만료로 근로계약이 당연 종료된다고 규정한 경우

② 취업규칙 또는 단체협약에서 정규직 근로자와 계약직(기간제) 근로자를 별도로 규정하고 있는 경우

③ 동종 근로자들이 근로계약 기간에 한정해서 근무하거나, 계약기간을 명시한 근로계약서를 신규로 작성하는 방식으로 근로계약을 갱신하는 경우

④ 회사가 근로자를 평가한 후 일정 수준 이상의 경우에만 근로계약을 갱신하는 경우

⑤ 사업의 성격이 잠정적이거나 한시적인 경우

⑥ 기업의 경영상 사정이나 업무 성격상 탄력적인 인력 운영이 필요한 경우

⑦ 고도의 전문성을 필요로 하는 직종에서 위촉기간을 한정하여 근로자를 채용하거나, 일정 기간 동안 근로자의 업무능력이나 적합성 판단을 위해 기간제 계약을 체결한 경우

(4) 기간제 근로계약에 대한 판단절차

실무적으로 기간제 근로계약과 관련하여 제기되는 사건을 보면 당사자가 상반된 주장을 하는 경우가 종종 발생한다. 즉, 근로자는 기간제 근로계약을 체결했지만 사실상 기간의 정함이 없는 무기계약이고, 기간의 정함이 있는 계약이라 하더라도 계약갱신에 대한 기대권이 있으며, 계약갱신 거절에 대한 합리적 사유가 없으므로 부당한 해고라고 주장한다.

반면 사용자는 기간을 정한 계약을 체결하였으므로 기간만료와 함께 계약관계는

9) 중앙노동위원회, 주제별 판례 분석집, pp.679~680.

당연히 종료되고, 계약갱신에 대한 기대권이 없으며, 설사 기대권이 있다 하더라도 계약갱신 거절에 합리적인 사유가 있어 정당한 해고라고 주장한다.

이러한 경우 기간제 근로계약관계의 종료가 정당한지 여부는 ① 반복적 계약갱신 등 사실관계, ② 계약갱신에 대한 갱신기대권 발생, ③ 갱신거절의 합리적 사유 존재 등을 기준으로 판단해야 한다〈도표 12-5〉.

〈도표 12-5〉 기간제 근로계약에 대한 판단절차

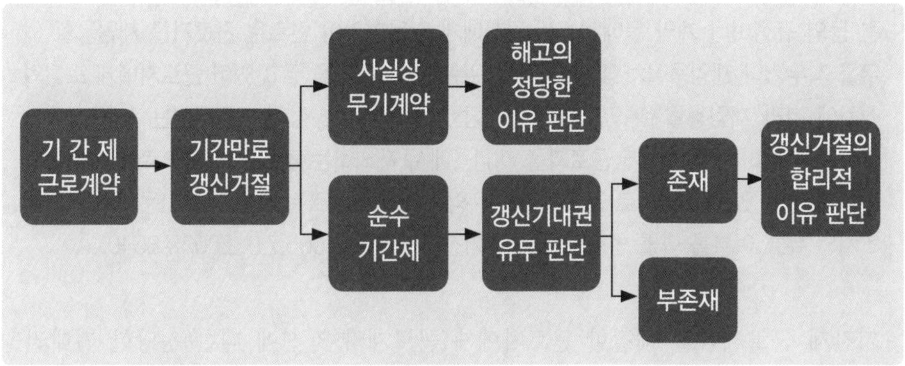

자료: 〈중앙노동위원회, 주제별 판례 분석집(전면개정판), 2020, p.681〉을 일부 수정함.

3. 갱신기대권이란 무엇인가?

(1) 갱신기대권 법리의 발전과 판단기준

근로자가 기간제 계약을 체결하고 근무를 하다가 그 기간이 종료되면 퇴직하는 것이 원칙이지만, 근로자에게 계약갱신에 대한 정당한 기대권이 인정되는 경우 합리적인 사유없이 계약갱신을 거절하는 것은 부당해고에 해당된다.

이러한 갱신기대권에 대한 법리는 2007년 기간제법이 제정되기 이전에 기간제 근로계약관계가 갖는 단점을 보완하고 기간제를 불합리한 해고로부터 보호할 목적으로 판례를 통해 발전되었다.

2005년 '한국문화정책개발원' 판례는 '갱신기대권'을 최초로 인정한 사례인데, 이전의 판례에서는 '기대관계'라는 개념을 사용하였었다.

핵심 판례 **갱신기대권 인정 법리 (한국문화정책개발원 사례)**

계약기간을 정하여 임용된 근로자의 경우 그 기간이 만료됨으로써 근로자로서의 신분관계는 당연히 종료되고 재임용계약을 체결하지 못하면 재임용거부결정 등 특별한 절차를 거치지 않아도 당연퇴직되는 것이며, 근로자가 부당해고 구제신청을 하여 해고의 효력을 다투던 중 계약기간의 만료로 근로관계가 종료되었다면 더 이상 구제절차를 유지할 필요가 없게 되어 구제이익이 소멸하는 것이 원칙이기는 하나, 임용의 근거가 된 법령 등의 규정이나 계약 등에서 임용권자에게 임용기간이 만료된 근로자를 재임용할 의무를 지우거나 재임용절차 및 요건 등에 관한 근거 규정을 두고 있어 근로자에게 소정의 절차에 따라 재임용될 수 있으리라는 정당한 기대권이 인정되는 경우에는 사용자가 그 절차에 위반하여 부당하게 근로자를 재임용에서 제외하는 것은 실질적으로 부당해고와 동일시할 수 있는 것이므로 근로자로서는 임용기간이 만료된 후에도 재임용에서 제외한 조치의 유효 여부를 다툴 법률상 이익을 가진다(대법원 2005.7.8. 2002두8640).

기간제 근로계약을 체결한 근로자에게 근로계약 갱신에 대한 정당한 기대권을 인정하는 취지는 기간제 근로계약의 남용을 방지함으로써 기간제근로자에 대한 불합리한 차별을 시정하고 기간제근로자의 근로조건 보호를 강화하려는 데에 있다(대법원 2017.10.12. 2015두44493).

이러한 갱신기대권은 ① 근로계약, 취업규칙, 단체협약 등에서 기간만료에도 불구하고 일정 요건이 충족되면 근로계약이 갱신된다는 취지의 규정을 두고 있거나, ② 그러한 규정이 없더라도 근로계약의 내용과 계약의 동기 및 경위, 계약 당사자 간의 의사, 설정된 기간의 성격, 근로자가 수행하는 업무내용, 계약갱신 기준 등 갱신 요건이나 절차 설정 여부 및 실태 등 여러 가지 상황을 종합하여 근로관계가 갱신된다는 신뢰가 형성되어 있을 때 인정된다(대법원 2011.10.27. 2010두17205; 대법원 2011.4.14. 2007두1729).

핵심 판례 **갱신기대권의 인정기준 (서울특별시시설관리공단 사례)**

기간을 정하여 근로계약을 체결한 근로자의 경우 그 기간이 만료됨으로써 근로자로서의 신분관계는 당연히 종료되고 근로계약을 갱신하지 못하면 갱신 거절의 의사표시가 없어도 당연 퇴직되는 것이 원칙이다.

그러나 근로계약, 취업규칙, 단체협약 등에서 기간만료에도 불구하고 일정한 요건이 충족되면 당해 근로계약이 갱신된다는 취지의 규정을 두고 있거나, 그러한 규정이 없더라도 근로계약의 내용과 근로계약이 이루어지게 된 동기 및 경위, 계약 갱신의 기준 등 갱신에 관한 요건이나 절차의 설정 여부 및 그 실태, 근로자가 수행하는 업무의 내용 등 당해 근로관계를 둘러싼 여러 사정을 종합하여 볼 때 근로계약 당사자 사이에 일정한 요건이 충족되면 근로계약이 갱신된다는 신뢰관계가 형성되어 있어 근로자에게 근로계약이 갱신될 수 있으리라는 정당한 기대권이 인정되는 경우에는, 사용자가 이를 위반하여 부당하게 근로계약의 갱신을 거절하는 것은 부당해고와 마찬가지로 아무런 효력이 없고, 이 경우 기간만료 후의 근로관계는 종전의 근로계약이 갱신된 것과 동일하다(대법원 2011.4.14. 2007두1729).

이러한 판례를 통해 발전된 갱신기대권이 2007.7.1.부터 시행된 기간제법에 의해 배제 또는 제한되는가에 대해 논란이 있었으나, 법원은 '한국철도공사' 판례에서 기간제법의 입법취지가 기본적으로 기간제 근로계약의 남용을 방지하여 근로자의 지위를 보장하려는데 있으므로 기간제법 시행 이전에 근로계약을 체결한 경우(계약기간: 2005.7.1.~2009.6.30.) 기간제법의 시행만으로 이미 형성된 계약갱신에 대한 기대권이 배제 또는 제한된다고 볼 수 없다고 입장을 정리하였다(대법원 2014.2.13. 2011두12528).

또한, 2016년에 대법원은 '함께일하는재단' 판례에서 갱신기대권이 기간제법 시행 이전은 물론 시행 후에 신규로 기간제 근로계약을 체결한 경우에도(계약기간: 2010.10.26.~2012.10.25.) 형성될 수 있다는 점에 대해서도 최초로 입장을 명확하게 밝혔다(대법원 2016.11.10. 2014두45765).[10]

10) 대법원, 2014두45765 부당해고구제 재심판정취소 사건 보도자료, 2016.11.10.

핵심 판례 **기간제법 시행 이후의 갱신기대권 (함께일하는재단 사례)**

기간제법의 시행으로 사용자가 2년의 기간 내에서 기간제근로자를 사용할 수 있고, 기간제근로자의 총 사용기간이 2년을 초과할 경우 그 기간제근로자가 기간의 정함이 없는 근로자로 간주되더라도, 위 규정들의 입법 취지가 기본적으로 기간제 근로계약의 남용을 방지함으로써 근로자의 지위를 보장하려는 데에 있는 점을 고려하면, 기간제법의 시행만으로 그 시행 전에 이미 형성된 기간제근로자의 갱신에 대한 정당한 기대권이 배제 또는 제한된다고 볼 수는 없다(대법원 2016.11.10. 2014두45765).

(2) 갱신기대권을 인정한 판례

법원에서 갱신기대권을 인정한 사례로는 취업규칙, 근로계약 등에서 근로계약 갱신에 대해 규정을 두고 있거나, 근로계약 갱신 규정이 없더라도 계약갱신 요건과 절차 또는 평가절차를 두고 있거나, 업무의 성격이 상시·계속적이고 계약갱신 관행이 존재하는 경우 등이 있다.[11)]

첫째, 근로계약, 취업규칙, 단체협약 등에 계약갱신에 대한 규정을 두고 있는 경우이다.

사용자가 인사관리규정에 직원의 임용은 계약제에 의하고, 원장은 계약기간 만료 1개월 이전에 근무성적평정 결과에 따라 재임용 여부를 결정하여 통보하며, 재임용에 관한 사항을 심의하기 위하여 인사위원회를 설치하도록 규정하고 있고, 직원평정규정 등에 재임용절차 및 요건 등에 관한 근거 규정을 두고 있어 근로자에게 소정의 절차에 따라 재임용될 수 있으리라는 정당한 기대권이 인정되는 경우에는 사용자가 그 절차에 위반하여 부당하게 근로자를 재임용에서 제외하는 것은 실질적으로 부당해고와 동일시할 수 있다(대법원 2005.7.8. 2002두8640).

둘째, 계약갱신의 요건과 절차, 그리고 이에 따른 평가절차를 두고 있고, 특별한 사정이 없는 한 계약을 갱신하거나 정규직 근로자로 임용한다고 명시하는 경우이다.

---

11) 중앙노동위원회, 주제별 판례 분석집, pp.705~711.

사용자가 계약직 사원 평가 및 재계약 기준을 제정하여, 매년 정량적 평가, 정성적 평가 등 근무성적 평가를 실시하였고 그 결과 하위 5%에 해당하는 근로자들을 제외한 대부분의 근로자들에 대하여는 재계약을 체결해 온 점 등을 감안하면, 계약직 근로자들 사이에는 일정 기준을 상회하는 한 계약이 갱신된다는 신뢰관계가 형성되어 있다고 볼 수 있으므로 근무성적 평가결과 일정한 순위 이상의 성적을 얻게 되면 기간제 근로계약이 갱신되리라는 정당한 기대권이 인정된다(대법원 2011.7.28. 2009두5374).

셋째, 수행하는 업무의 성격이 상시적·계속적 업무이거나 일반직 근로자와 동일한 업무를 수행하고, 계약갱신 관행이 있는 경우이다.

사용자가 계약기간이 만료된 근로자들에 대하여 계약서 및 관련 법령 등에 따른 재계약 체결 의무가 없고 또한 재계약 절차·요건 등에 관한 규정을 갖고 있지 않더라도 사업운영계획에 계약기간을 1년 단위로 갱신하도록 하면서 그 취지가 부적격자의 교체에 있음을 명시하고 있고, 사업이 한시적·일시적 사업이라고 볼 수 없으며, 위·수탁 계약에서 위탁기간 자동연장 규정을 두고 있고, 갱신 기준 점수 이상인 자들에 대해서 전원 계약기간을 연장하여 왔던 점 등을 종합하면 근로자들에게 근로계약 갱신에 대한 정당한 기대권이 인정된다(대법원 2011.4.14. 2007두1729).

공단의 계약직 직원 규정에 업무수행 실적을 평가하여 계약의 연장시에 반영할 수 있고, 계약직 직원에 대해서도 일정 근무연수 이상인 경우 장기근속수당을 지급하여야 한다고 하고 있으며, 업무내용이 상시적·계속적 사업의 성격을 갖고 있고, 대다수의 계약직 직원의 계약을 갱신해 왔으며, 시장에게 계약직 직원들도 무기계약 전환대상에 포함시키는 방안을 건의하였던 점 등을 감안하면 계약갱신에 대한 합리적이고 정당한 기대권이 인정된다(대법원 2012.6.14. 2012두8225).

또한, 매년 체결되는 근로계약에서 계약기간이 일부 단절되는 것은 경륜, 경정 경기의 성격상 동절기에 열릴 수 없는 사정에 기인하는 것이어서 이러한 사업을 임시적, 계절적인 것으로 볼 수는 없다고 하여 갱신기대권을 인정한다(대법원 2011.1.13. 2010두2294).

(3) 갱신기대권을 부정한 판례

갱신기대권을 부정한 사례로는 취업규칙, 근로계약서 등에 계약기간 만료 시 퇴직한다는 규정을 명시적으로 두고 있거나, 계약갱신의 요건과 절차를 두고 있지 않은 경우, 재계약이나 계약갱신을 거절한 관례가 상당수 있거나, 계약 당사자 간 근로계약 만료에 대한 의사합치가 있었거나 사용자의 재량적 판단에 따르는 경우 등이 있다.

첫째, 근로계약서나 취업규칙에 계약기간 만료시에 퇴직한다는 규정을 명시한 경우이다.

근로자가 계약기간을 1년으로 정한 근로계약을 체결한 이후에 매년 계약을 갱신해 오다가 최종적으로 재계약을 체결할 당시에 계약기간 만료 시 당연 퇴직하는 것으로 정하면서, 사용자가 더 이상의 재계약이 불가능한 점을 분명히 하였고, 전체적으로 인력감축의 필요성이 높아졌으며 추가 인력충원을 한 사실이 없었던 점을 종합하면 사용자와의 고용관계 지속에 대한 기대가 형성되었다고 볼 수 없다(대법원 2011.4.14. 2009두3354).

둘째, 업무 내용 등에 변경이 있으면 신규 채용절차를 거치도록 규정하고 있는 경우이다.

「특수경력직공무원 인사운영지침」에 의하면 당초 계약내용(업무 내용·자격·사업수행기간 및 채용조건 등) 또는 직무분야·계약기간(시간) 등 채용공고상의 내용에 변경이 있으면 신규채용절차를 거치도록 규정하고 있고, 2010년도에 불법 주·정차단속분야 시간제계약직공무원을 채용하면서 근무시간이 변경되자 위 지침에 따라 재계약 절차가 아닌 신규채용 절차를 거치기도 하였는 바, 이러한 규정 및 관행에 비추어 보면 계약직공무원의 계약갱신 기대권은 지침에서 정한 계약내용 또는 직무분야·계약기간 등 채용공고상의 내용의 변경이 있는 경우 원칙적으로 인정되지 않는다고 봄이 상당하다(대법원 2015.7.9. 2015두39873 심리불속행 확정).

셋째, 계약갱신에 대한 구체적인 요건이나 절차를 두고 있지 않는 경우이다.

사용자가 계약직 직원 운영규칙 등에 계약갱신 시에 인사위원회 심의에 따라 재계약 여부 및 기간을 정할 수 있다고 추상적으로 규정을 하고 있을 뿐 계약 만료시에 일정 요건이 충족되는 경우 근로계약을 갱신한다는 규정을 두고 있지 않고 계약

갱신에 대한 관행이 성립되었다고 보기 어려우므로 근로계약 갱신에 관한 정당한 기대권이 있다고 보기 어렵다(대법원 2015.2.26. 2014두44700).

넷째, 계약 만료시에 재계약이나 계약갱신을 거절한 사례가 상당수 있는 경우이다.

근로계약서에 계약기간을 2년으로 명시하였고, 계약기간이 만료된 경우 퇴직 처리된 근로자가 상당수 있으며, 취업규칙이나 단체협약에 일정 요건 충족시에 근로계약이 갱신된다는 규정이 없으며, 계약갱신과 관련된 요건과 절차에 대한 근거 규정조차 없는 점 등을 고려하면 계약갱신에 대한 정당한 기대관계가 형성되었다고 보기 어렵다(대법원 2011.11.10. 2010두7628).

다섯째, 사용자의 재량적 판단에 따라 근로계약 갱신을 결정해 온 경우이다.

근로계약, 취업규칙, 단체협약 등에 일정 요건이 충족되면 근로계약이 갱신된다는 규정이 없고, 계약갱신에 대한 요건·절차에 관한 규율도 없으며, 기업의 인력수요와 근로자의 근무태도에 대한 재량적 판단에 따라 계약갱신 여부를 결정해 왔으므로 갱신기대권이 인정되기 어렵다(대법원 2011.9.8. 2009두9765).

이상 근로계약에 관한 갱신기대권을 인정한 사례와 부정한 사례를 판단요소에 따라 정리하면 〈도표 12-6〉과 같다.

〈도표 12-6〉 갱신기대권의 인정 요소와 부정 요소

구 분	갱신기대권 인정 요소	갱신기대권 부정 요소
근로계약서, 취업규칙 등의 규정	- 근로계약, 취업규칙, 단체 협약 등에 계약갱신에 대한 규정 존재 - 특별한 사정이 없는 한 계약갱신 규정 있음	- 근로계약서에 계약만료 시 근로계약 종료 명시 - 취업규칙, 단체협약 등에 계약갱신에 대한 규정 없음
계약갱신의 요건과 절차	- 계약갱신의 요건과 절차, 평가절차 존재	- 계약갱신의 요건과 절차 없음
업무의 성격	- 상시적, 계속적 업무	- 일시적, 잠정적, 계절적 업무 - 인력의 탄력적 운영 필요
계약갱신 관행	- 대다수 갱신 관행 존재	- 상당수 갱신 관행 없음
당사자의 의사	- 당사자 간 계약갱신에 대한 의사 합치	- 당사자 간 계약만료에 대한 의사 합치 - 사용자의 재량적 판단에 의한 계약갱신 결정
기 타		- 일용직 계약

(4) 정년 이후 촉탁직과 일용직 근로자의 갱신기대권

1) 정년 이후 촉탁직의 계약과 갱신기대권

기간제법상 근로자가 2년을 초과하여 계속 근로를 하는 경우 기간의 정함이 없는 근로자로 전환되지만, 만 55세 이상 고령자는 이 규정의 예외사유에 해당(기간제법 제4조)되어 2년을 초과하여 근로한다 하더라도 무기계약 또는 정규직으로의 전환의무가 발생하지 않는다.

한편, 근로자가 정년을 지나 촉탁직 근로자로 사용자와 계속 근로관계를 유지할 경우 갱신기대권이 발생하는가 하는 문제가 발생하는데, 이에 대해 법원은 그간 촉탁직 근로자의 계약갱신에 대한 기대는 통상 일반적인 기간제근로사의 기대에 미치지 않는다고 판단하여 왔다.

이러한 판례는 정년 이후 촉탁직과 같은 형태의 근로관계가 근로자의 입장에서는 임금을 낮추더라도 새로운 근로의 기회를 부여받을 수 있고, 사용자의 입장에서는 업무상 필요에 따라 상당한 재량의 범위 내에서 고용 여부를 결정할 수 있을 뿐만 아니라 비용을 절감할 수 있다는 점에서 상호 이해가 일치하여 실시되는 것으로서 일반적인 기간제 근로계약관계와는 차별성이 있다는 점을 그 근거로 제시하였다(대법원 2014.4.10. 2014두809).

그러나 2017년에 대법원은 정년이 지나 기간제로서 골프장 코스 관리직 사원으로 일하는 근로자에 대해 근로계약 갱신기대권을 인정하였다. 기간제근로자법 제4조제1항 단서의 예외 사유(무기계약으로 전환에 대한 예외)에 해당한다는 이유만으로 갱신기대권 법리의 적용이 배제된다고 볼 수는 없으므로, 정년이 도과하여 기간의 정함이 없는 근로자로 전환될 수는 없다고 하더라도 근로계약이 갱신되리라는 정당한 기대권이 인정되고, 갱신거절의 정당한 이유도 부족하여 근로계약종료가 부당해고에 해당한다고 본 것이다(대법원 2017.2.3. 2016두50563).

따라서 정년이 지난 기간제근로자에 대해서 무기계약 전환기대권은 발생하지 않더라도 근로계약 갱신기대권은 인정될 수도 있으므로 기간제 근로계약 종료시 갱신거절의 합리적 사유가 있는지를 신중하게 판단해야 할 것으로 보인다.

핵심 판례 **정년이 지난 기간제에 대한 갱신기대권 인정 (주식회사 서라벌 사례)**

기간제법은 같은 법 제4조제1항 단서의 예외 사유에 해당하지 않는 한 2년을 초과하여 기간제근로자로 사용하는 경우 기간의 정함이 없는 근로계약을 체결한 것으로 간주하고 있으나, 기간제법의 입법 취지가 기간제근로자 및 단시간근로자에 대한 불합리한 차별을 시정하고 근로조건 보호를 강화하기 위한 것임을 고려하면, 기간제법 제4조제1항 단서의 예외 사유에 해당한다는 이유만으로 갱신기대권에 관한 법리의 적용이 배제된다고 볼 수는 없다.

정년을 이미 경과한 상태에서 기간제 근로계약을 체결한 경우에는, 해당 직무의 성격에 의하여 요구되는 직무수행 능력과 당해 근로자의 업무수행 적격성, 연령에 따른 작업능률 저하나 위험성 증대의 정도, 해당 사업장에서 정년을 경과한 고령자가 근무하는 실태 및 계약이 갱신되어 온 사례 등을 종합적으로 고려하여 근로계약 갱신에 관한 정당한 기대권이 인정되는지 여부를 판단하여야 한다(대법원 2017.2.3. 2016두50563).

2) 일용직 근로자의 근로계약과 갱신기대권

일용직 근로자는 일의 성격상 일일 단위의 근로계약을 반복적으로 체결하는데, 이와 같은 경우 갱신기대권이 인정되는가 하는 문제가 제기된다. 그러나 일용직의 경우 반복적인 계약갱신이 노동시장에서의 관행에 해당하므로 계약갱신에 대한 신뢰관계가 형성되었다고 보기 어렵다.

판례에 따르면, 호텔에서 주방보조 업무를 수행하면서 84회에 걸쳐 체결된 일용직 근로계약의 경우, 근로자가 행한 업무가 상시적·지속적 업무에 해당하고 상당 기간 계속하여 근로했다 하더라도 일용직 근로계약이 기간제법의 취지에 위배된다고 볼 수 없으며, 주방보조 업무는 비교적 단순하여 동일한 근로자가 계속 수행할 필요가 없고, 취업규칙 등에 계약갱신에 대한 규정을 두고 있지도 않으므로 갱신기대권이 인정되지 않는다(대법원 2016.3.10. 2015두59501).

(5) 무기계약 전환 기대권

1) 무기계약 전환 기대권의 의의

2016년에 대법원은 기간제근로자에 대해 기간의 정함이 없는 근로자 즉, 무기계약직으로의 전환기대권을 명시적으로 인정한 판결을 하였다. '갱신기대권'이 갱신에 대한 합의나 신뢰관계 형성을 뜻한다고 하면, '무기계약 전환 기대권'은 무기계약 전환에 대한 합의나 신뢰관계 형성을 뜻한다[12)]

2016년 함께일하는재단 판례에서는 근로계약 당사자 사이에 일정한 요건이 충족되면 기간의 정함이 없는 근로자로 전환된다는 신뢰관계가 형성되어 있어 근로자에게 기간의 정함이 없는 근로자로 전환될 수 있으리라는 정당한 기대권, 즉 무기계약 전환 기대권을 인정하였다. 그러므로 사용자가 이를 위반하여 합리적 이유 없이 기간의 정함이 없는 근로자로의 전환을 거절하며 근로계약의 종료를 통보하더라도 부당해고와 마찬가지로 효력이 없고, 그 이후의 근로관계는 기간의 정함이 없는 근로자로 전환된 것과 동일하다고 보아야 한다고 판시하였다.

이 판례에서는 사용자가 일반직 기간제근로자에 대해 채용 전 검증을 위해 기간제로 채용한 후 인사평가 등을 거쳐 정규직 근로자로 전환하는 제도를 갖고 있고, 일반직 기간제는 정규직과 동일한 업무를 하였으며, 사용자측에서 특별한 사정이 없는 한 정규직으로 채용될 것이라고 말해왔고, 이전에 정규직 전환을 원했던 일반직 기간제가 모두 정규직으로 전환된 점 등을 종합하여 근로자에게 무기계약 전환 기대권이 인정된다고 본 것이다(대법원 2016.11.10. 2014두45765).

핵심 판례 기간의 정함이 없는 근로자로 전환 (함께일하는재단 사례)

근로계약, 취업규칙, 단체협약 등에서 기간제근로자의 계약기간이 만료될 무렵 인사평가 등을 거쳐 일정한 요건이 충족되면 기간의 정함이 없는 근로자로 전환된다는 취지의 규정을 두고 있거나, 그러한 규정이 없더라도 근로계약의 내용과 근로계약이 이루어지게 된 동

12) 중앙노동위원회, 주제별 판례 분석집, p.691.

기와 경위, 기간의 정함이 없는 근로자로의 전환에 관한 기준 등 그에 관한 요건이나 절차의 설정 여부 및 그 실태, 근로자가 수행하는 업무의 내용 등 당해 근로관계를 둘러싼 여러 사정을 종합하여 볼 때, 근로계약 당사자 사이에 일정한 요건이 충족되면 기간의 정함이 없는 근로자로 전환된다는 신뢰관계가 형성되어 있어 근로자에게 기간의 정함이 없는 근로자로 전환될 수 있으리라는 정당한 기대권이 인정되는 경우에는 사용자가 이를 위반하여 합리적 이유 없이 기간의 정함이 없는 근로자로의 전환을 거절하며 근로계약의 종료를 통보하더라도 부당해고와 마찬가지로 효력이 없고, 그 이후의 근로관계는 기간의 정함이 없는 근로자로 전환된 것과 동일하다고 보아야 한다(대법원 2016.11.10. 2014두45765).

2) 무기계약 전환 기대권의 인정 사례

회사가 정규직 전환에 관하여 공고한 'IT인력 채용 안내'와 최초 근로계약 체결 당시 회사가 근로자에게 작성하도록 한 확인서에 기재된 내용 및 회사의 인사관리규정 제50조 제2항의 내용과 계약직 전문직원 인력운용기준 안내의 내용, 그리고 2005년부터 2015년까지 2년의 계약기간이 만료되는 근로자들에 대한 정규직 전환 현황 등을 고려하면 근로자의 2년의 계약기간이 만료될 무렵 일정한 심사를 거쳐 정규직근로자로 전환될 수 있다는 기대권을 갖는다고 봄이 상당하다(대법원 2017.3.30. 2016두64784).

3) 무기계약 전환 기대권의 부정 사례

① 근로계약서에 근로계약기간 만료 이전에 정규직원의 발령 또는 정식발령이 있는 경우 그 발령일 전일자로 퇴직하는 것으로 명시되어 있고, 결원을 대체하기 위한 교육공무직은 무기계약직으로 전환된 사례가 없으며, 결원을 대체하기 위한 인력은 정규직원이 배치되는 경우 퇴직하여야 하므로 채용이 한시적인 것임을 인식할 수 있었던 점 등을 종합하여 보면, 근로계약이 갱신되거나 무기계약직으로 전환될 수 있으리라는 정당한 기대권이 인정된다고 보기 어렵다(대법원 2018.7.13. 2018두41167 심리불속행 확정).

② 대학교가 근로자와 계약기간을 1개월로 정한 제1계약을 체결한 후, 공개채

용 절차를 거쳐 제2계약이 체결한 경우 근로자와 대학교 사이에 기존 기간제 근로계약의 단순한 반복 또는 갱신이 아닌 새로운 근로관계가 형성되었다고 평가할 수 있어 그 시점에 근로관계가 단절되었고, 기간제법 제4조에서 말하는 계속 근로한 총기간을 산정할 때 제2계약 체결 시점을 전후한 기간제 근로계약기간을 합산할 수 없어 근로자의 계속 근로한 총기간이 2년을 초과하지 않았으므로 기간의 정함이 없는 근로계약을 체결한 근로자라고 할 수 없다(대법원 2020.8.27. 2017두61874).

4) 기간제의 근로기간 산정과 무기계약 전환

① 대법원은 2016년에 기간제근로자의 계속 근로기간이 2년을 초과하는지 여부에 대한 산정방법에 관해 판단기준을 제시하였다. 법원은 근로자가 2008년 8월부터 12월까지 5개월간 기간제로 근무하고, 2009년 1월부터 2012년 12월까지 근무(기간제 사용 예외 사유)하였으며, 다시 2013년 1월부터 2014년 12월까지 2년간 기간제로 근무하였는데, 기간제근로자 사용제한의 예외사유가 있는 기간(4년)의 이전과 이후에 기간제로 근무한 기간을 합산하여 총 2년을 초과하는 경우에 해당되므로 무기계약직으로 전환된다고 판시하였다(대법원 2016.12.29. 2016두52385).

② 또한, 대법원은 '하나은행' 사건에서 기간제법의 기간제근로자 보호 취지, 사용자의 부당한 갱신거절로 인한 효과 등을 고려하면, 사용자의 부당한 갱신거절로 인해 근로자가 실제로 근로를 제공하지 못한 기간도 계약갱신에 대한 정당한 기대권이 존속하는 범위에서는 기간제법 제4조 제2항에서 정한 2년의 사용제한기간에 포함된다고 보아야 한다고 판시하였다.

법원은 이러한 법리에 비추어, 사용자의 1차 갱신거절로 인해 근로자가 실제로 근로를 제공하지 못한 기간도 기간제법 제4조 제2항의 사용제한기간 2년에 포함된다고 보았고, 이 사건에서 사용자가 기간제법 시행 이후 최초 계약일인 2007.7.1.부터 2년을 초과하여 근로자를 사용하였으므로, 이 사건 갱신거절 당시 근로자는 기간제법 제4조 제2항에 따라 기간의 정함이 없는 근로계약을 체결한 근로자로 보아야 한다고 판단하였다(대법원 2018.6.19. 2013다85523).

③ 그러나 반복하여 체결된 기간제 근로계약 사이에 근로관계가 존재하지 않는

공백기간이 있는 경우에는, 공백기간의 길이와 공백기간을 전후한 총사용기간 중 공백기간이 차지하는 비중, 공백기간이 발생한 경위, 공백기간을 전후한 업무내용과 근로조건의 유사성, 사용자가 공백기간 동안 해당 기간제근로자의 업무를 대체한 방식과 기간제근로자에 대해 취한 조치, 공백기간에 대한 당사자의 의도나 인식, 다른 기간제근로자들에 대한 근로계약 반복·갱신 관행 등을 종합하여 공백기간 전후의 근로관계가 단절 없이 계속되었다고 평가될 수 있는지 여부를 가린 다음, 공백기간 전후의 근로기간을 합산하여 기간제법 제4조의 계속근로한 총기간을 산정할 수 있는지 판단하여야 한다(대법원 2019.10.17. 2016두63705).

5) 무기계약 전환자에 대한 취업규칙 적용

기간제법 제4조 제2항에 따라 기간의 정함이 없는 근로계약을 체결한 것으로 간주되는 근로자들에게는 동일한 부서 내에서 같은 직책을 담당하며 동종 근로를 제공하는 정규직 근로자에게 적용되는 회사의 취업규칙 등에서 정한 근로조건이 그대로 적용된다고 보아야 한다. 이에 따라 근로자들에게는 회사의 취업규칙 등에서 정한 기준에 따라 기본급, 상여금, 근속수당, 자가운전보조금이 지급되어야 하고 정기적인 호봉승급도 이루어져야 한다(대법원 2019.12.24. 2015다254873).

4. 계약갱신 거절의 합리적 사유

(1) 합리적 사유의 판단기준

기간제근로자에게 근로계약에 대한 갱신기대권이 인정될 경우에도 사용자는 계약갱신을 거절할 수 있는데, 이 경우에도 객관적으로 합리적인 사유가 존재하여 사회통념상 상당하다고 인정되어야 한다(대법원 2006.2.24. 2002다62432). 이때 기간제근로자에 대한 갱신거절에는 해고 제한의 기준인 '정당한 사유'보다 완화된 기준인 '합리적 사유'가 적용된다.

근로자에게 이미 형성된 갱신에 대한 정당한 기대권이 있음에도 사용자가 이를 배제하고 근로계약의 갱신을 거절한 데에 합리적 이유가 있는지가 문제 될 때에는 ① 사용자의 사업 목적과 성격, ② 사업장 여건, ③ 근로자의 지위 및 담당 직무의 내용, ④ 근로계약 체결 경위, ⑤ 근로계약의 갱신에 관한 요건이나 절차의 설정 여부와 운용 실태, ⑥ 근로자에게 책임 있는 사유가 있는지 등 당해 근로관계를 둘러싼 여러 사정을 종합하여 갱신 거절의 사유와 절차가 사회통념에 비추어 볼 때 객관적이고 합리적이며 공정한지를 기준으로 판단하여야 하고, 그러한 사정에 관한 증명책임은 사용자가 부담한다(대법원 2017.10.12. 2015두44493).

(2) 갱신거절의 합리적 사유가 있다고 본 판례

기간제법의 입법취지는 기간제근로자 남용 방지를 위한 것으로 근로자의 지위를 보호하고 경기변동에 따른 고용량 조절을 통해 노동시장의 유연성을 제고하는 두개의 목표를 조화롭게 추구하고자 하는 것이다(대법원 2011.11.24. 2011두23061). 따라서 법원은 사용자가 계약갱신을 거절함에 있어 사용자의 재량적 판단을 인정하면서 평가에 객관성, 합리성, 공정성이 확보되었다면 합리적 사유가 있다고 보고 있다.

즉, ① 사용자가 근로자에 대해 조직 활성화 기여도, 조직에의 융화정도 등 주관적인 정성평가를 실시한 경우, ② 기업의 업무량 감소, 업무 수요 등에 대한 탄력적 대응의 필요성, ③ 근로자의 자격과 능력 미달 등에 따라 갱신거절을 한 경우에도 합리적인 사유가 있다고 인정된다.

법원에서 갱신거절에 합리적인 이유가 있다고 본 사례는 다음과 같다.

첫째, 기간제근로자에 대해 객관적 실적에 의한 양적평가 이외에 조직에의 융화정도 등 주관적인 정성평가를 실시한 결과 계약갱신을 거절한 경우이다.

근로의 양과 질에 관한 평가는 사용자의 고유권한에 속하고, 평정에는 수치로 계량화할 수 있는 객관적 실적뿐만 아니라 조직에의 융화정도 등 주관적인 평가도 포함되므로 근로자가 상사나 동료들과 원만한 관계를 유지하지 못하였고, 갈등이 심화된 점 등을 고려하면 계약갱신 거절은 합리적인 이유가 있는 것으로서 정당하다(대법원 2008.11.27. 2008두17066).

또한, 근로자가 3년 동안의 실적평가인 목표 달성률이 최하위이고, 정성적 평가를 합산한 종합평가에서도 최하위로서 계약직사원 재계약기준이 정하는 재계약 제외 대상자(하위 5%)에 해당하는 경우, 근로자에 대한 실적평가는 평가자의 주관적 판단이 개입될 여지가 없고, 정성적 평가도 객관적 합리성이나 공정성을 결여하였다고 볼만한 증거가 없으므로 사용자에게 계약갱신 거절에 대한 합리적 이유가 있다(대법원 2011.7.28. 2009두5374).

둘째, 기업의 탄력적인 인력 운영, 업무량 감소 등을 이유로 하여 계약갱신을 거절한 경우이다.

근로자 채용당시 목적이 공과금 수납업무 투입 인력의 탄력적 조절이었고, 사용자의 업무량 감소에 따라 더 이상 공과금 전담직원을 고용할 필요성이 없어졌으므로 근로자에 대한 갱신거절은 사회통념상 합리적인 이유가 있어 정당하다(대법원 2007.7.27. 2007두9587).

셋째, 사용자가 기간제근로자의 직무수행에 필요한 자격이나 능력미달을 이유로 계약갱신을 거절한 경우이다.

학생수련원에서 교육과정의 질적 저하 등의 문제를 해결하기 위해 청소년지도사 자격증을 요구하고, 기존 근로자에게도 자격증 취득을 위해 노력할 것을 주지시켰으며, 근로자들도 자격증 미취득시 근로계약이 갱신되지 않는다는 것을 알고 있었던 것으로 보이므로 계약갱신 거절이 정당한 기대권을 침해하는 것으로 볼 수는 없다(대법원 2015.5.14. 2015두37846).

또한, 사용자가 계약연장 거부 당시 근로자는 만 64세의 고령이었고, 근로자가 교통안전공단의 운전정밀특별검사 결과(속도예측능력 부정확)에 따라 교정교육 판정을 받은 사실 등을 고려하면 공중의 안전을 책임져야할 사업자가 근로자의 신체상태를 운전 부적합으로 판단하여 더 이상 계약갱신을 하지 아니한 것은 합리적인 이유가 있다(대법원 2014.4.10. 2014두809).

(3) 갱신거절의 합리적 사유가 없다고 본 판례

그러나 기간제근로자에 대해 정량적, 정성적 근무평정을 하여 갱신거절을 하였다 하더라도 그 평가 기준과 절차가 공정성, 객관성, 합리성이 없는 경우에 갱신거절의 합리적 사유가 있다고 보기 어렵다.

법원이 갱신거절에 대한 합리적 이유를 갖추지 못했다고 본 사례는 다음과 같다.

첫째, 사용자의 근무성적 평정이 객관성, 합리성과 공정성을 결여했다고 판단한 경우이다.

사용자가 근로자의 정규직 전환에 대한 인사위원회 심의 없이 계약기간 종료를 통보하였고, 인사평가에서 1차 평가권자와 2차 평가권자가 상반되는 평가를 하여 평가기준을 알기 어려우며, 근태평가도 객관적인 기준에 따라 이뤄졌는지 의심이 드는 점 등을 고려할 때, 정당한 인사평가 후에 정규직 전환기대권이 인정되는 기간제근로자에 대해 합리적 이유 없이 근로계약 종료 통보를 한 것은 부당해고에 해당한다(대법원 2016.11.10. 2014두45765).

또한, 근로자에 대한 재계약 거절 직전에 이루어진 근무성적평정에서 특히 4차 평정자의 점수가 1, 2차 평정자들에 비해 현저히 낮은데, 기록상 평정자들 간의 점수에 큰 폭의 편차가 발생할만한 사정을 발견할 수 없고, 근로자가 이전에 비해 재계약기준 점수인 70점에 미달하는 점수를 받을 만큼 업무수행 능력이나 태도가 저하되었음을 인정할 만한 증거가 없는 점 등을 종합하여 보면, 근무성적평정이 현저하게 공정성과 합리성을 결여한 것이다(대법원 2011.7.28. 2009두4180).

둘째, 재계약 시점에 업무의 존속 필요성을 심사하지 않고 일률적으로 재계약을 거부한 경우이다.

사용자가 기간제근로자의 사용기간이 2년을 초과하여 기간의 정함이 없는 근로자가 될 상황에 직면하여 업무의 존속 필요성에 대해 구체적으로 실질 심사를 하지 않고 재계약을 일률적으로 거부한 것은 해고 대상자 선별에서 합리성, 공정성 등 요건을 충족하지 못한 것이다(대법원 2014.2.27. 2011두17745).

셋째, 사용자의 근무평정에는 상당한 재량권이 있으나 평정에 대한 이의제기 또는 검증 절차에 하자가 있는 경우이다.

평정자의 개별 근로자에 대한 평정에는 상당한 재량권이 있다고 하더라도 평정결과에 대한 검증절차는 최대한 공정하게 이루어져야 하는데, 사용자가 직원평정규칙에 따라 평정결과를 통보하지 않았고, 이의신청 기회도 주지 않아 평정결과의 공정성과 정확성이 담보될 수 없었으므로 절차상 중대한 하자가 있다(대법원 2013.9.12. 2013두9977).

넷째, 근로계약 갱신기대권이 있는 근로자에게 재계약 거부를 해야 할 경영상 또는 운영상 필요를 찾기 어렵고, 대규모로 갱신거절을 한 경우이다.

교향악단이 전형위원의 전형 등과 같이 재위촉을 위한 요건과 절차를 두고 있고, 정기 실기평정을 실시하여 그 평정 결과에 따라 기량이 미달하는 단원을 해촉할 수 있는 절차 등을 갖추고 있어서 그 적절한 운영을 통하여 교향악단의 수준을 유지·향상시킬 수 있음에도 불구하고, 교향악단의 설립목적, 단원들의 위촉과정, 단원들 업무의 특성이나 그 전문성 등을 막연히 거시하면서 새로운 공개전형이 교향악단의 수준을 유지·향상시키기 위한 합리적인 방법이라고 단정하여 대규모로 갱신거절을 한 것은 사회통념상 상당하다고 인정될 만한 합리적인 이유가 있다고 보기 어렵다(대법원 2017.10.12. 2015두44493).

특히, 이 시립예술단 판례에서는 대규모 갱신거절의 경우 근로자의 정당한 갱신기대권을 전면적으로 배제하는 것으로 보고, 갱신거절의 합리적 사유로서 경영상 해고(정리해고)와 유사하게 ① 경영상 필요성, ② 해고 회피 노력, ③ 합리적이고 공정한 대상자 선정 등의 판단기준을 제시하였다.

핵심 판례 **갱신거절의 합리적 이유에 대한 판단기준 (김천시립예술단 사례)**

사용자가 갱신에 대한 정당한 기대권을 보유한 기간제근로자들에 대하여 사전 동의 절차를 거치거나 가점 부여 등의 구체적인 기준도 마련하지 않은 채 재계약 절차가 아닌 신규채용절차를 통하여 선발되어야만 계약 갱신을 해주겠다고 주장하면서 대규모로 갱신 거절을 한 경우, 이는 근로자의 갱신에 대한 정당한 기대권을 전면적으로 배제하는 것이므로, ① 사용자로서 그와 같은 조치를 취하지 않으면 안 될 경영상 또는 운영상의 필요가 있는지, ② 그에 관한 근거 규정이 있는지, ③ 이를 회피하거나 갱신 거절의 범위를 최소화하기 위한 노력을 하였는지, ④ 그 대상자를 합리적이고 공정한 기준에 따라 선정하기 위한 절차를 밟았는지, ⑤ 그 과정에서 차별적 대우가 있었는지 등을 종합적으로 살펴보아 그 주장의 당부를 판단하여야 한다(대법원 2017.10.12. 2015두44493).

사용자가 기간제근로자에 대한 평가기준과 절차를 갖추고 있는 경우 갱신거절의 합리적 이유가 있는 지에 관해 판단요소별로 정리하면 〈도표 12-7〉과 같다.

〈도표 12-7〉 갱신거절의 합리성 판단 요소

판단 요소	갱신거절의 합리성 없음 (부당한 해고)	갱신거절의 합리성 있음 (정당한 해고)
평가기준과 절차의 공정성, 객관성, 합리성	- 평가의 객관성, 공정성, 합리성 없음 - 평가자의 평가 없음 - 평가자의 부적정한 평가결과 기재 - 1차와 2차 평가권자의 상반된 평가 - 인사위원회 심의 없음	- 평가의 객관성, 공정성, 합리성 있음 - 평가기준과 절차 준수 - 공정한 양적평가와 질적 평가 - 공정한 객관적 평가와 주관적 평가 - 인사위원회 심의 있음
재계약 직전 평가와 이전 평가의 차이	- 재계약 직전의 평가가 이전의 평가에 비해 크게 낮음	- 재계약 직전의 평가가 이전의 평가에 비해 큰 차이가 없음
업무의 존속 필요성 심사	- 2년 초과 되는 시점에 업무의 존속성 심사 없이 일률적으로 재계약 거부	- 인력의 탄력적 운영 필요, 업무량 축소
평정에 대한 검증절차 (규정 있는 경우)	- 평정에 대한 검증절차 불이행 - 평정결과 통보 안함 - 이의신청 기회 부여 안함	- 평정에 대한 검증절차 준수 - 평정결과 통보 - 이의신청 기회 부여
기 타	- 경영상·운영상 필요성 거의 없는 대규모 갱신거절	- 해당직위에 특정 자격 소지자 요구

5. 기간제 사용기간 제한의 예외

기간제법 제4조제2항에 따라 사용자가 2년을 초과하여 기간제근로자를 사용할 경우 기간의 정함이 없는 근로자로 전환되지만 사용자가 경기변동 등에 따라 탄력적으로 인력을 운영할 수 있도록 기간제법 제4조제1항 단서 조항에 예외 규정을 두고 있다.

즉, 이러한 예외사유에 해당하는 경우 사용자가 2년을 초과하여 기간제근로자를 사용한다 하더라도 기간의 정함이 없는 근로자로 전환시킬 법적 의무가 발생하지 않는다. 이와 관련하여 아래와 같이 실무적으로 쟁점이 되거나 사건이 많이 발생하는 경우를 중심으로 설명하기로 한다.

기간제법 | 기간제 사용기간의 제한의 예외

제4조 【기간제근로자의 사용】 ① 사용자는 2년을 초과하지 아니하는 범위 안에서(기간제 근로계약의 반복갱신 등의 경우에는 그 계속근로한 총기간이 2년을 초과하지 아니하는 범위 안에서) 기간제근로자를 사용할 수 있다. 다만, 다음 각 호의 어느 하나에 해당하는 경우에는 2년을 초과하여 기간제근로자로 사용할 수 있다.

1. 사업의 완료 또는 특정한 업무의 완성에 필요한 기간을 정한 경우
2. 휴직·파견 등으로 결원이 발생하여 당해 근로자가 복귀할 때까지 그 업무를 대신할 필요가 있는 경우
3. 근로자가 학업, 직업훈련 등을 이수함에 따라 그 이수에 필요한 기간을 정한 경우
4. 「고령자고용촉진법」 제2조제1호의 고령자와 근로계약을 체결하는 경우
5. 전문적 지식·기술의 활용이 필요한 경우와 정부의 복지정책·실업대책 등에 따라 일자리를 제공하는 경우로서 대통령령이 정하는 경우
6. 그 밖에 제1호 내지 제5호에 준하는 합리적인 사유가 있는 경우로서 대통령령이 정하는 경우

② 사용자가 제1항 단서의 사유가 없거나 소멸되었음에도 불구하고 2년을 초과하여 기간제근로자로 사용하는 경우에는 그 기간제근로자는 기간의 정함이 없는 근로계약을 체결한 근로자로 본다.

(1) 사업 완료나 특정 업무의 완성에 필요한 기간 규정

건물 건축, 교량 건설 등 사업의 완료 또는 신제품개발 프로젝트 등 특정 업무의 완성에 대해 필요한 기간을 정해 근로계약을 체결한 경우 그 기간이 2년을 초과한다 하더라도 사용자에게 무기계약 또는 정규직 전환의무가 발생하지 않는다.

계약기간이 정해져 있음에도 불구하고 근로자가 사업이나 업무가 종료되지 않았다고 다투는 경우가 있으나 사업이나 업무가 진행됨에 따라 인력 수요가 줄어드는 경우가 많으므로 사업 또는 업무와 관련된 모든 절차 종료 시까지 고용을 보장한다는 의미로 확대 해석하지는 않는다(서울고등법원 2013.6.20. 2012누34497).

또한, 건설 공사나 특정 프로그램 개발이나 프로젝트 완수 등은 원칙적으로 기간의 정함이 있거나 1회성 사업의 특성을 가지고 있어 기간제 사용기간 제한의 예외 사유에 해당되지만, 특정 업무에 필요한 기간을 정하지 않았거나 사업의 종기(終

期)가 불분명한 경우에는 기간제 사용기간 제한의 예외사유에 포함되지 않는다고 판단하고 있다(2012.8.24. 고용차별개선과-1950).

한편, 건설공사 현장에서 감리용역 업무를 수행하는 감리원과 같이 형식적으로 사업의 완료 또는 특정 업무의 완성에 필요한 기간을 정한 근로계약을 반복갱신하여 체결하여 왔더라도 다수의 감리용역을 수주 받아 상시적인 감리 업무를 수행하는 회사의 입장에서는 특정 용역현장에서의 사업이 완료되더라도 근로자와의 근로계약을 계속 유지하여야 할 필요가 있었던 것으로 보이고, 근로자가 특정 현장에서 근무하지 않은 기간에도 임금을 지급한 점 등을 종합하면 각 근로관계의 계속성을 인정할 수 있으므로 기간제근로자를 사용할 수 있는 '사업의 완료 또는 특정한 업무의 완성에 필요한 기간을 정한 경우'에 해당한다고 할 수 없다(대법원 2017.2.3. 2016나255910).

핵심 판례 **사업의 완료 또는 특정한 업무의 완성에 필요한 기간을 정한 경우**

기간제 및 단시간근로자 보호 등에 관한 법률(기간제법) 제4조 제1항 단서 제1호에 따라 사용자가 2년을 초과하여 기간제근로자를 사용할 수 있는 '사업의 완료 또는 특정한 업무의 완성에 필요한 기간을 정한 경우'란 건설공사, 특정 프로그램 개발 또는 프로젝트 완수를 위한 사업 등과 같이 객관적으로 일정 기간 후 종료될 것이 명백한 사업 또는 특정한 업무에 관하여 사업 또는 업무가 종료될 것으로 예상되는 시점까지로 계약기간을 정한 경우를 말한다...

사용자가 기간제법 제4조제2항의 적용을 회피하기 위하여 형식적으로 사업의 완료 또는 특정한 업무의 완성에 필요한 기간을 정한 근로계약을 반복갱신하여 체결하였으나 각 근로관계의 계속성을 인정할 수 있는 경우에는 기간제법 제4조제1항 단서 제1호에 따라 사용자가 2년을 초과하여 기간제근로자를 사용할 수 있는 '사업의 완료 또는 특정한 업무의 완성에 필요한 기간을 정한 경우'에 해당한다고 할 수 없다.

이때 사용자가 기간제법 제4조제2항의 적용을 회피하기 위하여 형식적으로 사업의 완료 또는 특정한 업무의 완성에 필요한 기간을 정한 근로계약을 반복갱신하여 체결하였으나 각 근로관계의 계속성을 인정할 수 있는지는 각 근로계약이 반복갱신하여 체결된 동기와 경위, 각 근로계약의 내용, 담당 업무의 유사성, 공백기간의 길이와 발생이유, 공백기간 동안 그 근로자의 업무를 대체한 방식 등 관련 사정을 종합적으로 고려하여 판단하여야 한다(대법원 2017.2.3. 2016다255910).

(2) 55세 이상 고령자와의 근로계약 체결

고령자고용법 제2조제1호의 규정에 따라 사용자가 55세 이상의 고령자와 2년을 초과하여 근로계약을 체결한다 하더라도 기간의 정함이 없는 근로자로 전환시킬 의무가 발생하지 않는다. 이 경우 근로계약 기간 중에 55세에 도달하는 경우가 아니라 근로계약을 체결하는 시점에 55세 이상이 되어야 한다(서울고등법원 2012.7.18. 2011누45056).

(3) 전문적 지식과 기술의 필요

전문적 지식, 기술이 필요한 경우는 기간제법 시행령 제3조에서 규정하고 있다. 이에는 ① 박사학위(외국 박사학위 포함), ② 국가기술자격법에 따른 기술사 등급의 국가기술자격, ③ 기간제법 시행령 별표2에서 정한 전문자격(건축사, 공인노무사, 공인회계사, 변리사, 변호사, 세무사, 의사, 약사, 한약사, 수의사, 항공사 등)을 소지하고 해당분야에 종사하는 경우가 포함되며, 사용자가 2년을 초과하여 사용하더라도 기간의 정함이 없는 근로자로 전환시킬 의무가 발생하지 않는다.

실무적으로 문제가 되는 경우는 학사나 석사 학위자도 종사할 수 있는 직무에 박사학위자가 근무하는 경우 기간제 2년 제한 규정이 적용되는지에 대한 것이다.

법원은 채용조건에 박사학위자를 자격요건으로 하지 않았고, 박사학위가 없는 자도 채용을 하고 있으며, 주된 업무가 박사학위와는 크게 관련이 없고 박사학위에 따른 별도의 보상체계도 없는 경우 기간제법상 2년 제한 규정이 적용되지 않으므로 사용자가 2년을 초과하여 이러한 근로자를 사용할 경우 기간의 정함이 없는 근로자로 전환된다고 판단한다(대법원 2015.4.23. 2015두36904; 서울고등법원 2015.1.15. 2014누44344).

(4) 정부의 복지정책 · 실업대책 등에 따라 일자리를 제공하는 경우

기간제법(제4조제1항제5호 후단)에서는 정부의 복지정책·실업대책 등에 따라 일자리를 제공하는 경우로서 대통령령이 정하는 경우에도 2년을 초과하여 기간제근로자를 사용할 수 있다. 이에 따라 기간제법 시행령(제3조제2항)에서 ① 고용정책

기본법, 고용보험법 등 다른 법령에 따라 국민의 직업능력 개발, 취업 촉진 및 사회적으로 필요한 서비스 제공 등을 위하여 일자리를 제공하는 경우, ② 제대군인 지원에 관한 법률 제3조에 따라 제대군인의 고용증진 및 생활안정을 위하여 일자리를 제공하는 경우, ③ 국가보훈기본법 제19조제2항에 따라 국가보훈대상자에 대한 복지증진 및 생활안정을 위하여 보훈도우미 등 복지지원 인력을 운영하는 경우를 기간제근로자 사용기간 제한의 예외사유로 규정하고 있다.

법원은 '방과후학교 학부모 코디네이터 사업'은 ① 교육서비스 분야 '학부모 일자리 창출을 통한 경제위기 극복에 기여'를 하나의 목적으로 추진되었고, ② 일자리 창출을 위한 일시적·한시적 성격의 사업이라는 측면이 있으며, ③ 국가보조금 지원이 중단될 경우 특별한 사정이 없는 한 원칙적으로 지속될 수 없는 내재적 한계를 가진 점 등을 종합하면, 기간제법상 '복지정책·실업대책 등에 따라 사회적으로 필요한 서비스 제공을 위하여 일자리를 제공하는 경우'에 해당하여 기간제근로자 사용기간 제한의 예외사유가 존재한다고 본다(대법원 2016.8.18. 2014다211053)

(5) 그 밖의 합리적인 사유의 존재

기간제법 제4조의 제1호 내지 제5호는 2년을 초과하여 기간제근로자를 사용할 수 있는 사유를 나열하고 있고, 그밖에 이에 준하는 합리적인 사유가 있는 경우(기간제법 제4조제6호)에 대해 기간제법시행령 제3조제3항에 규정하고 있다.

주요사례로서는 ① 고등교육법에 따른 업무(조교, 겸임교원, 시간강사, 초빙교원의 업무), ② 근로기준법에 따른 단시간근로자(1주 동안의 소정근로시간이 15시간 미만), ③ 국공립 연구기관, 기업·대학의 부설 연구기관 등에서 연구업무 등에 종사하는 경우 등이 있다.

또한, ④ 실무적으로 관리직 또는 전문직으로서 고소득자가 기간제 사용기간 제한의 예외에 해당되는가가 쟁점이 된다. 기간제법시행령 제3조제3항제5호에서는 한국표준직업분류의 대분류 1(관리직)과 대분류 2(전문가 및 관련 종사자) 직업에 종사하는 자의 소득세법상 근로소득이 고용형태별 근로실태조사의 표준직업분류 대분류 2 직업에 종사하는 자의 상위 100분의 25에 해당하는 경우(2022년도 69,996,000

원)에는 사용기간 제한의 예외사유로 하고 있다. 즉 사용자가 2년을 초과하여 이러한 근로자를 사용하더라도 기간의 정함이 없는 근로자로 전환되지 않는다.

6. 계약기간이 만료되는 경우의 구제이익

기간제근로자의 근로계약 기간은 통상 1년 내지 2년 정도이므로 노동위원회에서 부당해고의 효력을 다투던 중에 근로계약 기간이 만료되는 경우가 많다.

이에 대해 대법원은 상당기간 일관되게 부당해고 구제신청 절차 진행 중에 기간제의 계약기간이 만료되면 구제이익이 없다라고 판단하였었다. 즉, "근로자가 부당해고 구제신청을 하여 해고의 효력을 다투던 중 근로계약 기간의 만료 등으로 근로관계가 종료하였다면 근로자로서는 해고기간 중의 지급받지 못한 임금을 지급받기 위한 필요가 있다고 하더라도 이는 임금청구소송 등 민사소송 절차를 통하여 해결될 수 있어 더 이상 구제절차를 유지할 필요가 없게 되었으므로 구제이익은 소멸한다."라고 판시하였었다(대법원 2012.6.28. 2012두4036; 대법원 2009.12.10. 2008두22136).

그러나 행정법원(서울행정법원 2011.9.7. 2010구합45415, 확정)에서 기간제근로자가 부당해고 구제절차의 진행과정 중에 계약기간이 만료되더라도 임금상당액에 대한 구제이익이 있다고 판단한 사례가 있었다.

또한, 중앙노동위원회에서도 부당해고등 구제절차의 도입취지와 운영형태, 노동시장의 현실, 구제절차 진행 중 구제이익이 소멸된다고 볼 경우의 문제점 및 금전보상제도의 도입 경위 등을 종합해 볼 때, 임금상당액 지급명령이 반드시 원직복직명령을 전제로 하여 내려지는 종속적인 구제명령에 불과하다고 볼 수는 없고, 구제절차 진행 중 근로계약 기간 만료로 근로관계가 종료되었다고 하더라도 근로자에게 노동위원회의 구제절차를 통해 구제받을 수 있는 구제이익을 인정할 수 있다고 판정하였다(중앙노동위원회 2016.7.1. 2016부해399).

기간제근로자는 근로계약 기간이 한정되어 있어 노동위원회에서 부당해고등을 다투는 과정에 계약기간이 만료될 가능성이 많은데, 이 경우 구제이익이 없어 민사소송으로 임금상당액 지급을 다투라고 한다면 사실상 고용이 불안하고 임금이 낮은 기간제근로자가 소송절차를 진행할 가능성이 적으므로 기간제 보호에 역행하는 현상이 발생하였다.

이와 같은 문제점을 반영하여 2020년에 대법원은 부당해고 구제명령제도에 관한 근로기준법의 규정 내용과 목적 및 취지, 임금 상당액 구제명령의 의의 및 그 법적 효과 등을 종합적으로 고려하면, 근로자가 부당해고 구제신청을 하여 해고의 효력을 다투던 중 정년에 이르거나 근로계약기간이 만료하는 등의 사유로 원직에 복직하는 것이 불가능하게 된 경우에도 해고기간 중의 임금 상당액을 지급받을 필요가 있다면 임금 상당액 지급의 구제명령을 받을 이익이 유지되므로 구제신청을 기각한 중앙노동위원회의 재심판정을 다툴 소의 이익이 있다고 보아야 한다고 판단하였다(대법원 2020.2.20. 2019두52386 전원합의체 판결).

위 판례에 근거하여 최근 대법원은 사용자가 누구인지와 관계없이 그 근로계약관계의 종료로 인하여 원직복직이 불가능하게 되었더라도 해고기간 동안의 임금 상당액을 지급받을 필요가 있다고 보이고, 이러한 한도에서 근로자에게 이 사건 재심판정을 다툴 소의 이익을 인정할 수 있다고 판시하였다(대법원 2022.5.12. 2020두35592).

제4절 정년에 의한 근로관계 종료

1. 인구 고령화와 60세 이상 정년제도의 도입

인구 고령화는 한 사회에서 평균수명의 증가와 출산률의 저하 등으로 인해 65세 이상 고령인구의 수와 비율이 증가하는 것을 말한다. 우리나라는 전세계에서 유례를 찾아 볼 수 없을 만큼 빠르게 고령화가 진행되고 있다. 2000년에 고령화 사회(65세 이상 고령인구 비율 7%)에 진입한 이후 2018년에는 고령사회(65세 이상 14%)에 도달하였으며, 2025년에는 총인구의 20%가 고령인구가 되는 초고령사회에 진입하게 된다.[13]

13) 통계청, 국가통계포털(KOSIS), 주요 인구 지표.

〈도표 12-8〉 한국 개인의 평균수명

연 도	1960	1970	1980	1990	2000	2010	2015	2020
평균수명(세)	52.4	62.1	65.9	71.4	75.9	80.6	82.1	83.5

자료: 통계청, 국가통계포털; OECD DATA(stats.oecd.org)

우리나라는 고령화사회에서 초고령사회로 가는데 25년이 걸리는 반면, 일본은 35년, 독일은 75년이 소요되었다. 고령화가 급속하게 진행되는 만큼 고령화에 대해 준비할 시간이 부족하게 된다.

고령화가 진행되면 국가적으로는 생산가능인구(15세 이상 64세 이하)가 줄어들고, 숙련된 인적자원이 사장되며, 소비 감소로 내수가 위축되고, 신규 투자의 축소로 이어진다. 한편, 고령화에 따라 연금, 의료, 복지비용 등 국가의 재정부담이 증가하는 반면 국가의 세수도 줄어들어 국가의 잠재 성장률도 하락할 가능성이 커진다.

이러한 상황과 전망 등을 고려하여 인구 고령화에 대비하기 위해 2013년 5월에 '고용상 연령차별금지 및 고령자고용촉진에 관한 법률(고령자고용법)'을 개정함으로써 60세 이상 정년 의무화가 시행되기에 이르렀다.

2. 고령자고용법상 정년제도

고령자고용법은 합리적인 이유 없이 연령을 이유로 하는 고용차별을 금지하고 고령자가 그 능력에 맞는 직업을 가질 수 있도록 지원하고 촉진하기 위해 제정되었다(제1조).

고령자고용법은 고령자와 준고령자를 대상으로 하고 있는데, 고령자는 55세 이상의 자, 준고령자는 50세 이상 55세 미만의 자로 정의하고 있다.

위에서 설명한 급속한 고령화와 생산가능인구 감소, 고령 인력의 활용 등을 고려하여 고령자고용법 제19조에서 사업주는 근로자의 정년을 60세 이상으로 정하도록 하고 사업주가 정년을 60세 미만으로 정한 경우에도 정년을 60세로 정한 것으로 보도록 규정하고 있다.

2013년 고령자고용법 개정 이전에는 사업주에게 정년 60세 이상이 되도록 노력하여야 한다고 규정하였으나 개정법에서 60세 이상 정년을 의무화하면서 노사에게 임금체계개편 의무도 부여하였다. 그리고 정부가 고용지원금, 임금체계개편을 위한 컨설팅 등 필요한 지원을 할 수 있도록 근거 규정도 마련하였다(고령자고용법 제19조의2).

60세 이상 정년 의무화 규정은 기업이 처해 있는 상황 등을 고려하여 2016.1.1.부터 상시 300명 이상의 근로자를 사용하는 사업 또는 사업장, 공공기관, 지방공사 및 지방공단에 적용되었고, 2017.1.1.부터는 상시 300명 미만의 근로자를 사용하는 사업 또는 사업장, 국가 및 지방자치단체에 적용되었다(고령자고용법 제19조).

사용자가 고령자고용법 제19조의 60세 이상 정년 의무를 위반할 경우 근로기준법 제23조 해고제한의 규정이 적용되므로, 근로자는 노동위원회에 부당해고 구제신청을 할 수 있고, 민사소송법에 따른 해고무효확인소송 등을 진행할 수도 있다.

고령자고용법 | **정년과 정년연장에 따른 임금체계개편**

제19조【정년】 ① 사업주는 근로자의 정년을 60세 이상으로 정하여야 한다.
② 사업주가 제1항에도 불구하고 근로자의 정년을 60세 미만으로 정한 경우에는 정년을 60세로 정한 것으로 본다.

제19조의2【정년연장에 따른 임금체계개편 등】 ① 제19조제1항에 따라 정년을 연장하는 사업 또는 사업장의 사업주와 근로자의 과반수로 조직된 노동조합(근로자의 과반수로 조직된 노동조합이 없는 경우에는 근로자의 과반수를 대표하는 자를 말한다)은 그 사업 또는 사업장의 여건에 따라 임금체계개편 등 필요한 조치를 하여야 한다.
② 고용노동부장관은 제1항에 따라 필요한 조치를 한 사업 또는 사업장의 사업주나 근로자에게 대통령령으로 정하는 바에 따라 고용지원금 등 필요한 지원을 할 수 있다.
③ 고용노동부장관은 정년을 60세 이상으로 연장하는 사업 또는 사업장의 사업주 또는 근로자에게 대통령령으로 정하는 바에 따라 임금체계개편 등을 위한 컨설팅 등 필요한 지원을 할 수 있다.

3. 정년제의 법적 성격

근로관계는 정년이나 근로계약 기간의 만료 또는 근로자의 사망 등에 의해 자동으로 소멸한다. 정년제는 근로자가 일정 연령에 도달할 경우 근로자의 의사 또는 능력과 관계없이 근로관계를 종료시키는 제도이다. 이는 기간의 정함이 없는 근로계약관계에서 그 기간의 최대한도를 정한 것으로서 정년의 도래로 인한 퇴직은 기간제와 더불어 계약기간 만료에 의한 근로관계 종료의 한 방식이다(근기 68207-1571, 2001.5.16.).

이러한 정년제가 취업규칙 등에 당연퇴직 사유로서 규정되어 있다면 정년의 사유발생일이나 소정의 일자에 당연히 근로관계는 종료된다. 정년과 같이 근로관계의 자동소멸사유로 인한 퇴직처리는 법률상 당연하게 발생한 퇴직 사유와 시기를 공적으로 확인해서 알려주는 관념의 통지에 불과하므로 근로자 신분을 상실시키는 해고처분과 같이 새로운 형성적 행위는 아니다(대법원 2008.2.29. 2007다85997). 따라서 사용자에게 정년퇴직에 대해 사전예고, 해고예고(서면 통지) 의무는 발생하지 않고, 정년이 도달하면 근로관계는 자동으로 종료된다.

취업규칙 등에 명시된 정년에 도달하여 당연퇴직하게 된 근로자에 대하여 사용자가 그 정년을 연장하는 등의 방법으로 근로관계를 계속 유지할 것인지 여부는 특별한 사정이 없는 한 사용자의 권한에 속하는 것으로서, 해당 근로자에게 정년연장을 요구할 수 있는 권리가 있다고 할 수 없다(대법원 2008.2.29. 2007다85997).

정년에 대한 규정은 근로계약서, 취업규칙 및 단체협약 등에 둘 수 있다. 근로기준법(제93조)에서는 취업규칙의 기재사항으로 '퇴직에 관한 사항'을 두고 있고, 근로자수 10인 이상 사업장은 취업규칙을 작성할 의무가 있으므로 퇴직 또는 정년에 관한 사항을 취업규칙에 포함시켜야 한다.

사업주가 근로자의 정년을 60세 미만으로 정한 경우에는 정년을 60세로 정한 것으로 간주되므로(고령자고용법 제19조제2항), 근로자의 정년을 60세 미만으로 정한 근로계약이나 취업규칙, 단체협약은 위 규정에 위반되는 범위 내에서 무효이다. 그리고 근로자의 '정년'은 실제의 생년월일을 기준으로 산정하여야 하므로 입사 후에 정정된 가족관계등록부의 생년월일을 기준으로 산정하여야 하나, 입사 시에 제출한 서류상의 생년월일을 기준으로만 산정하도록 한 인사규정시행내규는 그 범위에서 고령자고용법 제19조에 위반되어 무효이다(대법원 2017.3.9. 2016다249236).

4. 정년제와 부당해고

60세 이상 정년이 기업 규모 등에 따라 2016년 또는 2017년에 법적으로 의무화되었으나 이전에는 취업규칙 등에서 근로자의 정년을 기업에 따라 다르게 정하고 있었으므로 정년을 둘러싼 법적 다툼이 발생하였다.

(1) 부당해고로 보지 않은 판례

원칙적으로 정년 이후에 근로자가 정년연장을 요구할 권리는 법적으로 보장되지 않고, 오랜 기간 정년연장에 대해 논의가 있었더라도 정년연장에 대한 기대권이 발생하였다고 보기 어렵다고 판단하고 있다.

① 근로자가 단체협약상에 정년연장을 노사간 협의하여 연장하기로 한다는 규정을 근거로 만 58세에 도달한 근로자의 정년연장을 하지 않고 정년퇴직 처리한 것이 부당해고라고 주장하였으나, 정년퇴직은 근로관계의 자동소멸 사유인 정년이 도래함에 따라 사용자가 취하는 조치로서 해고처분과 같은 새로운 형성적 법률행위가 아니고, 정년연장은 사용자의 권한이며, 근로자가 정년연장 요구에 대한 권리를 가지는 것으로 볼 수 없으므로 58세에 정년퇴직 처리한 것은 근로기준법 제23조제1항의 부당해고에 해당되지 않는다(서울행정법원 2013.9.25. 2012구합35825).

② 사용자가 정년 도달에 따라 당연퇴직하게 된 근로자에 대하여 정년연장 등의 방법으로 근로관계 계속 유지 여부를 결정할 권한이 있고, 해당 근로자는 정년연장을 요구할 권리가 없다. 또한, 사용자는 정년연장을 추진할 때 임금피크제 시행, 퇴직급여 조정, 정원 및 현원 조정 등 다양한 문제를 함께 고려해야 하므로 단순히 오랜 기간 정년연장에 대해 논의가 있었다고 하여 근로자들에게 정년연장에 관한 기대권이 발생하였다고 보기는 어렵다(서울행정법원 2013.3.22. 2012구합24801).

(2) 부당해고로 본 판례

법원은 일정연령 이상의 근로자들을 정년단축에 의해 조기퇴직 시키거나 정년 이후에 기간의 정함이 없는 근로관계를 유지한 근로자를 정년을 이유로 퇴직시킨 경우에는 부당해고로 판단하였다.

① 노사간의 특별협약에 의한 정년단축이 사용자가 운영하는 병원의 경영위기 극복을 위해 자구책으로 이루어졌다고 하나 정리해고의 효과를 도모하기 위해 일정한 연령 이상의 근로자를 조기 퇴직시키기 위한 방편으로 활용되었다. 따라서 연령만으로 조합원을 차별하는 것으로서 합리적 근거가 있다고 보기 어려우므로 특별협약 중 정년에 관한 부분은 근로조건 불이익 변경의 한계를 벗어나서 무효이므로 근로자에 대한 퇴직처리는 사실상 해고에 해당한다(대법원 2011.7.28. 2009두7790).

② 근로자가 취업규칙과 단체협약에 정한 정년 60세가 지난 이후에도 사용자의 동의 아래 기간의 정함이 없는 근로관계를 유지해 왔다면, 사용자는 특별한 사정이 없는 한 단순히 근로자가 정년이 도과하였다는 사유만으로 근로관계를 해지 할 수 없고 정당한 사유가 있어야 하므로 정년조항에 따른 정년퇴직에 대한 통지는 부당한 해고에 해당한다(서울행정법원 2010.10.14. 2010구합27646).

5. 정년연장과 임금체계개편

(1) 임금체계개편의 필요성

2013년 5월에 개정된 고령자고용법에서는 기업에게 60세 이상 정년을 의무화하면서 사업주와 노동조합(근로자의 과반수로 조직된 노동조합이 없는 경우에는 과반수를 대표하는 자)에게 임금체계개편 등 필요한 조치를 하도록 의무화하였다.

정년이 연장되면 고용 안정성이 증가하므로, 이에 상응하여 임금 유연성이 증가하여야 한다. 그리고 근로자의 생산성이 향상되어야 정년연장으로 인한 기업 부담이 늘지 않으면서 지속가능한 경쟁력을 유지하게 되고 국가도 경쟁력을 유지할 수 있다. 따라서 정년을 연장하여 의무화하는 경우 고용 안정성, 임금 유연성, 생산성 향상이란 원칙이 조화롭게 적용되어야 한다.

우리나라에서 기업이 정년연장에 부담을 갖는 이유는 연공급 임금체계 때문이다. 성과급, 직무급 등 일의 가치를 반영하는 임금체계를 가진 선진국에서는 정년이 문제되지 않는다. 기존에 연공급 임금체계가 관행화되었던 일본도 60세 이상 정년을 의무화하기 이전에 오랫 동안 준비를 거쳐 임금체계를 개편하여 왔다.

기업에서는 전반적으로 임금체계를 개편하기에는 다소 시간이 걸릴 수 있다. 따라서 정년연장에 따른 인건비 부담 완화를 위해 우선 단기적으로 임금피크제를 도입하고, 중·장기적으로는 직무급, 직능급, 역할급, 성과급 등 연공보다는 직무와 성과 등에 따른 임금체계를 적용할 수 있다.

고령자고용법상 60세 이상 정년 의무화는 강행규정인 반면, 임금체계개편은 벌칙이 없어 선언적 규정이라 할 수 있다. 임금체계는 근로기준법(제93조)에서 취업규칙 기재사항으로 정하고 있는 '임금의 결정·계산·지급 방법'에 포함되는 근로조건이고, 노동조합이 있는 경우 근로조건에 관한 사항은 단체교섭 대상이 되므로 사용자와 노동조합 모두 성실하게 교섭에 임해야 한다. 한편, 취업규칙과 단체협약의 내용이 배치되는 경우 상위규범인 단체협약 규정이 우선 적용된다.

(2) 임금피크제의 도입

1) 임금피크제의 개념과 유형

임금피크제는 법률용어는 아니지만 일반적으로 근로자를 계속 고용하기 위해서 피크(peak) 연령을 기준으로 하여 임금조정을 하고, 일정 기간 추가로 고용을 보장받는 제도를 말한다. 근로자는 정년이 연장되어 더 오래 일하는 장점이 있으므로 정년에 이르기 전부터 임금조정을 수용하는 것이다. 예를 들어 기존 정년이 55세인 경우 정년을 60세로 연장하면서 피크 임금 대비 1년 차는 10%, 2년 차는 20%, 3년 차 이상은 30%를 감액하는 것이다.

이러한 임금피크제는 정년보장형, 정년연장형 및 고용연장형으로 구분할 수 있다. 정년유지형(정년보장형)은 기존의 정년을 그대로 유지(보장)하는 대신 일정 연령 이후 임금을 삭감하는 형태이고, 정년연장형은 정년을 늘리는 대신 일정 연령 이후에 임금을 하향 조정하는 형태이다. 그리고 고용연장형은 정년이 되어 퇴직금을 수

령하고 난 후에 임금을 하향조정하는 재고용 근로계약을 체결하는 것이다.[14)]

2) 임금피크제 도입과 취업규칙의 불이익한 변경

기업에서 이러한 임금피크제를 도입하기 위하여 단체협약이나 취업규칙 등에 관련 규정을 두어야 하고, 사용자는 취업규칙의 작성이나 변경에 대해 근로자 과반수로 조직된 노동조합이나 과반수 근로자의 의견을 들어야 한다. 특히 취업규칙을 근로자에게 불리하게 변경하려면 근로자의 동의를 얻어야 한다(근로기준법 제94조).

임금피크제 도입과 관련하여 논란이 되는 부분은 임금피크제가 근로조건의 저하를 가져오느냐 하는 것이다. 왜냐하면 근로조건의 저하를 가져온다면 취업규칙의 불이익한 변경을 초래하므로 근로자 과반수나 근로자 과반수로 조직된 노동조합의 동의를 받아야 하기 때문이다. 이에 대한 견해는 정년연장을 임금피크제와 연계하여 보는지 여부에 따라 달라진다.

첫째, 고령자고용법은 사업주와 근로자에게 정년연장과 임금체계개편 의무를 동시에 부여하고 있으므로 정년연장과 임금피크제를 연계해서 보아야 한다는 견해이다.

근로자는 정년연장에 따라 사실상의 이익을 향유할 수 있으므로 사용자가 불이익 완화를 위한 경과조치를 취하고, 근로자 집단의 동의를 얻기 위해 최선을 다한 경우에는 근로자 과반수의 동의를 획득하지 못했더라도 임금피크제의 효력이 인정될 수 있다고 주장한다.[15)]

개정된 고령자고용법에서는 노사에게 정년연장과 임금체계개편 의무를 동시에 부여하고 있고, 임금피크제 도입에 의해 종전 피크 임금 대비 임금은 감액되지만 정년이 증가함에 따라 '생애 총액 임금'이 증가한다.

따라서 임금피크제 도입은 일시적으로 근로조건의 저하를 가져올 수 있지만 생애전체로 보면 임금총액이 늘어나므로 근로조건 저하가 아니라는 주장이다. 즉, 부분최적만이 아니라 전체최적을 고려해야 한다는 견해로 볼 수 있다.

---

14) 노동법실무연구회, 근로기준법 주해 II, pp.333~334.
15) 이철수, "임금피크제의 사용자 일방시행 가능하다", 월간노동법률, 중앙경제, 2015.4.

종래 대법원은 근로자의 동의가 없는 취업규칙 변경에 대하여 사회통념상 합리성이 있는 경우에는 예외적으로 노동조합의 동의를 필요로 하지 않는다고 판단하여 왔다(대법원 2015.8.13. 2012다43522). 그러나 2023년 5월에 대법원은 사용자가 취업규칙을 근로자에게 불리하게 변경하면서 근로자의 집단적 의사결정방법에 따른 동의를 받지 못한 경우, 노동조합이나 근로자들이 집단적 동의권을 남용하였다고 볼 만한 특별한 사정이 없는 한 사회통념상 합리성이 있다는 이유만으로 그 유효성을 인정할 수는 없다고 판시하였다[대법원 2023.5.11. 2017다35588, 2017다35595(병합)]. 따라서 사용자가 취업규칙을 불리하게 변경할 경우에는 노동조합의 집단적 동의권 남용 등 특별한 사정이 없는 한 근로자의 집단적 의사결정방법에 따라 동의를 받아야 한다.

둘째, 임금피크제 도입을 정년연장과 분리하여 보는 견해이다. 법적인 정년연장과 임금피크제는 각기 하나의 근로조건으로서 서로 대가 관계 또는 연계성이 반드시 있다고 보기 어려우므로 임금의 감액과 조정을 가져오는 임금피크제 도입은 근로조건의 불이익 변경으로 반드시 근로자 과반수의 동의를 얻어야 한다고 보고 있는 것이다(창원지방법원 2015.2.25. 2013가단20641).

한편, 그간의 근로조건의 불이익 변경과 근로자 동의와 관련된 판례를 보면 임금감액을 수반하는 임금피크제 도입은 정년연장과 반드시 서로 연계성이 인정되지 않는다고 보아 불이익한 변경으로 판단할 가능성이 있다.

이와 관련하여 행정해석에서는 법정 정년 연장과 이에 따른 임금피크제 등은 하나의 근로조건으로서 서로 대가관계나 연계성이 반드시 인정된다고 보기 어려우므로 기존 정년이 도달하는 해의 최종임금 수준보다 낮은 수준으로 임금 감액을 수반하는 임금피크제 도입은 정년연장에 관계없이 취업규칙의 불이익한 변경으로 볼 수 있다고 판단하고 있다(근로기준정책과-848, 2016.1.22.). 그러므로 실무적으로 임금피크제 도입과 관련한 취업규칙에 대해 근로자의 동의를 받는 것이 필요하다.

다만, 노동조합이나 근로자들이 집단적 동의권을 남용하였다고 볼 만한 특별한 사정이 있는 경우, 즉, 취업규칙을 변경할 필요성이 객관적으로 명백히 인정되고, 근로자의 집단적 동의를 구하고자 하는 사용자의 진지한 설득과 노력에도 불구하고 노동조합이나 근로자들이 합리적 근거나 이유 제시 없이 취업규칙의 변경에 반대하는 등의 경우에는 그 동의가 없더라도 취업규칙의 불이익변경을 유효하다고 볼 수 있다. 다만, 취업규칙을 근로자에게 불리하게 변경하는 경우에 집단적 동의권을 남용하였는지 여부는 엄격하게 판단할 필요가 있다[대법원 2023.5.11. 2017다35588, 2017다35595(병합)].

3) 임금피크제 도입과 개별 근로자 동의

2019년 11월에 임금피크제 도입과 관련하여 집단적 동의를 받아 근로자에게 불리한 내용으로 취업규칙이 변경된 경우에도, 근로자의 개별적 동의가 없는 한 취업규칙보다 유리한 근로계약의 내용이 우선한다는 중요한 판결이 있었다.

즉, 대법원은 회사가 과반수로 조직된 노동조합의 동의를 받아 제정된 임금피크제 관련 취업규칙에 대해 근로자에게 불리한 내용으로 변경된 취업규칙은 집단적 동의를 받았다고 하더라도 그보다 유리한 근로조건을 정한 기존의 개별 근로계약 부분에 우선하는 효력을 갖는다고 할 수 없다고 하면서, 이 경우에도 근로계약의 내용은 유효하게 존속하고, 변경된 취업규칙의 기준에 의하여 유리한 근로계약의 내용을 변경할 수 없으며, 근로자의 개별적 동의가 없는 한 취업규칙보다 유리한 근로계약의 내용이 우선하여 적용된다고 판단하였다(대법원 2019.11.14. 2018다200709).

4) 정년유지형 임금피크제와 합리적 이유 없는 연령차별

최근에 대법원은 사업주가 근로자의 정년을 그대로 유지하면서 임금을 일정 기간 삭감하는 형태의 정년유지형 임금피크제를 시행하는 경우, 연령을 이유로 한 차별에 합리적인 이유가 없어 그 조치가 무효인지는 ① 임금피크제 도입 목적의 타당성, ② 대상 근로자들이 입는 불이익의 정도, ③ 임금 삭감에 대한 대상 조치의 도입 여부 및 그 적정성, ④ 임금피크제로 감액된 재원이 임금피크제 도입의 본래 목적을 위하여 사용되었는지 등 여러 사정을 종합적으로 고려하여야 한다고 임금피크제 효력에 대한 판단기준을 처음으로 제시하였다.

이러한 판단기준에 따라 대법원은 이 근로자에 대해 2011년 4월부터 2014년 9월까지 적용한 정년유지형 임금피크제는 임금피크제 도입의 목적이 타당하지 않고, 불이익에 대한 보전조치가 없었으며, 근로자의 업무내용 등에 차이가 없는 점 등을 고려할 때 구 고령자고용법에서 금지하고 있는 연령차별에 해당하여 무효라고 판단하였다(대법원 2022.5.26. 2017다292343).

핵심 판례 **정년유지형 임금피크제의 효력**

연령을 이유로 한 차별을 금지하고 있는 구 고용상 연령차별금지 및 고령자고용촉진에 관한 법률(2020.5.26. 법률 제17326호로 개정되기 전의 것) 제4조의4제1항에서 말하는 '합리적인 이유가 없는' 경우란 연령에 따라 근로자를 다르게 처우할 필요성이 인정되지 아니하거나 달리 처우하는 경우에도 그 방법·정도 등이 적정하지 아니한 경우를 말한다.

사업주가 근로자의 정년을 그대로 유지하면서 임금을 정년 전까지 일정 기간 삭감하는 형태의 이른바 '임금피크제'를 시행하는 경우 연령을 이유로 한 차별에 합리적인 이유가 없어 그 조치가 무효인지는 임금피크제 도입 목적의 타당성, 대상 근로자들이 입는 불이익의 정도, 임금 삭감에 대한 대상 조치의 도입 여부 및 그 적정성, 임금피크제로 감액된 재원이 임금피크제 도입의 본래 목적을 위하여 사용되었는지 등 여러 사정을 종합적으로 고려하여 판단하여야 한다...

위 성과연급제(임금피크제)는 인건비 부담을 완화하고 실적 달성률을 높이기 위한 목적으로 도입되었으나 위와 같은 목적을 55세 이상 정규직 직원들만을 대상으로 한 임금 삭감 조치를 정당화할 만한 사유로 보기 어려운 점, 성과연급제로 인하여 근로자는 임금이 일시에 대폭 하락하는 불이익을 입었고, 그 불이익에 대한 대상조치가 강구되지 않은 점, 성과연급제를 전후하여 근로자에게 부여된 목표 수준이나 업무의 내용에 차이가 있었다고 보이지 않는 점 등을 종합하면, 위 성과연급제는 연령을 이유로 임금 분야에서 근로자를 차별하는 것으로 차별에 합리적인 이유가 있다고 볼 수 없다(대법원 2022. 5. 26. 선고 2017다292343).

그러나 이 판례는 정년 60세 이상 연장을 의무화한 현재의 고령자고용법 시행 이전의 사건이므로 60세 이상 정년 연장 및 임금체계 개편 조치 의무화 이후에 시행된 정년연장형 임금피크제에 그대로 적용하는데는 한계가 있다.

한편, 위 사례와는 달리 정년유지형 임금피크제를 시행하는 경우에도 고령 근로자의 인건비 부담 완화를 통한 고용안정, 청년 일자리 창출 등 목적이 정당하고, 불이익을 보전하는 조치가 이루어진 때에는 합리적 사유가 없는 연령차별에 해당하지 않는다고 판단하였다.

즉, 법원은 A공단의 사건에서 근로자가 기존에 유리한 정년 규정을 이미 적용받았고, 정년퇴직 전 1년 동안 공로연수가 가능했으며, 희망자에 대해서는 업무시간 조정이 가능했던 점 등을 이유로 해당 임금피크제가 합리적 이유 없는 연령차별에 해당하지 않는다고 판시했다(서울고등법원 2021.10.26. 2020나2023019, 대법원 심리불속행 확정).

5) 정년연장형 임금피크제와 합리적 이유 없는 연령차별

정년연장형 임금피크제에 대해 대법원에서는 아직 연령차별 여부에 관한 판단기준을 제시하지 않았다. 그러나 대법원 심리불속행 확정 판례 등을 보면 고령자고용법 제19조의2에 따라 정년연장에 수반된 조치로서 노사 협의를 통해 임금피크제를 도입할 때에는 원칙적으로 연령차별이 아니라고 판단하고 있다.[16)]

법원은 해당 임금피크제는 정년 60세 의무화에 따라 고령자고용법에 근거하여 도입된 조치이고, 정년연장에 따라 임금피크제에도 불구하고 경제적인 측면에서 더 많은 이익을 얻게되었고, 사업주가 정년 이후의 재고용 지원, 교육훈련 지원 등의 조치를 취한 점 등을 종합하면 연령차별에 해당하지 않다고 판시하였다(서울고등법원 2021.12.14. 2019나2029394, 대법원 심리불속행 확정).

그러나 법원은 정년을 2년 간 연장하는 대신 빠른 경우 44세부터 연차별 최대 50%까지 임금을 삭감하는 임금피크제에 대하여는 아래와 같은 사유로 합리적인 이유 없는 연령차별이라고 판단하였다.

즉, 40대 중반에 임금피크제의 적용대상이 된 근로자들은 이후 정년에 이르기까지 절반에 가까운 임금 삭감을 감수해야 하고, 이러한 임금 삭감이 당해 근로자가

---

16) 고용노동부, 임금피크제의 연령차별 여부 판단에 관한 FAQ, 2022.6.3.

제공하는 근로의 질이나 양과는 무관하게 오로지 '일정한 연령에 도달하였는지 여부'와 '승급대상에서 누락하였는지 여부'에 연동되는 것으로, 근로의 대가로 지급되는 임금의 특성에 비추어 합리성을 찾기 어렵고, 사실상 근로자를 퇴출하려는 의도에서 임금피크제를 도입하였으므로 이러한 임금피크제는 무효이다(서울고등법원 2021.9.8. 2019나2016657, 확정)

6. 정년퇴직의 시점

근로기준법에서는 퇴직에 관한 사항을 취업규칙에 정하도록 하고 있으므로(제93조) 퇴직사유의 하나인 정년에 대해서는 취업규칙에 규정되는 것이 일반적이다.

취업규칙에 정년을 만 60세로 정하였다고 하더라도 정년퇴직 시점에 대해 논란이 발생한다. 퇴직 시점은 당사자 간 자율결정 원칙에 따르지만 노사간에 다툼을 방지하기 위하여 정년 해당 연령을 시기(始期)나 종기(終期) 등으로 규정하는 것이 바람직하다.

노사 당사자 간에 퇴직 시점을 확정하지 않고 관행적으로 운영한 경우 그 관행이 존중되어야 한다, 즉 과거 해당 정년 종료일에 퇴직한 관행이 있는 경우 특정인에 대해서만 정년 시작일에 퇴직하도록 한다면 신의성실 원칙에 위배되므로 정년 종료일에 퇴직하는 것으로 본다.

기업에 정년연령만 있고 퇴직 시점에 대한 관행이 아직 없는 경우에는 정년에 도달(시작)하는 날에 퇴직하는 것으로 본다(근기 68201-690, 2000.3.10.). 법원도 정년퇴직일에 대해 당사자 간에 정함이 없다면 정년에 도달하는 날을 의미한다고 하고 있다(대법원 1973.6.12. 71다2669).

이는 근로기준법이 최저기준을 정하고 있으므로 정년의 최저기준만 충족하면 된다는 것으로 해석된다. 즉 정년이 만 60세이고, 근로자의 생일이 1956년 5월 1일인 경우 정년퇴직 시점은 만 60세가 시작되는 날인 2016년 5월 1일이 된다.

한편, 기업에서는 정년 근로자에 대한 인사관리를 일률적으로 하기 위해 취업규칙에 정년퇴직 시점을 정년이 도달한 달의 말일(예: 5월 31일), 정년이 도달한 해의 상반기 말일(6월 30일), 정년이 도달한 해의 말일(12월 31일)로 정하기도 한다.

7. 법원 소송 중 정년이 도래한 경우 소의 이익

종래에 대법원은 근로자가 부당해고나 해고 무효를 다투는 소송 중에 정년이 도래할 경우 원직복직을 소(訴)로써 청구할 이익이 있는가에 대한 논란이 발생하는데 법원은 소의 이익이 없다고 판단하였다.

즉, 법원은 "근로자에 대한 해고가 무효임의 확인을 구함과 아울러 근로를 제공할 수 있었던 기간 동안의 임금을 청구하는 경우, 해고무효확인의 소는 근로계약상의 지위 회복을 목적으로 하는 것임이 명백하므로, 사실심 변론종결 당시 이미 인사규정에 의한 당연해직 사유인 정년을 지났다면 근로자로서의 지위를 회복하는 것은 불가능하게 되었으므로 해고무효확인의 소는 확인의 이익이 없으며, 사실심 변론종결 후에 이미 인사규정 소정의 정년이 지난 경우에도 해고가 무효로 확인된다 하더라도 근로자로서의 지위를 회복하는 것은 불가능하므로 마찬가지라 할 것이다."라고 판단하였다(대법원 2013.6.13. 2012다14036).

따라서 근로자가 해고 소송을 진행하는 중에 정년이 도래한 경우 해고기간 중에 미지급 임금을 지급받으려면 임금청구소송 등 별도의 민사소송 절차를 통하여 해결해야 하였다.

그러나 최근 대법원은 전원합의체 판결로 근로자가 부당해고 구제신청을 하여 해고의 효력을 다투던 중 정년에 이르는 등의 사유로 원직에 복직하는 것이 불가능하게 된 경우에도, 소의 이익이 있다고 판단하면서 소의 이익이 소멸된다고 본 종래의 대법원 판례를 모두 변경하였다(대법원 2020.2.20. 2019두52386).

핵심 판례 **해고의 효력을 다투던 중 정년 도과시 소의 이익**

부당해고 구제명령제도에 관한 근로기준법의 규정 내용과 목적 및 취지, 임금 상당액 구제명령의 의의 및 법적 효과 등을 종합적으로 고려하면, 근로자가 부당해고 구제신청을 하여 해고의 효력을 다투던 중 정년에 이르거나 근로계약기간이 만료하는 등의 사유로 원직에 복직하는 것이 불가능하게 된 경우에도 해고기간 중의 임금 상당액을 지급받을 필요가 있다면 임금 상당액 지급의 구제명령을 받을 이익이 유지되므로 구제신청을 기각한 중앙노동위원회의 재심판정을 다툴 소의 이익이 있다고 보아야 한다(대법원 2020.2.20. 2019두52386).

제5절 당사자의 소멸

근로자가 사망하거나, 사업주가 폐업 또는 파산함으로써 근로관계가 더 이상 유지될 수 없는 상황이 발생하는 경우 근로관계가 종료 또는 소멸된다.

1. 당사자의 사망

근로관계는 근로자와 사용자와의 사용종속관계이므로 근로자가 사망하면 근로관계는 종료되고 당연히 상속인에게 승계되지는 않는다.[17] 기업은 취업규칙에서 당연퇴직의 사유로 근로자의 사망, 정년퇴직 등을 규정하고 있는데, 이러한 당연퇴직 사유를 충족할 경우 별도의 처분을 요하지 않고 근로관계가 종료된다.

한편, 개인 사업주 본인이 사망하는 경우 당연히 근로계약이 종료된다. 근로계약상의 지위는 일신 전속적이므로 상속의 대상이 되지 않음으로써 근로관계는 원칙적으로 당연 이전되지 않는다. 그러나 개인 사업주의 사망 시에도 그 기업이 상속되어 계속 운영되거나 존속하는 경우 근로계약관계는 유지된다. 따라서 이 경우에 사용자가 근로자를 해고하려면 근로기준법상 '정당한 이유'가 있어야 한다.[18]

2. 사업주의 폐업과 파산

사용자가 법인인 경우 그 법인이 해산되면 청산종료 시점(법인격 소멸 시점)에 당사자 간 근로관계가 종료된다. 그러나 법인의 청산종료 이전에 사직, 합의해지, 해고 등으로 근로관계 종료가 이루어지는 것이 일반적이다.[19]

사업장이 폐업을 하면 근로자들이 근무하거나 복귀할 사업장이 소멸함에 따라 사용자와 근로자 사이의 근로계약관계 역시 자동적으로 종료되므로 근로자들의 부당해고에 대한 구제신청 이익이 없다(서울행정법원 2006.4.20. 2005구합3707).

17) 하갑래, 근로기준법(제35판), 중앙경제, 2022, pp.1029~1030.
18) 김형배, 노동법(제27판), 박영사, 2021, p.762.
19) 임종률, 노동법(제20판), 박영사, 2022, p.595.

여기에서 회사가 실질적으로 폐업을 하여 근로자가 복귀할 사업장이 없어졌는지 여부는 형식적으로 해산등기 내지 청산종결등기가 마쳐지지 않은 경우라 하더라도 회사의 해산 및 폐업 경위와 그 전후의 사정, 청산사무의 처리가 지연된 경위 등을 종합적으로 고려하여 실질적으로 판단하여야 한다.

또한, 근로자가 부당해고 구제신청을 하여 해고의 효력을 다투던 중 폐업 등으로 인하여 근로관계가 종료하였다면 근로자로서는 해고기간 중의 지급받지 못한 임금을 지급받기 위한 필요가 있다고 하더라도 이는 임금청구소송 등 민사소송 절차를 통하여 해결될 수 있어 더 이상 구제절차를 유지할 필요가 없게 되었으므로 구제이익은 소멸한다고 보아야 한다(서울고등법원 2014.11.21. 2014누53881).

최근 고등법원은 군대에서 수익성이 악화된 간부이발소 폐쇄에 따라 해고된 근로자에 대해 복직시킬 사업장이 남아 있지 않은 등의 이유로 원직에 복직하는 것이 불가능하게 되었다고 하더라도, 이 사건 해고가 무효여서 근로자가 사용자로부터 해고기간 중의 임금 상당액을 지급받을 필요가 있다면 임금 상당액 지급의 구제명령을 받을 이익이 유지된다고 판단하였다(서울고등법원 2020.10.30. 2020누34591).

그러나 이에 대해 대법원은 부당해고 등 구제절차 도중 근로계약기간의 만료, 정년의 도래 등으로 근로자의 원직복직이 불가능한 경우에도 근로자에게 임금 상당액 지급의 구제명령을 받을 이익을 인정해야 할 필요가 있지만, 구제신청 당시 이미 근로계약관계가 소멸하여 근로자의 지위에서 벗어난 경우에까지 구제이익을 인정해야 한다는 의미로는 해석되지 않는다고 판시하였다(대법원 2022.7.14. 2020두54852, 파기 환송).

한편, 사용자가 노동조합을 와해시키고 조합원 전원을 사업장에서 몰아내기 위해 사업 자체를 폐지하고 종전 회사와 다를 바 없는 신설회사를 통해 예전의 기업활동을 계속하는 것은 건전한 사회통념이나 사회상규상 용인될 수 없는 행위이므로, 위장폐업에 의한 부당해고는 불법행위를 구성한다. 따라서 이 경우 근로자들은 부당해고가 무효임을 이유로 신설회사에 대해 임금의 지급을 청구하거나 불법행위에 대한 손해배상을 청구할 수 있다(대법원 2011.3.10. 2010다13282).

제13장

비정규직 근로자

제1절 의 의

비정규직 근로자는 일반적으로 정규직 근로자에 대비되는 개념으로 법률상 용어가 아니라 주로 통계상 용어로 사용된다. 규범적으로 정규직 근로자와 비정규직 근로자는 근로계약 기간의 유무, 근로시간 및 사용자와의 사용종속관계 등에 의해 구분할 수 있다.[1)]

따라서 근로자가 기간의 정함이 없는 근로를 제공하고, 전일제 근로를 하며, 사용자와 직접고용관계에 있으면서 통상적인 근로조건을 향유하고 있다면 정규직 근로자라 할 수 있고, 그 이외의 근로자를 비정규직 근로자라 할 수 있다.

비정규직 근로자에는 ① 기간의 정함이 있는 기간제근로자, ② 통상(전일제) 근로자에 비해 짧은 시간 근로를 제공하는 단시간근로자, ③ 사용사업주의 지시와 감독을 받으면서 근로를 제공하는 파견근로자 등이 포함되며, 실무적으로는 기간제·단시간·파견 근로자를 총괄하여 비정규직이라 부른다.

통계청에서는 비정규직 근로자를 한시적 근로자, 시간제 근로자, 비전형 근로자로 구분하고 있으며, 비전형 근로형태에는 파견, 용역, 특수형태근로, 일일근로, 가정내 근로가 포함된다.[2)]

이러한 비정규직 근로자는 정규직 근로자에 비해 고용이 불안하고, 임금 등 근로조건이 상대적으로 열악하며, 노동법상 보호를 받지 못할 가능성이 크다. 따라서 기존의 근로기준법, 최저임금법, 노동조합법 등 이외에 별도로 기간제근로자와 단시간근로자를 위하여 '기간제 및 단시간근로자 보호 등에 관한 법률(기간제법)'을, 파견근로자를 위해서 '파견근로자 보호 등에 관한 법률(파견법)'을 제정·시행하고 있으며, 보험설계사, 플랫폼 종사자 등 노무제공자에 대해서는 산재보험 적용을 확대 하고 있다.[3)]

---

1) 김형배, 노동법(제27판), 박영사, 2022, p.912; 비정규 근로 대신에 '비전형 근로'라는 개념을 사용하고 있다.
2) 통계청, 2022년 8월 경제활동인구조사 근로형태별 부가조사 결과, 2022.10.
3) 김형배·박지순, 노동법강의(제12판), 신조사, 2023, p.395, p.427. 일반적으로 기간제법과 파견법을 통칭하여 비정규직법이라고 부른다.

제2절 기간제근로자

1. 기간제근로자의 의의

1) 기간제근로자의 특성

기간제근로자는 기간의 정함이 있는 근로계약을 체결한 근로자를 말한다(기간제법 제2조제1호). 일반적으로 기간을 정하여 근로계약을 체결한 근로자의 경우 그 기간이 만료됨으로써 신분관계가 당연히 종료되는 것이 원칙이다(대법원 2011.4.14. 2007두1729). 즉 기간제근로자는 일정한 기간이 도과하거나, 특정한 사업 목적을 달성하거나 일정한 조건을 충족할 경우 사용자가 별도로 근로계약 해지통지를 하지 않더라도 근로관계가 종료된다.[4)]

이러한 기간제근로자는 정규 근로자에 비해 고용기간이 짧아 고용이 불안정하고, 근로조건이 취약하며, 차별적 처우가 발생할 수 있으므로 기간제근로자에 대한 근로조건 보호와 불합리한 차별을 시정하기 위해 기간제법이 제정되었다(2007.7.1. 시행).

2) 기간제근로자의 사용기간 제한

사용자는 2년을 초과하지 아니하는 범위 안에서(기간제 근로계약의 반복갱신 등의 경우에는 그 계속근로한 총기간이 2년을 초과하지 아니하는 범위 안에서) 기간제근로자를 사용할 수 있다.

핵심 판례 **기간제 근로계약 사이의 공백기간**

기간제 및 단시간근로자 보호 등에 관한 법률(이하 '기간제법'이라 한다) 제4조 제1항, 제2항의 형식과 내용, 입법 취지에 비추어 볼 때, 반복하여 체결된 기간제 근로계약 사이에 근로관계가 존재하지 않는 공백기간이 있는 경우에는, 공백기간의 길이와 공백기

4) 김형배·박지순, 노동법강의(제12판), 신조사, 2023, p.427.

간을 전후한 총사용기간 중 공백기간이 차지하는 비중, 공백기간이 발생한 경위, 공백기간을 전후한 업무내용과 근로조건의 유사성, 사용자가 공백기간 동안 해당 기간제근로자의 업무를 대체한 방식과 기간제근로자에 대해 취한 조치, 공백기간에 대한 당사자의 의도나 인식, 다른 기간제근로자들에 대한 근로계약 반복·갱신 관행 등을 종합하여 공백기간 전후의 근로관계가 단절 없이 계속되었다고 평가될 수 있는지 여부를 가린 다음, 공백기간 전후의 근로기간을 합산하여 기간제법 제4조의 계속근로한 총기간을 산정할 수 있는지 판단하여야 한다(대법원 2019. 10. 17. 2016두63705).

다만, 사업의 완료 또는 특정한 업무의 완성에 필요한 기간을 정한 경우 등 법령이 정하는 '객관적' 또는 '합리적 사유'가 있는 경우 예외적으로 2년을 초과하여 기간제근로자를 사용할 수 있다(기간제법 제4조제1항 단서).

사용자가 기간제법 제4조제1항 각 호의 사유가 없거나 소멸되었음에도 불구하고 2년을 초과하여 기간제근로자로 사용하는 경우에는 그 기간제근로자는 기간의 정함이 없는 근로계약을 체결한 근로자로 본다(기간제법 제4조제2항).

즉, 사용자가 기간제근로자를 2년 사용 제한 기간을 초과하여 계속 사용하는 경우 해당 근로자는 2년이 초과한 날로부터 기간의 정함이 없는 근로자로 전환된 것으로 본다는 것이다. 이 경우 임금이나 다른 근로조건은 어떻게 되는지에 대해 제한적 효력설(기간의 정함만 소멸한 것이고 다른 근로조건은 원칙적으로 종전 기간제 근로계약과 동일하게 보는 입장)과 일반적 효력설(근로조건 전체에 대하여 정규직 근로자와 동일한 근로조건이 보장되어야 한다는 입장)이 대립된다.

대법원은 '기간의 정함이 없는 근로계약을 체결한 것으로 간주되는 근로자의 근로조건에 대하여는, 해당 사업 또는 사업장 내 동종 또는 유사한 업무에 종사하는 기간의 정함이 없는 근로계약을 체결한 근로자가 있을 경우 달리 정함이 없는 한 그 근로자에게 적용되는 취업규칙 등이 적용된다(대법원 2019.12.24. 2015다254873)'고 하여 일반적 효력설의 입장을 취한 것으로 보인다.

3) 근로조건의 서면명시

사용자는 기간제근로자와 근로계약을 체결하는 때에는 ① 근로계약기간에 관한 사항, ② 근로시간·휴게에 관한 사항, ③ 임금의 구성항목·계산방법 및 지불방법에 관한 사항, ④ 휴일·휴가에 관한 사항, ⑤ 취업의 장소와 종사하여야 할 업무에 관한 사항을 서면으로 명시하여야 한다(기간제법 제17조).

기간제법이 정하는 주요 근로조건을 서면으로 명시하지 아니한 자에 대해서는 500만원 이하의 과태료에 처해진다(기간제법 제24조제2항제2호).

2. 차별금지와 차별시정절차

(1) 차별적 처우와 시정명령

사용자는 기간제근로자임을 이유로 당해 사업 또는 사업장에서 동종 또는 유사한 업무에 종사하는 기간의 정함이 없는 근로계약을 체결한 근로자에 비하여 차별적 처우를 하여서는 아니 된다(기간제법 제8조).

여기에서 말하는 차별적 처우라 함은 임금, 그 밖의 근로조건 등에 관한 사항에 있어서 합리적인 이유 없이 불리하게 처우하는 것을 말한다(기간제법 제2조제3호). 따라서 합리적 이유에 의한 근로조건의 차이는 기간제법에서 금지하는 차별적 처우에 해당하지 않는다.

차별적 처우에 대한 시정명령이 가능하려면 ① 당사자 적격 인정 및 제척기간 준수 등 시정신청 요건 충족, ② 비교대상 근로자의 존재, ③ 차별금지영역에 해당, ④ 불리한 처우의 존재, ⑤ 합리적 이유의 부재라는 요건이 충족되어야 한다.

당사자 적격 여부는 차별시정 신청일이 아니라 차별적 처우가 있었던 때를 기준으로 판단하므로 기간제근로자가 무기계약직으로 전환된 경우에도 기간제근로자였던 당시의 차별적 처우에 대해서는 시정신청이 가능하다.

핵심 판례 **기간제법상 차별적 처우의 판단**

기간제법 제2조제3호는 '차별적 처우'를 '임금 그 밖의 근로조건 등에서 합리적인 이유 없이 불리하게 처우하는 것'으로 정의하고 있다. 여기에서 불리한 처우란 사용자가 임금 그 밖의 근로조건 등에서 기간제근로자와 비교대상 근로자를 다르게 처우함으로써 기간제근로자에게 발생하는 불이익 전반을 의미하고, 합리적인 이유가 없는 경우란 기간제근로자를 다르게 처우할 필요성이 인정되지 않거나 다르게 처우할 필요성이 인정되는 경우에도 그 방법·정도 등이 적정하지 않은 경우를 의미한다. 그리고 합리적인 이유가 있는지 여부는 개별 사안에서 문제된 불리한 처우의 내용과 사용자가 불리한 처우의 사유로 삼은 사정을 기준으로 기간제근로자의 고용형태, 업무의 내용과 범위, 권한과 책임, 임금 그 밖의 근로조건 등의 결정요소 등을 종합적으로 고려하여 판단하여야 한다(대법원 2012.3.29. 2011두2132).

(2) 차별적 처우의 판단요건

1) 비교대상 근로자의 확정

비교대상 근로자가 존재하지 않는다면 차별 자체가 존재할 수 없으므로 비교대상 근로자가 먼저 확정되어야 한다. 비교대상 근로자는 불리한 처우 및 합리적 이유 유무 판단을 위한 비교의 기준이면서 시정명령의 내용을 정하는 기준이 된다.

비교대상 근로자에 대해 기간제법(제8조제1항)에서는 ① 기간제근로자와 동일한 사업 또는 사업장에 근무하고 있어야 하고, ② 동종 또는 유사한 업무에 종사하는 근로자이어야 하며, ③ 기간의 정함이 없는 근로자이어야 한다고 규정하고 있다. 이러한 비교대상 근로자 요건을 보다 구체적으로 살펴보면 다음과 같다.

첫째, 공간적인 측면에서 보면 기간제법(제8조제1항)에서는 비교대상 근로자의 범위를 '당해 사업 또는 사업장'으로 규정하고 있어 반드시 장소적인 동일성을 요건으로 하지 않는다. 예를 들어 화훼공판장에서 대금정산 업무를 하는 기간제근로자의 비교대상 근로자를 축산물공판장에서 근무하는 무기계약근로자로 하는 경우 비교대상자로 적합하다고 판단한다(대법원 2014.12.24. 2012두21587).

둘째, 시간적인 측면에서 차별적 처우 판단을 위한 비교대상 근로자는 시정을 신청한 불리한 처우가 있었던 시기에 존재하고 있어야 한다. 따라서 차별시정 신청 시점에는 퇴직, 고용종료, 인사이동 등으로 인해 비교대상 근로자가 없다고 하더라도 차별적 처우가 발생한 당시에 비교대상자가 있었다면 해당자를 비교대상 근로자로 인정할 수 있다. 그러나 이러한 근로자가 실제로 근무하고 있을 필요는 없으나 직제에 존재하지 않는 근로자를 비교대상 근로자로 삼을 수는 없다(대법원 2019.9.26. 2016두47857).

한편, 비교대상 근로자는 원칙적으로 기간제근로자의 근무기간 동안 당해 사업 또는 사업장에서 실제로 같이 근무한 근로자를 뜻하나 일시적으로 전임자가 사용자와 근로관계를 유지한 채 휴직하는 등 기간제근로자가 대체인력으로 휴직기간 동안 동일한 내용의 업무를 수행하는 경우에는 전임자를 기간제근로자의 비교대상 근로자로 보아 차별시정을 명할 수 있다(서울행정법원 2016.7.15. 2016구합51450).

셋째, 업무적인 측면에서 비교대상 근로자로 인정되기 위해서는 '동종·유사한 업무'에 종사하여야 한다. 대법원은 업무의 동종·유사성에 대해 다음과 같은 3단계의 구체적인 판단기준을 제시하고 있다.

① 1단계로 취업규칙 또는 근로계약 등에 명시된 업무내용이 아니라 근로자가 '실제로 수행해 온 업무'를 기준으로 판단한다. ② 2단계로 실제 수행 업무가 서로 완전히 일치하지 않고 업무의 범위·책임·권한 등에서 다소 차이가 있더라도 '주된 업무의 내용'에서 본질적인 차이가 없다면 특별한 사정이 없는 한 동종·유사한 업무에 해당한다고 판단한다. ③ 3단계로 2단계의 특정 자격 소지 여부 등 양 근로자 사이에 '현격한 질적 차이'를 인정할 만한 '특별한 사정'이 있는지 여부를 판단한다.

핵심 판례 **동종 또는 유사한 업무의 판단**

비교대상 근로자로 선정된 근로자의 업무가 기간제근로자의 업무와 동종 또는 유사한 업무에 해당하는지는, ① 취업규칙이나 근로계약 등에 명시된 업무 내용이 아니라 근로자가 실제 수행하여 온 업무를 기준으로 판단하되, ② 이들이 수행하는 업무가 서로 완전히 일치하지 아니하고 업무의 범위나 책임·권한 등에서 다소 차이가 있더라도 주된 업무의 내용에 본질적인 차이가 없다면, ③ 특별한 사정이 없는 한 이들은 동종 또는 유사한 업무에 종사한다고 본다(대법원 2016.12.1. 2014두43288).

우선 '실제 수행된 업무'를 기준으로 판단한 사례를 보면, 기간제근로자가 은행의 내부통제점검 업무를 8시간 하고 정규직 임금피크제 근로자가 영업마케팅업무 6시간, 내부통제점검 2시간을 수행하는데 양자가 동종·유사한 업무에 종사하는지 문제된 사안에서, 법원은 비교대상 근로자(정규직)의 내부통제업무는 제대로 수행되었으나 마케팅업무와 그에 대한 관리감독은 제대로 이루어지지 않았으므로 '실제 수행된 업무'를 내부통제업무로 판단하고 양자 업무의 동종 · 유사성을 인정하였다(대법원 2012.3.29. 2011두2132).

그리고 '주된 업무의 본질적 차이'를 기준으로 판단한 사례를 보면, 민간조리원과 조리직렬 기능군무원이 모두 주된 업무가 조리라는 사실에는 이의가 없어 보이고, 군무원의 경우 조리 이외에 조리 부사관의 행정업무 수행을 일부 보좌하는 업무를 하고 있으나 주된 업무인 조리업무에 부수된 업무로 보인다는 점 등을 종합하여 양자 업무의 동종·유사성을 인정하고 있다(대법원 2014.11.27. 2011두5391).

또한, 법원은 고용노동부 고객상담센터에서 근무하는 단시간근로 직업상담원에 대해 업무분야가 민원담당 공무원의 업무분야와 대략적으로 일치하고, 이들의 주된 업무방식 또한 민원상담 등과 같이 민원인과 접촉하여 업무를 수행한다는 점에서 동일하고, 직업상담원과 공무원들이 실제 수행하여 온 업무가 주된 내용에 있어 본질적인 차이가 있다고 보기 어려우므로 민원담당 공무원들을 비교대상 근로자로 판단한 것은 정당하다고 보았다(서울고등법원 2013.10.30. 2013누12012).

한편, 각각 다른 근로조건을 적용받는 복수의 비교대상 근로자가 있는 경우 비교대상 근로자는 역차별 발생의 우려로 인해 가장 낮은 처우를 받는 근로자가 되며(서울고등법원 2012.6.14. 2012누5000), 그와 같은 직위나 호봉의 정규직 근로자가 실제로 근무하고 있을 것까지 필요로 하지 않는다(서울행정법원 2016.11.18. 2015구합70416).

아래 〈도표 13-1〉에서는 업무의 동종·유사성을 인정한 사례와 부정한 사례를 살펴보았다. 판례는 주된 업무에서 본질적인 차이가 없으면 업무의 동종·유사성을 인정하고 있고, 업무의 내용·권한·책임 등에서 질적인 차이가 있는 경우 동종·유사성을 인정하지 않고 있다.

〈도표 13-1〉 업무의 동종·유사성 인정 및 부정 사례[5)]

구 분	비교대상 근로자	이 유
업무의 동종·유사성 인정 사례	① 정규직 대형버스 운전원과 기간제 중형버스 운전원	주된 업무가 버스 운행이라는 점에서 본질적 차이 없음
	② 정규직 조리직렬 기능 군무원과 기간제 민간조리원	주된 업무는 조리업무이고 정규직의 행정업무, 교육·훈련참가는 부수적 업무로 봄
업무의 동종·유사성 부정 사례	③ 대학교 전임강사와 시간강사	전임강사의 주된 업무는 연구와 강의이나 시간강사의 경우 강의임
	④ 정규직 화훼공판장 경매인과 기간제 경매보조인	정규직은 경매사 자격증을 보유하고 기간제근로자의 경매업무 공동 수행은 경매업무의 보조에 불과하여 양자의 업무는 질적으로 성격과 내용을 달리함

2) 차별적 처우의 금지영역

차별적 처우가 금지되는 대상은 ① 근로기준법 제2조제1항제5호에 따른 임금, ② 정기상여금, 명절상여금 등 정기적으로 지급되는 상여금, ③ 경영성과에 따른 성과금, ④ 그밖에 근로조건 및 복리후생 등에 관한 사항이다(기간제법 제2조제3호).

---

5) ① 서울고등법원 2010.8.24. 2010누8074, ② 대법원 2014.11.27. 2011두5391, ③ 서울행정법원 2009.2.6. 2008구합22747; 서울행정법원 2009.6.3. 2008구합24743, ④ 중앙노동위원회 2010.7.8. 2010차별3, 4.

기간제법 제정 당시(2007.7.1. 시행)에는 차별금지영역이 단순히 '임금 그 밖의 근로조건'으로 규정되어 있어 차별금지영역의 범위를 법령, 단체협약, 취업규칙, 근로계약, 관행 등에 의해 사용자에게 지급의무가 있거나 근로자에게 지켜야 될 사항으로서 근로조건에 한정하였고, 따라서 복리후생적 급여가 차별금지대상에 포함되는지를 둘러싸고 논란이 있었다.

그러나 2013년 법 개정(2013.9.23. 시행)을 통해 현재와 같이 차별이 금지되는 영역을 구체화·세분화하여 법률에 명시함으로써 차별금지영역을 보다 확대하는 제도 개선이 이루어졌다.

여기에서 근로조건이라 함은 근로관계에서 발생하는 근로계약상의 조건 및 취업관계에서 사용자가 적용하는 조건을 의미하는 것으로 매우 포괄적인 개념으로 볼 수 있다. 따라서 임금뿐만 아니라 근로관계를 근거로 근로자에게 지급되는 모든 금품 및 취업관계와 연관성을 지닌 것이면 모두 근로조건에 해당된다.

연차유급휴가수당의 미지급과 같이 근로기준법상의 의무를 위반한 것도 파견법상 차별적 처우 금지의 범위에 포함된다고(서울고등법원 2017. 5. 17. 2016누79078) 보는 바 기간제에도 달리 적용될 근거를 찾기 어려울 것으로 보인다.

핵심 판례 **근로기준법 의무 위반과 차별금지 영역**

파견법이 차별적 처우에 관하여 근로기준법에 정해진 의무를 위반한 차별과 근로기준법에 정해진 의무를 위반하지는 아니한 차별을 구별하고 있지 않다는 점, 파견법에 따른 시정과 근로기준법 위반에 대한 민법상 구제는 그 절차와 내용에 차이가 있으므로 근로기준법 위반이면서 차별적 처우에 해당하는 경우에도 파견법 규정을 적용함으로써 차별적 처우를 방지할 필요성이 큰 점 등을 종합하여 보면 근로기준법에 정해진 의무를 위반하는 것도 차별금지영역에 해당한다(서울고등법원 2017.5.17. 2016누79078).

3) 불리한 처우

불리한 처우란 사용자가 임금이나 그 밖의 근로조건 등에서 기간제근로자와 비교대상 근로자를 다르게 처우함으로써 기간제근로자에게 발생하는 불이익 전반을 의미한다(대법원 2016.12.1. 2014두43288). 차별적 처우 유무의 판단시점은 구체적인 차별행위가 있었던 때를 기준으로 판단하므로(대법원 2012.1.27. 2009두13627), 임금의 경우 임금청구권이 발생할 때가 아닌 실제로 사용자가 임금을 지급할 때를 기준으로 판단한다.

불리한 처우 여부의 판단은 ① 원칙적으로 기본급, 상여금, 식대 등 세부 지급 항목별로 비교하여 판단해야 한다. 즉 기본급은 기본급과, 상여금은 상여금과 비교하여 불리한 처우가 있었는지 판단한다. 그러나 ② 연봉제 등 세부항목이 형식적으로 구분되었거나 양자의 보수체계가 달라 각 항목을 동일한 평면에서 비교하기 어려운 경우 항목별로 판단할 것이 아니라 전체적인 급여 수준에 따라 범주화 비교 또는 총액 비교로 판단이 가능하다(대법원 2019.9.26. 2016두47857).

한편, 불리한 처우가 현재 시점에서 실제 발생하지 않고 장래에 불이익한 처우를 받을 가능성이 있다는 것만으로는 차별적 처우에 해당한다고 볼 수 없다(서울고등법원 2013.10.30. 2013누12012).

핵심 판례 **차별적 처우에서 범주별 비교 판단**

기간제근로자가 기간제근로자임을 이유로 임금에서 비교대상 근로자에 비하여 차별적 처우를 받았다고 주장하며 차별 시정을 신청하는 경우, 원칙적으로 기간제근로자가 불리한 처우라고 주장하는 임금의 세부 항목별로 비교대상 근로자와 비교하여 불리한 처우가 존재하는지를 판단하여야 한다. 이러한 경우 임금의 세부 항목이 어떤 범주에 속하는지는, 비교대상 근로자가 받은 항목별 임금의 지급 근거, 대상과 그 성격, 기간제근로자가 받은 임금의 세부 항목 구성과 산정 기준, 특정 항목의 임금이 기간제근로자에게 지급되지 않거나 적게 지급된 이유나 경위, 임금 지급 관행 등을 종합하여 합리적이고 객관적으로 판단하여야 한다(대법원 2019. 9. 26. 2016두47857).

4) 합리적 이유

기간제근로자에 대해 임금, 상여금, 성과금, 그 밖에 근로조건 및 복리후생 등에 관한 사항에 있어 비교대상 근로자에 비해 불리한 처우가 존재한다고 하더라도 사용자에게 합리적인 이유가 있는 경우에는 차별적 처우에 해당되지 않는다.

차별적 처우에 대해 합리적인 이유가 존재하는 경우란 기간제근로자를 비교대상 근로자에 비해 달리 처우할 필요성이 인정되고, 그 방법이나 정도 또한 적정한 경우를 뜻한다. 반면, 합리적인 이유가 없는 경우란 ① 기간제근로자를 달리 처우할 필요성이 인정되지 아니하거나, ② 달리 처우할 필요성이 인정되더라도 방법·정도 등이 적정하지 아니한 것을 뜻한다(대법원 2016.12.1. 2014두43288). 차별적 처우에 대한 합리적인 이유가 있다는 것에 대해서는 사용자에게 입증책임이 있다(기간제법 제9조제4항).

일반적으로 사용자가 불리한 처우에 대한 합리적 이유가 있다는 점을 인정받으려면, 자의 금지의 원칙과 비례의 원칙을 준수해야 한다. 즉 자의 금지 원칙에 따라 서로 같은 것을 불평등하게 처우하거나 서로 다른 것을 평등하게 처우하는 것을 금지하고, 비례 원칙에 따라 불리한 처우를 하는 경우에는 목적과 수단 사이에 적정성이 있어야 한다.[6]

구체적으로 합리적인 이유가 있는지 여부는 개별 사안에서 문제가 된 불리한 처우의 내용 및 사용자가 불리한 처우의 사유로 삼은 사정을 기준으로, 급부의 실제 목적, 고용형태의 속성과 관련성, 업무의 내용 및 범위·권한·책임, 노동의 강도·양과 질, 임금이나 그 밖의 근로조건 등의 결정요소 등을 종합적으로 고려하여 판단하여야 한다(대법원 2012.3.29. 2011두2132). 임금 세부 항목별이 아닌 각 범주별로 기간제근로자에게 불리한 처우가 존재하는지를 판단하여야 할 때에는 합리적 이유가 있는지 여부도 범주별로 판단하여야 한다(대법원 2019.9.26. 2016두47857).

차별적 처우에 대한 합리적인 이유가 있다고 본 사례는 다음과 같다.

① 기본급, 상여금은 소정 근로에 대해 직접적인 보상으로 지급되므로 비교대상 근로자와 채용조건, 업무 내용과 범위, 권한과 책임 등에 있어 차이가 있는 경우에는 합리적인 이유가 있다고 인정된다. 법원은 시간강사와 강의초빙교수는 자격요건이 서로 다르므로, 서로 다른 기준에 의해 임금을 결정하더라도 합리적 이유 없는 차별로 보기 어렵다고 판단하고 있다(서울행정법원 2009.2.6. 2008구합22747).

---

6) 중앙노동위원회, 차별시정 판정·판결례 분석집, 2016, p.133.

② 기간제근로는 단기고용의 특성을 가지므로 이에 따른 임금 및 근로조건 등에서의 차이는 합리적인 이유가 있는 것으로 판단한다. 따라서 장기근무 또는 계속근로를 전제로 지급하는 장기근속수당, 장기근속퇴직자에 대한 공로보상적 특별지급 금품 등에서 기간제근로자를 배제하는 것에 대해서는 합리적 이유가 있다고 인정한다. 법원은 장기근속을 유도하기 위해 1년 이상 근속한 군무원에게 지급하는 수당을 1년 단위로 근로계약을 체결한 근로자에게 지급하지 아니한 것은 합리적인 이유가 있다고 판단하고 있다(대법원 2014.11.27. 2011두6592).

③ 기간제·단시간근로자와 장기고용을 전제로 한 정규직 근로자 사이에 급여체계를 달리한 것 자체는 합리적인 상당한 이유가 있다. 단시간근로자는 시급 기준, 정규직 근로자는 연봉 기준으로 임금체계를 설정하는 등 기본급과 상여금에서 별도의 보수체계를 적용하고, 정규직 근로자의 연봉에 근속 기간에 따른 연공적 성격도 포함되어 있는 경우 합리적인 이유가 있는 차별로 본다(서울고등법원 2012.6.14. 2012누5000).

차별적 처우에 대한 합리적인 이유가 없다고 본 사례는 다음과 같다.

① 기본급, 상여금 지급에 있어 기간제근로자와 비교대상 근로자 간 업무의 내용이 동일하다고 판단될 경우 기본급과 상여금 차이에 합리적인 이유가 없다고 보고 있다. 특히, 상여금 등이 근로자의 근무 형태, 직위, 업무 난이도, 업무량 등과 무관하게 근로의 대가로서 일률적, 정기적으로 지급되는 경우 상여금 등의 지급에 있어 기간제근로자를 달리 처우하는 것은 합리적인 이유에 해당한다고 볼 수 없다(대법원 2015.5.29. 2015두38078).

② 고용형태만을 이유로 하는 근로조건의 차이는 합리적 이유가 없는 차별에 해당된다. 법원은 사용자가 업무량이나 업무내용과 상관없이 지급되는 금품, 즉 복리후생적 금품과 같이 고정적, 일률적으로 지급되는 금품(가족수당, 명절휴가보전금, 가정의달 행사비)이나 실제로 사용된 금액에 대한 실비변상 성격의 금품(중식비, 교통보조비, 피복비) 등을 비교대상 근로자와 차등하여 지급한 경우 합리적 이유가 없다고 본다.[7)]

7) 고용노동부, 차별시정 판정·판결 사례집, 2017, p.306.

③ 기간제근로자의 가입을 제한하고 있는 단체협약에 의한 불리한 처우에 합리적 이유가 있는지 여부가 문제된다. 임금 등 근로조건이 사용자와 노동조합 사이의 합의에 따라 정해진 경우에도 그러한 합의가 무기계약 근로자와 동종 또는 유사한 업무에 종사하는 기간제근로자나 단시간근로자에 대한 불리한 처우를 정당화하는 사유에 당연히 해당한다고 볼 수 없고 여전히 합리적 이유가 인정되어야 한다(서울고등법원 2015.1.28. 2014누51779).

차별적 처우에 대한 합리적 이유가 있는지 여부에 대한 실제 판단 사례를 살펴보면 〈도표 13-2〉와 같다.

〈도표 13-2〉 차별의 합리적 이유 인정 및 부정 사례[8]

구 분	사 례
합리적 이유 인정 사례	① 정규직에 대해서는 연공급 임금체계, 비정규직에 대해서는 시급제를 적용하는 경우
	② 시간강사와 강의초빙교수의 경우 자격요건이 서로 달라서 처우를 달리하는 경우
	③ 대형버스운전사와 중형버스운전사간 업무강도 등에서 차이가 있어 처우를 달리하는 경우
	④ 장기근속수당, 자녀학자금, 개인연금신탁지원금 등 장기근속의 유도 내지 보상을 목적으로 하는 경우
	⑤ 급여 수준에서의 차이가 고용형태의 특성, 채용조건, 업무의 범위 및 능력, 근속연수 등 임금 및 근로조건 결정요소의 차이에 기인하는 경우
합리적 이유 부정 사례	⑥ 교통비, 중식대, 가족수당, 가정의 달 행사비, 피복비 등과 같은 실비변상이나 복리후생 차원의 급부로서 업무내용, 업무량 등에 따라 차등 지급할 성질의 것이 아닌 경우
	⑦ 채용절차, 업무의 권한과 책임 및 강도 등에서 차이가 있어 그 차이를 고려하여 액수를 달리하는 것은 별론으로 하고 성과상여금이나 근속수당을 정규직에게만 지급하고 비정규직에게는 전혀 지급하지 아니한 경우

8) ① 서울행정법원 2015.9.24. 2015구합64053, ② 서울행정법원 2009.2.6. 2008구합22747, ③ 서울고등법원 2010.8.24. 2010누8074, ④ 서울고등법원 2010.8.24. 2010누8074, ⑤ 서울행정법원 2015.9.24. 2015구합64053, ⑥ 대법원 2012.3.29. 2011두2132, ⑦ 서울고등법원 2011.12.29. 2011누32128.

〈도표 13-3〉 차별시정제도의 구조

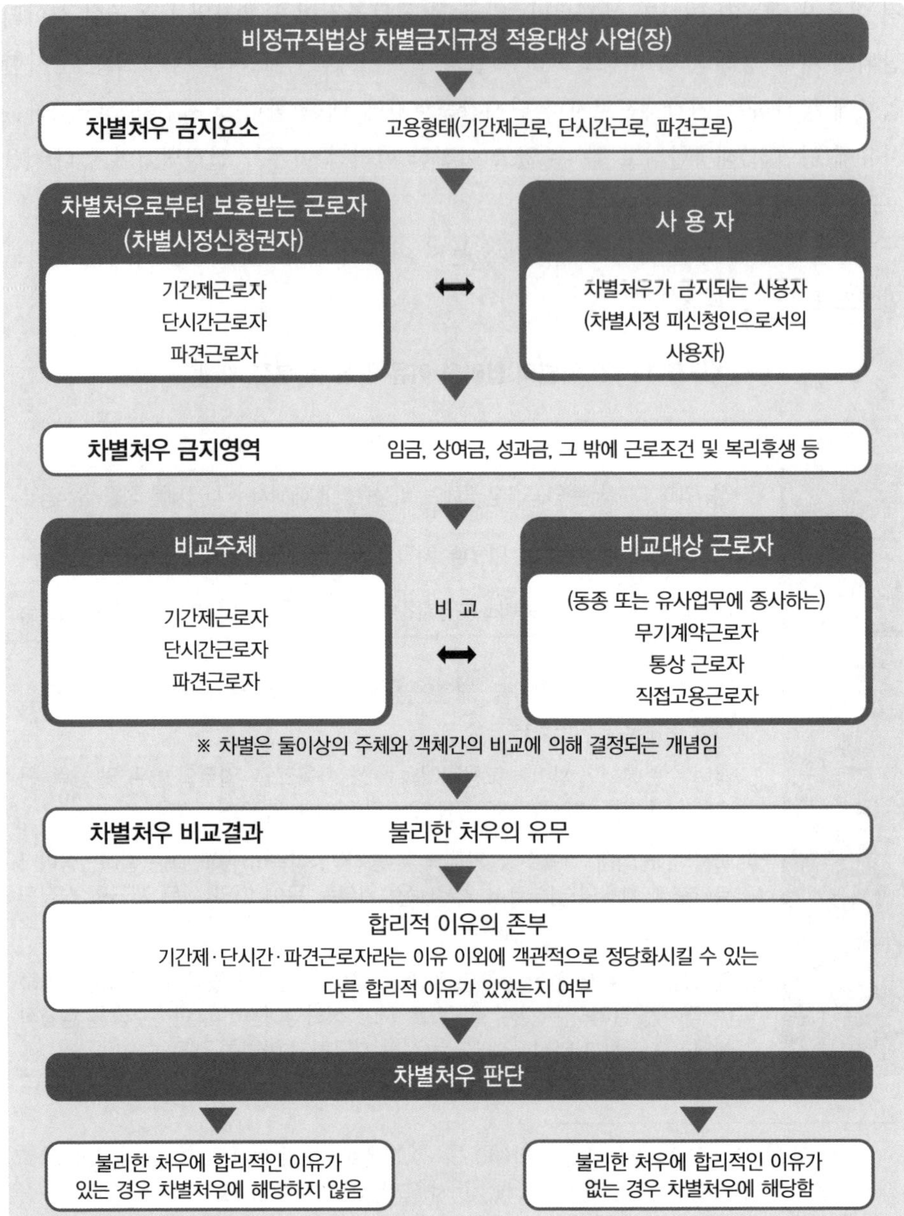

자료: 〈고용노동부, 기간제법 업무 매뉴얼, 2011, p.45〉의 그림을 일부 수정·보완

(3) 차별적 처우의 시정

1) 근로자의 차별시정 신청과 고용노동부장관의 통보

노동위원회에 차별시정 신청을 할 수 있는 자는 근로기준법상 근로자이어야 하고, 차별시정 신청권자는 이러한 근로자 중 기간제법상 기간제·단시간근로자와 파견법상 파견근로자가 된다(기간제법 제9조, 파견법 제21조).

비정규직 차별시정 관련 절차는 기간제·단시간근로자 및 파견근로자 모두에게 유사하게 적용되므로 여기에서 일괄적으로 설명하기로 한다.

기간제·단시간·파견 근로자 등 비정규직 근로자에 대한 차별시정제도는 상시 5인 이상의 근로자를 사용하는 모든 사업 또는 사업장에 적용되고(기간제법 제3조제1항, 파견법 제21조제4항). 국가 및 지방자치단체의 기관에 대하여는 상시 사용하는 근로자의 수에 관계없이 적용된다(기간제법 제3조제3항, 파견법 부칙 제1항제2호). 다만, 기간제법은 동거의 친족만을 사용하는 사업 또는 사업장과 가사사용인에 대하여는 적용하지 아니한다(기간제법 제3조제1항 단서).

비정규직 근로자는 차별적 처우를 받은 경우 노동위원회에 차별적 처우의 내용을 구체적으로 명시하여 그 시정을 신청할 수 있다. 다만, 차별적 처우가 있은 날(계속되는 차별적 처우는 그 종료일)부터 6개월이 경과한 때에는 그러하지 아니하다. 그리고 차별적 처우와 관련한 분쟁에 있어서 입증책임은 사용자가 부담한다(기간제법 제9조, 파견법 제21조). 따라서 사용자는 불리한 처우가 존재하지 않거나 그러한 처우가 합리적 이유에 근거한 것임을 증명하여야 한다(대법원 2011.12.22. 2010두3237).

임금차별은 계속되는 차별적 처우에 해당하므로(대법원 2011.12.22. 2010두3237) 6개월의 제척기간 내에 시정신청이 있으면 차별적 처우가 있었던 전체 기간(임금채권은 3년의 시효기간 내)에 대한 시정명령이 가능하다.

한편, 노동위원회는 차별적 처우를 받은 자의 신청이 없다 하더라도 고용노동부장관의 통보를 받은 경우에는 지체 없이 차별적 처우가 있는지 여부를 심리하여야 한다. 고용노동부장관은 사용자가 차별적 처우 금지 규정(기간제법 제8조)을 위반하여 차별적 처우를 한 경우에는 그 시정을 요구할 수 있고, 사용자가 시정요구에 응하지 아니할 경우에는 차별적 처우의 내용을 구체적으로 명시하여 노동위원회에 통보하여야 한다(기간제법 제15조의2).

〈도표 13-4〉 비정규직 차별시정 절차

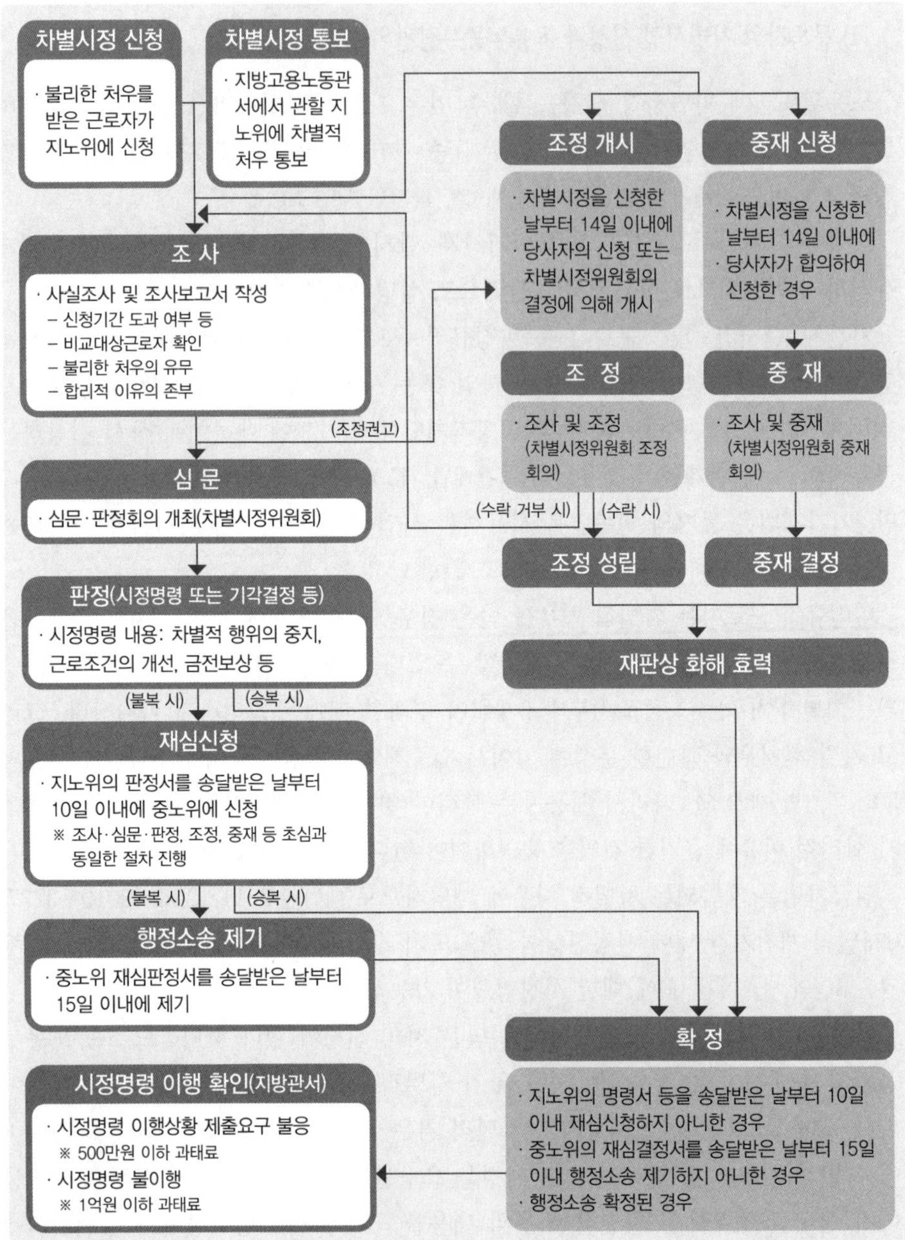

자료: 중앙노동위원회, 한국의 노동위원회, 2018, p.188.

2) 조사·심문 등

노동위원회는 기간제 또는 단시간근로자의 차별적 처우 시정신청을 받은 때에는 지체 없이 필요한 조사와 관계당사자에 대한 심문을 하여야 한다. 이때 노동위원회는 관계당사자의 신청 또는 직권으로 증인을 출석하게 하여 필요한 사항을 질문할 수 있고, 관계당사자에게 증거의 제출과 증인에 대한 반대심문을 할 수 있는 충분한 기회를 주어야 한다(기간제법 제10조).

3) 조정·중재

노동위원회는 심문의 과정에서 관계당사자 쌍방 또는 일방의 신청 또는 직권에 의하여 조정(調停)절차를 개시할 수 있고, 관계당사자가 미리 노동위원회의 중재(仲裁)결정에 따르기로 합의하여 중재를 신청한 경우에는 중재를 할 수 있다. 조정 또는 중재를 신청하는 경우에는 차별적 처우의 시정신청을 한 날부터 14일 이내에 하여야 하나, 노동위원회의 승낙이 있는 경우에는 14일 후에도 신청할 수 있다.

그리고 노동위원회는 특별한 사유가 없는 한 조정절차를 개시하거나 중재신청을 받은 때부터 60일 이내에 조정안을 제시하거나 중재결정을 하여야 하며, 관계당사자 쌍방이 조정안을 수락한 경우에는 조정조서(관계당사자와 조정에 관여한 위원전원이 서명·날인)를 작성하고 중재결정을 한 경우에는 중재결정서(위원전원이 서명·날인)를 작성하여야 한다. 이와 같은 조정 또는 중재결정은 민사소송법의 규정에 따른 재판상 화해와 동일한 효력을 갖는다(기간제법 제11조).

4) 시정명령 등

노동위원회는 조사·심문을 종료하고 차별적 처우에 해당된다고 판정한 때에는 사용자에게 시정명령을 발하여야 하고, 차별적 처우에 해당하지 아니한다고 판정한 때에는 그 시정신청을 기각하는 결정을 하여야 한다. 이 때 시정명령 또는 기각결정은 서면으로 하되 그 이유를 구체적으로 명시하여 관계당사자에게 각각 교부하여야 한다. 이 경우 시정명령을 발하는 때에는 시정명령의 내용 및 이행기한 등을 구체적으로 기재하여야 한다(기간제법 제12조).

5) 조정·중재 또는 시정명령의 내용

조정·중재 또는 시정명령의 내용에는 차별적 행위의 중지, 임금 등 근로조건의 개선(취업규칙, 단체협약 등의 제도개선 명령을 포함) 또는 금전배상명령 등이 포함될 수 있다.

특히 2014년 9월부터 취업규칙, 단체협약 등이 차별적 처우의 근거가 된 경우에 노동위원회는 차별시정 명령에 '취업규칙, 단체협약 등의 제도개선 명령'도 포함시킬 수 있게 되었고(기간제법 제13조), 동일한 사용자의 사업 또는 사업장에서 차별시정 신청을 한 기간제 또는 단시간근로자가 차별인정을 받았을 경우 동일 또는 유사 조건에 있는 근로자 모두에 대해 차별적 처우가 개선될 수 있도록 '확정된 시정명령의 효력 확대 제도'도 도입되었다(기간제법 제15조의3).[9]

또한 기존 차별시정제도에서 차별시정의 법적 효과가 임금과 근로조건의 보상 또는 원상회복 수준으로 제한됨에 따라 사용자의 고의적·반복적 차별행위에 대해 징벌적인 성격의 '배액금전배상 명령제도'를 도입하였다(2014.9.19.).[10]

이 때 금전배상액은 차별적 처우로 인하여 기간제근로자 또는 단시간근로자에게 발생한 손해액을 기준으로 정한다. 다만, 노동위원회는 사용자의 차별적 처우에 명백한 고의가 인정되거나 차별적 처우가 반복되는 경우에는 손해액을 기준으로 3배를 넘지 아니하는 범위에서 배상을 명령할 수 있다(기간제법 제13조). 이 때 배액 금전배상액은 금전배상배수 × 손해액을 기준으로 계산하며, 금전배상배수는 고의의 정도, 반복 횟수 등을 고려하여 결정한다.

배액금전배상 명령제도가 도입된 이후 사용사업주가 파견근로자들에게 비교대상 근로자와 지급기준을 달리하여 상여금을 지급한 사건에서 합리적 이유 없는 차별을 인정하면서 반복적이고 고의성이 명백한 차별적 처우로 발생한 손해액의 2배에 해당하는 금전배상금의 지급을 명한 최초의 사례가 있다(서울고등법원 2017.5.17. 2016누79078, 확정).

---

9) 고용노동부, 차별시정 판정·판결 사례집, 2017, pp.4~5.
10) 고용노동부, 차별시정 판정·판결 사례집, 2017, p.4.

핵심 판례 **연차유급휴가수당 미지급과 금전배상명령**

이 사건 사용사업주와 파견사업주들은 연대하여 이 사건 근로자들에게 비교대상 근로자들에 비하여 상여금을 적게 지급하고, 연차유급휴가를 부여하지 않아 발생한 연차유급휴가수당을 지급하지 않은 차별적 처우로 인하여 발생한 손해액의 2배에 해당하는 금액을 금전배상금으로 지급하도록 함이 타당하다고 판단한다(서울고등법원 2017.5.17. 2016누79087).

6) 시정명령 등의 확정

지방노동위원회의 시정명령 또는 기각결정에 대하여 불복이 있는 관계당사자는 시정명령서 또는 기각결정서의 송달을 받은 날부터 10일 이내에 중앙노동위원회에 재심을 신청할 수 있다. 그리고 중앙노동위원회의 재심결정에 대하여 불복이 있는 관계당사자는 재심결정서의 송달을 받은 날부터 15일 이내에 행정소송을 제기할 수 있다. 만약 재심을 신청하지 아니하거나 15일 이내에 행정소송을 제기하지 아니한 때에는 그 시정명령·기각결정 또는 재심결정은 확정된다(기간제법 제14조).

그리고 고용노동부장관은 확정된 시정명령을 이행할 의무가 있는 사용자의 사업 또는 사업장에서 해당 시정명령의 효력이 미치는 근로자 이외의 기간제근로자에 대하여 차별적 처우가 있는지를 조사하여 차별적 처우가 있는 경우에는 그 시정을 요구할 수 있다(기간제법 제15조의3).

7) 시정명령 이행상황 등의 제출요구 등

고용노동부장관은 확정된 시정명령에 대하여 사용자에게 이행상황을 제출할 것을 요구할 수 있다. 시정신청을 한 근로자는 사용자가 확정된 시정명령을 이행하지 아니하는 경우 이를 고용노동부장관에게 신고할 수 있다(기간제법 제15조). 또한 확정된 시정명령을 정당한 이유 없이 이행하지 아니한 자는 1억원 이하의 과태료에 처한다(제24조제1항).

8) 고용노동부 장관의 차별적 처우 시정요구 등

고용노동부장관은 사용자가 차별적 처우를 한 경우에는 그 시정을 요구할 수 있다. 고용노동부장관은 사용자가 시정요구에 응하지 아니할 경우에는 차별적 처우의 내용을 구체적으로 명시하여 노동위원회에 통보하여야 하며, 해당 사용자 및 근로자에게 그 사실을 통지하여야 한다. 그리고 노동위원회는 고용노동부장관의 통보를 받은 경우에는 지체 없이 차별적 처우가 있는지 여부를 심리하여야 하며, 해당 사용자 및 근로자에게 의견을 진술할 수 있는 기회를 부여하여야 한다. 구체적인 심리 및 그 밖의 시정절차 등에 관해서는 차별시정절차에 관한 규정을 준용한다(기간제법 제15조의2).

(4) 불리한 처우의 금지

사용자는 기간제 또는 단시간근로자가 ① 기간제법 제6조제2항의 규정에 따른 사용자의 부당한 초과근로요구를 거부한 경우, ② 제9조에 따라 차별적 처우의 시정신청을 한 경우, ③ 제10조의 규정에 따라 노동위원회에 참석하거나 진술한 경우, ④ 제14조의 규정에 따라 재심신청을 하거나 행정소송을 제기한 경우, ⑤ 제15조제2항의 규정에 따른 시정명령의 불이행을 신고한 경우, ⑥ 제18조의 규정에 의하여 고용노동부장관 또는 근로감독관에 대하여 이 법의 위반사항을 통고한 경우 등을 이유로 해고 그 밖에 불리한 처우를 하지 못하며(기간제법 제16조), 이를 위반하여 해당 근로자에게 불리한 처우를 한 경우에는 2년 이하의 징역 또는 2천만원 이하의 벌금에 처해진다(기간제법 제21조).

3. 계약기간 만료와 갱신기대권

근로자가 기간제 계약을 체결하고 그 기간이 종료되면 퇴직하는 것이 원칙이지만, 근로자에게 계약갱신에 대한 정당한 기대권이 인정되는 경우 사용자가 합리적 이유 없이 계약갱신을 거절하는 것은 부당해고에 해당한다.

근로계약, 취업규칙, 단체협약 등에서 기간만료에도 불구하고 일정한 요건이 충족되면 당해 근로계약이 갱신된다는 취지의 규정을 두고 있거나, 그러한 규정이 없더라도 근로계약의 내용과 근로계약이 이루어지게 된 동기 및 경위, 계약 갱신의 기준 등 갱신에 관한 요건이나 절차의 설정 여부 및 그 실태, 근로자가 수행하는 업무의 내용 등 당해 근로관계를 둘러싼 여러 사정을 종합하여 볼 때 근로계약 당사자 사이에 일정한 요건이 충족되면 근로계약이 갱신된다는 신뢰관계가 형성되어 있는 경우 갱신기대권이 인정될 수 있다(대법원 2011.4.14. 2007두1729).

2007.7.1. 기간제법 시행 이후에도 갱신기대권의 법리가 계속 적용될 수 있을지에 관한 논란이 있었으나, 판례는 기간제법 시행 이후에도 갱신기대권이 배제 또는 제한될 이유가 없다고 보았고, 나아가 무기계약직 전환에 대한 기대권까지 인정하였다(대법원 2016.11.10. 2014두45765).

한편, 기간제근로자에게 갱신기대권이 인정될 경우 사용자가 계약갱신을 거절하려면 해고제한의 법리가 유추 적용되어 사회통념상 상당하다고 인정되는 합리적인 사유가 있어야 한다. 여기서 '합리적 이유'는 '정당한 이유'라는 해고 제한의 기준보다는 완화된 기준이므로 그 유효성은 해고보다는 넓게 인정된다.

근로자에게 갱신기대권이 있음에도 사용자가 근로계약 갱신을 거절한 데에 합리적 이유가 있는지가 문제될 때에는 사용자의 사업 목적과 성격, 사업장 여건, 근로자의 지위 및 담당 직무의 내용, 근로계약 체결 경위, 계약갱신에 관한 요건이나 절차의 설정 여부와 운용 실태, 근로자에게 책임 있는 사유가 있는지 등 당해 근로관계를 둘러싼 여러 사정을 종합하여 갱신 거부의 사유와 절차가 사회통념에 비추어 볼 때 객관적이고 합리적이며 공정한지를 기준으로 판단하여야 한다(대법원 2017.10.12. 2015두44493).

기간제근로자에 대한 갱신기대권과 갱신거절의 합리적 이유에 대해서는 제12장 '제3절 계약기간 만료에 의한 근로관계 종료' 부분에서 상세하게 설명한다.

제3절 단시간근로자

1. 단시간근로자의 의의

1) 단시간근로자의 개념

단시간근로자라 함은 1주 동안의 소정근로시간이 그 사업장에서 같은 종류의 업무에 종사하는 통상 근로자의 1주 동안의 소정근로시간에 비하여 짧은 근로자를 말한다(기간제법 제2조제2호, 근로기준법 제2조제8호).

단시간근로자를 통상 근로자와 구별하는 근로시간의 길이는 주간 단위의 소정근로시간을 기준으로 하므로 단시간근로인지 여부를 판단하기 위해서는 실무상으로 번저 주 소정근로시간을 확정해야 한다.

2) 단시간근로자의 근로조건 결정 원칙

단시간근로자는 근로시간의 길이를 제외하고는 통상 근로자와 차이가 없으므로, 근로시간의 길이에 따른 합리적인 차별을 제외하고 근로조건 및 기타 대우에 관해서 차별대우를 하여서는 아니된다.

단시간근로자의 근로조건은 그 사업장의 같은 종류의 업무에 종사하는 통상 근로자의 근로시간을 기준으로 산정한 비율에 따라 결정되어야 한다(근로기준법 제18조제1항). 이와 같이 근로조건을 결정할 때에 기준이 되는 사항이나 그 밖에 필요한 사항에 대해서는 단시간근로자의 근로조건 결정기준 등에 관한 사항(별표2)에서 구체적으로 규정하고 있다(근로기준법 제18조제2항, 근로기준법 시행령 제9조제1항).

3) 노동관계법의 적용

단시간근로자도 근로자이므로 근로기준법, 최저임금법, 산업안전법, 노동조합법 등이 적용된다. 다만, 근로기준법의 적용에 있어서 근로시간이 짧기 때문에 일부 규정은 그에 비례하여 적용된다(근로기준법 제18조제1항 참조). 한편, 4주 동안(4주 미만으로 근로하는 경우에는 그 기간)을 평균하여 1주 동안의 소정근로시간이 15시간 미만인 근로자에 대하여는 주휴일(근로기준법 제55조), 연차유급휴가(근로기준법 제60조)

규정을 적용하지 아니하며(근로기준법 제18조제3항), 퇴직급여(퇴직급여법 제4조) 조항도 적용하지 않는다.

특히, 단시간근로자에 대해서는 근로기준법 외에 기간제법에서 특별 보호규정을 두고 있다. 그 주요내용으로는 ① 단시간근로자의 초과근로 제한(제6조), ② 통상근로자로의 전환 노력(제7조), ③ 차별적 처우의 금지 및 시정(제4장), ④ 근로조건의 서면명시(제17조) 등이 있다.

2. 단시간근로자에 대한 근로조건 보호

(1) 단시간 근로계약의 체결

사용자는 단시간근로자와 근로계약을 체결하는 때에는 ① 근로계약기간에 관한 사항, ② 근로시간·휴게에 관한 사항, ③ 임금의 구성항목·계산방법 및 지불방법에 관한 사항, ④ 휴일·휴가에 관한 사항, ⑤ 취업의 장소와 종사하여야 할 업무에 관한 사항, ⑥ 근로일 및 근로일별 근로시간에 관한 사항을 서면으로 명시하여야 한다(기간제법 제17조). 이를 위반한 자에 대해서는 500만원 이하의 과태료가 부과된다(기간제법 제24조제2항제2호).

이 밖에 근로조건의 서면교부에 대해서는 근로기준법 제17조(근로조건의 명시)에 정한 바에 따른다. 이와 같이 사용자에게 근로조건의 서면명시·교부 의무를 부여하는 것은 근로조건을 명확하게 하고 근로관계에 관한 증명을 보다 용이하게 하여 법적 안정성을 제고하기 위한 것이다.

(2) 단시간 근로관계의 내용

1) 초과근로의 제한

사용자는 단시간근로자에 대하여 근로기준법 제2조의 소정근로시간을 초과하여 근로하게 하는 경우에는 당해 근로자의 동의를 얻어야 하며, 사용자가 동의를 얻지 아니하고 초과근로를 하게 하는 경우 근로자는 이를 거부할 수 있다. 초과근로는 1주간에 12시간을 초과하여 근로하게 할 수 없으며, 사용자는 초과근로에 대하여 통상임금의 100분의 50 이상을 가산하여 지급하여야 한다(기간제법 제6조).

사용자는 단시간근로자를 소정 근로일이 아닌 날에 근로시키거나 소정근로시간을 초과하여 근로시키고자 할 경우에는 근로계약서나 취업규칙 등에 그 내용 및 정도를 명시하여야 하며, 초과근로에 대하여 가산임금을 지급하기로 한 경우에는 그 지급률을 명시하여야 한다(근로기준법 시행령 별표 2 참조).

2) 휴일과 휴가의 적용

휴일은 근로자가 사용자의 지시권으로부터 완전히 벗어나는 날로서, 사용자는 단시간근로자에게 1주일 평균 1회 이상의 유급휴일을 주어야 한다. 그리고 사용자는 단시간근로자에게 근로기준법 제60조에 따른 연차유급휴가를 주어야 한다. 이 경우 유급휴가는 다음의 방식으로 계산한 시간단위로 하며, 1시간 미만은 1시간으로 본다.

다만, 1주 동안의 소정근로시간이 15시간 미만인 근로자에게는 유급 주휴일과 연차유급 휴가 규정이 적용되지 않는다.

$$\text{통상 근로자의 연차휴가일수} \times \frac{\text{단시간근로자의 소정근로시간}}{\text{통상 근로자의 소정근로시간}} \times \text{8시간}$$

또한, 사용자는 여성인 단시간근로자에 대해서는 근로기준법 제73조에 따른 생리휴가 및 법 제74조에 따른 산전후휴가를 주어야 한다(근로기준법 시행령 별표 2 참조).

3) 임금의 보호

단시간근로자의 임금산정 단위는 시간급을 원칙으로 한다. 시간급 임금의 산정을 위하여 먼저 단시간근로자의 1일 소정근로시간 수는 4주 동안의 소정근로시간을 그 기간의 통상 근로자의 총 소정근로일수로 나눈 시간 수로 하며, 시간급 임금을 일급 통상임금으로 산정할 경우에는 위의 1일 소정근로시간 수에 시간급 임금을 곱하여 산정한다(근로기준법 시행령 별표 2 참조).

4) 퇴직급여의 보호

퇴직급여제도는 1주간 소정근로시간이 15시간 미만인 근로자를 제외한 모든 단시간근로자에게 적용된다. 퇴직금 계산을 위한 평균임금을 산정함에 있어서 근로기준법 제2조제2항의 규정에 의하여 당해 근로자의 통상임금보다 저액인지 여부를 판단할 경우에는 사유발생일 전 3개월 동안에 지급된 임금총액을 그 기간의 총일수로 나눈 1일의 평균임금과 1일 소정근로시간 수에 시간급임금을 곱하여 산정한 일급 통상임금을 비교한다.

(3) 단시간근로자와 취업규칙

1) 별도의 취업규칙 제정과 변경

사용자는 단시간근로자에게 적용되는 취업규칙을 통상 근로자에게 적용되는 취업규칙과 별도로 작성할 수 있다. 사용자가 취업규칙을 작성하거나 변경하고자 할 경우에는 적용대상이 되는 단시간근로자 과반수의 의견을 들어야 한다. 다만, 취업규칙을 단시간근로자에게 불이익하게 변경하는 경우에는 그 동의를 받아야 한다.

2) 통상의 취업규칙 적용

단시간근로자에게 적용될 별도의 취업규칙이 작성되지 아니한 경우에는 통상 근로자에게 적용되는 취업규칙이 적용된다. 다만, 취업규칙에서 단시간근로자에 대한 적용을 배제하는 규정을 두거나 다르게 적용한다는 규정을 둔 경우에는 그에 따른다.

3) 시간비례의 근로조건 원칙의 준수

단시간근로자에게 적용되는 취업규칙을 작성 또는 변경하는 경우에는 근로기준법 제18조제1항(단시간근로자의 근로조건)의 취지에 맞게 통상 근로자의 근로시간을 기준으로 산정한 비율에 따라 결정되어야 한다.

3. 통상 근로자로의 전환

사용자는 통상 근로자를 채용하고자 하는 경우에는 당해 사업 또는 사업장의 동종 또는 유사한 업무에 종사하는 단시간근로자를 우선적으로 고용하도록 노력하여야 한다. 사용자는 가사, 학업 그 밖의 이유로 근로자가 단시간근로를 신청하는 때에는 당해 근로자를 단시간근로자로 전환하도록 노력하여야 한다(기간제법 제7조).

4. 차별적 처우의 금지와 시정절차

사용자는 단시간근로자임을 이유로 당해 사업 또는 사업장의 동종 또는 유사한 업무에 종사하는 통상 근로자에 비하여 차별적 처우를 해서는 아니 된다(기간제법 제8조제2항). 단시간근로자에 대한 차별적 처우의 금지와 그 시정절차, 그리고 근로자의 차별시정 신청 등에 대한 사용자의 불리한 처우의 금지에 대해서는 기간제근로자와 동일한 규정이 적용된다.

단시간근로자에 대해서는 대부분 기간제법의 차별시정제도가 그대로 적용되므로 여기에서는 단시간근로자에게만 해당되는 특이한 사항만 설명하기로 한다.

우선 단시간근로자의 비교대상 근로자는 당해 사업 또는 사업장의 동종·유사 업무에 종사하는 통상 근로자(전일제 근로자)가 된다. 단시간근로자가 기간의 정함이 없는 근로계약을 체결하거나 무기계약직으로 전환된 경우에도 통상 근로자와 비교하여 소정근로시간이 짧다면 단시간근로 형태를 가지므로 차별시정 신청권자가 된다.

그리고 단시간근로자의 임금은 시간급으로 정해지므로 불리한 처우가 있는지를 판단하기 위하여 통상 근로자의 임금을 시간급으로 환산한 후 비교하고, 시간급으로 환산하기 곤란한 월급제 등에 대해서는 시간비례 원칙을 적용하여 비교해야 한다.[11]

또한, 불리한 처우에 대한 합리적 이유가 있는지 판단할 경우에도 시간비례의 원칙이 적용된다. 단시간근로자의 근로조건은 해당 사업(장)의 동종·유사한 업무에 종사하는 통상 근로자의 근로시간을 기준으로 산정한 비율에 비례하여 결정된다. 따라서 단시간근로자의 임금 및 분할 가능한 근로조건을 시간비례로 적용한다면 그 전체를 동일하게 처우하지 않는다 하더라도 합리적인 이유가 인정된다.[12]

---

11) 중앙노동위원회, 차별시정 판정·판결례 분석집, 2016, p.113.
12) 고용노동부, 기간제·단시간·파견 근로자 차별판단 매뉴얼, 2012, p.101.

제4절 파견근로자

1. 파견근로자의 의의

'근로자파견'이라 함은 파견사업주가 근로자를 고용한 후 그 고용관계를 유지하면서 근로자파견계약의 내용에 따라 사용사업주의 지휘·명령을 받아 사용사업주를 위한 근로에 종사하게 하는 것을 말한다(파견법 제2조제1호).

근로자파견은 근로자가 근로계약 당사자가 아니라 제3자의 지휘·명령하에서 업무를 수행한다는 점에서 직업안정법상 '근로자공급사업'과 유사하지만, 근로자공급은 사실상 지배하에 있는 근로자를 제3자에게 공급하여 사용하게 하는데 한정되므로 근로계약 관계에 있는 근로자를 제3자에게 사용하도록 하는 근로자파견과 구분된다.[13)]

국내 근로자공급사업은 노동조합법상 노동조합만이 할 수 있다(직업안정법 제33조제3항제1호). 근로자파견은 원래 근로자공급의 한 형태이었으나 파견법의 제정에 따라 근로자파견사업이 근로자공급사업의 범위에서 제외되게 되었다(대법원 2008.9.18. 2007두22320).

한편, 근로자파견은 사내하도급과 외형상 유사하지만, '사내하도급'은 수급사업주(하청업체)가 도급계약자(원청업체)의 사업장 내에서 도급받은 업무의 사업주체가 되어 직접 자신의 지휘·명령하에 근로자를 사용하는 것이므로, 타인(사용사업주)의 지휘·명령하에 업무를 수행하게 하는 근로자파견과 구별된다.[14)]

파견법은 ① 근로자파견사업의 적정한 운영을 기하고 파견근로자의 근로조건 등에 관한 기준을 확립함으로써, ② 파견근로자의 고용안정과 복지증진에 이바지하고, ③ 인력수급을 원활하게 함을 목적(제1조)으로 제정되었다(1998.2.20.).

파견법 제정 이후에 파견근로자의 보호와 불법파견에 대한 제재를 둘러싼 문제가 다수 발생함에 따라, 2006년과 2012년에 파견법을 개정하여 불법파견의 경우

---

13) 김형배 · 박지순, 노동법강의, pp.450~451.
14) 김형배 · 박지순, 노동법강의, p.451.

사용사업주에 대한 벌칙을 강화하고, 사용사업주에 대한 직접 고용 의무를 확대하였으며, 파견근로자에 관한 차별시정절차를 도입하였다.[15]

〈도표 13-5〉 파견계약과 도급계약의 차이

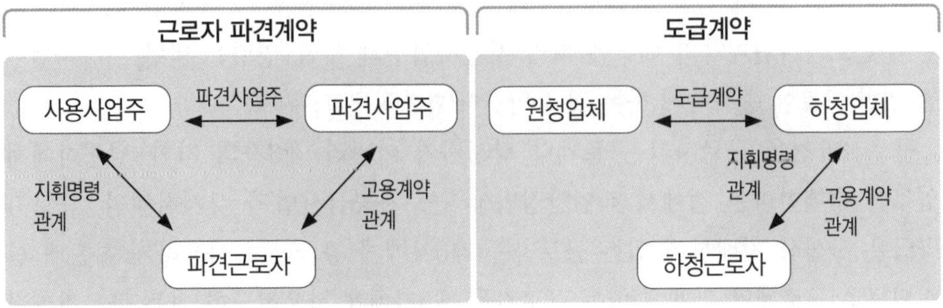

자료: 노동부, 파견·도급 구별 참고자료, 2009, p.5의 그림을 일부 수정.

2. 근로자파견사업의 규제

(1) 파견대상 업무와 파견기간 제한

1) 근로자파견사업의 의의

'근로자파견사업'이라 함은 근로자파견을 '업'으로 행하는 것을 말한다(파견법 제2조제2호). 여기에서 '업'이라 함은 일정한 목적을 위하여 동종의 행위를 반복하여 계속하는 것을 말하는 것으로서 그 목적이 영리인지 여부는 묻지 않는다.

따라서 근로자파견을 주된 목적으로 하지 않는 일반 사업의 사업주가 직접 고용한 근로자에 대해 근로관계를 유지하면서 일정기간 동안 타 사업주의 지휘명령하에 근무하도록 하는 것(전출, 타사 근무, 사외 파견 등)은 '비사업적 파견'으로 근로자파견사업에 해당되지 않는다.[16] 다만, 계열사 간 전출도 근로자파견이 될 수 있다(서울고등법원 2019. 11. 12. 2019나2001310).

15) 김형배·박지순, 노동법강의, p.451.
16) 고용노동부, 파견법 업무 매뉴얼, 2011, pp.11~12.

〈도표 13-6〉 근로자 파견대상 업무

(파견법 시행령 별표1)

한국표준직업분류[21]	대 상 업 무	비 고
120	컴퓨터관련 전문가의 업무	
16	행정, 경영 및 재정 전문가의 업무	행정 전문가(161) 업무 제외
17131	특허 전문가의 업무	
181	기록 보관원, 사서 및 관련 전문가의 업무	사서(18120) 업무 제외
1822	번역가 및 통역가의 업무	
183	창작 및 공연예술가의 업무	
184	영화, 연극 및 방송관련 전문가의 업무	
220	컴퓨터관련 준전문가의 업무	
23219	기타 전기공학 기술공의 업무	
23221	통신 기술공의 업무	
234	제도 기술 종사자, 캐드 포함의 업무	
235	광학 및 전자장비 기술 종사자의 업무	보조업무에 한함. 임상병리사(23531), 방사선사(23532), 기타 의료장비 기사(23539) 업무 제외
252	정규교육이외 교육 준전문가의 업무	
253	기타 교육 준전문가의 업무	
28	예술, 연예 및 경기 준전문가의 업무	
291	관리 준전문가의 업무	
317	사무 지원 종사자의 업무	
318	도서, 우편 및 관련 사무 종사자의 업무	
3213	수금 및 관련 사무 종사자의 업무	
3222	전화교환 및 번호안내 사무 종사자의 업무	전화교환 및 번호안내 사무 종사자의 업무가 당해 사업의 핵심 업무인 경우 제외
323	고객 관련 사무 종사자의 업무	
411	개인보호 및 관련 종사자의 업무	
421	음식 조리 종사자의 업무	관광진흥법 제3조에 따른 관광 숙박업의 조리사 업무 제외
432	여행안내 종사자의 업무	
51206	주유원의 업무	
51209	기타 소매업체 판매원의 업무	
521	전화통신 판매 종사자의 업무	
842	자동차 운전 종사자의 업무	
9112	건물 청소 종사자의 업무	
91221	수위 및 경비원의 업무	경비업법 제2조제1호에 따른 경비업무 제외
91225	주차장 관리원의 업무	
913	배달, 운반 및 검침 관련 종사자의 업무	

17) 한국표준직업분류(통계청고시 제2000-2호)

2) 파견대상 업무

근로자파견사업은 제조업의 직접생산공정업무를 제외하고 전문지식·기술·경험 또는 업무의 성질 등을 고려하여 적합하다고 판단되는 업무로서 대통령령(파견법 시행령 제2조제1항 참조)이 정하는 업무를 대상으로 한다(파견법 제5조제1항). 다만, 출산·질병·부상 등으로 결원이 생긴 경우 또는 일시적·간헐적으로 인력을 확보하여야 할 필요가 있는 경우에는 근로자파견사업을 행할 수 있다(제5조제2항).

3) 파견금지 업무

근로자파견사업은 ① 건설공사현장에서 이루어지는 업무, ② 항만운송사업법 제3조제1호, 한국철도공사법 제9조제1항제1호, 농수산물유통 및 가격안정에 관한 법률 제40조, 물류정책기본법 제2조제1항제1호의 하역업무로서 직업안정법 제33조의 규정에 따라 근로자공급사업 허가를 받은 지역의 업무, ③ 선원법 제2조제1호에 따른 선원의 업무, ④ 산업안전보건법 제58조의 규정에 따른 유해하거나 위험한 업무, ⑤ 그밖에 근로자 보호 등의 이유로 근로자파견사업의 대상으로는 적절하지 못하다고 인정하여 대통령령(파견법 시행령 제2조제2항 참조)이 정하는 업무에 대해서 행하여서는 아니 된다(파견법 제5조제3항).

4) 근로자파견의 제한

파견사업주는 쟁의행위 중인 사업장에 그 쟁의행위로 중단된 업무의 수행을 위하여 근로자를 파견하여서는 아니 된다. 또한 누구든지 근로기준법 제24조의 규정에 의한 경영상의 이유에 의한 해고를 한 후 대통령령이 정하는 일정기간(원칙적으로 2년, 근로자대표의 동의가 있을 경우 6개월)이 경과하기 전에는 당해 업무에 파견근로자를 사용하여서는 아니 된다(파견법 제16조).

5) 근로자파견 기간의 제한

근로자파견의 기간은 제5조제2항(일시 허용 업무)의 규정에 해당하는 경우를 제외하고는 원칙적으로 1년을 초과하지 못한다. 단, 파견사업주·사용사업주·파견근로자간의 합의가 있는 경우에는 파견기간을 연장할 수 있다. 이 경우 1회를 연장할 때에는 그 연장기간은 1년을 초과하지 못하며, 연장된 기간을 포함한 총파견기간은 2년을 초과하지 못한다(파견법 제6조제1항, 제2항).

또한, 파견법 제5조제2항(일시 허용 업무)의 규정에 의한 근로자파견의 기간은 ① 출산·질병·부상등 그 사유가 객관적으로 명백한 경우에는 그 사유의 해소에 필요한 기간, ② 일시적·간헐적으로 인력을 확보할 필요가 있는 경우에는 3월이내의 기간으로 제한된다. 다만, 그 사유가 해소되지 아니하고 파견사업주·사용사업주·파견근로자간의 합의가 있는 경우에는 1회에 한하여 3월의 범위안에서 그 기간을 연장할 수 있다(파견법 제6조제4항).

그러나 고령자고용법상 고령자(55세 이상)인 파견근로자에 대하여는 2년을 초과하여 근로자파견기간을 연장하여 사용할 수 있다(파견법 제6조제3항).

(2) 파견사업의 허가와 요건

1) 근로자파견사업의 허가

근로자파견사업을 하고자 하는 자는 고용노동부령이 정하는 바에 의하여 고용노동부장관의 허가를 받아야 하며, 허가받은 사항 중 고용노동부령이 정하는 중요사항을 변경하는 경우에도 허가를 받아야 한다. 또한 근로자파견사업의 허가를 받은 자가 허가받은 사항 중 중요사항 외의 사항을 변경하고자 하는 경우에는 고용노동부령이 정하는 바에 의하여 고용노동부장관에게 신고하여야 하며, 이 경우 고용노동부장관은 그 내용을 검토하여 적합하면 신고를 수리하여야 한다. 사용사업주는 허가를 받지 않고 근로자파견사업을 행하는 자로부터 근로자파견의 역무를 제공받아서는 아니 된다(파견법 제7조).

2) 허가의 결격사유

① 미성년자·피성년후견인·피한정후견인 또는 파산선고를 받고 복권되지 아니한 자, ② 금고 이상의 형(집행유예 제외)의 선고를 받고 그 집행이 종료되거나 집행

을 받지 아니하기로 확정된 후 2년이 경과되지 아니한 자, ③ 파견법, 직업안정법, 근로기준법, 최저임금법, 선원법을 위반하여 벌금 이상의 형(집행유예 제외)의 선고를 받고 그 집행이 종료되거나 집행을 받지 아니하기로 확정된 후 3년이 경과되지 아니한 자, ④ 금고 이상의 형의 집행유예선고를 받고 그 유예기간 중에 있는 자, ⑤ 파견법 제12조의 규정에 의한 당해 사업의 허가가 취소된 후 3년이 경과되지 아니한 자, ⑥ 법인으로서 그 임원 중 상기에 해당하는 자가 있는 법인은 근로자파견사업의 허가를 받을 수 없다(파견법 제8조).

3) 허가의 기준과 허가의 유효기간

고용노동부장관은 근로자파견사업의 허가신청이 있는 경우 ① 신청인이 당해 근로자파견사업을 적정하게 수행할 수 있는 자산 및 시설 등을 갖추고 있고, ② 당해 사업이 특정한 소수의 사용사업주를 대상으로 하여 근로자파견을 행하는 것이 아닌 경우에 한하여 이를 허가할 수 있다(파견법 제9조).

근로자파견사업의 허가의 유효기간은 3년으로 한다. 허가의 유효기간의 만료 후 계속하여 근로자파견사업을 하고자 하는 자는 고용노동부령이 정하는 바에 의하여 갱신허가를 받아야 하며, 이때의 유효기간은 당해 갱신전의 허가의 유효기간이 만료되는 날의 다음날부터 기산하여 3년으로 한다(파견법 제10조).

4) 사업의 폐지와 허가의 취소 등

파견사업주는 근로자파견사업을 폐지한 때에는 고용노동부령이 정하는 바에 의하여 고용노동부장관에게 신고하여야 하며, 이와 같이 신고가 있는 때에는 근로자파견사업의 허가는 신고일부터 그 효력을 잃는다(파견법 제11조).

한편, 고용노동부장관은 일정한 경우에 근로자파견사업의 허가를 취소하거나 6개월 이내의 기간을 정하여 영업정지를 명할 수 있다(파견법 제12조). 다만 허가의 취소 또는 영업의 정지처분을 받은 파견사업주는 그 처분 전에 파견한 파견근로자와 그 사용사업주에 대하여는 그 파견기간이 종료될 때까지 파견사업주로서의 의무와 권리를 가진다(제13조제1항).

반면, 고용노동부장관은 허가를 받지 아니하고 근로자파견사업을 하거나 허가의 취소 또는 영업의 정지처분을 받은 후 계속하여 사업을 하는 자에 대하여는 관계공무원으로 하여금 당해 사업을 폐쇄하기 위한 조치를 하게 할 수 있다(파견법 제19조).

5) 겸업금지

① 식품위생법 제36조제1항제3호에 따른 식품접객업, ② 공중위생법 제2조제1항제2호에 따른 숙박업, ③ 결혼중개업의 관리에 관한 법률 제2조제2호에 따른 결혼중개업, ④ 기타 대통령령으로 정하는 사업을 하는 자는 근로자파견사업을 겸업할 수 없다(파견법 제14조).

3. 당사자의 법률관계

(1) 파견사업주와 사용사업주의 관계

1) 근로자파견계약

'근로자파견계약'이라 함은 파견사업주와 사용사업주간에 근로자파견을 약정하는 계약을 말한다(파견법 제2조제6호). 근로자파견계약의 당사자는 법에서 정하는 주요사항이 포함되는 근로자파견계약을 서면으로 체결하여야 한다. 사용사업주는 근로자파견계약을 체결할 때 파견사업주에게 차별적 처우의 금지규정을 준수하도록 하기 위하여 필요한 정보를 제공하여야 한다(파견법 제20조).

2) 파견계약의 해지

사용사업주는 파견근로자의 성별·종교·사회적 신분이나 파견근로자의 정당한 노동조합의 활동 등을 이유로 근로자파견계약을 해지하여서는 아니 된다. 파견사업주는 사용사업주가 파견근로에 관하여 이 법 또는 이 법에 의한 명령, 근로기준법 또는 동법에 의한 명령, 산업안전법 또는 동법에 의한 명령에 위반하는 경우에는 근로자파견을 정지하거나 근로자파견계약을 해지할 수 있다(파견법 제22조).

(2) 파견사업주와 파견근로자의 관계

파견사업주와 근로자 사이의 근로관계는 처음부터 제3자(사용사업주)에게 노무를 제공하게 하는 것을 목적으로 하는 근로계약관계이다. 따라서 파견근로자와의 고용관계는 고용과 사용이 일치하는 일반적인 고용관계와 구별된다.

파견근로자는 파견사업주에 의해 고용되지만 사용사업주의 지휘명령을 받아 노무에 종사하는 특수한 형태의 근로계약이므로 통상 근로자에게 적용되는 보호조치에 부가하여 파견법의 제3장제2절에서 '파견사업주가 강구하여야 할 조치'를 상세하게 규정하고 있다.

첫째, 파견사업주는 파견근로자의 희망과 능력에 적합한 취업 및 교육훈련기회의 확보, 근로조건의 향상 기타 고용안정을 기하기 위하여 필요한 조치를 강구함으로써 파견근로자의 복지증진에 노력하여야 한다(파견법 제23조).

둘째, 파견사업주는 근로자를 파견근로자로서 고용하고자 할 때에는 미리 당해 근로자에게 그 취지를 서면으로 알려주어야 한다(파견법 제24조제1항).

셋째, 파견근로자에 대한 고용제한은 헌법 제15조의 '직업선택의 자유'를 침해하므로, 파견법은 파견근로자에 대한 고용제한을 금지하고 있다(파견법 제25조). 즉, ① 파견사업주는 정당한 이유없이 파견근로자 또는 파견근로자로서 고용되고자 하는 자와 그 고용관계의 종료 후 사용사업주에게 고용되는 것을 금지하는 내용의 근로계약을 체결하여서는 아니된다. 또한 ② 파견사업주는 정당한 이유없이 파견근로자의 고용관계의 종료 후 사용사업주가 당해 파견근로자를 고용하는 것을 금지하는 내용의 근로자파견계약을 체결하여서는 아니된다.

넷째, 파견사업주는 근로자파견을 하고자 할 때에는 미리 당해 파견근로자에게 제20조제1항 각호의 사항 기타 고용노동부령이 정하는 사항을 서면으로 알려주어야 한다(파견법 제26조제1항). 아울러 파견사업주는 근로자파견을 할 경우에는 파견근로자의 성명 기타 고용노동부령이 정하는 사항을 사용사업주에게 통지하여야 한다(제27조).

다섯째, 파견사업주는 파견근로자의 적절한 고용관리를 위하여 파견사업관리책임자를 선임하여야 하고(파견법 제28조), 파견사업관리대장을 작성·보존하여야 한다(제29조제1항).

(3) 사용사업주와 파견근로자의 관계

파견근로자는 근로자파견계약에 따라 사용사업주의 사업장에 편입되어 사용사업주의 지휘명령을 받으면서 근로를 제공하므로 양 당사자 간에 노동법상 권리·의무가 발생된다.

따라서 파견법은 파견근로자의 보호를 위하여 제3장제3절에서 '사용사업주가 강구해야 할 조치'를 별도로 규정하고 있다. 구체적으로 사용사업주는 제20조(계약의 내용 등)의 규정에 의한 근로자파견계약에 위반되지 아니하도록 필요한 조치를 강구하여야 한다(제30조).

아울러 사용사업주는 파견근로자로부터 파견근로에 관한 고충의 제시가 있는 경우에는 그 고충의 내용을 파견사업주에게 통지하고 신속·적절하게 고충을 처리하도록 하여야 한다(파견법 제31조제1항). 또한, 사용사업주는 파견근로자의 적절한 파견근로를 위하여 사용사업관리책임자를 선임하여야 하고(제32조), 사용사업관리대장을 작성·보존하여야 한다(제33조).

4. 근로기준법과 산업안전법 적용에 관한 특례

1) 근로기준법의 적용에 관한 특례

① 파견중인 근로자의 파견근로에 관하여는 파견사업주 및 사용사업주를 근로기준법 제2조의 규정에 의한 사용자로 보아 동법을 적용한다. 다만, 같은 법 제15조부터 제36조까지, 제39조, 제41조부터 제48조까지, 제56조, 제60조, 제64조, 제66조부터 제68조까지 및 제78조부터 제92조까지의 규정의 적용에 있어서는 파견사업주를, 같은 법 제50조부터 제55조까지, 제58조, 제59조, 제62조, 제63조 및 제69조부터 제75조까지의 규정의 적용에 있어서는 사용사업주를 사용자로 본다(파견법 제34조제1항).

② 파견사업주가 대통령령이 정하는 사용사업주의 귀책사유로 인하여 근로자의 임금을 지급하지 못한 때에는 사용사업주는 당해 파견사업주와 연대하여 책임을 진다. 이 경우 근로기준법 제43조 및 제68조의 규정을 적용함에 있어서는 파견사업주 및 사용사업주를 같은 법 제2조의 규정에 의한 사용자로 보아 동법을 적용한

다(파견법 제34조제2항).

③ 근로기준법 제55조, 제73조 및 제74조제1항의 규정에 의하여 사용사업주가 유급휴일 또는 유급휴가를 주는 경우 그 휴일 또는 휴가에 대하여 유급으로 지급되는 임금은 파견사업주가 지급하여야 한다(파견법 제34조제3항).

④ 파견사업주와 사용사업주가 근로기준법을 위반하는 내용을 포함한 근로자파견계약을 체결하고 그 계약에 따라 파견근로자를 근로하게 함으로써 동법을 위반한 경우에는 그 계약 당사자 모두를 동법 제2조제4호의 규정에 의한 사용자로 보아 해당 벌칙규정을 적용한다(파견법 제34조제4항).

2) 산업안전법의 적용에 관한 특례

파견중인 근로자의 파견근로에 관하여는 사용사업주를 산업안전법 제2조제4호의 규정에 의한 사업주로 보아 동법을 적용한다. 이 경우 동법 제29조제2항의 규정을 적용함에 있어서는 동항 중 '근로자를 채용할 때'를 '근로자파견의 역무를 제공받은 때'로 본다(파견법 제35조제1항). 그리고 근로자의 일반 건강진단에 대하여는 파견사업주를 사업주로 본다(파견법 제35조제4항).

한편, 사용사업주와 파견사업주가 공동으로 책임을 져야하는 사항은 사업주의 의무, 작업장소의 변경, 작업의 전환과 근로시간의 단축, 파견사업주와 사용사업주가 산업안전법을 위반하는 내용을 포함한 근로계약을 체결하고 파견근로를 하게 한 경우 등이다.

5. 사용자의 직접 고용 의무

(1) 직접 고용 의무의 발생

사용사업주가 다음의 경우에 해당하는 경우에는 해당 파견근로자를 직접 고용하여야 한다.[18] 사용사업주에게 직접 고용 의무를 부과하는 이유는 근로자파견의 상

18) 구 파견법에서는 사용사업주가 파견기간을 초과하여 파견근로자를 사용할 경우 직접고용간주규정을 두었다.

용화·장기화를 방지하여 파견근로자의 고용안정을 도모하기 위한 것이다(대법원 2015.11.26. 2013다14965).

사용사업주에게 직접 고용 의무가 발생하는 경우는 ① 제5조제1항의 근로자파견 대상업무에 해당하지 아니하는 업무에서 파견근로자를 사용하는 경우(제5조제2항에 따라 근로자파견사업을 행한 경우는 제외), ② 제5조제3항(파견금지 업무)의 규정을 위반하여 파견근로자를 사용하는 경우, ③ 제6조제2항을 위반하여 2년을 초과하여 계속적으로 파견근로자를 사용하는 경우, ④ 제6조제4항 즉, 출산·질병·부상 등 그 사유가 객관적으로 명백한 경우에는 그 사유의 해소에 필요한 기간, 일시적·간헐적으로 인력을 확보할 필요가 있는 경우에는 3월 이내의 기간을 위반하여 파견근로자를 사용한 경우, ⑤ 제7조제3항의 규정을 위반하여 무허가 근로자파견 업체로부터 근로자를 파견받아 사용한 경우가 있다(파견법 제6조의2제1항). ⑥ 파견허가를 받은 파견사업주와으 '위장도급'의 경우에도 직접고용의무가 유추 적용된다고 본 판례도 있다(서울행정법원 2018. 11. 15. 2016가합531053)

다만, 파견근로자가 명시적인 반대의사를 표시하거나 임금채권보장법 제7조제1항 각 호의 어느 하나에 해당하는 경우, 천재·사변 그 밖의 부득이한 사유로 사업의 계속이 불가능한 경우에는 적용하지 아니한다(파견법 제6조의2제2항). 그리고 파견근로자를 직접 고용하지 아니한 자는 3천만원 이하의 과태료에 처한다(제46조제2항).

파견근로가 적법한 요건을 갖추지 못하면 불법파견이 되는데, 파견대상 업무에 해당되지 아니하거나 파견 기간을 준수하지 않거나 무허가 파견업체로부터 근로자를 파견받은 경우 등이 이에 해당한다. 실무적으로 불법파견 중 사회적 이슈가 많이 되는 것은 형식상 도급의 형태를 갖고 있으나 실질상 원청회사가 하청회사의 근로자에 대해 직접 지휘명령을 하여 근로자파견의 형태를 띠고 있는 경우이다. 예를 들어 자동차 회사의 제조업 업무 종사자가 실질상 원청업체(사용사업주)의 지휘명령을 받으면서 근무를 하는 경우 파견에 해당하나 제조업은 파견대상 업무에 해당되지 않아 불법파견이 되며, 원청업체 사용자에게 해당 근로자를 직접 고용해야 할 의무가 발생한다.

이때 사용사업주와 파견근로자 간의 근로관계는 특별한 사정이 없는 한 원칙적으로 기간의 정함이 없는 것으로 보아야 한다(대법원 2008.9.18. 2007두22320). 다만, 직접고용관계에서 계약기간을 정한 것이 직접고용의무 규정의 입법 목적을 잠탈한다고 보기 어려운 특별한 사정이 있는 경우에는 사용사업주가 파견근로자와 기간제 근로계약을 체결할 수 있을 것이다. 그러나 이러한 특별한 사정이 없음에도 기간제 근로계약을 체결하는 경우 직접고용의무를 완전하게 이행한 것이라 보기 어렵고, 근로계약 중 기간을 정한 부분은 강행규정 위반으로 무효가 될 수 있다(대법원 2022.1.27. 2018다207847).

한편, 사용사업주가 파견기간 제한을 위반하여 파견근로자로 하여금 대상업무를 계속 수행하도록 한 경우에는, 특별한 사정이 없는 한 그 파견기간 중 파견사업주가 변경되었더라도 직접 고용 의무 규정이 적용된다(대법원 2015.11.26. 2013다14965).

(2) 직접고용 시 근로조건과 파견근로자 우선 고용

사용사업주가 파견근로자를 직접 고용하는 경우에 있어서 파견근로자의 근로조건은 다음과 같다. 먼저 사용사업주의 근로자 중 당해 파견근로자와 동종 또는 유사업무를 수행하는 근로자가 있는 경우에는 그 근로자에게 적용되는 취업규칙 등에서 정하는 근로조건에 의하며, 반면 사용사업주의 근로자 중 당해 파견근로자와 동종 또는 유사업무를 수행하는 근로자가 없는 경우에는 당해 파견근로자의 기존의 근로조건의 수준보다 저하되어서는 아니된다(파견법 제6조의2제3항).

아울러 파견근로자는 파견기간 제한을 위반한 사용사업주가 직접 고용 의무를 불이행한 경우 직접고용관계가 성립할 때까지의 임금 상당 손해배상금을 청구할 수 있다(대법원 2015.11.26. 2013다14965).

한편, 사용사업주는 파견근로자를 사용하고 있는 업무에 근로자를 직접 고용하고자 하는 경우에는 당해 파견근로자를 우선적으로 고용하도록 노력하여야 한다(파견법 제6조의2제4항).

핵심 판례 **직접고용관계 성립과 파견근로자의 근로조건**

개정된 파견법 하에서 파견기간 제한을 위반한 사용사업주는 직접 고용 의무 규정에 의하여 파견근로자를 직접 고용할 의무가 있으므로, 파견근로자는 사용사업주가 직접 고용 의무를 이행하지 아니하는 경우 사용사업주를 상대로 고용 의사표시에 갈음하는 판결을 구할 사법상의 권리가 있고, 그 판결이 확정되면 사용사업주와 파견근로자 사이에 직접고용관계가 성립한다. 또한 파견근로자는 이와 아울러 사용사업주의 직접 고용 의무 불이행에 대하여 직접고용관계가 성립할 때까지의 임금 상당 손해배상금을 청구할 수 있다(대법원 2015.11.26. 2013다14965).

6. 차별적 처우의 금지 및 시정

1) 차별적 처우의 금지 등 시정

파견사업주와 사용사업주는 파견근로자임을 이유로 사용사업주의 사업 내의 동종 또는 유사한 업무를 수행하는 근로자에 비하여 파견근로자에게 차별적 처우를 하여서는 아니된다.

차별시정신청권자는 파견근로자가 되며, 파견근로자는 파견사업주가 고용한 근로자로서 근로자파견의 대상이 되는 자이고, 계약의 형식이 도급이나 위임이라 하더라도 실질이 파견계약이면 파견근로자에 해당된다. 그리고 파견법상 불법파견이라 하더라도 그 실질이 근로자파견에 해당되면 차별시정 신청권자가 될 수 있다.

그리고 파견근로자 해당 여부는 차별시정 신청 시점이 아니라 차별적 처우가 있었던 시점을 기준으로 하므로 차별적 처우가 존재하는 시점에 파견근로자로 근무하였다면 신청이나 판정 시점에 파견근로자가 아니더라도 신청권자가 된다.[19]

파견근로자가 차별적 처우를 받은 경우 노동위원회에 그 시정을 신청할 수 있다. 시정신청 및 그 밖의 시정절차에 관해서는 기간제법이 정하는 바를 준용한다.

사용사업주가 파견근로자들에게 비교대상 근로자와 지급기준을 달리하여 상여금

19) 고용노동부, 파견법 업무 매뉴얼, 2011, pp.96~97.

을 지급한 사건에서 차별적 처우임을 인정하면서 반복적이고 고의성이 명백한 차별적 처우임을 이유로 파견근로자들에게 발생한 손해액의 2배에 해당하는 금전배상금의 지급을 명한 최초의 사례가 있다(서울고등법원 2017.5.17. 2016누79078 확정). 이와 같은 규정은 사용사업주가 상시 4인 이하의 근로자를 사용하는 경우에는 이를 적용하지 아니한다(파견법 제21조).

2) 차별적 처우 시정요구와 확정된 시정명령의 확대

고용노동부장관은 파견사업주와 사용사업주가 차별적 처우를 한 경우에는 그 시정을 요구할 수 있다. 고용노동부장관은 파견사업주와 사용사업주가 시정요구에 응하지 아니할 경우에는 차별적 처우의 내용을 구체적으로 명시하여 노동위원회에 통보하여야 한다. 이 경우 고용노동부장관은 해당 파견사업주 또는 사용사업주 및 근로자에게 그 사실을 통지하여야 한다(파견법 제21조의2).

한편, 고용노동부장관은 확정된 시정명령을 이행할 의무가 있는 파견사업주 또는 사용사업주의 사업 또는 사업장에서 해당 시정명령의 효력이 미치는 근로자 이외의 파견근로자에 대하여 차별적 처우가 있는지를 조사하여 차별적 처우가 있는 경우에는 그 시정을 요구할 수 있다(파견법 제21조의3).

참고 고용상 차별금지제도의 문제점과 통합 입법의 필요성

헌법은 '모든 국민은 법 앞에 평등하고, 누구든지 성별·종교 또는 사회적 신분에 의하여 경제적·사회적·문화적 생활의 모든 영역에서 차별을 받지 않는다'는 것을 기본이념으로 선언하고 있다(제11조). 그러나 우리 사회는 눈부신 경제발전에도 불구하고 최근 뜨거운 이슈가 되고 있는 이른바 '수저계급론', '세습사회론'이 말해주듯이 구조화된 차별로서의 기회의 불평등을 타파하고 격차의 고착화를 야기하는 불공정 질서를 바로잡는 것이 중요한 과제로 부각되고 있다.

통계자료[20] 등에 따르면 2000년대 말 이후 객관적인 소득분배구조는 개선되는 추세를 보이고 있음에도 계층이동 가능성이나 공정성에 대한 국민들의 부정적인 인식

20) http://kosis.kr/statisticsList.

은 확대되고 있는 것으로 나타나고 있는바,[21] 이는 차별이나 불이익을 경험한 자의 주관적 인식이 대중적 인식으로 확산, 각인되는 것으로서 청년, 비정규직근로자 등을 위한 좋은 일자리의 창출과 더불어 엄정한 차별 시정과 구제조치가 필요하다는 분석과 제언[22]은 타당하다고 할 것이다.

일반적으로 '차별(discrimination)'은 합당한 이유 없이 '다름'을 근거로 불이익을 주는 것으로서 평등한 지위의 집단을 자의적인 기준에 의하여 불평등하게 대우하여 특정집단을 사회적으로 격리시키는 통제의 한 형태라고 정의할 수 있다.[23] 다시 말해서 사람이나 사물의 서로 다름, 서로를 구별 짓는 다른 점으로서 그 한 사람이나 사물의 특징을 이루는 독자적인 성질로서의 '차이(difference)'는 자연스러운 것임에도 불구하고 본래 대등한 인간으로서 가질 수 있는 사회적 권리를 박탈하는 것이 차별인 것이다. 이를 고용관계의 관점에서 보면 생산성이 같음에도 불구하고 특정집단(성, 인종, 연령 등)에 속하고 있다는 이유만으로 달리 대우하는 것을 말한다고 할 수 있다.

국가인권위원회법은 차별을 평등권 침해 행위로 보면서 차별의 법적 개념에 대하여 규정하고 있다(제2조제3호). 즉, '평등권 침해의 차별행위'란 합리적인 이유 없이 성별, 종교, 장애, 나이, 사회적 신분, 출신 지역, 출신 국가, 출신 민족, 용모 등 신체조건, 혼인 여부, 임신 또는 출산, 가족 형태 또는 가족 상황, 인종, 피부색, 사상 또는 정치적 의견, 전과(前科), 성적(性的) 지향, 학력, 병력(病歷) 등을 이유로 고용(모집, 채용, 교육, 배치, 승진, 임금 및 임금 외의 금품 지급, 자금의 융자, 정년, 퇴직, 해고 등을 포함한다), 재화·용역·교통수단·상업시설·토지·주거시설의 공급이나 이용, 교육·훈련이나 시설의 이용과 관련하여 특정한 사람을 우대·배제·구별하거나 불리하게 대우하는 행위 및 성희롱 행위를 말한다. 다만, 현존하는 차별을 없애기 위하여 특정한 사람(특정한 사람들의 집단을 포함)을 잠정적으로 우대하는 행위와 이를 내용으로 하는 법령의 제정·개정 및 정책의 수립·집행은 평등권 침해의 차별행위로 보지 아니한다.

---

21) 오준범·홍준표, "우리나라 사회신뢰도와 공정성에 대한 인식과 시사점", 현대경제연구원, 16-41호, 2016.10.5.

22) 이병훈, "기회 불평등에 대한 국민 인식태도의 인과 분석", 한국사회정책학회, 한국사회정책 24(2), 2017.6., pp.157~179.

23) 두산백과(http://terms.naver.com)

대부분의 사람이 어떤 형태로든지 일을 하는 자로서의 지위를 가지고 있는 오늘날 '고용상 차별'은 근로자와 가계의 경제적 삶에 미치는 부정적 영향이 직접적이라는 점에서 더욱 심각한 결과를 초래할 수 있다. 따라서 고용상 차별에 대하여 누구든지 언제 어디서나 신속하고 저렴하게 효과적으로 구제받을 수 있는 제도와 행정체계를 갖추는 것은 그 자체만으로도 차별을 억제하는 효과를 발휘할 수 있다는 점에서 국제노동기구[24]와 유럽연합, 미국 등 선진각국에서는 핵심적인 입법 및 정책 분야로 자리 잡고 있는 것이다.

우리나라의 차별금지 법제를 개관해보면, 헌법이 선언한 '법 앞의 평등' 이념을 구체적으로 구현하기 위하여 국가인권위원회법과 근로기준법 등 노동관계법[25]에서 불합리한 차별을 금지하는 규정을 다양한 형태로 두고 있는바, 그간 많은 발전에도 불구하고 통일된 체계를 갖추지 못하여 차별금지영역, 차별금지사유, 위반 시 제재와 구제방법, 입증책임 등에 있어서 각기 그 내용을 달리하고 있다.[26]

첫째, 차별금지영역에 대하여 살펴보면, 직업안정법은 모집·채용에 대한 차별을 금지하고 있는 반면, 근로기준법, 기간제법, 파견법, 외국인고용법 등은 근로조건(근로계약 체결 후부터 종료 시까지)에 대하여, 남녀고용평등법, 고령자고용법, 장애인차별금지법, 국가인권위원회법 등은 고용전반에 대하여 차별을 금지하고 있다.

둘째, 차별금지사유에 대해서는 종합적 기준을 규정하는 방법과 개별적 기준을 규정하는 방법으로 나뉜다. 종합적 기준을 규정하고 있는 예로는 헌법 제11조(성별, 종교, 사회적 신분), 근로기준법 제6조(남녀의 성, 국적·신앙 또는 사회적 신분), 노동조합법 제9조(인종, 종교, 성별, 연령, 신체적 조건, 고용형태, 정당 또는 사회적 신분), 직업안정법 제2조(성별, 연령, 종교, 신체적 조건, 사회적 신분 또는 혼인 여부), 고용정책기본법 제7조(성별, 신앙, 연령, 신체조건, 사회적 신분, 출신지역, 출신학교, 혼인 및 임신, 병력, 학력〈모집·채용 시〉), 국가인권위원회법 제2조(성별, 종교, 장애, 나이, 사회적 신분, 출신지역, 출신국가, 출신민족, 신체조건, 혼인 여부, 임신, 출산, 가족형태와 상황, 인종, 피부색, 사상이나 정치적 의견, 형의 효력이

24) ILO 권고 제111호, 고용 및 직업상 차별대우에 관한 권고(1958년).

25) 근로기준법, 노동조합법, 남녀고용평등법, 직업안정법, 고용정책기본법, 고령자고용법, 장애인차별금지법, 기간제법, 파견법, 외국인고용법, 국가인권위원회법, 여성발전기본법, 국가유공자등예우지원법 등.

26) 하갑래, 근로기준법(제35판), 중앙경제, 2022, pp.78~82.

실효된 전과, 성적 지향, 학력, 병력)를 들 수 있다.

한편, 개별적 기준을 규정하고 있는 예로는 남녀고용평등법 제2조(성별, 혼인, 가족 안에서의 지위, 임신 또는 출산), 고령자고용법 제4조의4(연령), 장애인차별금지법 제4조(장애), 외국인고용법 제22조(외국인), 기간제법 제8조(기간제근로와 단시간근로), 파견법 제21조(파견근로)를 들 수 있다.

셋째, 차별의 범위와 관련해서는 직접차별과 간접차별로 나누어진다.

직접차별은 차별사유를 직접적인 이유로 하여 이루어지는 차별, 차별의 원인을 중시하는 것이다. 반면에 간접차별은 채용, 근로조건 등에 대해 중립적 기준을 비교대상 집단에게 동일하게 적용해도, 그 조건을 충족시킬 수 있는 특정집단이 다른 집단에 비하여 현저히 적고, 그로 인하여 특정집단에 불리한 결과를 초래하며, 그 기준이 정당한 것임을 증명할 수 없는 경우의 차별을 말한다.

차별을 금지하는 근본적인 목적은 실질적인 평등을 달성하는 것이다. 그러나 직접차별에 대한 규제만으로는 차별을 가져오는 근본적인 원인을 바꿀 수 없는 한계가 드러남에 따라 외형상으로는 차별로 보기 어려우나 소수집단에게 불리한 결과를 가져오는 기준이나 근로조건의 격차는 누적된 차별적 관행, 절차, 평가 등에서 비롯된 경우, 그 자체만으로도 차별이 될 수 있다는 법리가 발전하였다. 예컨대, 미국 고용평등위원회(EEOC)는 차별로 인정하는 통계적 불균형의 정도를 4/5 규칙으로 정하고 있다. 즉 소수집단의 비율이 다수집단 비율의 4/5 미만일 경우 그 기준은 차별적이라고 판단하는 것이다(5분의 4 규칙).[27]

이러한 간접차별 법리는 1999년 남녀고용평등법에 도입되어 국가인권위원회법, 장애인차별금지법, 고령자고용법에 규정되어 있다. 그러나 비정규직법은 차별에 관한 정의 규정만 두고 간접차별은 규정하지 않으며, 여타 법은 차별에 관한 정의 규정을 두고 있지 않다.

넷째, 실효성 확보방법으로는 형사적 제재와 경제적 제재 등으로 나눌 수 있다. 근로기준법, 남녀고용평등법 등은 형벌을 규정하고 있는바, 차별 예방 효과는 있으나 원상회복 또는 권리실현을 가져다주지는 못하는 한계가 있다. 이에 기간제법과 파견법은 2006년 노동위원회 구제제도와 고용노동부장관의 과태료 부과제도를 도입하였다. 반면, 장애인차별금지법은 인권위 구제와 법무부장관의 과태료 부과제도를, 고령자고용법은 인권위 구제와 고용노동부장관의 과태료 부과제도를, 국가인권

---

27) 김인재, "직급별 차등정년제와 간접차별", 노동법률, 중앙경제, 2006.11., p.153.

위원회법은 차별의 판단과 권고 기능을 규정하고 있다.

다섯째, 입증책임에 대해서는 남녀고용평등법과 비정규법은 사용자의 입증책임을 명시하고 있는 반면, 장애인차별금지법은 가해자와 피해자에게 입증책임을 배분하고 있다.

이상에서 살펴본 바와 같이 차별금지제도는 개별법에 산만하게 규정되어 있을 뿐만 아니라 내용적으로는 중복되어 있어 그 성격에 따라 통합되고 재정리될 필요가 있다.[28)]

무엇보다도 개별법마다 차별사유가 체계적인 고려 없이 나열되어 있는 점, 실효성 확보 수단이 제각각이고 구제제도를 도입한 경우에도 구제기관이나 주무부처가 달라 혼란스러운 점, 차별의 개념에 대한 규정 형식이 개별법마다 상이하고 간접차별 도입 분야에 대한 기준도 모호한 점 등은 시급히 보완되어야 할 것이다. 특히, 최근 중요성이 더욱 커지고 있는 간접차별과 관련해서는 간접차별 적용사유를 명시하고 실효성 확보방법, 구제기관, 입증책임 등의 규정을 일원화할 필요가 있다.

이와 같이 고용상 차별금지 제도와 집행체계를 통합, 정비함에 있어서는 공급자인 행정기관의 입장이 아니라 고용문제에 대한 전문성, 지리적 접근성, 이행강제수단의 효과성 등을 수요자의 관점에서 평가하여 설계하는 것이 중요하다 할 것이다.

28) 하갑래, 근로기준법(제30판), 중앙경제, 2018, p.81.

〈도표 13-7〉 고용상 차별금지 관련 법제 비교

구 분	차별금지 사유	차별금지 영역	구제방법	집행기관 및 이행강제 수단
국가인권위원회법	성별, 종교, 장애, 나이 등 19가지	고용, 재화·용역·시설 등의 공급 및 이용, 교육·훈련, 성희롱	(인권위) 진정 → 조정, 권고	없 음
근로기준법	성별, 국적, 신앙, 사회적 신분	근로조건	(노동부) 진정 등	(노동부) – 시정지시 불이행: 벌금 500만원 이하
기간제법, 파견법	고용형태 (기간제, 단시간, 파견근로자)	임금 기타 근로조건	(노동부) 진정 등 (노동위) 차별시정 신청	(노동위) – 시정명령 불이행: 이행강제금 (노동부) – 확정된 시정명령 불이행: 과태료 1억원 이하 – 이행상황 미제출: 과태료 500만원 이하 – 신고 등 이유로 불이익처우: 징역 2년, 벌금 1천만원 이하
남녀고용평등법	성별, 혼인 또는 가족상의 지위, 임신, 출산 등	고용관계의 성립·전개·종료	(노동부) 진정 등	(노동부) – 시정지시 불이행 · 모집·채용: 벌금 500만원 이하 · 임금: 징역 3년, 벌금 3천만원 이하 · 정년·퇴직·해고: 징역 5년, 벌금 3천만원 이하
고령자고용법	연령 (고령, 준고령)	고용관계 성립·전개·종료	(인권위) 진정 → 조정, 권고	(노동부) – 시정명령(인권위 권고) 불이행: 과태료 3천만원 이하 – 모집·채용차별: 벌금 500만원 이하 – 신고 이유로 불이익처우: 징역 2년, 벌금 1천만원 이하
장애인차별금지법	장애	채용·승진·전보 및 교육훈련 등 인사관리	(인권위) 진정 → 조정, 권고	(법무부) – 시정명령(인권위 권고) 불이행: 과태료 3천만원 이하 – 악의적 차별: 징역 3년, 벌금 3천만원 이하

제14장

근로자의 권리구제와 분쟁해결 절차

제1절 노동위원회를 통한 분쟁해결 절차

1. 노동위원회의 역할과 조직

노동위원회는 노동관계에 관한 심판 및 조정(調整) 업무 등을 신속·공정하게 수행함으로써 노동관계의 안정과 발전에 이바지함을 목적으로 하는 독립적 합의제 행정기관이다(노동위원회법 제1조).

노동위원회는 공익위원·근로자위원·사용자위원 등 3자로 구성되어 있고, 근로자의 권리구제와 노사간의 분쟁해결을 위해 판정, 화해와 조정업무를 담당하는 준사법적 행정기관으로 1953년에 설립되었다.

노동위원회법(1953년)이 제정되고 노동쟁의 조정·중재 제도가 도입된 이후 민주화가 진전되면서 근로자의 근로조건 보호가 강화되고 노사관계가 발전됨에 따라 노동위원회의 업무는 부당노동행위 구제제도, 부당해고등 구제제도, 교원 및 공무원 노동관계 조정·중재 제도, 차별시정제도, 필수유지 업무 결정제도, 복수노조 관련 제도 등으로 계속 확대되어 왔다〈도표 14-1〉.

〈도표 14-1〉 노동위원회 주요 제도의 도입

연 도	주요 제도
1953	노동위원회법 제정, 서울지방노동위원회 설립 노동쟁의 조정·중재 제도 도입
1954	중앙노동위원회 설립
1963	부당노동행위 구제제도 도입
1989	부당해고등 구제제도 도입
1997	교원 노동관계 조정·중재 제도 도입 중앙노동위원회 장관급 격상
2006	공무원 노동관계 조정·중재 제도 도입
2007	차별시정제도 도입
2008	필수유지업무 결정 제도 도입
2011	교섭창구 단일화 및 공정대표의무위반 시정 제도 도입

자료: 중앙노동위원회, 한국의 노동위원회, 2018.

노동위원회의 주요 업무를 기능적인 측면에서 보면 개별적 근로관계와 관련하여 부당해고등[1] 판정, 비정규직 차별시정 업무 등을 수행하고, 집단적 노사관계와 관련하여 부당노동행위 판정, 노동쟁의 조정, 필수유지업무 결정, 공정대표 의무위반 시정명령 등 업무를 하고 있으며, 이러한 노동위원회 기능과 법적 근거를 보면 〈도표 14-2〉와 같다.

〈도표 14-2〉 노동위원회 기능과 관련 법령

구 분	기 능	관련 법령
개별적 근로관계	부당해고등의 판정 및 이행강제금 부과	근로기준법
	기간제·단시간·파견 근로자에 대한 차별시정 명령	기간제법, 파견법
	일학습병행 근로자에 대한 차별시정 명령	일학습병행법
	남녀고용평등법에 따른 차별시정 명령	남녀고용평등법
	근로조건 위반을 이유로 한 손해배상 청구, 기준에 못 미치는 휴업수당 지급 승인, 휴업 또는 장해보상의 예외 인정, 재해인정 등의 이의에 관한 심사·중재	근로기준법
집단적 노사관계	부당노동행위의 판정	노동조합법
	노동쟁의의 조정, 중재	노동조합법, 공무원노조법, 교원노조법
	필수유지업무 결정	노동조합법
	교섭창구 단일화 사건 판정, 공정대표의무위반 시정 사건 판정	노동조합법
	단체협약의 해석 또는 이행방법에 대한 견해 제시, 노동조합법상 의결요청 사건 의결,	노동조합법
	노사협의회 의결사항에 대한 임의중재	근로자참여법

1) 해고, 휴직, 정직, 감봉, 기타 그 밖의 징벌을 포함하여 '부당해고등'이라 한다(근로기준법 제23조 제1항)

특히, 노동위원회의 부당해고등 구제제도는 민사소송 절차에 비해 신속하고 저렴한 비용으로 공정하게 분쟁을 해결하는 것을 목표로 하고 있다. 노동위원회에서 분쟁이 해결되는 분쟁종결률이 95.7%에 이르고, 지방노동위원회와 중앙노동위원회에서 각각 사건이 해결되는 평균기간(초심 접수일 기준)도 약 53.7일로 법원에 비해 신속하게 사건을 처리한다(2022년).[2)]

노동위원회는 중앙노동위원회·지방노동위원회 및 특별노동위원회로 구분되며(노동위원회법 제2조제1항), 특별노동위원회에는 현재 해양수산부 소속의 선원노동위원회가 있다(선원법 제4조).

〈도표 14-3〉 노동위원회의 명칭·위치 및 관할구역

명 칭	위 치	관할구역
중앙노동위원회	세종특별시	전국
서울지방노동위원회	서울특별시	서울특별시
부산지방노동위원회	부산광역시	부산광역시
경기지방노동위원회	경기도 수원시	경기도
충남지방노동위원회	대전광역시	대전광역시·충청남도·세종특별자치시
전남지방노동위원회	광주광역시	광주광역시·전라남도
경북지방노동위원회	대구광역시	대구광역시·경상북도
경남지방노동위원회	경남 창원시	경상남도
인천지방노동위원회	인천광역시	인천광역시
울산지방노동위원회	울산광역시	울산광역시
강원지방노동위원회	강원도 춘천시	강원도
충북지방노동위원회	충북 청주시	충청북도
전북지방노동위원회	전북 전주시	전라북도
제주지방노동위원회	제주특별자치도	제주특별자치도

자료: 노동위원회법 시행령 별표 1(2017.2.28. 개정).

2) 중앙노동위원회, 2022 노동위원회 통계연보, 2023.

지방노동위원회는 당해 관할구역에서 발생하는 사건을 관장하며, 2개 이상의 관할구역에 걸친 사건은 주된 사업장의 소재지를 관할하는 지방노동위원회에서 관장한다. 특별노동위원회는 관련 법률이 정하는 바에 따라 그 설치목적으로 규정된 특정사항에 관한 사건을 관장한다.〈도표 14-3〉

중앙노동위원회는 지방노동위원회 및 특별노동위원회의 처분에 대한 재심사건과 2개 이상의 지방노동위원회 관할구역에 걸친 노동쟁의 조정사건을 관장한다(노동위원회법 제3조). 전국에 13개의 지방노동위원회가 있으며 관할구역이 정해져 있어 관할구역 내에서 발생한 신청 사건을 담당한다.

노동위원회는 근로자, 사용자, 공익 등 3자를 각각 대표하는 위원으로 구성되며, 근로자위원·사용자위원은 각 노동위원회별로 각 10명 이상 50명 이하(근로자위원과 사용자위원은 동수로 구성), 공익위원은 각 10명 이상 70명 이하의 범위 내에서 업무량을 고려하여 정하도록 하고 있다(노동위원회법 제6조).

예를 들면, 중앙노동위원회와 서울지방노동위원회는 각각 근로자위원 50명, 사용자위원 50명, 공익위원 70명(심판·차별시정 담당 50명, 조정 담당 20명) 등 총 170명으로 구성되어 있다.[3] ① 공익위원은 주로 대학교수, 변호사, 공인노무사(주로 조정사건 담당) 등 전문가, ② 근로자위원은 상급 노동단체 간부, 노동조합 위원장 등, ③ 사용자위원은 경영자단체 간부, 기업 대표(CEO), 인사노무담당 임원 등이 위촉되어 활동하고 있다.

2. 노동위원회의 권리구제 대상

근로자가 노동위원회에 권리구제 신청을 할 수 있는 대표적인 것에는 부당해고등 구제신청, 차별시정 신청 및 부당노동행위 구제신청이 있다.

정당한 이유 없이 해고, 휴직, 전직, 감봉, 그 밖의 징벌(懲罰)을 당한 근로자는 부당해고등이 있었던 날로부터 3개월 이내에 노동위원회에 부당해고등의 구제신

3) 노동위원회법 시행령 별표 2(노동위원회 위원의 수) 참조. 중앙노동위원회는 공무원노동관계조정위원을 포함할 경우 175명으로 구성. 중앙노동위원회와 전국 지방노동위원회 위원 정원은 총 1,805명이고, 공익위원 735명, 근로자 위원 535명, 사용자 위원 535명으로 구성되어 있다.

청을 할 수 있다(근로기준법 제28조).

또한, ① 비정규직(기간제·단시간·파견) 근로자, 일학습병행 근로자가 다른 근로자에 비해 합리적인 이유 없이 불리한 처우를 받은 경우(기간제법, 파견법, 일학습병행법), ② 모집·채용, 임금, 교육·배치·승진, 정년·퇴직 및 해고 등 고용에 있어 성차별이 있은 경우(남녀고용평등법), ③ 사업주가 직장 내 성희롱 피해근로자에 대해 적절한 조치의무를 하지 않거나 불리한 처우를 한 경우(남녀고용평등법) 등에도 노동위원회에 시정을 신청할 수 있다.

한편, 사용자의 부당노동행위로 인하여 그 권리를 침해당한 근로자 또는 노동조합은 노동위원회에 그 구제를 신청할 수 있다(노동조합법).

3. 권리구제의 신청

(1) 권리구제 신청방법

노동위원회에 구제신청을 원하는 근로자는 소정의 구제신청서에 필요한 입증자료를 첨부하여 2부를 지방노동위원회에 직접 제출하거나 우편 또는 팩스로 제출하면 된다. 필요한 경우에는 노동위원회를 직접 방문해서 상담을 받고 바로 구제신청서를 작성하여 제출할 수도 있다.

구제신청서는 노동위원회 고객지원실에 비치되어 있으며, 노동위원회 홈페이지(www.nlrc.go.kr)에 있는 서식을 사용할 수도 있다. 구체신청서에는 신청인, 피신청인의 성명, 주소와 함께 구제신청을 하는 사유를 구체적으로 기재해야 한다. 자세한 사항은 추후 이유서 등을 통해 추가로 제출할 수 있다.

(2) 권리구제 신청 요건 및 내용

근로자가 노동위원회에 부당해고등 및 부당노동행위 등에 대해 권리구제를 신청할 경우 구제신청 기간, 구제신청 의사 유지 등의 요건을 갖추어야 한다. 이러한 구제신청 요건을 구비하지 못할 경우 각하 사유에 해당되어 권리구제를 받을 수 없다(노동위원회규칙제60조제1항).

종전에는 ① 당사자 적격이 없는 경우, ② 구제신청의 내용이 노동위원회의 구제대상이 아닌 경우, ③ 신청하는 구제의 내용이 신청의 이익이 없는 경우도 각하 사유에 포함되었으나 본안 판단 사항에 대한 검토가 선결적으로 이뤄져야 하는 경우가 많으므로 판정의 신뢰성과 일관성을 제고하기 위해 삭제되었다. 그러나 다만 각하 사유에서 제외되었다는 것이지 심문회의의 본안 판단을 위해서는 중요한 권리구제 신청 내용들이다.

1) 구제신청 기간

근로자가 노동위원회에 구제신청을 할 경우 1차적으로 확인해야 하는 사항은 제척기간 문제이다. 노동위원회 구제신청은 처분이 있었던 날로부터 3개월 내에 하도록 되어 있다. 이 기간이 지나면 근로자는 사용자의 부당해고등 처분에 대하여 구제를 받을 수 없다.

참고 구제신청 기간의 계산방법

① 구제신청 기간의 계산은 민법 제6장 기간(제155조~제161조)을 적용
② 기간 산정에 있어 첫날은 산입하지 않고, 익일 0시부터 기간 말일 24시까지(민법 제157조)
 * 해고일이 2023.3.28인 경우: 2023.3.29. 0시부터 2023.6.28. 24시까지가 구제신청기간
③ 기산일이 1일인 경우 세 번째달의 말일로 기간이 만료(민법 제160조제1항)
④ 최종의 월에 해당일이 없는 경우 그 월의 마지막 날로 기간이 만료(민법 제160조제3항)
 * 해고일이 2022.11.30.인 경우에 3개월 기간의 만료일은 2023.2.28.
⑤ 기간의 마지막 날이 토요일 또는 공휴일에 해당하는 때에는 휴일 다음의 첫근무일에 기간이 만료. 다만, 기산일이 토요일 또는 공휴일인 경우 신청기간의 산정에 포함하여 기산(민법 제161조)

자료: 〈중앙노동위원회, 심판업무 매뉴얼, 2019, p.46〉를 참조하여 수정.

2) 적용 대상 사업장

또 하나 유의해야 할 사항은 부당노동행위 구제신청과 달리 부당해고등 구제신청시 근로자가 근무했던 사업 또는 사업장이 5명 이상 사업장에 해당하는가 하는 점이다.[4)]

근로기준법상 부당해고등의 구제신청은 상시 근로자가 5명 이상인 사업장에만 적용하도록 되어 있기 때문에 상시 근로자 5명 미만인 사업장에 근무했던 근로자는 구제신청 자격이 인정되지 않는다.[5)]

3) 당사자 적격

당사자 적격은 구제신청 절차에서 신청인 또는 피신청인이 될 수 있는 자격을 말한다.

신청인이 될 수 있는 자격이 있는 자는 부당해고등 사건의 경우 근로기준법상의 근로자가 되고, 부당노동행위 사건의 경우 노동조합법상의 근로자 또는 노동조합이 된다. 한편, 피신청인이 될 수 있는 자격이 있는 자는 사업주로서, 부당해고등 사건의 경우 근로자와 근로계약 관계에 있는 사업주를 말하여, 부당노동행위 사건의 경우 원칙적으로 노동조합원인 근로자와 근로계약 관계에 있거나 노동조합과 단체교섭 의무가 있는 사업주를 말한다.[6)] 당사자 적격에 대해서는 실무적으로 다툼이 많은 분야인데, 이에 대하여는 '제3장 근로관계의 당사자: 근로자와 사용자'에서 상세히 설명한다.

4) 구제신청 내용의 적합성

구제신청사건의 구제명령 대상은 사용자의 '정당한 이유 없는 해고, 휴직, 정직, 전직, 감봉, 그 밖의 징벌'과 부당노동행위이므로 구제신청의 내용이 노동위원회의 구제명령 대상이 되는지를 확인하여야 한다(노동위원회규칙 제60조제1항제4호).

---

4) '사업' 및 '사업장'의 개념에 대해서는 제2장 제6절(근로관계법의 적용)에서 상세히 설명한다.
5) 상시 근로자수 산정방법에 대해서는 제2장 제6절(근로관계법의 적용)에서 상세히 설명한다.
6) 중앙노동위원회, 심판업무 매뉴얼, 2019, pp.47~56.

5) 구제신청의 이익

신청하는 구제의 내용이 법령상이나 사실상 실현 가능하여야 하고 신청의 이익이 있어야 한다. 구제신청의 이익은 부당해고등 또는 부당노동행위에 관해 노동위원회의 구제명령을 구할 이익이나 필요를 의미한다. 예를 들어 사업장이 사실상 폐업에 이르렀을 때 근로자가 원직복직을 구한다 하더라도 복직할 사업장이 없으므로 신청하는 구제의 내용이 실현 가능하지 않다.

6) 구제신청 의사 유지

신청인이 2회 이상 조사관의 출석 요구에 불응하거나 주소불명 또는 소재불명 등으로 2회 이상 출석통지서가 반송되거나 그 밖의 사유로 신청의사를 포기한 것으로 인정되는 경우 조사관은 조사를 중단하고 조사보고서를 작성하여 단독심판에 회부할 수 있으며, 신청인이 위와 같은 사실을 인정하는 때에는 심문회의를 생략할 수 있다(노동위원회규칙 제57조, 제67조).

(3) 권리구제 대리인

노동위원회는 준사법적 기관으로서 근로자가 부당해고등의 구제신청을 한 경우 사법절차에 준해 조사와 심판 등의 절차를 진행하게 된다. 이러한 절차는 노동위원회의 설립 목적에 맞게 노동분쟁의 신속하고 공정한 해결을 위해 불가피한 절차이지만 노동분쟁에 대한 법률적 해결의 성격을 가지고 있기 때문에 그 수행과정에서 절차와 내용에 있어 전문적인 법적 지식이 없으면 불이익을 받을 수 있다.

노동위원회는 경제적인 능력이 없어 변호사, 공인노무사 등 법적 대리인을 구하지 못하는 근로자를 위해 대리인 선임을 지원하는 권리구제 대리인 무료지원제도를 운영하고 있다(노동위원회법 제6조의2).

권리구제 대리인 선임 신청을 할 수 있는 근로자는 월평균 임금이 고용노동부장관이 고시하는 임금(2022년 기준 300만원) 미만인 근로자이다. 다만, 초심구제 신청일 기준으로 이전 1년간 권리구제 대리인을 2개 사건까지 지원한 경우에는 추가 지원을 제한한다.

권리구제 대리인의 선임을 희망하는 근로자는 노동위원회에 비치된 신청서를 제출하면 된다. 노동위원회가 권리구제 대리인 선임신청을 받은 경우 담당 조사관이 신청의 적합 여부를 확인하여 신청인과 권리구제 대리인에게 통보하면, 권리구제 대리인은 노동위원회에 대리인 선임신고를 내고 대리 활동을 시작한다. 선임된 대리인(공인노무사 또는 변호사)은 근로자와 사건의 대응방안을 협의하고, 이유서 작성·제출, 심문회의 참석 및 진술 등의 서비스를 제공하게 된다.

4. 구제신청의 접수와 처리

〈도표 14-4〉 구제신청 처리절차

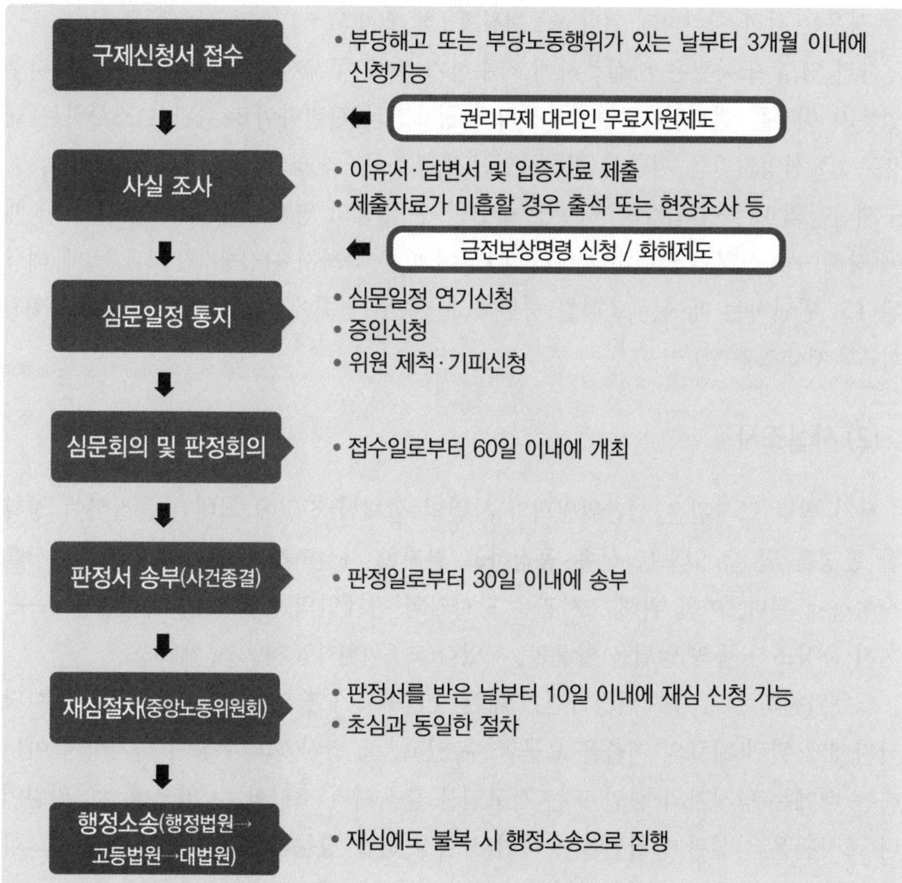

자료: 서울지방노동위원회, 알기쉬운 노동위원회 심판절차, 2016, p.10.

(1) 구제신청서 접수

부당해고등의 구제를 원하는 신청인이 노동위원회에 '부당해고등 구제신청서'(부록 1)를 제출하면 노동위원회는 사건처리를 담당할 조사관을 사건 배정 이전에 정해놓은 순번에 따라 지정한다.

사건 담당 조사관은 제출된 신청서를 검토하여 기재사항이 빠짐없이 기재되었는지, 신청이유가 구체적이고 명확한지 여부를 우선 검토해 기재사항이 누락되어 있거나 불명확한 경우 신청서 접수사실을 신청인에게 알리면서 기간을 정해 보정을 요구하고(노동위원회규칙 제41조), 2회 이상 보정을 요구하였음에도 보정을 하지 않는 경우는 각하 처리하게 된다(노동위원회규칙 제60조).

사건 담당 조사관은 사실조사에 착수하기 전에 구제신청이 적법한 요건을 갖추었는지 여부를 검토한다. 구제신청의 신청요건과 관련하여 조사관이 조사하는 내용은 ① 신청기간을 지나서 신청하였는지, ② 구제신청이 중복제기 되었는지, ③ 구제신청의 내용이 법령상·사실상 실현할 수 없음이 명백한지 여부 등이다. 이 때에 당해 구제신청이 명백히 제60조제1항에 따른 각하사유(신청기간 도과 등)에 해당된다고 판단하는 때에는 조사를 중단하고 심판위원회에 보고하여야 한다(노동위원회규칙 제45조제3항).

(2) 사실조사

사건 담당 조사관은 심판위원회가 사건의 실체적 진실에 최대한 근접하여 정확한 판정을 할 수 있도록 신속·공정하고 철저한 사실조사를 통하여 조사보고서를 작성하게 된다. 이를 위해 조사관은 당사자와 관계인의 출석조사, 자료제출 요구, 현지 출장조사 등의 방법을 활용할 수 있다(노동위원회법 제22조, 제23조).

노동위원회는 ① 구제신청사건에 대한 증거자료가 필요하다고 판단하는 경우 당사자에게 관련 자료의 제출을 요구할 수 있고, ② 당사자의 주장이 일치하지 아니하는 때에는 당사자와 증인 또는 참고인을 출석시켜 조사할 수 있으며, ③ 위원이나 조사관은 사실관계 확인을 위하여 사업장 등을 방문하여 업무현황, 서류 그 밖에 물건을 조사할 수 있다.

또한, ④ 노동위원회는 당사자가 제출한 이유서, 답변서 및 증거자료 등이 외국어로 표기되어 있는 경우 번역본 제출을 요구할 수 있고, ⑤ 위 제1항 및 제4항에 따라 당사자가 자료를 제출한 경우 그 부본을 지체 없이 상대방 당사자에게 송달하여야 한다(노동위원회규칙 제46조).

실무적으로 사실조사는 신청인이 제출한 이유서와 피신청인이 제출한 답변서를 기초로 진행된다. 사건 담당 조사관은 제출된 이유서와 답변서 2부 중 1부를 상대방에게 송달하고, 이유서·답변서 상에 당사자의 주장을 정리하여 쟁점사항을 추출하고 입증자료를 검토한다. 그 결과 당사자 또는 관계인의 진술을 통하여 직접 확인해야 할 사항이 있으면 출석요구를 하여 조사한다.

한편, 사업장의 폐업 여부, 상시 근로자수 확인, 근로자·사업주 소재 불명, 입증자료의 제출 미흡 및 서면 또는 출석조사만으로는 사실관계 판단이 어려운 경우 조사관이 직접 현지 출장조사를 하기도 한다. 조사할 사항이 경미하거나 출석요구를 하기가 곤란한 경우에는 전화를 통해서 사실조사를 할 수도 있다.

노동위원회의 보고 또는 서류제출 요구에 응하지 않거나 거짓의 보고 또는 서류를 제출한 경우, 관계 위원 또는 조사관의 조사를 거부·방해 또는 기피한 자에 대하여는 500만원 이하의 벌금에 처할 수 있다(노동위원회법 제31조).

(3) 심문일정 통보

노동위원회 조사관은 사건조사를 신속히 진행하여 가급적 빠른 시일내에 심문회의를 개최하도록 하고, 부득이한 경우에도 사건 접수일(구제신청일)로부터 60일 이내에 심문회의를 개최하여야 한다. 다만, 당사자의 심문회의 연기신청 또는 다수인 사건 등 조사에 상당 기간이 필요한 경우 노동위원회위원장이나 당해 심판위원회 위원장(다만, 심판위원회위원장이 호선되기 전인 경우에는 해당 심판위원회 위원 중 노동위원회위원장 또는 상임위원을 말하되, 해당 심판위원회에 노동위원회위원장이나 상임위원이 포함되어 있지 않은 때에는 위원 중 최고 연장자를 말한다.)의 승인을 얻어 그 기간을 연장할 수 있다(노동위원회규칙제51조).

한편, 심판위원회위원장은 사실관계 파악이 어렵거나 쟁점이 복잡한 사건 등의 처리를 위해 필요한 경우 심문회의 개최 전후로 쟁점설명기일을 지정할 수 있다(노동위원회규칙 제51조의2).

심판위원회는 심문회의 일자를 정하여 심문일정 통지서를 심문회의 개최일 7일 전까지 당사자에게 송부하여야 한다(노동위원회규칙 제52조제1항).

심문일정 통지시 당사자에게 제척·기피 안내문과 신청서, 심문회의 참석자 명단 서식을 송부한다. 심판사건, 공정대표의무 위반 시정사건 및 차별시정사건의 경우 당사자가 제척·기피를 하고자 할 때는 심문일정 통지서를 받은 날로부터 5일 이내에 별지 제6호서식의 위원 제척·기피 신청서에 따라 하여야 한다(노동위원회규칙 제22조제4항).

(4) 심문회의와 판정회의

심문회의는 공익위원 3명이 모두 참석하여야 개시할 수 있으며, 노동위원회 위원장은 심문회의에 근로자위원·사용자위원 각 1명을 참여하게 하여야 한다(노동위원회규칙 제54조제5항). 다만, 단독심판의 경우에는 그러하지 아니하다.

심문회의는 당사자 쌍방이 모두 출석한 가운데 진행하는 것이 원칙이나 당사자 일방이 정당한 이유 없이 출석하지 아니하였을 경우에는 일방 당사자만을 상대로 심문회의를 진행할 수 있다. 당사자가 심문회의에 참고인과 함께 참석하고자 하는 경우에는 심문회의 개최전에 당해 심판위원회 위원장의 승인을 얻어야 한다. 심문회의의 참관을 희망하는 자가 있는 경우에 당해 심판위원회위원장은 재난의 예방 등 안전확보, 개인정보 보호 필요성 등을 고려하여 심문회의 참가를 제한할 수 있다(노동위원회규칙 제54조제2항 내지 제4항).

한편, 심판위원회는 심문회의에서 제기된 새로운 주장에 대한 사실확인이나 증거의 보완이 필요하다고 판단되거나 화해만을 위한 회의 진행으로 추가적인 사실심문이 필요한 경우에는 추후에 심문회의나 판정회의를 재개할 수 있다(노동위원회규칙 제59조제3항).

심문회의는 공개로 진행함을 원칙으로 하나 심판위원회의 결의에 의하여 비공개로 할 수 있다(노동위원회법 제19조). 심판위원회 위원장은 회의질서 유지를 위해 회의의 공정한 진행을 방해하거나 질서를 문란하게 하는 경우에는 퇴장명령 등 질서 유지에 필요한 조치를 할 수 있고(노동위원회법 제20조), 이 조치에 불응하는 경우에는 100만원 이하의 과태료를 부과한다(노동위원회법 제33조제1항).

심문이 종결되면 판정회의를 개최한다. 판정회의는 공익위원 전원 참석으로 개의하고, 심판위원회 위원장은 근로자위원과 사용자위원에게 당해 사건에 관한 의견을 진술할 기회를 주어야 한다(노동위원회규칙 제59조제2항).

그 이후 심판위원회 공익위원은 공익위원간의 토론을 거쳐 근로자위원과 사용자위원이 제시한 의견 등을 고려하여 최종적인 결론에 대한 자신의 의견을 개진하고 출석위원 과반수의 찬성으로 판정내용을 결정한다(노동위원회법 제17조제2항).

노동위원회는 취하, 화해, 성립, 판정이 있는 경우에 심판사건을 종결한다(노동위원회 규칙 제74조제1항). 판정은 노동분야 전문가인 공익위원 3명이 협의한 후 과반수 이상 찬성으로 이루어지지만 기존의 법원 판례 등을 고려한 법률적인 판정이 이루어지기 때문에 공익위원 3명의 견해가 일치하는 경우가 많다. 공익위원의 최종판정 결과는 구제신청의 인정(구제명령), 기각과 각하의 결정으로 나타난다. 이에 대해서는 본장의 '6. 구제명령과 이행확보 수단' 부분에서 상세히 설명하기로 한다.

(5) 판정서 송부

판정서는 당해 사건에 대한 위원회의 법률적 판단으로 근로자의 구제신청에 대한 인용·거부 등의 처분의 내용을 담은 문건이다.

노동위원회는 사건을 종결할 때에는 '심판사건 처리결과 알림' 공문에 판정서 정본을 첨부하여 당사자에게 송부하게 된다. 노동위원회가 판정을 통해 심판사건을 종결한 때에는 판정서를 30일 이내에 당사자에게 서면으로 통보하여야 한다. 이 통보에는 판정결과에 불복하면 재심신청이나 행정소송을 제기할 수 있다는 내용이 포함되어야 한다(노동위원회규칙 제74조제2항, 제3항). 판정서는 대리인, 선정 대표자가 있는 경우 원칙적으로 대리인, 선정 대표자에게 송부한다.

(6) 재심신청

지방노동위원회의 심판위원회를 통한 판정(부당해고등, 부당노동행위) 또는 결정

(근로조건 위반을 이유로 한 손해배상 신청 등)을 받은 사건의 당사자가 판정(또는 결정)에 불복하는 경우, 중앙노동위원회에 재심을 신청할 수 있다(노동위원회법 제26조).

중앙노동위원회 재심절차는 지방노동위원회 초심신청에 대한 지방노동위원회의 처분(구제명령 또는 기각·각하 결정)이 위법 또는 부당하다고 주장하는 관계 당사자가 지방노동위원회 처분을 취소해줄 것을 신청한 경우 그 수용 여부를 결정하여 인정 또는 거부처분을 하는 절차이다.

이런 점에서 재심절차는 행정쟁송의 일종으로서 지방노동위원회의 처분을 그 대상으로 한다는 점에서 항고쟁송의 성격을 가지고 있다. 따라서 지방노동위원회의 판정에 대하여 불복할 경우 재심을 거치지 않고 행정소송을 제기할 수는 없다.

지방노동위원회의 처분이 위법하거나 부당함을 이유로 취소를 원하는 당사자는 판정서를 받은 날부터 10일 이내에 재심신청서를 중앙노동위원회에 제출하여야 한다. 재심신청의 대상은 지방노동위원회의 '처분'으로 지방노동위원회의 판정(구제명령, 기각, 각하 판정) 및 결정 등이 그 대상이 된다. 당사자의 재심 신청은 초심에서 신청한 범위를 넘어서는 아니되며, 중앙노동위원회의 재심 심리와 판정은 당사자가 재심신청한 불복의 범위 안에서 하여야 한다(노동위원회규칙 제89조).

재심신청의 취지가 초심의 신청범위를 초과한 경우 초심신청 취지 범위내의 사항에 대해서는 판단을 하지만, 범위 이외의 사항에 대해서는 중앙노동위원회가 심리·판정할 권한이 없어 각하하게 된다(노동위원회규칙 제33조 및 제60조제1항6호).

중앙노동위원회는 재심신청이 요건을 충족하지 못한 경우 재심신청을 각하하고, 재심신청이 이유 없다고 판단되는 경우에는 기각하며, 이유 있다고 판단하는 경우에는 지방노동위원회의 처분을 취소하고 구제명령이나 각하 또는 기각 결정을 하여야 한다(노동위원회규칙 제94조제1항).

다만, 중앙노동위원회는 근로관계의 소멸이나 사업장 폐쇄 등으로 초심의 구제명령 내용을 그대로 유지하는 것이 적합하지 않다고 판단하는 경우에는 그 내용을 변경할 수 있다(노동위원회규칙 제94조제2항).

참고 재심신청의 대상

재심신청의 대상은 지방노동위원회의 '처분'으로 지노위의 판정(구제명령, 기각, 각하)과 결정 등이다. 그러나 부당해고등 판정과 관련하여 다음과 같은 경우에는 당사자가 재심신청을 할 수 없다.

즉, ① 노동위원회법 제16조의 3에 따른 화해성립에 불복하는 경우, ② 초심의 원직복직 명령(구제명령)에 대해 사용자가 재심을 신청한 경우 근로자가 초심 구제명령의 내용을 금전보상명령으로 변경해 달라는 경우, ③ 근로자가 초심의 금전보상명령의 금액을 증액해 달라는 경우 이러한 취지의 재심신청은 허용되지 않는다.

한편, 지방노동위원회는 부당해고등 판정 이외에 근로기준법 또는 노동조합법에 따라 결정·의결·승인·인정 등 사건에 대해 처리하고 있다. 이러한 그 밖의 심판사건 중 재심신청이 가능한 것은 ① 근로조건 위반을 이유로 한 손해배상 청구, ② 기준에 못 미치는 휴업수당 지급 승인, ③ 휴업 또는 장해보상의 예외 인정, ④ 단체협약의 해석 또는 이행방법에 대한 견해 제시, ⑤ 노사협의회 의결사항에 대한 임의 중재 등 사건이다.

그러나 ① 재해인정 등의 이의에 관한 심사·중재(권고적 성격), ② 행정관청의 의결요청사건(단체협약 시정명령 의결 등)은 중앙노동위원회의 재심대상이 아니다.

자료: 중앙노동위원회, 심판업무 매뉴얼, 2019.

(7) 중앙노동위원회의 처분에 대한 소송

당사자가 중앙노동위원회의 처분에 대해 불복하는 경우 중앙노동위원회 위원장을 피고로 하여 처분 결과를 송달받은 날로부터 15일 이내에 법원에 행정소송을 제기하여야 한다. 그러나 이 법에 따른 소송을 제기한다 하더라도 처분의 효력은 정지되지 아니한다(노동위원회법 제27조).

법원에의 소송은 행정법원, 고등법원, 대법원의 3심 절차를 거쳐야 하는데 일반적으로 2년 내지 3년 정도 걸리며 많은 시간과 비용이 소요된다.[7]

---

7) 중앙노동위원회 재심사건에 대해 행정소송을 제기한 경우(2022년) 1심 종결사건은 401일이 소요되며, 1~2심 종결사건은 767일, 1~3심 종결사건은 1,038일이 소요되었다. 노동위원회의 초심과 재심을 모두 합한 경우 평균 처리기간은 약 133일로 법원 행정소송의 1심 종결 평균 처리

참고 법적 분쟁 장기화에 따른 패소 비용 사례

회사는 근로자를 2013년 9월 업무지시 불이행, 업무태만으로 징계해고하였고, 근로자는 지방노동위원회에 부당해고 구제신청을 하였다. 이후 지방노동위원회는 부당해고로 판정하였고, 회사는 이에 불복하여 중앙노동위원회에 재심을 신청하였으나 역시 부당해고로 판정하였다. 이후 사용자는 행정법원에 행정소송 제기, 고등법원에 항소, 대법원에 상고했으나 모두 부당해고로 판결을 받아 2016년 10월 일단 근로자를 원직에 복직시켰다.

사용자는 3년 이상 근로자와 법적 분쟁을 하면서 임금 및 이자 1억 5천만원, 이행강제금 2,000만원, 대리인 소송비용 5,000만원 등 총 약2억 2천만원 이상을 부담하였다.

2022년도 전국 지방노동위원회에 근로자가 구제신청한 사건 중 95.7%는 노동위원회(중앙노동위원회 포함)에서 분쟁이 해결되고, 중앙노동위원회 재심 판정이 행정소송에서 유지되는 비율(재심유지율)은 84.2%이다.

따라서 노사 당사자는 법원에 소송을 자유롭게 제기할 수 있지만 법률 전문가의 조언을 받아 신중하게 판단할 필요가 있고, 노동위원회와 법원의 분쟁과정에서 화해제도를 활용하여 분쟁을 조기에 해결하는 것이 바람직하다.

5. 화해제도

(1) 화해제도의 의의

근로자가 부당해고등에 대해 구제신청을 하는 경우 통상은 심판위원회에서 사업주의 처분이 정당한 것인지에 대한 판정을 하게 된다. 그러나 이런 절차를 모두 거칠 경우 근로자와 사용자 모두에게 시간과 비용 측면에서 소모적이고, 법률적 분쟁과정에서 양 당사자 모두에게 감정적 상처를 남기는 경우가 많다.

이러한 경우 승패가 분명히 갈리는 판정보다는 근로자와 사용자 간의 적정한 합의점을 찾아 분쟁을 해결하는 것이 현명할 수도 있다. 이러한 해법을 제도화한 것이 화해제도이다.

기간 401일에 비해 3배 이상 신속하게 처리하였다(중앙노동위원회, 2022 노동위원회 통계연보, 2023, pp.13~14.).

'최악의 화해가 최선의 판정보다는 낫다'는 법언이 있다. 판정은 분쟁을 원만하게 해결하는 것이 아니라 분쟁에서의 승자와 패자가 누구인지를 확인시켜 주는 절차인 반면, 화해는 승자에게만 이득을 집중시키지 않고 근로자와 사용자가 최적의 이해 균형점을 찾아 불이익을 최소화하면서 분쟁을 해결하는 방법이다.

노동위원회는 노동위원회법(제16조의3)에 따라 부당해고, 부당노동행위, 공정대표의무 등에 대한 판정·명령 또는 결정이 있기 전까지 관계 당사자의 신청을 받아 또는 직권으로 화해를 권고하거나 화해안을 작성할 수 있다.

화해제도는 판정에 부수되는 절차가 아니라 노동위원회법에 의해 판정과 동등한 법적 지위를 갖고 있는 공식절차로서, 노사 당사자 간 합의에 의해 작성된 화해조서는 민사소송법에 따른 재판상의 화해와 동일한 효력을 갖게 된다(노동위원회법 제16조의3제5항).

노동위원회법, 민법 **화해제도의 법적 근거**

노동위원회법 제16조의3【화해의 권고 등】 ① 노동위원회는 노동조합 및 노동관계조정법 제29조의4 및 제84조, 근로기준법 제30조에 따른 판정·명령 또는 결정이 있기 전까지 관계당사자의 신청을 받아 또는 직권으로 화해를 권고하거나 화해안을 작성할 수 있다.

② 노동위원회는 화해안을 작성할 때 관계 당사자의 의견을 충분히 들어야 한다.

③ 노동위원회는 관계 당사자가 화해안을 수락하였을 때에는 화해조서를 작성하여야 한다.

④ 화해조서에는 다음 각 호의 사람이 모두 서명하거나 날인하여야 한다.

1. 관계 당사자
2. 화해에 관여한 부문별 위원회(제15조의2에 따른 단독심판을 포함한다)의 위원 전원

⑤ 제3항 및 제4항에 따라 작성된 화해조서는 민사소송법에 따른 재판상의 화해와 동일한 효력을 가진다.

민법 제731조【화해의 의의】 화해는 당사자가 상호 양보하여 당사자 간의 분쟁을 종지할 것을 약정함으로써 그 효력이 생긴다.

민법 제732조【화해의 창설적 효력】 화해계약은 당사자 일방이 양보한 권리가 소멸되고 상대방이 화해로 인하여 그 권리를 취득하는 효력이 있다.

(2) 화해 진행 절차

노동위원회의 조사관은 근로자의 구제신청이 제기된 경우 구제신청서, 이유서, 답변서, 출석조사 및 사실조사를 토대로 사건발생 동기 등을 참작하여 화해 가능성이 있는 경우 양 당사자에게 화해를 권고하고 필요한 경우 화해신청서를 제출하도록 한다.

참고 화해 가능성이 높은 사건 유형

① 근로자가 복직해서 계속 근로하기가 곤란한 경우
② 근로자가 이미 다른 회사에 취업하였거나 금전보상을 신청한 경우
③ 사용자의 사정으로 근로자를 복직시킬 수 없는 경우
④ 당사자 간 감정의 골이 깊어 더 이상 근로관계를 유지할 수 없는 경우
⑤ 당사자의 과실 정도가 비슷해서 해고의 정당성을 가리기 어려운 경우
⑥ 일방적인 해고인지 자발적인 사직인지 증거가 부족한 경우
⑦ 단순 절차 하자의 경우(예: 비위행위가 중대한 근로자에게 구두로 해고 통보)
⑧ 쌍방 간 오해로 근로관계가 종료되었으나 사용자가 근로자를 원직에 복직시킬 의사가 있는 경우
⑨ 근로자가 구두경고를 해고로 오해하여 구제신청을 했으나, 사용자가 원직복직 조치 의사가 있고 근로자가 원직복직을 희망할 경우

노동위원회 위원장은 당사자 쌍방의 신청이 있거나 동의를 얻은 경우에는 단독심판위원을 지명하고 심판회의를 소집한다. 그러나 당사자로부터 단독심판위원이 처리하는데 동의를 얻지 못한 경우에는 일반적인 절차에 따라 공익위원 3인으로 구성되는 심판위원회에서 처리하게 된다.

화해는 심문회의 과정에서도 추진될 수 있다. 당해 심판위원회 위원장은 심문회의 과정에서 화해의 가능성이 있거나 당사자가 화해를 희망하는 경우 판정을 유보하고 일정기간을 부여하여 화해를 주선할 수 있다.

그러나 일정기간 화해기간(일반적으로 1주일 이내)을 부여하였음에도 불구하고 화해가 성립되지 않는 경우에는 심판위원회 위원장은 지체 없이 판정회의를 개최하여야 한다. 실무적으로는 별도의 심판위원회 소집이 어려우므로 심문회의 당일 판

정회의를 개최하고, 화해 불성립시 판정결과를 화해권고 기간이 종료하는 날에 통보한다.

노사 양 당사자 간 의견이 접근해 화해조서가 작성되면 원본은 노동위원회가 보관하고 화해조서 정본을 5일 이내에 배달증명 우편으로 관계 당사자에게 송부한다. 당사자가 화해조서 사본을 요구하는 경우에는 그 자리에서 당사자에게 화해조서 사본을 교부할 수 있다.

참고 화해조서 예시

1. 이 사건 근로자와 사용자는 2022.12.31.자로 권고사직(또는 당사자 합의)에 의해 근로관계를 종료하는 것으로 한다.
2. 이 사건 사용자는 이 사건 근로자에게 화해 합의금으로 3,000,000원(삼백만원, 실수령액 기준)을 2023.3.31.까지 이 사건 근로자의 기존 급여계좌로 지급하기로 한다.
3. 이 사건 당사자는 이 사건 화해사실 및 화해조건에 대해 제3자에게 누설하지 아니한다.
4. 위 조건이 이행되면, 이 사건 당사자는 이 사건 근로관계 및 근로관계 종료와 관련하여 향후 일체의 민·형사 및 행정상 기타 어떠한 방법으로도 이의를 제기하지 아니한다.

화해조서 송달을 받았음에도 상대방이 화해조서의 내용을 이행하지 않을 경우 화해조서는 재판상 화해와 동등한 효력이 있으므로 법원에 민사소송 등의 절차를 거치지 않고 바로 집행법원에서 집행문을 부여받아 강제집행을 할 수 있다.

6. 구제명령과 이행확보 수단

(1) 구제명령의 의의

노동위원회는 당사자의 구제신청에 대하여 조사·심문 결과를 토대로 구제신청의 인정(구제명령), 기각 또는 각하 등 법률적 판단을 내려야 한다.

근로기준법 **구제명령 등**

제30조【구제명령 등】 ① 노동위원회는 제29조에 따른 심문을 끝내고 부당해고등이 성립한다고 판정하면 사용자에게 구제명령을 하여야 하며, 부당해고등이 성립하지 아니한다고 판정하면 구제신청을 기각하는 결정을 하여야 한다.
② 제1항에 따른 판정, 구제명령 및 기각결정은 사용자와 근로자에게 각각 서면으로 통지하여야 한다.
③ 노동위원회는 제1항에 따른 구제명령(해고에 대한 구제명령만을 말한다)을 할 때에 근로자가 원직복직(原職復職)을 원하지 아니하면 원직복직을 명하는 대신 근로자가 해고기간 동안 근로를 제공하였더라면 받을 수 있었던 임금 상당액 이상의 금품을 근로자에게 지급하도록 명할 수 있다.

구제신청에 대한 판정은 근로자가 신청한 범위 안에서 해야 한다(노동위원회규칙 제58조). 여기서 '구제를 신청한 범위'라 함은 신청인이 구제신청을 통해 달성하고자 하는 신청의 목적 또는 신청의 대상을 의미하며, 이는 원칙적으로 신청취지를 통해 특정된다. 다만, 신청취지의 기재내용이 불명확한 경우에는 이유서 등 신청의 전체 과정에서 나타난 신청인의 의사에 기초하여 특정할 필요가 있다.

예를 들어, 신청인이 2022.12.31.을 해고일로 기재하여 부당해고를 주장했는데, 사실조사 과정에서 해고일이 2023.1.31.로 확인된 경우 해고일을 변경하여 부당해고를 인정하는 것은 구제신청 범위 내라고 볼 수 있다. 그러나 부당해고 구제신청을 하였는데 부당정직 또는 감봉의 구제명령을 하거나 부당노동행위 구제명령을 하는 경우는 구제신청 범위를 벗어난다.

심판위원회는 구제신청의 전부나 일부가 이유가 있다고 인정(인용)할 때에는 구제명령, 신청이 이유가 없다고 인정할 경우에는 기각 결정을 한다. 그리고 구제신청 기간경과 등 각하 사유에 해당하면 각하 결정을 한다(노동위원회규칙 제60조). 부당해고등 구제신청 사건에 대한 판정서의 주문을 보면 〈도표 15-5〉와 같다.

〈도표 14-5〉 부당해고등 구제신청 사건에 대한 주문 예시

구 분		주문 내용
인정	구제명령	1. 이 사건 사용자가 2022.12.31. 이 사건 근로자에게 행한 해고는 부당해고임을 인정한다. 2. 이 사건 사용자는 이 판정서를 송달받은 날부터 30일 이내에 이 사건 근로자를 원직에 복직시키고, 해고기간 동안 정상적으로 근로하였다면 받을 수 있었던 임금상당액을 지급하라.
	금전보상명령	1. 이 사건 사용자가 2022.12.31. 이 사건 근로자에게 행한 해고는 부당해고임을 인정한다. 2. 이 사건 사용자는 원직복직에 갈음하여 이 판정서를 송달받은 날부터 30일 이내에 해고기간 동안 정상적으로 근로하였다면 받을 수 있었던 임금상당액을 포함한 금5,000,000원을 지급하라.
기 각		이 사건 근로자의 구제신청을 기각한다.
각 하		이 사건 근로자의 구제신청을 각하한다.

여기서 구제명령이라 함은 신청취지의 전부 또는 일부에 대한 신청인의 주장이 이유가 있다고 판단하는 경우 신청취지를 수용하고, 그 신청취지에 따라 사용자에게 공법상의 의무를 부과하는 판정을 의미한다.

이 경우 우선 신청취지의 범위내에서 신청인의 주장에 대해 판단하고, 신청인의 주장이 이유가 있다고 판단한 부분에 있어서 법률상·사회상규상 타당한 범위 내에서 신청인이 구제를 희망하는 취지에 적합한 구제명령을 내려 30일 이내의 이행기간을 정해 사용자에게 이행의무를 부과하게 된다.

반면, 구제신청 취지에 대한 신청인의 주장이 이유가 없다고 판단하는 경우에는 신청취지를 배척하는 기각 판정을 하고, 구제신청이 신청요건을 결여하였거나 구제절차의 유지요건을 상실한 경우 구제신청 자체를 배척하는 각하 결정을 하게 되는 것이다.

노동위원회규칙 각하 사유

제60조【판정】 심판위원회는 다음 각 호 중 하나에 해당하는 경우에는 각하를 한다.
1. 신청기간을 지나 신청한 경우
2. 보정요구를 2회 이상하였음에도 보정하지 않은 경우
3. 당사자 적격이 없는 경우〈삭제 2021.10.7.〉
4. 구제신청의 내용이 노동위원회 구제대상이 아닌 경우〈삭제 2021.10.7.〉
5. 같은 당사자가 같은 취지의 구제신청을 거듭하여 제기하거나 같은 당사자가 같은 취지의 확정된 판정(법 제16조의3에 따른 화해조서를 포함한다)이 있음에도 구제신청을 제기한 경우나 판정이 있은 후 신청을 취하하였다가 다시 제기한 경우
6. 신청하는 구제의 내용이 법령상이나 사실상 실현할 수 없음이 명백한 경우
7. 신청인이 2회 이상 심문회의 출석에 불응하거나 주소불명 또는 소재불명으로 2회 이상 심문회의 출석통지서가 반송되거나 그 밖의 사유로 신청 의사를 포기한 것으로 인정될 경우

구제명령은 준사법적 성격의 행정처분으로서 구제명령이 내려지면 구제명령을 받은 당사자와 그 승계인을 구속하는 기속력을 갖게 된다. 또한, 노동위원회의 판정은 비록 하자가 있더라도 중대하고 명백한 하자가 있어 무효가 아닌 한 해당 판정을 취소할 수 있는 기관이나 법원의 취소가 있기 전까지는 일단 유효한 것으로 인정되는 공정력도 갖게 된다.

이외에도 노동위원회의 구제명령은 준사법적 처분으로서 비록 하자가 있음을 발견하여도 노동위원회가 스스로 취소하거나 변경할 수 없는 불가변력이 있으며, 판정에 대한 불복신청기간이 지나면 당사자는 판정에 대하여 다툴 수 없는 불가쟁력도 존재한다(노동위원회법 제26조, 제27조).

특히 판정결과에 대하여 당사자가 중앙노동위원회에 재심을 신청하거나 법원에 행정소송을 제기하더라도 그 효력이 정지되지 않는 집행부정지 효력을 갖게 된다. 따라서 근로기준법에 따른 부당해고등 구제신청 사건에 있어서 노동위원회의 구제명령에 불복하여 행정소송을 제기하더라도 구제명령 불이행에 따른 이행강제금이 부과될 수 있으며 근로기준법 제111조(벌칙)에 따른 형사처벌을 받을 수 있다.

(2) 구제명령의 확정

노사 당사자가 지방노동위원회의 구제명령이나 기각결정에 불복하는 경우 구제명령이나 기각결정서를 통지받은 날로부터 10일 이내에 중앙노동위원회에 재심을 신청할 수 있다(근로기준법 제31조제1항).

또한, 노사 당사자가 중앙노동위원회의 재심판정에 불복할 경우 재심판정서를 통지받은 날로부터 15일 이내에 행정소송법 규정에 따른 소(訴)를 제기할 수 있다(근로기준법 제31조제2항).

위 기간 내에 노사 당사자가 중앙노동위원회에 재심을 신청하지 아니하거나 법원에 행정소송을 제기하지 않으면 그 구제명령, 기각결정 또는 재심판정은 확정된다(근로기준법 제31조제3항).

중앙노동위원회에 재심을 신청하지 않아 지방노동위원회의 초심이 확정되었음에도 이를 이행하지 않거나, 행정소송을 제기하여 확정된 구제명령 또는 구제명령을 내용으로 하는 재심판정을 이행하지 아니한 자는 1년 이하의 징역 또는 1천만원 이하의 벌금에 처한다(근로기준법 제111조).

(3) 구제명령의 이행

사용자는 심판위원회가 내리는 구제명령을 이행해야 할 법적 의무를 가진다. 구제명령의 내용에 대해서는 법률상 특별한 규정이 없지만 해고처분 등에 의해 침해된 이익을 회복시키는 것이 목적이다.

따라서 부당해고등의 판정이 있는 경우에는 구제신청을 제기한 근로자의 원직 또는 원직에 상당한 직무로 복직시키도록 하고 부당해고등이 없었더라면 지급해야 할 임금상당액 지급을 명하는 것이 원칙이다.

이 경우 노동위원회로부터의 원직복직 명령이 반드시 복직 전의 직책으로의 복직만을 의미하는 것인지에 대한 다툼이 자주 발생한다. 이에 관해서는 기업의 인사질서, 사용자의 경영상 필요, 작업환경의 변화 등을 고려하여 복직 근로자에게 그에 합당한 일을 시킨다면 종전와 업무와 다소 다르더라도 원직복직을 이행한 것으로 볼 수 있다.

한편, 부당해고등의 처분이 부당한 것으로 판정된 경우 지급해야 할 임금상당액은 근로기준법 제2조제5호에서 규정하는 임금으로서 '사용자가 근로의 대가로 근로자에게 임금, 봉급, 그 밖에 어떠한 명칭으로든지 지급하는 일체의 금품'을 의미하는 것으로 사용자가 근로의 대가로서 근로자에게 지급하는 일체의 금원으로서 계속적·정기적으로 지급되고 이에 관하여 단체협약, 취업규칙, 급여규정, 근로계약, 노동관행 등에 의하여 사용자에게 지급의무가 지워져 있다면 명칭 여하를 불문하고 모두 이에 포함되며, 반드시 통상임금에 국한되는 것은 아니다(대법원 2012.2.9. 2011다20034).

(4) 금전보상명령제도

노동위원회는 금전보상명령제도에 따라 해고에 대한 구제명령을 할 때에 근로자가 원직복직을 원하지 않으면 원직복직을 명하는 대신 근로자가 해고기간 동안 근로를 제공하였다면 받을 수 있었던 임금상당액 이상의 금품을 근로자에게 지급하도록 명할 수 있다(근로기준법 제30조제3항).

금전보상명령제도는 근로자가 부당해고를 인정받아 원직복직을 하더라도 사용자와의 관계가 원상회복되기 어려운 경우에 원직복직 대신에 원직복직에 상응하는 금전보상을 통해 사실상의 권리구제를 하려는 제도로서 2007년에 도입되었다.

금전보상명령제도는 근로자에게만 신청권이 부여되어 있으며 부당해고 구제신청사건에 대해서만 허용되어 있다(근로기준법 제30조제3항). 따라서 휴직, 정직, 전직, 감봉과 그 밖의 징벌에 대해서는 금전보상명령 신청이 허용되지 않는다.

금전보상명령을 신청하고자 하는 근로자는 심문회의 개최일을 통보받기 전까지 금전보상명령신청서를 제출하여야 한다(노동위원회규칙 제64조제2항). 금전보상명령 신청서를 제출하는 경우 보상금액 산정에 필요한 소명자료(근로계약서, 임금명세서, 월급통장 등)를 첨부하여야 한다.

근로자가 신청기간을 지나서 금전보상명령을 신청하는 경우에는 당해 심판위원회가 금전보상 여부를 결정한다. 이 경우에 보상금액의 산정을 위한 자료조사 또는 관련 사항에 대한 검토가 필요하면 판정회의를 별도로 개최할 수 있다.

한편, 근로자가 지방노동위원회의 초심단계에서 금전보상명령을 신청하지 않았더라도 중앙노동위원회의 재심단계에서 금전보상명령 신청이 가능하다. 그리고 노동위원회규칙 제89조(재심의 범위)에도 불구하고 근로자는 사용자의 부당해고 구제 재심 신청 사건에 있어서 원직복직을 원하지 아니하는 경우에는 금전보상명령을 신청할 수 있다.

금전보상금 산정기간은 해고일로부터 당해 사건의 판정일까지로 하며, 보상금은 임금상당액 이상으로 한다(근로기준법 제30조제3항, 노동위원회규칙 제65조제2항). 여기서 임금상당액은 해고일로부터 당해 사건의 판정일까지 정상적으로 근로하였다면 받았을 임금을 말하는데, 근로자가 해고를 당하지 않고 계속 근로하였다면 받을 수 있었던 임금 전액을 말하며 임금상당액 이상의 범위는 임금상당액 및 부당해고로 발생한 금액(교통비, 식비 등) 중에서 증빙자료를 첨부한 소요 비용과 기타 비용을 포함한 총액이다.

다만, 심판위원회가 금전보상의 총액을 결정할 때에 임금상당액은 근로자가 해고일로부터 판정일까지 얻은 중간수입을 고려하며(대법원 1993.11.9. 93다37915), 근로자가 중간수입이 있을 경우에도 그 기간 동안 임금상당액의 70% 이상을 지급하여야 한다.

임금상당액을 초과하는 금액은 객관적 증빙자료 이외에 해고의 부당성 정도, 근로자의 귀책 정도, 근로계약의 형태, 부당해고로 발생한 비용, 근로자의 근속기간, 근로자의 연령 등을 종합적으로 고려하여 결정한다.

금전보상명령을 하는 때에는 보상금액과 이행기간(구제명령을 한 날부터 30일 이내)을 판정서 주문에 정확히 명시하여야 하고, 이행기간 내에 이행하지 않는 경우에는 이행강제금 부과 대상이 된다.

(5) 이행강제금의 부과

노동위원회가 부당해고등을 인정하여 구제명령을 내렸음에도 불구하고 사용자가 이를 이행기간까지 이행하지 않는 경우 노동위원회는 사용자에게 3천만원 이하의 이행강제금을 부과한다(근로기준법 제33조제1항).

이행강제금은 사용자에게 경제적 부담을 주어 구제명령의 실효성을 담보하기 위한 제도로 최초의 구제명령을 한 날을 기준으로 매년 2회의 범위내에서 구제명령이 이행될 때까지 반복해서 이행강제금을 부과할 수 있으며, 최대 2년을 초과하여 부과·징수하지 못한다(근로기준법 제33조제5항).

이때 이행강제금은 사건 단위가 아니라 인원 수에 따라 부과되므로 구제명령 대상인원이 많을 경우 기업의 이행강제금 부담이 인원 수에 비례해서 커지므로 주의할 필요가 있다.

〈도표 14-6〉 이행강제금 부과기준(근로기준법 시행령 제13조 별표3)

위반행위	금 액
정당한 이유없는 해고에 대한 구제명령을 이행하지 않은 자	500만원 이상 3000만원 이하
정당한 이유없는 휴직, 정직(停職)에 대한 구제명령을 이행하지 않은 자	250만원 이상 1500만원 이하
정당한 이유없는 전직(轉職), 감봉에 대한 구제명령을 이행하지 않은 자	200만원 이상 750만원 이하
정당한 이유없는 그 밖의 징벌(懲罰)에 대한 구제명령을 이행하지 않은 자	100만원 이상 750만원 이하

심판위원회는 부당해고등 구제명령 이행결과 조사보고서를 토대로 위반행위의 동기, 고의·과실 등 사용자의 귀책정도, 구제명령 이행 노력 정도, 구제명령을 이행하지 않은 기간, 상시 사용하는 근로자수 등을 고려하여 「근로기준법 시행령」 제13조 별표3의 산정기준에 따라 부과금액을 결정하여야 한다(노동위원회규칙 제81조제3항).

이행강제금은 위반행위의 귀책정도(경과실/고의 또는 중과실), 구제명령 이행정도(일부 불이행/전부 불이행), 불이행 기간(부과차수), 기타 사항(상시 근로자수, 공공사업장 여부 등)을 고려하여 부과한다.

노동위원회 위원장은 사용자의 구제명령에 대한 이행실태가 전부 불이행, 일부 불이행 등 기준에 미달할 경우에는 즉시 이행강제금 부과절차에 착수하여야 하며, 이 경우 이행강제금 부과예정일 30일 전까지 이행강제금 부과예고를 하여야 한다

(근로기준법 제33조제2항).

이행강제금은 부당해고등 구제명령을 토대로 부과하는 것이고 구제명령은 재심신청이나 행정소송에 의하여 그 효력이 정지되지 않으므로(근로기준법 제32조), 재심신청이나 행정소송 제기 여부와 관계없이 부과할 수 있다.

실무적으로 사용자가 중앙노동위원회에서 재심을 진행하거나 법원에서 행정소송을 진행중이라는 이유로 이행강제금 부과를 유예해 달라고 신청하는 경우가 있으나 지방노동위원회 구제명령이 중앙노동위원회나 법원에 의해 취소되지 않는 한 이행강제금은 계속 부과된다.

다만, 지방노동위원회의 구제명령이 중앙노동위원회에서 취소되거나 법원의 확정판결에 의해 취소된 경우 노동위원회는 이행강제금의 부과·징수를 즉시 중지하고 이미 징수한 이행강제금을 반환하여야 한다(근로기준법 시행령 제15조제1항).

한편, 이행강제금 납부의무자가 납부기한까지 이행강제금을 납부하지 않으면 기간을 정해 납부를 독촉하고, 지정된 기간에 부과된 이행강제금을 내지 않으면 국세체납처분의 예에 따라 징수할 수 있다(근로기준법 제33조제7항).

〈도표 14-7〉 구제명령의 이행기준(노동위원회규칙 제79조)

구 분	이행기준
원직복직의 이행	당해 근로자에게 해고 등을 할 당시와 같은 직급과 같은 종류의 직무를 부여하였거나 당해 근로자의 동의를 얻어 다른 직무를 부여하였는지 여부 다만, 같은 직급이나 직무가 없는 등 불가피한 사유가 발생한 때에는 유사한 직급이나 직무를 부여하였는지 여부
임금상당액 지급의무 이행	구제명령의 이행기간까지 임금상당액을 지급하였는지 여부
금전보상을 내용으로 하는 구제명령	주문에 기재된 금액을 전부 지급하였는지 여부
그 밖의 구제명령의 이행	그 주문에 기재된 대로 이행하였는지 여부

참고 법적 분쟁 장기화에 따른 이행강제금 납부 사례

회사는 입주민들의 감원요청 등을 이유로 근로자를 해고하였고, 근로자는 노동위원회에 부당해고 구체신청을 하면서 원직복직 대신에 금전보상 신청(250만원)을 하였다. 사용자는 지방노동위원회의 부당해고 인정 판정에 불복하여 중앙노동위원회에 재심을 신청하고, 이후 행정법원, 고등법원, 대법원에 소송을 진행했으나 모두 부당해고로 판정 또는 판결을 받았다.

지방노동위원회는 회사가 구제명령을 미이행하자 이행강제금을 부과하였고, 사용자는 중앙노동위원회에 재심신청, 또는 소송진행을 이유로 이행강제금을 납부하지 않았다. 지방노동위원회는 이행강제금을 1차 540만원, 2차 810만원, 3차 1,080만원 부과하였고, 이후 4차 1,620만원 부과 예정임을 통보하자 사용자는 근로자에게 금전보상금을 지급하여, 4차 이행강제금 부과는 취소되었다.

회사는 지방노동위원회의 초심단계에서 금전보상금 250만원을 지급하면 되었으나, 중앙노동위원회 재심과 법원의 소송절차를 진행하면서 금전보상금 250만원 이외에 추가로 이행강제금 약 2,400만원과 대리인(노무사, 변호사) 비용을 부담하게 되었다.

(6) 고 발

확정된 부당해고등에 대한 구제명령을 이행하지 않는 경우 노동위원회는 사용자를 관할 지방고용노동관서에 고발할 수 있다.

노동위원회의 고발대상은 ① 지방노동위원회에서 구제명령을 통지받은 날부터 10일 이내에 재심을 신청하지 않거나 중앙노동위원회에서 구제명령을 통지받은 날부터 15일 이내에 행정소송을 제기하지 않아 확정된 구제명령을 이행하지 않은 경우, ② 노동위원회 구제명령이 법원에서 확정되었음에도 불구하고 구제명령을 이행하지 않는 경우, ③ 법원의 확정판결 이후, 중앙노동위원회 재처분에 따른 구제명령을 통지받은 날부터 15일 이내에 행정소송을 제기하지 않은 경우이다(근로기준법 제31조제3항, 제111조, 제112조).[8)]

8) 중앙노동위원회, 심판업무 매뉴얼, 2019, p.258.

7. 노동위원회 사건처리 현황

(1) 노동위원회 구제신청 사건 현황

노동위원회에 제기되는 구제신청사건은 크게 심판사건(부당해고등, 부당노동행위, 기타 심판)과 차별시정사건으로 구분된다. 2022년 말 기준 전체 노동위원회 전체 처리사건 16,027건 중에서 부당해고등 심판사건 14,158건, 차별시정사건 156건으로 심판사건이 대부분을 차지한다. 부당해고등 심판사건의 경우 지방노동위원회의 초심처리건수는 12,224건이고, 중앙노동위원회의 재심처리건수는 1,934건이다.[9]

2022년 노동위원회에서 처리한 구제신청사건(심판사건, 차별시정사건) 14,314건 중 화해에 이르는 화해율은 28.9%이고, 화해 또는 당사자 간의 합의나 취하 등을 통해 사건이 마무리되는 화해·취하율은 61.2%이다. 심판회의에 회부되어 판정이 이루어진 사건 중 근로자의 신청이 받아들여져 복직이 되거나 그에 상응하는 금전보상을 받는 경우(판정사건 인정률)는 32.5%이고, 화해나 인정 판정으로 근로자가 권리를 구제받는 권리구제율은 61.3%에 이른다.

그리고 2022년 노동위원회에서 처리한 심판사건 전체에 대한 평균 처리기간은 53.7일(지노위 48.7일, 중노위 84.1일)이고, 노동위원회 초심과 재심을 모두 합한 경우에도 약 133일이 걸려 법원(행정소송 1심 평균 401일)에 비해 3배 이상 매우 신속하게 분쟁이 종결된다.

한편, 2022년에 전국 지방노동위원회의 심판·차별시정 사건에서 초심판정한 사건 3,920건중에서 중앙노동위원회에 재심을 신청한 건수는 2,018건으로 재심신청률은 51.5%이다. 그리고 중앙노동위원회에서 재심처리한 사건 중에서 지방노동위원회 초심결정이 유지된 비율, 즉 초심유지율은 88.2%이다.

중앙노동위원회 판정결과를 보면 2020년부터 2022년까지 지방노동위원회에서 결정된 판단에 대해 초심이 그대로 유지(초심유지 판정, 화해, 취하)되는 초심유지율이 약 90% 정도(3년 평균)로 나타난다. 즉, 지노위의 판정에 불복하고 중노위에 재심을 신

---

9) '(1) 노동위원회 구제신청 사건 현황'은 〈중앙노동위원회, 2022 노동위원회 통계연보, 2023〉을 참조하여 작성하였다.

청을 한 경우 지노위의 판정이 바뀔 가능성은 10% 내외가 됨을 알 수 있다.

(2) 노동위원회 사건에 대한 소송 제기 현황

노동위원회 결정에 불복해서 행정소송 등 사법적으로 문제를 해결하는 사건은 2022년 지방노동위원회의 초심처리건수 중 4.3%에 불과하다. 즉, 지방노동위원회의 초심 처리사건 12,775건 중 중앙노동위원회의 결정에 불복하여 법원에 행정소송이 제기되는 사건은 548건으로 노동위원회 단계에서 심판사건이 종결되는 분쟁 종결률은 95.7%이다. 노동위원회에서 분쟁이 종결되는 사건을 단계별로 보면 지방노동위원회 초심 단계에서 87.3%, 중앙노동위원회 재심단계에서 12.7%의 분쟁이 해결된다.

한편, 최근 3년간(2020년~2022년) 중앙노동위원회의 재심 판정이 법원에서 패소하지 않고 유지되는 비율인 재심유지율(판정유지율)은 평균 약 84.5%이다.[10)]

제2절 법원을 통한 분쟁해결 절차

1. 법원을 통한 분쟁해결의 의의

노동쟁송은 크게 행정소송, 민사소송, 형사소송 및 헌법소송으로 나눌 수 있다.

행정소송은 그 청구원인에 따라 ① 부당해고등 구제재심판정 취소소송, ② 차별시정재심판정 취소소송과 그에 따른 다양한 효력 또는 집행정지 가처분 형태, ③ 부당노동행위 구제재심판정 취소소송, ④ 중재회부결정 취소소송이나 중재재정 취소소송, ⑤ 요양불승인 처분 취소소송, 유족급여 등 부지급처분 취소소송, 장해급여 처분 취소소송, 평균임금 등 결정처분 취소소송이 있다.

민사소송은 그 청구원인에 따라 ① 해고 등 무효확인 청구소송, ② 임금·퇴직금 청구소송, ③ 산업재해 또는 위법쟁의행위 등을 원인으로 하는 손해배상 청구소송

10) '(2) 노동위원회 사건에 대한 소송 제기 현황'은 〈중앙노동위원회, 2022 노동위원회 통계연보, 2023〉을 참조하여 작성하였다.

등의 본안소송과 다양한 가처분의 보전소송 형태가 있다.

형사소송은 근로자 또는 사용자가 노동분쟁과 관련한 각종 형사처벌법규위반죄의 피고인으로 소추되었을 때 이루어지는 소송의 형태이다.

헌법소송은 노동쟁송 형태의 민사·행정·형사소송 등에서 재판의 전제로 되는 법률조항, 노동관계법령, 기타 공권력 행사의 위헌 여부가 문제되는 경우 헌법재판소에 위헌심판청구 또는 헌법소원심판청구를 제기하는 것이다.

이하에서는 노동 관련 분쟁에서 주로 이용되는 부당해고등 구제재심판정이나 차별시정 재심판정에 대한 취소를 구하는 소송 등의 행정소송, 해고 등 무효확인과 임금을 함께 구하는 소송, 임금·퇴직금 청구소송, 손해배상 청구소송 및 가처분 형태의 민사소송에 한정하여 설명한다.

노사 당사자가 중앙노동위원회의 재심판정에 불복하는 경우 법원에 행정소송을 제기할 수 있다.

그러나 근로기준법 제28조에서 부당한 해고를 당한 근로자에게 노동위원회에 구제신청을 할 수 있는 길을 열어 놓았다 하여 해고를 둘러싼 쟁송에 대한 민사소송의 관할권을 박탈하는 것은 아니다(대법원 1991.7.12. 90다9353). 따라서 행정소송과는 별도로 법원에 해고 등 무효확인, 가처분, 손해배상청구 등 민사소송을 제기할 수도 있다.

노동위원회의 구제명령은 사용자에 대한 공법상의 의무를 부담시키는 것에 불과하고 직접 노사 간의 법률관계를 발생 또는 변경시키는 것은 아니기 때문에(대법원 2006.11.23. 2006다49901) 부당해고등의 사법상의 효력에는 영향을 미치지 않는다.

따라서 근로자가 부당해고등에 관한 사법상의 권리구제를 받기 위해 노동위원회의 행정적 구제절차와 병행하거나 또는 선택적으로 사용자를 상대로 해고·전직·휴직 등 무효확인의 소, 고용관계존재확인의 소(종업원지위확인의 소 또는 근로자지위확인의 소)를 제기하거나,[11] 미지급임금의 지급을 구하는 본안소송을 제기할 수 있다.

---

11) 이병운, "해고제도-부당해고와 금전보상제를 중심으로-", 동아법학 제64호, 2014.8., p.34.

핵심 판례 **민사소송과 노동위원회의 구제명령**

부당해고에 대하여 근로자가 해고 무효확인의 소송을 제기한 경우 같은 해고에 대하여 이미 노동위원회의 구제명령이 확정되었더라도 그 구제명령은 사용자에게 이에 따를 공법상 의무를 부담시킬 뿐 직접 사법상 법률관계를 발생 또는 변경시키는 것은 아니므로 근로자는 민사소송을 제기하여 해고의 무효 확인을 구할 이익이 있다(대법원 2011.3.24. 2010다21962).

2. 법원을 통한 권리분쟁 해결 방법

(1) 행정소송

중앙노동위원회가 내린 재심판정에 대하여 불복하는 당사자는 재심판정서를 송달받은 날로부터 15일 이내에 행정소송법의 규정에 따라 중앙노동위원회 위원장을 피고로 하여 서울행정법원 또는 대전지방법원에 행정소송(부당해고구제 재심판정취소소송 또는 차별시정 재심판정취소소송)을 제기할 수 있다(근로기준법 제31조제2항, 행정소송법 제9조, 노동조합법 제85조제2항).

근로자가 원고인 경우에는 사용자가, 사용자가 원고인 경우에는 근로자가 피고인 중앙노동위원회 위원장의 보조참가인으로 각 행정소송에 참가하게 된다.

초심 지방노동위원회의 결정에 대하여 중앙노동위원회에 일정기간 내에 불복을 신청하지 아니하거나 위 제소기간 내에 행정소송을 제기하지 아니하면 그 구제명령, 기각결정 또는 재심판정이 그대로 확정된다(근로기준법 제31조제3항, 노동조합법 제85조제3항).

행정소송에서 패소한 당사자는 종국판결에 대하여 판결서가 송달된 날로부터 2주 이내에 서울고등법원(서울행정법원이 1심인 경우) 또는 대전고등법원(대전지방법원이 1심인 경우)에 항소를 제기할 수 있다(행정소송법 제8조, 민사소송법 제390조, 제396조).

한편, 사용자가 중앙노동위원회의 부당노동행위에 대한 구제명령을 이행하지 아니하고 행정소송을 제기한 경우에 관할 법원은 중앙노동위원회의 신청에 의하여 판결이 확정될 때까지 중앙노동위원회의 구제명령의 전부 또는 일부에 대하여 이행하도록 하는 긴급이행명령을 내릴 수 있다(노동조합법 제85조제5항).

항소심에서 패소한 당사자는 고등법원에서 선고한 종국판결에 대하여 판결서가 송달된 날로부터 2주 이내에 대법원에 상고를 제기할 수 있어(민사소송법 제425조, 제396조) 결과적으로 부당해고등 또는 차별시정에 대한 행정적 구제절차는 5심제로 운영되고 있다.

(2) 해고 등 무효확인소송과 임금청구소송

노동위원회의 구제명령은 사용자에 대한 공법상의 의무를 부담시키는 것에 불과하고 당사자 간의 사법상의 법률관계를 변경시키는 것은 아니다. 따라서 근로자가 부당해고에 대한 사법상의 권리구제를 받기 위해서 사용자를 상대로 해고무효확인의 소 또는 근로자지위확인의 소와 임금지급을 함께 구하는 민사소송을 제기할 수 있다.

예를 들어, 근로자는 "1. 피고가 2023.3.20. 원고에 대하여 한 해고는 무효임을 확인한다. 2. 피고는 원고에게 2023.3.20.부터 원고를 복직시킬 때까지 월 3,000,000원의 비율로 계산한 금원을 지급하라."라는 청구취지로 해고무효확인(또는 근로자지위확인)과 임금 청구를 함께 구하는 형태로 민사소송을 제기할 수 있다.

해고무효확인소송에 대한 확인판결은 일정한 급부의무의 이행을 목적으로 하는 것이 아닌 점에서 임금지급을 명하는 이행판결과 같은 집행력이 없기 때문에 해고 등 무효확인과 임금 지급 청구를 함께 청구하는 것이 일반적이다.

한편, 지방노동위원회 또는 중앙노동위원회에 구제절차가 진행하는 중 해고무효확인소송 및 임금지급소송의 민사소송이 제기되어 어느 하나의 절차가 먼저 확정된 경우 그것이 다른 절차에 어떠한 영향을 미치는지가 문제될 수 있다.

근로자가 자신에 대한 해고등의 불이익 처분이 부당노동행위에 해당한다고 주장하여 부당노동행위 구제신청을 하고 그 구제절차가 진행 중에 자신이 별도로 사용자를 상대로 제기한 해고등무효확인의 소에서 기각 판결이 선고되어 확정된 경우, 사용자의 근로자에 대한 해고 등의 불이익처분이 정당한 것으로 인정되었다 할 것이어서 노동위원회로서는 그 불이익처분이 부당노동행위에 해당한다고 하여 구제명령을 발할 수 없게 되었으므로 구제이익은 소멸한다(대법원 1996.4.23. 95누6151).

(3) 임금 · 퇴직금 등 청구소송

어떤 임금이 통상임금에 속하는지 판단하는 기준에 관한 대법원 전원합의체 판결(대법원 2013.12.18. 2012다89399; 대법원 2013.12.18. 2012다9464)에 따라 통상임금의 요건을 충족하는 각종 수당 및 정기상여금을 포함시켜 계산한 금액과 실제 지급된 금액과의 차액을 구하는 소송이나 변동된 수당 등에 기하여 퇴직금 차액의 청구를 구하는 소송이 있다.

또한 기업의 규모에 따라 적용시기가 다르지만 2018.7.1. 발효한 근로기준법의 개정에 따라 휴일근로에 대한 중복할증의 임금청구소송이 있을 수 있다.

즉 1주는 휴일을 포함한 연속된 7일임을 명시함으로써(근로기준법 제2조제1항제7호), 원칙적으로 연장근로 12시간을 포함하여 최대 52시간 근로가 가능하다. 8시간 이내의 휴일근로에 대해서는 통상임금의 50%를 가산하여 지급하고, 8시간을 초과하는 휴일근로에 대해서는 통상임금의 100%를 가산하여 지급하여야 한다(근로기준법 제56조제2항 신설).

다만, 위 개정된 근로기준법 적용 전의 휴일근로에 연장근로수당을 추가로 지급하느냐에 대해서는 최근 법원 판결(대법원 2018.6.21. 2011다112391)은 휴일근로시간은 개정 전 근로기준법 제50조제1항의 '1주 간 기준근로시간 40시간' 및 제53조제1항의 '1주 간 연장근로시간 12시간'에 포함되지 않으므로 휴일근로에 대한 가산임금과 연장근로에 따른 가산임금은 중복하여 지급될 수 없다는 입장을 분명히 했다. 즉 휴일근로에 대한 가산수당의 중복할증을 인정하지 않으므로 개정 전 근로기준법에서는 휴일근로가 연장근로에 해당하더라도 중복할증이 인정되지 않는다.

또한, 근로시간 산정이 불가능하거나 어려운 경우에만 포괄 약정임금 대상이 된다고 하는 법원의 입장[12]을 고려할 때 유효한 포괄임금약정으로 인정되지 않아 추가 연장근로수당을 청구하는 소송의 제기도 예상된다.

위와 같은 임금 및 퇴직금 청구소송은 일반 민사소송의 절차에 따르면 된다.

---

12) 대법원 2010.5.13. 2008다6052; 대법원 2014.6.26. 2011도12114

(4) 가처분

근로자가 해고등에 대해 해고무효확인 또는 근로자지위확인과 함께 해고 이후 발생하는 임금의 지급을 청구하는 본안소송을 제기하고 그와는 별도로 그 본안판결의 확정시까지 임시로 근로자와 사용자 사이에 원래의 근로계약관계에 기한 지위에 있음을 정하고 이와 아울러 해고기간 동안의 임금상당액의 지급을 명하는 가처분을 신청할 수 있다.

가처분의 간이 신속성 때문에 민사집행법에 따른 임시의 지위를 정하는 가처분, 임금지급 가처분을 본안소송과 병행해서 또는 그에 선행하여 제기하는 것이다.

가처분에서는 피보전권리로서 해고가 무효임을 전제로 채권자(근로자)가 근로계약관계에 기한 근로자로서의 지위에 있고 임금청구권 등의 권리를 가지고 있다는 것이 인정되어야 한다.

그리고 보전의 필요성과 관련하여 해고의 효력에 관한 다툼으로 채권자가 근로자로 취급되지 아니함에 따라 현저한 손해가 발생하거나 발생할 위험이 급박하여 이를 피할 필요성이 있고 본안판결을 받을 때까지 오로지 임금만을 생계수단으로 하는 근로자로서 당장의 생계곤란을 피할 필요성 등이 인정되어야 한다.

그러나 임시 지위를 정하는 가처분은 채권자(근로자)에게 본안소송을 통하여 실현되는 것과 동일한 정도의 만족을 주는 만족적 가처분이므로 그 결과가 당사자에게 주는 영향이 크고 임금지급가처분의 경우 후에 가처분이 변경되더라도 채무자(사용자)가 받은 손해를 배상받는 것이 곤란한 경우가 많다.[13)]

따라서 신청법원에서는 심문기일을 열어 당사자에게 충분한 주장이나 소명의 기회를 주는 등 심리에 신중을 기하는 것이 보통이다. 이처럼 가처분 신청 절차의 본안화 경향이 두드러지면서 신속을 생명으로 하는 보전처분의 실효성이 현저히 감소될 염려가 있어 실무에서는 노동위원회의 구제절차에서 구제명령이 내려졌음에도 불구하고 사용자가 이를 이행하지 않고 있는 경우에 이러한 가처분신청을 하는 등 매우 제한적인 범위 안에서 이용되고 있다.

---

13) 노동법실무연구회, 근로기준법주해Ⅱ(제2판), 박영사, 2020, p.584.

(5) 손해배상청구소송

근로계약은 근로자가 사용자에게 근로를 제공하고 사용자는 이에 대하여 임금을 지급함을 목적으로 체결된 쌍무계약이나 부당하게 해고된 근로자는 해고무효확인 및 임금청구소송에서 승소함으로써 근로제공 없이도 사용자로부터 임금을 전액 지급받게 되고 이로써 근로자의 손해는 일응 모두 전보된 것으로 볼 수 있다.

그러나 임금 지급으로 회복되지 아니하는 손해가 있을 수 있고 부당해고에 대하여 사용자에게 고의·과실이 있는 경우에는 민법 제750조의 불법행위가 성립되고 그에 따라 입게 된 근로자의 정신적 고통에 대하여도 이를 배상할 의무가 있다(대법원 1996.2.27. 95다11696).

해고가 무효로 확인되어 소급하여 해고기간의 임금을 지급받고 직장에 복귀했다 하더라도 해고로 입은 명예의 침해나 정신적 고통이 완전히 치유되지 아니하고 사용자에게 고의·과실이 있는 경우(대법원 1999.2.23. 98다12157), 해고무효판결이 확정되었는데도 임금만 지급하고 복직 및 취업을 시키지 않은 경우 근로자의 인격권 침해로 입은 정신적 고통에 대하여(대법원 1996.4.23. 95다6823) 사용자는 각 위자료를 배상할 책임을 진다. 이외에 법원이 사용자의 손해배상 책임을 인정한 사례는 다음과 같다.

① 사용자가 근로자에 대하여 징계해고 등을 할 만한 사유가 전혀 없는데도 오로지 근로자를 사업장에서 몰아내려는 의도 하에 고의로 해고 등의 불이익 처분을 한 경우나, 해고 등의 사유가 취업규칙 등에 따른 징계사유로 삼을 수 없는 것임이 객관적으로 명백하고 또 조금만 주의를 기울였더라면 이와 같은 사정을 쉽게 알아볼 수 있는데도 그것을 이유로 징계해고 등의 불이익 처분을 한 경우처럼, 사용자에게 고의·과실이 인정되는 경우에 있어서는 불법행위가 성립되어 근로자의 정신적 고통에 대하여도 이를 배상할 의무가 있다(대법원 1996.2.27. 95다11696).

② 대학교수는 전공분야 강의와 학문연구가 인격권 실현의 본질적 부분에 해당하므로, 학교법인이 업무지휘권 등의 행사에 지장을 초래하는 등의 특별한 사정이 없는데도 소속 대학교수를 본연의 업무에서 배제하려는 의도 하에 강의과목 및 시간을 배정하지 않는 등으로 강의를 할 수 없게 하는 행위는 교원의 인격적 법익을

침해하는 것이 되고, 학교법인은 대학교수가 입게 되는 정신적 고통에 대하여 배상할 의무를 부담한다(대법원 2012.5.9. 2010다88880).

③ 타당한 해고사유 없이 노동조합을 혐오하여 위장폐업을 하고 근로자들을 해고한 경우 불법행위가 되며 이 경우 근로자들은 해고무효를 이유로 해고기간에 대한 임금의 지급을 구하거나 또는 해고가 불법행위에 해당함을 이유로 손해배상을 구할 수 있다(대법원 2011.3.10. 2010다13282).

그러나 징계양정에 관한 판단이 법령 해석을 잘못한 것에 기인하거나 당시의 사정에 비추어 그렇게 판단하는 데 무리가 없다고 인정되는 경우에는 과실이 인정되지 않으므로 불법행위에 기한 손해배상 청구권이 인정되지 않는다(대법원 1996.4.23. 95다6823)

그 밖에도 노동 분쟁과 관련하여 손해배상청구를 할 수 있는데 그 사례를 보면 아래와 같다.

① 근로형태가 근로기준법 제6조 소정의 '사회적 신분'에 해당하는지 여부에 관하여 '사회적 신분'이란 사회에서 장기간 점하는 지위로서 일정한 사회적 평가를 수반하는 것을 의미하나(헌법재판소 1995.2.23. 93헌바43), 비정규직 근로라는 고용형태 또는 이에 따른 채용경로는 근로계약상 그러한 지위는 변경할 수 없거나 계속적·고정적인 지위로 보기 어렵고, 근로자의 특정한 인격과 관련된 일신전속적인 표지라고 할 수도 없으므로, 비정규직이라는 고용형태는 근로기준법 제6조 사회적 신분에 해당하지 않는다고 명시적으로 판단하였다(서울고등법원 2012.12.7. 2012나39631).

그러나 최근의 하급심 판결의 입장처럼 노동위원회에 차별시정신청을 할 수 없는 무기계약직이 정규직에 비해 차별적 처우를 받고 있다면 직업뿐 아니라 사업장 내의 직종, 직위, 직급도 사회적 신분에 해당하는 것으로 판단하는 경우, 회사가 정규직에게 지급하는 주택수당, 가족수당 등을 무기계약직에게 지급하지 않는 것은 성, 국적, 신앙, 사회적 신분을 이유로 하는 차별 금지에 관한 근로기준법 제6조에 위반하여 무효이므로 정규직과 무기계약직 사이의 차별을 이유로 하는 손해배상 소송 제기가 가능할 수 있다.

② 사업주가 동일한 사업 내에서 근무하는 남녀근로자가 제공하는 노동이 동일한 가치임에도 합리적인 이유 없이 여성 근로자에 대하여 남성근로자보다 적은 임금을 지급할 경우 이는 남녀고용평등법 제8조를 위반하는 행위로서 불법행위를 구성하고, 사업주는 임금차별을 받은 여성 근로자에게 그러한 차별이 없었더라면 받았을 적정한 임금과 실제 받은 임금의 차액 상당 손해를 배상할 책임이 있다(대법원 2013.3.14. 2010다101011).

③ 사업주는 직장 내 성희롱 발생 시 남녀고용평등법령에 따라 신속하고 적절한 근로환경 개선책을 실시하고, 피해근로자 등이 후속 피해를 입지 않도록 적정한 근로여건을 조성하여 근로자의 인격을 존중하고 보호할 의무가 있다.

그런데도 사업주가 피해근로자 등을 가까이에서 도와준 동료 근로자에게 부당한 징계처분 등 불리한 조치를 한 경우에 그 조치의 내용이 부당하고 그로 말미암아 피해근로자 등에게 정신적 고통을 입혔다면, 피해근로자 등은 불리한 조치의 직접 상대방이 아니더라도 사업주에게 민법 제750조에 따라 불법행위책임을 물을 수 있다(대법원 2017.12.22. 2016다202947).

④ 파견업체와 사용자회사 사이에 파견근로계약이 체결되었더라도 사내협력업체 소속 직원들이 2년간 계속해 파견근로를 제공한 기간에 대해서는 동종 유사업무를 담당하는 사용자회사 근로자들과 차별 없는 임금을 받아야 하므로 사내협력업체와 사용자회사에 대해 파견법상 차별금지의무 위반을 이유로, 직접 고용 의무 발생일 이후 기간에 대해서는 사용자회사에 대해 고용의무 불이행에 따른 손해배상책임을 인정 한다(대법원 2022.10.27. 2017다15065).

3. 해고 관련 소송과 신의칙·실효의 원칙

부당해고를 당한 근로자가 무효확인소송 등을 제기할 때 기간의 제약을 받지 않고 어떤 경우에나 할 수 있을 것인가?

권리자가 어떤 권리를 행사함에 있어 신의에 좇아 성실히 하여야 하고 권리는 남용하지 못하는 것이므로(민법 제2조), 권리자가 실제로 권리를 행사할 기회가 있었음에도 상당한 기간이 경과하도록 권리를 행사하지 아니하여 의무자인 상대방으로서도 이제는 권리자가 권리를 행사하지 아니할 것으로 신뢰할 만한 정당한 기대를 가지게 된 다음에 그 권리를 행사하는 것이 법질서 전체를 지배하는 신의성실의 원칙에 위반하는 것으로 될 때에 그 권리의 행사가 허용되지 않는다는 실효의 원칙이 작용한다(대법원 2002.1.8. 2001다60019).

다만, 실효의 원칙 적용 여부는 일률적으로 판단할 수 있는 것이 아니라 구체적인 경우마다 권리를 행사하지 아니한 기간의 장단(長短)과 함께 권리자측과 상대방측 쌍방의 사정 및 객관적으로 존재한 사정 등을 모두 고려하여 사회통념에 따라 합리적으로 판단하여야 한다(대법원 2005.10.28. 2005다45827).

사용자로부터 해고된 근로자가 퇴직금 등을 수령하면서 아무런 이의의 유보나 조건을 제기하지 않았다면 특별한 사정이 없는 한 그 해고의 효력을 인정하였다고 할 것이고, 따라서 그로부터 오랜 기간이 지난 후에 그 해고의 효력을 다투는 소를 제기하는 것은 신의칙이나 금반언의 원칙에 위배되어 허용될 수 없다.

그러나 근로자가 해고의 효력을 인정하지 아니하고 이를 다투고 있었다고 볼 수 있는 객관적인 사정이 있다거나 그 외에 상당한 이유가 있는 상황 아래에서 퇴직금을 수령하는 등 반대의 사정이 있음이 엿보이는 때에는, 명시적인 이의를 유보함이 없이 퇴직금을 수령한 경우라고 하여도 일률적으로 해고의 효력을 인정하였다고 보아서는 안 된다(대법원 2014.9.4. 2014다210074).

제3절 고용노동부를 통한 분쟁해결 절차

1. 노동위원회와 고용노동부의 업무 연계

노동위원회와 고용노동부(지방고용노동관서 근로감독관)는 노동분쟁 해결 과정에서 밀접한 관련성을 갖고 업무를 수행하고 있다. 근로자는 부당해고등의 사건이 발생하면 노동위원회에 상담을 하고 사건을 접수하기도 하지만, 근로감독관에게 부당해고등의 정당성 및 권리구제 방안 등에 대한 문의를 하고, 노동위원회의 부당해고등의 구제절차를 안내받기도 한다.

다만, 사업주가 근로기준법 제26조(해고의 예고)에 따른 해고예고수당을 미지급한 경우에는 진정 또는 고소사건으로 접수해 고용노동부의 근로감독관이 임금체불 여부 등을 수사하게 된다.

그러나 기본적으로 개별적 근로관계와 관련하여 고용노동부(근로감독관)는 집행기능을 하고, 노동위원회는 분쟁에 대한 판정기능을 하는 기관으로서 다음과 같이 업무를 연계하여 처리하고 있다.

① 부당해고등 사건에 대해 노동위원회가 조사와 판정을 하고, 확정된 구제명령을 이행하지 않는 자에 대한 고발을 하게 되면 근로감독관은 해당 사안에 대한 사법처리를 하게 된다(근로기준법 제111조).

② 차별시정제도에서도 노동위원회는 근로자의 차별시정신청을 받아 독자적으로 조사와 판정을 하기도 하지만, 고용노동부(근로감독관)가 파견근로자와 기간제, 단시간근로자의 차별여부에 대한 조사와 시정조치를 하였음에도 시정하지 않는 경우 노동위원회에 관련 사실을 통보하면 노동위원회가 이에 대한 차별시정명령을 하게 된다(기간제법 제15조2).

③ 노동조합 업무와 관련하여 행정관청(고용노동부, 지방자치단체)은 집행기능, 노동위원회는 판정기능을 수행하는 경우가 많다. 예를 들어 고용노동부(행정관청)는 노동조합 설립신고서, 변경신고서, 해산신고서의 처리 업무를 담당하고, 노동위원회는 행정관청의 요청을 받아 노동조합규약의 시정명령 의결(노동조합법 제21조제1항), 단체협약의 시정명령 의결(노동조합법 제31조제3항) 등을 한다.

이 경우 행정관청(고용노동부, 지방자치단체)은 노동위원회의 의결 결과에 따라서 처분을 하게 되는데, 노동위원회의 의결은 처분이 아니라 행정관청의 처분을 위해서 거쳐야 하는 절차에 해당하므로 이해당사자는 지방노동위원회의 의결에 대해 재심청구(중앙노동위원회)를 할 수 없고, 행정관청을 대상으로 행정심판이나 행정소송을 제기해야 한다.[14)]

2. 고용노동부의 개별 분쟁해결

개별적 노동분쟁에 있어 많이 발생하는 사안은 임금과 퇴직금의 미지급 등으로 인해 발생하는 임금체불 문제이며, 고용노동부(근로감독관)는 임금 등 각종 금품 미청산시 시정기간을 부여한 다음 시정하지 않는 경우 범죄인지를 한다.

한편, 근로자는 노동위원회에 부당해고등 구제신청을 하면서 지방고용노동관서에 임금체불, 퇴직금·연장근로수당·연차수당 미지급 등을 이유로 진정·고발을 하는 사례가 있다. 이 경우 근로자는 체불임금, 퇴직금 등을 해고기간 중 임금상당액에 포함시켜 사용자와 화해를 하여 분쟁을 종료하기도 한다.

이와 함께 근로계약서의 작성 여부, 근로조건 명시 여부, 법정 근로시간의 준수 여부, 최저임금의 준수 여부, 남녀고용평등법상의 직장 내 성희롱 문제 등도 자주 발생하는 개별적 노동분쟁이다.

이러한 분쟁은 노동위원회에서 다루지 않고 지방고용노동관서에서 특별사법경찰관의 신분을 가진 근로감독관이 이와 관련된 분쟁을 처리하게 된다.

근로감독관은 사업 또는 사업장에서 노동관계법령의 위반행위로 권익을 침해당한 자 또는 제3자가 진정·고소·고발 등을 한 경우 이를 신고사건으로 접수하여 행정절차에 따라 처리하게 된다.

근로기준법(제101조제1항)은 법정 근로조건의 기준을 확보하기 위하여 고용노동부 및 소속기관에 근로감독관을 두도록 규정하고 있다. 근로감독관의 자격, 임명과 직무배치에 관한 사항은 근로감독관규정(대통령령)에서 상세히 정하고 있다.

---

14) 중앙노동위원회, 심판업무 매뉴얼, 2019, p.340.

근로감독관은 사업장, 기숙사, 그 밖의 부속건물에 대한 임검, 장부와 서류의 제출요구, 사용자와 근로자에 대한 심문, 검진, 보고와 출석요구를 할 수 있는 권한이 부여되어 있다(근로기준법 제102조).

또한 근로감독관은 형사소송법, '사법경찰관리의 직무를 행할 자와 그 직무범위에 관한 법률' 제6조의2(근로감독관 등)의 규정에 따라 근로기준법 등에 규정된 범죄에 관하여 사법경찰관의 직무를 수행한다.

근로자가 고소·고발·진정 등의 형태로 노동관계법령 위반 여부를 지방노동관서에 신고하거나 근로감독관이 사업장 점검 등에서 범죄인지를 하게 되면 해당 사건에 대한 처리가 시작된다. 노동관계법 위반 사건에 대한 수사는 사건 담당 근로감독관이 하게 되는데, 근로감독관은 고소·고발인 또는 참고인 조사, 관계 증빙자료 수집, 피의자 심문조서 작성 등을 통해 노동관계법령의 위반 여부를 확인하여 검찰로 송치하게 된다.

개별 근로관계를 둘러싼 노동분쟁이나 사법처리는 사용자나 인사노무담당자가 근로기준법 등 노동관계법을 잘 몰라서 발생하는 경우가 많으므로, 기본적인 법률지식에 대해 노사단체, 각종 교육기관 뿐만 아니라 정부차원의 각종 정보 제공, 교육 또는 컨설팅이 필요하다.

부 록

1. 부당해고등 구제신청서
2. 금전보상명령신청서
3. 화해신청서
4. 표준근로계약서
5. 표준취업규칙 목차

1. 부당해고등 구제신청서

■ 노동위원회규칙[별지 제9호의2서식]

부당해고등 구제신청서

<table>
<tr><td rowspan="2">근
로
자</td><td>성 명</td><td colspan="3">(생년월일: , 성별:)</td></tr>
<tr><td>주 소</td><td colspan="3">(이메일:)
(☎:)</td></tr>
<tr><td rowspan="3">사
용
자</td><td>사업체명</td><td></td><td>대표자</td><td></td></tr>
<tr><td>소 재 지</td><td colspan="3">(☎:)</td></tr>
<tr><td>해고 등
사 업 장</td><td colspan="3">– 사업장명 :
– 소 재 지 :
– 대 표 자 : 직위 및 성명
※ 해고등 불이익처분 당시의 사업장과 본사가 다른 경우 기재</td></tr>
<tr><td colspan="2">신청 취지</td><td colspan="3">1.
2.
※ 계약갱신 또는 무기계약 전환에 대해 다툼이 있습니까? 예 □, 아니오 □
※ 근로계약 기간(기간제의 경우): . . . ~ . . .</td></tr>
<tr><td colspan="2">신청 이유
(별지 기재 가능)</td><td colspan="3">1. 해고 등 경위
2. 부당한 이유
※ 관련 입증자료가 있는 경우 별첨 가능</td></tr>
</table>

위 근로자는
「근로기준법」 제28조와 「노동위원회규칙」 제39조에 따라 부당해고등 구제를 위와 같이 신청합니다.

년 월 일

신청인 (서명 또는 날인)

○○지방노동위원회위원장 귀하

<table>
<tr><td>구비서류</td><td>없음(다만, 대리인이 신청한 경우 대리인 선임 신고서, 위임장, 직무개시등록증 등)</td></tr>
</table>

210mm×297mm(백상지 80g/㎡)

2. 금전보상명령신청서

■ 노동위원회규칙[별지 제17호서식]

금 전 보 상 명 령 신 청 서

<table>
<tr><td colspan="3">사 건</td><td colspan="2"></td></tr>
<tr><td rowspan="3">신
청
인</td><td colspan="2">성 명</td><td colspan="2"></td></tr>
<tr><td colspan="2">주 소</td><td colspan="2">(☎:   )</td></tr>
<tr><td colspan="2">근속기간</td><td colspan="2">. . . ~ . . . (총 년 월)</td></tr>
<tr><td rowspan="5">보
상
금

요
구
금
액</td><td colspan="2">합 계</td><td colspan="2">금 원 (₩   )</td></tr>
<tr><td rowspan="2">임금
상당액</td><td>금 액</td><td colspan="2">금 원 (₩   )</td></tr>
<tr><td>산출근거</td><td colspan="2"></td></tr>
<tr><td rowspan="2">비 용</td><td>금 액</td><td colspan="2">금 원 (₩   )</td></tr>
<tr><td>산출근거</td><td colspan="2"></td></tr>
</table>

위 사건에 관하여 귀 위원회에서 부당해고로 판정할 경우 복직명령에 갈음하여 위와 같이 금전보상을 명령하여 주시기를 「근로기준법」 제30조제3항 및 「노동위원회규칙」 제64조에 따라 신청합니다.

년 월 일

신청인 (서명 또는 날인)

(대리인) (서명 또는 날인)

○○(지방)노동위원회위원장 귀하

구비서류	근로계약서, 임금명세서, 그 밖에 임금상당액, 기타 보상금 신청내용을 입증할 수 있는 자료

210mm×297mm(백상지 80g/㎡)

3. 화해신청서

■ 노동위원회규칙[별지 제20호서식]

화 해 신 청 서

<table>
<tr><td colspan="2">사 건</td><td></td></tr>
<tr><td rowspan="3">신
청
인</td><td>성 명</td><td></td></tr>
<tr><td>주 소</td><td>(☎:　　　　　　)</td></tr>
<tr><td>당사자
지위</td><td>□ 근로자　□ 노동조합　□ 사용자 (해당란에 ∨표시)</td></tr>
<tr><td colspan="2">화 해 취 지</td><td></td></tr>
</table>

「노동위원회법」 제16조의3제1항 및 「노동위원회규칙」 제68조에 따라 위와 같이 화해를 신청합니다.

년　월　일

신청인　(서명 또는 날인)

(대리인)　(서명 또는 날인)

○○(지방)노동위원회위원장 귀하

구비서류	없 음

210mm×297mm(백상지 80g/㎡)

4. 표준근로계약서

표준근로계약서(기간의 정함이 없는 경우)

_____(이하 "사업주"라 함)과(와)_____(이하 "근로자"라 함)은 다음과 같이 근로계약을 체결한다.

1. 근로개시일 : ____년 ____월 ____일부터
2. 근 무 장 소 :
3. 업무의 내용 :
4. 소정근로시간 : __시 __분부터 __시 __분까지 (휴게시간: __시 __분~ __시 __분)
5. 근무일/휴일 : 매주 ___일(또는 매일단위)근무, 주휴일 매주 ___요일
6. 임 금
   - 월(일, 시간)급 : ________________원
   - 상여금 : 있음 ( ) ________________원, 없음 ( )
   - 기타급여(제수당 등) : 있음 ( ), 없음 ( )
     · ________________원, ________________원
     · ________________원, ________________원
   - 임금지급일 : 매월(매주 또는 매일) ___일(휴일의 경우는 전일 지급)
   - 지급방법 : 근로자에게 직접지급( ), 근로자 명의 예금통장에 입금( )
7. 연차유급휴가
   - 연차유급휴가는 근로기준법에서 정하는 바에 따라 부여함
8. 사회보험 적용여부(해당란에 체크)
   □ 고용보험 □ 산재보험 □ 국민연금 □ 건강보험
9. 근로계약서 교부
   - 사업주는 근로계약을 체결함과 동시에 본 계약서를 사본하여 근로자의 교부요구와 관계없이 근로자에게 교부함(근로기준법 제17조 이행)
10. 근로계약, 취업규칙 등의 성실한 이행의무
   - 사업주와 근로자는 각자가 근로계약, 취업규칙, 단체협약을 지키고 성실하게 이행하여야 함
11. 기 타
   - 이 계약에 정함이 없는 사항은 근로기준법령에 의함

년 월 일

(사업주) 사업체명: (전화:)
주 소:
대 표 자: (서명)
(근로자) 주 소:
연 락 처:
성 명: (서명)

5. 표준취업규칙 목차

제12장 교육

제68조【교육시간】[선택]
제69조【직무교육】[선택]
제70조【장애인 인식개선 교육】[선택]
제71조【개인정보보호교육】[선택]

제13장 직장 내 괴롭힘의 금지

제72조【직장 내 괴롭힘 행위의 금지】[필수]
제73조【금지되는 직장 내 괴롭힘 행위】[선택]
제74조【직장 내 괴롭힘 예방교육】[필수]
제75조【직장 내 괴롭힘 예방 · 대응 조직】[필수]
제76조【사건의 접수】[필수]
제77조【사건의 조사】[필수]
제78조【피해자의 보호】[필수]
제79조【직장 내 괴롭힘 사실의 확인 및 조치】[필수]
제80조【고객의 폭언 등에 대한 조치】[선택]

제14장 직장 내 성희롱의 금지 및 예방

제81조【직장 내 성희롱의 금지】[선택]
제82조【직장 내 성희롱 예방교육】[선택]
제83조【직장 내 성희롱 예방지침】[선택]
제84조【직장 내 성희롱 발생 시 조치】[선택]
제85조【고객 등에 의한 성희롱 방지】[선택]

제15장 안전보건

제86조【안전보건관리규정】[선택]
제87조【안전보건 교육】[필수]
제88조【위험기계·기구의 방호조치】[필수]
제89조【보호구의 지급 및 착용】[필수]
제90조【물질안전보건자료의 작성·비치】[필수]
제91조【작업환경측정】[필수]
제92조【건강진단】[필수]
제93조【산업안전보건법 준수】[필수]

제16장 재해보상

제94조【재해보상】[필수]

제17장 보칙

제95조【취업규칙의 비치】[선택]
제96조【취업규칙의 변경】[선택]

부 칙

자료: 고용노동부 홈페이지(www.moel.go.kr)

주요 참고서적

김동원·이규용·권순식·이수영 외, 고용관계론(제4판), 박영사, 2023.
김형배, 노동법(제27판), 박영사, 2021.
김형배·박지순, 노동법강의(제12판), 신조사, 2023.
근로복지공단, 출퇴근 재해 보상 가이드, 2018.
근로복지공단, 출퇴근 재해 업무처리지침, 2020.
고용노동부, 기간제 · 단시간·파견 근로자 차별 판단 매뉴얼, 2012.
고용노동부, 기간제법 업무 매뉴얼, 2019.
고용노동부, 근로시간 단축 가이드북, 2019.
고용노동부, 노동시간 단축 솔루션, 2021.
고용노동부, 유연근로시간제 가이드, 2019.
고용노동부, 직장 내 괴롭힘 판단 및 예방·대응 매뉴얼, 2019.
고용노동부, 직장 내 성희롱 예방·대응 매뉴얼, 2020.
고용노동부, 차별시정 판정·판결 사례집, 2017.
고용노동부, 파견법 업무 매뉴얼, 2011.
남궁준·김근주·박제성 외, 노동판례리뷰 2019, 2020, 2021, 2022, 한국노동연구원.
노동법실무연구회, 근로기준법 주해(2판) Ⅰ, Ⅱ, Ⅲ, 박영사, 2020.
법무법인 지평, 2021년 주요 노동판례집, 2022.
부종식, 원스톱 노동법 1권, 2권, 필통북스, 2017.
부종식, 원스톱 노동법 판례, 필통북스, 2016.
서울지방노동위원회, 알기 쉬운 노동위원회 심판절차, 2016.
임종률, 노동법(제20판), 박영사, 2022.
중앙노동위원회, 심판업무 매뉴얼, 2019.
중앙노동위원회, 주제별 노동판례 330선, 2019.
중앙노동위원회, 주제별 판례 분석집(전면 개정판), 2020.
중앙노동위원회, 한국의 노동위원회, 2018.
최영우, 개별 노동법 실무(제12판), 중앙경제, 2023.
하갑래, 근로기준법(제35판), 중앙경제, 2022.

한국경영자총협회, 근로시간 단축 가이드북, 2018.
한국노동법학회, 교양노동법(제3판), 문우사, 2022.
한국노동법학회, 노동판례백선(제2판), 박영사, 2021.
管野和夫(스게노 카즈오), 勞働法(10版), 弘文堂, 2015, 이정 역, 일본노동법(전면개정판), 법문사, 2015.

찾아보기

ㄱ

ㄴ

ㄷ

ㅅ

ㅇ

ㅈ

저자 소개

이 수 영

현 직 고려대학교 특임교수

학 력 고려대학교 경영학과 졸업, 서울대학교 행정대학원 행정학석사, 코넬대학교 노사관계대학원 노사관계학석사, 고려대학교 대학원 경영학박사

경 력 한국폴리텍1대학장, 중앙노동위원회 사무처장, 서울지방노동위원회 상임위원, 고용노동부 고령사회인력심의관, 대구지방고용노동청장, 대통령실 고용노사비서관실 선임행정관, 대통령 비서실 삶의질향상기획단 행정관, 서울지방노동위원회 사무국장, 노동부 혁신성과관리단장, 노사협력복지팀장/ 에프엠어소시에이츠 고문, 공인노무사 자격, 행정고등고시 합격(제33회)

저 서 노사관계법 실무(공저, 박영사, 2022), 고용관계론(공저, 박영사, 2023), 국가와 기업의 초고령사회 성공전략(공저, 박영사, 2021), 백세시대 생애설계(공저, 박영사, 2021)

임 무 송

현 직 숙명여자대학교 경영전문대학원 부원장

학 력 서강대학교 경영학과 졸업, 서울대학교 행정대학원 행정학석사, 런던정치경제대학 노사관계학석사, 서강대학교 대학원 법학박사

경 력 서울지방노동위원회 위원장, 고용노동부 고용정책실장, 노사협력정책관, 근로기준정책관, 서울지방고용노동청장, 일본정책연구대학원대학(GRIPS) 객원연구원, 인력수급정책관, 경제사회발전노사정위원회 운영국장, 고용서비스혁신단장, 임금정책과장, 주OECD대표부 주재관/ 서강대학교 대우교수, 인하대학교 초빙교수, 공인노무사 자격, 행정고등고시 합격(제32회)

저 서 노사관계법 실무(공저, 박영사, 2022), 대한민국 판이 바뀐다(공저, 미래사, 2022), 초고령사회 일본의 노동시장과 노동정책(한국노동연구원, 2012), 영국의 노동정책 변천사(한국노동연구원, 1997)

최 선 애

현 직 법무법인 정률 구성원 변호사

학 력 고려대학교 법학과 졸업, 워싱턴주립대학교 법과대학원 법학석사(LLM)

경 력 서울지방노동위원회 상임위원, 법무법인 화우변호사, 덴튼스리 법률사무소 변호사, 단국대학교 법과대학 조교수, 서울지방노동위원회 공익위원, 고용노동부 자문변호사, 규제심사위

원회 위원, 법제처 법령해석위원회 위원, 국세청 국세정보공개심의위원회 위원, 중앙노동위원회 전문위원, 한국건강가정진흥원 청렴옴부즈만, 미국 뉴욕주 변호사 자격, 사법연수원 수료, 사법고시 합격(제36회)

저 서 한국 · 미국 · 캐나다의 노동법제 비교연구(공저, 한국노동연구원, 2007)

부 종 식

현 직 법무법인 라움 대표변호사

학 력 고려대학교 법학과 졸업, 고려대학교 법무대학원 법학석사, 고려대학교 대학원 법학박사

경 력 서울지방노동위원회 공익위원, 고려대학교 노동대학원 강사, 서울중앙지방법원 조정위원, 서울고등법원 조정위원, 대한변호사협회 의료인권소위원회 위원, 서울지방변호사회 인사위원회 간사, 한국노동법이론실무학회 총무이사, 사법연수원 수료, 사법고시 합격(제47회)

저 서 노사관계법 실무(공저, 박영사, 2022), 원스톱 노동법 서브(필통북스, 2019), 원스톱 노동법(필통북스, 2017), 원스톱 노동법 판례(필통북스, 2017), 원스톱 행정쟁송법 서브(필통북스, 2018)

정 관 영

현 직 법무법인 라움 구성원 변호사

학 력 서울시립대학교 행정학과 졸업, 원광대학교 법학전문대학원 석사, 고려대학교 대학원 법학박사

경 력 인사혁신처, 보건복지부, 환경부, 농림축산식품부, 한국폴리텍대학 등 고문변호사, 여성가족부 보통징계위원회 위원, 인천시 행정심판위원회 위원, 고려대 노동대학원 강사, 원광대 로스쿨 겸임교수, 한국사회보장법학회 총무이사, 서울지방변호사회 인권위원회 위원, 법제처 사무관, 법무부 공익법무관, 변호사 시험 합격(제1회, 2012)

저 서 행정기본법 실무해설(공저, 신조사, 2021), 헌법에 없는 언어(오월의봄, 2021), 노동인권 보호에 관한 사례연구(공저, 한국고용노동교육원, 2023)